国家出版基金项目
NATIONAL PUBLICATION FOUNDATION

华侨华人与中国革命和建设丛书

任贵祥 主编

华侨华人与中国特色社会主义建设

（上）

◎ 任贵祥 朱昌裕 等著

团结出版社
UNITY PRESS

图书在版编目（ＣＩＰ）数据

华侨华人与中国特色社会主义建设 / 任贵祥等著
. 一北京：团结出版社，2024.11
（华侨华人与中国革命和建设 / 任贵祥主编；3）
ISBN 978-7-5234-0778-3

Ⅰ.①华… Ⅱ.①任… Ⅲ.①华侨－关系－中国特色
社会主义－社会主义建设模式－研究②华人－关系－中国
特色社会主义－社会主义建设模式－研究 Ⅳ.
① D634.3 ② D616

中国国家版本馆 CIP 数据核字 (2024) 第 017690 号

责任编辑：时晓莉
封面设计：阳洪燕

出　版：团结出版社
　　　　　（北京市东城区东皇城根南街 84 号 邮编：100006）
电　话：（010）65228880 65244790（出版社）
　　　　　（010）65238766 85113874 65133603（发行部）
　　　　　（010）65133603（邮购）
网　址：http://www.tjpress.com
E-mail：zb65244790@vip.163.com
　　　　　tjcbsfxb@163.com（发行部邮购）
经　销：全国新华书店
印　装：三河市东方印刷有限公司

开　本：170mm×240mm　16 开
印　张：51.75　　　　　　字　数：576 千字
版　次：2024 年 11 月 第 1 版　　印　次：2024 年 11 月 第 1 次印刷

书　号：978-7-5234-0778-3
定　价：158.00 元（上下册）

总 序

郑建邦

　　中华民族经过五千多年的繁衍发展，已茁壮成长成一棵枝繁叶茂的参天大树，拥有众多根系和枝干，海外华侨正是其中一枝，一代又一代的华侨华人与祖国生死相依、荣辱与共。

　　自鸦片战争以来的近两个世纪里，世界各地几千万海外侨胞，始终与祖国同呼吸、共命运，积极发挥独特优势，为中国革命事业，为我国改革开放和社会主义现代化建设，为坚持"一国两制"、推进祖国统一，为传播中华文化、加强中外交流合作，作出卓越贡献。孙中山先生曾经说过"华侨为革命之母"；毛泽东主席曾为著名侨领陈嘉庚先生题词"华侨旗帜，民族光辉"；邓小平同志一再强调海外华侨华人的独特作用，"我们有几千万爱国同胞在海外，他们对祖国作出了很多贡献"；习近平同志指出："长期以来，一代又一代海外侨胞，秉承中华民族优秀传统，不忘祖国，不忘祖籍，不忘身上流淌的中华民族血液，热情支持中国革命、建设、改革事业，为中华民族发展壮大、促进祖国和平统一大业、增进中国人民同各国人民的友好合作作出重要贡献。祖国人民将永远铭记广大海外侨胞的功绩。"事实证明，华侨华人为中国革命和建设事业立下的不朽功绩，历史不会忘记，人民不会忘记，祖国不会忘记！

顺应历史大势，共担民族大义，新时代中国特色社会主义建设赋予中华民族和海内外中华儿女共同的责任担当和历史使命。中共十八大、十九大、二十大向全党全国各族人民提出了全面建成小康社会的重大任务，明确了实现"两个一百年"奋斗目标，描绘了到 21 世纪中叶实现中华民族伟大复兴的宏伟蓝图。这是党和国家，也是全体中华儿女共同的梦想和心之所向。中国共产党正以巨大的政治勇气和强烈的责任担当，凝聚人心力量，义无反顾地肩负起带领全国各族人民实现中华民族伟大复兴的历史使命，为推动党和国家事业取得历史性成就、发生历史性变革发挥重大作用。

目前，华侨华人分布在世界上一百多个国家和地区，他们心系祖国，是中国联系世界的纽带，他们能用双方都能听得懂、听得进的语言，在海外讲好中国故事，让国际社会全面客观准确地了解中国。凝聚侨心、汇集侨智、发挥侨力，团结调动海外侨胞积极投身国家改革和建设事业，是党和政府的一项重要工作，也是广大华侨华人渴望与祖国人民一道同圆共享中国梦的殷切期盼。习近平同志强调："在这个伟大进程中，广大海外侨胞一定能够发挥不可替代的重要作用。中国梦是国家梦、民族梦，也是每个中华儿女的梦。广大海外侨胞有着赤忱的爱国情怀、雄厚的经济实力、丰富的智力资源、广泛的商业人脉，是实现中国梦的重要力量。"

中国革命、建设和改革的历史实践昭示，华侨华人是我国全面建成小康社会、实现"两个一百年"奋斗目标和中华民族伟大复兴中国梦强有力的参与者、见证者、贡献者。在举国上下即将迎来中华人民共和国成立 75 周年之际，团结出版社推出献礼之作"华侨华人与中国革命和建设丛书"，并得到国家出版基金的资助，充分表明党和政府对广大海外侨胞的重视，对华侨华人与国家发展历史关系研究的重视。这套丛书的出版，意义重大，既是对华侨华人与中国革命和建设的关系史料做出的较为系统全面的整理与补充，又是对推动中国历史发展作出突出贡献的广大海外侨胞、国内归侨侨眷的高度认可，对全体中华儿女勠力同心、共同书写中华民族发展的时代新篇章具有重大现实意义和深远历史意义。

当今，华侨华人历史研究方面的著作不少，但尚未有专著能够全面系统地将华侨华人与中国革命和建设的关系史进行阐述。"华侨华人与中国革命和建设丛书"共6册，在立足史料研究的基础之上，明确正误，查漏补缺，填补空白，着重阐述了从鸦片战争至今180多年中国近现代历史上华侨华人与中国革命和建设的关系的历史，内容体系跨越中国旧民主主义革命、中国新民主主义革命、中国社会主义革命和建设以及中国特色社会主义这四个时期，是中国近现代历史的组成部分，是百年中国共产党成长史、七十多年中华人民共和国发展史和四十多年改革开放奋斗史的重要组成部分，也是华侨华人爱国史不可或缺的内容。丛书系统全面地印证了在中国民主主义革命、中国社会主义建设和改革开放的历史中，广大海外华侨华人及国内归侨侨眷是中国革命和建设的一支重要力量，他们为中国革命和建设事业作出不可磨灭的贡献，其历史功绩得到中国共产党历代领导人的高度赞扬。丛书还记录了毛泽东等几代中国共产党领袖及孙中山等国民党民主派领袖，与积极投身中国革命和建设事业的华侨华人的深情厚意，对我们深刻把握国家历代领导人的侨务理论，全面领会习近平新时代中国特色社会主义思想，落实党和国家的各项侨务工作方针与政策有重大意义。

在呈现和追忆这段历史，品评相关历史人物，在分析评价华侨华人与中国改革和建设的关系时，我们既要看到他们有超越时代的进步性，又要清醒认识到某些历史事实受当时社会客观条件制约而产生的历史局限性与片面性，这是我们在看待历史、分析问题时应当坚持的历史唯物主义和辩证唯物主义立场。本套丛书正是本着实事求是原则，客观展现华侨华人伟大功绩的真实记录。

　　为了保证丛书编辑质量，编辑委员会做了大量认真细致的组织和协调工作，特别是邀请了相关领域的知名文史专家、党史专家担任顾问，他们在百忙之中对丛书的编辑体例、内容框定、事实选材、写作规范等方面提出建设性意见和指导性建议，成为本套丛书得以高质量出版的重要保证。参与丛书写作的都是在近代历史研究、党史研究方面卓有建树和研究成果的专家学者，他们既有对近代史、华侨华人史、中国共产党历史的专业学术理论研究基础，又有深厚扎实的写作功底和文字处理能力。

　　近年来，团结出版社出版了许多优秀的人文社科类图书，受到广大读者好评，在海内外华人学者中拥有良好口碑，我们寄希望于本套丛书的出版，对华侨华人与中国革命和建设的关系史研究起到推动作用，对弘扬爱国主义精神，团结广大海外侨胞，增强民族凝聚力产生积极深远影响，为实现中华民族伟大复兴、促进世界和平与发展作出新的重大贡献。

2024 年 2 月 1 日

（总序作者系全国人大常委会副委员长、民革中央主席）

目 录

第一章 开创改革开放时期侨务工作新局面

第二章　中国特色社会主义新时代的侨务工作

第三章　大力吸引海外华商到中国大陆投资

第五章 大力推动新时期中外文化交流

第六章 献爱心 大力兴办公益福利事业

第九章 开展民间外交 维护祖（籍）国尊严

第一章

开创改革开放时期侨务工作新局面

　　1978 年中国共产党十一届三中全会召开之后，我国进入改革开放的新时期。在新时期，党和国家不仅把工作重心转移到经济建设上来，而且把侨务工作作为一项长期的、重要的工作来开展。党和国家领导人，如邓小平、江泽民、胡锦涛、习近平等，对侨务工作都有一系列重要论述，提出了许多宝贵的侨务思想。党和国家也根据新时期改革开放的具体实践，根据海外侨情的变化与特点，制定并不断调整侨务工作的方针政策，使侨务工作呈现前所未有的新的发展局面。

第一节 拨乱反正 开创侨务工作新局面

一、侨务领域的拨乱反正

（一）旗帜鲜明为"海外关系"正名

"文化大革命"十年动乱，党和国家的各项事业遭到全面破坏，侨务领域更是重灾区。当时，侨务机构被撤销，绝大部分侨务工作被迫中断；侨务政策被视为"修正主义路线"而受到批判；"海外关系"成为"反动的政治关系"；海外侨胞面对国内的政治运动，不敢、不愿回乡探亲访友，更不用说回国建设家乡。这些极"左"的错误做法，严重挫伤了华侨的爱国爱乡热情和归侨侨眷建设家乡的积极性，中国侨务工作遭到了严重破坏。

在"文化大革命"时期的极"左"思潮中，对侨务领域危害最大、影响最广的就是所谓"海外关系复杂论"。这种理论错误地认识和对待华侨，认为华侨大多数生活在非社会主义国家，大多数是"资本家"，是"资产阶级"；公开宣传"海外关系"是反动的政治关系，归侨侨眷是"反动的社会基础"。推行极左错误的人给有所谓"海外关系"的人横加罪名：把同海外亲友的书信来往说成是"里通外国"；把海外赠家侨汇诬为"特务经费"；把有"海外关系"的人同"地、富、反、坏、右、特"并列在一起，称为"黑七类"。

可以说，"海外关系复杂论"是危害华侨华人的荒谬理论之源，是恢复和开展侨务工作的最大障碍。因此，批驳"海外关系复杂论"，对华侨和"海外关系"作出正确的评价和分析，冲破禁锢人们的思想枷锁，就成为党和国家对侨务领域拨乱反正的首要任务。

1977 年 10 月 2 日，邓小平在接见港澳同胞国庆代表团和香港知名人士利铭泽夫妇时，明确提出"海外关系"是个好东西的崭新论断。他说："说什么'海外关系'复杂不能信任，这种说法是反动的。我们现在不是海外关系太多，而是太少。海外关系是个好东西，可以打开各方面的关系。'四人帮'胡说什么'地、富、反、坏、侨'，把华侨同地、富、反、坏并列起来。这种错误说法和做法一定要纠正过来，要做大量工作，进行政策教育，全国执行。中央已下了这个决心。"① 在人们还未解除"左"倾思想禁锢的情况下，邓小平以通俗易懂的话语表达出来这一重要思想，充满了勇气，并在当时侨界引起了强烈反响。

后来，邓小平又多次批判"海外关系复杂论"。如 1978 年 3 月 30 日，会见泰国总理江萨的谈话；4 月 30 日，接见来京参观的华侨华人代表的讲话；11 月 9 日，在泰国曼谷接见华侨华人代表的讲话等。同年 11 月 13 日，他在接见新加坡总理李光耀时特别指出："林彪、'四人帮'横行的时期，把侨务方面的政策搞得乱七八糟。在国内，不管华侨还是华人的亲属都遭到摧残，动不动就说是有海外关系。有海外关系就是叛国，不少人被捕入狱。华侨、华人不能到中国探望亲属，也不能互相通信。这方面在中国国内牵涉到几千万人。"在党的十一届三中全会召开前，邓小平起码有五次利用外事场合公开批判"海外关系复杂论"，并且旗帜鲜明地肯定"海外关系"，为"海外关系"平反。

在中共中央和国务院的直接领导下，1977 年 11 月 28 至 12 月 20 日，在北京举行了全国侨务会议预备会议。会后，形成了《关于全国侨务会议预备会议的情况报告》上报中央。1978 年 1 月 11 日，中央同意这一报告，并以中央文件形式下发，加了批示。批示首次提出了侨务工作

① 国务院侨务办公室、中共中央文献研究室编：《邓小平论侨务》，中央文献出版社 2000 年版，第 6 页。

的"十六字"政策原则，强调继续贯彻执行毛主席关于"保护华侨利益，扶助回国的华侨"的指示，对归侨侨眷采取"一视同仁，不得歧视，根据特点，适当照顾"的政策，团结广大华侨，充分调动归侨侨眷的社会主义积极性，为实现我国四个现代化作出贡献。文件的内容，主要是重申和明确了要正确对待"海外关系"问题等9项具体的侨务政策。文件认为1962年中央批准华侨事务委员会党组关于所谓"海外关系"问题的报告，应当继续贯彻执行。因所谓"海外关系"问题而不能入党、入团、参军、上学、就业和正确使用，以致影响婚姻等现象，应予纠正。因所谓"海外关系"问题而审查处理了的，应尽快进行复查，作出正确的结论。所有诬陷不实之词，应予推倒；有关档案材料，应予剔除销毁；处分错了的，应一律平反；被迫害致死的，应予昭雪，并对死者家属给予适当抚恤。同时，也要教育归侨侨眷正确对待这个问题。

1978年1月4日，《人民日报》刊载三篇文章——《在英明领袖华主席、党中央的亲切关怀下，全国侨务会议预备会在京举行，李先念副主席亲切接见到会同志并作重要讲话》、廖承志的《批判"四人帮"所谓"海外关系"问题的反动谬论》、社论《必须重视侨务工作》，对"海外关系复杂论"进行深入批驳，详细阐述了中央对华侨问题的重新认识，在侨界产生了广泛的影响。广大华侨、侨眷和归侨同声欢呼，奔走相告。有人激动地说，天空驱散了乌云，侨务工作即将出现一个新局面。[①]

中共中央彻底推翻"海外关系复杂论"，不仅极大地温暖了华侨、归侨的心，在思想上也发挥了正本清源的作用，为侨务工作的拨乱反正扫清了思想障碍。

（二）恢复重建遭破坏的侨务机构

新中国建立之初，我国就成立了专门的侨务工作机构。当时在中央

---

① 《人民日报》1978年1月4日。

人民政府机构中设立华侨事务委员会，1954 年通过的《中华人民共和国宪法》和《国务院组织法》规定将中央人民政府华侨事务委员会改为中华人民共和国华侨事务委员会（以下简称中侨委），负责保护华侨的正当权益，管理华侨事务；协助中央、国务院研究制定侨务工作方针，做好为侨服务工作。1956 年 10 月，在中共中央和中侨委的关心指导下又成立了全国归侨侨眷的群众团体——中华全国归国华侨联合会（以下简称中国侨联）。随后，凡有归国华侨和侨眷的市、县、镇大多设立了归国华侨联合会，形成了全国统一的侨联组织网，成为教育归侨、表达诉求、互助互济的团体。

"文化大革命"时期，在"左"倾思想指导下，侨务领域受到猛烈冲击。1970 年 6 月，中侨委被正式撤销，侨务工作归外交部，中侨委设立留守处，由外交部代管。接着，各级侨务部门也相继取消，各级侨联组织完全瘫痪。大批侨务干部被打成"资产阶级代理人""走资派"，被下放劳动改造。归侨侨眷基本失去了国家权力的保护，各种敌视海外华侨和侵犯国内归侨侨眷的合法权益的问题大量出现。1952 年至 1960 年创办的北京、集美、广州、汕头、南宁、昆明、武昌等七所华侨补习学校被迫停办。暨南大学、泉州华侨大学也相继停办。许多回国求学的侨生无学可上，不少人被强制下乡插队。这些情况在海内外造成恶劣影响。

粉碎"四人帮"，"文化大革命"结束以后，中共中央从思想上为侨务领域正本清源的同时，在组织上着手恢复各级侨务机构。因为即使有好的侨务思想，没有机构贯彻执行，拨乱反正也无从谈起。

早在 1977 年 9 月 29 日，邓小平接见参加国庆活动的华侨华人和台港澳同胞旅行团部分成员讲话时就指出要恢复侨务机构。他说："比如侨务工作，提到日程上来了，准备恢复过去的侨务机构。没有机构，这个事情就管不了。这个问题要解决，现在正在酝酿。"他还形象地将侨务机构比作"庙"，把主持侨务工作的领导人比作"菩萨"，来阐明恢复重建侨务机构的重要性。他说："侨务方面，很多问题都要解决。过去不可能，解决了要'犯罪'。现在先把'庙'立起来，老'菩萨'就是这个人，廖承志同志，他当侨务委员会主任多年。'菩萨'灵不灵，就看'菩萨'的本事。"① 1978 年上半年，邓小平又几次向海外华侨华人介绍恢复侨务机构的情况②，并对侨务机构的来龙去脉及其重要性谈得比较具体。

在邓小平的积极倡议和指导下，1978 年 1 月，经国务院批准，中华人民共和国华侨事务办公室（以下简称国务院侨务办公室或国务院侨办）正式成立③，主任廖承志（1984 年由廖晖接任）。作为管理我国侨务事务的总机构，国务院侨办的性质和职能与新中国成立初期建立的中央人民政府华侨事务委员会基本相同。自 1978 年起，全国 29 个省、自治区和直辖市（除了西藏之外）也陆续成立了侨务办公室，主管各地的侨务工作。

1978 年 4 月，中国侨联也恢复活动，同年 12 月北京召开第二次全国归侨代表大会并选举产生新的侨联委员会。1981 年，有关部门确定归国华侨联合会为全国性人民团体，以提高侨联的社会地位，侨联组织随即出现了大发展的形势。此后，国务院侨办还复办了"文革"期间撤销的华侨学生补习学校和泉州华侨大学、暨南大学。各级侨务机构和组织的相继恢复，为落实侨务政策提供了组织保障。

---

① 国务院侨务办公室、中共中央文献研究室编：《邓小平论侨务》，中央文献出版社 2000 年版，第 2 页。

② 参见中共中央文献研究室编：《邓小平年谱（1975—1997）》（上），中央文献出版社 2004 年版，第 260 页。

③ 有学者认为国务院侨办是 1978 年 5 月成立的。参见武市红：《邓小平与新时期侨务工作》，载《党的文献》1999 年第 4 期，第 42 页。这里系根据中共中央文献研究室编：《邓小平年谱（1975—1997）》（上），中央文献出版社 2004 年版，第 260 页注释（1）。

（三）恢复"文革"前正确的侨务政策

新中国建立后，中共中央十分重视侨务工作，制定了一系列基本正确的侨务政策，然而，"文化大革命"期间，这些正确的侨务政策被破坏殆尽，"文革"结束后，华侨华人及世界各国都很关注中国侨务政策的变化。这样，中共中央及时重申恢复"文化大革命"前毛泽东、周恩来领导制定的正确的侨务政策。

不承认华侨的"双重国籍"，是20世纪50年代中期我国制定的对待海外华侨的一项政策。1978年2月26日，第五届全国人民代表大会第一次会议通过《团结起来，为建设社会主义的现代化强国而奋斗》的政府工作报告，完整地重申、阐述了毛泽东、周恩来领导制定的我国侨务政策。关于国内侨务政策，报告指出，要改正过去把所有具有海外关系的归侨和侨眷视作敌对关系的错误做法，充分安定国内归侨和侨眷的心理，逐步解决落实大批受压制的归侨和侨眷的生活待遇和优惠政策。即"我们要继续认真执行国家的政策，从政治上、工作上、生活上关怀归国侨胞和侨眷，并且给予适当照顾，进一步调动他们建设社会主义的积极性"。对华侨和华人"回到故乡探亲访友，要为他们提供方便条件。对中国血统的外国人在我国的亲属，要给予对待侨眷一样的关怀和照顾"。

对我国的国外侨务政策，五届人大一次会议政府工作报告强调阐述了四条基本内容：（1）我国不承认双重国籍。"我国政府的一贯政策是：赞成和鼓励华侨根据自愿原则选择居住国的国籍，反对采取强迫他们改变国籍的做法。凡是已经自愿加入或者已经取得居住国国籍的，就自动失去了中国国籍，但和中国人民仍然存在着亲戚关系。"（2）保护华侨正当权益。报告明确提出："华侨的正当权益，我国政府有责任加以保护，也希望得到有关国家的保障。我们希望国外侨胞成为增进我国人民和有关国家人民友谊的桥梁。"（3）教育华侨遵守侨居国法律制度。即

"我们要求他们遵守居住国的法律，尊重当地人民的风俗习惯，和当地人民友好相处"。（4）保护和发扬广大侨胞的爱国主义精神。这些阐述，无论是对归侨侨眷，还是华侨华人来说，都起到了安定人心的作用。

（四）侨务领域的全面拨乱反正

1978 年 12 月 18 日至 22 日，中共中央召开了具有重大转折意义的十一届三中全会。全会作出把全党工作的重点和全国人民的注意力转移到社会主义现代化建设上来的战略决策，确立了解放思想、实事求是的思想路线。十一届三中全会的召开，标志着我国进入了改革开放新的历史时期。

1978 年 12 月 22 日，也就是党的十一届三中全会结束的当天，在北京召开了全国侨务会议和第二次全国归侨代表大会。根据十一届三中全会精神，这次会议认真总结了新中国建立 29 年来侨务工作正反两方面的经验教训，将国内归侨、侨眷的政策概括成"一视同仁，不得歧视，根据特点，适当照顾"的十六字方针，并重申中华人民共和国成立以来党的一系列侨务政策是正确的，要求各地区各部门落实和贯彻。会议强调指出：在林彪、"四人帮"横行时期发生的冤案、错案、假案要坚决彻底地给予平反昭雪，实事求是地作出正确结论，不留尾巴，向所有受害人和家属赔礼道歉，对被查抄的财物，应按政策予以退赔；有些人过去因受林彪、"四人帮"迫害而出国或去港澳的，应表示深切的关怀，为他们平反昭雪；对林彪、"四人帮"强加在他们身上的种种诬陷，应当一律推倒；对以各种借口拖延平反的，要限期解决；对历史上各个时期被侵占的华侨房屋也要限期落实；并要从政治上、工作上、生活上关怀归侨、侨眷，给以适当的照顾；要改变过去对他们的歧视，使他们享受同国内人民一样的政治权利，吸收符合条件的归侨、侨眷入党、入团、参军；工作上要根据他们的专长，合理安排、正确使用，从各个方面发挥他们的积极作用；凡是有真才实学的，要同国内职工一样提职升级，授予技术职称；生活上要给予适当照顾，切实做好侨汇物资供应；对回国的华侨学生，归侨、侨眷的子女报考学校，要按国家规定的条件，一视同仁，予以录取。① 这是侨务领域一次全面拨乱反正的会议。

20世纪80年代前半期，中央又多次对落实涉侨遗留问题作了指示，并制定了一系列落实侨务政策的规定。主要有：1980年9月国务院批转国务院侨务办公室、公安部《关于对刑满释放、解除劳教后留劳动单位就业的归侨处理意见的报告》（1987年6月对此作了补充规定）；1981年5月国务院侨办、中央组织部、公安部《关于善始善终地复查纠正归侨、侨眷中冤假错案工作的通知》；1983年9月国务院侨务办公室、劳动人事部《关于处理六十年代初期精简的归侨职工问题的意见》（1985年4月对此作了补充规定）；1984年9月中央组织部、公安部、国家安全部、国务院侨办《关于抓紧清理归侨、侨眷档案工作的补充通知》，10月国务院侨办《关于配合有关部门妥善处理归侨、侨眷在"文革"中被查抄财物遗留问题的通知》，12月中央办公厅、国务院办公厅转发《关于加快落实华侨私房政策的意见的通知》（1987年5月又转发了补充意见）；1986年2月国务院侨办提出《关于对五十年代初期归侨用侨汇集资办的企业的资金退还问题的意见》等。

在这些政策法规指导下，各级侨务部门把落实各项侨务政策作为新时期侨务工作的当务之急，全方位地展开了侨务领域的拨乱反正工作。

1. 平反侨务领域的冤假错案

"文化大革命"期间，由于受"海外关系"影响等原因，许多归侨、侨眷被错误地立案审查，造成大量的冤假错案。1978年底全国侨务会议指出，在林彪、"四人帮"横行时期发生的冤案、错案、假案，至今尚未平反的，都要在1979年上半年内，坚决彻底给予平反昭雪，实事求是地

① 毛起雄、林晓东：《中国侨务政策概述》，中国华侨出版社1994年版，第124页。

作出正确的结论，不留尾巴，向所有受害人和家属赔礼道歉，对被查抄的财物，应按政策予以退赔。

侨务领域冤假错案的平反工作，主要从两方面展开：一是复查纠正归侨侨眷的冤假错案。即在"文化大革命"期间，凡是根据公安机关掌握涉及华侨、归侨、港澳同胞和外籍华人及其眷属中特务、反革命和特务、反革命嫌疑问题的侦察、调查材料，而逮捕、拘留的，无论其本人申诉与否，都认真进行清理复查。确属冤假错案的，要坚决予以平反纠正，全错的全纠，部分错了的部分纠正，不允许拖延不纠，不错的要坚持。平反纠正后，对他们及其家属在政治上不得歧视。对"文化大革命"以前的案件，本人或亲属提出申诉的，也抓紧进行复查，实事求是，有错必纠。二是认真做好归侨侨眷档案的清理工作。属于人事档案材料的清理，根据中央组织部的有关规定，由公安、人事、组织等部门，根据受害者的实际情况进行处理；如涉及历史问题或其他重要问题，需要查清而未查清的材料，由所在单位单独或会同公安等部门研究处理；对于因所谓"海外关系"而填写了《海外关系调查表》《反革命社会基础登记表》等表格的应取出销毁；对人事档案中写有不实之词的，也要进行处理；对于归侨、侨眷、港澳同胞眷属职工因接受海外亲友寄来金钱、物品等被当作问题写了检查并装入人事档案的应清除退还本人。凡由公安部门审理的案件材料的处理，应由公安部门负责妥善处理，有关照片、信件等，除个别外，均应退还本人。

在各级侨务部门的努力下，全国各地迅速开展了平反冤假错案的工作，摘掉长期戴在许多归侨侨眷头上的"右派分子""地主分子""资产阶级分子""特务""特嫌""里通外国"等各式政治帽子。据不完全统计，"文化大革命"时期共发生涉侨冤假错案34539件，到党的十三大召开之前，已经平反纠正33056件，占总数的96%。对"文化大革命"前历史遗留问题，共复查了10155件，占应复查案件的96%。经过政法部门审理的案件，复查改判的近 2000 件。从 648161 宗归侨、侨眷的档案中，剔除各种歧视性材料，共 322987 件。[①] 至 2008 年，即改革开放 30 年时，各级政府共平反了 10 多万件涉及海外侨胞和归侨侨眷的冤假错案，清退了近 4000 万平方米的华侨私房，清理了 60 多万份归侨侨眷职工的档案。[②] 这里以改革开放以来广东省落实侨务政策、平反各类冤假错案为例，具体情况参见表 1-1。

表 1-1　1979—2000 年广东省落实侨务政策情况统计表

类别	数量
平反纠正归侨侨眷冤假错案	14271 人
纠正重戴华侨地富帽子	4910 人
补改华侨地富成分	10667 户
发放确认提前改变华侨地富成分证明书	47752 份
清理归侨侨眷人事档案	82011 份
落实 60 年代精简归侨职工政策	5300 人
落实归侨知青政策	1200 人
调整安置归难侨及其子女	4070 人
培训归难侨职工	6700 人
资助贫困归难侨子女就读大中专学校	300 人
照顾"三侨生"就读大专院校	8974 人
清退各类农村侨房	1702 万平方米
清退各类城镇侨房	1213 万平方米

资料来源：广东华侨博物馆陈列资料。

从上表可以看出，改革开放前期广东省平反冤假错案涉及多方面，

---

① 毛起雄、林晓东：《中国侨务政策概述》，中国华侨出版社 1994 年版，第 138 页。

② 万钢：《努力实现侨务工作的科学发展》，《人民日报》2008 年 10 月 14 日。

是全面的拨乱反正：既纠正平反"文化大革命"的侨务错误，又纠正了50年代末60年代前期侨务领域的"左"倾错误，比较全面彻底，从中反映出当时侨务领域错误的严重性。

2. 落实保障归侨、侨眷的合法经济权益

这方面工作，除大规模地清理退赔"文化大革命"时期查抄的涉侨私人存款和金银珠宝等贵重物品及其他私人财物外，落实华侨私房政策，退还被挤占、没收的侨房是其中一项主要工作。

居住在海外的侨胞，总是将在家乡的私房看作自己与家乡连接的纽带，是自己根之所系。因此，对于侨房问题，党和政府历来十分关注，多次在各种文件法规中制定了妥善解决侨房问题、保护海外侨胞和归侨侨眷权益的内容。例如在1950年6月28日，中央人民政府通过的《中华人民共和国土地改革法》；1950年11月6日，政务院颁布的《土地改革中对华侨土地财产处理办法》等，都对华侨房屋的处理作了明确规定。但是由于历史原因，一些地方在处理华侨土地财产方面，产生了一些偏差，遗留下一些问题，这主要包括土地改革时错误没收、征收的一些侨房；社会主义改造时期不属于改造范围而错误改造的侨房；部分代管侨房以及在"文化大革命"中被挤占、没收的侨房。据有关方面统计，"文化大革命"中被挤占的华侨私房有300多万平方米，需要清退的农村侨房有2200多万平方米，在社会主义改造中被错误改造的华侨私房应发还产权的有280多万平方米，应退还使用权的约190万平方米。

粉碎"四人帮"后，在中华人民共和国成立以来有关侨房政策的基础上，中央制定了关于落实历史遗留的侨房问题的政策。1978年初，中共中央在转发外交部党组《关于全国侨务预备会议的情况报告》中指出："保护华侨、归侨、侨眷和有外籍亲属的中国公民房屋的所有权。任何

单位和个人，不得以任何借口占住他们房屋；已占住的，应予退还。"①
1978 年 12 月 22 日至 28 日召开的全国侨务会议、第二次全国归侨代表
大会强调指出：对于全国各地侵占华侨房屋的问题，提出以下处理意见：
"重申国家保护华侨房屋的所有权，任何单位或个人，不得以任何借口
占住他们的房屋；已占的均应在一九七九年内退还；凡党政军干部强占
华侨房屋的，应立即退还，请有关部门负责查处，对其中典型案件，在
严肃处理后予以通报，并在报上发表；一般群众强占华侨房屋的，也应
坚决搬出，拒不搬迁的，应严肃处理；对原由房管部门或机关、企业安
排占住华侨房屋的，应视为无房户，请各地将他们纳入一九七九年安排
无房户住房计划，优先分给新建住房，将占住的住房退归房主；任何单
位或个人，在退还华侨房屋时，对有关问题不得刁难。"②

　　此后，党和政府有关部门多次在有关侨务工作会议上强调落实侨房
问题。如 1982 年国务院侨办和国家城建总局召开的北京等 20 个城市和
广东、福建两省落实华侨私房政策的座谈会，会上研究如何解决"文革"
期间被侵占的侨房问题，会后国务院侨办、城建环境保护部联合制定了
《关于落实"文革"期间被挤占的华侨私房政策的若干规定》。在党的
十二大召开期间，中共中央办公厅和国务院办公厅的领导同志邀请了有
关省、市负责同志进行座谈，作出了《关于落实华侨私房政策座谈会纪
要》转发给地方有关部门贯彻执行。1984 年 2 月邓小平在视察厦门时，
当听说落实华侨房屋任务很艰巨，他明确指示："华侨房子，要承认他们
的所有权，然后分期交还。"③为了加快解决侨房遗留问题的步伐，1984
年，中共中央办公厅、国务院办公厅转发了国务院侨办《关于加快落实

---

① 转引自毛起雄、林晓东：《中国侨务政策概述》，中国华侨出版社 1994 年版，第 142 页。
② 任贵祥主编：《海外华侨华人与中国改革开放》，中共党史出版社 2009 年版，第 154 页。
③ 国务院侨务办公室、中共中央文献研究室编：《邓小平论侨务》，中央文献出版社 2000 年版，
第 11 页。

华侨私房政策的意见》；1987年，中共中央办公厅和国务院办公厅又转发了国务院侨务办公室、城乡建设环境保护部、财政部《关于落实华侨私房政策的补充意见》。

根据这些政策文件，落实侨房主要内容为：凡"文化大革命"期间被挤占、没收的华侨私人自住房和改造起点以下的出租房，一律确认原房主的所有权，限期腾退；凡部队、机关、企事业单位和街道组织等占用的华侨自住房，应限期腾退。由占用单位与房主签订退房协议书。必要时，商得房主同意，可以调换和收购。

在各地有关部门的努力下，落实侨房政策取得了突出成绩。据统计，到1991年底，各地在"文化大革命"期间被侵占的310万平方米的侨房已全部落实；土改和历次运动中被错收、错征的农村侨房，已落实2200万平方米，占要落实总面积的95.6%。私房社会主义改造时期被错改的侨房，已落实应退还产权124.1万平方米，占应退还产权总面积的40%左右；应退还使用权的已落实44.7万平方米，占应退还使用面积的20%。①

在全国侨乡拨乱反正工作中，我国侨务大省广东省落实侨房政策具有代表性，具体情况如表1-2所示。

表1-2 1979—1999年广东省各市落实城镇侨房政策情况统计表

（单位：平方米）

侨房类别 / 市别	"文化大革命"接管侨房	私改错改侨房	非建制镇私改侨房	私改侨房	中华人民共和国成立初期代管侨房	土改没收城镇侨房	土改农会拍卖侨房
广州	1253950	683998	32760	980000	870000	78206	626453
深圳	497	9167	50566	10523	17047	14492	28900
珠海	—	—	—		750		
汕头	38611	38611	—	382029	218753	63650	141210

---

① 毛起雄、林晓东：《中国侨务政策概述》，中国华侨出版社1994年版，第150页。

续表

侨房类别 / 市别	"文化大革命"接管侨房	私改错改侨房	非建制镇私改侨房	私改侨房	中华人民共和国成立初期代管侨房	土改没收城镇侨房	土改农会拍卖侨房
佛山	171510	50669	47670	195336	56123	4709	87834
江门	170312	290234	343851	723700	67667	392024	300223
梅州	19757	117859	59166	131251	16478	165067	29131
韶关	—	2026	—	21721	9910	67141	6836
东莞	4946	91675	—	63226	16192	2000	65551
中山	49655	46442	—	98252	24818	78692	4443
河源	3909	7942	4861	1998	5525	35597	2814
惠州	9934	20107	—	47114	4694	126817	10821
汕尾	4125	34517	1734	29712	23438	154401	12854
揭阳	14931	23002	9769	47469	9523	98148	1083
潮州	14148	98782	—	95923	15011	80250	15200
清远	14124	10404	—	17490	20333	160544	5448
湛江	9354	15516	—	24563	192434	18992	59761
茂名	7616	3473	251	5332	2127	—	46975
阳江	591	2744	—	5448	522	44161	47000
肇庆	12976	54072	13861	51198	5078	93725	5855
云浮	—	—	—	21599	4715	72580	6146
合计	1800946	1601240	564489	2953884	1581138	1751196	1504538

资料来源：广东华侨博物馆陈列资料。表中私改错改侨房合计数为1654338平方米，为计算有误。

从上表可以看出广东省改革开放后20年间落实侨房政策情况，也可以看出"文化大革命"期间侵占侨房达180多万平方米，土改时期没收城镇和拍卖农村侨房分别为175万多平方米和150多万平方米，前者接近后两者的55%，反映了"文化大革命"时期侵占侨房现象十分严重。

3. 落实归侨、侨眷知识分子政策

20 世纪 50 年代，有不少归侨知识分子放弃国外优厚的待遇，毅然回国贡献才智。然而 50 年代末尤其是"文化大革命"期间，他们多数人遭到打击迫害。当时，全国归侨、侨眷知识分子约有 40 万。主要由三部分组成：一是数千名老一代归侨、侨眷专家学者；二是我国自己培养的大批归侨、侨眷高、中级知识分子；三是新中国成立以来回国工作的数百名专家学者。

党的十一届三中全会后，为了落实知识分子政策，1982 年，中共中央发出通知，要求对知识分子真正做到政治上 视同仁，工作上放手使用，生活上关心照顾。1983 年 4 月，国务院侨办在北京召开了全国归侨侨眷知识分子工作座谈会。会议指出：归侨侨眷知识分子是一支有强烈爱国心和事业心、有较高知识水平的队伍。在加强知识分子工作中，不仅不能忽略归侨、侨眷知识分子，而且应当给予他们更多的尊重和照顾。要充分信任和正确使用归侨、侨眷知识分子，给予他们更多的尊重；要优先解决归侨、侨眷知识分子的实际困难，给予他们更多的照顾；并要求各级侨务部门积极地有针对性地做好思想政治工作。1985 年有关部门又提出了《关于抓紧落实归侨、侨眷知识分子政策工作的意见》，其主要内容有彻底平反归侨、侨眷知识分子的冤假错案、认真清理档案、归还私房财产、发展其入党及解决两地分居等。

20 世纪 80 年代以来，对于落实归侨、侨眷知识分子政策，各地做了大量工作。归侨、侨眷知识分子中的冤假错案，基本上得到平反纠正。有一大批归侨、侨眷知识分子加入了中国共产党。一批用非所学者调整了工作，许多人晋升了职称，一批优秀归侨、侨眷人才被提拔到各级领导岗位上来。截止到党的十三大，全国共有 17781 名优秀的归侨、侨眷被提

拔到县级以上工作部门的领导岗位。^①许多地方归侨、侨眷知识分子住房困难、子女升学就业和夫妻两地分居问题，也得到解决。例如，到1984年，广东省撤销对归侨、侨眷知识分子错误历史结论的有200名，对用非所学进行合理调整的有1927名，选拔到各级领导岗位的1184名，晋升评定业务技术职称的4795名，解决有住房困难和夫妻两地分居的6997名。

此外，还妥善解决了60年代上山下乡的归侨知青问题。"文化大革命"期间归侨知识青年同全国知青一样上山下乡，其中大多数人来到华侨农场，少数到农村社队落户。党的十一届三中全会后，上山下乡的知青陆续回城安置工作，而归侨知青由于亲人在国外，无家可归，无业可就。为此，1984年国务院侨办发出了《关于妥善解决六十年代下乡务农归侨知青问题的通知》，提出了对归侨知青"应根据各自的不同情况和要求，区别对待，妥善安排"的政策^②，主要在侨办系统内国家投资兴建的华侨工厂、旅游宾馆、引进外资合营企业，以及在各级侨务部门、侨联组织、华侨补习学校、中国旅行社等单位调整安置。

4. 落实侨汇政策

侨汇是我国旅外华侨从事各种职业所得的，用以赡养、供养或扶持其在国内的眷属发展生产、维持和改善生活等方面使用的汇款。侨汇是归侨、侨眷合法收入的一部分，也是国外广大侨胞的切身利益和国内千百万侨眷（主要在广东、福建两省）主要或次要的生活依靠，是侨胞和侨眷的正当权益之一；同时，侨汇对国家经济建设有积极作用，特别是繁荣侨乡经济，发展侨乡文化公益事业，均有特殊作用。因此，保护侨汇是党和国家的一贯政策。然而，"文化大革命"期间，我国的侨汇收入受到明显影响。

---

① 毛起雄、林晓东：《中国侨务法律法规概述》，中国华侨出版社1994年版，第138页。

② 毛起雄、林晓东：《中国侨务政策概述》，中国华侨出版社1994年版，第130页。

　　粉碎"四人帮"后，针对侨汇政策在"文化大革命"中遭到破坏，侨汇被无理侵犯的现象，中共中央三令五申，坚决制止任何人以任何借口侵犯或干涉侨汇的错误行为，如有违反，严惩不贷，以保护侨胞的合法权益。1978年，中央在有关保护侨汇政策中指出："侨汇是归侨、侨眷的合法收入，国家应予保护和鼓励。要求各级党委认真重视，抓好这项工作，适当解决侨汇收入地区的物资供应。"1979年12月，国务院侨办主任廖承志进一步强调："要求采取各种措施保护侨汇收入，切实做好侨汇物资供应。"[1] 这样，1978年恢复了侨汇留成（指按比例留给地方使用的外汇额度）和侨汇供应（指凭侨汇票证供应的物品）物资。许多地方还采取措施保护侨汇，优待侨汇储蓄，恢复和建立华侨商店，增加对持有侨汇者的物资供应。银行的工作人员还想办法帮助失去联系的一些侨眷，同在国外的亲人恢复联系，沟通汇路。这些做法受到广大侨胞侨眷的欢迎，侨汇有较大幅度增长。例如，到1978年11月底，广东全省侨汇收入比历史上收汇最多的1976年全年收汇额还多9.4%。[2] 1979年全国侨汇收入已达6.96亿美元。但是从1979年下半年开始，国家侨汇收入出现下降的趋势。究其主要原因，一是侨汇物资供应不足，不能充分满足持汇人的需要。二是海外华侨华人回乡探亲，携带外币入境代替侨汇的现象越来越多；携带、邮寄以及借捐献之名以物资代替侨汇的情况比较普遍。

　　为了扭转侨汇收入下降的趋势，增加我国的侨汇收入；为了更好地保护归侨、侨眷使用侨汇的合法权益，1979年以来党和国家制定了一系列积极的侨汇政策来吸引和保护侨汇。如1979年7月《国务院关于提高侨汇留成和改变侨汇物资供应体制的通知》，1980年3月国务院转发

---

①　转引自毛起雄、林晓东：《中国侨务政策概述》，中国华侨出版社1994年版，第180—181页。

②　《广东侨汇收入创历史最高水平》，《人民日报》1979年1月3日。

国家城市建设总局、国务院侨办《关于用侨汇购买和建设住宅的暂行办法》，1980年10月财政部发出《关于华侨从海外汇入赡养家属的侨汇等免征个人所得税问题的通知》，1982年《国务院关于做好侨汇工作扭转侨汇下降的通知》，1986年10月《中国银行关于海外侨汇款不再折外汇人民币汇入的通知》，1987年9月国务院侨办、商业部等10个部门发出《关于改善赡家侨汇物资供应几项规定的通知》等。

综观这些规定，可以看出，国家不但重申了以往保护侨汇的内容，而且规定了保护并利用侨汇为经济建设服务及方便侨眷的一些新内容。（1）侨汇免征个人所得税。考虑到华侨从海外汇入赡养家属的侨汇并非是国内归侨、侨眷的工资、薪金所得，同时为了鼓励华侨寄外汇给亲属，所以国务院作出规定，自1980年起侨汇收入免征个人所得税。（2）侨汇不再以折算外汇为人民币汇入。改革开放前，我国曾根据历史的实际情况，规定海外华侨汇入的美元等外币，中国银行以外汇人民币结算，并且不能办理外币存款；要办外汇存款还要重新折回美元。这种规定使侨汇美元受到不少套汇损失，特别是汇价变动后，损失更为明显。为了改变这种不适应新形势下侨汇外币发展需要的现象，中国银行于1986年起作出规定，从当年开始，侨汇一般不再折算成外汇人民币汇入，可以直接用原币汇款，侨汇收款人自愿办理境内居民的外币存款。（3）适当提高侨汇留成比例。1979年以前，我国侨汇留成是这样规定的：赡家侨汇按侨汇总额计算，6%归地方；建筑侨汇在侨汇总额的20%之内给地方留成15%。这一做法不能适应改革开放形势的需要，不利于调动各方面积极性。为了调动中央有关部门、地方和侨眷的积极性，争取更多的侨汇，国务院作出调整规定：从1979年7月开始提高侨汇留成比例，赡家侨汇留成由原定的6%提高为30%；建筑侨汇留成由原定的15%提高为40%。80年代初，国务院又对侨汇大省广东、福建两省赡家侨汇留成比例作了调整，即从原来的30%提高到50%；1987年又规定，其他各省、自治区、直辖市的留成比例皆提高到50%。此外，为了鼓励华侨、归侨、侨眷用侨汇购买和建设住宅，规定可以优惠政策（入迁大城市户口等）鼓励使用侨汇购建住宅。

这一时期的侨汇情况，从广东省江门市和福建省福州市两个侨乡大省的两个有代表性的侨乡城市每年侨汇的涨落可以反映出来（见表1-3和表1-4）。

表1-3　1978—1987年江门地区侨汇收入表（单位：万美元）

年度	侨汇额	年度	侨汇额
1978	491.59	1983	436
1979	517.86	1984	204
1980	541.05	1985	107.97
1981	482.02	1986	167
1982	622	1987	79.8

资料来源：任贵祥、朱昌裕著：《华侨华人与中国改革开放40年》，广东教育出版社2019年版，第134页。

从表1-3可以明显看出，改革开放初期的5年即1978年至1982年江门侨汇呈上升趋势，1982年达到最高值，为622万美元；随后的5年即1983年至1987年呈下降趋势，1987年下降至最低，只有79.8万美元。

表1-4　1978—1989年福州地区侨汇收入表（单位：万美元）

年度	侨汇额	年度	侨汇额
1978	2922	1984	1460
1979	2493	1985	599
1980	2090	1986	763
1981	1581	1987	443
1982	1458	1988	357
1983	1697	1989	92.7

资料来源：任贵祥、朱昌裕著：《华侨华人与中国改革开放40年》，广东教育出版社2019年版，第134页。

　　福州与江门侨汇收入总体情况相同之处都是下滑,不同的是改革开放的 12 年间福州侨汇是一路下滑,至 1989 年下降到最低点,仅有 92.7 万美元,大约为 1978 年的 1/31。这里需要探讨的一个问题,改革开放前的 10 多年间即"文化大革命"时期包括"两年徘徊"时期,侨汇呈大幅上升趋势,而改革开放启动的 10 多年间,侨汇反呈大幅度下降势头,这是一个不可思议的反常现象。笔者的理解是,"文革"时期我国经济遭到严重破坏,接近崩溃边缘,侨乡经济同样遭到严重破坏,处于十分贫困的广大侨眷只有依靠侨汇维生,而国家实行保护侨汇政策,可以说十年动乱,侨汇基本未乱,这应该是这一时期侨汇上升的原因。而改革开放以来的 10 多年间,侨汇严重下滑的原因,有学者作出解释是,侨汇保存和进入方式的转变是侨汇数额不断下降的主要原因,即随着改革开放的不断深入,国家银行逐渐放宽国内居民外币存款的一些限制,并推出了各类外币存款新品种,使大量侨汇转存为外币存款。如中国银行决定,自 1984 年 7 月 1 日起各地陆续开办境内居民定期外币存款业务。中国境内居民都可以本人名义或与境外亲属联名在中国银行开立定期外向存款账户等。外币存款到期后,本息可以续存,也可以支取人民币并享受侨汇优待。境内存款人或其直系亲属获准出国定居或探亲、治病等时,凭出境证件可汇出部分或全部。随着侨汇积存增多,侨汇汇入数量也有所减少。还有其他一些原因,可以进一步讨论。

　　经过 20 世纪 80 年代后期侨汇的逐渐低落后,进入 90 年代,侨汇逐渐回升并进入新一轮增长时期,特别是 90 年代后半期,侨汇收入不断攀升,侨汇总量增长已经远远超过新中国成立以来 40 多年的增长总额,形成改革开放以来侨汇发展的新局面。2008 年世界银行公布的 1978 年至 2008 年中国海外移民向祖(籍)国汇款情况可以说明这种现象(见表 1-5)。

表 1-5　1978—2008 年中国海外移民汇回国内款项统计表

（单位：百万美元）

年度	汇款额	年度	汇款额
1978	537	1994	896
1979	590	1995	1053
1980	576	1996	1790
1981	418	1997	4661
1982	564	1998	4127
1983	497	1999	4796
1984	371	2000	6244
1985	253	2001	8385
1986	438	2002	13012
1987	234	2003	17815
1988	385	2004	19014
1989	222	2005	20337
1990	210	2006	23319
1991	436	2007	32833
1992	739	2008	40461
1993	811	—	—

资料来源：任贵祥、朱昌裕著：《华侨华人与中国改革开放 40 年》，广东教育出版社 2019 年版，第 135 页。

为什么 90 年代侨汇能够一路回升，笔者以为主要是随着改革开放的深入、社会主义市场经济逐步确立，侨务政策的正确及成熟，调动了华侨华人往家乡汇款的积极性。这时的侨汇，不仅仅用于侨眷的家庭生活，也用于扩大再生产和家乡建设。

5. 妥善处理 60 年代初期被精简下放的归侨职工问题

20 世纪 60 年代初期，由于我国遭受三年经济严重困难，国家大量压缩城市人口，精简机关干部和企事业职工。虽然 1962 年 6 月中央批准中侨委党组《关于当前压缩城镇人口、精兵简政中妥善处理侨眷、归国华侨的就业和精简问题的请示报告》，明确规定：对中华人民共和国成立以来安置在国家机关、学校和厂矿企业的归国华侨工人、干部一般不作为精简对象，但这一规定并未得到贯彻执行，一部分新中国成立后回来安置在国家机关、学校和厂矿企业的归侨职工也被下放到农村。因此需要落实解决这些被错误精简下放的归侨职工问题。1983 年 9 月，国务院侨务办公室、劳动人事部发出《关于处理六十年代初期精简的归侨职工问题的意见》，规定对 60 年代初期被精简的归侨职工，可以在全民或集体所有制单位安排适当工作。1985 年 4 月又就合理解决被精简归侨职工的连续工龄计算等问题作出《关于处理六十年代初期精简的归侨职工问题的补充规定》，改变了原规定关于归侨被精简期间不算工龄的做法，而且对原来不执行招收精简职工子女参加工作的规定作了调整，规定可以按有关政策给予优先照顾。

这样，各地对部分归侨职工及其家属，重新安排了工作。如广东省对 60 年代被精简压缩到农村的归侨、侨眷职工进行了复查，恢复工作的达 4295 名。

在各级侨务部门的努力下，至 1989 年，侨务领域大规模拨乱反正、落实政策的任务基本完成。这使广大侨胞在十年浩劫中留下的创伤逐渐愈合，他们被压抑的爱国热情又重新焕发，进而积极投身于祖国的社会主义现代化建设。这一切，为新时期侨务工作迈向新的台阶创造了良好的开端。

二、邓小平"独特机遇论"的思想精髓

作为中国改革开放的总设计师的邓小平，以战略性思维来认识对待华侨华人问题，独具慧眼地提出了广大华侨华人是中国发展的"独特机遇"等著名论断，丰富发展了党的侨务思想，成为新时期指导各项侨务工作指导思想。这一思想主要内容有以下几点。

其一，利用华侨华人资金为现代化建设服务。1979 年 1 月，邓小平在同胡厥文、胡子昂、荣毅仁等工商界领导人谈话时，首次提出在经济建设中利用华侨华人资金的想法。他说："现在搞建设，门路要多一点，可以利用外国的资金和技术，华侨、华裔也可以回来办工厂。"① 对于华侨华人资本的性质，邓小平分析说："这部分也可能是资本主义经济的形式，但绝大多数华侨是带着爱护和发展社会主义祖国这个愿望来的，与纯粹的外国投资不同。"② 这一思想为我国对外开放打开了一个重要突破口，也为后来我国大规模利用外资和逐步建设社会主义市场经济创造了前提。邓小平还把吸引华侨华人资金纳入经济特区建设的战略决策中去一并考虑，他说："广东、福建实行特殊政策，利用华侨资金、技术，包括设厂，这样搞不会变成资本主义。"③ 1991 年春节，邓小平在上海回忆当年成立经济特区重大举措时说："那一年确定四个经济特区，主要是从地理条件考虑的。深圳毗邻香港，珠海靠近澳门，汕头是因为东南亚国家潮汕人多，厦门是因为闽南人在外国经商的很多。"④ 这说明建立经济特区，主要是出于引进华侨华人和港澳同胞的资金的战略考虑。

其二，吸引华侨华人科学家恢复发展中国科技事业。早在 1977 年 8 月，邓小平在《关于科学和教育工作的几点意见》的讲话中指出："接受华裔学者回国是我们发展科学技术的一项具体措施，派人出国留学也是一项具体措施。"⑤ 这是从利用海外华人的智力发展我国科学技术的角度，最早表达了我国对外开放"请进来""走出去"的战略思想。在同年

---

① 《邓小平文选》第 2 卷，人民出版社 1994 年版，第 156 页。

② 国务院侨务办公室、中共中央文献研究室编：《邓小平论侨务》，中央文献出版社 2000 年版，第 23 页。

③ 中共中央文献研究室编：《邓小平年谱（1975—1997）》（上），中央文献出版社 2004 年版，第 506 页。

④ 《邓小平文选》第 3 卷，人民出版社 1993 年版，第 366 页。

⑤ 《邓小平文选》第 2 卷，人民出版社 1994 年第 2 版，第 57 页。

9月的一次谈话中，邓小平表示，国外的华人科学家，凡是愿意回来的，国内容纳得下的，可以请回来。我们急需现成的人才，不请回来怎么行呢？①邓小平以国际视野来审视科技人才在我国现代化建设中的地位和作用，由此提出了"华裔专家是活的宝贝"的名言。1986年4月19日，邓小平会见香港著名实业家包玉刚等人时说，发展高科技"要利用现有人才，将来香港人才也应该容纳在内，还有海外留学生、华人学者，希望他们出力。华人中有很多人才，如李政道、杨振宁，多几个这样的人才就好了"②。邓小平把引进国外智力特别是海外华人中的科技人才的智力，作为我国高科技发展的重要环节；同时也为我国实施科教兴国、人才强国的战略，找到了一把钥匙。

其三，海外侨胞是促进中国和平统一的重要力量。除了强调发挥海外华侨华人在中国经济建设、发展科技事业的作用外，邓小平还认为他们在政治上是新时期爱国统一战线的重要组成部分。1977年，邓小平在国庆活动招待会上致祝酒词说，要调动一切积极因素，"包括爱国民主党派、爱国人士和台湾同胞、港澳同胞、海外侨胞的统一战线""为社会主义革命和社会主义建设事业服务"③。1979年6月，邓小平在全国政协五届二次会议上又明确指出："台湾同胞、港澳同胞和国外侨胞心向祖国，爱国主义觉悟不断提高，他们在实现祖国统一大业、支援祖国现代化建设和加强国际反霸斗争方面，日益发挥着重要的积极作用。"④同年2月5日，邓小平为《美洲华侨日报》题词："愿你们为祖国的社会主义建设，为台湾回归祖国、实现统一祖国大业，作出更多的贡献。"⑤

———————

① 国务院侨务办公室、中共中央文献研究室编：《邓小平论侨务》，第14页。

② 《邓小平年谱（1975—1997）》（下），中央文献出版社2004年版，第1113页。

③ 国务院侨务办公室、中共中央文献研究室编：《邓小平论侨务》，第26页。

④ 国务院侨务办公室、中共中央文献研究室编：《邓小平论侨务》，第30页。

⑤ 国务院侨务办公室、中共中央文献研究室编：《邓小平论侨务》，第30页。

邓小平在擘画改革开放大业同时，推动制定了实现祖国和平统一的战略方针，科学地提出用"一国两制"来解决台湾问题和香港、澳门问题，强调要重视发挥包括港澳台同胞和海外侨胞在内的最广泛的爱国统一战线的积极作用。

其四，把华侨华人作为改革开放的"独特机遇"。1989年政治风波后，西方国家对中国实行制裁，外国企业停止来华投资并纷纷撤回了原来的投资，我国经济建设面临着很大的压力。在祖国困难的情况下，海外侨胞和港澳同胞不仅没有撤回投资，而且仍旧继续投资。这使邓小平对华侨华人的作用和地位的看法有了进一步发展。1990年邓小平在会见泰国正大集团董事长谢国民时说："中国人要振作起来。大陆已经有相当的基础。我们还有几千万爱国同胞在海外，他们希望中国兴旺发达，这在世界上是独一无二的。我们要利用机遇，把中国发展起来。"[1] 1993年，他在同上海各界人士共迎新春佳节时，再次提出中国发展的"独特机遇"问题："对于中国来说，大发展的机遇并不多。中国与世界各国不同，有着自己独特的机遇，比如，我们有几千万爱国同胞在海外，他们对祖国作出了很多贡献。"[2]

"独特机遇论"是邓小平侨务思想的核心内容，这一理论对于推动改革开放具有重大的实践意义，产生了广泛的社会影响，尤其对我国的侨务工作和海外侨胞积极投身祖国建设产生了良好的互动作用。

三、开创我国侨务工作的新局面

在邓小平中国特色侨务思想理论的指导下，中国共产党全面调整对

---

① 国务院侨务办公室、中共中央文献研究室编：《邓小平论侨务》，第12页。
② 国务院侨务办公室、中共中央文献研究室编：《邓小平论侨务》，第12页。

海外华侨华人和归侨、侨眷工作的整体性思路，与时俱进地制定新时期的侨务政策，使侨务工作迅速打开了勃勃生机的新局面。

（一）建立健全侨务机构和涉侨法律系统

1. 建立健全各级侨务机构

1978 年初，中国政府重新成立主管侨务的机构——国务院华侨事务办公室。自 1978 年起，全国 29 个省、自治区和直辖市（除了西藏之外）也陆续成立了侨务办公室，主管各地的侨务工作。地市县一级的侨务办公室也纷纷设立。全国一些主要侨乡即海外华侨华人的家乡和归侨侨眷的（集中地）的乡、镇一级甚至村、街道也都设立了专门的机构或有专人负责侨务工作。

1978 年 4 月，中国侨联恢复活动，同年 12 月在北京召开第二次全国归侨代表大会并选举产生新的侨联委员会。1981 年，中央确定归国华侨联合会为全国性人民团体，以提高侨联的社会地位，此后侨联组织出现了大发展的局面。"文化大革命"前，全国只有 14 个省、市、自治区有侨联组织。到 90 年代，有 29 个省、自治区、直辖市成立侨联。截止到 1993 年，全国县级以上侨联组织机构有 2700 多个，侨联所属社团达8200 多个，初步形成了一个从上而下、联系广泛的工作网络[1]。2012 年9 月，继云南省迪庆藏族自治州侨联成立后，西藏自治区侨联正式挂牌，实现了除港澳台外，全国省级侨联组织全覆盖。至此，全国各级侨联组织达到 18400 多个。各级侨联青年委员会、侨（华）商会、法律顾问委员会、华侨历史学会、华侨文化交流协会等积极开展工作。各级侨联组织的建立，其活动走上法治的轨道。1982 年成立中国侨联法律顾问委员会（以下简称法顾委），随后全国 20 个省侨联纷纷成立法顾委，170 个地市级侨联成立法律服务组织，全国侨联维权干部 2000 余人。法顾委

---

[1]　毛起雄、林晓东：《中国侨务法律概述》，第 359 页。

还成立了海外律师团。该组织为维护侨胞合法权益发挥了重要作用，至2008年，共处理涉侨案件近1500件，其中影响较大的案件100余件。[①]至2012年法顾委成立30年来，始终坚持以人为本、为侨服务的宗旨，热情为侨胞提供法律服务，协助处理近5000件涉侨案件，出具法律意见函4000余件次，召开案例研讨会400余次，累计挽回侨胞经济损失数十亿元，赢得海内外侨胞的广泛赞誉。法顾委由成立之初的13位委员，2012年发展到89位国内委员、33位海外委员，并在全国30个省级侨联、180个地市县侨联成立了法律咨询服务机构。[②]一些涉侨"老大难"案件在中国侨联，省、区市级侨联协调下得到圆满解决。如湖南衡阳侨胞谢女士反映与他人发生合伙协议纠纷，对方当事人在一审被判败诉后多次无理重复上诉、申诉，致该案先后经湖南省高级人民法院两次发回重审、衡阳市中院三次审理，长达四年仍未作最终判决，严重侵害了谢女士的合法权益。后经湖南省侨联法顾委三次向湖南省高级人民法院致函提供法律意见、法顾委向最高人民法院反映案件情况请求予以关注的共同努力下，谢女士终于获得期盼已久的公正。

政协第一届全国委员会设有华侨事务组，这是新中国成立后带有立法性质的第一个侨务工作机构。1954年全国人大成立后，全国政协作为统一战线机构继续发挥作用，从第二届至第六届全国政协华侨事务组改称为华侨组，第七届、第八届称为华侨委员会。1995年3月政协第八届全国委员会常委会第12次会议将华侨委员会和祖国统一联谊委员会合并为台港澳侨联络委员会，1998年3月政协第九届全国委员会常委会第一次会议定名为港澳台侨委员会。政协侨务机构都始终把团结海外侨胞和

---

① 宋伟、祁德贵：《侨联30年法制路：维护侨权侨益 推动法制建设（记录）——访中国侨联法律顾问委员会主任邹瑜》，《人民日报》2008年9月24日。

② 人民日报记者孙立极：《侨联法顾委成立30周年纪念大会举行》，《人民日报》2012年5月9日。

国内侨眷，维护他们的合法正当权益，作为自己的主要职责之一。其主要职能是在全国政协常委会和主席会议的领导下，就侨务工作开展经常活动，发挥政治协商、民主监督作用。其主要任务是听取关于侨务工作的意见和反映；宣传党和国家的任务政策；对侨务领域的热点难点问题进行调研，向有关部门提出建议、反映意见等。

为了加强侨务立法，监督侨务政策的执行，1983 年 6 月第六届全国人民代表大会决定设立全国人民代表大会华侨委员会，由叶飞副委员长任主任。其主要任务是审议、拟定有关侨务的议案或法律草案；检查监督侨务法律的执行情况；开展有关的外事活动等。之后有 22 个省、自治区和直辖市的人大及其常委会也相应成立了侨委，100 多个地级市，200 多个县、市人大设立了侨（工）委[①]。

至 20 世纪 90 年代，中央一级的侨务工作机构已经达到五个：全国人民代表大会华侨委员会、中国人民政治协商会议全国委员会港澳台侨委员会、国务院侨务办公室、中华全国归国华侨联合会，加上以归侨侨眷和其他有海外关系的中上层代表人士组成的中国致公党，通常称为中央"五侨"。官方涉侨机构的增加意味着从中央到地方的各级政府都对华侨华人事务的高度重视，这是中国历史上前所未有的现象。

众多侨联组织积极建言献策，推进民主政治建设。各级侨联共向各级侨界人大代表、政协委员提供议案素材 24000 多件，所提议案的办复率达到 95% 以上。各级人大归侨代表、各级政协侨联委员，积极参政议政。以 2009 年"两会"代表为例，全国人大有归侨代表 35 名，全国政协有侨联界委员 30 名，全国县以上各级人大有归侨侨眷代表 1600 多名，各级政协有侨联界委员 7700 多名。[②] 自 2001 年到 2010 年间，共有

---

① 《华侨与华人》1995 年第 1 期。

② 林军：《实现新跨越 开创新局面——新中国成立六十年来的侨联工作》，《人民日报》2009 年 10 月 22 日。

来自38个国家的247位海外侨胞应全国政协邀请列席全国政协全体会议。2010年列席全国政协十一届三次会议的共有来自21个国家的38位海外华侨华人代表。泰国华人青年商会会长李桂雄作为列席会议海外侨胞代表，非常珍惜这次宝贵的机会。他密切关注中国的发展，尽力为祖（籍）国的发展建言献策。在小组讨论发言时，他提出希望让更多海外华侨华人子女有机会回国学习中华文化和汉语、加强在海外宣传中华文化的力度、积极开展公共外交活动等建议，受到了全国政协领导人的表扬。

在党和国家的关怀下，1990年11月国内各族各界人士又成立了"中国海外交流协会"，以"广泛联系海外华侨、华人及其团体，增进友好情谊，发展合作交流"为宗旨，致力于促进海内外经济贸易、科学技术、文化教育等领域的合作与交流，大大拓宽了海内外同胞联系与交流的渠道。

2. 建立健全涉侨法律体系

改革开放以来，党和国家高度重视对于海外华侨华人和归侨侨眷合法权益的保护，相继制定了多部涉侨、侨务法律。如1980年9月10日，经第五届全国人民代表大会第三次会议通过，我国正式颁布了《中华人民共和国国籍法》。该法是我国第一部国籍法，也是一部十分重要的涉侨法律，它总结了30年来处理国籍问题的实践经验，进一步以国家立法的形式确定了"中华人民共和国不承认中国公民具有双重国籍"[①]，鼓励华侨自愿加入侨居国国籍，体现了我国处理国籍问题的一贯政策。这样使更多的华侨加入当地国籍，转变成为华人。目前海外的6000多万华侨华人中，约有90%已先后取得所在国国籍，仍保留中国国籍的华侨只占约10%。

1982年制定的《中华人民共和国宪法》第五十条规定，"中华人民

---

① 《中华人民共和国国籍法》（1980年9月10日），全国人大网站，1980-09-10。

共和国保护华侨的正当权益和利益，保护归侨和侨眷的合法权利和利益"，大大突破了原有宪法中只规定保护华侨权益的片面性和局限性，说明我国侨务工作从重视华侨问题转入华侨、归侨、侨眷并重，大大拓展了侨务立法的内容和范围，为我国新时期侨务立法提供了更多的宪法依据。

1985 年 11 月 22 日，全国人民代表大会常务委员会颁布的《中华人民共和国公民出境入境管理法》，也是一部重要的涉侨法律。它放宽包括华侨和归侨、侨眷在内的中国公民出入境的限制，为华侨回国探亲、定居或旅游，为归侨、侨眷因私出境等提供更多的方便。据不完全统计，1979 年至 1985 年，有 35 万大陆居民被允许出国，而 1986 年至 1996 年，出国人数增加到 560 万，其中至少有 60 万人定居当地。①

1990 年《中华人民共和国归侨侨眷权益保护法》（以下简称《归侨侨眷权益保护法》）的制定和颁布，产生了我国的侨务基本法，可以说把对于归侨侨眷的合法权益的保护问题提升到了一个前所未有的高度。该法在 1990 年 9 月 7 日第七届全国人民代表大会常务委员会第十五次会议上通过，其主要内容或精神为：对归侨侨眷实行"一视同仁，不得歧视，根据特点，适当照顾"，对归侨、归侨知识分子，给予更多的尊重和照顾；保护和发扬海外华侨爱国爱乡的热情，促进其团结互助，遵守当地法律，与当地人民友好相处；鼓励外籍华侨为所在国的经济、科技、文化的发展作出贡献；鼓励他们保持和发扬中华民族的文化传统，保持同祖（籍）国的联系，为发展祖（籍）国同所在国的经济合作、文化交流和友好关系作出贡献。1993 年 7 月 19 日，国务院又发布《中华人民共和国归侨侨眷权益保护法实施办法》，在侨房、华侨农场、企业权益、

---

① 庄国土：《1978 年以来中国政府对华侨华人态度和政策的变化》，《南洋问题研究》2000 年第 3 期。

华侨子女升学就业等各方面制定实施细节原则。之后，除西藏、台湾外，各省、自治区、直辖市地方人大常委会制定了《归侨侨眷权益保护法》实施办法。《归侨侨眷权益保护法》是新中国成立后第一部保护归侨侨眷合法权益的专门法律，标志着我国的侨务法制建设向前迈出了重要一步，为新时期开创侨务工作新局面奠定了基础。

随着我国社会主义市场经济体制的建立和国内外侨情的发展变化，《归侨侨眷权益保护法》有一些条款的规定，已不能适应形势发展的需要，还有一些新情况、新内容需要在法律中加以体现和规范。因此，从八届全国人大开始，华侨委员会就对这部法律的修改作了一些准备和酝酿；九届全国人大常委会将《归侨侨眷权益保护法》的修改列入立法规划；到 2000 年 10 月 31 日，第九届全国人大常委会第十八次会议通过了《中华人民共和国归侨侨眷权益保护法修正案》，并以中华人民共和国主席令（第 39 号）的形式给予公布。相应的实施办法（修订案）也于 2004 年 6 月 3 日公布，7 月 1 日起开始实施。《中华人民共和国归侨侨眷权益保护法修正案》的通过，标志着我国侨务法制建设进入了一个新的发展阶段，对归侨侨眷合法权益的保护更加全面。

改革开放以来，我国的公益事业捐赠活动得到很大发展。为了鼓励和规范捐赠，保护捐赠人、受赠人和受益人的合法权益，促进公益事业的发展，制定公益事业捐赠法是必要的。1999 年 6 月 28 日，全国人大常委会通过了《中华人民共和国公益事业捐赠法》，规范了我国的捐赠和受赠行为，保护了海外侨胞和港澳同胞在内的国内外捐赠人士及国内受赠人、受益人的合法权益，使海外侨胞捐赠兴办公益事业有法可依。2011 年全国侨务工作会议及《国家侨务工作发展纲要（2011—2015 年）》，因应世情、国情和侨情的深刻变化，提出了侨务工作服务科学发展、实现科学发展的新思路。

《中华人民共和国归侨侨眷权益保护法》与《中华人民共和国宪法》

《中华人民共和国国籍法》《中华人民共和国公民出入境管理法》《中华人民共和国公益事业捐赠法》等法律一起形成了一个比较完整的保护海外华侨华人和归侨侨眷合法权益的立法和法律体系，使新时期的侨务工作逐步走上了良性健康的法治轨道。

（二）制定一系列中国特色的侨务政策

中国共产党的侨务政策重心在不同时期各有侧重。1978 年国务院侨办成立后至 1984 年，是侨务政策和侨务工作的调整时期，拨乱反正、解决历史遗留问题是这一时期侨务工作的重点。1984 年以后，配合以经济建设为中心的国策，推动华侨华人与中国的经济、科技合作则是侨务政策的重心。

这时，中共中央对华侨华人可能在中国经济建设中起重要作用的认识，既体现在邓小平的一系列论述之中，也体现在 1984 年 4 月 20 日召开的全国省、自治区、直辖市侨办主任会议上。习仲勋代表中央书记处在这次会议上发表讲话指出，"中央书记处认为：现在居住在世界各地的三千多万的华侨和外籍华人是一支很重要的力量，认真做好他们的工作，对我国加快四化建设、完成祖国统一大业、扩大海外影响和争取国际友人都有非常重要的意义和作用。这几千万华侨和外籍华人拥有大量的资金，他们中又有许多专门人才，懂科学技术、擅长经营管理，只要我们政策正确，方法对头，审时度势，因势利导，就有可能把他们的积极性调动起来，在我国四化建设中发挥重要作用。据说华侨和外籍华人在海外大约有两千亿美元资金。可以设想，如果能在 80 乃至 90 年代吸收他们拥有资金的百分之十，即大约二百亿美元，这对我国的四化建设将是一个很大的支援和帮助。为此，中央已决定通过立法对华侨和港澳同胞、台湾同胞等在祖国大陆的投资给以优惠待遇。同时，华侨和外籍华人也是我们引进人才的重点。外籍华人和我们有共同的民族感情，大多数和我们语言、文字相通，他们来华工作有很多便利条件。……从全国来说，在世界各地的华侨和外籍华人，以祖籍是广东、福建两省的人最多，其他地方人的数量虽然少一些，但他们也都有爱国、爱乡之情，都愿意为祖国、故土的繁荣、富裕和文明作出贡献。所以全国各地都要重视和做好侨务工作。"[①] 这一讲话表明了中国共产党对侨务工作的基本态度。

20 世纪 80 年代中期以来，党和国家根据中央的指导精神，制定了一系列中国特色的侨务政策。国内侨务政策方面，主要包括关于吸引华侨华人投资政策；关于引进华侨华人智力资源政策；关于捐赠政策；关于涉侨教育政策；等等。国外侨务政策，主要是针对外籍华人的方针政策。到 90 年代初，我国就制定了 100 多项有关侨务法律、法规、条例、办法等，形成了全面系统的侨务政策，对推动新时期侨务工作的开展起了重要作用。这些侨务政策主要有以下几个方面。

1. 关于吸引海外华商投资的政策

改革开放以前，中国处于计划经济体制下，不允许华商直接私营企业，客观环境不能适应华侨资本的发展，故投资总量不大，总额仅约 1 亿美元[②]。"文化大革命"期间，政治秩序混乱，经济濒临崩溃边缘，华商在中国大陆的投资中断。

改革开放以来，党和国家的侨务政策进行重大调整，开始欢迎和鼓励港澳台及东南亚等地的华人资本投资大陆，并制定相关法律法规，保护并规范华侨华人的投资。如 1979 年 7 月 1 日第五届全国人大第二次会议通过的《中华人民共和国中外合资经营企业法》（1990 年、2001 年两次修订），1986 年 4 月 12 日，第六届全国人大第四次会议通过实施《中华人民共和国外资企业法》（2000 年修正），1988 年施行的《中华人民

---

① 转引自任贵祥主编：《海外华侨华人与中国改革开放》，中共党史出版社 2009 年版，第 168—169 页。

② 林金枝：《海外华人在中国大陆投资的现状及其今后发展趋势》，《华侨华人历史研究》1993 年第 1 期。

共和国中外合作经营企业法》，1990 年 10 月经国务院批准、12 月由对外经济贸易部发布的《中华人民共和国外资企业法实施细则》，1991 年出台的《中华人民共和国外商投资企业法和外国企业所得税法》及其细则，1994 年颁布调整关税的《中华人民共和国海关公告》，1994 年通过的《中华人民共和国台湾同胞投资保护法》，1995 年又相继出台了《中华人民共和国中外合作经营企业法》及其实施细则等，均直接或间接涉及华侨投资问题。根据规定，华人资本的投资属于外商投资，享受外资身份。

同时还出台了不少针对港澳台同胞及海外华人投资的优惠政策，规定华侨华人和港澳台同胞可享受比一般外商更优惠的投资条件。如 1983 年 9 月 3 日，中共中央、国务院发出《关于加强利用外资工作的指示》指出，利用外资、引进先进技术，对加快我国社会主义现代化建设具有重要的战略意义，对华侨和港澳、台湾同胞在国内投资给予特殊的优惠。由国务院侨务办公室会同有关部门制定具体办法，报国务院批准。1985 年 4 月 2 日颁布的《国务院关于华侨投资优惠的暂行规定》（以下简称《暂行规定》），是新时期最早专门针对华侨投资的规定。在《暂行规定》的基础上，1990 年 8 月 19 日发布了《国务院关于鼓励华侨和香港澳门同胞投资的规定》（以下简称《规定》），共 22 条，对华侨、港澳投资者在大陆的投资权利、义务、优惠待遇等作了更加全面、具体的规定。该《规定》颁布后，1985 年的《暂行规定》废止。

随着华侨投资政策的发展成熟，2002 年国务院侨办制定了《涉侨经济案件协调处理工作暂行办法》（以下简称《办法》），目的在于依法维护海外华侨在国内投资的合法权益。《办法》对涉侨经济案件的组织机构和职能，涉侨经济案件受理、处理、结案等均作了详细规定。这说明中国对侨资管理日益规范化。

有了这一系列吸引海外华商投资的政策，海外华商纷纷回国投资。

在改革开放的前几年，来华投资的客商，大部分为华商。20 世纪 90 年代以来，随着中国向中西部地区发展倾斜政策的实施，侨胞也开始逐步向中西部地区投资，投资区域由沿海地区向全国扩展，遍及 31 个省、自治区的主要城市和直辖市；投资规模也进一步扩大，1979—1990 年海外华资为 179.32 亿美元；1991—1997 年为 1276 亿美元；1998—2000 年为 822 亿美元。统计显示，从 1994 年起，在中国内地（大陆）吸收的外商直接投资中，海外华商的投资就占到一半以上。换言之，海外华资构成了外商直接投资中国大陆的主体。随着中国经济的发展，海外华商在中国投资也获得了丰厚的利润回报，一大批华商企业借助中国的市场走向国际化，迅速成长。

2. 关于引进华侨华人智力资源的政策

在知识经济时代，人才资源比物质资源更为重要。改革开放以来，随着经济建设从资金短缺扩大吸引外资的数量拉动型经济向与国际展开广泛合作发展，人才的因素日趋重要。海外华侨华人是我国人力资源的宝库，积极参与国际人才竞争，将增强我国的综合国力。

在国外，海外华侨华人在科技界迅速崛起。海外华人科技人才群体的国际影响主要体现为四个方面：一是在国际科技界的影响力不断提升，在各类专业领域中都有许多杰出的华人科技人才因为科研能力突出而被委以重任。以华人科技人才分布最多的美国为例，美国 13 所最著名大学中的系主任、IBM 公司的高级工程师、阿波罗登月工程中等华人科技人才都占 1/3 以上，美国机械工程学会的 12 个分会中有一半以上是华人，美国权威的电脑研究中心 19 名部主任中华人占 12 名。二是出现一大批成就卓著的科技精英，包括一批诺贝尔奖得主、一批美国科学院和工程院院士，以及相当规模的华人科技精英在所在国某些学科领域影响较大。三是创造出一大批重大科技成果，华人科学家凭借自身勤奋努力和国外优越科研环境，创造出包括"弱相互作用中宇称不守恒理论""分子束碰撞器""鸡尾酒疗治艾滋病""证明卡拉比猜想"等许多具有重大影响的科技成果。四是华人科技人才创业成果丰硕，最突出的例子，就是在美国硅谷早期，每年涌现的 5000 家初创企业中，约 1/4 是由海外华人科技人才创办，这些企业创造的财富中，40% 有华人参与。①

无疑，丰富的海外华侨华人智力资源，是中国现代化建设可以争取利用的一支力量。正如邓小平 1977 年所指出的，"接受华裔学者回国是我们发展科学技术的一项具体措施"②。这样，从改革开放之初，党和国家就制定了有关吸引海外华侨华人回国的一系列政策和措施。例如，1979 年 10 月 8 日，国务院科学技术干部局发出《关于国外华侨和中国血统外籍科技人员回国服务问题》的通知；1980 年 7 月 12 日，公安部、外交部、国务院科学技术干部局发出《关于中国血统外籍科技专家办理入复籍和居留手续问题的通知》；1982 年 11 月 8 日，国家科委发出《关于进一步发挥外籍华人科技人员作用的通知》。这些通知从不同方面反映了我国吸引海外华侨华人人才的政策和措施的有关内容。1983 年 8 月 24 日，中共中央、国务院制定《关于引进国外智力以利四化建设的决定》；1984 年 11 月 15 日，外国专家局制定《关于对部分从国外聘请的专家给予高薪待遇的暂行办法》；1988 年 12 月 15 日，人事部、外交部发出《关于科技专家来华定居工作有关问题的通知》。这些方针政策，反映了我国重视人才引进的精神，为华裔学者回祖（籍）国服务提供了优惠的生活和工作条件。到 1994 年，为了适应社会主义市场经济和社会发展的要求，进一步做好吸引海外专家和学者来华定居，国务院办公厅转发人事部、财政部于 11 月 21 日制定了《关于来华定居工作专家工作安排及待遇等问题的规定》，适当提高了来华定居工作专家的生活待遇。

---

① 中国新闻网，2008-09-02。

② 《邓小平文选》第 2 卷，第 54 页。

多年来，我国吸引海外华侨华人人才工作取得了不少成果。20 世纪 80 年代，邓小平接受著名美籍物理学家李政道等人的建议，并在他们的直接帮助下建立起中国的电子对撞机工程，使我国在这一高科技领域占有了一席之地，大大提高了中国的国际地位。许多蜚声海外的华裔专家积极支持国内的科技事业，著名数学家陈省身就担任了南开大学数学研究所名誉所长。1994 年，中国科学院宣布聘任杨振宁、李政道、丁肇中等十几位著名海外华人科学家为外籍院士。据统计，改革开放以来，我国引进的海外华侨华人专家人才占同期引进的外国专家人才的 80%。以广东省为例，1984 年至 1988 年间，广东省获准引进国外人才项目共306 项，引进各类专家 524 人，其中华侨华人和港澳专家 427 人，约占81.5%。

3. 关于华侨捐赠公益福利事业的政策

华侨捐赠兴办公益福利事业，是指海外华侨华人、港澳台同胞以及国内归侨侨眷无偿捐献物资或货币，为国家尤其是侨乡办公益福利事业，这是华侨华人、港澳台同胞以及国内归侨侨眷等爱国爱乡的具体体现。

十一届三中全会以来，中国共产党向全国各族人民发出在 20 世纪末实现四个现代化的号召，广大华侨、港澳台同胞以及国内归侨、侨眷激情满怀，积极捐赠，支援祖国的社会主义现代化建设。他们有的给家乡捐赠发展工农业生产的物资设备，有的捐赠资金兴办各种公益事业。改革开放以来，广东、福建等沿海地区的重点侨乡经济取得突飞猛进的发展，是与海外侨胞、港澳台同胞的捐赠密不可分的。自 1978 年至 1997年，广东省仅通过正式批准方式接受的华侨华人和港澳同胞捐赠款物就合计达 145 亿元人民币。可见，广大侨胞的捐赠给我国的现代化建设带来很多益处，起了很大的推动作用。因此，制定捐赠政策，鼓励、支持和保护华人华侨的爱国爱乡热情，并加强对捐赠工作的管理很有必要。

从 1978 年以来，党和国家制定了不少有关捐赠方面的政策。这些政策主要有：1979 年 10 月 4 日国务院《关于华侨、外籍华人、港澳台同胞向国内投资捐赠不要公开宣传的通知》；1979 年 9 月 14 日中共中央纪律检查委员会《关于在管理华侨捐献中严禁违反政策和营私舞弊的若干规定》；1982 年 8 月 17 日国务院《关于加强华侨和港澳同胞捐赠进口物资管理的通知》；1984 年 10 月 31 日国务院办公厅转发国务院侨办、海关总署《关于加强捐赠进口物资管理意见的通知》；1987 年 2 月 2 日国务院侨办、外交部《关于报道华人捐资兴办公益事业应注意的问题的通知》；1989 年 2 月 20 日《国务院关于加强华侨、港澳台同胞捐赠进口物资管理的若干规定》；2002 年对外经贸部、国务院侨办等四部门《关于华侨、港澳台同胞捐赠进口配额机电产品有关事项的通知》；2003 年国务院侨办《关于印发〈国务院侨办关于海外侨胞捐赠公益事业资金服务管理办法〉的通知》。

这些规定构成了涉侨捐赠政策的基本体系，其主要内容如下。

（1）捐赠自愿和受赠自用的捐赠原则。1979 年中共中央批转中共中央纪律检查委员会《关于在管理华侨捐献中严禁违反政策和营私舞弊的若干规定》强调："我们欢迎华侨的捐献，但必须坚决执行自愿捐献的原则"，任何机关、团体、学校、企事业单位或乡、镇、村等都不得向华侨、港澳台同胞进行劝募、要钱、要物、强迫募捐。1989 年，在国务院下达的《关于加强华侨、港澳台同胞捐赠进口物资管理的若干规定》中明确指出，对华侨和港澳台同胞向国内捐赠物资，坚持捐赠自愿、接受自用的原则，防止和制止利用捐赠从事违法乱纪活动的事件发生。

（2）关于捐赠物资税收规定。对华侨、外籍华人和港澳台同胞捐赠的物资是否给予减免关税，是直接关系捐赠工作开展的一个问题。1982 年 8 月，国务院《关于加强华侨和港澳同胞捐赠进口物资管理的通知》，对捐赠物资纳税问题做了具体的规定。指出："华侨和港澳同胞捐赠物资或者使用捐赠外汇进口物资，准予免税放行。但是，其中属于国家限制进口或者不准进口的物资，以及属于国家需要对外推销的商品，应当劝说捐赠人将款项汇入国内购买；如果捐赠人坚持捐赠上述物资进口，有关部门应从严审批、控制，对用于科研、教学、医药卫生和兴办公益事业项目的可以免税，对用于其他方面的，海关应当照章征收关税和工商税，税款由接受单位承担。"[①]

（3）关于捐赠审批权限的规定。改革开放以前，我国政府对接受捐赠的审批手续是相当严格的，审批权力主要集中于中央。党的十一届三中全会后，广大华侨和港澳同胞为家乡捐赠公益福利事业的热情高涨，踊跃捐款捐物，为建设侨乡、支援现代化建设作贡献。由于捐赠物资和金额日益增加，原有的政策规定不能适应新时期的需要，放宽捐赠物资的限制以及审批权限已成为必然的趋势。因此，1979年国务院侨办、海关总署发出《关于对华侨和港澳同胞捐赠进口物资管理的通知》，要求简化审批手续。1984年，又将审批捐赠进口车辆的权限下放给各省、自治区、直辖市人民政府。对捐赠进口机电产品的审批，也陆续作了一些具体规定。

改革开放以来，在国家涉侨捐赠政策的保护下，海外华侨华人、港澳同胞建设家乡、兴办公益事业的各种捐赠活动，得到了空前的发展，其捐赠款物数量之大，人数众多，地区之广，影响之深，是历史上任何时期所不能比拟的。据统计，自改革开放以来到2008年年中，华侨和港澳同胞捐赠的总额已达到700亿元。[②]而广东接受捐赠总额居全国之首。据广东省侨办统计，仅1978—1988年间，经批准接受华侨、港澳同胞捐

[①] 转引自任贵祥主编：《海外华侨华人与中国改革开放》，中共党史出版社2009年版，第173页。

[②] 万钢：《努力实现侨务工作的科学发展》，《人民日报》2008年10月14日；另见 http://www.china.com.cn/news/2008-06/02/content_15593877.htm。

赠的用于兴办公益事业的款物共 10 多万宗，折合人民币 36 亿元。① 自 1988 年起至 1998 年底为止，全省经批准接受华侨、港澳同胞用于兴办公益事业的捐赠项目 26615 宗，折合人民币 1555 亿元，兴建学校 14861 所（包括汕头、嘉应、五邑、韶关 4 所大学），医院 1353 家，敬老院、幼儿园 1066 家，桥梁 3381 座，道路 15566 公里，图书馆、影剧院 380 家，桥梁、大厦 1131 座，自来水工程 2468 宗。② 华侨、港澳同胞热心支持家乡建设，大大加快了广东侨乡物质文明和精神文明建设的步伐。

4. 关于国内涉侨教育

涉侨教育包括国内和国外两部分，国内涉侨教育既是国内侨务工作的重要组成部分，也是我国整个教育事业的重要组成部分，又是搞好国外涉侨教育的基础。因此，中华人民共和国成立后，党和国家对华侨华文教育事业十分重视，把归国华侨学生的教育工作列为侨务工作的重要内容之一，制定了不少相关政策，采取了许多具体措施。如兴办为华侨学生提高汉语水平的补习学校和提高专业技术水平的高等院校。从 20 世纪 50 年代初期至 60 年代，先后在北京、广州、集美等地创办了 7 所归国华侨学生补习学校。1951 年 8 月南方大学设立了华侨学院。1956 年 10 月厦门大学设立海外华侨函授部。1958 年在广州重建暨南大学，1960 年在福建泉州创办华侨大学。同时还开办了北京外国语专科学校，在厦门、武汉设立华侨中等工业技术学校，在海南开办华侨中等农业技术学校等。在"文化大革命"期间，国内华侨华文教育一度中断。

从 1978 年起侨务领域开始拨乱反正，国内华侨华文教育很快得到恢复，1978 年和 1981 年先后复办了广州、集美、北京等地的华侨学生补习学校；从 1980 年开始，暨南大学、华侨大学两校恢复对港澳台学生招生，

---

① 林金枝：《改革开放以来华侨华人与港澳台胞在中国大陆的捐赠》，《华侨华人历史研究》1996 年第 4 期。

② 苏赣越：《21 世纪初广东侨务工作新思路探究（上）》，《当代广东》2005 年第 1 期。

实行单独命题、提前考试、提前录取的招生方式。有关部门还制定了一系列适应新时期形势和侨情特点的涉侨教育政策，从而推动了涉侨教育事业的发展。根据这些政策文件，可以看出新时期党和国家制定的涉侨教育政策主要有以下内容。

面向国外华侨、华人和港澳地区青年学生的涉侨教育方面：（1）办好暨南大学、华侨大学，使之成为有特色的，在海外有良好声誉的大学。1983 年，中共中央、国务院批准了《关于进一步办好暨南大学和华侨大学的意见》，为两校的改革指明了方向。1984 年 10 月，国务院办公厅转发了国务院侨务办公室《关于办好暨南大学和华侨大学的报告》，将暨南大学和华侨大学列为国家重点扶持的大学，并将华侨高等教育的办学方针确定为"面向海外、面向港澳"，进一步指出这两所学校的招生对象主要是华侨、港澳、台湾和外籍华人青年学生，对两校要实行特殊政策、灵活措施、简政放权、扩大学校的自主权，为两校的改革开通道路。1984 年教育部授权暨南大学单独向港澳台及海外招收全日制研究生，1989 年又正式批准该校对来自港澳台等地的部分研究生实行兼读制。在新时期，按照党和国家的政策规定，两校为华侨、华人、港澳台同胞以及华侨、归侨子女创造了更多的就学机会。（2）办好广州、集美、北京华侨学生补习学校，使之成为海外侨胞、港澳同胞欢迎的汉语学校。1982 年 6 月 19 日国务院侨务办公室、教育部下发《关于恢复广州、集美华侨学生补习学校领导体制的通知》，指出这三所补校的招生对象主要是华侨、港澳同胞和外籍华人学生。除北京华侨补校由国务院侨办直接领导外，广州、集美华侨补校从 1983 年起恢复"文革"前的领导体制，分别由广东、福建省侨办、教育厅领导。（3）确定北京大学等九所高校联合招收华侨、港澳台的学生，并恢复厦门大学海外函授部。1978 年，经教育部批准，厦门大学复办"厦门大学海外函授部"，招生中的重大问题由国务院侨办负责。1987 年，国家教委发出通知，自当年起，国务院侨办所属的暨南大学、华侨大学加入北京大学、清华大学、复旦大学、中山大学、中山医科大学、华南工学院、厦门大学等七所高校联合招收华侨、港澳、台湾学生。(4)华侨、台港澳学生与国内学生享受同等待遇，各种费用的收取标准，均按对国内学生的收费标准执行。

党和国家不但重视开展以华侨、华人、港澳台青年学生为对象的涉侨教育工作，而且也十分重视以归侨学生、归侨子女和华侨在国内的子女等为对象的涉侨教育工作。对国内的涉侨教育工作，党和国家一贯坚持"一视同仁，不得歧视，根据特点，适当照顾"的原则，制定具体政策。(1)给以升学方面的适当照顾。如1983年5月28日《国务院、教育部关于电视大学、函授大学、夜大学招生工作中对归侨、归侨子女给予照顾的意见》规定：今后电视大学、函授大学、夜大学在招生时，对归侨、归侨子女在不影响质量的前提下，在录取标准上适当给予照顾。(2)毕业生分配就业方面给予适当照顾。1982年国务院侨办下发《关于华侨、港澳和台湾青年报考国内研究生毕业分配问题的答复》，国务院侨办、教育部、公安部联合下发《关于高等学校华侨、港澳毕业生工作分配等问题的通知》，其中规定：对高等学校毕业生中的归侨学生、归侨及华侨在国内的子女，在服从国家需要的前提下，在工作地区上要适当给予照顾。即毕业生父母或配偶在国内的，在服从工作需要的前提下，尽可能分配到父母或配偶所在地工作；父母不在国内，如本人有合理要求，也可以根据情况在分配地区上适当照顾。(3)自费出国留学方面给予适当照顾。改革开放以来，党和国家对归侨侨眷自费出国求学者予以关心，在各方面给予必要的照顾。其一规定了"可照顾的对象和范围"。1987年，国务院侨办、国家教委下发《关于归侨、侨眷自费出国留学有关问题的补充通知》及关于"对象"问题的《解释》，指出：予以照顾的对象与范围包括归国华侨、国外华侨、香港、澳门、台湾同胞及外籍华人在国内或内地（大陆）的子女、亲兄弟姐妹及其子女（含配偶）。

1990 年，国家教委《关于具有大学和大学以上学历人员自费留学的补充规定通知》中，对"可予照顾的范围"作了新的规定，即除包括归国华侨、国外华侨、香港、澳门、台湾同胞及外籍华人在国内或内地（大陆）的直系亲属外，还包括他们在国内和内地（大陆）的亲兄弟姐妹（含配偶）及其子女（含配偶）。其二规定了可予照顾的具体内容。1989 年国务院侨办、国家教委发出《关于申请自费出国留学的归侨、侨眷不收"培养费"等问题的通知》，指出上述六类人员的直系亲属自费出国留学可免交培养费，非直系亲属在偿还学习期间国家负担的培养费后，可申请自费出国留学。

随着社会主义市场经济体制的建立和完善，国家对高等学校办学自主权的逐步放开，自 1999 年起，福建地区的福建师范大学、福建中医学院、厦门大学、集美大学等 8 所高校可单独招收台湾学生。2003 年，广东中山大学首次面向港澳地区单独招收港澳学生，成为内地第三所在港澳地区独立招生的综合性大学。为鼓励和支持更多香港、澳门特别行政区和台湾地区的学生到内地（大陆）普通高校和科研院所学习，努力推进祖国和平统一大业，经原国家教委批准，自 1989 年起，北京大学、清华大学、复旦大学、中山大学、中山医科大学、华南理工大学和厦门大学开始联合招收华侨及港澳台籍学生。此后，联合招生的高校不断增加。1990 年有 59 所，1995 年有 70 所，1999 年有 150 多所，到 2007 年，招收华侨、港澳地区及台湾省学生的高校已增加至 173 所。"单独招生"和"联合招生"成为内地（大陆）招收港澳台侨学生的两种主要渠道。

为了进一步做好招收港澳台侨学生的工作，1997 年，国家普通高等学校联合招收华侨、港澳地区及台湾省学生办公室印发了《中华人民共和国普通高等学校联合招收华侨、港澳地区及台湾省学生简章》，1999 年，教育部、国务院台办、国务院港澳办、公安部又联合发布了《关于普通高等学校招收和培养香港特别行政区、澳门地区及台湾省学生的暂行规定》，规范和加强了对在校港澳台学生的教育教学和生活管理，保证了教育教学质量。2005年，教育部等发布《关于调整国内普通高校招收海外华侨学生收费标准及有关政策问题的通知》《关于调整内地普通高校和科研院所招收香港、澳门特别行政区学生收费标准及有关政策问题的通知》和《关于调整祖国大陆普通高校和科研院所招收台湾地区学生收费标准及有关政策问题的通知》，通知规定，对已录取到内地（大陆）普通高校和科研院所学习的港澳台地区本科生、专科生、硕士研究生和博士研究生，执行与内地（大陆）学生相同的收费标准，同时，设立港澳学生奖（助）学金，并对招收港澳学生的内地普通高校和科研院所给予专项补助。调整过的收费标准由原来每年1万余元降至5000~6000元，并由中央财政每人年补8000元。此举引发了新一轮港澳台学生报考内地（大陆）高校的热潮，港澳台学生报名内地（大陆）高校的情况异常火爆。随着高等教育国际化趋势的到来，内地（大陆）高等学校招收港澳台侨学生的工作将进一步深化，为莘莘学子享受更多元、更优质的教育资源，提供了广阔的发展空间。2009年1月23日，国务院侨办、教育部印发的《关于华侨子女回国接受义务教育相关问题的规定》，华侨华人子女如果想回国接受义务教育，与大陆居民的子女一样，依法免缴学杂费。华侨华人子女回大陆学习，与国内居民一样完全平等。

5. 对待外籍华人的政策

20世纪五六十年代以来，尤其是改革开放以来，海外侨情发生了重大变化。其中最根本的就是国籍的变化，90%的华侨已经自愿加入或根据当地法律取得了所在国国籍，传统的华侨社会已经逐渐演变为经济、政治力量更显强大的华人为主体的华侨、华人社会。这种国籍上的根本性变化，必将对我国侨务工作的开展产生重大影响。对华侨华人的政策要有所区别，尤其要注意处理好祖（籍）国与居住国的关系。

针对海外华侨社会的变化，中国的侨务和外交部门调整了对外工作和侨务政策的方向，在继续重视华侨工作的基础上，加大了对华人工作的力度。1980 年国务院批准了外交部和侨务办公室提出的《对外籍华人工作方针政策的请示报告》。报告针对海外华侨社会的变化以及华人的特点、境遇，提出了新的侨务方针和政策。报告认为，在开展侨务工作时，应注意对华侨和华人工作的不同方式。例如，华侨是爱国统一战线工作的对象，华人是外国公民，不能成为统一战线工作的对象；但是也不能把华人完全等同于外国人。因为他们中很多人还保持着中国的文化、语言和习惯，保持着对中国的民族感情。即使他们取得了外国国籍，也未必能完全享受该国国民的待遇。该报告还提出了新时期外籍华人工作的原则。首先，在侨务工作中鼓励海外华人努力融入当地社会，为居住国的发展做贡献，争做居住国和中国友好关系的桥梁。其次，华人来中国旅行、探亲访友时，要无差别地热情接待，根据他们的特点给予照顾。他们在中国的亲属能够享受政府的有关归国华侨、侨眷的政策和待遇，也能够享受国内给予华侨的优惠政策。总之，在实际的侨务工作中，既要对华侨和华人有所区别，也不能把华人简单地当作外国人来处理。

这篇报告是新中国成立以来特别是改革开放以来，对外籍华人开展侨务工作的方针政策的概括和归纳，为后来我国制定有关政策奠定了基础。1989 年 5 月召开的国务院侨务工作会议明确指出，现在侨务部门在国外主要是做外籍华人工作。外籍华人已不是我国公民，对外籍华人的工作，在观念上必须同对华侨工作严格区别开来。在此基础上制定的对外籍华人工作的基本方针为：严格区别外籍华人与华侨的不同国籍，增进外籍华人同我国的友好情谊和合作交流，并希望和鼓励他们为所在国的发展及所在国与我国的友好合作发挥积极作用。

区别国籍界限的原则，一直作为我国侨务工作的基本原则保留下来。2005 年 2 月中共中央在阐述侨务工作基本原则时，仍然明确要求：开展侨务工作既要遵守《中华人民共和国国籍法》，注意外籍华人与华侨的国籍区别，又要尊重外籍华人的族裔感情和他们与祖（籍）国有着千丝万缕联系的实际，增进同他们的亲情乡谊。

6. 关于华侨农场问题

我国从 20 世纪 50 年代，为安置被侨居国政府迫迁回国的大批归侨、难侨，陆续在广东、广西、福建、云南、海南、江西、吉林七省（区）建立了 80 多个国营华侨农场（林场），集中安置归侨、难侨 21 万余人。

改革开放以来，为了办好华侨农场，党和国家制定了相关政策来扶持华侨农场的生存和发展。70 年代末 80 年代初，政策的重点放在确认华侨农场的地位，并在建立全民所有制形式的管理体制的基础上办好农场。如 1980 年国务院侨办制定的《国营华侨农场工作条例（试行草案）》规定：华侨农场是国务院侨务办公室直属的社会主义全民所有制企业；其主要任务是接待、安置归侨，教育和组织归侨职工参加生产劳动，根据国家计划努力发展农场生产建设等；其经营方针是一业为主，多种经营，综合利用，全面发展；华侨农场各级组织实行民主集中制原则，并坚决执行党委领导下的场长负责制。此外，还采取了一系列具体措施，如减免税收，国家定期提供资金、农药、化肥、粮食、种子等以扶持华侨农场的发展。

在党和国家的关怀和扶持下，华侨农场有了较大发展，生产力水平有了一定提高。但同时，华侨农场在发展中遇到的困难越来越突出，大多数农场生产发展缓慢，经济效益差（1984 年亏损的农场有 62 个，占总数的 72%），职工生活相当困难。究其原因，华侨农场问题的症结在于：囿于全民所有制的经济体制和管理模式，经营管理权过于集中，产业结构单一，吃大锅饭。这种体制不利于充分发挥劳动者的积极性，严重束缚了生产力的发展。

为了尽快扭转这种局面，使华侨农场的归侨和广大职工尽快摆脱贫困，走上富裕之路，中共中央、国务院决定对国营华侨农场的经济体制进行改革。1985 年 12 月 19 日，中共中央、国务院下发《中共中央、国务院关于国营华侨农场经济体制改革的决定》，明确指出华侨农场要"走我国农村改革的道路，彻底改革农场多年来的经济体制，逐步调整产业结构，切实扩大生产经营者的自主权，充分调动归侨难侨和广大职工的积极性，促进生产发展，实现勤劳致富"。① 为此，决定规定了四项改革措施：（1）改革华侨农场的领导体制。把现行的"由中央和省的侨务部门主管（以省为主）"的领导体制，改为由地方人民政府领导。具体实施办法，由有关省、自治区人民政府根据本地区实际情况，按照有利于华侨农场的经济体制改革和政企分开、简政放权的原则自行研究决定。（2）改革经营管理和财务管理制度。改革经营管理制度，规定华侨农场要全面贯彻执行中央、国务院关于农村经济体制改革的有关政策、规定，着重抓好完善各种形式的联产承包责任制、因地制宜地改革农场的产业结构、华侨农场产品除橡胶外一律取消指令性计划、农场所属企业大力推行经济承包责任制等工作。改革财务管理制度，规定华侨企业按规定免税后，盈利后在 200 万元以下的，全部留给企业。超过 200 万元的，超过部分主管部门可提取一定比例（最多不超过 50%），在省、自治区范围内调剂，用于扶持困难较大的归侨、难侨改善生产、生活条件及贷款贴息，主管部门不得挪用。（3）对部分归侨、难侨（含其子女）重新调整安置。（4）继续给予必要的财政支持。如重新调整安置归侨、难侨的费用，1986、1987 两年内，每年财政核拨 4000 万元；"七五"期间，每年由财政核拨亏损包干补贴 2500 万元。②

为了持续推进华侨农场改革，1990 年 5 月，国务院办公厅转发《国务院侨办等部门关于继续给华侨农场以政策支持请示的通知》，决定在

---

① 董中原总主编：《中国华侨农场史》第 6 卷（政策法规卷、地方文献卷），中国社会科学出版社 2017 年版，第 2056 页。

② 董中原总主编：《中国华侨农场史》第 6 卷（政策法规卷、地方文献卷），第 2056—2058 页。

"八五"期间继续对华侨农场给予必要的扶持。1995 年《国务院办公厅转发国务院侨务办公室〈关于深化华侨农场经济体制改革意见〉的通知》，要求加快农场领导体制改革，指出华侨农场交由所在地政府领导后，要将现由农场管理的教育、卫生、政法等方面的社会性事务交给当地政府职能部门管理；解决华侨农场的离退休金和医疗费用负担沉重的问题，根本出路是建立社会保障制度。该意见强调："华侨农场工作既是经济工作，又是政治工作。华侨农场的改革与发展离不开地方政府的领导和支持，华侨农场的改革与发展最终也有利于地方的发展和稳定。有关省、自治区政府应更加重视这项工作，将其列入政府的重要议事日程，进一步加强对华侨农场的领导和管理，及时给予必要的支持。"①

按照国务院的部署，1986 年以来，国务院侨办积极推进华侨农场领导体制的改革，把 84 个华侨农场全部下放到省级政府管理。各省又根据本地情况对华侨农场的管理分别做了安排。有的由地级市管理，设立华侨管理区，赋予部分县级管理职能；有的由县管理，华侨农场设立镇；有的把华侨农场改制为企业集团公司，基本不再负担行政管理职能，成为县属企业。如 1988 年广东省政府较早地将全省 23 个华侨农场下放给所在地（市）县领导，有的成立了华侨经济管理区，有的建立镇政府及街道办事处，把华侨农场的发展纳入地方经济和社会发展的规划之中。广西壮族自治区政府于 1997 年将华侨农场下放到所在地（市）县政府管理，并采取多项措施全面推动华侨农场深化经济体制改革和产业结构调整。福建省政府 1997 年将华侨农场下放到所在地（市）县政府主管后，连续三年以省政府名义召开华侨农场和华侨经济开发区工作会议，以多种形式大力推进华侨农场改革，取得了令人瞩目的成果。云南省政府在华侨农场下放到所在县管理后，积极试点农场劳动用工制度、职工养老

---

① 董中原总主编：《中国华侨农场史》第 6 卷（政策法规卷、地方文献卷），第 2087—2088 页。

保险制度等改革，全面启动华侨农场深化改革，为华侨农场的发展增添了新的动力。海南、江西、吉林等省也在积极探索，为华侨农场加快改革与发展的步伐创造条件。华侨农场领导体制改革理顺了农场与当地政府的关系，为华侨农场发展创造了新的契机。截至 2011 年，全国华侨农场社会总产值达到 474 亿元、职工人均收入 9667 元，比 2006 年分别增长 25% 和 1.5 倍；历史遗留问题基本解决，绝大部分金融债务已得到妥善处置，土地确权登记工作基本完成，全面完成归难侨危房改造任务，基本解决了华侨农场职工参加社会保险的问题，扶贫、救灾和低保也都纳入地方管理。实施"归侨侨眷关爱工程"，救济扶持困难归侨侨眷100 余万人。[①]

此外，这一时期，党和国家就侨务工作中常见的归侨侨眷出境探亲和定居待遇问题、归国华侨的安置问题等都制定了具体的政策，使各项涉侨工作有据可依，有章可循，逐步开辟了新时期侨务工作的新局面，为 20 世纪 90 年代及世纪之交侨务工作的开展奠定了坚实的基础。

---

① 吴亚明：《开创侨务工作科学发展新局——访国务院侨务办公室主任李海峰》，《人民日报》2012 年 10 月 25 日。

第二节　推进侨务工作进入新世纪

一、"资源论""优势论"及其内涵

邓小平的侨务思想，主要是 20 世纪 70 年代末到 90 年代初邓小平关于侨务问题的一系列论述，对新时期侨务理论和侨务实践具有开创性和奠基性的意义。90 年代中后期及世纪之交，随着时代的发展和改革开放的深入，党和国家侨务理论和侨务实践也随之与时俱进。江泽民自 1989 年党的十三届四中全会成为中共第三代领导集体的核心以来，继承和发展了邓小平的侨务思想，总结出"资源论"和"优势论"，成为"三个代表"重要思想的有机组成部分，从而进一步把党的侨务工作推向一个新的阶段。

（一）继承发展邓小平侨务思想

江泽民着重阐明新时期侨务工作的重要性，强调新的历史时期做好侨务工作的重要性。1989 年 12 月 18 日，他在第四次全国归侨代表大会上指出："侨务工作历来是党和国家的一项长期、重要的工作。……在新的历史时期，侨务工作显得越来越重要了。"[①] 侨务工作"是一项政策性很强的工作"，"我们要坚持贯彻有关方针政策，不断提高侨务工作的水平"。[②]

---

① 《在第四次全国归侨代表大会上江泽民同志的讲话》，《人民日报》1989 年 12 月 19 日。

② 《江泽民同志在与国务院侨务工作会议部分代表座谈时的讲话》（1993 年 2 月 26 日）。转引自任贵祥：《江泽民侨务思想探析》，《当代中国史研究》2007 年第 4 期。

在阐述侨务工作重要性的同时，江泽民高度评价邓小平的侨务思想。江泽民对邓小平的"海外关系论"在拨乱反正中的作用给予充分肯定。他说，邓小平肯定海外关系是个好东西，可以打开各方面的关系。"这就对侨务工作进行了拨乱反正，给侨务工作赋予了新的意义，也为归侨、侨眷和海外侨胞在祖国现代化事业中充分发挥作用提供了新的用武之地。"① 江泽民进一步强调并阐发了邓小平的"机遇论"思想。他说："小平同志把发挥华侨、华人的作用，作为我们国家一个独特机遇，并且把它同我国大发展的机遇，紧密联系起来，这对于全党同志在新形势下，加深对侨务工作重要性的认识，具有极其重要、深远的意义。"因此，"我们在形势和机遇问题上，应当有这样的态度：要有时代的紧迫感，抓住机遇；要有历史的责任感，珍惜机遇；要有科学态度，用好机遇。"② 他还重申了邓小平"支持留学，鼓励回国，来去自由"的方针；继续强调华侨华人专家是"活的宝贝"，我国经济建设需要一大批这样的人才；华侨华人和港澳台同胞是我国对外开放、发展经贸合作和科技交流的推动者，他们是外资来华投资的带动者和桥梁等。

与此同时，江泽民系统地总结了党的十一届三中全会以来，在邓小平侨务思想指导下我国侨务工作取得的显著成绩。他指出："党的十一届三中全会以来，党中央、国务院对侨务工作有许多重要的决定。各级侨务部门在当地党委和政府的领导以及有关部门的支持配合下，取得了很大的成绩。在加快改革开放和现代化建设的过程中，侨务工作担负着更加繁重和光荣的历史使命。"③

江泽民明确表示："我们要坚持贯彻邓小平同志关于侨务工作的重要

---

① 《在第四次全国归侨代表大会上江泽民同志的讲话》，《人民日报》1989 年 12 月 19 日。

② 任贵祥：《江泽民侨务思想探析》，《当代中国史研究》2007 年第 4 期。

③ 《江泽民同志在与国务院侨务工作会议部分代表座谈时的讲话》（1993 年 2 月 26 日）。参见任贵祥：《江泽民侨务思想探析》，《当代中国史研究》2007 年第 4 期。

思想和中央的有关方针政策，不断提高侨务工作的水平。"① 这无疑是对邓小平侨务思想的继承。更为重要的是，他在继承邓小平侨务思想的同时又有所发展。

（二）提出"优势论"和"资源论"

在重申并继承邓小平侨务思想理论的同时，江泽民根据新的历史时期侨务工作的实际，作出了一系列新的侨务论述，发展了邓小平侨务思想，其中最突出的是华侨华人是中国现代化建设的"独特优势"和"宝贵资源"的思想，简称"优势论"和"资源论"。江泽民认为，"在世界许多地方，华侨、华人都很有成就，我看这也是我们的一个优势"②。他进一步指出："海外侨胞作为促进我国改革开放和现代化建设、促进祖国统一的积极力量，有着独特优势，在振兴中华的伟大事业中发挥着重要作用。"③ 这就是江泽民的"优势论"，即华侨华人是我国现代化建设的独特优势。

随着我国改革向纵深发展，对外开放步伐加快，吸收外资的方式、领域更加多样化，如积极引导外资投向农业、高新技术产业、基础设施建设、兴办产品出口型项目等。1993 年江泽民在接见国务院侨务工作会议部分代表时指示："侨务部门要积极配合有关部门，通过重点做好华人大企业家、专门人才和行业协会的工作，以及以侨引台、以侨引外、侨台结合、侨外结合的方式，引进资金、技术、人才，办几件大事的想法。""就全国而言，如果能够在为大中型企业技术改造、上海浦东开发、第三产业的发展及三峡工程海外筹资方面作出成效，我看就是很大

---

① 《江泽民同志在接见全国侨务工作会议代表时的讲话》（1999 年 1 月 18 日）。转引自任贵祥：《江泽民侨务思想探析》，《当代中国史研究》2007 年第 4 期。

② 《江泽民文选》第 2 卷，人民出版社 2006 年版，第 93 页。

③ 《江泽民文选》第 3 卷，人民出版社 2006 年版，第 153 页。

的成绩。"①这既是对侨务部门提出的新要求，也表明江泽民洞察并把握20世纪90年代引用侨资的变化和方向；既是对改进改革开放初期简单粗放地引用侨资作出的新部署，又是在总结经验的基础上对邓小平相关思想的升华。

江泽民高度赞扬海外华侨华人在科技领域里取得的成就，并把他们作为中国现代化建设及发展科技事业的重要人才资源。1993年2月，江泽民指出："各国之间的经济竞争和科技竞争，说到底还是人才的竞争。在这场激烈的国际人才竞争当中，我国有自己特有的优势，这就是，在海外有数十万的华侨、华人科技专家、教授、工程师和企业管理人才，其中包括一批世界第一流的科学家。比如说杨振宁啦、李政道啦、丁肇中啦，这些是诺贝尔奖获得者。"②1999年1月，他进一步指出："分布于世界各地的广大华侨华人，是中华民族一个重要的人才资源宝库，其中科技人才就有几十万，既有享誉世界的科学家，也有成绩显著的中青年科技人才，他们在当今一些重要的高科技领域取得了卓越的成就，我们一定要十分珍惜。"③江泽民强调要"制定吸引人才的政策，鼓励留学人员和海外科技人才回国工作或以适当方式为祖国服务"④。在1999年8月23日全国技术创新大会上的讲话中，他再次重申："要在全社会进一步树立和发扬尊重知识、尊重人才、崇尚创新的良好风尚。要积极创造条件，鼓励和吸引留学人员特别是留居海外的科技人才回来创办科技产业。"⑤"特别"二字反映出江泽民对海外科技人才的重视和强调的程度。这即是江泽民的"资源论"思想。

---

① 任贵祥：《江泽民侨务思想探析》，《当代中国史研究》2007年第4期。
② 任贵祥：《江泽民侨务思想探析》，《当代中国史研究》2007年第4期。
③ 任贵祥：《江泽民侨务思想探析》，《当代中国史研究》2007年第4期。
④ 《江泽民文选》第2卷，人民出版社2006年版，第439页。
⑤ 《江泽民文选》第2卷，第400页。

（三）阐明海外侨胞与新时期爱国统一战线的关系

与邓小平侨务思想相同，江泽民也多次论述了华侨华人在中国统一大业中的重要地位和作用。1995年1月30日，江泽民在中央台办、国务院台办举行的新春茶话会上作了题为《为促进祖国统一大业的完成而继续奋斗》的重要讲话，提出了和平统一祖国的八项主张，在国内外引起很大反响。江泽民指出，"十几年来，在'和平统一、一国两制'的基本方针指引下，经过海峡两岸同胞、港澳同胞和海外侨胞的共同努力，两岸人员往来以及科技、文化、学术、体育等各领域的交流蓬勃发展。""港澳同胞、海外侨胞为促进两岸关系、祖国统一和中华民族振兴，作出了许多努力，功不可没。我们希望广大港澳同胞、海外侨胞进一步为发展两岸关系、统一祖国和振兴中华作出新的贡献。"①江泽民的讲话在海外华侨华人中产生了广泛的反响，其后多年在海外都有纪念和座谈活动。

海外侨胞是统一战线的重要组成部分。在不同时期，毛泽东、周恩来、邓小平等领导人对此分别作过系统的阐发。进入新世纪，江泽民对海外侨胞在统一战线中的地位和作用又作了新的论述。2000年12月4日，江泽民在全国统战工作会议上的讲话中，对统一战线的范围作了界定："现在，统一战线的工作范围包括：各民主党派成员，无党派人士，党外知识分子，少数民族人士，宗教界人士，非公有制经济人士，香港特别行政区同胞、澳门特别行政区同胞，台港同胞、去台湾人员留在大陆的亲属和回大陆定居的台胞，出国和归国留学人员，海外侨胞和归侨侨眷，原工商业者，起义和投诚的原国民党军政人员等。"②这是进入新世纪，江泽民对统一战线范围作出的新的完整界定，其对统一战线中"侨"的外延有所扩大。

---

① 《江泽民文选》第1卷，人民出版社2006年版，第420、423页。

② 《江泽民文选》第3卷，人民出版社2006年版，第142—143页。

江泽民还就新时期统一战线工作提出要求和希望。他指出："进入新世纪，我国将进入全面建设小康社会、加快推进社会主义现代化的新的发展阶段。到下个世纪中叶基本实现我国的现代化，任务仍十分艰巨繁重。这就需要我们继续巩固和发展最广泛的爱国统一战线，最大限度地加强广大工人、农民、知识分子的团结，加强各民主党派、各人民团体、各民族和各界爱国力量的团结，加强与港澳同胞、台湾同胞和海外侨胞的团结，把各方面的智慧和力量都凝聚起来，把大家的积极性和创造性都发挥出来。""使海内外中华儿女为实现中国的现代化和中华民族的伟大复兴而达到新的团结和联合。"[①] 这些论述进一步展望了海外侨胞在统一战线和民族振兴中的地位。

二、世纪之交侨务工作承前启后

改革开放 20 多年来，我国的侨务工作取得了很大成就。到世纪之交，国外侨情出现了一些新变化，侨务工作面临一些新情况、新问题。在以江泽民为核心的第三代中央领导集体的领导下，侨务部门以邓小平、江泽民侨务思想为指导，分析新情况，解决新问题，使世纪之交的侨务工作呈现新的面貌。

（一）国外侨情的新变化

经过 20 多年的改革开放，传统的海外华侨社会逐渐发生巨大变化。1978 年以来，中国政府放宽了出入境的限制，有正常出境理由者基本完全放行，所以向海外移居的中国人逐年增多。可以说，这是在中国改革开放、经济全球化、世界人口流动加快等背景下产生的必然结果。据估计，自 70 年代末的 20 多年来，约有 500 万华人向海外移民，在移入国

---

① 《江泽民文选》第 3 卷，人民出版社 2006 年版，第 140、143 页。

定居并致力于当地的建设①。自 1986 年起，国务院侨办开始提出"新移民"的概念，认为改革开放后从中国大陆及香港、澳门移居其他国家和地区的中国人，包括华侨和华人都是新移民。新移民主要有四种类型，即留学生移民、专业技术移民与投资移民、涉外婚姻移民与家庭团聚移民、非法移民。从整体上看来，相对于老一辈的华人移民，新移民具有专业化、技术化、高学历化的特点，他们移入发达国家以后从事一些重要的高科技工作，使海外侨胞的职业从传统的缝纫、理发、餐饮（俗称"三把刀"）等转变为"六个师"（律师、工程师、医师、会计师、高级技师和大学教师）。这些新移民经过几年的拼搏后，不少人都能成功地进入发达国家的中产阶级行列。在北美等地，新移民在政治、经济、文化等方面的作用已在当地华侨华人社会中日益显现出来。他们不仅在促进中外友好、合作交流方面是一支积极的力量，而且其中掌握高科技的众多人才也是我们实施科教兴国战略的宝贵财富。

到 20 世纪 90 年代，很多海外华侨华人已拥有雄厚的经济实力，拥有一大批掌握现代科技、管理知识的专业人才，并拥有遍布世界的商业销售网络。据世界银行估计，海外华人企业的产值由 1991 年的 4000 亿美元迅速上升到 1996 年的 6000 亿美元。②尤其在东南亚地区，20 世纪七八十年代，是华人的主要聚居地泰国、马来西亚和印度尼西亚经历经济高速发展的时期，华人华侨经济实力也快速增长，出现了数百个颇具实力的华人或由华人控股的大企业。有专家学者甚至认为，海外华人主导了东南亚的经济：华人控制了印尼 80% 的企业资产；控制了泰国 90%的制造业和 50% 的服务业；菲律宾 1000 家大型企业中超过 1/3 由华人掌

---

① 《环球时报》2008 年 2 月 26 日。

② 参见赵红英：《新时期党对侨务资源的认识及思考》，《中共党史研究》2005 年第 3 期。

握；华人控制马来西亚 60% 的资本市场。① 在美国，台湾、香港和东南亚华人企业输入的资本日益增多，华人经济有了很大发展，也出现了一批相当有实力的华人经济集团。他们在同我国发展经济合作方面，发挥越来越大的作用。

同时，华侨华人高层次科学技术人员等大量增加，许多人取得卓越成就，在国际上享有很高声誉。仅在美国华人科技人才就有 15 万人，几乎遍及各个领域，其中不少在高新科技、产业部门担任重要职务。同时，还有一系列华人科技团体活跃在美国高科技领域，成为美国近年来经济繁荣的动力之一。尤其是华人中年轻的优秀科技人才大批涌现，在 21 世纪的高科技领域将占据日益重要的地位。据美国《星岛日报》报道，一家由美国航空大亨霍华德·休斯创建的权威民间慈善机构——"侯活晓士医学研究所"2008 年 5 月 27 日向美国大专院校以及科研机构的 56 名研究人员颁发 6 亿美元的科研赞助经费，这些获胜者是从 1200 多名竞争对手中脱颖而出的，而赞助获得者中有 10 名左右中国大陆出生的研究人员。② 华裔科研人员逐步成为美国科研机构的中坚力量。

华人参政也呈现日益发展的趋势。海外华人经济作为居住国国民经济的重要组成部分，已经与所在国的社会、政治环境融为一体。在政治上，更多的华裔移民被当地主流社会所接受。东南亚华人参政由来已久。据不完全统计，近 30 年中，先后担任泰国副部长以上的高级官员，华裔共有 28 人，其中祖籍海南的占 9 人。在美国，华人参政日益活跃，已有一批华人当选为州市议员、副州长、州务卿等；到 1990 年，美国总统布什委任了 20 多位华裔出任联邦要职，布什上任两年内被任命的华裔人数达 36 人之多。在欧洲、北美洲、大洋洲和非洲许多国家的政坛上，都可

---

① 参见庄国土：《1978 年以来中国政府对华侨华人态度和政策的变化》，《南洋问题研究》2000年第 3 期。

② 中国新闻网，http://www.chinanews.com/hr/mzhrow/news/2008/06-01/1268646.shtml。

以看见华人的身影。这些都说明了海外华人在融入居住国主流社会的过程中，一方面，在经济、政治、文化上逐渐为其所接受；另一方面，也表明了海外华侨华人的社会政治权利和地位得到提高。

新时期实行的改革开放政策使回国探亲访友、观光旅游和从事经济贸易活动的华侨华人逐年大量增加。在中国经济与世界接轨的过程中，海外华侨华人起了桥梁作用。华侨华人及港澳资本率先进入大陆沿海地区，推动了沿海地区的经济发展，从而改善投资条件，又进一步吸引海外华商资金，形成良性循环，使海外华侨华人与中国的关系更加密切。20世纪90年代以来，在海外华侨华人中，热心支持中国的友好力量不断壮大，特别在西方发达国家，对我友好力量的规模日益扩大，层次日益提高，活力日益增强。在我国重大活动中，也随处可以看到海外华侨华人为祖（籍）国奔忙的身影：香港回归，匈牙利华侨华人租用飞机挂着庆祝彩带在欧洲天空飞行；在支持北京申办奥运会的日子里，华侨华人义务赶制旗帜，印制宣传品，组织义演，向住在国的居民热情宣传"新北京，新奥运"。他们开展的一系列颇具声势和影响的政治性活动，有力支持了我国的对外工作。

（二）跨世纪的侨务工作

海外侨情的新变化对侨务工作提出了新要求。为了适应时代变化的侨务工作新局面，中共中央加强了对侨务工作的统筹协调。从1998年起，经中共中央批准，全国人大华侨委员会、国务院侨办、全国政协港澳台侨委会、中国侨联、致公党中央这五个涉侨工作机构每年不定期召开联席工作会议，通报各自工作，协调工作中的重大问题，以发挥侨务系统的整体功能。之后，全国省级侨务部门也采用"五侨"联席会议制度。其时中央和全国27个省份普遍建立了这种联系机制。此外，北京、上海、贵州等省市"五侨"联席会议还吸收了党委统战部参加，称为"5+1"机制。"五侨"联席会议制度的建立，在一定程度上密切了涉侨部门之间的联系，加强了工作的配合协调。各涉侨部门从联合开展侨情调查，共同举办涉侨活动，到联合组团出访，合力督促处理侵犯海外侨胞和归侨侨眷在国内投资创业合法权益的典型案件等，形成了侨界前所未有的团结协作局面，大大推动了侨务工作的开展。

1. 努力增强国外侨务工作的主导地位

侨务工作分国内与国外两个方面，前者是基础工作，后者处主导地位，两者紧密相连、互相促进，共同服务于以经济建设为中心的三大任务。新时期以来，由于国内形势需要，我国侨务工作的重点长期放在国内，集中落实侨务政策，解决历史遗留问题，制定各项侨务政策，这是当时客观情况的要求。20世纪90年代以来，国外侨情发生了深刻变化，侨务部门的主要工作对象在海外，侨务工作的主要优势主要蕴藏在华侨华人之中。在做好国内侨务工作的同时，必须把面向华侨华人的工作放在主导地位。因此，1999年1月全国侨务工作会议提出"努力增强国外侨务工作的主导地位"。在这一思想指导下，各级侨务部门有针对性地开展了一系列工作。

其一，加强对重点地区和重点人物、重点社团的工作。

1992年，邓小平发表南方谈话后，海外华侨华人反应热烈，与我国合作交流的势头日趋强劲。为了更有效地开展侨务工作，1992年8月，国务院侨办下发《关于进一步加强侨务工作为加快改革开放和经济建设服务的意见》的通知，提出要大力加强与华侨、华人重点人物的联谊工作，推动其中较多的人士发展与我国多领域的合作交流。1993年国务院侨务工作会议又指出，要大力加强对重点地区和重点人物的工作。

东南亚是海外华商的主要聚居地，是华侨华人重点人物与我国开展合作交流最具潜力的一个地区；北美汇聚了一大批杰出的华侨华人科学家；西欧则是我国拓展贸易多元化的重要地区。以这些地区为重点，侨务部门会同驻外领馆，各有侧重地展开工作，逐步形成了与华侨华人广泛联系的工作网络。在东南亚，积极发展与华侨华人的经贸合作；鉴于一些国家对当地华侨华人同我国的交往仍不同程度地存有戒心，在经贸合作中优先选择对双方国家经济发展都比较有利的合作项目，并注重吸引当地原住民企业家、港澳台企业家和国际企业集团共同参与。同时，适当促进我国在这一地区的投资，推动我国科技成果的输出，把我国的科技优势与当地华人的资金优势、管理优势和销售渠道结合起来。在北美和西欧，则注重引进华侨华人人才，在华侨华人中物色代理商并借助其销售网络，促进我国产品的输出，并通过华侨华人促进所在国大企业与我国的合作交流。

20 世纪 90 年代以来，侨务部门把工作重点放在这些人身上，加强对重点人物的调研，改进对重点人物的邀请接待和出访工作，增进与重点人物的联系。如 1997 年在香港举行中英香港政权交接仪式时，国务院侨办邀请了 300 名海外侨领和华人代表参加了仪式，进一步拓展和深化重点人物工作。经过努力，各级侨办结交了数十万有成就、有影响的重点人物和上千个重点社团，积极增进与广大新移民和华侨华人二、三代的往来，有力地扩大了经济界、科技界、文化界、政界华人与我国的交往与合作。

与此同时，侨务部门不仅加强与友好社团的交往，在新社团大量涌现的情况下，国务院侨办会同驻外领馆和有关地方侨办，推动华侨华人主要社团联合举办活动，促进了他们之间以及他们与我国之间的交流与合作。

其二，加强对华侨华人的宣传工作。

在加快改革开放的形势下，对华侨华人的宣传工作，在整个侨务工作中的地位和作用显得越来越重要，加强这方面工作成为拓展国外侨务工作的一项重要内容。1993 年 2 月，江泽民在国务院侨务工作会议上指出，对华侨、华人的宣传工作，是党和国家对外宣传工作的重要组成部分。这是一项增进广大华侨、华人对中国的了解和感情，争取人心的工作，也是一项深层次的、基础性的工作，具有深远的战略意义。1996年3月，国务院侨办召开外宣工作会议，对侨务外宣工作的地位和作用、根本任务、方针和原则进行了详细的论述，部署了世纪之交开展侨务外宣工作的任务。

侨务部门根据中央的指示，加大了对外宣工作的力度。在东南亚，主要是向当地新闻传播媒体供稿、供片，加强对当地人士的联谊工作；在美欧，扩展向当地新闻传播媒体的覆盖，以及与当地报刊、影视同业的联谊交友；同时，对华侨华人的宣传工作中，充分发挥香港的特殊地位和作用。经过努力，建立和拓展了海内外侨务外宣阵地，形成以新闻通讯、报刊、影视、文化机构为重点的外宣网络。在海外，建立了报刊、影视阵地；在香港，建立了面向海外华人报纸的编版、供版中心；在境内，形成了以中国新闻社为龙头，《华声月报》和众多地方侨报、侨刊、乡讯协同配合的外宣系统。中新社的稿件为100多个国家的新闻媒体采用。侨报、侨刊对外年发行总量200余万份。新开辟的《华声报》电子版，月访问量300万人次。制作对外电视片400集、电视专栏节目3300多个。同时，广泛开展对外文化交流活动。仅国务院侨办组派了50个文艺团组，出访60个国家和地区。这些对增进华侨华人乃至外国友人了解中国，改善中国的国际舆论环境，起到了重要作用。

其三，大力扶持海外华文教育。

华文华语是我国开展国际交往、联系华侨华人和开展对外宣传的重要媒介。对海外华文教育加大扶持力度，也是根据海外侨情变化采取的一项重要举措。

20世纪六七十年代，由于亚非大多数国家都大力推行"英语至上"的教育政策，对华文教育施行打击、压制和停办的政策，几乎使所有的华文学校失去了办学的独立性，华文教育的系统性和完整性遭到极大破坏。东南亚许多国家实行强行同化，排斥、限制华人的民族文化和华文教育。

改革开放以来，中国经济的腾飞和综合国力的增强提升了华文的商业价值，海外华人经济实力的增强，财富雄厚的华人企业家的崛起，华人企业的集团化和国际化，亚洲"四小龙"的经济腾飞，也是提升华文经济价值的因素。许多国家为适应经济发展的需要，也放宽了华文教育政策。如新加坡自 1978 年起，大力提倡华语普通话运动，号召华人讲华语。这样 20 世纪 80 年代以来海外华文教育进入复兴期。针对这种形势，1986 年 11 月，国务院侨办主任廖晖指出要支持海外华文教育的发展，我们要从支持华文教育，支持华人兴办多种民族文化事业和宣传事业等方面积极工作，使中国语言、文化这种最能够维系华人青少年同祖（籍）国感情的纽带，长期保持下去。到 90 年代，随着中国的经济腾飞和综合国力的进一步增强，经济贸易和文化交流的日益扩大，华文的商业和文化价值日益提升，海外许多国家掀起兴办华文教育的热潮。如马来西亚尝到华文为引进外资带来的甜头，教育部决定拨款支持办华文学校。截至 1994 年，马来西亚千余所华文小学中，有 851 所享受政府的半津贴，享受全津贴的有 432 所。90 年代以来，涌入亚洲以外的四大洲的华人新移民日渐增多，亚洲和四大洲华人人口比例由 1967 年的 96% 和 4%，变成了 1993 年的 87% 和 13%，使得各种形式的华文学习班和补习班如雨后春笋般涌现。如美国大约有 670 所，加拿大温哥华地区有 130 所，英国有 200 所，荷兰有 24 所，法国华人社团几乎都办中文班。[①]

为了拓展海外华文教育事业，努力帮助华侨和华人子弟提高中文和中国文化的水平，国内面向华侨的暨南大学、华侨大学以及北京、广州、集美华侨学生补习学校，利用每年的寒暑假为华人子弟开办中文和中国

---

① 顾圣皓、金宁主编：《华文教育教学法研究》，暨南大学出版社 2000 年版，第 26 页。

文化讲座，并接收海外中文学校的中文教师进修。到 90 年代末，国务院侨办为海外的中文学校组织编写华文教材 20 套，向海外华文学校寄赠教材 100 多万册，被 78 个国家的部分华文学校采用。同时，向 20 个国家选派了教师 150 人，培训了数千名华文教师，与海外 400 所华文学校开展了教学交流。侨务部门还加强同 10 多个国家政府教育官员的交往，促进他们对华文教育的支持和合作。此外，各级侨办广泛举办夏（冬）令营活动，参加活动的华裔青少年近 10 万人。

在侨务部门的努力下，同时随着中国改革开放形势的发展，特别是中国同东南亚地区各国关系的改善，一些国家先后放松对华文教育的限制，使海外华文教育走出低谷，并逐渐有所发展。如 20 世纪 90 年代末，马来西亚全国有华文小学 1283 所，在读学生 60 多万人；华文独立中学 60 所，在读学生 6 万多人，还有大专学校 2 所，成为海外华文教育最发达的国家。

2. 加强新移民工作

（1）确认新移民身份

如前所述，所谓新移民，是指改革开放后从中国大陆及香港、澳门移居其他国家和地区的中国人。就新移民的类型考察，大致有留学生移民、专业技术移民与投资移民、涉外婚姻移民与家庭团聚移民、非法移民等四种类型。留学生是新移民的重要方式之一，据教育部最新统计，进入 21 世纪中国留学生的足迹遍布全球 109 个国家。2007 年度各类出国留学人员总数为 14.4 万人，与 1978 年的 860 人相比，30 年来，中国留学生的人数翻了 167.44 倍。从 1978 年到 2007 年底，各类出国留学人员总数达 121.17 万人，留学回国人员总数 31.97 万人。[①] 约有 2/3 留居当地，成为新移民的重要组成部分。改革开放以来的技术移民和投资移民，

---

① 中国政府网，http://www.gov.cn/jrzg/2008-10114/content-1120058.htm。

也是大陆新移民的类型之一，受到不少国家的欢迎。加拿大、南非、澳大利亚等国尤为欢迎这两种移民，前两者允许这两种移民并可立即取得永久居留权。近些年来，加拿大"增多贸易投资新来移民近廿万，给与当地政府经济帮助很大"①，到 90 年代末，"中国大陆成为加国移民来源地的首位"，1998 年为 2 万多人，1999 年增至 2.9 万多人，他们"多是技术移民"。国际婚姻移民和家庭团聚移民，也是大陆新移民的一种"连锁链"。改革开放以后，国际婚姻成为中国历史上的一种新现象。涉外婚姻主要有如下两种情况成为新移民：一是在国内与来华的外国人或华侨、华人结婚，然后办理移民签证，出国定居；二是已在国外有就职签证者或短期签证者（包括留学等），甚至非法移民与外国人、华侨华人结婚。他们只要维持几年的婚姻关系，一般即能在国外定居。新世纪以来，欧洲新增加一支家庭团聚及亲属关系的新移民队伍。据统计，福建省改革开放以来向海外移民 50 多万人，其中 90% 以上是以家庭团聚方式移居海外的。浙江青田现有 15 万华侨华人分布在世界 70 多个国家和地区，其中大多数是通过亲属关系出国的。非法移民是指没有通过正常的法律渠道或采取违法手段的移民，包括非法出入境（即通常所说的偷渡）非法居留、合法入境非法居留及非法入境后因大赦等原因转为合法移民。中国政府对非法移民是明令禁止的，1992 年 5 月，中共中央办公厅、国务院办公厅以中办发〔1992〕3 号文件转发了国务院侨办等部门《关于进一步防范和制止我国公民非法移居国外的意见》，1993 年 2 月国务院侨办等六个部门又发出《关于落实中办发〔1992〕3 号文件采取有力措施制止我国公民非法移居国外的通知》，就如何进一步打击非法移民提出了六条具体措施。当然，尽管采取各种措施禁止非法移民，仍有一定数量非法移民出现。

---

① 《宏观报》1998 年 12 月 11 日，《宏观报》现改名为《宏观周报》。

新移民长期在国内接受教育，受惠于改革开放政策，对中国、对家乡怀有深厚的感情。他们中有一大批优秀人才在各领域已崭露头角，成为海外华侨华人社会的生力军；特别是留居当地的原各类留学人员，是一批颇具潜力的跨世纪人才，他们拥有的实力、影响和作用将更加显示出来。新移民有很多亲属、友人仍在中国，他们与中国保持着紧密的联系，非常关心中国的发展和变化。因此从发展趋势来看，新移民势必对海外华侨华人社会产生深远的影响，对祖国与居住国的发展及推进国际合作与交流发挥积极的作用。因此，重视和加强新移民工作，具有重要的现实意义和战略意义。

根据这种变化，外交部于 1995 年 11 月下发了《关于加强新移民工作的意见》。指出做新移民工作是新形势下一项刻不容缓的任务。要把新移民纳入华侨华人范围，按我国有关方针政策积极做好他们的工作。同时做好老华侨华人工作。要发挥他们的知识优势，为我国的经济建设服务。1996 年 1 月 22 日，国务院侨办又下发《关于开展新移民工作的意见》，对新移民的身份作了明确界定。即根据我国的法律，凡已取得当地永久居留权的各类新的移民，均是华侨，加入所在国国籍的是外籍华人。这些华侨华人在国内的眷属，前者是侨眷，后者是外籍华人眷属，在有关的政策上可按侨眷对待。新移民回国定居的，则成为新归侨。在此基础上，该意见又指出了加强对新移民基本情况的调查研究工作、积极拓展与新移民的广泛交往、加强新移民社团工作、鼓励扶持新移民兴办中文学校、加强新移民在国内眷属的工作等多项指导方针，为世纪之交开展新移民工作指明了方向。

（2）调整制定留学生的政策

针对留学生新移民，我国制定、调整了关于留学生的政策。对于派遣留学人员出国学习，我国一直采取支持政策。早在邓小平推动改革开放时，多次提出要扩大派遣留学人员。① 1979 年教育部、国家科委、外交部联合发出通知，试行《出国留学人员管理教育工作的暂行规定》和《出国留学人员守则》。

20 世纪 80 年代，留学出国步伐逐渐加快。1980 年教育部、外交部、财政部、文化部、中国科学院等联合召开出国留学人员管理工作会议。1981 年国务院批转教育部、外交部等七个部门《关于自费出国留学的请示》和《关于自费出国留学的暂行规定》。1986 年国家教委制定并开始执行《关于出国留学人员工作的若干暂行规定》。1988 年国家教委、劳动人事部和公安部联合颁布了《关于公派出国研究生配偶申请出国探亲假等事项的管理细则》，中国留学服务中心成立。90 年代，新一轮出国留学高潮渐起。1990 年国家教委实施《关于具有大学和大学以上学历人员自费出国的补充规定》，强调大学以上学历人员应当完成服务期后方能申请办理自费出国手续。

对于很多留学生出国留学不归的现象，党和国家逐步确定了"鼓励留学，欢迎回国，来去自由"的出国留学工作方针。1992 年，国务院办公厅发出《关于在外留学人员有关问题的通知》，指出：所有在外学习的人员，不论他们过去的政治态度如何，都欢迎他们回来。1993 年 2 月，李鹏在同国务院侨务工作会议部分代表座谈时指出："关于留学生的政策，中央讲得很清楚。一条是欢迎他们学成回来，参加祖国的四化建设；一条是来去自由。"1993 年，"支持留学，鼓励回国，来去自由"的出国留学方针被写进中共十四届三中全会文件。按照中央的指示精神，驻外使馆为众多的原出国留学人员做好各种服务工作，如提供护照的更新、延长期限以及各种证明。当新移民希望帮助解决他们在国内的问题时，各地的侨务部门积极制定解决措施。例如，帮助他们解决国内住宅的出

---

① 新华网，http://www.xinhuanet.com/globe/2018-12125/c-137697887.htm。

租，雇佣他人耕种农村责任田，协调原单位收取的"培训费"，以及他们在国外出生的孩子报入国内户口等问题。

随着国家科教兴国和人才战略的实施，我国相继制定了一系列关于鼓励海外留学人员回国工作的政策和措施，以吸引大批留学人员以多种方式为祖国服务。第一，对留学生创业园区采取优惠政策。人事部在1996年制定下发的"九五"留学人员回国工作计划中，提出要加快建立发展留学人员创业园。全国各大城市吸引留学生归国的措施中，最有力度的是支持留学生创业园的政策。如北京相继出台了《北京鼓励留学人员来京创业工作若干规定》《北京鼓励留学人员来京创业实施细则》等政策文件。在有关部门的努力下，留学人员创业园得到较快发展，到2000年，全国已建成创业园40多个，入园留学人员企业1500多家，形成了一批留学人员创业群体。留学人员创业园的建立，对开发留学人员资源，吸引海外留学人员回国创业，促进高新技术产业化，推动科技经济发展发挥了积极作用。第二，对留学生回国采取各种鼓励政策。如2000年教育部通过了《关于妥善解决优秀留学回国人员子女入学问题的意见》，人事部下发了《关于印发〈关于鼓励海外高层次留学人才回国工作意见〉的通知》；2001年人事部印发《留学人员科技活动项目择优资助经费申请与管理》等，从解决子女入学、工资津贴、科研经费各方面给予海外留学人员回国服务以优惠政策。2001年5月14日，人事部、教育部、科技部、公安部、财政部联合下发《关于鼓励海外留学人员以多种形式为国服务的若干意见》，则是我国在鼓励留学人员为国服务方面出台的第一个比较全面、系统的文件，对海外留学人员为国服务的形式和国家提供的保障政策作出了明确的规定。第三，召开交易会或组团出国招揽人才。各地政府也采取了领导率团出国，举办人才交流会等方式招揽海外人才。广州的留学人员科技交流会到2001年底已经召开了4次，上海、北京、宁波、大连、南京、西安等地纷纷效仿广州，也频频举办各种形式的面向海外留学人员的交流会、招聘会、商会。1992 年，深圳市领导率团到美国招聘人才，到 2002 年 8 月深圳市组织了二次政府组团赴海外招聘人才。2001 年 7 月 28 日到 8 月 5 日，上海浦东领导带领政府有关部门和 20 家用人单位携带了 230 多个招聘职位，分别在旧金山、芝加哥与纽约，举行了三场人才招聘及项目交流会，三个交流会的总人数超过 4000 人。据侨报报道，留学人员对交流会的热烈反应，使人隐约感觉到，一个留学人员回国就业及创业的高潮即将来临。[①]

在这一系列政策的鼓励和各级部门的努力下，中国对海外华人的吸引力和凝聚力进一步加强，回国留学人员数量以年均 13% 的速度增长，部分地区高达 28%[②]，海外华人归国工作已经成为当今社会的主流。

3. 从"引进来"到"走出去"

在我国经济发展中，如果说"引进来"的实质是以市场换投资、换技术，是我国经济与世界经济的单向融合，"走出去"的实质则是以投资换资源、换市场。"走出去"战略，可以更好地利用两个市场、两种资源，是我国国民经济和对外开放发展到一定阶段的必然选择。新时期以来，海外华侨华人在我国"引进来"的过程中发挥了巨大作用；同样，在"引进来"的战略中，海外华侨华人发挥了重要桥梁和纽带作用。

（1）广泛开展"兴国利侨"引资引智活动

为了加速推进我国的现代化建设事业，90 年代中期，中共中央提出了科教兴国战略，要求把它作为国家未来发展的重大战略加以规划和实施。至于侨务工作在科教兴国战略的地位和作用，江泽民作了分析认为：华侨华人"拥有的不仅是巨大的资本，还有相当的智力、人才"，要求侨务部门"把引进华侨、华人人才的工作，摆到更加重要的位置上来"。

---

① 孙权：《回归祖国连通世界开启第三次海外华人归国潮》，《中国科技产业》2001 年第 9 期。

② 孙权：《回归祖国连通世界开启第三次海外华人归国潮》，《中国科技产业》2001 年第 9 期。

他指出："就是要通过 3000 万华侨华人，特别是他们中的科教工作者，促进我们科教兴国战略的实施。"① 根据这一战略思想，侨务部门把为科教兴国战略服务摆到更加重要的位置，广泛开展了"兴国利侨"活动，作为推进侨务部门引资引智工作的一项重要举措，更加积极地为改革开放、经济发展服务。

实施"科教兴国"战略，人才是关键。在中国庞大的科技队伍中，除了国内 1800 万各类科技人才外，还有一批知识新、造诣深、对祖（籍）国怀有深厚情谊的海外华侨华人科技专家。加强与他们的合作交流，充分发挥他们的作用，对于中国尽快实现科学技术现代化，具有重要的意义。1999 年，国务院侨办组织了海外华侨华人百名博士回国（来华）考察交流，是兴国利侨的举措之一。

为进一步推动海外华侨华人来华投资创业，1999 年侨务系统在全国开展"为侨资企业服务行动年"活动，保护侨资企业的合法利益。"为侨资企业服务行动年"的主要内容是：依法查处侵害华侨华人和港澳同胞投资者合法权益的案件，重点是金额较大、情节恶劣、对外造成不良影响的典型案件；妥善协调解决各类经济纠纷；积极为侨资企业排忧解难，提供优质服务，努力改善投资软环境。这一活动取得了显著的效果。

继 1999 年开展"兴国利侨——为侨资企业服务行动年"活动之后，国务院侨办从 2000 年起在全国侨办系统继续开展"兴国利侨——牵手西部"系列活动。其主要内容包括：积极引进华侨华人智力和人才，以海外智力服务"大西部"，重点是促进西部地区基础设施建设，植树种草、退耕还林等生态环境建设，科学教育事业以及特色经济和优势产业的发展；以邀请海外客商为重点，协助西部各地开好"昆交会""乌交会"和"重交会"。同时，利用网上技术，向海外传递西部地区投资环境、优

---

① 任贵祥：《江泽民侨务思想探析》，《当代中国史研究》2007 年第 4 期。

惠政策及经济、科技合作项目信息，并以西部地区为重点举办网上经贸洽谈会；积极帮助西部地区拓展对外联系，组织引导海外侨商赴西部地区开展经贸考察，组织东部地区经济效益好的侨资企业负责人赴西部考察以促成二次投资，协助西部各地政府在海外著名企业家和科技专家中选聘经济、科技顾问；利用侨务渠道积极向海外宣传西部地区，以提高西部地区的知名度；加强对西部地区侨务工作的指导和重点支持。

（2）利用华侨华人优势实施"走出去"战略

改革开放40年以来，大量华侨华人资本涌入中国东南侨乡及沿海城市，对中国大陆，尤其是侨乡的经济发展起了巨大的推动作用。侨乡的变化有目共睹，已从过去分散办厂、单一开发的方式向连片、综合、基础性开发及系列生产方式转变。他们积极开展对外联系，开展多种经济合作和科技文化交流，在侨乡建设各种形式的经济技术开发区，从而在对外开放的大潮中脱颖而出，侨乡经济得到充分的发育和壮大，逐步从祖辈集居的偏僻乡村和集镇走向了新兴的城市。可以说，由于吸收海外华资政策的实施，广东、福建沿海侨乡成为中国经济增长速度最快、最具活力的地区之一。正如朱镕基在第六届世界华商大会上所说的那样，中国经济取得的辉煌成就，海外华侨华人功不可没，他们的创业精神已经载入中国经济发展的辉煌史册。

在世纪之交，随着世界经济全球化的发展，中共中央提出要抓紧实施"走出去"的开放战略，把"引进来"和"走出去"紧密地结合起来，这是中央根据国内外经济发展的新形势，在总结改革开放经验基础上作出了进一步扩大开放、提高开放水平的战略决策。早在1984年10月邓小平就指出："我国年国民生产总值达到一万亿美元的时候，我们的产品怎么办？统统在国内销？什么都自己造？还不是要从外面买进来一批，自己的卖出去一批？"① 2000 年《中共中央关于制定国民经济和社会发展第十个五年计划的建议》明确提出，实施"走出去"战略，鼓励和支持有优势的企业对外投资和跨国经营，主动参与国际经济技术合作与交流，优化资源配置，拓展国际市场，增强国际竞争力，为经济发展开辟新的空间。

在实施"走出去"战略中，华侨华人以及创办的企业可以发挥重要桥梁和纽带作用。海外的华商熟悉所在国国情，融入了当地主流社会，事业有成，是当地经济不可忽视的力量，在海外建立了良好的人脉关系、商业网络和金融网络。在遍布全球的华商之间，存在着一个以宗亲关系、乡籍关系和行业关系串联而成的商际网络。美国未来学家约翰·奈斯比曾把它比作互联网："那是很隐形的、复杂微妙的网络，华人家族企业其实就是宗亲和同乡之网，许许多多小网交织成一大面铺盖全球的网络。"② 随着华人居住地向世界的扩散，华商业务国际化的趋势增强，海外华人金融网络也就随之延伸和扩大，成为促进各国、各地区贸易投资的桥梁。

华侨华人是中华民族在海外的延伸和有机组成部分，是我国经济社会发展的独特力量，是我国同世界各国友好交往与合作交流的重要"桥梁"。海外华商为支持国内企业实施"走出去"战略提供了条件，将成为一支启发中国内地（大陆）企业更快、更大程度地融入全球商业经济的"催化剂"。随着华侨华人数量的不断增加，国际地位的不断提高和国际影响的扩大，对我国经济社会的促进作用也不断增强，在我国"走出去"的战略中继续发挥巨大的作用。

各地侨办引导海外华侨华人帮助国内企业"走出去"进行了一些有益的尝试。如 2004 年，上海市侨办举办"相聚上海，共谋发展"活动就

---

① 《邓小平文选》第 3 卷，第 90 页。
② 转引自王琳：《海外华侨华人与实施"走出去"战略》，《侨务工作研究》2006 年第 4 期。

是以帮助国内企业"走出去"为主题的。在活动开幕式上，有六家海外华侨华人社团与上海数家行业协会签订了合作协议，通过这些社团的牵线搭桥，帮助国内企业更好地"走出去"。2005年，上海医疗器械行业协会组团到加拿大进行商务考察，在海外华侨华人专业社团的帮助下，拜访了多家医疗器械行业的著名机构和公司，取得了良好的效果。

总之，20世纪90年代以来，党的第三代中央领导集体继承并发展邓小平侨务思想，在新形势下不断研究新情况、解决新问题，使世纪之交我国的侨务工作承前启后，以崭新的姿态迈入21世纪。

第三节　继续推进新世纪侨务工作

一、侨务理念与时俱进

（一）侨务工作三个"大有作为"

继续推进现代化建设，完成祖国统一大业，维护世界和平与促进共同发展，是党提出的新世纪中国的三大主要任务。侨务工作，与这三大任务密切相关，肩负繁重使命。21世纪头20年，是我国侨务工作乘势而上、开创新局面的重要机遇期。以胡锦涛为总书记的新一届党中央领导集体，对侨务工作高度重视将新世纪的侨务工作提高到了一个新的水平。

中共十六大以来，以胡锦涛为总书记的新一届党中央领导集体，以科学发展观和构建社会主义和谐社会的战略思想为指导，在全面继承邓小平、江泽民侨务思想的基础上，结合侨务工作实践，提出了"两个服务"的思想和"统一论"等侨务理念，在许多方面有所创新。

我国改革开放30年来的实践证明，广大华侨华人为中国的现代化建设事业作出了重要贡献。党的十六大之后，胡锦涛多次肯定新时期以来广大华侨华人为中国改革开放事业所作的贡献。2005年2月，胡锦涛在接见全国侨务工作会议代表时指出："历史已经证明并将继续证明，广大海外侨胞和归侨侨眷是推进我国现代化建设、实现祖国完全统一和中华民族伟大复兴的重要力量。"① 2007年6月20日，胡锦涛会见第四届世

---

① 《胡锦涛会见全国侨务工作会议代表时强调：把海内外中华儿女的力量凝聚起来，为实现中华民族伟大复兴共同奋斗》，《人民日报》2005年3月1日。

界华侨华人社团联谊大会全体代表，充分肯定广大华侨华人是"中国现代化建设的积极参与者""中国统一大业的积极促进者""中华文明的积极传播者""中国人民和世界各国人民友好交往的积极推动者"，讲话从四个方面概括了华侨华人对中国改革开放事业作出的重要贡献。

进入新世纪后，为了继续推进党和国家侨务工作迈上新台阶，党的十六大以来，以胡锦涛为总书记的新一届中央领导集体对做好新形势下的侨务工作高度重视，对侨务工作的重要地位作出新的界定。2004 年 7 月 7 日，温家宝总理主持国务院第 57 次常务会议，听取侨务工作的汇报，并对进一步做好侨务工作提出明确要求。2005 年 1 月 20 日，胡锦涛主持中央政治局常委会会议，审议国务院侨办起草的《关于加强新形势下侨务工作的意见》，并决定由中共中央办公厅和国务院办公厅联合下发执行。2005 年 2 月 27 日至 28 日，全国侨务工作会议召开。这是进入新世纪后党和国家召开的第一次全国侨务工作会议。这次会议规格之高、范围之广、影响之大在侨务工作史上前所少有。胡锦涛、温家宝、贾庆林、曾庆红等 9 位党和国家领导人接见全体代表，胡锦涛发表讲话，国务委员唐家璇代表国务院作主题报告。中共中央、全国人大、国务院、全国政协有关部门及致公党中央、中国侨联的负责人，各省、自治区、直辖市人民政府分管侨务工作的负责人出席会议，我国 25 个驻外使领馆的负责人专程回国参加会议。这在历次全国侨务工作会议中还是第一次，充分体现了中共中央、国务院，地方党委、政府和有关部门对侨务工作的重视、关心和支持。正是在这次会议上，胡锦涛对新世纪侨务工作的重要性作出了新的概括。他指出："在凝聚侨心、发挥侨力，为实现全面建设小康社会的宏伟目标做贡献方面，侨务工作大有作为；在反对和遏制'台独'分裂势力，推动祖国和平统一进程方面，侨务工作大有作为；在开展民间外交，传播中华优秀文化，扩大中国人民与世界各国人民友好交往方面，侨务工作大有作为。"①胡锦涛提出的侨务工作三个"大有作为"的论断，总揽全局，高屋建瓴，从政治和战略的高度指明了侨务工作在党和国家事业发展大局中的独特作用和肩负的历史使命，为新时期侨务工作的开展指明了方向。

（二）侨务工作的"三个坚持"

按照中共十六大、十七大提出的奋斗目标，21世纪是我国实现全面建设小康社会、实现中华民族伟大复兴的关键时期。随着我国加入世界贸易组织，我国对外开放将进入一个新的发展阶段，广大华侨华人与祖（籍）国合作交流的领域和范围将进一步扩大，在中国现代化建设中的作用将更加显著。实现祖国完全统一，是新世纪我国三大任务之一。广大华侨华人是促进中国和平统一不可忽视的力量。这些表明，新世纪将是华侨华人在振兴中华、促进中国统一大业中发挥更大作用的时期，也是侨务工作肩负新的历史使命的时期。

因此，新世纪的侨务工作以什么样的指导思想展开至关重要，新一届中央领导集体对此进行了战略性思考。2005年2月，胡锦涛接见全国侨务工作会议代表时指出："各级党委和政府要深刻认识新形势下侨务工作的重要性，把侨务工作摆上重要议事日程，及时研究解决涉侨工作的重大问题；要坚决贯彻中央关于侨务工作的方针政策，坚持以人为本，始终把维护海外侨胞和归侨侨眷的根本利益作为侨务工作的出发点和落脚点，努力做到为国家大局服务和为侨服务的统一；要建立和完善必要的侨务工作协调机制，加大侨务工作的投入，为开展侨务工作提供必要的保障。"②讲话初步提出了侨务工作"两个服务统一论"的指导思想。

---

① 《把海内外中华儿女的力量凝聚起来　为实现中华民族伟大复兴共同奋斗——胡锦涛总书记会见全国侨务工作代表》，《侨务工作研究》2005年第1期。

② 《把海内外中华儿女的力量凝聚起来　为实现中华民族伟大复兴共同奋斗——胡锦涛总书记会见全国侨务工作代表》，《侨务工作研究》2005年第1期。

　　2005 年 2 月 7 日，中共中央办公厅、国务院办公厅印发《关于加强新形势下侨务工作的意见》，对新世纪侨务工作的指导思想作了明确的概括，即："以邓小平理论和'三个代表'重要思想为指导，坚持以人为本，为侨服务的宗旨；坚持以国内侨务工作为基础，以国外侨务工作为主导；坚持为国家大局服务和为侨服务的统一，与时俱进、开拓创新，努力在海外发展一支宏大的对我友好的力量，促进侨务资源的可持续发展，充分发挥海外侨胞和归侨侨眷的独特作用，为全面建设小康社会、促进祖国统一和发展同各国人民的友好合作而奋斗。"① 至此，新世纪侨务工作的指导思想正式确立。

　　"坚持以人为本，为侨服务的宗旨；坚持以国内侨务工作为基础，以国外侨务工作为主导；坚持为国家大局服务和为侨服务的统一"，这"三个坚持"，是对改革开放以来尤其是进入新世纪以来侨务工作基本经验的科学概括和总结，是对侨务工作规律的正确认识和把握，体现了科学发展观的要求，成为新世纪侨务工作根本指导方针。

　　"坚持以人为本，为侨服务"，这是新世纪侨务工作的宗旨。党的十六大以来，以胡锦涛为总书记的新一届党中央领导集体，提出了科学发展观的思想，并在党的十七大上将其和邓小平理论、"三个代表"重要思想一起纳入中国特色社会主义理论体系。科学发展观的核心是"以人为本"。用科学发展观统领侨务工作，就是"以人为本，为侨服务"。胡锦涛强调：要坚决贯彻中央关于侨务工作的方针政策，"坚持以人为本，始终把维护海外侨胞和归侨侨眷的根本利益作为侨务工作的出发点和落脚点"②。2005 年，温家宝在十届人大三次会议上作的《政府工作报告》中首次提出要"积极维护我国公民在海外的生命安全和合法权

---

　　① 转引自任贵祥主编：《海外华侨华人与中国改革开放》，第 216 页。

　　② 《把海内外中华儿女的力量凝聚起来　为实现中华民族伟大复兴共同奋斗——胡锦涛总书记会见全国侨务工作代表》，《侨务工作研究》2005 年第 1 期。

益"①，体现了新世纪党和政府"以人为本"的执政理念。此后，我国政府在海外多次开展大规模惊险的护侨行动，则是"以人为本，为侨服务"宗旨的践行。

"坚持以国内侨务工作为基础，以国外侨务工作为主导"，这是我国长期以来对侨务工作规律性探索的结果，也是新世纪侨务工作的基本原则。侨务工作分国内与国外两个方面，前者是基础工作，后者处主导地位，两者紧密相连、互相促进，共同服务于以经济建设为中心的三大任务。新时期以来，由于国内形势需要，我国侨务工作的重点长期放在国内，集中落实侨务政策，解决历史遗留问题，制定各项侨务政策，这是当时客观规律的反映。进入新世纪，侨务工作的优势蕴藏在海外华侨华人之中。第一，人才优势。海外华侨华人中，拥有一大批掌握现代化科学技术管理和管理知识的专业人才。第二，资金优势。海外华人，特别是东南亚地区，华侨华人拥有雄厚的经济实力，许多人已组成跨国集团，走向国际化经营，在金融、运输、工商、财贸等方面有重要地位。第三，信息优势。广大华侨华人了解当地社会的动态，既有广度又有深度，既拥有遍布世界的商业销售网络，又掌握各国科技发展的最新信息。第四，纽带优势。海外华侨华人既与中国有着千丝万缕的联系，又与居住国社会休戚相关，多数人已融入当地主流社会。所以在中国与国外的联谊、交流和合作中，他们自然而然地起着桥梁作用。因此，在积极推进世纪之交的侨务工作中，必须在继续做好国内侨务工作的同时，努力增强国外侨务工作的主导地位，这是一个战略性的考虑。只有充分发挥国外侨务工作的主导作用，才能把海外侨胞这一潜在的优势转化为现实的机遇，才能把对我友好的力量，凝聚到全面建设小康社会的宏伟目标中来，这是增强侨务工作优势和活力的关键。

---

①　《坚持和平发展道路与独立自主的和平外交政策》，《人民日报》2005 年 3 月 6 日。

"坚持为国家大局服务和为侨服务的统一",这是侨务工作的两个基本点。这一新的战略性理念,具有深刻的现实意义和长远的历史意义。其一,这是"以国为重"和"以侨为本"双重思维的统一。侨众利益寓于国家利益之中,而国家利益又以民众(含侨众)利益为基础。在坚持国家大局的前提下,维护好侨众利益,做好为侨服务,充分体现"国以民为本"的思维。"两个服务"的统一,就是坚持维护国家大局利益与维护侨众利益的统一性,坚持做好侨务工作与实现广大侨众根本利益的统一性。这也是新一届中央领导集体重侨、亲侨、爱侨和护侨理念的体现。其二,"两个服务"统一的理念,有助于纠正和防止某些片面认识。"两个服务"统一的理念,体现了马克思主义的世界观和方法论,并具有时代精神和实践要求,对于防止涉侨领域某些偏颇观念,纠正片面的认识和行为,大有裨益。为国家大局服务是事关国家盛衰强弱的关键,凡事必须维护大局、顾全大局、服务大局、服从大局,这是国家最高利益的要求。但是,在涉侨领域,曾出现一些片面的"大局论"。例如,有的地方领导借口改革、开放、发展的大局,企图对一些侨场、侨厂、侨镇、侨校实施"全盘端式"的大迁大拆,对华侨农林场、工厂的土地无偿划拨或低价、压价转让,或美其名以政策照顾而削价卖给开发商。这样,既伤害了侨众的切身利益,也损害了党和政府在海内外广大侨众中的形象和声誉。另外,在某些地方又存在狭隘的"侨本位"的思想和现象。本来"为侨服务"的本质是为广大侨众的根本利益服务,但如果缺乏国家大局观念和全局意识,单纯地以一种片面的"利侨"角度出发来认识和处理涉侨问题,必将导致损害国家大局利益,最终损害侨众的根本利益。这种"侨本位"思维也是错误的,需要防止和纠正。"两个服务"统一的理念,体现着"国以民为本"和"民以国为重"的辩证统一关系,是侨务工作与时俱进,保持鲜明时代特征和蓬勃活力的必然要求。

此外,新一届中央领导集体还提出了"促进侨务资源可持续发展"

等新的论断，体现了科学发展观的要求。根据中央关于构建和谐社会、推进和谐世界建设的战略思想，侨务部门还提出了倡导构建和睦相融、合作共赢、团结友爱、充满活力的和谐华侨华人社会的主张。这些新的侨务新理念，对于新世纪侨务工作具有很大的推动作用。

二、新世纪侨务工作再上新台阶

进入 21 世纪以来，海外侨情正在发生一系列变化。主要表现在：第一，我国综合国力和国际地位的不断提升，大大激发了海外侨胞的民族自豪感和文化认同感。侨胞们骄傲地说：中国的航天飞船飞得有多高，海外侨胞的头就能抬得有多高。2005 年美国《洛杉矶时报》就刊载文章指出，中国让海外华人感到骄傲。第二，新华侨华人的数量剧增、分布更广，他们同华裔新生代一起，逐步成为华侨华人社会的主体，拓展了我侨务工作领域。目前，除东南亚等传统的侨胞聚居地外，北美、西欧及巴西、澳大利亚、日本、南非等地区和国家，已日益成为海外侨胞新的聚居地，给当地华侨华人社会增添了大量新鲜血液。第三，海外侨胞的经济、政治实力进一步增强。据中国新闻社课题组发表的《2007 年世界华商发展报告》，2007 年全球华商群体继续壮大，华商经济蓬勃发展。据推算，全球华商总资产约为 3.7 万亿美元。[①] 而且华侨华人中知识型、创业型群体不断壮大，并逐渐摆脱"不问政治国事"的思维模式，参政意识进一步提高，陆续融入所在国主流社会。如 2006 年 10 月 31 日，40 多名英国华人在英国上议院启动参政计划，正式拉开了华人参与英国政治、融入英国社会的序幕。2007 年 6 月 8 日，加拿大第一个由华人筹组及主导的

---

① 任贵祥、朱昌裕著：《华侨华人与中国改革开放 40 年》，广东教育出版社 2019 年版，第195页。

政党——民族联盟党（NAP）在温哥华正式宣布建党，核心人物都是近年来自中国大陆的新移民。民族联盟党表示鼓励少数族裔人士参政，将在适当的时机推荐优秀的候选人，以"集体参政"的形式，参与加拿大的市、省政治选举。海外侨胞是住在国经济社会发展的一支重要力量，也是我国全面建设小康社会、努力拓展民间外交可以借助的宝贵资源。第四，实现祖国的完全统一是海内外中华儿女的共同意愿，海外侨胞在反对和遏制"台独"分裂势力方面，可以发挥更加重要的作用。

新世纪的侨务工作面临着重要发展机遇，也面对新的挑战。新一届中央领导集体对侨务工作给予高度重视，悉心指导侨务工作的开展。2005年1月20日，胡锦涛主持中央政治局常委会会议，审议国务院侨办起草的《关于加强新形势下侨务工作的意见》，2月7日中办、国办联合下发该意见。该意见进一步明确了侨务工作的指导思想、基本方针和基本原则，提出了当前和今后一个时期侨务工作的主要任务，成为新世纪开展侨务工作的指导性文件。同年2月27日至28日，全国侨务工作会议在北京召开，这是进入新世纪以来国务院召开的第一次侨务工作会议，对新世纪侨务工作进行了全面而具体的部署。2007年10月，胡锦涛在党的十七大报告中再次强调指出："认真贯彻党的侨务政策，支持海外侨胞、归侨侨眷关心和参与祖国现代化建设与和平统一大业。"①在新一届中央领导集体的侨务思想指导下，根据党和国家的部署，各级侨务部门重点开展了以下工作。

（一）加强对《归侨侨眷权益保护法》执法检查

为进一步加强新形势下的侨务工作，维护归侨侨眷和海外侨胞的合法权益，2006年全国人大常委会决定对《中华人民共和国归侨侨眷权益保护法》的实施情况进行检查。这是该法颁布实施16年来，由全国人大

①　《中国共产党第十七次全国代表大会文件汇编》，第31页。

常委会组织进行的首次执法检查。检查组先后两次听取国务院10个部门、最高人民法院、最高人民检察院及中国侨联关于法律实施、维护侨益的情况汇报，并研究改进的措施。4月9日至5月22日，检查组划成3个小组，分赴广东和上海、广西和陕西、福建和山东6个省（区、市）进行检查。

从这次执法检查的情况看，侨务法律实施和侨务政策落实总体情况是好的。《归侨侨眷权益保护法》全面贯彻了党和国家对归侨侨眷"一视同仁，不得歧视，根据特点，适当照顾"的方针，使侨务工作走上规范化、法治化的轨道。各级政府贯彻实施侨务法律和政策，尊重归侨侨眷，从政治、经济、教育、就业、救济等多方面坚持一视同仁，给予适当照顾。一是归侨侨眷的政治权益得到保护。历届全国人大代表中都有适当名额的归侨代表，归侨人数较多地区的地方人大也有适当名额的归侨代表；政协安排了侨界委员。1991年以来，当选历届全国和省级人大代表的归侨侨眷达640多人次，担任全国和省级政协委员的归侨侨眷达900多人次。二是归侨侨眷和海外侨胞在国内的财产权益得到保护。各地为落实侨房政策做了大量工作，全国共清退了近4000万平方米的华侨私房，非法占用的侨房都按政策规定得到较好落实。这是一项凝聚侨心、维护侨益的重要举措。三是各级政府支持归侨侨眷和海外侨胞在国内捐赠兴办公益事业。对海外侨胞捐赠的物资依法减征或者免征关税和进口环节增值税。海外侨胞在国内捐赠兴办公益事业的总价值近600亿元人民币。四是归侨侨眷的生活与就业得到了适当照顾。28个省、自治区、直辖市先后出台政策，提高退休归侨职工的生活待遇和困难归侨侨眷的补助标准。所有这些都受到了归侨侨眷和海外侨胞的好评和赞扬，为大批海外侨胞回国定居和创业创造了条件，对于培育好、保护好、发挥好他们的积极性，具有重要意义。

通过检查，也发现了侨务领域仍然存在的薄弱环节，如华侨农林场发展面临一系列问题，亏损面大，拖欠职工工资、退休金、医药费和社保资金问题突出，职工人均纯收入低于当地农民；大量危房亟待改造，交通、饮水、供电等基础设施问题较多。海外侨胞在国内投资创业也遇到一些困难，投资权益受到侵害的情况时有发生。针对这些问题，各级侨务部门按照中央有关部署，认真贯彻中央关于侨务工作的方针、政策，遵照"以人为本，为侨服务"的宗旨，始终把实现好、维护好、发展好海外侨胞和归侨侨眷的根本利益作为侨务工作的出发点和落脚点，制定了相关改进措施。

（二）继续推进华侨农场改革和发展

自 1985 年中共中央、国务院发布关于国营农场经济体制改革的决定以来，各有关省区党委、政府和有关部门在积极探索深化华侨农场经济体制改革，加快经济发展，在加强对外经济技术合作、内部产业结构调整及职工参加社会养老统筹等方面都做出了积极的努力，取得了一定的成效。华侨农场的干部、职工在条件比较困难的情况下，艰苦创业，辛勤劳动，取得了一定成绩。但是，华侨农场由计划经济体制和管理模式转为社会主义市场经济新体制，由计划导向转为市场导向，由单一结构向调整优化结构发展，需要有一个相当长的过程。除少数农场外，大多数华侨农场发展仍比较缓慢，相对滞后于当地村镇的改革进程，不少农场归难侨职工的生活仍比较艰难。海内外侨界人士对此十分关注。

党中央、国务院十分重视华侨农场工作，根据华侨农场的特殊性和实际困难，从"七五"至"九五"期间，国家每年安排华侨农场基建投资 3800 万元，华侨农场事业费 5000 万元。"十五"期间，中央继续并加大了对华侨农场的扶持力度，每年安排华侨农场基建投资增加到 5000 万元，华侨农场事业费增加到 7000 万元。截止到 2003 年，国家支持下拨给华侨农场的基建投资、华侨事业费累计约 18.6 亿元。各有关省区财政也根据本省区的财力安排配套资金支持华侨农场的建设。进入新世纪，华侨农场既面临着发展的新机遇，也存在着复杂的挑战，党中央、国务院对此十分重视。2004年3月，胡锦涛在全国政协十届二次会议联组会上指出，中央下决心帮助解决华侨农场职工基本养老保险问题，还要帮助华侨农场发展，只有华侨农场的经济等各方面有了明显的发展，有困难的华侨农场的状况才能得到不断地改善，中央还要相应地采取进一步措施促进华侨农场的发展。2005年国务院减免华侨农场金融债务16.41亿元，减免额占金融机构总债务额的66.76%。2006年国务院决定加大资金扶持力度，切实解决好华侨农场面临的危房改造、安全饮水、土地维权、社会保障等突出问题，进一步深化华侨农场领导体制和经营机制的改革，彻底剥离社会职能，使华侨农场"体制融入地方、管理融入社会、经济融入市场"，不断增强内在活力，努力扶持归难侨走上勤劳致富之路。2006年，国务院成立由发展和改革委员会牵头，18个部门和广东、广西两省（区）政府参加的华侨农场发展改革工作小组，在大量调查研究的基础上，提出了推进华侨农场改革和发展的意见。2007年1月，国务院召开常务会议，专题研究并原则通过了关于推进华侨农场改革和发展的意见，就如何深化华侨农场体制改革、大力促进华侨农场发展、解决好历史遗留问题等作出具体规定。2007年2月13日，国务院召开广东、广西、福建、云南、海南、江西、吉林七省（区）华侨农场改革和发展工作会议，全面部署华侨农场改革和发展工作。

新世纪推进华侨农场的改革和发展，其基本原则是：因地制宜、分类指导，立足当前、着眼长远，一视同仁、适当照顾，中央支持、地方负责。基本思路是：通过清还债务、改造危房、土地确权、完善社会保障等，解决好华侨农场的历史遗留问题，通过深化改革，理顺体制、机制，推动华侨农场体制融入地方、管理融入社会、经济融入市场，增强自身造血功能，实现又好又快发展。具体体现在以下几个方面。

第一，深化华侨农场体制改革。改革是解决华侨农场问题的根本动力。为解决不少华侨农场存在的管理体制不顺、经营机制不健全、社会负担沉重等问题，主要采取四方面的措施：一是改革领导体制。按照领导体制下放地方和政企分开的原则，进一步明确华侨农场由地方政府领导，引导华侨农场根据自身特点进行改革，有的单独设镇，有的加挂华侨管理区牌子，有的改制为企业，有的办成合作经济组织。二是改革经营体制。针对华侨农场土地权属不明确、承包期短、没有继承权等问题，明确要求稳定职工家庭土地承包经营权，延长土地承包期，合理确定承包费用，加强对职工负担的监管。职工退休后，其承包土地可由子女续包，并对归难侨子女予以适当照顾。大力发展职工家庭农场和非公有制经济，增加职工收入。三是彻底分离农场办社会职能。国务院要求，在两年内把华侨农场所承担的教育、卫生、政法等社会职能分离出去，中央财政安排补助经费。四是妥善处理职工劳动关系。在这次华侨农场体制改革过程中，对依法解除职工劳动关系的，要明确解除办法以及拖欠职工工资等债务处理办法，按照有关规定支付经济补偿金，并做好社会保险关系的接续工作。实行公司制改革的农场，要按规定与职工签订合同，依法参加社会保险。

第二，大力促进华侨农场发展。发展是解决华侨农场问题的根本出路。主要措施如下：一是融入市场积极发展。引导华侨农场发挥自身优势，因地制宜发展特色农业、生态农业和家庭养殖业，加快发展二、三产业。二是政策扶持加快发展。"十一五"期间，国家的农业基本建设投资、农业综合开发资金以及各级政府实施的支农补贴等各项惠农政策，都要把华侨农场纳入其中并给予照顾；"十一五"规划要把华侨农场基础设施建设纳入其中，在农村安全饮水、农村公路、农村沼气等项目及农村社会事业建设方面予以优先安排。对华侨农场职工发展家庭经济，要提供小额信贷支持；对华侨农场兴办符合条件的二、三产业，在用地、信贷等方面提供支持。明确华侨农场享受国有农场税费改革的相关政策，免除土地承包费中的"乡镇五项统筹费"，中央和地方财政通过转移支付给予适当补助。三是推动就业和创业促进发展。有关部门和地方采取措施，将华侨农场人员特别是归难侨及其子女的就业培训工作纳入整体规划，提供职业技能培训、就业和创业培训、免费职业介绍等服务，落实职业培训和技能鉴定补贴等相关政策，加大小额担保贷款等政策支持，提高就业和创业能力，促进华侨农场持续健康发展。

　　第三，解决好历史遗留问题。解决历史遗留问题是推进华侨农场改革和发展的重要环节。一是解决拖欠职工工资、退休金、医药费问题。根据现行政策规定，解决"三拖欠"问题的责任在企业。国务院要求有关省（区）核实情况，制订方案，两年内全部解决拖欠职工工资、退休金、医药费问题，并不得发生新欠。二是解决职工基本养老保险、医疗保障问题。要求各地按照政策规定，将未参保职工尽快纳入基本养老保险范围，帮助尚未参加城镇职工基本医疗保险或新型农村合作医疗的华侨农场及其职工尽快参保。三是解决危房改造、安全饮水和电网改造问题。国务院决定用三年左右的时间解决归难侨的危房问题，所需投资中央给予适当补助。华侨农场饮水不安全问题，将全部纳入《农村安全饮水"十一五"规划》逐步予以解决。华侨农场的电网改造，全部纳入当地农村电网改造工程。四是认真做好扶贫、救灾和低保工作。在实施整村推进、产业化扶贫、劳动力转移培训等扶贫项目时，对符合条件的贫困归难侨优先安排；把从事农业生产的农业户口人员纳入国家自然灾害救济补助范围；把符合条件的困难家庭纳入城乡最低生活保障范围。五是妥善处置债务。债务沉重是制约华侨农场发展的突出问题。2006 年，国务院采取债务重组等方式，减免了华侨农场 66.76% 的金融债务。对农场的非金融债务，将通过分类处置，妥善解决。六是推进土地确权登记。要求有关地方和部门用两年时间全部完成华侨农场土地确权登记，中央和省（区）财政给予适当补助。

2007年成为华侨农场深化改革、加快发展的启动年。为落实政策，国务院华侨农场发展改革工作小组多次派出督查组，指导地方编制计划和实施方案，研究协调解决问题。有关省（区）认真贯彻国务院文件精神，迅速成立领导小组，积极进行专题调研和数据核实，研究制订实施方案。华侨农场改革和发展取得初步成效。一是除福建天马华侨农场外，其余华侨农场已全部下放所在市县，实行属地管理，同时按照"三融入"的要求，结合当地实际情况，对华侨农场的管理体制进行改革。二是将华侨农场基础设施建设纳入当地发展规划，有的省已在农村水利设施、安全饮水、公路、电网、沼气、卫生、中小学等建设项目上，对华侨农场给予倾斜支持。三是华侨农场职工已全部纳入养老保险社会统筹，参加医疗保险有了较大进展。农场扶贫、救灾和低保工作纳入当地扶贫规划。四是土地确权发证工作进展较快，已确权发证土地面积350万亩，占总面积的72%。农场金融债务处置工作取得阶段性成果。此外，各省区在华侨农场分离办社会职能、经营体制改革、产业结构调整、就业培训、配备农场领导班子等方面做了大量工作。

从总体上看，华侨农场改革和发展、解决历史遗留问题取得了较大进展，使华侨农场社会安定，职工和归难侨情绪稳定，华侨农场出现了较好的发展势头。

（三）着力解决归侨侨眷生产生活困难

我国约有6000万归侨侨眷，其中约有117万生活较为困难。帮助他们解决好生产生活问题，是维护侨益、凝聚侨心、落实侨法的一项重要工作。新世纪以来，国务院高度重视，各地区、各有关部门积极扶持，采取了一系列扶贫帮困措施。

第一，将符合条件的归侨侨眷纳入当地最低生活保障。各地已普遍把生活困难、符合城镇低保条件的归侨侨眷纳入低保范围。随着全国农村最低生活保障制度的建立，散居贫困归侨侨眷的基本生活将从根本上得到保障。一些地方还对纳入城乡低保范围、有特殊困难的归侨侨眷，给予专项救助；全国有 28 个省（区、市）加大了对早年回国贫困归侨的救助力度，对城市贫困归侨给予生活补贴，有的还制定了农村老归侨生活补助政策。有关部门还对抗战时期归国的南侨机工提高了生活补贴标准。

第二，将符合条件的农村散居贫困归侨侨眷全部纳入当地扶贫开发规划。有关部门要求各地在整村推进、产业化扶贫、贫困户劳动力转移培训等扶贫工作中，对散居的贫困归侨侨眷按照同等优先的原则重点支持，优先安排扶贫资金、实施扶贫项目，并按当时全国扶贫标准对农村人均年收入低于 968 元的归侨侨眷进行摸底调查，建立档案，为落实扶贫措施打好基础。

第三，切实帮助城镇贫困归侨侨眷职工实现就业和再就业。国务院有关部门积极推动各地做好归侨侨眷下岗职工培训和再就业工作，要求对符合条件的归侨侨眷，按政策发放《再就业优惠证》，帮助其享受政府促进就业的各项优惠政策。一些地方结合本地实际制定了保障归侨就业权益的政策，有的成立了归侨侨眷就业服务中心。各地还把包括归侨侨眷在内的"零就业家庭"作为重要工作内容，帮助他们就业和再就业。

（四）维护海外华人、"海归"在国内的权益

改革开放以来，海外侨胞回国投资创办企业，对我国社会经济发展起到了重要的推动作用。据有关部门统计，全国累计批准成立的 50 多万家外商投资企业中，海外侨胞和港澳同胞创办的企业（以下简称侨资企业）约占总数的 70%；实际利用外资 6200 多亿美元中，由海外侨胞和港澳同胞投入的资金（以下简称侨资）约占 60%。我国最大的侨乡广东省累计兴办侨资企业 36840 家，占全省外资企业总数的 60%；引进侨资 900

多亿美元，占全省实际利用外资的 60% 以上。[①] 海外侨胞中有大量高层次专业人士，吸引他们回国创业，对于我国的现代化建设，具有十分重要的意义。而他们在我国创业生活的各种权益应该得到保障，各级政府在这方面推出了一些实际举措。

维护海外侨胞在国内投资权益是其中一项重要举措。国务院高度重视保护海外侨胞在国内投资的合法权益，要求各地区、各有关部门优化投资环境，规范招商引资行为，主动为他们排忧解难；认真受理侨商的投诉，积极协调解决，对典型侵权案件要一查到底，限期解决。有关部门制定了《涉侨经济案件协调处理工作暂行办法》，建立了涉侨经济案件处理情况的通报制度，成立了为侨资企业服务法律顾问团。一些地方出台了保护华侨投资权益的专项法规和文件，成立了以政府分管负责同志牵头、有关部门参加的侨务工作协调机制，集中协调解决难点问题和重大涉侨纠纷与案件。不少地方积极配合人大开展侨法执法检查，使一批久拖不决的案件和侨胞反映强烈的问题得到较好的处理。

各级侨务部门还遵循互利共赢的原则，努力为海外侨胞来华开展经济、科技等领域的合作交流搭建平台、提供服务，帮助海外侨胞抓住中国大发展的机遇，不断拓展自身事业。如国务院侨办与地方政府联合举办的"华商企业科技创新合作交流会""华侨华人专业人士创业发展洽谈会"等大型品牌活动，经过数年的积累，内容更丰富、形式更多样，辐射面更广、影响力更大，在促进海外侨胞技术与资本相结合方面发挥了重要作用。为褒扬侨资企业对中国经济发展作出的突出贡献，自 2003 年以来，国务院侨办开展了全国百家明星侨资企业评选表彰活动，对侨资企业所作贡献给予高度评价。北京、上海、福建、浙江、江苏、辽宁等

① 《贯彻侨法是全社会的共同责任——全国人大华侨委员会主任委员陈光毅谈归侨侨眷权益保护法执法检查》，《人民日报》2006 年 6 月 28 日。

省（市）侨办也开展了评选表彰省内明星侨资企业的活动，进一步激励了海外侨胞来华投资的热情。

吸引海外侨胞和留学人员回国创业是另一项重要举措。2004年3月7日，胡锦涛在全国政协致公党和中国侨联组委员联组讨论会上强调：要按照经济社会发展的需要，制定切实可行的措施，进一步做好新形势下吸引海外人才和智力的工作，为现代化建设提供人才和智力支持。要建立符合留学人员特点的引才机制，制定和实施吸引留学人员回国创业的政策措施，重点吸引高层次人才和紧缺人才。要为留学人员回国服务营造良好的环境，健全招聘使用制度，改善管理和配套服务，落实优惠鼓励政策，积极解决他们在创业资金、知识产权、医疗保险、子女入学、家属就业等方面的实际问题。胡锦涛的讲话站在时代和历史的高度，进一步提出了新时期侨智引进工作的新任务、新要求。

党的十六大以来，在党中央、国务院的重视支持下，各地区、各部门结合各自职能优势和实际情况出台了一系列政策措施鼓励和支持留学人员回国工作或以多种形式为国服务。人事部、教育部、科技部、财政部等有关部门相继出台了《关于鼓励海外高层次留学人才回国工作的意见》《关于鼓励海外留学人员以多种形式为国服务的若干意见》等近40个文件，内容涉及留学人员回国安置调整和任职、高层次留学人才吸引、海外留学人员为国服务、回国创办企业、知识产权保护、入出境和居留便利等方方面面，留学人员回国工作政策体系不断完善。其中高层次留学人才是留学人员回国工作的重点。为加大高层次留学人才引进工作力度，2004年，人事部会同教育部、科技部、财政部下发了《关于在留学人才引进工作中界定海外高层次留学人才的指导意见》，增强了吸引海外留学人才工作的针对性、实效性。2006年2月，人事部、教育部等16个部委联合下发了《关于建立海外高层次留学人才回国工作绿色通道的意见》，积极为海外高层次留学人才回国创造良好条件。在这些政策引导鼓励下，回国工作的高层次留学人才为提高我国自主创新能力，建设创新型国家作出了突出贡献。据统计，2006 年国家自然科学奖获奖项目的第一完成人中有 66% 为留学回国人员，国家技术发明奖第一完成人中 40% 以上为留学回国人员。

留学人员创业园是吸引留学人员进行高新技术研发及产业化，孵化高新科技企业的重要平台。为加强留学人员创业园管理，人事部印发了《人事部与地方人民政府共建留学人员创业园的意见》，开展了与地方人民政府共建留学人员创业园工作。目前，全国已建成各级各类留学人员创业园 110 家。据不完全统计，进入创业园的留学人员企业超过 6000 家，约 15000 位留学人员在园内创业，涌现出一批像中星微电子、UT 斯达康、百度搜索引擎、无锡尚德等拥有自主知识产权、在各自领域内位居全国甚至国际前列的高新技术企业。留学人员创业园逐渐成为各地高科技产业化和经济增长新的亮点，在引领和推动企业自主创新进程中发挥着越来越重要的作用。

为鼓励、扶持华侨华人专业人士以多种形式来华创业，国务院侨办从 2002 年实施"助侨行动计划"，以为华侨华人专家回来创业咨询政策、搭建平台、提供服务为重点，先后主办了三届"华侨华人专业人士回国创业成果报告会"、两届"华商企业科技创新合作交流会"、四届"华侨华人专业人士创业发展洽谈会"，组织了两次"中国创业政策咨询报告团"，编印了《华侨华人专业人士回国创业指南》等。据不完全统计，在实施这一计划仅 3 年中，共有 2000 多位华侨华人专业人士应邀携带高新技术项目回来洽谈交流，取得了良好成效。为使侨务部门更好地为"科教兴国""人才强国"战略服务，国务院侨办从 2005 年起又实施了"海外人才为国服务计划"，在更大范围、更广领域帮助华侨华人专家和高层次人才实现为国服务的抱负。此外，每年还组织多批"海外人才为国服务博士团"赴地方开展交流合作活动，并召开"首届华侨华人专业人士杰出创业奖表彰大会”，鼓舞了华侨华人专业人士回国创业的热情。截至 2006 年底，回国工作、创业的留学人员已达 25 万人。①

（五）积极开拓海外华文教育工作

进入 21 世纪，随着中国经济社会的不断发展，以及世界其他地区众多华裔精英在经济领域的出色表现，中华文化对于当代经济社会的诸多意义凸现，华文的国际地位大大提高，世界范围内出现的“华文热”既升温又升值。这种“热”不仅体现、存在于华侨华人社会，一些国家的主流学校也越来越多地开设中文课程，政府和教育部门越来越关注游离于主流教育体制之外的华文教育和华文学校。在经济一体化、文化价值观多元化的全球环境中，华文教育促进中外交流的功能也日益突显。可以说，改革开放以来，海外华文学校在传播中华文化、帮助当地民众了解中国、增进民族友好、促进中外经济文化交流等方面，发挥着越来越大的作用。

为适应形势和时代的发展，国务院侨办会同各级侨办和有关院校，仕推动、支持海外华文教育方面做了大量工作。如 2001 年，国务院侨办下发了《关于大力加强海外华文教育和华裔青少年工作的通知》，对如何开展华文教育工作作了具体指导。尽管这些工作取得了初步成效，但是仍难满足海外华文教育蓬勃发展的需求。

2004 年 3 月，胡锦涛在全国政协十届二次会议期间就进一步做好新世纪新阶段的海外华文教育发表了重要讲话，对进一步做好新时期海外华文教育工作做了重要指示。他指出：“华侨希望祖国能够在华文教育问题上，给予帮助、给予支持，这是我们义不容辞的责任。”“中华民族之所以几千年始终不衰，尽管遇到各种磨难，其中文化的凝聚力应该说是

---

① 唐家璇：《国务院关于侨务工作的报告——2007 年 6 月 28 日在第十届全国人民代表大会常务委员会第二十八次会议上》，《全国人民代表大会常务委员会公报》2007 年第 5 期。

很重要的因素。在华文教育这个问题上，从政府来讲要加大投入，还需要动员各方面的力量来支持这件事情。"①为贯彻落实胡锦涛的讲话精神，国务院组织召开由国务院侨办牵头、15 个部委参加的国家海外华文教育工作联席会议。2004 年 9 月，国务院侨办注册成立了中国华文教育基金会，以弘扬中华文化，发展华文教育事业，促进中外文化交流为宗旨。这些举措为海外华文教育事业的发展提供了有力的保障。

在各有关方面的共同努力下，形成了协力推进海外华文教育工作的局面，主要体现在以下几个方面：（1）加强华文教材的编写和发行工作。国务院侨务办公室根据欧美和东南亚地区华侨华人不同的特点，编写了两套海外华文教材，适用于亚洲的叫《汉语》，全套 50 册；适用于欧美的是《中文》，全套 48 册。此外，还出版了《中国地理常识》《中国文化常识》《中国历史常识》《幼儿汉语》等辅助性书刊读物。每年向海外赠送各类中文教材 160 多万册。发放到海外的这些书刊受到了广大华侨华人的欢迎，在海外的华文教育中发挥着不可替代的作用。北京华文学院还编写了《海外华文教师培训教材》《汉语夏令营教材》。同时他们编辑出版的《华文教学通讯》，发往 60 多个国家和地区。这些举措受到海外华文学校和华文教师的普遍欢迎和充分肯定。（2）积极开展师资培训工作。在华文师资培训方面，国务院侨办一方面组织国内专家培训团走出国门，到海外培训华文教师；另一方面邀请海外的华文教师到中国进行汉语教学培训。与此同时，他们还选派中国的优秀教师前往海外近百所华文学校任教。共组派了 35 个培训团组赴海外培训华文教师 8000 多人，邀请了 3000 多位骨干教师和华校负责人来华培训。这些举措缓解了海外各地华文师资缺乏的燃眉之急，收到了十分显著的效果。（3）举办

①　转引自卓高鸿：《海外华文教育：海外统战工作的一项重大任务和一个新的增长点》，《福建省社会主义学院学报》2008 年第 1 期。

形式多样的夏（冬）令营活动。作为中国政府拓展海外华文教育的一项重要举措，"中国寻根之旅"品牌活动在华侨华人社会中的影响越来越大。2006 年，来自世界各地的 5000 余名华裔青少年参加了"中国寻根之旅"主题夏令营活动。丰富多彩的参观考察活动，增强了广大华裔青少年的民族自豪感和对中华文化的兴趣。（4）加强直属院校和华文教育基地建设。国务院侨办所属的暨南大学、华侨大学、北京华文学院努力发挥侨校优势，进一步扩大对外招生，在编写华文教材、培训华文师资等方面发挥了骨干作用。国务院侨办遴选的 25 家华文教育基地直接承担了华文教育工作的大量任务。一些地方侨办在培训教师、举办夏令营活动等方面成效显著，有力地推动了华文教育工作的开展。

2008 年 5 月 9 日，正在日本进行国事访问的胡锦涛参观了日本横滨山手中华学校。在海外华文教育百年发展史上，中国最高领导人的首次造访，引起海外华人社会的关注。胡锦涛此次访问，无疑展现了中国领导人关心海外华人社会与华文教育的姿态，也鼓励人们进一步推进海外华文教育的发展。

（六）加强侨务对台工作，促进祖国和平统一进程

2000 年陈水扁上台以来，顽固坚持"台独"分裂立场，不断推动"去中国化""正名""终统""制宪""入联公投"等一系列"台独"分裂活动激起民愤。海外侨界关于台湾问题的"统独之争"上升为主要矛盾，传统的意识形态和社会制度之争下降为次要矛盾。期盼祖国统一、反对"台独"分裂，成为海外各界侨胞的共同语言和团结合作的政治基础。2000 年 8 月，在德国柏林召开了"全球华侨华人推动中国和平统一大会"。这是全球华侨华人向"台独"分裂势力发出的示威抗议。此后，广大华侨华人在全球广泛掀起了此起彼伏"反'独'促统"运动。

对海外侨胞举办的反"独"促统活动，中国政府一直大力支持，支持他们以多种方式积极促进两岸的合作与交流。根据对台工作形势发展需要，2000 年 4 月成立了中共中央台办、国务院台办港澳涉台事务局，专门负责港澳、海外涉台事务的组织、指导、管理、协调。2005 年 2 月中共中央办公厅、国务院办公厅印发《关于加强新形势下侨务工作的意见》，进一步明确新形势下侨务工作方向。

2005 年 3 月，第十届全国人民代表大会第三次会议审议并高票通过了《反分裂国家法》，用法律形式体现了中国政府以最大诚意、尽最大努力争取和平统一的一贯立场，表明了中国人民捍卫国家主权和领土完整、绝不容忍"台独"分裂势力以任何名义、任何方式把台湾从中国分割出去的坚强意志。《反分裂国家法》的通过，为中华民族反分裂、促统一的共同意愿提供了法理依据和一致的行为规范，赢得了海外华侨华人的坚决拥护，促进了海外反"独"促统活动的发展。

2005 年 5 月，为了总结交流海外华侨华人开展反"独"促统活动的经验，研讨反"独"促统活动面临的新形势，探讨海外反"独"促统活动的发展方向，从而使海外侨胞在反对和遏制"台独"分裂势力、推动祖国和平统一进程方面发挥更加重要的作用，国务院侨办和中国海外交流协会以"增进共识、凝聚力量、反对'台独'、促进统一"为宗旨，举办了"第三届世界华侨华人社团联谊大会"，来自 85 个国家和地区的近 400 位华侨华人重点社团代表出席了会议。大会发表了《第三届世界华侨华人社团联谊大会宣言》和《海外华侨华人致台湾同胞书》，增进了海外侨胞对台湾问题本质的认识，进一步明确了工作方向，有力地推动和深化了海外反"独"促统运动的发展。

事实证明，蓬勃发展的海外华侨华人反"独"促统运动在国际社会产生了积极影响，成为遏制"台独"分裂势力的一支重要力量，在推进祖国和平统一进程中发挥着不可替代的作用。

三、大力开展护侨工作

进入 21 世纪之初，中国改革开放近 30 年，中国的面貌发生了翻天覆地的变化，取得了举世瞩目的成就，但中国面临的国际环境并不安定，一些地区、某些国家动荡不安，为我国的对外开放带来困难，也为住在国的华侨华人生存带来压力，为海外中资机构工作带来威胁。针对有的国家和地区局势动荡、当地华侨华人生存受到威胁的情况，中国开展了大规模的救侨护侨活动。

（一）所罗门护侨行动

所罗门群岛是南太平洋的一个岛国，位于太平洋西南部，是世界欠发达地区。2006 年 4 月 18 日，所罗门发生骚乱，殃及数百名华侨华人。刚刚抵达美国访问的国家主席胡锦涛立即决策指示保护侨民，中国外交部第一时间启动了紧急机制。第二天，中国外交官探视难民的身影就出现在所罗门群岛；随后的三天内大陆已包租 4 架次飞机，撤侨近 400 人。这次护侨行动，中国不但没有计较所罗门是台湾地区的"邦交国"，而且撤侨对象包括台胞和持有所罗门护照的华人，这种超越海峡两岸对峙的宽阔胸襟，反映了中国政府"以人为本"的执政理念和"外交为民"的新风，得到了广大华侨华人和海内外舆论的好评。被救侨胞非常感激中国政府，他们说："祖国是我们的救命恩人"，"身为华人，祖国这样出手帮我们，我们好感激亦感到好荣幸、骄傲"①。所罗门护侨是进入新世纪后中国政府首次护侨行动。

为更好地维护海外中国公民和法人的合法权益，2006 年 5 月 29 日，外交部在领事司设立领事保护处，专门协调处理涉及海外中国公民和法人合法权益保障的工作。2007 年 8 月 23 日，外交部在原领事保护处的基

---

① 《侨情简报》第 2006 卷第 5 期。

础上组建领事保护中心，是为了进一步整合资源，提升预警、处置、宣传和立法等方面的协调行动能力。

（二）吉尔吉斯斯坦撤侨

2010 年 6 月，中亚地区吉尔吉斯斯坦南方城市奥什发生骚乱，严重威胁中国驻外工作人员和当地华侨华人的生命财产安全。党和国家领导人十分关心在吉华侨华人和我驻外人员的人身安全，胡锦涛作出重要批示，要求外交部等有关部门协调做好撤侨工作，确保我人员安全回国。为落实胡锦涛的指示，外交部牵头协调国内其他部委和地方政府组织实施撤离行动。当地时间 6 月 14 日下午，中国政府派遣的工作组从比什凯克飞赴奥什。同时，中国南方航空公司接到执行国家紧急包机的任务通知，连夜派出两架波音 737—700 型客机，飞抵吉尔吉斯斯坦，接回当地的华人华商和留学生。至 6 月 16 日深夜，中国政府在很短的时间内派到吉尔吉斯斯坦奥什机场 9 架撤侨包机，撤回至新疆乌鲁木齐机场的华侨华人和留学生 1317 人。至此，在骚乱地区的绝大部分中国同胞得以撤回。撤侨活动紧张有序，快捷利落。撤回国内的侨胞深受感动。飞机刚刚着陆，从廊桥上出来的买买提衣明·玉山，马上拨通家人电话报平安："没有祖国的强大，我们不可能这么快就回来。作为中国人，我感到自豪"。[①] 这句报平安的话，代表了被撤回同胞的心声。类似的感言还有不少，不再列举。

（三）利比亚战乱大撤离

2017 年在国内外热映的一部电影《战狼 2》，创国产票房新高。电影惊心动魄，扣人心弦，反映的背景和内容为 2011 年二三月非洲中部国家利比亚发生大规模战乱，中国大规模撤离驻利比亚工作人员和当地华

---

① 沙达提、陈志新：《中国政府派出工作组确保我人员安全撤离吉尔吉斯斯坦》，《人民日报》2010 年 6 月 15 日第 2 版；人民日报记者戴岚、李刚、白天亮、赵戈：《中国政府九架撤侨包机赴吉尔吉斯斯坦 千余同胞顺利回家（热点解读）》，《人民日报》2010 年 6 月 17 日。

侨华人的真实情形。比起前述所罗门、吉尔吉斯斯坦撤侨，利比亚撤离规模大得多，困难、凶险程度难以形容。自 2011 年 2 月下旬以来，利比亚局势急剧动荡，武装分子袭击我驻当地机构和人员的事件时有发生；2 月底，利比亚形势瞬息万变，十分混乱，暴徒横行，随时都有被劫被伤乃至生命危险。而我在利比亚公民人数众多、人员分散。沙漠气候如同冰火两重天，沿途气候变化很大，我国气候初春乍寒。党和国家最高领导人胡锦涛、温家宝一直牵挂着在利比亚同胞的安危，在第一时间作出重要指示和批示，要求有关方面迅即采取切实有效措施，全力保障我人员生命财产安全。国务院迅速成立应急指挥部，负责组织协调我驻利人员撤离及有关安全保障工作，由张德江副总理担任总指挥，戴秉国国务委员协助。外交部、商务部、国资委、民航局、公安部等相关部门全面动员，有关地方政府、航运公司、在利中资企业和驻外使领馆广泛参与。中央军委决定，派遣正在亚丁湾索马里海域执行护航任务的中国海军第七批护航编队负责撤退的保护任务。自接到组织撤离任务以来，我驻利比业使馆全体馆员紧急动员，不顾安危，夜以继日坚守，24 小时连轴转。外交部领事保护中心安排 38 人的应急队伍分两班 24 小时值守。利比亚当地华侨华人组成了 60 多人的志愿者服务队，积极参与后勤保障工作。

这是一次海陆空立体撤离：从海路撤离集结点——利比亚米苏拉塔港，到中转地——希腊克里特岛、苏丹喀土穆，再到撤离协调机构——外交部领事保护中心。空中有国航、东航、南航、海航 4 大航空公司均派出包机，在多条航空线执行撤离任务，从 2 月 28 日至 3 月 10 日，中国民航大约每日派出 15 架飞机接运中国同胞回国，包机飞行一般约 30 小时，往返航程 2 万多公里，飞越万水千山。在国务院应急领导小组、利比亚使馆党委的统一领导下，我在利比亚大部分工作人员和华侨华人多从陆路、海上和空中分别安全转移到周边国家，如埃及、突尼斯和欧洲国家。

被撤离的我国工作人员有多种不同情况和经历：如中建公司员工宋玉逢的护照在利比亚时被暴徒抢走，中国使馆官员通过网络信息系统，将他的护照信息下载并打印出来，像宋玉逢这样没有护照进入希腊的人不在少数；中水电十三局的张丽娜等人在利比亚南部沙漠腹地的瓦迪海尼提省省会奥巴里，他们乘车穿过200多公里的无人区，经过20多道关卡的严厉检查，在塞卜哈机场等了24个小时，终于盼来了祖国派来的包机；出生才21天的婴儿小懿轩，家人带着他在沙漠中迷路十几个小时，在地中海风浪中颠簸25个小时，经历了种种曲折后，终于于2月27日搭乘东航包机回到上海，在甜睡中回到了祖国的怀抱，这是最小的撤退人员。从2月27日10时，撤离行动开展5天来，我国已从利比亚共撤出逾2万人。其中约1400人已回国，约15200人已安置在第三国，约3400人正在赶赴第三国途中。暂时安置在第三国的约15200人中，在希腊克里特岛7200人，在马耳他2100人，在突尼斯杰尔巴岛5900人。①至3月2日23时10分的近10天时间里，需要从利比亚撤退的中国公民和华侨华人全部安全撤出，共计35860人。此次撤出中国公民的行动规模之大、情况之严峻、运用方式之多，都是空前的。这是新中国成立以来中国政府最大规模的有组织撤离海外中国公民行动，堪称奇迹。中国在利比亚人员的撤离行动无论是速度、效率还是成果，都令世界惊叹不已，赞叹不绝。舆论普遍认为，各国撤离在利比亚人员的行动中，中国政府是反应最快的，成绩十分显著。帮助自己，也帮助他人。在撤离行动中，中方履行国际人道主义义务，在力所能及的情况下撤出了约2100名外籍公民，赢得良好的国际声誉。②

---

① 人民日报记者黄培昭等：《因为有祖国的关怀——回家的路不再遥远》，《人民日报》2011年2月28日。

② 人民日报记者：《珍惜每一位同胞的生命——在党中央国务院坚强领导下我在利比亚公民撤离行动纪实》，《人民日报》2011年3月3日。

　　利比亚战乱中国大撤离，得到国际社会广泛的赞誉，更得到华侨华人的高度评价。一位网友的留言引起很多人的共鸣："35860 人，在 9000 公里外的异国他乡利比亚，240 个小时全部撤离，这是怎样的难度？这是多么动人心魄的壮举！这个壮举，再次证明了中国共产党领导的伟大，证明了社会主义制度的无比优越，证明了中华民族不可比拟的凝聚力和向心力，证明了改革开放的中国日益增强的国力！"加拿大《大华商报》社长、华人社团联席会共同主席马在新自豪地说，一个曾经是国土被践踏、人民被蹂躏的贫弱之国，如今不但能以魁伟的身躯保障国内民众的富庶平安，更能以强大的羽翼庇护在海外生活工作的公民。对此，世界上的华侨华人无不感到自豪，祖（籍）国的强大令海外华侨华人挺胸昂首、扬眉吐气！美国南加州中国和平统一促进会联盟主席邓澍宏赞扬说，这次撤离行动，向世界最有力、最直接地展示了中国政府是如何尊重每一个公民的人权和生命的。《欧洲新报》总编辑范轩说："这一行动向所有的中国公民履行了一个响亮的承诺：祖国是你们最坚强的后盾！也用实际行动向全世界展示了一个负责任大国的良好形象。"埃及华侨张永志说："35860 人，这绝不仅仅是一个惊人的数字，更体现了国家'以人为本'理念在新时期的实践和弘扬！"非洲中华总商会会长王龙水表示："撤离行动令整个世界震惊，所有海外华侨华人都拍手称赞中国政府是人民的政府。撤离行动体现了国力的强大，海外华侨华人为祖国的强大而感到自豪。"日本华人学者唐亚明说，这次撤离行动表现出中国政府关心和保护本国公民的意志和能力，同时显示了中国的经济实力，这么迅速和大批的撤离行动在以前是难以想象的。有祖国的靠山，华侨华人才能安心。①

----

　　① 《各界赞赏撤离壮举　中国撤离行动激发强烈爱国热情》，《人民日报》2011 年 3 月 5 日、2011 年 3 月 8 日。

（四）其他撤离护侨行动

偌大世界，经常会发生各种事件和变故。华侨华人居住世界各地，随着对外开放的扩大，中资机构遍布海外各地，而世界各地发生的事件事故不时波及海外中华同胞。2011年3月11日下午2时46分，日本发生特大地震海啸灾害。中国驻日本大使馆立即启动应急机制，迅速向灾区派遣4个工作组，了解中国同胞受灾情况，给他们带去问候并开展救助工作。中国外交人员是最早赶赴灾区的外交官。根据日方的安排，3月15日我使馆人员协助自愿回国的中国公民撤离重灾区回国。中国使馆工作组在仙台市政府前广场和国际酒店设立了集合点，截至18日连续4天，在仙台共调集38辆大巴，撤离1800多人，包括中国留学生和日本华侨华人。很多得到救助的中国公民激动得泪流满面，激动地高呼"祖国万岁"！①

2012年3月下旬，非洲西部国家马里首都巴马科发生军人政变并实行宵禁，局势一度失控，散落城市各处的士兵和不法之徒到处抢掠，华人酒吧、商铺20多家遭劫。我驻马里大使馆立即采取护侨措施，将处于危险地段的50多名华侨华人紧急安排到马里中国海外工程有限责任公司（以下简称"中海外"）总部驻地。巴马科市各处受到威胁的华侨华人也纷纷在使馆人员的引导下躲进"中海外"。巴马科机场是军人政变后高度敏感的地区，通过周密安排，马里中国水电建设集团公司将正在进行机场项目建设的212名中国工人及时疏散到安全地点。由于中国驻马里使馆及时妥善安排，"政变发生5天来，中国在巴马科的华侨华人无一人受到人身伤害"。②

---

① 人民日报驻日本记者于青：《危难之际见真情——中国驻日本外交官在特大地震海啸发生后救助同胞侧记》，《人民日报》2011年4月2日。

② 人民日报驻马里特派记者蒋安全、张建波：《领保无小事　患难见真情——我驻马里大使馆协调华侨华人相互救助纪实》，《人民日报》2012年3月27日。

　　由于历史和现实、宗教和种族、政治和经济、国内和国际等诸多原因，非洲各国经常动荡不安，不断发生内乱和战乱。2012 年 12 月，政局长期动荡的中非再次发生战乱，反政府武装联盟"塞雷卡"连连攻陷数座重镇，占领半数以上国土后直逼距离首都班吉不到 70 公里的重要城市达马拉，并向班吉步步进逼。"塞雷卡"与中部非洲国家经济共同体多国部队形成对峙，并要求总统下台。此为迎接圣诞新年的喜庆气氛带来兵戈之乱。鉴于局势堪忧，我驻中非使馆经请示国内同意，12 月下旬，迅速启动应急机制，率先有序组织华侨华人从中非首都班吉安全撤离，前往周边国家或回国。当时，法国、埃塞俄比亚等航空公司均已取消航班，只有肯尼亚航空公司还偶尔不定期派出飞机。300 多名同胞，如何安全迅速地撤离？使馆果断决定：全力争取安排同胞乘坐肯航班机，同时尽快租用包机，务必以"最短时间安全撤离同胞"。连日战乱，中非政府各部门已陷入瘫痪，首都班吉社会秩序十分混乱。使馆人员在最短的时间内联系航班、购买机票、租用包机，为我同胞加急办理证照、第三国签证等必要手续。经过 7 天的连续奋战，截至 12 月 27 日，共撤出华侨华人及中资企业员工 317 人，我在中非同胞绝大部分安全返回祖国。

　　2013 年初，中非局势有所缓和，一些中方人员又陆续返回中非。但 3 月 17 日起，"塞雷卡"武装再度向首都进发，并向当局发出 72 小时最后通牒。我使馆综合判断，中非政局必将发生重大逆转，经请示国内同意再次紧急撤离。使馆人员随即冒着枪林弹雨撤离。由于"塞雷卡"武装野蛮凶残，我使馆同志护送撤离人员反复迂回，最终冒死突破围堵，撤离人员被送到机场后，使馆人员却被困在机场，后辗转脱离险境。① 中非撤离虽然规模不大，但艰险困难并不小。

---

① 人民日报记者李琰：《战火中铸魂　奉献中逐梦——我驻中非共和国大使馆撤侨纪实》，《人民日报》2013 年 5 月 22 日。

第二章

中国特色社会主义新时代的侨务工作

中共十九大报告指出："经过长期努力，中国特色社会主义进入新时代，这是我国发展新的历史方位。"① 十九大立足时代和全局的高度，着眼中国特色社会主义事业长远发展，郑重地提出习近平新时代中国特色社会主义思想，并把这一思想确立为党的指导思想，实现了党的指导思想的又一次与时俱进。前面有关章节介绍了改革开放以来形成和确立的党指导思想即邓小平理论、"三个代表"重要思想、科学发展观中所体现的侨务思想，以及对40多年我国改革开放侨务工作实践的指导，本章着重阐述习近平新时代中国特色社会主义思想中蕴含的侨务精髓，及其从实践上推进侨务工作进入新时代。

---

① 习近平：《决胜全面建成小康社会　夺取新时代中国特色社会主义伟大胜利》（2017年10月18日），中共中央党史和文献研究院编：《十九大以来重要文献选编》（上），中央文献出版社2019年版，第7页。

第一节　习近平关于侨务问题系列重要论述

我国改革开放以来，习近平长期在福建、浙江、上海等新老侨乡担任党政主要领导职务，具有领导侨务工作的丰富经验和大量有关侨务问题的重要论述，到中央担任主要领导职务后，继续重视侨务问题，由此形成系统的侨务理论，成为习近平新时代中国特色社会主义思想的重要组成部分。

习近平长期在我国东南重要侨乡工作，其中既有老侨乡，也有新侨乡，对侨乡侨情有着全面的了解。他耳闻目睹并亲身感受到新老华侨华人与祖（籍）国及家乡革命、建设和改革的密切关系及其重要贡献，因此他很重视侨务工作并注重争取利用侨务资源为侨乡及国家建设服务。

一、习近平的侨务实践及宝贵经验总结

习近平在福建工作 17 年，先后担任中共厦门市委常委、常务副市长，中共宁德地委书记、福州市委书记，中共福建省委副书记、代省长、省长，其间参加大量侨务或与侨务有关的活动，笔者掌握他留下的文献资料主要有：《在黄乃裳开垦"新福州"九十年纪念会上的讲话》（1991 年 11 月 5 日），高度赞扬闽籍南洋华侨黄乃裳开拓沙捞越诗巫"新福州"的功劳，积极追随孙中山领导辛亥革命的贡献；发表于《战略与管理》1995 年第 2 期《"大侨务"观的确立》的文章，首次提出由"小侨务"转变到"大侨务"的理念；《在第三届世界福建同乡恳亲大会上的致辞》（1999 年 9 月 5 日），介绍了福建侨乡的发展；2000 年 5 月和 10 月两次接受《人民日报》海外版的采访等；还有他为三本华侨问题的著作

撰写的序言,这三本著作是:《华侨历史论丛》第八辑(杨学潾、梁康生、蔡仁龙、李国梁主编,福建省华侨历史学会编),《改革开放与福建华侨华人》(杨学潾主编,东南亚与华人华侨研究丛书、福建省华侨历史学会研究专辑之一,1999 年),《浓浓赤子情》(杨学潾主编,福建省归国华侨联合会、福建省华侨历史学会研究专辑之二)。这只是其中的几篇,还有一些笔者没有掌握。为了给读者有关线索,这里根据掌握的有限资料,将有关习近平在福建任职期间关于侨务问题的重要论述初步统计,如表 2-1 所示。

表 2-1 习近平在福建省担任领导职务期间侨务工作大事记

时间	任职内的侨务活动
1990—1993 年	任福建省福州市委书记
1991 年 11 月 5 日	在黄乃裳开垦"新福州"90 周年纪念会暨学术研讨会上讲话,并出席福州市华侨历史学会成立大会
1992 年 5 月	为华侨先贤黄乃裳题词:"侨史留芳"
1995 年 4 月	在《战略与管理》杂志 1995 年第 2 期发表《"大侨务"观的确立》的文章
1995—1996 年	任福建省委副书记,福州市委书记
1995 年 11 月 9 日	在福州会见境外金门同胞代表,并祝贺福建省金门同胞联谊会成立 10 周年
1995 年 12 月	为《华侨历史论丛"第八辑"——纪念抗日战争胜利五十周年专辑》一书撰写前言
1996 年 9 月 8 日	为爱国侨领郭瑞人题词:"尽心为民"
1997 年 3 月 5 日	为福州十邑旅港同乡会 60 周年题词:"广泛联络乡谊,共创闽港明天。"
1997 年 5 月 20 日	为《侨友社成立十五周年特刊》题词:"长风破浪会有时,直挂云帆济沧海。"
1997 年 7 月 11 日	在深圳福建大厦接见旅港福建商会代表团
1997 年 10 月 6 日	会见马来西亚归侨、香港华人实业家南源永芳集团公司董事长姚美良

续表

时间	任职内的侨务活动
1997 年 11 月 28 日	在福建省第六次归侨侨眷代表大会闭幕式上讲话
1998 年 5 月	到福建医科大学附属医院看望生病住院的福建省侨联名誉主席庄南芳
1998 年 10 月 10 日	会见闽籍旅意华侨、罗马华侨华人总会副会长陈铁群
1998 年 11 月 27 日	在福建省侨务工作会议上作工作报告
1998 年	时任福建省海外联谊会名誉会长的习近平为福建省海外联谊会成立 10 周年纪念专刊撰写文章，并出席福建省海外联谊会第二届理事大会（具体时间待考）
1998 年	视察常山华侨农场高优龙眼基地（具体时间待考）
1999 年 1 月 8、9 日	出席在厦门举行的福建省金门同胞第十次代表大会
1999 年 2 月 8 日	到省侨办向省侨务系统干部职工祝贺新春
1999 年 5 月	为《董杨历史文化研究（菲律宾专辑）》作序
1999 年 6 月 26 日	在福州会见并宴请澳门地区政协委员闽北视察团和澳门福建同乡总会闽北考察团
1999 年 6 月 28 日	为福建省侨联成立 40 周年致贺信
1999 年 7 月 10 日	在福州华侨大厦欢送参加第六次全国归侨侨眷代表大会的福建省代表团
1999 年 7 月	在福州会见以澳门福建同乡会常务副会长张明星为团长的"1999 年澳门迎回归夏令营"一行
1999—2000 年	任福建省委副书记、代省长
1999 年 9 月 5 日	在福建泉州召开的第三届世界福建同乡恳亲大会上致辞，并题词："乡谊永结，源远流长"，为《第三届世界福建同乡恳亲大会纪念特刊》作序
1999 年 9 月	为《改革开放与福建华侨华人》论文集作序
1999 年 10 月 11 日	在福州会见由《美国侨报》总编辑郑依德、《欧洲时报》总编辑梁源法率领的海外华文报纸访问团一行
2000—2002 年	任福建省委副书记、省长
2000 年 2 月 19 日	在第三次世界福清同乡联谊会开幕式上致辞

续表

时间	任职内的侨务活动
2000 年 4 月 25 日	视察金日集团制药有限公司和榕兴加油设备制造有限公司
2000 年 4 月	为缅甸福建同乡总会成立 145 周年题词："八闽赤子，心系桑梓。"
2000 年 5 月 15 日	接受《人民日报》记者采访，以题为《八闽扬帆正当时》发表在《人民日报》（海外版）2000 年 5 月 15 日第 5 版上
2000 年 5 月	为第四届世界同安联谊大会题词："乡谊为纽带，同谋共发展"，并发去贺信
2000 年 6 月 7 日	率领福建省政府经贸代表团，在香港会议展览中心举行"福建高新技术产业发展说明会"
2000 年 7 月 14 日	为香港南安公会成立 20 周年、香港南安公会第十届理监会就职典礼暨第五届世界南安乡亲联谊恳亲会发去贺信
2000 年 7 月 21 日	在福建安溪看望曾星如先生，希望更多的海外乡贤回乡兴业
2000 年 9 月	会见以旅菲侨亲傅港生为团长的菲律宾青社、青商考察团
2000 年 10 月 11 日	接受《人民日报》记者采访，以题为《凝聚侨胞爱国心　抓好侨务促发展》发表在《人民日报》（海外版）2000 年 10 月 11 日第 12 版上。文章阐述了改革开放 20 年来华侨华人对福建的六大贡献
2000 年 11 月 3 日	会见以主席杨功德为团长的美中经贸科技促进总会代表团
2000 年 11 月 20 日	在龙岩世界客属第十六届恳亲大会开幕式上致辞
2001 年 6 月 28 日	会见美国"中文报纸访华团"一行 4 人
2001 年 9 月 7 日	在厦门分别会见前来参加"投洽会"的以林文光为团长的印度尼西亚中青年企业家代表团和意大利福建华侨华人联谊总会会长陈铁群一行
2001 年 11 月	在香港表示希望加强闽港合作促进两地繁荣，在港招商现代物流成热点
2002 年 3 月	在北京接受记者采访时称，福建省将来应成为对台的商贸合作基地、台资制造业和加工业基地、对台农业合作的基地以及旅游休闲基地

续表

时间	任职内的侨务活动
2002 年 6 月 28 日	为香港泉州慈善促进总会成立一周年致贺信
2002 年 7 月 1 日	会见参加"台胞祖地福建行"境内外媒体联合采访团的中外记者
2002 年 7 月 19 日	为南非福建会馆开馆揭牌
2002 年 8 月	为由福建华侨历史学会编辑出版的《浓浓赤子情》作序
2002 年 10 月 13 日	为《香港闽籍企业家群英谱》作序
2002 年 11 月 19 日	在福建省侨务办公室调研

资料来源：任贵祥、朱昌裕著：《华侨华人与中国改革开放 40 年》，广东教育出版社 2019 年版，第 214—216 页。

以上是习近平担任福建省各级党政领导职务期间，有关侨务活动的纪事，初步统计共有 49 次，包括 5 次与港澳台同胞的交往，尽管这些记录不是很确切，但可以充分反映出他侨务活动和侨务工作的丰富实践，其中一些重要侨务论述和侨务理论，则源于这些广泛深入的侨务实践。

习近平担任中共浙江省委书记、上海市委书记期间，目前见到专门论述侨务的讲话有三次：2005 年 9 月 27 日，在浙江省侨务工作会议上的讲话，重申坚持"以人为本、为侨服务"的宗旨；2006 年 5 月 7 日，在美国大纽约地区江浙沪及部分闽籍侨团欢迎宴会上发表讲话，介绍浙江省的侨情及侨务工作；2007 年 6 月 10 日，时任中共上海市委书记的习近平"致上海市侨商会第二届会员大会召开的贺信"，赞扬上海市侨商会成立以来的贡献，并对新一届侨商会提出希望。

党的十七大习近平当选中央政治局常委及在不久的全国人大上当选国家副主席，其集中论述侨务问题的讲话有以下几次：2007 年 12 月 17日，中国致公党第十三次全国代表大会召开，习近平代表中共中央向致公党十三大致贺词，赞扬致公党联系海外华侨华人所发挥的独特作用；
2009 年 12 月 15 日，习近平在日本出席日中友好七团体及侨界四团体举
行的欢迎招待会并发表讲话，评价旅居日本的华侨华人是中日交流的桥
梁和纽带，是中日友好事业的重要使者；2010 年 7 月 25 日，习近平在出
席海外华裔及港澳台地区青少年"中国寻根之旅"夏令营开营式并发表
讲话，精辟地概括了中华民族和海内外中华儿女的密切关系；2011 年 6
月 17 日，习近平接见中国侨商投资企业协会第二届会员代表大会全体代
表并发表讲话，称赞中国改革开放 30 多年侨资发挥了重大作用，并向海
外华商提出四点希望；2011 年 12 月 23 日，习近平出席泰国各界华侨华
人举行的欢迎晚宴并致辞，赞扬他们对于中泰友好发展的贡献；2012 年
2 月 16 日，习近平在洛杉矶华侨华人举行的欢迎晚宴上致辞，赞扬美国
华侨华人致力于中美友好发展的功绩，并提出三点希望。

　　2012 年 11 月，习近平在党的十八大上当选为中共中央总书记，在
2013 年 3 月召开的第十二届全国人大第一次会议上当选国家主席。习近平
担任党和国家最高领导职务后，集中论述侨务的讲话有以下几次：2013
年 9 月 25 日，向在成都召开的第十二届世界华商大会致贺信，对大会的
成功召开表示祝贺；2013 年 10 月 4 日，对马来西亚进行国事访问，在
吉隆坡出席马来西亚各界华侨华人欢迎午宴并致辞，评价马来西亚华侨
华人是中马友谊和合作的亲历者、见证者、推动者；2013 年 10 月 21 日，
在欧美同学会成立 100 周年庆祝大会上发表讲话，高度评价海外归国的
科学家对发展祖国科技事业的重大贡献；2014 年 6 月 6 日，在北京接见
第七届世界华侨华人社团联谊大会代表并发表重要讲话，集中论述侨务
问题（以下称"六六讲话"）；2015 年 9 月 23 日，在美国访问、出席西
雅图华侨华人举行的欢迎招待会并发表讲话。

　　以上概要地介绍了习近平关于侨务问题的系列重要论述，而对一些
在其他讲话中涉及侨务问题的论述则没有介绍。从中可见习近平在新老

侨乡工作时间长，对侨务问题论述次数多，涉及侨务问题的诸多方面，奠定了他系统侨务理论的基础。

二、习近平侨务重要论述的丰富内涵

在中国共产党的几代领导人中，习近平是长期在老侨乡和新侨乡担任重要领导职务，侨务工作经历经验最广泛、侨务论述最丰富的主要领导人之一，而且他担任领导职务的侨乡是中国改革开放的前沿地区，也是经济发达地区。因此，习近平关于侨务问题的一系列重要论述，是改革开放时期侨务工作经验的科学总结，是党的侨务理论与实践的最新成果，为把党和国家侨务工作推进新时代奠定了基础。习近平关于侨务问题系列重要论述的主要内容和基本内涵有以下几个方面。

（一）从地方实践到国家经验的"大侨务"观

"大侨务"观是相对"小侨务"观而言，是指对侨务问题认识内涵的丰富和外延的扩大，观察侨务问题的视野更加开阔。1995 年 4 月，习近平任中共福州市委书记时，发表了《"大侨务"观念的确立》，文章指出：在新时期，侨务工作要有新观念、新思路。主张在"对投资者有利、对所在国有利、对中国有利""三有利"的前提下，充分发挥"侨"的优势，深层次、宽领域、全方位开展经济、科技、文化等方面的交流与合作，为现代化服务，为社会主义市场经济同国际经济接轨铺路，为世界和平和发展作出贡献。在这些深刻认识和实践的基础上，提出了"大侨务"的观点。习近平强调：侨务工作"要打破地域的界限，跳出侨务部门的范围，使之成为党和各级政府的大事，成为全社会共同关心、参与的大事"，即树立"大侨务"的工作观念。习近平认为，从"小侨务"

到"大侨务",体现了新时期侨务工作的重大发展和必然。①后来,习近平担任福建省省长期间,在接受《人民日报》海外版记者采访时再次强调:"我们要认真研究新时期、新任务和新的侨务工作,要有大侨务观念,凝聚侨心。"②

习近平通过在侨乡工作的实践,使侨务工作适应加快改革开放形势的需要,适时提出"大侨务"观的观点,推动了侨务工作理念的转变。在"大侨务"观念的影响和指导下,福建省侨务工作出现了五大转变。一是侨务工作从"独角戏"到"共同参与"转变。福建省旅居海外侨胞众多,侨务资源丰厚,侨务工作量大,单靠侨务部门开展工作力不从心,需要发动各方面社会力量共同参与侨务工作。在省委、省政府领导下,福建省侨务工作以侨办、侨联、致公党、人大侨委、政协港澳台侨委"五侨"为骨干,各部门密切配合,积极组织社会力量广泛参与,把握任务工作重点和方向,形成了侨务工作社会化的大格局。二是侨务工作从"输血"到"造血"转变。原来由于受"小侨务"观念影响,侨务工作视野狭窄,打不开局面,丰厚的侨务资源未能充分吸收利用;侨务观念转变后,侨务工作从服务经济建设大局出发,鼓励海外乡亲进行全方位的合作交流,发动各方参与,通过引资兴业健全"造血"功能,增加经济发展后劲。随着中国改革开放的不断深入,国际地位不断提高,发展空间不断拓宽,华侨华人经济得到迅速发展,与祖(籍)国关系日益密切,回家乡投资兴业逐年增多,成为外商投资主体之一。三是侨务工作从"重视老侨"向"新老侨结合"转变。中国改革开放后,作为重要侨乡福建省与全国各地一样,新移民大量增加,形成大量新侨,老一代华侨越来越少。新侨比老侨有诸多特点和优势,成为华侨中的新生力量,因此侨

① 习近平:《"大侨务"观念的确立》,《战略与管理》1995 年第 2 期。

② 《凝聚侨胞爱国心　抓好侨务促发展——访福建省长习近平》,《人民日报》海外版 2000 年 10 月 11 日。

务工作需要适时转变理念，由做老一代华侨工作为主，转向新老华侨并重，尽快弥合部分年轻华侨对故土情谊的感情上断层。四是侨务工作由"本地"到"全国"转变。广大华侨华人是炎黄子孙，随着时代的发展，国际国内形势变化，他们交往、合作、从业的理念也发生变化，往往打破亲缘、地域观念，并非完全偏重或局限于家乡和祖籍地。尤其是侨资选择投向目标，主要是立足于各地资源禀赋和投资环境。福建省的侨务部门积极拓宽侨务工作对象，由闽籍海外华侨华人扩展到华侨华人群众，实现侨务工作从"本地"到"全国"的转变，因此到福建省投资的非闽籍华商日益增加。五是侨务工作从"被动"到"主动"转变。随着改革开放的扩大，对外交往不断增加，为侨务工作带来了新机遇。侨务工作由国内归侨侨眷转向海外华侨华人兼顾，从迎来送往转向主动上门服务，不断扩大内外交往，不断拓展合作空间。[1]在"大侨务"观念的指导下，福建省侨务工作积极作为，积累了一些宝贵经验，成为我国实施"大侨务"观的源头，为党和国家制定侨务政策提供了依据。

（二）提升"以人为本、为侨服务"的宗旨

"以人为本、为侨服务"的宗旨，是党的十六大以来以胡锦涛为总书记的党中央提出的侨务理念。2005年2月7日，经中央批准，中共中央办公厅、国务院办公厅印发《关于加强新形势下侨务工作的意见》，指出："以邓小平理论和'三个代表'重要思想为指导，坚持以人为本，为侨服务的宗旨。"这是科学发展观中体现的侨务思想，是新世纪侨务工作的指导思想。当时在地方担任领导职务的习近平坚持和发展了这一宗旨，并提升了这一宗旨。

2005年9月28日，习近平在浙江省侨务工作会议上的讲话指出：

---

① 福建省侨务工作的五大转变，参见曲青山、黄书元主编：《中国改革开放全景录》（福建卷，李鸿阶、黄玲主编），海峡出版发行集团、福建人民出版社2018年版，第382—385页。

侨务工作事关党和国家事业发展的大局，事关浙江改革开放的深入推进。当前侨务工作要以邓小平理论和"三个代表"重要思想为指导，认真学习贯彻胡锦涛总书记的重要指示精神和中央关于侨务工作的方针政策，坚持以人为本、为侨服务的宗旨，坚持以国内侨务工作为基础、以国外侨务工作为主导，坚持为国家大局服务和为侨服务的统一，紧密结合我省侨情特点，促进侨务资源的可持续发展，充分发挥海外侨胞和归侨、侨眷的独特作用，为我省在全面建设小康社会和推进社会主义现代化建设中走在前列提供服务。侨务工作要以统筹的理念和方法，正确认识和把握侨务工作为浙江发展大局服务与为侨服务的关系，正确认识和把握国内侨务工作与国外侨务工作的关系，正确认识和把握立足浙江籍侨胞与面向全世界华侨华人的关系，正确认识和把握侨务工作的原则性与灵活性的关系，正确认识和把握调动涉侨部门积极性与发挥侨务部门职能作用的关系。[①] 习近平结合浙江省的侨情，在贯彻"以人为本、为侨服务"宗旨的基础上，进一步提出了五个"正确认识和把握"的侨务工作主张。

2006 年 5 月 8 日，习近平在美国大纽约地区江浙沪及部分闽籍侨团欢迎宴会的讲话中再次重申：我省将一如既往地秉承"以人为本、为侨服务"的宗旨，继续关心和支持海外华人华侨在当地的创业与发展，切实维护华侨和归侨侨眷在国内的合法权益，努力为广大侨胞提供优质服务。

习近平重申"以人为本、为侨服务"的宗旨，反映了侨务工作立足局部、兼顾全局的现实，体现了继承和发展的关系，并在理论和实践上进一步丰富和提升了"以人为本、为侨服务"宗旨。

---

① 《浙江省对侨务工作作出新部署》，人民网，2005 年 9 月 27 日。

（三）"根""魂""梦"使华侨与中华民族同命相连

有关海外华侨华人乃至港澳台同胞与中华民族的关系，有不少党和国家领导人作过论述，习近平对此又作了富有新意的阐述。

在2010年海外华裔及港澳台地区青少年"中国寻根之旅"夏令营开营式的讲话中，习近平精辟地概括了中华民族和海内外中华儿女的关系，即人们熟悉的"根""魂""梦"三个字。习近平说：团结统一的中华民族是海内外中华儿女共同的"根"。多元一体的中华民族的形成，不仅仅是共同的地缘和生活环境，更重要的是共同的历史命运把我们密不可分地联结在一起。认清了这一点，就能加深理解华夏大地自开创幅员广阔的统一国家以来，民族团结、国家统一始终成为中华民族发展主流的原因，就会更加自觉地珍惜中华民族的团结统一。博大精深的中华文化是海内外中华儿女共同的"魂"。中华文明是世界古代文明中唯一始终没有中断、连续5000多年发展至今的文明，中华民族在漫长历史发展中形成的独具特色的文化传统，是海内外中华儿女共同的宝贵财富。特别是中华民族在漫长的历史进程中锻造的伟大民族精神，是海内外中华儿女世世代代自强不息、团结奋斗的强大精神支撑。认清了这一点，就能牢牢把握中华民族得以薪火相传、绵延不绝的民族之魂。实现中华民族伟大复兴是海内外中华儿女共同的"梦"。鸦片战争以后西方列强的侵略践踏、封建统治的腐败给中国人民带来了深重苦难，无数仁人志士奋起寻求救国救民、振兴中华的道路。孙中山先生领导的辛亥革命，结束了在中国延续几千年的君主专制制度，为中国的进步打开了闸门。新中国的成立，开启了中华民族伟大复兴的历史新纪元。新中国成立以来特别是改革开放以来，中国取得了举世瞩目的发展成就，中国国际地位和国际影响力显著上升，极大振奋了海内外中华儿女的民族自信心和自豪感，中华民族伟大复兴已经展现出灿烂的前景。习近平强调，在实现中华民族伟大复兴的光辉历程中，中国将始终高举和平、发展、合作旗帜，同各国人民一道推动建设持久和平、共同繁荣的和谐世界，中华民族将为人类文明进步作出更大贡献。①

习近平在 2014 年 6 月 6 日接见第七届世界华侨华人社团联谊大会代表的讲话，再次重申了"根""魂""梦"的观点，并进一步指出：共同的根让我们情深意长，共同的魂让我们心心相印，共同的梦让我们同心同德，我们一定能够共同书写中华民族发展的时代新篇章。②

习近平将海外华侨华人与中华民族千百年的渊源关系，高度凝炼为"根""魂""梦"三个字，堪称经典概括，精准地道出了海外华侨华人的心声和心愿。习近平还阐明了这三个字的内在逻辑：只有牢记中华民族的"根"，铭记中华民族的"魂"，才能实现中华儿女共同的"梦"。

习近平有关"根""魂""梦"的论述，得到海外华侨华人的好评和响应。法国潮州会馆馆长吴武华表示：有中华民族的"根"，有中华文化的"魂"，我相信，在所有海内外中华儿女的共同奋斗下，一定可以实现中华民族伟大复兴的中国梦。海外华侨华人都很热爱中国，正是这种同文同种、血浓于水的感情，让自己享受到中华文化的滋润，也让我认识到，博大精深的中华文化才是我们的"魂"。孩子是未来的希望，实现民族伟大复兴需要他们。所以，在华侨华人下一代中普及中文教育，教导他们做真正的中华儿女，这就是我的"梦"。③ 这是一种朴素的梦想，当然也是众多海外华侨华人的梦想。

---

① 孙立极、李章军：《2010 年海外华裔及港澳台地区青少年"中国寻根之旅"夏令营开营　习近平出席并讲话》，《人民日报》2010 年 7 月 26 日。

② 刘维涛、王尧、兰红光：《习近平在会见第七届世界华侨华人社团联谊大会代表时强调　共同的根共同的魂共同的梦　共同书写中华民族发展新篇章》，《人民日报》2014 年 6 月 7 日。

③ 吴武华、李志伟、王芳：《根·魂·梦（中国梦·赤子心）》，《人民日报》2013 年 5 月 30 日。

（四）海内外中华儿女共圆共享国家梦、民族梦

习近平对实现中华民族伟大复兴的中国梦有很多论述，其中就有华侨华人与实现中国梦关系的论述。他在接见中国侨商投资企业协会第二届会员代表大会全体代表的讲话中，对包括侨资企业家在内的海外侨胞提出四点希望：一是继续充分发挥自身优势，积极参与中国现代化建设；二是继续努力推动两岸交流交往，促进中国和平统一大业；三是继续大力传播中华文化，推动中外文化的交流和融合；四是继续积极融入当地社会，增进中国人民与各国人民相互了解和友谊，为深化中国与世界各国经济合作作出新贡献，为共同实现中华民族伟大复兴作出新贡献，为推动中外文化交流交融作出新贡献，为增进中国人民与世界各国人民的理解与友谊作出新贡献。这可谓对华侨华人与中国梦关系的间接论述。

习近平在"六六讲话"中指出："当前，中国人民正在为实现'两个一百年'奋斗目标、实现中华民族伟大复兴的中国梦而奋斗。在这个伟大进程中，广大海外侨胞一定能够发挥不可替代的重要作用。中国梦是国家梦、民族梦，也是每个中华儿女的梦。广大海外侨胞有着赤忱的爱国情怀、雄厚的经济实力、丰富的智力资源、广泛的商业人脉，是实现中国梦的重要力量。只要海内外中华儿女紧密团结起来，有力出力，有智出智，团结一心奋斗，就一定能够汇聚起实现梦想的强大力量。"[①]这是对华侨华人与实现中国梦的直接论述。

习近平访问美国在西雅图时向侨界表示："近代以来，实现中华民族伟大复兴是海内外中华儿女的共同梦想。今天，我们比历史上任何时期都更加接近实现中华民族伟大复兴的目标。我相信，作为中华民族大家庭的重要成员，广大旅美侨胞一定能够在这一伟大进程中作出独特

---

① 刘维涛、王尧、兰红光：《习近平在会见第七届世界华侨华人社团联谊大会代表时强调　共同的根共同的魂共同的梦　共同书写中华民族发展新篇章》，《人民日报》2014年6月7日。

贡献。"①

中华民族伟大复兴的中国梦，是亿万中国人民、港澳台同胞、海外炎黄子孙实现中华民族复兴心声和愿望的形象表达。它既是一个发展过程，也是一个宏伟目标；既是进行时，也是未来时。习近平认为，中国梦与华侨的梦是共同的梦。在实现"两个百年"目标的过程中，广大华侨华人已经为中国革命和建设作出了重大贡献，在继续向这个目标前进征途中，更需要甚至离不开华侨华人的参与。

（五）赞誉华侨华人对中国革命建设的贡献

海外华侨华人为祖（籍）国革命和建设作出了重大贡献，世所公认，有口皆碑。习近平对此也予以充分肯定。

20 世纪 90 年代末，习近平在福建省担任领导职务时指出："海外华侨华人是中华民族的一部分。无论处于什么时代，全世界华侨华人的命运始终与祖国的命运连在一起，始终与祖国同步发展，始终是祖国革命、建设的重要力量。凡有海水的地方就有华侨华人。但广大华侨华人无论身在何处，总丢不掉深深的中国情，忘不了生养自己的那片热土，即使几代人在海外，还是忘不了他们黑头发黄皮肤的中国缘。新中国成立伊始，全世界华侨华人为之欢呼雀跃；改革开放以来祖国发生了巨大变化，全世界华侨华人倍感荣耀；建设现代化强国需要引进大量资金和先进的科学技术、管理经验，全世界华侨华人主动参与、积极支持。"② 这段论述，全面系统深刻地阐述了华侨华人与祖（籍）国的密切关系及其对新中国建立以来的贡献。他还说："海外侨胞历来是我国社会主义革命、建设的重要力量和优势，是中华民族共同财富和资源。""海外侨胞身居海外，心系故土，时刻牵挂着生于斯长于斯家园的一草一木，一山一水，

---

① 《习近平在美国侨界欢迎招待会上的讲话》，新华网，2015-09-24。

② 习近平为杨学溥主编《改革开放与福建华侨华人》写的《序》，厦门大学出版社 1999 年版，第 1—2 页。

真可谓'浮云游子意，落日故人情'。""海外侨胞素有爱国爱乡的优良传统。他们捐赠社会公益事业，回馈社会；他们引资引智，造福桑梓；他们促进各国人民友好往来，为着祖国的繁荣富强，不遗余力。""我省不少侨胞捐赠、引资引智正是这种崇高精神的表现。"①

2004 年 6 月 29 日，时任中共浙江省委书记的习近平，为爱国华侨魏可英题词："可英先生情系故里，造福桑梓，为家乡建设和发展作出了积极的贡献，其爱国爱乡的精神值得学习弘扬。"2006 年 5 月，习近平在美国纽约江浙沪闽侨团欢迎宴会上讲话表示：长期以来，勤劳聪明的旅美浙江乡亲，继承和发扬中华民族的优秀传统，吃苦耐劳、顽强拼搏、敢为人先、团结互助，在经济、科技、文化、教育、政治等领域，事业有成，卓有建树，在维护华人华侨的正当权益、传播中华传统文化、反对"台独"促进中国的和平统一、促进居住地的经济发展和社会进步、开展与家乡多种形式的合作与交流等方面，做了许多卓有成效的工作，作出了积极贡献，受到人们的尊重和赞誉。②

以上讲话及题词，是习近平在我国主要侨乡福建、浙江担任领导时，从亲身亲历的角度肯定华侨华人对祖（籍）国的贡献的。

2007 年 12 月 17 日，习近平代表中共中央向中国致公党十三大致贺词说："长期以来，致公党同中国共产党风雨同舟、荣辱与共，高举爱国主义和社会主义旗帜，广泛动员全体成员和所联系的归侨侨眷与海外侨胞，积极投身中国革命、建设、改革事业，为民族独立和人民解放，为国家发展和社会进步，为促进祖国统一大业，发挥了重要作用。"③致辞

---

① 习近平为杨学潾主编《浓浓赤子情》写的《序》，海潮摄影艺术出版社 2002 年版，第 1—2 页。

② 任贵祥：《习近平关于侨务问题的重要论述及丰富内涵》，《中国浦东干部学院学报》2018 年第 2 期。

③ 柳晓森：《致公党第十三次全国代表大会在京开幕　习近平代表中共中央致贺词》，《人民日报》2007 年 12 月 18 日。

直接赞扬致公党的贡献，间接赞扬海外侨胞对祖国的贡献。

习近平在"六六讲话"中指出："长期以来，一代又一代海外侨胞，秉承中华民族优秀传统，不忘祖国，不忘祖籍，不忘身上流淌的中华民族血液，热情支持中国革命、建设、改革事业，为中华民族发展壮大、促进祖国和平统一大业、增进中国人民同各国人民的友好合作作出了重要贡献。祖国人民将永远铭记广大海外侨胞的功绩。"①

在 2015 年 9 月美国西雅图侨界举行的招待酒会的讲话上，习近平继续重申："旅美侨胞有着勤奋敬业的优秀品质，也有着爱国爱乡的优良传统，你们情系桑梓，关心祖国前途命运。70 多年前，旅美侨胞通过捐款捐物等多种方式，积极支援祖国抗击日本军国主义侵略的斗争，在中华民族争取独立解放的历史上留下浓墨重彩的一笔。新中国成立以来特别是改革开放以来，旅美侨胞踊跃支持祖国建设，积极推动两岸关系和平发展，为祖国发展、统一和民族复兴作出了重要贡献。"②

习近平无论是在地方任职，还是担任中央领导，对于侨务的论述，强调和重申最多的内容，是华侨华人对中国革命和建设的突出贡献，始终关注华侨华人与祖（籍）国关系的主线和主流。

（六）肯定华侨华人对中国改革开放功不可没

地处东南的闽浙沪沿海省市，是我国经济发展的龙头，是改革开放的前沿，是新时期华侨华人支持祖（籍）国改革开放捷足先登之地。在这些省市当政的习近平，对华侨华人为改革开放作出的贡献感受最深最直接。

1999 年，习近平对福建省改革开放 20 年经济社会发展作了总结："近观 20 年改革开放，福建人均国民生产总值之所以跃居全国前列，实

---

① 刘维涛、王尧、兰红光：《习近平在会见第七届世界华侨华人社团联谊大会代表时强调　共同的根共同的魂共同的梦　共同书写中华民族发展新篇章》，《人民日报》2014 年 6 月 7 日。

② 《习近平在美国侨界欢迎招待会上的讲话》，新华网，2015-09-24。

际利用外资能始终排在全国第三、第四位，公益事业保持十分强劲发展势头，是与我省广大海外侨胞、港澳同胞对我省改革开放、经济繁荣、社会稳定作出的重大贡献分不开的。到 1998 年底，福建实际利用外资累计达 270 亿美元，其中 70% 源于海外侨胞和港澳同胞，闽籍乡亲在家乡办公益事业捐赠近 70 亿元人民币，极大地推动了福建经济社会的发展进步。"① 这段论述实事求是地评价了华侨华人在福建改革开放中的贡献和地位。

习近平在致第十二届世界华商大会的贺信中赞扬说："中国改革开放事业取得伟大成就，广大华侨华人功不可没。30 多年来，华侨华人发挥在资金、技术、管理、商业网络等方面的优势，在中国各地投资兴业，用自己的智慧和汗水，有力促进了中国经济社会发展，有力推动了中国同世界的交流合作。"他希望广大华商把握机遇、发挥优势，积极关心和参与中国改革开放和现代化建设，在互惠合作中实现自身事业更大发展，为共圆中华民族伟大复兴的中国梦，推动中国人民同世界各国人民的交流合作，作出新的更大的贡献。② 在接见中国侨商投资企业协会第二届会员代表大会全体代表的讲话中，习近平说：特别是改革开放以来，广大海外侨胞纷纷到祖国内地投资兴业，侨商投资企业和广大侨胞积极捐赠兴办公益事业和扶贫济困，惠及了包括教育、医疗卫生、文化体育、社会福利等众多领域；在支持办好北京奥运会、上海世博会、广州亚运会，参与抗击四川汶川特大地震等严重自然灾害和灾后恢复重建等方面，作出了真情奉献。习近平进一步指出：中国加快经济发展方式转变和经济结构战略性调整，实现在新的历史起点上以人为本、全面协调可持续的发展。为广大侨商投资企业进一步做大做强创造了重要机遇、提供了

---

① 习近平为杨学漧主编《改革开放与福建华侨华人》写的《序》，第 2 页。

② 《习近平致第十二届世界华商大会的贺信》，中央政府门户网站，2013-09-25。暨南大学图书馆彭磷基华侨华人文献信息中心编：《侨情综览》（2013），暨南大学出版社 2014 年版，第 1 页。

广阔舞台。[①] 这些论述阐明了海外华商与中国人陆改革开放 30 年来经济上的密切关系，并希望在未来的发展中进一步加强和发展这些关系。

改革开放时期中国经济社会发展取得了举世瞩目的成就，使中国跃升为世界大国强国的行列，海外华侨华人对此功不可没。习近平通过领导侨乡工作的实践，论述了华侨华人对改革开放贡献，反映了客观实际。

（七）华侨华人是中国和平统一的特殊力量

历史和实践证明，广大海外华侨华人始终是中华民族凝聚力、向心力、亲和力的正能量，是推动和实现中国和平统一不可替代的特殊力量。习近平在国内外的有关讲话中对此多次加以强调和重申。

习近平代表中共中央向中国致公党第十三次全国代表大会致贺词，着重肯定了致公党及其联系的华侨华人对祖国和平统一的贡献。他首先肯定"一代又一代致公党中央领导人带领广大成员同中国共产党亲密合作、团结奋斗，为统一战线和我国社会主义多党合作事业发展作出了重要贡献。实践证明，致公党不愧是中国共产党的亲密友党，是发展中国特色社会主义、促进祖国完全统一、实现中华民族伟大复兴的重要力量"。在过去的五年中，致公党"充分发挥同海内外联系广泛的优势，加强同海外爱国传统侨团侨社、华侨华人、港澳台同胞和留学人员的联系，积极拓展海外联谊工作，在凝聚侨心、汇聚侨智、发挥侨力、维护侨益、反'独'促统、促进我国对外友好交流等方面，发挥了独特作用"。致辞对致公党过去及现在积极致力于推动统一战线、祖国和平统一的重要贡献予以充分肯定，同时重申了中共中央未来统一战线方针政策："统一战线是夺取革命、建设、改革事业胜利的重要法宝，是中国共产党执政兴国的重要法宝，是实现祖国完全统一和中华民族伟大复兴的

---

① 刘维涛：《习近平会见中国侨商投资企业协会第二届会员代表大会全体代表》，《人民日报》2011 年 6 月 19 日。

重要法宝。中国共产党将按照中共十七大精神，坚定不移地发展社会主义民主政治，坚定不移地巩固和壮大最广泛的爱国统一战线，坚定不移地坚持和完善中国共产党领导的多党合作和政治协商制度，坚定不移地贯彻长期共存、互相监督、肝胆相照、荣辱与共的方针，不断推进多党合作和政治协商的制度化、规范化、程序化，大力支持民主党派按照参政党建设的目标和原则加强自身建设，充分发挥民主党派参政议政、民主监督作用，使我国的社会主义政治制度和政党制度焕发出更加蓬勃的生机和活力。"①

（八）积极推动中外友好和文化交流

中华文明历史悠久、经久不衰，中华文化源远流长、博大精深。文化是人类共同的精神财富。习近平十分重视发掘中华传统文化瑰宝及其传播交流，重视吸收世界各民族的先进文化，非常重视华侨华人在中外文化交流中的桥梁作用。

习近平指出：中华文明有着5000多年的悠久历史，是中华民族自强不息、发展壮大的强大精神力量。我们的同胞无论生活在哪里，身上都有鲜明的中华文化的烙印，中华文化是中华儿女共同的精神基因。希望大家继续弘扬中华文化，不仅自己要从中汲取精神力量，而且要积极推动中外文明交流互鉴，讲述好中国故事、传播好中国声音，促进中外民众相互了解和理解，为实现中国梦营造良好环境。广大海外侨胞要运用自身优势和条件，积极为住在国同中国各领域交流合作牵线搭桥，更好融入和回馈当地社会，为促进世界和平与发展不断作出新贡献。②

习近平在出席海外华裔及港澳台地区青少年"中国寻根之旅"夏令营开营式的讲话中，衷心希望海外华裔青少年继承和弘扬祖辈的光荣传

---

① 《中共中央致公党第十三次全国代表大会的贺词》，《人民日报》2007年12月18日。

② 刘维涛、王尧、兰红光：《习近平在会见第七届世界华侨华人社团联谊大会代表时强调　共同的根共同的魂共同的梦　共同书写中华民族发展新篇章》，《人民日报》2014年6月7日。

统，从中华民族的历史和文化宝库中汲取精神营养，成为中华文化的热情传播者；广泛学习借鉴世界各国优秀文明成果，博采各种文化之长，成为中华民族文化同世界各国文化交流互鉴的积极促进者；积极参与各种形式的文化交流活动，让更多国家和人民了解丰富多彩的中华文化，成为住在国人民同中国人民友好交往的民间使者，为中华文化发扬光大和世界文明共同进步发挥积极作用。[①]讲话对海外华裔及港澳台地区青少年，开展中外文化交流寄予希望。

中国和美国，一个是世界最大的发达国家，一个是世界最大的发展中国家，两国经过长期对立后终于打破坚冰建立正常关系。习近平赞扬美国华侨华人为中美关系的发展所做的努力，他说：中美建交 30 多年来的双边关系特别是互利共赢的经贸关系的快速发展，同广大旅美侨胞的贡献密不可分。广大旅美侨胞既为美国经济、社会和科技发展作出重要贡献，也为促进中美经济、科技、人文交流，推动中美关系发展作出宝贵贡献。希望广大旅美侨胞积极主动地向当地主流社会宣传介绍中华文化，让美国人民真实客观地了解当代中国的发展进步，了解中国的和平发展理念。同时不断加深住在国同中国文化、教育等各领域的交流与合作。[②]习近平还指出："旅美侨胞是中美关系的参与者、建设者、推动者。在中美关系发展历程中，旅美侨胞发挥自己独特优势，奔走于太平洋两岸，积极促进中美经济、科技、人文等各领域交流合作，在中美两国和两国人民间架起友谊和合作的桥梁。可以说，中美关系 30 多年发展所取得的成绩，同广大旅美侨胞不懈努力密不可分。""希望大家积极主动宣介中华文化，讲好中国故事。每一位旅美侨胞都是中华文化的使者，希望你们身体力行展示中华文化魅力，介绍一个真实的中国，增进美国人

---

① 孙立极、李章军：《2010 年海外华裔及港澳台地区青少年"中国寻根之旅"夏令营开营　习近平出席并讲话》，《人民日报》2010 年 7 月 26 日。

② 《习近平希望旅美华人华侨继续推进中美友好事业》，国际在线，2012-02-17。

民对中国的了解，促进中美两国人民友谊，夯实中美关系民意基础。"①

中国和拉丁美洲各国相距遥远，海天相隔。2013 年 6 月 1 日，国家主席习近平在对拉美国家特立尼达和多巴哥、哥斯达黎加、墨西哥进行国事访问前夕，接受了特多《快报》、哥斯达黎加《共和国报》、墨西哥《至上报》的联合书面采访，回顾早期中国移民到特立尼达及与当地人民友好相处，习近平表示：中特友谊源远流长。两个多世纪前，首批华人抵达特立尼达岛，在那里落地生根，同当地民众和睦相处，成为特多多元民族和文化密不可分的一部分。他还说，哥斯达黎加大学孔子学院是中美洲第一所孔子学院，为增进两国人民相互了解和友谊提供了重要平台。通过回顾华人先驱移民拉美国家及相处交融，拉近了中国与拉美国家的距离。为数不多的委内瑞拉华侨华人，对有中国主要领导人来访表示衷心期待。委内瑞拉华人文联主席钟永照是当地侨界的诗人，他对中国记者说："旅居委内瑞拉的华侨华人欢迎和期盼习主席来访"，并欣然赋诗一首："千山万水势逶迤，一卷蓝图展眼前。中委双赢推广面，资源互补重长年。市场贸易多成品，文化交流咨比肩。增值需求同共识，为民实惠创新天。"② 其意其情充满诗句中。

中国和泰国是近邻，两国人民充满亲情、水乳交融，其中一个重要原因就是在泰国长期生活居住着众多华侨华人。2011 年 12 月 23 日晚，正在泰国访问的国家副主席习近平在泰国副总理荣育陪同下出席了泰国华人华侨各界举行的盛大欢迎晚宴。旅泰华人华侨等各界代表约 800 人出席。习近平在致辞中说道：中国的繁荣发展，海外华人华侨功不可没，中国与世界各国友好合作不断深化，海外华人华侨贡献很大。泰国是海外华人华侨聚居最多的国家之一。广大在泰华侨同当地人民和睦相处，

---

① 《习近平出席美国侨界欢迎招待会并讲话》，新华网，2015-09-24。

② 吴志华、丁大伟、颜欢、王骁波：《给国家带来发展 给百姓带来实惠——委内瑞拉各界热切期盼习近平主席访问》，《人民日报》2014 年 7 月 11 日。

为泰国经济繁荣、社会进步作出重要贡献，也为中泰友好事业发挥了不可替代的桥梁和纽带作用。今天在座的各位既是中泰友好合作的亲历者，也是见证者、推动者。希望大家继承和弘扬优良传统，继续为中泰两国繁荣昌盛、为中泰友好事业代代相传作出新的更大贡献。① 致辞充分赞扬泰国华侨华人为发展中泰友好关系付出的努力和重要贡献。

　　长期在福建担任领导职务的习近平，熟悉福建的一山一水、一草一木。他对著名爱国侨领陈嘉庚造福桑梓、捐资创办厦门大学的历史了然于心。2013 年 10 月上旬，习近平访问马来西亚时，得知厦门大学马来西亚分校开始筹建，厦门大学成为第一所去海外办学的中国高校，感到高兴。在当地华侨华人举行的盛大欢迎午宴上，他在致辞中说：华侨华人回到故园，造福桑梓，功不可没。"马来西亚华侨华人是中马友谊和合作的亲历者、见证者、推动者。你们到中国投资兴业，捐资助学，推动两国文化交流，为中马关系发展牵线搭桥。没有华侨华人的努力，就没有中马关系今天的大好局面。""希望马来西亚广大华侨华人朋友抓住机遇，继续发挥优势，促进中马合作，实现自身事业更大发展，为中马共同发展多做贡献，为中马友好大业再立新功。"② 致辞盛赞华侨华人对家乡、对中外文化交流及中外友好关系的努力和贡献。习近平的致辞受到马来西亚各界华侨华人的广泛赞誉，马来西亚中华大会堂总会长方天兴说，习主席访问期间出席马来西亚各界华侨华人欢迎午宴时的致辞振奋人心，体现出对马来西亚华侨华人的重视。"马来西亚政治稳定，有深厚的文化底蕴，相信会有更多中国企业来马投资。"习近平充分肯定马来西亚华侨华人对于传播中华文化、推动中马友好的贡献，见证厦门大学

────────

① 杜尚泽、孙广勇：《习近平出席泰国华人华侨各界举行的欢迎晚宴并致辞》，《人民日报》2011 年 12 月 24 日。

② 杜尚泽、暨佩娟、马占成：《习近平出席马来西亚各界华侨华人欢迎午宴　希望华侨华人为促进中马友好合作再立新功》，《人民日报》2013 年 10 月 5 日。

第一所海外分校的建设，本身就是一次文化之旅、推动两国友好之旅。

广大华侨华人是中国和世界各国民间交往的使者，是国家间交流的桥梁，是中外文化传播交融的纽带。习近平深谙华侨华人这种特殊性，注重发挥他们这种独特优势，为中外交往增添助力。

（九）为居住国与祖（籍）国作贡献互利多赢

华侨华人不但为祖（籍）国的革命建设和改革作出了重大贡献，而且在居住国艰苦创业，为当地经济社会发展也作出了重大贡献，为世人公认。习近平对此持赞赏和鼓励的态度。

在 20 世纪 90 年代初，习近平担任福建省领导时，在黄乃裳开垦"新福州"90 周年纪念会暨学术研讨会上的讲话中，曾高度赞扬南洋侨领黄乃裳第一个率领福建移民，创建了蜚声海外沙捞越"新福州"垦殖场，对当地的经济开发作出了卓越的贡献，成为中国在异邦土地垦殖事业有成第一人，至今还备受东南亚华侨华人的尊崇。讲话称赞"黄乃裳先生不愧为华侨的楷模，他代表着华侨的大多数，他的品德是华侨中最宝贵的财富。黄乃裳先生是华侨的骄傲，也是整个中华民族的骄傲"①。

习近平认为，长期以来，广大华侨华人秉承中华民族优秀传统，艰苦创业，拼搏进取，积极融入住在国社会，同当地人民和睦相处，在事业上取得长足发展，为各国经济发展和社会进步作出了积极贡献。习近平访问马来西亚时对吉隆坡华侨华人说：马来西亚是海外华侨华人聚居最多的国家之一。几百年来，一批又一批中国人漂洋过海，在这片土地上落地生根，艰苦创业，繁衍发展，为马来西亚经济繁荣、社会进步、社会和谐、种族和睦作出了重要贡献。② 习近平访问泰国时，肯定了华侨华人对当地的贡献，泰国是海外华人华侨聚居最多的国家之一。长

---

① 转引自《福建纪念著名侨领黄乃裳诞辰 165 周年》，中国新闻网，2014-05-17。
② 杜尚泽、暨佩娟、马占成：《习近平出席马来西亚各界华侨华人欢迎午宴 希望华侨华人为促进中马友好合作再立新功》，《人民日报》2013 年 10 月 5 日。

期以来，广大在泰华侨同当地人民和睦相处，为泰国经济繁荣、社会进步作出了重要贡献。

习近平还高度评价旅美华侨华人对美国的重要贡献："长期以来，广大旅美侨胞秉承中华民族传统美德，顽强拼搏、艰苦创业，在实现人生梦想的同时，也为美国发展繁荣作出了贡献，赢得了美国人民尊重。""今年是美国太平洋铁路修建 150 周年。150 年前，数以百万计的华工漂洋过海来到美国，参与建设这条横跨美国东西部的铁路。他们拿着简陋的工具，在崇山峻岭和绝壁深谷中逢山开路、遇水搭桥，以血肉之躯铺就了通往美国西部的战略大通道，创造了当时的工程奇迹，带动了美国西部大开发，成为旅美侨胞奋斗、进取、奉献精神的一座丰碑。"① 习近平评价华工对修筑美国太平洋铁路的巨大贡献恰如其分。

习近平鼓励华人华侨积极主动融入当地社会，遵守居住国法律，积极回馈当地社会。他在美国洛杉矶侨团举行的宴会上致辞说：希望旅美侨胞继续发扬中华民族优秀品质和传统美德，积极融入当地主流社会，尊重驻在国法律，尊重当地社会和民族习俗，关注环境保护，尊重雇员权益，在维护自身合法权益法的同时，注重回馈当地社会，努力在海外树立守法诚信，举止文明，关爱社会，团结和谐的良好形象。② 他在西雅图出席美国侨界举行的欢迎招待会提出同样的希望。

习近平关于华侨华人问题的系列重要论述内涵非常丰富，笔者根据自己的理解归纳概括为以上九个方面，当然可以从多种角度加以总结概

---

① 《习近平出席美国侨界欢迎招待会并讲话》，新华网，2015-09-24。

② 《习近平希望旅美华人华侨继续推进中美友好事业》，国际在线，2012 年 2 月 17 日。

括。① 以上所述，并非全部，还有其他一些内容，诸如重申中国不主张双重国籍，积极做好国内侨务工作及国内侨务工作与国外侨务工作的关系等，不再阐述。

三、对于习近平侨务重要论述的理解认识

通过阐述习近平关于侨务问题的系列重要论述，可以看出其内容全面、系统丰富，并且体现了鲜明特色，从中可以得出以下几点初步认识。

第一，构成习近平新时代中国特色社会主义思想的组成部分。如前所述，习近平关于侨务问题的一系列重要论述，大体可分为两个时期：一个时期是在闽浙沪担任地方主要领导的有关论述；另一个时期是党的十七大以后担任中央重要领导职务的相关论述，其中有一部分是党的十八大担任中共中央总书记以来的相关论述。客观地说，这两个时期的论述，既有时代的差异和特点，也有观察问题的不同角度，前者显然是侧重从侨乡发展的视角论述侨务问题的，后者则是站在国家和全局的视野论述侨务问题的，两者是不可分割的辩证统一的关系，构成了习近平侨务理论完整、系统的理论体系。笔者把这些论述分为两个时期，并非有意割裂习近平的完整的侨务理论，而在于说明，党的十八大以来的有关侨务问题的重要论述具有特定的意义，构成了习近平治国理政系列重要讲话的有机组成部分，成为以习近平新时代中国特色社会主义思想的

---

① 有的文章将习近平侨务工作重要论述的科学内涵归纳为七个"明确"：明确并高度肯定了海外侨胞的地位作用；明确了凝聚侨心侨力、同圆共享中国梦的新时代侨务工作主题；明确了"根""魂""梦"的新时代侨务工作主线；明确了"三有利"的新时代侨务工作原则；明确了"大侨务"的新时代侨务工作格局；明确了推动构建人类命运共同体的新时代侨务工作重点；明确了"贴心人""实干家"的侨务干部队伍建设要求。这是侧重从侨务工作的视角归纳概括的。参见中共中国侨联党组：《新时代侨联工作改革创新的根本遵循——深入学习贯彻习近平总书记关于侨务工作的重要论述》，《求是》2018 年第 16 期。

重要内容。如中国侨联党组的文章所说："习近平总书记站在坚持和发展中国特色社会主义、实现中华民族伟大复兴的中国梦的高度，对侨务、侨联工作作出一系列深刻论述和重要指示，成为习近平新时代中国特色社会主义思想的重要组成部分。"①

第二，对新时期邓小平等人侨务思想的继承与发展。习近平的侨务理论，与改革开放以来邓小平、江泽民、胡锦涛的侨务思想是一脉相承、继承发展、与时俱进的关系。"习近平总书记关于侨务工作的重要论述顺应时代潮流，把握世界发展大势，内涵丰富、系统完整、逻辑严密，是对党的侨务理论的最新发展。"②习近平关于华侨华人为中国革命建设和改革开放作出了重要贡献，华侨华人是中国和平统一事业的重要推动者，他们是中华文明传播者，是中国与各国友好交往的桥梁，侨务工作一如既往地秉承"以人为本、为侨服务"的宗旨等论述，这些是继承。习近平率先提出侨务工作由"小侨务"向"大侨务"观念的转变，是通过领导侨务工作的实践总结出的新理念新观点；中华民族是海内外中华儿女的"根""魂""梦"，则是对海外华侨华人与中华民族关系的新概括；华侨华人是我国实现"两个一百年"目标、实现中华民族伟大复兴中国梦的重要力量，则具有新的时代内涵。继承与发展是辩证的、相对的，你中有我，我中有你；继承中有发展，发展中有继承。

第三，丰富了中国特色社会主义侨务理论。中国特色社会主义侨务理论是中国特色社会主义理论体系的组成部分，它是改革开放以来由邓小平开创的，江泽民、胡锦涛发展推进的。如果以精练的语言概括他们侨务思想的精髓要义，那么邓小平的侨务思想可以概括为"海外关系

---

① 中共中国侨联党组：《新时代侨联工作改革创新的根本遵循——深入学习贯彻习近平总书记关于侨务工作的重要论述》，《求是》2018 年第 16 期。

② 中共中国侨联党组：《新时代侨联工作改革创新的根本遵循——深入学习贯彻习近平总书记关于侨务工作的重要论述》，《求是》2018 年第 16 期。

是个好东西"、华侨华人是中国发展的独特机遇，即"机遇论"思想；江泽民的侨务思想可以概括为海外华侨华人是促进和发展我国对外交往的优势和资源，即"优势论"和"资源论"思想；胡锦涛的侨务思想可以概括为"以人为本、为侨服务"；习近平的侨务理论可以概括为"大侨务观"和中华民族与海外华侨华人是"根""魂""梦"的关系。习近平关于侨务问题的一系列重要论述，特别是党的十八大以来有关侨务问题的重要论述，是习近平新时代中国特色社会主义思想的组成部分。与中国特色社会主义理论体系的时代性、开放性和包容性相同，中国特色社会主义侨务理论也不是封闭的，而是开放包容的，它将随着全面建成小康社会奋斗目标的实践发展而不断丰富和发展。习近平关于侨务工作实践和论述，既是中国特色社会主义侨务理论体系的重要内容，也是对这一理论体系的丰富和发展，而且还在发展前进。

第四，体现了习近平侨务理论鲜明的实践特色。在我们党和国家的几代主要领导人中，在十八届、十九届中央委员会最高领导层成员中，习近平是在侨乡历练时间最长、实践探索最透彻、实践经验最丰富、对侨务论述最全面深入者。如他自己所说："我到福建16年，工作中都有一个'侨'字，可以说从事了侨务工作16年。"[①] 在领导福建侨务工作时，他率先确定了福建对外开放首先是对华侨华人开放的战略思想；提出了"了解侨情，理解侨心，维护侨益，发挥侨力"的方针。[②] 实践出真知，实践检验真理。长期丰富侨务工作实践，使得习近平关于侨务的论述和侨务理论上通侨理、下接地气，外化侨情、内入侨心，前顾老侨乡、后瞻新侨乡。体现了理论和实践紧密结合的特点，理论指导实践并推动侨乡实现跨越式发展的显著效果。

---

① 《凝聚侨胞爱国心　抓好侨务促发展——访福建省长习近平》，《人民日报》海外版 2000 年 10 月 11 日。

② 《八闽扬帆正当时——访福建省省长习近平》，《人民日报》海外版 2000 年 5 月 15 日。

第五，为侨务工作和侨务问题研究提供了理论指导。习近平关于侨务问题的一系列重要论述，是指导我们开展华侨华人问题研究的指导思想，也是做好侨务工作的基本遵循。从学理上说，华侨华人问题研究是社会科学研究范畴之一，它与其他社会科学学科的研究一样，既要坚持正确的理论指导，也坚持基本的科学规律和特殊性。习近平的相关论述也为开展侨务研究开辟了新课题、开拓了新内容、提供了新方法。我们所从事的侨务问题研究，必须要以习近平关于侨务问题的论述作为指导。

第二节　海外华侨华人共圆共铸共享中国梦

中共十八大召开以来的一个时期里，社会各界关于中国梦的描绘成为最流行、受到关注和热议的话题，成为凝聚人心、鼓舞士气的精神源泉。百度搜索显示，从 2012 年 11 月底习近平提出中国梦到 2013 年 4 月底的 5 个月时间，"中国梦"一词浏览次数达到 120 多万次，共有 17343 个和中国梦相关的视频，百度文库中共有 131000 多篇和中国梦相关的文档。这其中包括大量海外华侨华人与中国梦的相关内容，中国梦萦绕海内外亿万炎黄子孙。

一、参观《复兴之路》展览提出中国梦

众所周知，中共十八大落幕半月之际，即 2012 年 11 月 29 日，习近平带领十八届一中全会新当选的中央政治局常委一班人到国家博物馆参观大型陈列展览《复兴之路》，在参观中习近平发表重要讲话，畅谈中国梦，讲话指出："每个人都有理想和追求，都有自己的梦想。现在，大家都在讨论中国梦，我以为，实现中华民族伟大复兴，就是中华民族近代以来最伟大的梦想。这个梦想，凝聚了几代中国人的夙愿，体现了中华民族和中国人民的整体利益，是每一个中华儿女的共同期盼。"他还说："我坚信，到中国共产党成立 100 年时全面建成小康社会的目标一定能实现，到新中国成立 100 年时建成富强民主文明和谐的社会主义现代化国家的目标一定能实现，中华民族伟大复兴的梦想一定能实现。"①

---

① 《人民日报》2012 年 11 月 30 日。

这是习近平在党的十八大后首次正式畅谈中国梦。其中至少有这样两层内涵：《复兴之路》展览，回顾了中华民族的昨天，展示了中华民族的今天，宣示了中华民族的明天，给人以深刻教育和启示。近代以来的一个半多世纪期间，中华民族历经沧桑，中国人民奋斗不息，共同期盼实现中华民族复兴的梦想；经过几代中国共产党人的不懈奋斗，到十八大确定的建党100年建成小康社会，新中国成立100周年建成富强民主文明和谐的社会主义现代化国家的奋斗目标，就是中华民族的伟大复兴的中国梦实现之际。

2013年3月17日，习近平在十二届全国人大一次会议闭幕式的讲话，再次深入地阐述中国梦。他指出："实现全面建成小康社会、建成富强民主文明和谐的社会主义现代化国家的奋斗目标，实现中华民族伟大复兴的中国梦，就是要实现国家富强、民族振兴、人民幸福，既深深体现了今天中国人的理想，也深深反映了我们先人们不懈追求进步的光荣传统。""面对浩浩荡荡的时代潮流，面对人民群众过上更好生活的殷切期待，我们不能有丝毫自满，不能有丝毫懈怠，必须再接再厉、一往无前，继续把中国特色社会主义事业推向前进，继续为实现中华民族伟大复兴的中国梦而努力奋斗。"

习近平进一步指出：实现中国梦必须走中国道路。这就是中国特色社会主义道路。实现中国梦必须弘扬中国精神。这就是以爱国主义为核心的民族精神，以改革创新为核心的时代精神。实现中国梦必须凝聚中国力量。这就是中国各族人民大团结的力量。习近平再次强调："中国梦是民族的梦，也是每个中国人的梦。""中国梦归根到底是人民的梦，必须紧紧依靠人民来实现，必须不断为人民造福。"

习近平提醒全党同志和全国人民："功崇惟志，业广惟勤。"我国仍处于并将长期处于社会主义初级阶段，实现中国梦，创造全体人民更加美好的生活，任重而道远，需要我们每一个人继续付出辛勤劳动和艰苦努力。"广大海外侨胞，要弘扬中华民族勤劳善良的优良传统，努力为促进祖国发展、促进中国人民同当地人民的友谊作出贡献。"①这是习近平关于中国梦的论述对于华侨的期望。

习近平在十二届全国人大一次会议闭幕式上的讲话对中国梦的论述，比在参观《复兴之路》展览讲话的基础上更深入一步，主要体现在以下三点：一是实现中国梦，必须走中国道路、必须弘扬中国精神、必须凝聚中国力量，这"三个必须"是实现中国梦的基本要求或基本条件；二是实现中国梦的时代方位是我国仍处于并将长期处于社会主义初级阶段，即不能脱离这个基本的国情；三是实现中国梦需要全党全国各界包括港澳台同胞和海外侨胞付出辛勤劳动和艰苦努力。此后，习近平在国际国内多种场合无数次阐述中国梦，中国梦成为一个广泛热议的话题，至今仍然热度不减，并得到海外华侨华人的积极响应。

二、中国梦道出华侨华人的心声

实际早在中共十八大之前，习近平就曾提出过中国梦的理念。前面已经介绍，2010 年，时任国家副主席的习近平在出席海外华裔及港澳台地区青少年"中国寻根之旅"夏令营开营仪式时，寄语青少年牢记"三句话"：团结统一的中华民族是海内外中华儿女共同的"根"；博大精深的中华文化是海内外共同的"魂"；实现中华民族伟大复兴是海内外中华儿女共同的"梦"。海内外中华儿女共同的"梦"，也就是中国梦。

只有牢记中华民族的"根"，学好中华民族的"魂"，才能实现中华儿女共同的"梦"。习近平提出的"根""魂""梦"，得到了海外华

---

①　习近平：《在十二届全国人大一次会议上的讲话》，中央政府门户网站，www.gov.cn，2013-03-17。

侨华人的响应。法国潮州会馆会长、资深华人吴武华对习近平阐述的这三句话感受非常深刻，认为这道出了海外华人的心声。他以自己的亲身经历生动诠释了这三个字。吴武华出生在柬埔寨的磅通省。父亲吴锦兴早年家贫被迫从家乡汕头揭阳下南洋谋生并辗转来到柬埔寨。当年，父亲再苦再累再忙再穷也坚持让儿子学习中文，传授祖国家乡的文化观念，并把他送到当地最好的华文中学。"正是这种同文同种、血浓于水的感情，让我的青年时光享受到中华文化的滋润，也让我认识到，博大精深的中华文化才是我们的'魂'。"1976年，吴武华来到法国做工并经商创业。经过不断努力，事业得到发展。1986年法国潮州会馆成立时，吴武华是创始会员。后来他一直从事文教部的工作，在业余时间开中文课。这是培养下一代，使他们不忘"根"的好办法。潮州会馆的中文学生由1986年的50多人增至后来的860余人，发展很快。在中国国务院侨务办公室的支持下，潮州会馆每年都举办夏令营，让营员们可以亲身感受中国的建设成就。有一年，夏令营组织到三峡水电站参观，当听到三峡水电站是中国人自己设计、建造的世界上规模最大的水电站时，大家都为此感到非常自豪。很多学生都在法国出生、长大，接触的信息与中国现实有较大出入。他们到了中国以后，对于祖（籍）国的印象才更加深刻。吴武华表示："孩子是未来的希望，实现民族伟大复兴需要他们。所以，在华侨华人下一代中普及中文教育，教导他们做真正的中华儿女，这就是我的'梦'。"①吴武华以自己的亲身经历对习近平"根""魂""梦"三个字的诠释和践行，既朴实又实在，既深刻又亲切。

中共十八大以来，习近平关于中国梦的讲话和论述，在国内外引起了广泛的反响，国内各界、各种媒体热议中国梦的同时，在海外华侨华人社会中也有热烈广泛的响应。

① 吴武华、李志伟、王芳：《根·魂·梦（中国梦·赤子心）》，《人民日报》2013年5月30日。

　　2013 年 3 月的两会与往年不同，是换届会议。十二届全国政协有 39
名海外华侨代表列席会议。他们聆听了习近平在十二届全国人大一次会
议闭幕式上讲话中关于中国梦的论述后，纷纷畅谈中国梦及其相关的民
族复兴问题。法国华侨华人妇女联合会会长邱爱华，以"提高中国文化
软实力，海外华侨华人大有可为"为建言主题，认为弘扬中国文化正能
量，是海外华侨华人提升中国文化软实力最有效的一种方式，中华文化
在海外是最能"接地气"的一种方式，也是我们实现中国梦的最重要途
径之一。老挝万象中华理事会监事长林俊雄表示，习近平主席提出的"实
现中华民族伟大复兴的中国梦"，鼓舞着国内同胞，也鼓舞着全球华侨
华人。老挝华侨华人一定会紧密团结，坚决支持祖（籍）国走中国特色
社会主义道路。日本天津同乡会理事李仲恺说，"中国梦"就是国家富
强、民族振兴和人民幸福，三者缺一不可。现在中国站在了最为接近这
一梦想的历史节点上。海外华侨华人应成为实实在在的参与者，和 13 亿
中国人民一起，为百年梦想成真贡献力量。① 新西兰《联合报》社长兼总
编文扬表示，深化和扩大中国与华侨华人的联手互动，让华侨华人有更
多机会参与中华民族伟大复兴的事业当中。

　　中国梦是亿万炎黄子孙共同的梦，是海内外中华儿女共同的梦。海
外各地的广大华侨华人通过各种媒体耳闻目睹习近平关于中国梦的论述，
都感到亲切和振奋，纷纷表达自己对中国梦的感受。

（一）东南亚华侨华人感同身受中国梦

　　印度尼西亚资深华人记者 81 岁的沈慧争也曾参观过《复兴之路》展
览，当他得知习近平与其他 6 位政治局常委参观《复兴之路》展览畅谈
中国梦时，激动地对记者说："我也去过那里！""所以，习近平总书记

---

　　① 勇广：《海内外侨界看 2013 年全国两会：开启伟大的"追梦"时代》，《侨务工作研究》
2013 年第 2 期。

说，实现中华民族伟大复兴是中华民族近代以来最伟大的梦想，我对此深感认同。"沈慧争早年曾申请过回中国定居，但由于历史的原因，这个梦想遗憾地没有实现。但他还有另外的梦想：一是"在传播文化事业方面，我尽了炎黄子孙的责任，也就心安了"；二是让自己的子女能回中国接受教育——1965 年，执掌国家政权的印尼右派军人发动大规模排华浪潮，局势严重，人心惶惶，沈慧争想尽一切办法，终于让当时不满10 岁的一双儿女搭上了北归的航班，使"他们在北京接受良好教育，毕业之后各自成家立业，一直生活在这个城市"。沈慧争的感激之情溢于言表，"他们的成长多亏党和国家的关怀和培养"。2000 年，68 岁的沈慧争成为印尼华文报纸《千岛日报》记者，使他的增进中国与印尼交流、推动两国友好的第三个梦想得以实现。①

习近平阐述的中国梦在泰国华人社会引起共鸣，各界华人从不同角度解读中国梦的深刻内涵，抒发对中华民族伟大复兴的殷切期盼。年近八旬的泰国中华总商会主席刘锦庭，常年保持每天晚上 10 点收看中国新闻的习惯，跟踪国内时事动态。他表示，泰国华侨华人密切关注着中共十八大后中国的经济、政治新动向。习近平总书记有关中国梦的论述让海外侨胞们深受触动。"中华民族的伟大复兴是数代中国人共同的愿景和追求，是一个大国之梦、强国之梦。这一点，数千万的海外华侨华人体会最深，愿意为'中国梦'的早日实现添砖加瓦。"泰国华文报《亚洲日报》副社长钱丰 30 多年前从上海来到泰国投身报业，发表专栏文章针砭时弊、笔锋犀利，堪称泰国华人社会的一支"金笔"。在习近平参观《复兴之路》论述中国梦的第二天，钱丰的社论《长风破浪会有时，直挂云帆济沧海》便刊登在《亚洲日报》头版。与记者谈论中国梦时，钱

①　人民日报驻印度尼西亚记者庄雪雅：《80 年不灭的"中国梦"——访印度尼西亚华人记者沈慧争》，《人民日报》2013 年 2 月 26 日。

丰显得颇为激动。他说，中华民族的伟大复兴，意义深刻、内涵丰富，让全世界华人都为之触动，因为这是一个他们经历上百年、一代代人不断延续下来的共同梦想。数百年来，海外华人最关心的就是祖国的前途和命运。神州大地稍有变革，海外中华儿女立即闻风而动、全力以赴，希望和国内同胞共圆中国梦。钱丰认为，中国梦正在一步步得到实现。过去，由于中国落后，华侨华人在泰国备受欺辱；如今，随着中国的强大，泰国各届政府都与中国保持友好亲密的关系，"中泰一家亲"的观念深入人心，不少政治家以华人后裔身份为荣。泰国法政大学孔子学院志愿者谭晓祎 2008 年从山东大学对外汉语专业毕业后，主动申请来泰国任教一年，卸任后回国读研，后再次申请来到泰国。当被问及为何在研究生毕业后不另谋高就，而是继续来到泰国时，她说：在海外做志愿者能给人一种成就感，因为个人的梦想与中国梦结合在一起；身在海外，对祖国的认同感更加强烈，"别人都说出国后会更爱国，这一点也不假"。①2013 年 10 月 11 日至 13 日，国务院总理李克强访问泰国，并参加了泰国侨社的活动，令当地侨界激动不已，他们纷纷与总理共话中国梦。泰国华人青年商会会长李桂雄表示："旅泰华侨华人愿与祖（籍）国携手，推动中华民族伟大复兴的'中国梦'早日实现。"泰国华文报《京华中原联合日报》发表社论称：旅泰华侨华人或自己或祖辈原来自中国，而后在这里落地生根、开枝散叶。但他们依旧是龙的传人，中国有什么梦，他们就有什么期待，如影随形。②泰国商界、新闻界华侨华人对中国梦的解读具有某种代表性。

　　中国和巴基斯坦是友好的邻国，移居生活在巴基斯坦的华侨华人对中国梦也深有感受。甘肃临夏回族同胞喇杰廉，1990 年从兰州医学院神

---

① 新华社记者黎藜、明大军：《共同的愿景和追求》，《人民日报》2013 年 2 月 25 日。

② 《泰国侨界高度评价李克强总理访泰并参加侨社活动》，新华网，2013-11-01。暨南大学图书馆彭磷基华侨华人文献信息中心编：《侨情综览》（2013），暨南大学出版社 2014 年版，第 241 页。

经学专业硕士毕业一年后，来到巴基斯坦首都伊斯兰堡谋生创业。经过20多年的奋斗，他已成为巴基斯坦颇有名气的中国医生，担任全巴基斯坦华人华侨联合会常务理事、伊斯兰堡华人华侨协会秘书长。谈到中国梦时喇杰廉表示："每个人都有自己的梦想。我的梦想比较小，比较实在，就想在医学专业上达到一个较高的水平，读个博士。"经过努力，喇杰廉已经基本实现了个人梦想，他在伊斯兰堡开设了一家颇具规模的医疗中心，2004年还获得了巴基斯坦真纳大学的神经学博士学位。据喇杰廉介绍，他的医疗中心建立后生意越来越好，与中国的快速发展密不可分。一方面，随着中国"走出去"战略的推进，越来越多的中资企业和中国人走出国门，来到巴基斯坦。因为他的医疗中心在当地具有很高信誉，多家中资企业都与他签订协议，将当地员工上岗前的体检选在他的医疗中心进行。另一方面，中国的发展和成就也吸引更多巴基斯坦人赴中国留学、做生意，到他的医疗中心做出国体检的人也多起来；一些巴基斯坦患者的疑难杂症在当地治不好，就专程来他这里就诊，或者咨询前往中国就医的相关情况。"来的人多，生意就红火，说明中国国力增强后，中医的吸引力在海外也不断增强，这再次印证了国家发展给个人带来的好处。"喇杰廉还说，在海外时间越久，越能感受到祖国强大力量的支持，海外华侨华人非常认同习近平总书记所阐述的中国梦。"在海外干一番事业是我个人的一个'小梦'，中国梦则是一个'大梦'，相信通过无数中国人梦想的叠加，我们民族复兴的梦想就能早日实现。""个人的发展离不开国家的富强，个人的梦想始终和中国梦紧密相连。"①喇杰廉通过海外谋生创业生活实践，抒发的个人梦与国家梦关系的情感可谓情真意切。

———————

① 人民日报记者杨迅、牟宗琮：《"大梦"与"小梦"辉映（中国梦·赤子心）》，《人民日报》2013年7月25日。

印度新德里寻根社社长丘开勇是第二代华人，继承父亲鞋店从事皮革生意。由于平时长期坚持长跑锻炼，2008 年被推荐担任北京奥运会印度华裔火炬手，令他自豪和难以忘怀。由于印度华文教育欠缺，2012 年 2 月，他通过寻根社组织周末普通话学习班，由他本人或留学生志愿者授课。他认为，印度是家，中国是根，寻根就必须会说中文。说起中国梦，丘开勇表示："虽然海外华侨华人每个人的梦想都会有些不同，但中华民族的伟大复兴、中国日益繁荣富强是我们共同的梦想。我坚信，这个梦想正在一步一步地成为现实。"① 这是一个普通印度华人对中国梦的看法。

老挝万象中华理事会监事长林俊雄致信国内侨务部门表示，习近平主席提出的"实现中华民族伟大复兴的中国梦"，鼓舞着国内同胞，也鼓舞着全球华侨华人。老挝华侨华人一定会紧密团结，坚决支持祖（籍）国"走中国特色社会主义道路"。

在日本学习工作 23 年的日本天津同乡会理事李仲恺说，中国梦就是国家富强、民族振兴和人民幸福，三者缺一不可。现在中国站在了最为接近这一梦想的历史节点上。海外华侨华人应成为实实在在的参与者，和 13 亿中国人民一起，为百年梦想成真贡献力量。

（二）欧洲华侨华人亲身体会中国梦

欧洲华侨华人大多是中国改革开放以来的新移民。改革开放之初国门开放后，他们纷纷来到欧洲创业，经过拼搏奋斗逐渐事业有成。他们亲身感受到中国改革开放前后与欧洲关系的变化，对习近平提出的中国梦有着亲身的体会。

英国华人文化学会主席黎丽，通过在英国生活中实际，对中国梦感

---

① 人民日报驻印度记者廖政军：《我们共同的梦想（中国梦·赤子心）——访印度新德里寻根社社长丘开勇》，《人民日报》2013 年 4 月 2 日。

受颇深。有一次，黎丽参加一位 106 岁英国老太太生日聚会。老人平时很少出门，但对往事记得很清楚。当黎丽在生日晚会上献给老太太一张中国贺卡时，她竖起大拇指，令人意外地说了一声"你好"。这两个字从一位 106 岁的英国老人口中说出，给人一种异乎寻常的感动。黎丽心想，虽然不知老人是如何学会这个汉语词汇的，但可以肯定的是，这与中国的影响力增强有关。黎丽还联想到，英国有一家百余年历史的新英格兰俱乐部，一些英国艺术界名流也是该俱乐部的成员。黎丽和丈夫曾要求参观俱乐部主席的画室，俱乐部主席却以"我的画都在网上"为由予以婉拒。几年后，中国一位著名画家在北京举办作品展，黎丽特地邀请这位主席偕夫人到北京参加开幕式。这位主席此前从没去过中国。回到伦敦后，他在给黎丽的信中写道："此次中国行我们是一次何等奇妙的体验啊！我希望在更多的活动中见到你们，并建立友谊。"后来，在俱乐部举办年度晚宴时，这位主席特地邀请黎丽夫妇坐在他身边。黎丽感慨地表示："从被婉拒到成为座上宾，这变化就发生在一次中国行之后……如果没有中国的发展、富强与影响力扩大，这种变化是完全不可能的。"[①] 黎丽在英国经历了很多，这只是其中的两例。

法国华侨华人会执行主席、法国中国和平统一促进会秘书长王加清认为，对于海外侨胞来说，中国梦的实现最重要的就是中国的完全统一。我们侨胞愿意为中国的完全统一作出自己的贡献。20 世纪 80 年代移民比利时的朱海安，也有一个中国梦——渴望中国能够早日实现和平统一，宝岛台湾早日回归祖国怀抱。朱海安的三祖父朱光业 1949 年去台湾，他以亲身经历告诉海安："两岸分隔，有多少家庭破碎，骨肉分离，如果两岸统一，那该有多好啊！"这几句话让海安铭记在心，他在比利时担任

---

① 人民日报驻英国记者李文云：《"你好"声声遍英伦（中国梦·赤子心）——访旅英华人文化学会主席黎丽》，《人民日报》2013 年 4 月 20 日。

中国和平统一促进会（和统会）副会长、会长，积极从事和统工作：坚决支持中国通过《反分裂国家法》；参加反对“藏独”分子和西方反华势力干扰北京奥运火炬在欧洲传递的游行；组织各界华侨华人前往日本驻比利时大使馆示威，抗议日本政府“购买”钓鱼岛的非法行径等，通过实际行动践行自己的梦想。

中国学子孟宙 1988 年赴德国留学，之后在德国科隆市成立公司从事中德经贸文化交流的咨询业务，由于从事两国文化交流，孟宙频繁往来于中德之间。在她看来，多年从商生涯使她体会到中国在全球市场中的分量与日俱增。中国改革开放 30 多年的经济发展为中国梦的实现奠定了坚实的物质基础。“没有梦想就会失去奋斗目标，个人如此，一个民族也是如此。在新形势下，习近平总书记提出实现‘中国梦’，是给海内外的中华儿女指明了奋斗方向。”2008 年，科隆市长任命孟宙为“科隆经济大使”。她说：“这在过去是不敢想象的。科隆政府对我的器重，恰恰说明了中国市场的重要和中国的强大。祖国的强盛对我们每个人的发展影响太大了。”[①] 孟宙把个人在海外的处境和事业发展与祖（籍）国的发展及中国梦结合起来考察，她的认识实在而深刻。

中国改革开放初期来到西班牙闯荡创业的浙江省青田县人徐松华，由于当时择业选择较少，只好先从餐饮业做起，到了 20 世纪 90 年代，随着中国经济迅速发展，加工制造业能力不断增强，对外贸易蓬勃发展，为海外包括西班牙在内的华侨华人择业创造诸多商机，徐松华也于 90 年代中期建立了专门从事食品和图书批发的贸易公司。2000 年，伴随中西两国各领域交流的不断发展，徐松华意识到旅游业大有可为，于是又开设了自己的旅行社，取名“东方”，其致富路越走越宽广。回顾十几年

① 新华社记者周檬、余谦梁、徐然、王帆：《见证祖国强盛之路》，《人民日报》2013 年 2 月 22 日。

的创业路，他感慨万千地说："包括我在内的华侨华人，之所以能够取得成功，固然与我们个人的勤劳肯干分不开，但更重要的是，我们有伟大的祖国作后盾，祖国的发展与强大毫无疑问是我们实现个人更好发展的基础。"他深切地感受到"国家好、民族好，海外游子才会好。"个人梦和国家梦的有机结合、密不可分。徐松华自己有了发展后，试图回报家乡和国家，于是他担任了浙江省政协委员，从 1999 年开始列席浙江省政协会议，到 2008 年被选为省政协常委。对此，他说："当一天的政协委员，我就要干一天的事。通过政协实现参政议政是党和国家给予海外华侨的一项重要权利，同时也是我们为祖国和家乡建设作贡献的重要渠道，我非常珍惜。"在省政协任职后，他每年都会递交至少 3 个提案，2008 年他递交的一份关于青田县环境保护的提案还成为浙江省政协重点提案。徐松华感动地说："对于所有的提案，浙江省政协都非常重视，都会一份份去审议、研究和落实。这让我非常感动。"①

俄罗斯爱乐乐团团长、旅居俄罗斯 50 多年的左贞观，经历了俄罗斯社会政治变迁，对中国梦另有体会。他深有感慨地表示，作为一名海外华人，祖国始终在我心中。俄罗斯人常常会对我们伸出大拇指，称赞中国的繁荣富强，令每位有"中国心"的人都会涌起强烈的自豪之情。中国经受了太多的屈辱和苦难，现在终于崛起了。中国的强大是中国人民用辛勤的劳动和伟大的智慧换来的。我想，我们的民族只要关注自己的精神世界，关注民族灵魂的重塑，中国老百姓的文化素质就会不断提高，我们的国家就大有希望。我相信，每个人的命运都掌握在自己手里，每个人的梦想，只要努力，都有实现的可能。我们的中国梦不是已经在慢慢地实现了吗？！我们还需要有更多的梦想，并通过奋斗来实现它。在

---

① 人民日报驻西班牙记者丁大伟：《国家好、民族好，海外游子才会好（中国梦·赤子心）》，《人民日报》2013 年 7 月 19 日。

我们奔向梦想的过程中，我们的祖国一定会更富强，我们的生活也一定会更美好。[①] 中国梦、世界梦，国家梦、民族梦，家庭梦、个人梦，归根到底是强国富民梦，这是左贞观对"梦"的诠释。俄罗斯华侨华人青年联合会会长何昊表示，自己是一个爱做梦的人。儿时，梦想长大能成为解放军，或是教书育人的老师，或是惩奸除恶的剑客。1993 年他到白俄罗斯留学，又有了各种新的梦想，而且这种梦想中越来越多地加入了家乡和祖国的元素。2001 年，北京在莫斯科申奥成功，正在莫斯科攻读博士学位的何昊，陶醉在欢庆之夜，7 年后他收到中国侨联侨办出席奥运会开幕式的邀请，到北京为中国奥运圣火燃起欢呼、为中国运动员顽强拼搏加油，实现了奥运梦。随后又做起了世博梦——把宣传上海世博会和俄罗斯"汉语年"有机地结合了起来，以上海世博会为平台，为让俄罗斯人民通过世博会来认识和了解中国尽了一份力。回味五颜六色的梦，何昊感慨地表示：习近平总书记关于中国梦的重要讲话使我茅塞顿开。中国梦，凝聚了几代中国人的夙愿，是每一个中华儿女的共同期盼。对于一个满怀理想和追求的中国人，他的梦想不就是要使自己的祖国成为一个富强、民主、文明、和谐的国家吗？！任何一个中华儿女都可以为实现中华民族复兴的伟大事业添砖加瓦，以实际行动作出贡献。[②]

（三）大洋彼岸华侨华人深刻感悟中国梦

美国在一个较长时期是世界上最发达的国家，身在美国的华侨华人历经酸甜苦辣，祖（籍）国的历史与现实、贫弱与发展与自身辛酸荣辱密切相连，因而对中国梦深有体会。檀香山的一位侨领概括得更加简洁："我们每个人都有梦想，每个人的梦想加起来，就是中国梦！让我们一

---

① 人民日报驻俄罗斯记者施晓慧对左贞观的采访：《满怀信心实现中国梦》《人民日报》2013 年 3 月 4 日。

② 《梦中的家国情怀（中国梦·赤子心）》，《人民日报》2013 年 8 月 2 日。

起奋斗，实现这个梦！" [①]

　　出生于广东省平远县的沈己尧，20 世纪 50 年代移民美国，先是到餐馆打工兼当杂工。他在艰难生活中仍坚持学习，先后获得社会科学硕士和图书馆硕士双学位，相继在美国国会图书馆和华盛顿哥伦比亚特区大学图书馆等单位工作。他认为，有个比喻说得好，华侨是出嫁到海外的好儿女，祖国有事，从不缺席。他有一颗强烈的民族国家心，曾多次撰文，为"浴火重生的中国和平崛起"而呐喊。在敦促美国官方就历史上"排华法案"进行道歉等多个场合，人们见到他不断奔走。1973 年 10 月 1 日，中国驻美联络处首次举行国庆招待酒会，沈己尧夫妇就在应邀出席的为数不多的嘉宾之列。2012 年 9 月 16 日，来自海峡两岸的华人在日本驻美国大使馆前就日本非法"购买"钓鱼岛举行抗议活动，80 多岁的沈己尧发表讲话。2013 年他已 87 岁，听了习近平关于中国梦的讲话，感同身受，非常高兴。他说，习近平总书记的讲话简短有力，切中要害，体现出新作风。"空谈误国，实干兴邦"，这话讲得好。"这种实事求是的作风一定要坚持下去。"海外华侨华人与中华民族血脉相连，同受中华文化的熏陶，与祖国有一种特殊的感情，这与世界上其他民族有所不同。在谈到自己心中的中国梦时，沈己尧说："现在中国的不断发展壮大使得海外华人扬眉吐气，不久的将来中国将全面建成小康社会，国际社会对这一点高度关注，海外华人也高度关注，我们盼望着这一天早日到来。" [②]

　　美国福建公所主席、佳美集团总裁、2013 年福建省政界新一届委员李华，在谈到中国梦时表示：习近平总书记提出，实现中华民族伟大

---

　　① 刘维涛：《那些令人动容的细节》，《人民日报》2013 年 3 月 13 日。

　　② 温宪：《"新一届中央领导集体将大有作为"（中国梦·赤子心）——访美籍华人教授沈己尧》，《人民日报》2013 年 2 月 23 日。

复兴，就是中华民族近代以来最伟大的梦想，我们海外侨胞十分振奋。①
美国华盛顿地区中国和平统一促进会会长吴惠秋在接受记者专访时说，
"'中国梦'是海内外华人对强国富民的百年夙愿。"他认为，对海外
华侨华人来说，中国梦可以从四个方面来理解。第一，中国梦首先是"强
国梦"，"强"不仅是经济实力的强大，更是综合实力的强大。第二，强
国必须与富民紧密联系，没有人民的富足和幸福，强国之路就不算真正
抵达成功彼岸。第三，实现中国梦需要两岸同胞共同努力，海峡两岸可
携手推动实现这一民族理想。第四，中国梦不仅属于中国，也应对世界
有所贡献。

　　源于中国传统哲学土壤"富强不称霸"的理念，旨在实现互利共赢、
共同发展，强大的中国对世界和平有积极意义。美国纽约大学国际政治
学终身教授熊玠认为，"振兴"是"复兴"的前提和基础，中国共产党从
"振兴"的目标开始，在邓小平改革开放政策的引导下，以经济建设为
中心，建设富强、民主、文明的和谐社会，取得举世瞩目的成果，经济
崛起，国力上升。在此基础上，中华民族找到了实现民族"复兴"的正
确道路。熊玠说，经过鸦片战争以来 170 多年的持续奋斗，中华民族伟
大复兴展现出光明前景。现在，中国比历史上任何时期都更接近民族伟
大复兴的目标。习近平总书记在这个时候提出中国梦，一方面说明这个
话题更具有现实基础，另一方面也显示了中国共产党有信心、有能力领
导中国人民实现这个伟大目标。熊玠认为，中国在实现中国梦的征途中，
要"自信"不要"自负"，要妥善处理国际关系和与周边国家的关系。

　　张素久是著名爱国将领张治中将军的小女儿，虽然旅居美国南加州
数十年，但她对祖（籍）国的赤子情怀一刻也没有消减。她表示，"每个

　　①　《华侨心　中国梦——记省政协委员、美国福建公所主席李华》，《福建侨报》2013 年 3 月
18 日。

海外华人都有一种共同感受，越是远离祖国，越是心系家邦"。2011年，以张素久为总召集人的全美华侨华人隆重纪念辛亥革命100周年组委会与安徽古井贡酒集团合作，隆重推出了"辛亥百年—1911纪念酒"。在她亲自参与设计的酒瓶上，正面是人民英雄纪念碑上的辛亥革命浮雕，背面书写着："1911年的辛亥革命，推翻了中国两千年的封建帝制，迎来了中华民族复兴的曙光……让我们一起，为中华民族的伟大复兴，干杯！""为什么要为中华民族的伟大复兴干杯？因为它凝聚了我们几代人的中国梦！"张素久动情地说，习近平总书记阐述的"实现中华民族伟大复兴，就是中华民族近代以来最伟大的梦想"，道出了全体中华儿女的心声，也说到了海外华侨华人的心坎上。在近现代历史上，无论是辛亥革命、抗日战争、建立新中国，还是实行改革开放，我们奋斗的目标都是中华民族的伟大复兴。[①]

陈丙丁移民加拿大45年，曾是第十一届全国政协海外代表，后担任全加华人联会荣誉执行主席、中国侨联顾问等工作。陈丙丁觉得"中国梦"这三个字"朴素而富有想象力"，形象地表达了近代以来仁人志士对振兴中华、实现民族复兴的追求和梦想，也凝聚了海内外十几亿华人的愿望。他认为，现在提出中国梦有着坚实的基础，从新中国成立到改革开放，再到追求中国梦，体现了历史性的连贯，是中华民族发展的潮流，这个潮流势不可当，中国梦一定会实现。他理解中国梦的内涵包括两个方面：一是在物质文明和精神文明方面，对世界文明进步作出史无前例的贡献；二是实现国强民富，即增强国家的经济、国防、科技等各方面实力，同时提高全体民众的生活水平，达到建成全面小康社会的目

---

① 人民日报驻美国记者陈一鸣：《为民族复兴干杯！（中国梦·赤子心）》，《人民日报》2013年5月6日。

标。① 陈丙丁对中国梦的理解自有一番道理。

墨西哥中国和平统一促进会会长焦美俊，聆听习近平关于中国梦的论述后动情地说："听了习近平总书记关于'中国梦'的讲话，我非常激动，这一讲话触动了所有炎黄子孙的心，更强烈地唤醒了我们海外华侨华人的中国梦。而这个中国梦对于大多数海外华侨华人来说就是强国梦，因为祖国的繁荣强盛就是我们华侨华人心中永恒的梦想。"焦美俊通过久久难忘的一次经历诠释自己对中国梦的理解——2009 年 4 月，墨西哥城暴发甲型 H1N1 流感疫情。疫情暴发得非常突然，缺乏有效的确诊和应对办法，死亡率很高，当时人心惶惶。突发的疫情，不仅考验墨西哥政府和民众的应对能力和心理承受能力，也影响着墨西哥城 1 万多名华侨华人的工作与生活。当时焦美俊所在的华侨团体除了组织自救外，则及时向祖（籍）国求救。流感疫情发生后，中国政府第一个派出专机向墨西哥提供医疗物品和 100 万美元的援助。在当地口罩脱销后，他们立即向使馆进行通报并申请祖（籍）国的支援。接到请求后，中国国务院侨办立即采购了 2 万多只加厚口罩，第一时间投递到墨西哥。当得知墨西哥航空公司的航班无法飞往中国，而许多华侨华人又急切想回到祖（籍）国的怀抱后，中国政府果断做出派专机撤侨的决定。当时焦美俊和华侨团体成员一起去机场为同胞送行，有的同胞感动得泪流满面，他们说："在生死关头，还是祖国母亲亲，只有祖国靠得住。"② 朴实的话语，却是华侨华人和祖国水乳交融的情感最好的表现。整个流感疫情时期，墨西哥出现了没有一个侨胞感染病毒的奇迹。

尹楚平 1963 年出生于浙江青田，1985 年他一句外语不懂就独自到巴

① 马丹：《不仅是梦想，更是行动指南（中国梦·赤子心）——加拿大多伦多华侨华人畅谈"中国梦"》，《人民日报》2013 年 2 月 21 日。

② 人民日报驻墨西哥记者姜波：《与中国梦同在（中国梦·赤子心）》，《人民日报》2013 年 5 月 24 日。

西闯荡。几乎所有当地人都把他当成日本人，因为那个年代在巴西没几个人知道中国。他亲身感受到，"现在祖国发展振兴了，在海外的影响力大大提高，中国人在外也有了底气。"如今尹楚平成为里约热内卢著名华商、侨领，他对中国梦感触颇深。他说："当我第一次听习近平总书记说起'中国梦'，觉得真是说出了我们海外华人的心里话。这是对中华民族共同追求的高度概括。"他表示："海外华侨华人做好分内之事，多争光、少抹黑，就是实现'中国梦'最基本的要求。"[①] 身在遥远的大洋彼岸打拼起家的尹楚平，把实现中国梦作为自己分内之事。

秘鲁知名华裔学者吴剑在接受记者采访时表示，实现中国梦不仅仅意味着在经济、政治上变得强大，更要成为"文化强国"。所谓文化强国，至少有两个标准：一是文化的影响力，二是文化的创造力。

（四）非洲华侨华人心中的中国梦

习近平关于中国梦的论述，在南非洲华侨华人中也产生强烈的共鸣。75 岁的马达加斯加老华侨陈兆昌告诉记者："我第一次在电视上看到习近平总书记谈'中国梦'时，流泪了。我 70 多岁了，第一次切实感觉到自己和祖国最高层血脉相连、心心相通，一起为了梦想站在新世纪。"陈兆昌的父辈是抗日战争时期为躲避日本侵略者的烧杀、走投无路被迫逃亡到南非，随后家人也跟着迁移。经过三代人奋斗，到陈兆昌时出人头地，成为当地华侨社团的首领，华侨华人亲切地称他为"昌叔"。陈兆昌多次谈回国的感受："改革开放给中国找到了正确的道路，我们应该坚定不移地走下去，绝不能盲目向西方学习，只有这样，我们才有实现中国梦的根基。""回顾自己这一生，我从来没有像现在这样自

豪，从来没有像现在这样有急迫的实现民族复兴的愿望。"①

南部非洲中华福建同乡总会会长杨天崎表示：祖国的兴衰与个人的命运紧紧相连。中华民族的伟大复兴就是我们每一个人心中的中国梦。这些年的经历让我深刻认识到，尽管我们漂泊在外，但是永远是祖国的一朵小浪花，我们的命运追随着祖国母亲发展的浪潮。当汶川发生特大地震、南方遭遇冰冷灾害时，我们心系灾区纷纷献上自己的绵薄之力。当中国成功举办奥运世博，神舟升天、蛟龙下海的时候，我们总是无比振奋、无比自豪。②

三、凝聚侨心侨力实现中国梦

习近平提出的中国梦，得到世界各地华侨华人的广泛响应。他们纷纷畅谈中国梦、共圆中国梦，将个人的梦想与国家梦、民族梦紧密联系在一起。

中国梦既是理想，也是目标，既是信念，也是动力；中国梦不是抽象的、空洞的，而是具体的、实在的；中国梦属于中华民族，也属于每一位海外中华儿女。华侨华人畅想中国梦呈现出多种形式，除自话中国梦外，还坐到一起座谈讨论中国梦。2013 年 7 月 3 日下午，中国梦欧洲高峰论坛在荷兰乌特勒支举行。论坛由全荷华人社团联合会、欧洲杭州联谊总会、欧洲舟山同乡联合会共同发起，来自荷兰、法国、德国、西班牙等 10 多个国家的侨领和国内代表团 100 余人参加。百余侨领同中国国务院侨务办公室工作人员汇聚一堂，共同探讨中国梦，这在欧洲侨界尚属首次。他们举办这次论坛的目的，就是要搭建一个让海外华侨华人

① 何险峰：《"我们一起为了梦想站在新世纪"（中国梦·赤子心）——访马达加斯加中国和平统一促进会副会长陈兆昌》，《人民日报》2013 年 2 月 20 日。

② 《2013 年新春心语赤子情》，《人民日报》2013 年 2 月 11 日。

相互交流的平台，在更加深入学习中国梦内涵的同时，将中国梦和自己心中的梦联系起来，让中国梦具体化，也将他们心中各种的梦汇聚起来，为实现中国梦贡献智慧和力量。论坛主要围绕和平统一和民族复兴两个主题展开研讨。与会代表纷纷发言表示，两岸统一是不可逆转的大趋势，海外华侨华人应向所在国民众宣讲中国和平统一政策和方针，争取更多海外民众的理解和支持，海外华侨华人也应增强沟通、求同存异，为祖国和平统一作出努力。与会代表在论坛上讲述了自己的梦，有餐饮文化之梦、科技兴国之梦、慈善扶贫之梦、祖国统一之梦和推进改革开放之梦等。代表们用朴实的语言，用一个个富有自身特色的梦，汇聚成欧洲华侨华人的梦，更汇聚成全民族的中国梦。论坛最后通过了《2013 中国梦欧洲高峰论坛宣言》，倡导欧洲各国华侨华人，以中国梦的民族伟大复兴精神为动力，以实际行动为实现中华民族百年梦想而努力奋斗。①

国内新老侨乡、海内外中华同胞，纷纷聚集到一起共话共圆中国梦。2013 年 11 月 8 日上午，来自世界各地 20 多个国家和地区的潮汕籍侨胞，以及国内各潮汕社团代表 1400 多人聚集汕头市寻根认祖、共叙中国梦。香港著名华商李嘉诚在视频发言中，呼吁广大潮汕籍华侨对家乡建设贡献力量。汕头市领导表示，汕头与国际潮籍海外华侨华人社团广泛合作，把蕴藏在海内外潮人中的经济、智力资源带到家乡来，带到实现中华民族伟大复兴的中国梦上来。

中华儿女血脉相连，龙的传人使命在肩。历史和实践证明，祖国好、大家好，国运兴、侨运兴。中华民族伟大复兴的中国梦，承载着近代以来海内外中华儿女的共同愿景、共同福祉、共同追求和共同责任，激起了广大侨胞的强烈共鸣。2018 年 2 月 2 日，第二届世界闽籍华侨华人社团联谊大会、福建省海外交流协会第六次会员代表大会、世界福建青年

---

① 人民日报赴荷兰特派记者张杰：《中国梦，我们的梦》，《人民日报》2013 年 7 月 5 日。

联会第四次会员代表大会在福州举办，来自菲律宾、印尼、马来西亚、美国、英国、澳大利亚、南非、日本、阿根廷等 66 个国家和地区的 450 多名海外闽籍华侨华人回乡赴会。海外社团代表、菲华各界联合会主席蔡志河宣读题为《凝聚侨心侨力　同圆共享中国梦》的倡议书，全文如下。

凝聚侨心侨力　同圆共享中国梦
——海外社团助力新福建发展倡议书

新时代、新征程，中华大地，激情澎湃。过去的五年，是中国发展进程中极不平凡的五年，在民族复兴历史上写下了浓墨重彩的一笔，家乡福建同样是砥砺前行、翻天覆地。作为中华儿女，我们何其幸运，生活在这样的新时代，共同见证并参与了这一伟大事业！新时代呼唤新作为！站在新的历史起点上，我们倡议：

继承传统，勠力同心，助力新福建，共圆中国梦。

一、鼓侨心，当好新时代新思想的传播者。国强则侨强，国兴则侨兴。永远高举恋祖爱乡的精神旗帜，不遗余力地宣传祖（籍）国发展取得的非凡成就，宣传福建发展的历史性机遇。讲好中国故事，传播好福建声音，不断增强侨胞民族认同感与民族自信，不断提升福建的海外影响力。

二、汇侨力，当好新福建建设的参与者。出则兼济天下，归则反哺桑梓。家乡福建，永远是我们的根。大家要热心家乡建设，在经济发展、民生改善、公益慈善等领域积极作为，为"再上新台阶、建设新福建"贡献更多智慧与力量。

三、聚侨智，当好"一带一路"建设的推动者。虽有智慧，不如乘势。闽商有"善观时变、敢拼会赢"的传统，我们要发挥融通中外的优势，积极参与"一带一路"建设，架起桥梁，推动福建对外经贸交往，与家乡、与全球共享共创发展机遇。

　　四、传侨情，当好交流合作的友好使者。大道之行也，天下为公。广大侨胞要推广中国文化、弘扬中华美德，促进民心相通，做中外交流的友谊使者，推动构建人类命运共同体。

　　五、展侨采，当好闽侨良好形象的守护者。己欲立而立人，己欲达而达人。侨胞要和睦相融、守望相助；要"落地生根"，积极主动融入住在国主流社会，为新的家园多作贡献；要取之有道，依法依俗，诚信经营，勤劳致富，树立闽侨良好形象。

　　乡亲朋友们，中华民族伟大复兴的中国梦，是我们所有中华儿女的共同福祉与共同期盼。中共十九大为"中国号"巨轮指明了航向；家乡也正努力建设"机制活、产业优、百姓富、生态美"的新福建，发展机遇千载难逢。

　　我们完全相信，日新月异的福建，开放自信的中国，一定是大家施展抱负的大舞台，让我们携起手来，共同见证新时代的壮阔与精彩，同心致远、共赢未来。①

　　"鼓侨心""汇侨力""聚侨智""传侨情""展侨采"——思想、内容、文辞等都很精彩。这是新时代福建海外华侨华人共圆中国梦一份十分精彩的倡议书；是从中共十八大到十九大，海外华侨华人对中国梦认识理解的飞跃和升华。

　　习近平关于中国梦的论述，为什么能在海外华侨华人中引起广泛强烈的反响？归根到底中国梦是海内外中华同胞共同的梦，它代表了海外华侨华人的利益、心声和共识。如时任国务院侨务办公室主任裘援平所说，中国梦是包括广大侨胞和归侨侨眷在内的海内外中华儿女共同的夙

---

① 《海外社团助力新福建发展倡议书在福州发布》，中国侨网，2018-02-02。

愿，需要海内外中华儿女同心携手共圆这个梦。①

追求民族独立解放、国家繁荣富强、人民幸福安康，是海内外中华同胞的共同梦想。习近平精辟地指出：实现中华民族伟大复兴，就是中华民族近代以来最伟大的梦想；这个梦想，体现了中华民族和中国人民的整体利益，是每一个中华儿女的共同期盼。民族复兴的前提是民族解放、国家繁荣富强、人民幸福安康。

回顾历史可以发现，为达到这个目标，近代以来孙中山提出"振兴中华"的号召并发动领导了辛亥革命，广大华侨为了改变自身地位、期望祖国强大作为自己的靠山，掀起了以支援辛亥革命为中心的第一次爱国高潮；20 世纪 30 年代，中华民族遭到日本帝国主义大举侵略，面临亡国灭种的危险，广大华侨与国内同胞一道奋起反抗侵略，掀起第二次爱国高潮。实现民族复兴是整个中华民族、每个中华儿女包括海外侨胞的共同期盼，是最大的公约数、同心圆。这是华侨华人广泛响应习近平提出的中国梦的历史根源和现实动因。

为了实现中华民族独立解放国家复兴的梦想，亿万中华儿女前赴后继、不懈奋斗，却曾屡遭挫折，一度看不到希望。这种状况，只有在中国共产党成立后才发生了根本改变，中国从此走上了实现民族复兴的康庄大道。中国的复兴，走的不是战争道路，而是和平发展道路；不是资本主义道路，而是中国特色社会主义道路；不是用中华文明取代其他文明，而是要实现文明的和谐与共生；不是要取代其他国家的地位，而是要实现共同发展、建设和谐世界。这符合全世界绝大多数人包括华侨华人的利益。实现中国梦必须弘扬中国精神，以爱国主义为核心的民族精神，以改革创新为核心的时代精神；必须凝聚中国力量，即中国各族人

---

① 钟欣：《发挥侨务工作优势　共圆"中国梦"——专访国务院侨办裘援平主任》，《侨务工作研究》2013 年第 2 期。

民大团结的力量。民族精神、中国力量，无疑包含全体华侨华人的精神和力量。

广大海外华侨华人、归侨侨眷在实现中国梦中扮演着重要角色，他们是促进中国人民与世界各国人民友好交往的和平之桥，是促进中国改革开放和现代化建设发展之桥，是推动中外交流与互利共赢合作之桥；他们对于共圆中华民族伟大复兴的中国梦，进而推动实现睦邻友好、互利共赢的"亚洲梦"，实现持久和平、共同繁荣的"世界梦"，发挥着不可替代的作用。

第三节 广泛响应 积极参与"一带一路"建设

中共十八大以来，习近平多次提出"共建丝绸之路经济带"和"21世纪海上丝绸之路"倡议（以下简称"一带一路"）①，旨在加强沿线国家政策沟通、设施联通、贸易畅通、资金融通、民心相通。这一倡议得到国际社会特别是沿线国家的积极响应，同时也得到海外华侨华人的广泛响应和积极参与。

一、"一带一路"倡议的提出及推进建设

（一）通过"一带一路"建设扩大对外开放

"一带一路"倡议立足中国、放眼世界，是以习近平同志为核心的党中央顶层设计的扩大对外开放的重大举措。2013年底，中央经济工作会议将"一带一路"建设列为2014年六大任务之一。2015年3月28日，国家发改委、外交部、商务部联合发布了《推动共建丝绸之路经济带和21世纪海上丝绸之路的愿景与行动》，该文件全面阐述了"一带一路"倡议的时代背景、共建原则、框架思路、合作重点、合作机制、中国各地开放态势以及倡议提出一年多中国所采取的积极行动。② 为实施共建"一带一路"倡议，我国发起创办亚洲基础设施投资银行，设立丝绸

---

① 2013年9月和10月，习近平访问哈萨克斯坦和印度尼西亚时，分别提出"共建丝绸之路经济带"和"21世纪海上丝绸之路"合作倡议，简称"一带一路"。

② 王嘉顺：《"一带一路"背景下的共享价值观及其传播研究：以东南亚华侨华人为例》，贾益民、张禹东、庄国土主编，陈文寿、游国龙副主编：《华侨华人研究报告（2017）》（中国社会科学院创新工程学术出版项目《华侨华人蓝皮书》），社会科学文献出版社2017年版，第2页。

之路基金。2014 年 11 月，国家主席习近平在 APEC 峰会上宣布中国将出资 400 亿美元成立丝路基金。2016 年 11 月，在中国政府积极推动以及沿线各国的大力配合下，"一带一路"倡议在第 71 届联合国大会上被写入联合国决议。中国发起举办两届"一带一路"国际合作高峰论坛等重大活动，得到国际社会的积极响应，使"一带一路"由倡议转变为建设实践。

东南亚地区自古以来就是"海上丝绸之路"的重要枢纽，中国愿同东盟国家加强海上合作，使用好中国政府设立的中国—东盟海上合作基金，发展好海洋合作伙伴关系，共同建设 21 世纪"海上丝绸之路"。①随后，中国政府设计了"一带一路"建设的宏伟蓝图，"一带一路"建设进入全面推进阶段。实施"一带一路"建设，将为广大华侨华人特别是华商创造更多"掘金"机会；随着"一带一路"建设的推进，面向丝绸之路沿线国家市场进一步扩大，需求和机遇也进一步扩大。如何抓住机遇，迎接挑战，捕捉"一带一路"建设带来的商机，则成为华侨华人的关注点和聚焦点，他们瞄准这一商机，在实现中华民族伟大复兴、建设中国特色社会主义现代化强国中，搭上顺风车，实现双赢或多赢。

2013 年至 2019 年，"一带一路"沿线核心国家累计同 122 个国家、29 个国际组织签署了 170 份政府间合同文件，"一带一路"合作国家遍布亚洲、非洲、欧洲、大洋洲和拉丁美洲。由此可见，"一带一路"建设的商机很大。数据显示，目前在"一带一路"沿线各国，华侨华人超过4000 万人，占全球华侨华人的 2/3 以上。尤其是作为"一带一路"倡议优先方向的东南亚地区，聚集着 3000 多万华侨华人。②全球华商企业资

---

① 习近平：《论坚持推动构建人类命运共同体》，中央文献出版社 2018 年版，第 52 页。

② 赵凯、黄华华：《"一带一路"六大经济走廊贸易现状与华侨华人的作用调查》，贾益民、张禹东、庄国土主编，陈文寿、游国龙副主编：《华侨华人研究报告（2019）》（中国社会科学院创新工程学术出版项目《华侨华人蓝皮书》），社会科学文献出版社 2019 年版，第 213 页。

产总规模约有 5 万亿美元，而世界华商 500 强企业约 1/3 集中在东盟国家（见表 2-2）。"这是一支巨大的，任何国家都不可能忽视的力量。"

表 2-2　2019 年"一带一路"沿线国家十大华商

姓名	国籍	企业名称	主营	2019 年《福布斯》排名
黄惠忠	印度尼西亚	针季香烟集团	银行业、烟草	54
黄惠祥	印度尼西亚	针季香烟集团	银行业、烟草	56
谢国民	泰国	卜蜂（正大）集团	多元化经营	75
苏旭明	泰国	TCC 集团	饲料、房地产	87
郭鹤年	马来西亚	嘉里集团	棕榈油、航运、房地产	104
黄志祥与黄志达兄弟	新加坡	信和集团	房地产	112
郭令灿	马来西亚	丰隆集团	银行业、房地产	149
吴清亮	新加坡	吴德南集团	涂料	203
郑鸿标	马来西亚	大众银行	银行业	233
潘日旺	越南	多家企业	多元化经营	239

资料来源：赵凯、黄华华：《"一带一路"六大经济走廊贸易现状与华侨华人的作用调查》，贾益民、张禹东、庄国土主编，陈文寿、游国龙副主编：《华侨华人研究报告（2019）》（中国社会科学院创新工程学术出版项目《华侨华人蓝皮书》），社会科学文献出版社 2019 年版，第 255 页。

随着"一带一路"沿线各国各地区商贸、文化及服务产业的深入对接，既熟悉中华文化和内地企业，又在居住国历经数代耕耘的海外华侨华人，是连接所在国与中国的桥梁，是民间外交的使者，是中国文化的传播者，其在"一带一路"建设中所发挥的作用是无可替代的。如马来西亚学者王琛发所说，海外华侨华人不仅对居住国忠诚负责，而且对中国也有深厚的感情，已经成为中国与"一带一路"沿线国家人民交流合作的可靠载体。① 又如西班牙北京同乡会会长史丽君所表示：我们侨居海外的华侨华人也要积极参与中国"一带一路"建设，发挥我们独特优势。这是华侨华人积极响应和参与"一带一路"建设的动力所在。

（二）侨务等部门研讨"一带一路"为侨搭桥

为响应和积极推进习近平提出的"一带一路"倡议，国内各界尤其是侨界深入研讨如何贯彻落实这一倡议，为有关部门和海外华侨华人推进"一带一路"建设提供咨询和服务。

2014年2月23日，由国务院侨务办公室支持、中国新闻社主办的"新世纪丝绸之路经济论坛"在福建泉州举行，约300名海内外代表参会。"新世纪丝绸之路华媒万里行"同时启动，国侨办主管的中新社派出若干小分队，沿海陆两线分赴"一带一路"沿线所在国和当地华文媒体记者联合采访，寻找沿途各个国家经济共通点，突显互补优势；采访沿途国家华人的生活、文化、经济；探寻古代丝绸之路文化遗存；采访所在国各界人士，了解"丝绸之路"沿线国家求合作、谋发展的共同心声。② 这是国侨办响应并实施"一带一路"倡议开展的一次有意义的活动。以"一带一路华商责任"为主题的2015世界华商海口会议12月20日在海口举行。来自港澳台地区、海内外华商及相关领域学者共约500人参会，共同探讨在"一带一路"建设中，华商如何抓住机遇，迎接挑战等问题。

为"一带一路"建设提供决策参考，2016年全国政协港澳台侨委员

---

① 马占杰、林春培、李义斌：《海外侨领与"一带一路"建设中的民心相通：优势、贡献及未来展望》，贾益民、张禹东、庄国土主编，陈文寿、游国龙副主编：《华侨华人研究报告（2017）》（中国社会科学院创新工程学术出版项目《华侨华人蓝皮书》），第28页。

② 人民日报记者王尧、许睿：《"一带一路"与华商经济可有机衔接（侨连四海）——访国务院侨办副主任何亚非》，《人民日报》2014年7月3日。《调研显示海外侨胞在"一带一路"建设中具有八个优势》，中国新闻网，2016-09-10。

会为探索海外侨胞在"一带一路"建设中的独特作用成立调研组，经过大量访谈调查，整理归纳出海外侨胞助推中国企业"走出去"的八个独特优势。一是提供商机、牵线搭桥。海外侨胞拥有成熟的信息渠道，可帮助中国企业尤其是中小企业寻找项目，论证推进。二是金融服务、融通资金。长期以来，海外侨胞累积了近5万亿美元的资产，可通过在海外发行债券、推动人民币结算等手段，提供金融服务。三是提供咨询、规避风险。海外侨胞利用信息来源多而便利的优势，可以帮助中国企业规避政权更迭、汇率变化、文化宗教等方面的风险，大大提高"走出去"的成功率。四是法律援助、解决纠纷。海外侨胞、各国侨团、华助中心多与当地司法部门、社会组织有千丝万缕的联系及处理问题的管道，可在中国企业和公民遇到经济、民事、刑事等纠纷时，提供法律援助。五是提供人才、参与管理。海外侨胞熟悉中外政策环境、国际惯例及游戏规则，可以通过战略联盟、投资持股等形式为中国企业提供中高端人才，实现快速发展。六是解疑释惑、增进沟通。由侨胞充当民间外交使者，阐释"一带一路"的意义，帮助中国企业与当地政府、民众深入沟通。七是利用人脉、合作共赢。海外侨胞建立了广泛的关系网，可以通过其人脉关系，帮助中国企业尽快解决项目推进中遇到的各种难题，促进中外合作共赢。八是舆论宣传、树立形象。目前华文媒体在海外的影响力日益扩大，可以通过它们进行深入宣传，帮助中国企业建立良好形象。①这一调研结果说明，海外华侨华人在"一带一路"建设中的权重和地位不可替代。

2017年"两会"期间，侨界政协代表积极建言献策。3月4日下午，侨联25组首场讨论，委员们热烈讨论了"一带一路"问题。有代表说，"海外华侨华人在'一带一路'建设中大有可为"；有代表认为，"要让

---

① 《调研显示海外侨胞在"一带一路"建设中具有八个优势》，中国新闻网，2016-09-10。

华侨华人成为'一带一路'建设重要的参与者和担当者";等等。讨论不到 10 分钟,"两会"上界别关注重点正式敲定:充分发挥侨务资源优势作用,共推"一带一路"建设。①3 月 4 日下午,京东宾馆的致公、侨联、对外友好界委员联组讨论,"一带一路"成为重要议题之一。时任中央政治局常委、国务院副总理张高丽参加讨论。陈健委员发言开门见山指出,我国"一带一路"建设的蓝图已经绘就,局面已经打开,成为新时期我国对外开放的一个最大抓手,但整体推进的效果并不理想,需要统筹推进。中国侨联副主席乔卫发言说,要让"一带一路"倡议获得更多认同感;"一带一路"建设不仅要以价值理念引导,还要精心设计利益机制,让广大华侨华人可以在参与"一带一路"建设中,追求"中国、住在国和华侨华人自身的三方共赢",走活"一带一路"这盘大棋局。来自香港的庄绍绥委员指出,"一带一路"沿线国家在经济、社会、文化方面差异很大,我国对"一带一路"建设要有宏观的把握和系统的规划。比如,在"走出去"之前,先要弄清楚这些国家需要什么,特色是什么,真正做到"对症下药",防止"水土不服"。现场讨论气氛热烈。② 3 月 7 日,中国侨联举行列席全国政协十二届五次会议海外华侨代表座谈会,时任中国侨联主席林军等多位侨联领导,会见了泰国、英国、美国、南非、澳大利亚等 30 个国家的 38 名海外华侨代表,并听取他们的意见建议。"一带一路"建设仍然是大家讨论的热议的话题之一。

2017 年 6 月 12 日,第二届世界华侨华人工商大会在北京开幕。来自 105 个国家和地区的 350 余名海外华商代表应邀参会。大会由国务院侨务办公室和中国海外交流协会主办。国务院总理李克强出席大会并发表讲话,介绍了中国经济发展形势,对海外华侨华人提出期望。时任国务院

---

① 《侨联界委员:华侨华人在"一带一路"建设中大有可为》,人民政协网,2017-03-07。

② 《让"一带一路"战略获得更多认同感——张高丽参加致公、侨联、对外友好界委员联组讨论侧记》,人民政协网,2017-03-05。

侨办主任裘援平在开幕式上致辞说，此次大会的主题是"万侨创新促发展'一带一路'谋共赢"，世界各地的华侨华人工商、科技界代表相聚一堂，共叙血脉之情，共商发展大计，共享合作成果。大会期间，主办方安排了海外华商与"一带一路"建设圆桌会、华商与跨境电商发展论坛、"一带一路"与华商组织协作论坛、华侨华人与创新发展论坛等多场活动。大会发起成立"一带一路"华商组织协作网，见证了"华侨华人跨境电商合作联盟"启动，开通了"华侨华人与'一带一路'建设"信息发布平台和"'一带一路'华商组织协作网"网站等。

　　国内侨务部门在组织海外华侨华人开展文化交流活动中，也与推进"一带一路"建设结合起来。2017年7月8日，第四届世界华文教育论坛在武汉举办。来自美国、加拿大、英国、芬兰、乌兹别克斯坦、马来西亚、新加坡等13个国家的80余名华文教师、华文教育专家参加论坛。本届论坛以"'一带一路'与海外华文教育"为主题。论坛由国务院侨务办公室、湖北省政府、武汉市政府主办，湖北省外侨办、华中师范大学承办。7月中旬，由中共湖北省委宣传部、中国新闻社主办，由宜昌市委宣传部、中国新闻社湖北分社承办"行走中国·感知五年""一带一路"沿线国家华文媒体宜昌行活动，来自法国、意大利、埃及、波兰、菲律宾、马来西亚、印尼等17个国家的20多名海外华文媒体代表齐集湖北宜昌，正式开启"行走中国·感知五年""一带一路"沿线国家华文媒体宜昌行活动。湖北省委常委、宜昌市委书记周霁向海外华文媒体代表介绍了宜昌的文化历史，以及宜昌改革开放和现代化建设取得的成就。他表示，宜昌是长江经济带连接"一带一路"的重要节点城市。"一带一路"沿线国家华文媒体是宣传中华民族的重要窗口，希望海外华文媒体代表关心、关注宜昌发展，通过不同的视角向海外宣传推介宜昌。中国新闻社党委副书记张明新在致辞中，希望海外华文媒体用笔触和镜头展示宜昌，增进宜昌与"一带一路"沿线国家信息交流，帮助宜昌企业开拓更多与"一带一路"沿线国家和地区交流、合作的机会。①

　　由广东省侨办主办、广东省发展改革委等 12 个省直单位联合协办的"海外侨胞助推'一带一路'建设合作交流会",于 2017 年 11 月 7 日在粤举行。来自海外近 40 个国家和地区的 150 多名华商、华侨华人专业人士以及广东省海外交流协会海外理事代表与会。国务院侨办副主任郭军、广东省政府党组成员陈云贤出席会议并致辞。郭军在致辞中表示,海外侨胞和归侨侨眷是响应中国改革开放号召的积极参与者、先行者,同时也是受益者、传播者,始终是国家发展的重要依靠力量。他指出,国侨办将努力为广大侨胞做好相关服务,如健全完善"一带一路"建设信息发布平台、华侨华人跨境电商合作联盟等一系列平台机制,助力侨胞更好发挥熟悉当地语言、营商信息、法律规定、商业规则、社会习俗和广泛人脉等独特的优势,在"一带一路"建设中特别是民心相通方面发挥更大作用,为同心协力构建人类命运共同体,同圆共享中国梦、强国梦作出新的贡献。陈云贤在致辞中说,广东作为中国改革开放先行省,多年来认真贯彻落实中央有关决策部署,一直努力把广东打造成为"一带一路"建设的战略枢纽、经贸合作中心和重要引擎,成果丰硕。他表示,广东将积极参与建设"一带一路",加快推动形成全方位宽领域高层次的对外开放新格局。希望广大侨商、侨界专业人士把握机遇积极来粤创新创业、投资兴业,向世界宣传广东发展、讲好广东故事,成为广东参与"一带一路"建设的直接参与者、合作者和有力助推器,共同谱写合作共赢的新篇章。②

　　国内侨界和其他各界组织的"一带一路"研讨交流活动比较活跃,传播和扩大了"一带一路"的影响,推动了海外华侨华人响应和参与"一

---

　　①　《20 余海外华文媒体抵达"世界水电之都"宜昌采访》,中国新闻网,2017-07-12。

　　②　《150 余名海外侨胞齐聚广州　共商"一带一路"建设合作》,中国新闻网,2017-11-07。

带一路"建设。

（三）华侨华人响应热议"一带一路"

"一带一路"倡议来自中国，成果必将惠及世界；把"一带一路"建设与华商经济相结合，为海外华侨华人经济发展提供了广阔的舞台；"'一带一路'为华侨华人带来无限商机"，这是海外华侨华人的共识。习近平关于建设"一带一路"的倡议提出后，得到海外华侨华人的广泛响应，这一主张成为海外华侨华人社会持续不断热议的话题。

亚洲各国是中国"一带一路"建设的要冲和首要惠及区。亚洲各国华侨华人对于"一带一路"建设可谓近水楼台。中国光彩事业日本促进会会长姜维表示，祖（籍）国经济社会各方面的发展为海外侨胞事业发展创造了更大平台，特别是在全球经济不景气背景下，中国经济成为全球经济发展的引擎，提升了海外侨胞的信心和地位，"一带一路"建设为广大侨胞创新创业带来新机遇。"国之交在于民相亲，民相亲在于心相通。"习近平在提出"一带一路"倡议时将"民心相通"列为重要内容和关键基础，提出重视与沿线国家的文化交流。马来西亚华人、完美（中国）有限公司董事长古润金对此深表赞同，他说："文化与'一带一路'是紧密相连的，只有当精神价值与生活方式融为一体，'一带一路'才能走得持久、稳健。"马来西亚宗乡慈善与教育基金会主席洪来喜表示，我们有足够的信心，紧跟祖（籍）国步伐，助力"一带一路"建设宏伟蓝图的实现。印度尼西亚中华总商会总主席纪辉琦认为，"一带一路"的海上丝绸之路将进一步加快中国企业家到印尼发展的步伐。"印尼需要从中国来的基础设施，高速公路、高速铁路、电厂、码头、科技，印尼都需要。如果中国企业家与印尼华社的企业家合作，对印尼的经济和人民生活水平都会有所拉升。"菲律宾华商联总会理事长张昭和指出，习近平主席提出"一带一路"倡议，有利于带动东南亚国家共同发展，共同打造人类命运共同体。中国崛起为全世界展示了大国形象，为邻国发展提供了难得机遇。去年（2016 年）下半年以来，菲中关系实现"华丽转身"，两国合作日益紧密，希望菲律宾能够及时搭乘"一带一路"发展快车，成为沿线重要合作伙伴，实现本国的快速发展。缅甸华商总会长吴继垣家族在缅甸经营房地产企业近 50 年。在吴继垣看来，"一带一路"建设会带动缅甸乃至亚洲东部的经济发展，并加快亚洲与欧洲的物流发展。"这是'一带一路'给华侨华人带来的机遇。中国企业随着'一带一路'汇聚在仰光，与在缅企业合作，不仅将带动缅甸经济发展，也能实现双赢的局面。"①

泰国是中国的近邻，中国改革开放的大潮，对泰国华侨华人影响很大，一些有识的泰国华商成为"弄潮儿"。中国提出"一带一路"倡议，得到泰国华商的响应。泰国中华总商会主席陈振治表示："中国提出的'一带一路'倡议有着非常广阔的前景，它所具有的无限机遇，为很多国家，尤其是包括泰国在内的亚洲各国提供了一个发展交流的平台。""我们应该更积极地思考如何在'一带一路'建设中准确找到自身定位，更好地发挥自身优势"；"华商想要谋求更好的发展，必须关注了解各国投资政策和形势的改变"。中国的经济形势和政策已成为海外华裔企业家回国投资的重要"指向标"，自己始终关注中国现在的经济政策形势。泰国潮州会馆主席黄迨光认为，中国要把"一带一路"建设落到实处，还需出台更多实施细则；"华商在助推中国企业与'一带一路'沿线国家企业开展投资与合作中有责无旁贷的责任，也需要重新寻找自己的定位②"。

"一带一路"倡议也得到欧美国家华侨华人的呼应。俄罗斯远东华人工商联合会、俄罗斯远东中餐业联合会主席孙雷表示，习近平总书记

---

① 王尧：《做中外友好合作的"金丝带"——第八届世界华侨华人社团联谊大会侧记》，《人民日报》2016 年 6 月 16 日。

② 《东盟华商热议"一带一路"：海外华侨华人发挥的作用无可替代》，中新社，2016-06-12。

提出的"一带一路"倡议，在国际舞台上赢得广泛赞誉，海外华侨华人应当积极参与"一带一路"建设，讲好中国故事、"丝路故事"。塞尔维亚华人华侨社团联合会会长金东荣认为，习近平主席提出的"一带一路"倡议为提振世界经济开辟了道路。

美洲华侨华人对习近平提出"一带一路"倡议也有积极呼应。美国旧金山"华星艺术团"团长何晓佩、南非约翰内斯堡"华星艺术团"黄晶晶等认为，在"一带一路"文化先行背景下，我们会更加砥砺奋进，肩负起新时期中华文化海外传播使命，让中国故事、中国声音走向世界，传承中华文化文脉，助力中国梦早日实现。巴西中国和平统一促进会会长尹楚平深有感触地说，旅居巴西多年，见证了中巴友谊的发展。改革开放后，中国发生了翻天覆地的变化。习近平主席提出"一带一路"倡议，让更多国家从中国经济发展中获益。[①]阿根廷华侨唐清慧等人认为，中国发展成绩喜人，特别是"一带一路"建设惠及全球，给中外友好合作带来新机遇，越来越多华侨华人积极响应并参与其中，他们更有信心和决心支持祖（籍）国发展进步，在异国他乡弘扬中华文化、讲好中国故事。

世界各地海外华文媒体，纷纷把"一带一路"建设作为重要议题并提出问题加以思考。西班牙《欧华报》提出的问题是，中国将如何进一步推进"一带一路"建设及顺应地区和全球合作潮流，契合沿线国家和地区发展需要？葡萄牙《葡华报》指出，葡萄牙作为海上丝绸之路重要的沿线国家之一，去年（2015 年）与中国在经贸、文化、教育、海洋科技等领域都开展了合作，今年中国对中欧合作会有哪些政策上的支持？[②]希腊新闻网站"希华时讯"网总编辑梁曼瑜表示："希腊是'一带一路'

---

① 郑言：《携手开启新征程 共同迈向新辉煌——海内外侨界热议党的十九大》，《侨务工作研究》2015 年第 5 期，第 29、32 页；《海外华侨华人向全国人民拜年》，《人民日报》2017 年 1 月 28 日。

② 《百家华媒看两会 瞧"侨"关心啥？》，中新社，2016-03-03。

建设重要国家，中希两国围绕'一带一路'建设开展了许多富有成效的合作，'希华时讯'将积极报道'一带一路'建设成果，为促进中希两国共同发展努力。"缅甸中文网则关注中国政府将会采取哪些措施推动"一带一路"的顺利执行，是否有一些新的对缅政策出台？

"一带一路"建设为海外华侨华人提供了难得的发展机遇和商机，他们可以发挥各自的优势，拓展事业、获得利益。同时，积极发挥海外华侨华人实现"一带一路"建设目标的推手和纽带作用，使他们成为连接中国与"一带一路"沿线国家的桥梁。如有的学者所说，华侨华人是沟通中国与海外各国经贸往来的桥梁，"一带一路"为华侨华人带去了生存与发展的空间，而华侨华人也积极促进着"一带一路"的发展。[1] 两者相得益彰。另外，华侨华人既能够以一种易于居住国民众接受的方式来介绍中华文化，又能以容易被中国人理解的方式传播居住国文化。通过这种方式，他们积极促进了国家间的文化往来。他们还在学术往来、人才交流合作、媒体合作、志愿者服务等方面发挥着桥梁纽带作用。"一带一路"建设虽然是商人和经济走在前面，但其背后的支撑则是中华文化。经济和文化互动，正是"一带一路"建设所需要的。[2]

（四）为"一带一路"建设牵线搭桥

"一带一路"建设的理念深深融入海外华人的心中，他们积极用这一理念为祖（籍）国建设发展献计献策。2017 年 2 月 17 日，由香港中华总商会会长蔡冠深率领的代表团走访巴黎侨商界，并召开座谈会，议题为促进中国内地和香港企业与海外华商一起积极参与"一带一路"倡议的实施，寻找和开拓更多合作商机。座谈中，蔡冠深认为，中国企业尤

---

[1] 廖大珂：《海上丝绸之路与华侨》，《海交史研究》2015 年第 1 期。

[2] 赵凯、叶俊梅：《"一带一路"贸易畅通及华侨华人文化融合作用研究报告》，贾益民、张禹东、庄国土主编，陈文寿、游国龙副主编：《华侨华人研究报告（2018）》（中国社会科学院创新工程学术出版项目《华侨华人蓝皮书》），社会科学文献出版社 2018 年版，第 208 页。

其是内地企业在进军海外的过程中应该加强国际视野，遵守当地法规习俗，做到诚实合法经营。海外华商具有吃苦耐劳、工作勤勉的优良传统，并且熟悉所在国国情和市场，是中国企业参与"一带一路"建设可以借助的重要力量。中国银行巴黎分行总经理、法国中国工商会会长潘诺、法国潮州会馆监事长文瑞潮、法国广东会馆执行会长马致远、法华工商联合会会长戴安友、欧洲华商理事会理事长刘若进、中法艺术交流协会会长侯玉霞等相继发言，就各自关心的话题与代表团展开交流。他们表示，将积极支持参与"一带一路"建设，为中国企业"走出去、请进来"当好桥梁和平台，也为自身事业升级发展创造条件和机遇。①

2017 年 9 月 26 日至 28 日，第二届中法文化论坛在法国里昂市政厅举行。论坛由欧美同学会、中国留学人员联谊会和法国里昂市政府、法国展望与创新基金会联合主办，中法各界 500 多位代表出席活动。法国新任总统马克龙为论坛开幕发来贺信，对论坛的召开表示热烈祝贺，对进一步深化两国文化领域的交流与合作，增进两国和两国人民之间的友好和友谊寄予厚望。本届论坛的主题是"'一带一路'：文化汇流与共享"，旨在服务国家大局和中心工作，服务"一带一路"战略实施，通过与法方的对话与交流，让国际社会了解和认同中国政府所倡导的"一带一路"建设，并为"一带一路"建设实施创造良好的国际环境和外部条件。同时，探索有效途径和办法，促进"一带一路"沿线国之间的文明交流与合作，以文明交流超越文明隔阂、文明互鉴超越文明冲突、文明共存超越文明优越，推动中法两国相互理解、相互尊重、相互信任，增强中国特色社会主义文化自信和道路自信。②通过举办上述活动，使海外华侨华人感受并宣传了"一带一路"建设理念。

---

①　《旅法侨商界与香港中华总商会交流共商、共建"一带一路"》，［法］《欧洲时报》2017 年 2 月 20 日。

②　《第二届"中法文化论坛"里昂举行》，［法］《欧洲时报》2017 年 9 月 26 日。

　　英国伦敦华埠商会副主席、皇朝饮食集团主席林奕权在接受《欧洲时报》特约记者采访时说，在英华人可以作为沟通的桥梁，促进"一带一路"建设中英中两国参与者的相互了解。英国华人的总人口目前超过70万，经过多年甚至是几代人的辛苦打拼，留英的华侨华人具备了一定的经济科技实力、成熟的生产营销网络、广泛的政界商界人脉以及沟通中外的独特优势，在"一带一路"建设中可以大有作为。林奕权说："我们比较熟悉英国的情况，同时与中国有着天然的连接，也一直关心中国的发展，所以也可以向英国人解释中国的事情。"旅英华人可以利用这种独特的优势，用英国人熟悉和能够接受的语言阐释"一带一路"的内涵和意义，从而推动"一带一路"与各国政策对接。林奕权表示，"我们可以让英中双方有意开展合作的企业或者其他团体接触到对方"。同时，留英华侨华人有中华文化背景且熟悉各国政治、经济、社会情况，可以为有意去英国投资的中国企业及"一带一路"推进提供智力支持。"我们为企业分析当地的情况，这样有助于它们避开一些误区。"① 英国华侨华人为中英开展"一带一路"建设牵线搭桥，充当了"红娘"的角色。

　　为积极推动"一带一路"建设，由中国发起于2017年5月在北京成功举办"一带一路"国际合作高峰论坛。这是中国为推动实施"一带一路"建设的重大举措。"一带一路"国际合作高峰论坛得到海外华侨华人的响应和赞誉。论坛举办前，泰国华侨华人纷纷表达期待之情，认为"一带一路"倡议承载了沿线国家对实现世界经济再平衡的殷殷期许，为增进各国民众福祉提供了新的发展机遇。"一带一路"倡议来自中国，成果必将惠及世界。泰国开泰银行董事长伍万通在接受记者采访时说，"一带一路"国际合作高峰论坛将进一步拉近中国与沿线国家的距离，增进政

---

　　① 《英侨领：华人在"一带一路"建设中连接中英两国》，[法]《欧洲时报》2017年5月18日。

治互信，在推动沿线国家经济转型、促进合作与发展、适应全球化趋势等方面发挥重要作用。

2017 年 6 月 18 日，日本华侨华人联合总会第 19 届代表大会在大阪举行，会长任政光在致辞中首先祝贺在北京召开的"一带一路"国际合作高峰论坛取得圆满成功。他相信"一带一路"倡议的推进，将为中国的可持续发展和中华民族的伟大复兴作出巨大贡献。①

2018 年 1 月 27 日，浙江省政协委员、欧洲华商会会长、荷兰中国文化基金会会长傅旭敏提交提案，建议浙江省要充分发挥华人华侨作为大湾区建设参与者、促进者、见证者的重要作用。提案认为，浙江籍海外华人华侨有 210 余万人，分布在世界 180 个国家（地区），长期以来积累了大量财富和资本，具有较强的产业、金融实力，成熟的生产、营销网络和广泛的政商人脉关系。傅旭敏认为："他们既熟悉住在国国情，对中国和家乡情况熟悉，具有融通中外的独特优势，是推动大湾区建设的重要力量。"提案在调研的基础上指出，杭州湾大湾区位于"一带一路"交会点，基础优势明显，但还存在不足，比如产业同质化，分工不明确，人才流、资金流、信息流、货物流流动不充分等，急需做好全省范围内的湾区经济总体发展规划，并进一步争取国家战略支持。傅旭敏建议，大湾区建设需要顶层设计和成立统筹机构，可广泛动员海外华人华侨、留学人员和科技工作者参与战略规划设计，引入国际先进管理理念，并结合大湾区产业结构调整、转型升级的重点，在关键领域引进更多资金、技术、管理经验等各种要素。在大湾区建设的过程中，还可以通过广大华人华侨为深化中外合作牵线搭桥，助力大湾区企业"走出去"，到"一带一路"沿线国家投资设立分支机构，合作建设产业园区、资源开发和营销基地，并通过华人华侨发挥人缘、地缘优势，促进大湾区城

---

① 《日本华侨华人联合总会举行代表大会廖雅彦当选会长》，中国新闻网，2017-06-19。

市群与"一带一路"沿线国家开展医疗卫生、教育、旅游、文化等交流与合作。① 傅旭敏的提案，对"一带一路"与家乡建设经过深入调研，作了深入的思考，是一个有分量的提案。

（五）积极参与推进"一带一路"建设

在积极推进"一带一路"建设中，有些海外华商直接参与其中，发挥带头和桥梁纽带作用。如新加坡华商陈江和基金会捐赠 1 亿元人民币用于支持未来十年中国和"一带一路"沿线国家开展双边人才培训项目，以加强中国与"一带一路"沿线国家间的互相了解与理解；同时陈江和及其金鹰集团联合中国工商银行等四家公司共同成立东欧基金，参与到"一带一路"建设中，在中东欧国家寻找基础设施和电厂项目。自"一带一路"倡议提出以来，泰国正大集团不仅广泛与中国企业开展合作，积极引进中国企业在泰国发展，协助中国企业走进东南亚市场，还积极参与高铁项目，助力"一带一路"在泰国落地。印尼华人企业家林绍良创建的印尼三林集团积极参与"一带一路"建设，其旗下的印多福食品公司抓住新亚欧大陆桥沿线国家的发展机遇，在塞尔维亚成功运营 lidomie 方便面工厂，占地面积 5 公顷，投资 1100 万欧元。②

由国务院侨务办公室和云南省政府发起的东盟华商会 2003 年首次在昆明举行，至 2017 年已成功举办 15 届，组织了 30 多场项目推介会，累计达成引资项目合同、协议超过 100 个，实际到位资金超过 50 亿美元，引进了一批世界华商 500 强企业。2016 年 6 月 10 日至 13 日，第十四届东盟华商会在云南昆明举办。本届东盟华商会的主题为"携手'一带一路'、共享发展机遇"。来自 47 个国家和地区的 700 多位华商相聚昆明，

---

① 《欧洲华商会会长：鼓励华侨华人参与杭州大湾区建设》，中国宁波网，2018-01-28。

② 赵凯、黄华华：《"一带一路"六大经济走廊贸易现状与华侨华人的作用调查》，贾益民、张禹东、庄国土主编，陈文寿、游国龙副主编：《华侨华人研究报告（2019）》（中国社会科学院创新工程学术出版项目《华侨华人蓝皮书》），第 254 页。

其中半数来自"一带一路"沿线国家，如泰国、马来西亚、越南、新加坡、菲律宾、缅甸、斯里兰卡、沙特阿拉伯、阿联酋等。大家围绕"一带一路"给华商带来的机遇以及华商在推进"一带一路"建设中所能发挥的优势进行了研讨交流。国务院侨务办公室副主任王晓萍表示："一带一路"建设，不仅为中国企业的国际化发展提供了良好的机遇，也为海外华商提供了更为广阔的合作空间。本届东盟华商会既有理论研讨，也有战略合作。华商论坛邀请中国—东盟商务理事会与执行理事长许宁宁、美国硅谷科技华商协会会长李博谟等专家和华商，阐述了"一带一路"建设与海外华商事业发展机遇等话题，深层次挖掘了"一带一路"建设为国内外企业带来的商机。战略合作主要是与"一带一路"沿线国家的合作，以"请进来"投资兴业为目的，举办"中国—泰国专场投资项目对接洽谈会"；以"走出去"服务优势产能合作为目的，举办"中国—缅甸专场投资项目对接洽谈会"。两场活动分别从泰国和缅甸邀请一批有合作项目或有合作意向的企业家与国内企业、华商进行项目对接洽谈，着眼中国与"一带一路"沿线国家产能合作，充分利用境内外两种资源和两个市场，促进"一带一路"沿线国家特别是中泰、中缅之间的经济合作交流。此外，还组织北京、天津、河北等地大型制造企业与泰国、缅甸的华商进行产业承接的对接洽谈，充分利用内外资源，服务我国优势产业开拓新兴市场。东盟华商会不仅为海外华商在中国找到商机提供平台，为国内企业"走出去"开拓渠道，也为西南地区尤其是云南经济社会发展作出积极贡献，为中国西南地区的整体协同发展提供了高端国际交流合作平台。如第十四届东盟华商会期间举办了贵州、广西专场推介会等活动，云南、贵州、广西等省区共签署云南电子商务跨境战略合作协议等18个正式协议，项目资金合计134.9亿元人民币，涉及农业、旅游、文化、电子商务、跨境贸易、现代服务等产业，[①]可谓一举多得。2017年6月10日，第十五届东盟华商会在云南昆明召开。本届东盟华商会以"融入'一带一路'，促进创新发展"为主题。搭建全球华商与中国企业、各国华商之间多层次交流合作的重要平台，实现华商与全球各国企业互寻商机。国务院侨办党组书记、副主任许又声在大会开幕式上致辞说，经过15年的发展，东盟华商会已成为中国西南部地区加快开放发展、密切与南亚东南亚交往、推进"一带一路"沿线国家互联互通的重要平台。[②]世界华商500强企业约三分之一集中在东盟国家。"这是一支巨大的，任何国家都不可能忽视的力量。"第十五届东盟华商会共有42个国家和地区的600多名华商和华侨华人专业人士参会。在组织传统活动的基础上，创新举办了"华商走进云南、云品走向世界"专场推介和海外留学人员双创项目专场推介活动。同时，以"外企入滇"活动为平台，全年共邀请赴滇投资考察侨商100多人次，组织完成8批次东部或海外侨商赴云南考察活动，达成10多个投资合作意向。通过东盟华商会和"外企入滇"涉侨品牌活动的内容创新，全年共引进签约项目17个，协议总金额50.7亿元人民币，并推动了"云南万侨创新创业产业园"建设。[③]由上可见，最近两届东盟华商会，均以"一带一路"为主题，有力推动了"一带一路"建设在东盟各国的实施。

　　一些海外华商积极参与国内有关"一带一路"的研讨和招商活动。2017年6月13日至16日，国务院侨务办公室和天津市政府共同主办世界侨商项目与商品博览会（以下简称华博会），服务和推进"一带一路"

---

　　① 《第十四届东盟华商会：携手"一带一路"共享发展机遇》，新华社，2016-06-11；马昌治：《服务国家大局　助推华商发展　引资引智平台日见成效》，《侨务工作研究》2016年第4期。

　　② 《综述：东盟华商会沿着"一带一路"走向全球》，中新社，2017-06-11。

　　③ 乔炎：《坚持为国家大局服务和为侨服务相统一　各地侨务工作亮点纷呈》，《侨务工作研究》2018年第1期，第17页。

建设是会议的主题和内容之一。众多海外华商及华人科技人员与会，其中有来自马来西亚、泰国、新加坡、澳大利亚等 40 多个"一带一路"沿线国家和地区的 900 多名华侨华人代表，占海外嘉宾人数的 75% 以上。中国侨商投资企业协会会长、泰国正大集团董事长谢国民在开幕式上致辞说，京津冀协同发展重大战略、"一带一路"建设为华侨华人创业发展提供了广阔天地，希望大家抓住机遇，推动更多好项目落户天津，实现互利互赢。①会议安排了项目洽谈，自贸试验区促进"一带一路"建设项目合作洽谈会正式发布了天津市"一带一路"建设布局。在"一带一路与港津发展座谈会"上，80 多位在天津香港企业与天津本地企业负责人就有关问题进行了互动交流。会议还组织了商品展销展示，世界侨商项目与商品博览会特设中国侨商馆，突出精品定位，以"一带一路，侨商共建"为主题，重点展销华侨华人、港澳同胞"一带一路"投资项目和特色产品，以及海内外侨商名优产品。现场安排了举办"一对一"采购洽谈会，近半数参展企业参与洽谈对接，超过六成企业与采购商达成合作意向，有力促进了海外侨商优质项目及产品落地天津。

"一带一路"倡议和建设提出及推进至今已经 7 年了，海外华侨华人由热烈响应到积极参与，开局良好，成果明显。当然，这只是取得了初步的成效，如何进一步推进、保持长效机制还有待于措施政策配套。

二、为构建人类命运共同体搭建平台

中共十八大以来，习近平在对外交往、在许多国际重大活动的场合中，提出了构建人类命运共同体的倡议和时代命题。2015 年 9 月 28 日，

---

① 天津市侨办：《万侨创新　互利共赢——2017 世界侨商项目与商品博览会成功举办》，《侨务工作研究》2017 年第 4 期，第 20—21 页。

他在美国纽约联合国总部举行的第七十届联合国大会一般性辩论时发表题为《携手构建合作共赢新伙伴，同心打造人类命运共同体》的讲话；2017年1月18日，习近平在联合国日内瓦总部发表题为《共同构建人类命运共同体》的演讲。这一重要倡议被国际社会所接受，并载入联合国人权理事会决议。习近平在中共十九大报告中再次重申："各国人民同心协力，构建人类命运共同体。""中国人民愿同各国人民一道，推动人类命运共同体建设，共同创造人类的美好未来！"①可见，构建人类命运共同体理念作为习近平新时代中国特色大国外交思想的核心和精髓，已成为新时代坚持和发展中国特色社会主义的外交方略，体现中国坚持走和平发展、合作共赢道路的决心，已成为引领中国外交的核心理念、行动指南，这是进入中国特色社会主义新时代，以习近平同志为核心的中共中央为人类社会贡献的中国智慧。

习近平关于"一带一路"建设的原则及其价值取向与构建人类命运共同体是相通的，前者是后者的基础，后者是前者的目标。2017年1月18日，习近平在联合国日内瓦总部发表的演讲指出："在'一带一路'建设国家合作框架内，各方秉持共商、共建、共享原则，携手应对世界经济面临的挑战，开创发展新机遇，谋求发展新动力，拓展发展新空间，实现优势互补，互利共赢，不断朝着人类命运共同体方向迈进。这是我提出这一倡议的初衷，也是希望通过这一倡议实现的最高目标。"②

回国列席十三届全国政协会议的海外华侨代表，也纷纷热议并赞扬习近平提出构建人类命运共同体的贡献和智慧。埃及中国和平统一促进会会长陈建南表示，随着"一带一路"建设的深入推进、构建人类命运共同体理念的提出等，中国越来越走近世界舞台中央。共建"地球村"，

---

① 习近平：《决胜全面建成小康社会　夺取新时代中国特色社会主义伟大胜利——在中国共产党第十九次全国代表大会上的报告（2017年10月18日）》，人民出版社2017年版，第58、60页。

② 《人民日报》2017年1月20日。

是非常崇高的理念，也是非常远大的目标，作为中国人，我们每个人都有义务把中华文化传出去。新加坡华源会会长王泉成认为，习近平提出"人类命运共同体"，作为海外华侨华人更应尽己所能向身边朋友介绍中国新时代的治国理念，诠释中国特色、中国梦、中国现行政策等，将中国和平发展道路之声传得更远、更快、更响。[①]上述这些看法颇有见地，也摆正了自己的角色。

在实施构建人类命运共同体倡议过程中，侨务、外交及华侨华人自身相互支持，互相配合，密不可分。一方面，维护海外侨胞合法权益，一直是我国外交工作的重要内容之一；另一方面，借助华侨华人优势拓展我国对外关系，也是侨务工作的重要内容。分布在世界各地的6000多万华侨华人中蕴含着丰富的经济、文化、智力等资源，他们既为住在国的经济开发、科技进步和文化繁荣作出了很大贡献，也为祖（籍）国经济发展和社会进步作出了独特贡献。在全球化浪潮推动下，随着华侨华人人口、资本、技术、观念等要素大规模、大范围的跨国环流，中国与华侨华人住在国日益相互依存、荣辱与共，更加成为你中有我、我中有你的命运共同体。华侨华人与祖（籍）国和住在国三者利益是相互统一的，构成了一个以华侨华人为桥梁的双边命运共同体。构建这一种双边命运共同体，是华侨华人、中国及住在国三方共赢的战略选择，是构建人类命运共同体的重要基础。中国与华侨华人住在国双边命运共同体的构建有利于华侨华人在当地的生存发展，也是其参与构建人类命运共同体的重要动力。为此，发挥华侨华人在构建双边、区域乃至全球等不同层次命运共同体方面的优势和作用，尤为重要。由于上述原因，"构建人类命运共同体"的倡议得到海外华侨华人的高度评价。泰国开泰研究中

---

① 《列席侨胞：塑形象、传声音、促教育　祖国发展我助力》，《人民日报》海外版2018年3月18日。

心中国部主任黄斌表示，这是习近平主席提出的中国期待与国际社会共建和平繁荣的人类命运共同体的真诚愿望。日中传统艺术交流促进会理事长靳飞说："十九大开幕会当天，我守着电脑看了一上午的网络直播。习近平总书记在报告中提出的'坚持推动构建人类命运共同体'的理念不以一国利益为出发点，而是立足全世界，是对中国传统'天下为公'的大同理念的弘扬与实践。我相信，'人类命运共同体'必将赢得世界各国民众的'民心'。"中国光彩事业日本促进会会长姜维认为，"人类命运共同体"必将赢得各国"民心"，这一理念正在深刻影响并改变着世界，为世界贡献了中国智慧。① 加拿大华发网首席执行官、北美华闻传媒协会会长夏云龙表示，"推动构建人类命运共同体"被作为新时代中国共产党治国理政的基本方略，体现了中国共产党已成为全人类幸福与福祉的捍卫者，舍我其谁的情怀与气魄和铁肩担道义的勇气，展示了中国共产党人在新时代的更大追求和更高目标。广大华侨华人同祖（籍）国人民、同居住国人民一道，共同为致力于构建人类命运共同体而努力。美国华侨、美中广东商会副会长刘子扬说道，中华五千年的文明底蕴加上近几十年突飞猛进的发展成就，给世界树立了一个榜样。习主席提出的构建人类命运共同体的倡议更是值得世界深思。

三、推进侨务工作迈进新时代

中共十八大以来，中国特色社会主义进入新时代。在习近平新时代中国特色社会主义思想指导下，同各个领域一样，侨务工作进入新的发展阶段，党和国家的侨务政策与时俱进地向前推进。

中共十九大报告对新时代统一战线工作作出全面部署，报告强调：

---

① 《在日华人："人类命运共同体"必将赢得各国"民心"》，新华网，2017-11-06。

"统一战线是党的事业取得胜利的重要法宝，必须长期坚持。要高举爱国主义、社会主义旗帜，牢牢把握大团结大联合的主题，坚持一致性和多样性统一，找到最大公约数，画出最大同心圆。……广泛团结联系海外侨胞和归侨侨眷，共同致力于中华民族伟大复兴。"①这既有以往党的统一战线思想的总结继承，又有对党的十八大以来统一战线的发展，为新时代做好侨务工作提供了遵循和指导。

以习近平同志为核心的党中央高度重视侨务工作，并对侨务部门作出重要指示。2017年2月17日至18日全国侨务工作会议在北京召开。各省区市和副省级城市、新疆生产建设兵团有关负责同志，中央和国家机关有关部门负责同志，部分驻外使领馆代表等140余人出席会议。国务委员杨洁篪出席会议并讲话。会议宣读了习近平的重要指示和李克强的批示。习近平的指示强调：实现中华民族伟大复兴，需要海内外中华儿女共同努力。把广大海外侨胞和归侨侨眷紧密团结起来，发挥他们在中华民族伟大复兴中的积极作用，是党和国家的一项重要工作。党的十八大以来，各级党委、政府和侨务部门全面贯彻落实党的侨务政策，依法维护海外侨胞和归侨侨眷权益，在促进国家现代化建设、促进祖国和平统一、促进中外友好合作等方面发挥了重要作用。希望侨务战线的同志们坚持胸怀全局、坚持为侨服务、坚持改革创新，以凝聚侨心侨力同圆共享中国梦为主题，当好海外侨胞和归侨侨眷的贴心人，成为侨务工作的实干家，最大限度把海外侨胞和归侨侨眷中蕴藏的巨大能量凝聚起来、发挥出来，为实现"两个一百年"奋斗目标、实现中华民族伟大复兴的中国梦不断作出新的更大的贡献。指示点明了侨务工作的主题，为侨务工作指出了方向。李克强批示指出，海外侨胞和归侨侨眷是中国

---

① 习近平：《决胜全面建成小康社会　夺取新时代中国特色社会主义伟大胜利——在中国共产党第十九次全国代表大会上的报告（2017年10月18日）》，人民出版社2017年版，第39—40页。

联系世界的重要纽带，是促进国家发展的重要依靠力量。党的十八大以来，各地、各涉侨部门认真贯彻党中央、国务院决策部署，着力凝聚侨心、汇集侨智、发挥侨力、维护侨益，团结调动广大海外侨胞和归侨侨眷积极投身国家建设，开创了侨务工作新局面。谨向同志们致以诚挚问候。"十三五"时期，望紧密团结在以习近平同志为核心的党中央周围，全面贯彻中央侨务工作方针政策和战略部署，按照统筹国内国际两个大局等要求，持续推动侨务工作改革创新，扎实做好各项为侨服务，充分发挥侨务资源优势，在推动国家经济社会发展、维护和促进国家统一、增进中外交流合作、提升国家软实力等方面发挥更大作用，为全面建成小康社会、实现中华民族伟大复兴作出新贡献。① 李克强的批示是对侨务工作作出的重要部署。会议学习讨论了习近平的重要指示和李克强批示精神。会议还学习讨论了国务院于 2016 年 12 月 21 日印发的《国家侨务工作发展纲要（2016—2020）》。《纲要》以凝聚侨心侨力同圆共享中国梦为主题，以推动侨务工作全面协调可持续发展为主线，明确了"十三五"时期侨务工作的指导思想、基本原则和目标任务，从法治、经济、科技、文化、教育、社会等各方面，对我国侨务事业作出总体规划，是"十三五"时期侨务工作的指导性文件。会议根据习近平的重要指示、李克强的批示精神以及《纲要》内容部署了侨务工作。

2016 年 9 月 21 日，李克强总理首次在联合国大会一般性辩论上发言。会后，李克强回到下榻的纽约华尔道夫酒店，会见美东侨界、留学生及中资企业代表并进行座谈。随后李克强偕夫人访问加拿大。9 月 23 日晚，参加旅加华侨华人在蒙特利尔市举行的欢迎宴会。与会的温哥华、多伦多、渥太华、卡尔加里、蒙特利尔各地及本地的工商侨学界代表共

---

① 《习近平对侨务工作作出重要指示　李克强作出批示》，《侨务工作研究》2017 年第 1 期，第 1 页。

800 多人。李克强在讲话中系统阐述了我国的侨务工作：第一，中国各级政府将为华侨华人回国发展提供良好的环境，将健全海外人才引进机制。进一步放开外企、高管人才的签证办理，在子女教育、医疗、社保、住房等方面提供各种优惠。第二，中国还在产业孵化、精英服务方面为侨商提供最大的帮助，侨商在中国的投资将会更加顺利。要保护合法经营，中国正在加强知识产权保护，完善保护侨界权益的法律。国务院侨办和纪法委都设立了服务于侨胞企业的法律咨询平台，为侨胞提供法律咨询与诉讼，中国政府高度重视各类企业的知识产权。对侵害企业知识产权窃取秘密的将不遗余力地打击。第三，搭建合作平台，国务院侨办与地方政府合作建立了招商引资与招财引智的新制度，帮助来自四海的华侨华人回大陆创业发展，洽谈合作，为华侨华人回大陆做事业牵线搭桥。中国还将针对侨胞们回国发展经商提供各种优惠政策，让他们毫无后顾之忧。第四，最重要的是，面向海外华人的绿卡制度也在做进一步的试点，未来的目标就是让海外华侨华人可以走得出去，更要回得来。中国的政策是来去自由，华侨华人的资金也是来去自由，希望华侨华人抓住机遇，与祖国同行，为中国实现现代化目标不懈奋斗。①

　　2017 年 6 月 12 日，由国务院侨务办公室主办的第二届世界华侨华人工商大会在北京召开，来自全球百余个国家和地区的 600 多名工商界华侨华人代表出席大会。国务院总理李克强会见与会代表并发表讲话。李克强指出，中国改革开放和现代化事业取得的辉煌成就，海外华侨华人功不可没，祖国和人民也不会忘记。当前中国经济保持稳中向好态势，增速位居世界前列，经济结构加快转型升级。特别是就业形势保持稳定，每年新增城镇就业 1300 多万人。中国作为投资热土和商品大市场的优势正在不断显现。李克强对广大海外华侨华人提出三点殷切期望。一是在

①　《赴侨宴　李克强：国运兴、侨运兴》，［美］侨报网，2016-09-24。

参与创新发展中抢占先机。中国正在实施创新驱动发展战略，加快培育
发展新动能，改造提升传统动能。放管服改革、为企业减税降费持续推
进，大众创业、万众创新蓬勃发展，新产业、新业态、新模式迅速兴起。
希望华商充分发挥资金、技术、管理、商业网络和人才优势，积极投身
国内创新发展热潮。二是在推动中外经贸合作中再创佳绩。中国将推动
新一轮高水平对外开放，进一步放宽外资市场准入，创造更加公平便利
的营商环境，对外开放的大门会越开越大。希望华商充分发挥联通中外、
汇聚资源的独特优势，积极参与"一带一路"建设和中国同世界各国的
经贸合作，拓展三方合作，更好实现互利共赢。三是在传播中华文化中
展现风貌。发扬中华民族传统美德，遵守住在国法律，积极承担社会责
任，身体力行传播中华优秀文化价值理念，展示中国人民以和为贵、以
和为美的良好形象，为中外各领域交流合作铺路搭桥、加油助力。① 这三
点希望，是国家侨务政策的进一步阐释。

2017 年 12 月 2 日，中国致公党第十五次全国代表大会在北京开幕。
中共中央政治局常委、中央书记处书记王沪宁代表中共中央致贺词。贺词
肯定了中国致公党五年来充分发挥自身特色优势，认真履行参政党职能，
不断加强自身建设，为推进党和国家各项事业作出了重要贡献。贺词表
示：中国共产党将按照中共十九大精神，坚定不移坚持和完善中国共产
党领导的多党合作和政治协商制度，坚定不移贯彻长期共存、互相监督、
肝胆相照、荣辱与共的方针，坚定不移支持民主党派按照中国特色社会
主义参政党要求更好履行职能，把多党合作事业继续推向前进，巩固和
发展最广泛的爱国统一战线，画出共同团结奋斗的最大同心圆。贺词希
望致公党认真学习宣传贯彻中共十九大精神，准确把握习近平新时代中

---

① 《第二届世界华侨华人工商大会在京开幕》，国际在线，2017-06-12；《李克强会见世界华
侨华人工商大会代表》，《人民日报》2017 年 6 月 13 日。

国特色社会主义思想的历史地位和丰富内涵，积极响应中共十九大关于广泛团结联系海外侨胞和归侨侨眷、共同致力于中华民族伟大复兴的号召，发挥"侨""海"优势，凝聚"侨""海"之心，汇集"侨""海"之智，发挥"侨""海"之力，维护"侨""海"权益，把广大海外侨胞、归侨侨眷和留学人员团结起来，为推进新时代中国特色社会主义事业、实现祖国统一作出更大贡献。①中共中央贺词阐明了新时代坚定不移坚持和完善中国共产党领导的多党合作和政治协商制度，坚定不移贯彻长期共存、互相监督、肝胆相照、荣辱与共的方针，从政党制度的视角阐明了新时期广泛的爱国统一战线。

中国共产党历来重视发挥广大归侨侨眷和海外侨胞的独特作用，高度重视做好归侨侨眷和海外侨胞工作。中共十八大以来，以习近平同志为核心的党中央对做好新形势下的归侨侨眷和海外侨胞工作、推进中国侨联改革作出重要部署。习近平多次作出重要批示指示，为中国侨联改革指方向、定方针、提任务。2014 年，中共中央办公厅印发了《关于加强和改进新形势下侨联工作的意见》（以下简称《意见》）。《意见》围绕党的十八大精神，紧扣实现"两个一百年"奋斗目标、实现中华民族伟大复兴中国梦的时代主题，适应海内外侨情的发展变化，立足推进国家治理体系和治理能力现代化的全局和战略高度，对重视发挥广大归侨侨眷和海外侨胞的独特作用、加强和改进侨联工作进行了精辟阐述，提出了明确要求，为推动侨联事业创新发展奠定了基础。2016 年 12 月，中共中央办公厅印发《中国侨联改革方案》（以下简称《方案》）。此前，中央政治局常委会会议、中央全面深化改革领导小组会议、中央书记处办公会议分别审议了《方案》。《方案》强调，侨联是党领导的人民团

---

① 《中国共产党中央委员会致中国致公党第十五次全国代表大会的贺词》，《人民日报》2017年12月3日。

体，是党和政府联系广大归侨侨眷和海外侨胞的桥梁和纽带，是团结服务归侨侨眷和海外侨胞的群众组织。《方案》明确了中国侨联改革的指导思想、基本原则、主要目标。《方案》从四个方面十七个领域提出了中国侨联的改革措施。第一，改革调整中国侨联领导机构、机关设置和运行机制；第二，改革中国侨联组织人事制度，加强干部队伍作风建设；第三，提升侨联服务大局、服务侨界群众的能力和水平；第四，夯实侨联基层基础，增强侨联组织活力。《方案》要求，要加强党的领导，深入细致做好机关干部思想政治工作，加强侨联改革宣传工作，选准改革突破口，细化路线图和时间表，推动改革取得实质性成效，实现侨联工作创新发展。[①]

2016 年 9 月 26 日，中国侨联成立 60 周年纪念大会在北京人民大会堂举行，中共中央政治局常委、全国政协主席俞正声出席大会，代表党中央、国务院发表讲话。在党的领导下，新时代中国侨联坚持围绕大局，积极为祖国改革开放和世界和平发展作出贡献，各级侨联组织高举爱国主义、社会主义旗帜，充分发挥积极性、主动性、创造性，开展了"侨与中国梦""亲情中华""创业中华""侨爱心工程""侨联通"等一批时代特色鲜明、侨胞积极参与的工作和活动，不断开创侨联事业发展的新局面。围绕供给侧结构性改革，深入推进"创业中华"各项工作，把引资、引智、引技的工作做深做实。围绕"一带一路"建设，用好全球华商网络，为住在国同中国经贸交流合作牵线搭桥，为我国企业"走出去"献计出力。

---

① 《中共中央办公厅印发〈中国侨联改革方案〉》，新华社，2016–12–04；《人民日报》2016 年 12 月 5 日。

第四节　中国特色社会主义进入新时代

中国共产党第十九次全国代表大会，是在我国全面建成小康社会决胜阶段、中国特色社会主义进入新时代的关键时期召开的一次十分重要的大会，是一次在新的历史起点上开启党和国家事业新征程的大会，是一次不忘初心、牢记使命、高举旗帜、团结奋进的大会。中共十九大举世瞩目，受到国内外广泛的关注，得到海外华侨华人的高度评价。

一、盛赞十八大新成就，礼赞十九大新时代

中共十九大召开前，海外华侨华人和国内同胞的心情一样，充满期待。《澳大利亚华人年鉴》主编冯小洋对《人民日报》记者表示，十九大是海外华侨华人瞩目的大事；德国路德维希德中友好协会理事、勃兰登堡州经济发展局顾问吴刚说，"十九大是整个华人圈最关注的话题"；法国潮州会馆名誉会长吴武华兴奋地表示，"十九大将规划中国未来的发展方向，对国家今后可持续发展至关重要。我们对祖国未来发展充满信心"；阿根廷广东商会会长余永辉期盼着中国越来越强大，祝愿党的十九大开启中国发展的新时代。[①] 十九大召开后，海外华侨华人反映强烈，感到振奋。他们盛赞十九大，高度评价习近平的报告，对于十九大庄严宣布中国进入特色社会主义新时代及提出的新方略、制定的新规划、

[①] 《"我们的幸福感自豪感越来越强"——全球华侨华人热切期待十九大召开》，《人民日报》2017 年 10 月 18 日。

描绘的新蓝图，对大会彰显的大国自信与担当表示赞赏，对新一届中央领导集体充满信心、满怀期待。

中共十八大开启中国特色社会主义新时代。十八大以来，在以习近平同志为核心的党中央领导下，形成并推进"四个全面"战略布局，提出创新、协调、绿色、开放、共享的新发展理念，推动中国特色社会主义建设事业取得一系列重大成就。华侨华人对中共十九大报告总结过去五年成就有着强烈的共识。"五年来的成就是全方位的、开创性的，五年来的变革是深层次的、根本性的。五年来，我们党以巨大的政治勇气和强烈的责任担当，提出一系列新理念新思想新战略，出台一系列重大方针政策，推出一系列重大举措，推进一系列重大工作，解决了许多长期想解决而没有解决的难题，办成了许多过去想办而没有办成的大事，推动党和国家事业发生历史性变革。这些历史性变革，对党和国家事业发展具有重大而深远的影响。"①

海外华侨华人对祖（籍）国五年来的发展感同身受，高度赞扬。在谈到祖（籍）国五年来的成就，美国侨领梁鸿生、泰国侨领邝锦荣等表示，过去五年，中国发展一日千里，惠民政策实施和反腐败斗争深入开展，让海外侨胞对国家发展越来越有信心，特别是中国梦让侨胞们极大增强了民族自信心。澳大利亚浙江侨团联合会会长陈静认为，中国正经历从"站起来"到"富起来"再到"强起来"的历史性飞跃，社会稳定繁荣、经济蓬勃发展。

在北京语言大学攻读博士的马来西亚第四代华裔张倪珮说，她和家人都在关注中共十九大召开，中国共产党尤其在肃贪反腐方面下了真功夫，以民为本，为官清廉，将为中国人民带来福祉。澳大利亚华人金融

---

① 习近平：《决胜全面建成小康社会　夺取新时代中国特色社会主义伟大胜利——在中国共产党第十九次全国代表大会上的报告》（2017 年 10 月 18 日），人民出版社 2017 年版，第 8 页。

专家协会理事长郭生祥表示，中国共产党展开的宏伟蓝图具有鲜明的中国特色，其中一个重要方面就是反腐和党风廉政建设。

意大利中国总商会会长陈正溪认为，中国不仅是海外华侨华人深深眷恋的故乡，更为他们发展提供着源源不断的养分。中共十八大以来，中国非公有制经济发展给来华创业的海外华侨华人提供了前所未有的良好环境和社会氛围。菲律宾菲中文化交流协会会长王书侯认为，中共十八大以来中国经济社会发展成就有目共睹，而中国对海外华侨华人生存发展状况的关注更让人深受感动，近些年来世界各地天灾人祸时有发生，很多时候海外侨胞身处其中，遇到这种情况，以往常常是束手无策，现在立刻得到祖（籍）国帮助，真的感到背后有一个强大的祖（籍）国是多么幸福。中国的强大无形中提高了华侨华人的社会地位。[①] 这些看法是华侨华人由衷而发的亲身感受或耳闻目睹的见闻。

西班牙北京同乡会会长史丽君认为，中国取得了伟大的成就，侨胞在经济、文化等各方面与祖国的联系更加紧密了，也让华人华侨越来越自信。她表示，侨居海外的华侨华人命运与祖国相连，愿意与祖国人民共同实现中华民族伟大复兴的中国梦，中共十九大向世界展示了中国的崛起，未来的中国必将为世界和平发展贡献中国智慧和力量！我们侨居海外的华侨华人也要积极参与中国"一带一路"建设，发挥我们独特优势，传播中国文化，讲好"中国故事"，为促进中华民族伟大复兴作出我们的努力！

中共十九大的重大贡献是宣布中国特色社会主义进入新时代，将习近平新时代中国特色社会主义思想确立为党的指导思想，提出中国特色社会主义新时代的奋斗目标。使广大海外华侨华人和归侨侨眷感到极

---

① 郑言：《携手开启新征程　共同迈向新辉煌——海内外侨界热议党的十九大》，《侨务工作研究》2017 年第 5 期，第 29、32 页。

大振奋，他们礼赞新时代、新思想、新目标。

日本侨报社总编辑段跃中收看了中共十九大开幕会兴奋地表示：习近平总书记的报告令人振奋，三个多小时也没有感到时间很长，五年的辉煌成果，未来的宏伟蓝图，给人以力量与希望。"这同样为我们在海外讲好中国故事指明了方向。"①旅日作家莫邦富说："十九大的胜利闭幕，让海外民众看到中国坚持和平发展路线的可持续性，增强了对中国的信心和信赖。一个经济繁荣富强、社会民主公正的中国正在和平崛起，这是对世界和平与经济的最可信赖的保障。对于生活在海外的中国人来说，祖国的发展和壮大，是我们的底气和自信，是我们的自豪和荣耀。如果说改革开放到今天是为明天的发展和美好打下了坚实的基础，那么十九大之后，我们相信祖国会有一个更大、更持久、更辉煌的发展和飞跃！"全日本华侨华人联合会名誉会长颜安表示，虽然中共十九大已经顺利闭幕，但习近平总书记在媒体见面会中援引元朝王冕《墨梅》中"不要人夸好颜色，只留清气满乾坤"的诗句依然余音绕梁，让人深感共鸣。治国需要清气，做人何尝不是如此？守初心，留给世间一片真诚、坚韧与气节才是最重要的。留日同学总会关西分会负责人杨阳表示，中共十九大的召开，日本各大媒体都对此进行了全方位的报道，这让我强烈感受到中国在世界上的影响力已经是今非昔比。此外，总书记提出的"两个一百年"的奋斗目标，为我们描绘了一幅中国未来的美好画卷，海外华人愿积极参与到祖国现代化建设的进程中，为绘制中国美好蓝图贡献自己的力量。②

新加坡国立大学东亚研究所所长、知名中共历史学者郑永年表示，新思想聚焦的是中国基本实现小康后"决胜全面小康"，乃至实现现代

---

①　《华侨华人热议十九大报告："祖国是我们最强有力的依靠"》，《人民日报》2017年10月24日。

②　《在日华人："人类命运共同体"必将赢得各国"民心"》，新华网，2017-11-06。

化强国的新时代，是中国"富起来"和"强起来"时代的指导思想。郑永年说，习近平新时代中国特色社会主义思想的重大突破在于全面推进社会建设和制度建设，更强调发展的全面性与平衡性。比如，精准扶贫让所有人共享改革和发展的红利。

中国海外交流协会顾问、香港侨界社团联会会长余国春感言：十九大召开标志着新时代的来临，新思想、新时代和新目标向世人展示了中国对未来发展的美好愿景和宏伟蓝图。中国侨商投资企业协会副会长赵勇说，十九大报告提出中国特色社会主义进入新时代，这个重要论断给海外侨胞以极大振奋，也成为广大侨商侨企拟定今后发展思路的重要依据。马来西亚归侨李汉荣认为，中共十九大报告提出分步走全面建设社会主义现代化强国的新目标，为我们国家各项事业发展指明了前进方向。

瑞士《欧亚时报》社长朱爱莲说："习主席的演讲展现了中国领导人的独特魅力，观点体现了中国负责任大国的国际担当。"日本琉球经济战略研究会会长方德辉表示，虽然身在海外，但十九大期间每天起床的第一件事就是看中国新闻。瑞典华文报《北欧时报》社社长何儒认为，十九大提出了习近平新时代中国特色社会主义思想，阐明了未来发展走向，让海外各界人士感受到中国共产党巨大的政治勇气、魄力和责任担当。匈牙利侨领方良瑞认为，海外侨胞愿和国内同胞一起在新蓝图引领下踏上实现中华民族伟大复兴的新征程，作出新贡献。①

美国华盛顿地区同乡会联合会理事长冯宁平指出："十九大报告中'新时代'以及'新矛盾'的重大判断非常精准，我坚信并期待未来五年，中国完全可以达到一个更加辉煌的高度。"波士顿北京同乡会会长赵进在接受记者采访时表示，"习近平新时代中国特色社会主义思想写入

---

① 郑言：《携手开启新征程　共同迈向新辉煌——海内外侨界热议党的十九大》，《侨务工作研究》2017 年第 5 期，第 29、32 页。

党章，这将指引着中国前进的正确方向。旅美侨胞非常激动，对中国共产党领导下祖国未来发展前景充满信心"。美东华人社团联合总会主席梁冠军认为，中共十九大提出习近平新时代中国特色社会主义思想，彰显了中国共产党始终坚持为中国人民谋幸福、为中华民族谋复兴的使命感和责任感。美国纽约大学政治系终身教授熊玠表示，中国梦"民族复兴""社会主义现代化强国"等都是中共在新时代的新目标，将推动十九大后中国的持续发展。"可以说，中华民族伟大复兴的目标绝非空谈，在新的指导思想下，实现指日可待。"熊玠认为，中共十九大报告对中国特色社会主义提出了许多新论述与新观点，既坚持以经济建设为中心，又全面推进政治建设、社会建设、文化建设、生态文明建设以及其他各方面建设。"法治中国""美丽中国""健康中国""平安中国"等都将开启新征程。①

当中国相关领导严隽琪等来到斐济宣讲中共十九大精神时，受到当地各界及华侨华人的欢迎。斐济华文报《斐济日报》社社长刘枫表示：这是一个伟大的新时代，坚信在中共的领导下，按照十九大指明的政治方向前进，中国一定会实现中华民族的伟大复兴。斐济北方华人协会会长赵福刚表示，中共十九大极大地鼓舞了全党全国人民以及海外侨胞为实现中华民族伟大复兴的中国梦而奋斗的信心与力量。②

二、对新一届党和国家领导人充满新期待

中共十九大选举产生了新一届中央委员会和中央纪律检查委员会，

---

① 《海外知名华人学者热议十九大折射的中国观》，中国新闻网，2017-10-24。

② 张永兴：《斐济各界、华侨华人及中资企业盛赞中共十九大》，新华网，2017-12-16。暨南大学图书馆世界华侨华人文献馆、彭磷基华侨华人文献信息中心编：《侨情综览》（2017），南方出版传媒、广东人民出版社2019年版，第258页。

中共十九届一中全会产生了新一届中央领导机构。10月25日，新一届中央政治局常委在一中全会结束后同中外记者见面，习近平总书记发表重要讲话，在海内外侨界引发热烈反响。

中国侨商投资企业协会常务副会长许荣茂兴奋地说，十九大展现了中国共产党治国理政划时代新方略，新一届中央领导集体将引领中国进入建成小康社会、迈向富强的新时代，让海内外中华同胞感到无比振奋。云南、广西归侨侨眷纷纷表示，坚决拥护以习近平同志为核心的新一届中央领导集体，迅速把思想和行动统一到党的十九大精神上来，认真学习习近平新时代中国特色社会主义思想，坚定维护核心，积极为经济发展和和谐社会建设作出贡献。

西班牙加泰罗尼亚福建工商会会长陈孝乐、丹麦华人福建同乡会会长李忠良等侨领表示，伟大的祖国正处在继往开来的历史性时刻，广大华侨华人坚信，中共十九大后，在新一届中央领导集体带领下，中国的发展道路会更加宽广，祖国的明天更加美好。①

与往年的全国人大和全国政协会议比较，2018年的"两会"是换届会议，会期都有所延长，内容更加丰富。十三届全国人大一次会议有诸多议程，其中一项重要议程就是3月11日第三次全体会议投票通过《中华人民共和国宪法修正案》。宪法修正案通过公布后，得到海外华侨华人和归侨侨眷的拥护。他们表示，此次修宪顺应了中国特色社会主义进入新时代的大趋势，体现了党和国家事业发展的新成就、新经验、新要求，符合党心民心侨心，必将进一步凝聚起包括广大侨胞在内的海内外中华儿女同圆共享中国梦的信心和力量。法国《欧洲时报》指出，自改革开放以来，中国已多次修宪，其根本原则与方法始终如一，都是求真

---

① 郑言：《携手开启新征程　共同迈向新辉煌——海内外侨界热议党的十九大》，《侨务工作研究》2017年第5期，第31页。

务实、与时俱进。挪威中国和平统一促进会会长马列、欧洲华商会会长
傅旭敏、英国中文教育促进会会长伍善雄等表示，此次宪法修正案获得
高票通过，意义重大而深远，我们完全赞同、坚决拥护。海外华侨华人
进一步认为，将习近平新时代中国特色社会主义思想载入宪法意义重大
且深远。英国国会跨党派华人事务委员会秘书长、国务院侨办为侨服务
法律顾问团成员李贞驹律师，国际潮团联谊会日本代表蔡林海等表示，
此次修宪将习近平新时代中国特色社会主义思想载入宪法，顺应了中国
特色社会主义进入新时代的发展要求，具有重大现实意义和深远影响，
将更好凝聚起海内外中华儿女的力量，共同推进中华民族伟大复兴。澳
大利亚新南威尔士大学终身教授、澳华科学技术协会主席王军表示，修
宪恰当准确到位，对于贯彻落实习近平新时代中国特色社会主义思想以
及保持国家长期稳定发展具有重大的法治保障作用。侨胞们还认为，修
宪对于构建人类命运共同体也具有深远意义。日本亚洲通讯社社长徐静
波、老挝中国总商会副会长宋杰峰等表示，此次修宪把"推动构建人类
命运共同体"写入宪法，将增强"人类命运共同体"理念和"一带一路"
国际合作的感召力，对于推动各方面尤其是侨胞发挥独特优势参与"一
带一路"建设具有积极意义。意大利中国总商会陈正溪认为，"人类命
运共同体"进入宪法序言，是"一带一路"倡议具体实践与制度化的结
晶。①

　　3月17日，十三届全国人大一次会议选举新一届国家领导人，习近平
再次全票当选国家主席、中央军委主席。海外华侨华人纷纷表示，坚决
拥护和支持新一届国家领导人，对新一届国家领导人带领全体中华儿女
决胜全面建成小康社会，开启全面建设社会主义现代化国家新征程充满

---

① 勇广：《聚焦全国"两会"——侨界热议新时代》，《侨务工作研究》2018年第1期，第
38页。

信心。中国侨商投资企业协会常务副会长许荣茂表示，我们坚决拥护新一届国家领导人。相信代表全体中国人民选举产生的新一届国家领导人，一定会带领中国各族人民走向更美好、更灿烂的明天。印度尼西亚《印华日报》总编辑李卓辉说，新一届国家领导人自信从容、稳健务实，富有魄力勇气、极具远见卓识，必能带领中国人民实现中华民族伟大复兴。泰国华人青年商会会长李桂雄说，相信在新一届国家领导人带领下，中国一定会在中国特色社会主义道路上越走越自信，脚踏实地迈向中华民族伟大复兴的目标。土耳其中国工商总会会长江小斌表示，新一届国家领导人的诞生是人心所向，众望所归！祖（籍）国强大了，海外华侨华人感觉特别明显。土耳其是"一带一路"沿线重要国家之一，侨胞们会抓住机遇，为推动两国经贸合作作出更多贡献。俄罗斯华侨华人青年联合会会长吴昊说，我们对新一届国家领导人带领中华儿女决胜全面建成小康社会、开启全面建设社会主义现代化国家新征程充满信心。旅英文化学会主席黎丽表示，海外华侨华人热烈拥护中国新一届国家领导人。新一届国家领导人的产生，充分体现了中国的民主，为国家发展大业提供了强有力保障。罗马尼亚中国和平统一促进会会长郭玉山说，中国新一届国家领导人的产生是人民的选择，我们期待中国深化改革的进程更为顺畅。意大利宋庆龄基金会主席金慧表示，中国新一届国家领导人继往开来，重任在肩，将领导中国人民踏上新征程。美国知名侨领方李邦琴女士表示，相信新一届国家领导人将带领中国继往开来，踏上伟大新征程。阿根廷中国和平统一促进会会长罗超西说，对于新一届国家领导人的产生，旅阿侨胞欢呼雀跃。我们期待中国巨轮在新一届国家领导人的领航下加足马力，破浪前行。智利中国汽车行业协会秘书长关金涛说："广大海外侨胞盼望中国在新一届国家领导人带领下，在稳定中不断走向强大。海外侨胞也更有信心、有意愿，在中华民族伟大复兴的征途中贡献更多力量。"津巴布韦中国和平统一促进会会长王新举表示，希望新一届国家领导人带领全国人民努力奋进，开拓进取，使中国的综合国力再上新台阶，在世界舞台上扮演更加重要的角色。在澳大利亚壹合鲜品总经理李炜兴奋地说，"作为一个多年旅居海外的游子，我衷心期望新一届国家领导人带领祖国人民为早日实现中华民族的伟大复兴而拼搏奋斗"。①

海外华侨华人关注新一届党代会选举党中央领导人和新一届人代会选举的国家领导人，对新一届党和国家领导人充满信心、充满期待，表达衷心的祝愿，体现了华侨华人对祖（籍）国前途和事业的关心。

中共十九大胜利召开，向国际社会彰显了中国方案、中国智慧、中国力量，得到国际社会的热切关注和积极评价，也使海外华侨华人扬眉吐气，震撼和鼓舞。他们高度评价中共十九大的世界意义。

意大利华文媒体欧联通讯社 2017 年 10 月 19 日发表评论文章称，中共十九大报告所展现出的大国自信和大国担当震撼世界。当前，人类面临许多共同挑战，中国智慧和中国方案更能让人类命运共同体的价值观和信念行稳致远，中国担当为共同发展的前景带来曙光。10 月 23 日，在欧洲具有重要影响的华文报《欧洲时报》发表社论说，不论对内还是对外，今后中国经济将进入新一轮红利释放周期，并继续为世界经济发展提供中国智慧。葡萄牙中华总商会会长蔡文显充满信心地表示，相信中国一定会在国际舞台上发挥更加积极的作用，促进世界和平与进步。

"澳大利亚华人华侨支持北京冬奥联盟"一致认为，中共十九大是一次令世界瞩目的、开启新纪元的大会，是全球第二大经济体"核心引擎"将引领世界走向何方的"誓师"。站在伟大复兴的时代高度，它寄托着千百年来中国人的梦想和全世界珍爱和平与发展的人民的期待。

南非华人警民合作中心主任吴少康认为，中共十九大具有重大世界

---

① 《海外华侨华人期待中国新一届国家领导人领导中国开启新征程》，新华网，2018-03-18。

意义："十九大不只是中国自己的盛会,世界同样瞩目中国的未来发展和走向。"

从以上介绍的几个方面,可以看出世界各地华侨华人从多方面关注中共十九大,热议十九大。有的关注十九大的重大创新,有的关注中国未来的发展方向,有的关注"一带一路"建设,还有的关注祖国和平统一,这些在海外华侨华人社会中具有代表性。

第三章
大力吸引海外华商到中国大陆投资

　　中共十一届三中全会以后，党和国家的工作重心由以阶级斗争为纲转到经济建设上来，在这种大环境下，中央和各级政府制定了相关的方针政策和法律规定，并为营造良好的投资环境做出了积极的努力。中国改革开放方针政策的制定和对海外华资企业优惠政策的实施，极大地激发了广大海外华商来华投资的热情，投资数额不断增加，投资规模不断扩大，投资地域不断延伸，投资领域不断拓展。这些投资所带来巨大经济效益，不仅对于中国经济持续快速发展发挥了重要作用，而且加速了中国改革开放的深化，广大华商自身的经济实力得到了加强，居住国也从中获得了利益。

第一节　中国吸引外资政策的重大调整转变

改革开放以来，不但中央政府制定出台了一系列涉及华侨投资的法规条例，各省、自治区、直辖市也纷纷制定了吸引侨资的条例、法规或采取了相关措施，这些构成了中国新时期完整的华侨投资政策。地方政府的相关条例和规定，多是在中央政府相关条例和规定的基础上制定的，是中央政府相关法规条例的具体化，多带贯彻落实的性质。中央和各级政府制定了相关的方针政策和法律措施，对海外华资企业实施各项优惠政策，并为营造良好的投资环境、积极引进侨资侨智做出了积极的努力。

一、重新制定吸引华商投资政策

中华人民共和国成立初期，关于华侨投资的政策尚未明确，对引导华侨回国投资，仅着重进行宣传和调查研究等工作。特别是在1956年起对私有企业实行社会主义改造，规定华侨只能投资于由国家经营的华侨投资公司。投资者不直接参与公司经营，只定期领取股息，其股金保本保息。这一时期华侨投资总量不多，1949年至1966年总额约1亿美元。[①]"文化大革命"时期，吸引侨资的各项工作陷于停顿，海外华侨华人来华投资完全中断。

中共十一届三中全会以后，侨务领域包括华侨投资政策也随着全国各行各业的全面拨乱反正，出现了重大转折。

---

① 林金枝：《海外华人在中国大陆投资的现状及其今后发展趋势》，《华侨华人历史研究》1993年第1期。

作为中国改革开放的总设计师，邓小平十分重视引进华侨华人资金进行经济建设，在有关谈话中多次强调："现在搞建设，门路要多一点，可以利用外国的资金和技术，华侨、华裔也可以回来办工厂。"[①] "我们欢迎海外华侨、华人都回来走走，一是了解我们国家，二是看看有什么事情可以参与，可以尽力。"[②] 利用外资发展中国经济，是邓小平改革开放思想的核心内容之一。海外华商资本是改革开放后外资进入中国的"排头兵"，并且较长时间是中国吸收利用外资的主体部分，也是新时期、新世纪中国可持续发展的宝贵资源之一。可以说，邓小平利用海外华商资本发展中国经济的思想，在其对外开放思想中占有突出的地位。

1984年，中央政治局委员习仲勋代表中央书记处在全国省级侨办主任会议上的讲话，体现了中国政府对引进侨资侨智重要性的具体认识。他指出：现在居住在世界各地的3000多万华侨和外籍华人是一支很重要的力量。认真做好他们的工作，对我国加快四化建设、完成祖国统一大业、扩大海外影响和争取国际友人，都有非常重要的意义和作用。这几千万华侨和外籍华人拥有大量的资金，他们中又有许多专门人才，懂科学技术，擅长经营管理，只要我们政策正确，方法对头，审时度势，因势利导，就有可能把他们的积极性调动起来，在我国四化建设中发挥重要作用。并明确指出，中央已决定通过立法对华侨和港澳同胞、台湾同胞等在祖国大陆投资给以优惠待遇。这表明，改革开放之初，中央即决定制定新的吸收华侨和港澳台华商对大陆投资政策。

为吸引包括海外华资在内的外资来中国大陆投资，党和各级政府制定了相关的方针政策和法律措施，并为营造良好的投资环境作出了积极的努力。

---

① 《邓小平文选》第2卷，人民出版社1994年版，第156页。

② 《邓小平文选》第3卷，人民出版社1993年版，第162页。

1979 年 7 月 1 日,第五届全国人大第二次会议通过了《中华人民共和国中外合资经营企业法》(1990 年、2001 年两次修订)。7 月 8 日颁布施行。吸收外国客商、海外侨商、港澳台同胞在我国大陆投资举办企业从此肇始。① 1979 年六七月间,中央接到广东省委《关于发挥广东优越条件,扩大对外贸易,加快经济发展的报告》和福建省委《关于利用侨资、外资,发展对外贸易,加快福建社会主义建设的请示报告》后,经过认真讨论,于 1979 年 7 月 15 日以中发〔1979〕50 号文件,批转了这两个报告。中央在批语中指出:

广东、福建两省靠近港澳、华侨多,资源比较丰富,具有加快经济发展的许多有利条件。中央确定,对两省对外经济活动实行特殊政策和灵活措施,给地方以更多的自主权,使之发挥优越条件,抓紧当前有利的国际形势,先走一步,把经济尽快搞上去。这是一项重要的决策,对加强我国四个现代化建设具有重要的意义。②

可见 1979 年 7 月,是我国推动改革开放一个特殊的年月,中央确定吸收外资包括侨资,是从这时开始的;为了加快发展发展经济,中央决定给予广东、福建两省以特殊的政策,这种特殊政策的重要条件之一,是这两省"靠近港澳、华侨多"。

1982 年 12 月,第五届全国人大第五次会议通过修改《中华人民共和国宪法》。其中第十八条指出:"中华人民共和国允许外国的企业和其他经济组织或者个人依照中华人民共和国法律的规定在中国投资,同中国的企业或者其他经济组织进行各种形式的经济合作。"③ 这就以国家根

---

① 《谷牧回忆录》,中央文献出版社 2014 年版,第 343 页。
② 《谷牧回忆录》,第 349 页。
③ 《中华人民共和国宪法(1982 年)》,中国人大网,www.npc.gov.cn。

本大法的形式，规定了吸收外资海外华商资本来华投资的政策，而且明确了外资的形式和性质为外国企业、经济组织或者个人。1983年，中共中央、国务院发出关于加强利用外资工作的指示，指出："利用外资、引进先进技术，对加快我国社会主义现代化建设具有重要的战略意义……因此，我们要把利用外资作为发展经济的一个长期方针。"文件在政策上正式规定对外资放宽税收、开放部分国内市场、放宽对设备和材料进口以及产品出口限制、实行合理价格政策，在部分地区允许开办外资独资企业、提供外汇调节等优惠条件。文件特别提出：对华侨和港澳、台湾同胞在国内投资给予特殊的优惠。由国务院侨务办公室会同有关部门制定具体办法，报国务院批准。

　　1985年4月2日颁布了《国务院关于华侨投资优惠的暂行规定》（以下简称《暂行规定》），共11条。《暂行规定》第二条规定："华侨投资者可以选择独资经营，同国营企业合资、合作经营，同集体企业合资、合作经营等方式进行投资。""华侨投资还可以采取向国营华侨投资公司、信托投资公司进行现汇存款和购买债券等方式。"可见其对华侨投资方式的规定比较灵活，而且首次允许"独资经营"。第三条规定：华侨在经济特区和经济技术开发区以外投资兴办企业，除按我国有关法律、法规执行外，还可以享受11项税率优惠。①《暂行规定》是新时期最早

---

　　①　《暂行规定》的优惠主要是：（一）华侨投资的企业，从开始获利的年度起，三年免征所得税，从第四年起，四年减半征收所得税（简称"免三减四"——笔者注）。（二）华侨投资企业，按本条第一款免减税期满后的年度，其所得税税率按我国现行税法税率减征20%。（三）华侨投资兴办国家急需的、缺门短线项目，以及知识密集型、技术密集型工业，开发性的项目和在边远地区兴办企业，免减税期满后的年度，经税务部门批准，可以按15%的税率征收所得税。（四）华侨投资者从企业分得的税后利润，按我国外汇管理有关规定办理汇出境外时，免征所得税。（五）华侨投资者从企业分得的利润，如继续在国内再投资，期限在五年以上的，经税务机关审查批准，退还再投资部分已纳所得税款的50%。（九）华侨投资的年限一般为五年到三十年，期满后经申请批准，还可以延长。（十）华侨投资的企业使用的土地，其年限按当地规定执行，其费用按当地规定减收10%—30%。以上诸条款是对华侨（包括港、澳、台同胞）来华投资享受的诸多优惠，尤其是以税收方面的优惠为最。

的有关华侨投资的规定。较之改革开放前的相关法规条例，《暂行规定》有重大突破，即允许并鼓励属于完全私有性质的海外华商资本在大陆独立存在发展，这与改革开放前限制并消灭私有经济、规定华侨投资于国营企业迥然不同。

继《暂行规定》后，1990 年 8 月 19 日发布了《国务院关于鼓励华侨和香港澳门同胞投资的规定》（以下简称《规定》），共 22 条，第一条明确了制定《规定》的目的是"为促进我国经济发展，鼓励华侨和香港澳门同胞在境内投资"。第二条规定："华侨、港澳投资者可以在境内各省、自治区、直辖市、经济特区投资。鼓励华侨、港澳投资者依照国家有关规定从事土地开发经营。"第三条规定："华侨、港澳投资者在境内可以下列形式进行投资：（一）举办华侨、港澳投资者拥有全部资本的企业；（二）举办合资经营企业、合作经营企业；（三）开展补偿贸易、来料加工装配、合作生产；（四）购买企业的股票和债券；（五）购买房产；（六）依法取得土地使用权，开发经营；（七）法律、法规允许的其他投资形式。"第四条规定投资的项目，可按指定的行业项目投资，也可自行提出申请项目。"国家鼓励华侨、港澳投资者投资举办产品出口企业和先进技术企业，并给予相应的优惠待遇。"第七条规定了投资者的权利和义务："华侨、港澳投资者在境内的投资、购置的资产、工业产权、投资所得利润和其他合法权益受国家法律保护，并可以依法转让和继承。华侨、港澳投资者在境内活动应当遵守国家的法律、法规。"第八条和第九条进一步明确："国家对华侨、港澳投资者的投资和其他资产不实行国有化。"如国家根据社会公共利益的需要对其企业征收时，得依法予以相应补偿。此项规定为投资者吃了定心丸。第十条至十二条，对投资者的利润处理、税收减免、借款方式等做了说明或规定，其中在税收方面给予较多的优惠待遇。第十三条至十六条对企业经营活动、经营期限、董事会、人员出入境管理等做了说明，其中第十五条规定，投资者"投资企业依照经批准的合同、章程进行经营管理活动。企业的经营管理自主权不受干涉"。①

由此可见,《规定》是在《暂行规定》的基础上制定的,它比《暂行规定》更加全面、具体、规范,其投资方式更加灵活,但优惠待遇比之减少。随着中国对外开放的深入和扩大,外资大量涌入,投资优惠幅度自然随之调整。这表明,中国华侨投资政策随形势发展变化的调整与发展。

随着中国华侨投资政策发展成熟,2002 年国务院侨办制定了《涉侨经济案件协调处理工作暂行办法》(以下简称《办法》),目的在于依法维护海外华侨在国内投资的合法权益。《办法》对涉侨经济案件的组织机构和职能,涉侨经济案件受理、处理、结案等均作了详细规定。这说明,中国对侨资管理走向规范化。

以上相关华侨投资政策规定的出台,表明改革开放以来中国政府对华侨投资政策的重视并做了相关立法工作。从中还可以看出,其间中国政府将华侨华人投资与港澳台资一道作为外资看待的同时,对其在中国的投资制定了比其他外资更多的优惠政策。②

除此之外,各省、自治区、直辖市及省辖市认真贯彻落实国家的侨资政策,根据各地的实际情况、因地制宜地制定和颁布了吸引外资包括侨资、港澳台资的法规条例,或制定了具体的实施办法,这也是新时期我国华侨投资政策的基本内容。有关地方各省区市的相关条例规定甚多,在此介绍一些有代表性的法规条例。

我国主要侨乡省份福建省人民政府 1986 年颁布了《福建省贯彻〈国

---

①　《国务院关于华侨投资优惠的暂行规定》(1985 年 4 月);《国务院关于鼓励华侨和香港澳门同胞投资的规定》(1990 年 8 月 19 日)。转引自任贵祥主编:《海外华侨华人与中国改革开放》,中共党史出版社 2009 年版,第 237—238 页。

②　直至 2008 年 3 月 27 日,国家税务总局明确规定,取消对外资企业原执行的若干税收优惠政策。

务院关于鼓励外商投资的规定〉的补充规定》，又于 1989 年至 1994 年
颁布一系列关于侨、外、台、港、澳资本开发经营成片土地，有形资产
鉴定，鼓励投资于农业、港口、电力、高速公路等 10 多项专门规定。
1998 年福建省九届人大四次会议通过并公布了《福建省保护华侨投资权
益若干规定》。其中对侨资的界定、审批登记、权利义务、委托代理、
投资者子女教育、税收、权益保护等均作了详细规定。如第八条规定：
"华侨投资的产品出口和先进技术企业、开发性农业、开办在宁德、南
平、三明、龙岩四地市及其他地市中贫困乡镇的生产性企业，均可享受
本省企业所得税最优惠减免待遇。"第十七条规定，华侨投资企业建设
和生产所需的水、电、气、交通运输和通讯等，有关部门应在同等条件
下优先照顾，收费标准与国内企业一视同仁（2002 年修正后的规定，第
八条、第十七条优惠待遇取消）。

　　1989 年，吉林省人民政府颁布了《吉林省华侨投资优惠实施办法》。
其中第三条对华侨投资的产品出口企业和先进技术企业的场地使用费作
出了各项优惠规定。如第八条规定，对介绍华侨来吉林省投资的华侨亲
友，由接受投资的单位参照下列标准发给奖金：介绍的华侨实际投资折
合人民币 50 万元至 100 万元的，按 2‰发给奖金；超过 100 万元人民币
的，其超过部分按 2.5‰加发奖金。对介绍来吉林省投资的企事业、科研
单位，由接受投资的单位发给 3‰的佣金。第十一条规定对华侨投资项
目的审批、注册登记、减免税申请等事项，有关部门应优先办理。与其
他地区的相关规定条例比较，吉林省最早将吸引侨资政策扩大到华侨亲
友，这些优惠办法可谓细致周到。

　　1992 年 6 月，山西省人民政府颁布了《山西省鼓励外商、港澳台同
胞及华侨投资实施细则》（1994 年 7 月修订），其中第六条规定，外商、
港澳台同胞及华侨投资企业，属于下列情况之一的，按用地审批权限，
经批准后，在使用期内免缴土地使用费：从事农、林、牧、渔开发性的

项目，兴办交通、能源、基础设施的项目，开发利用滩涂或者改造利用废弃土地的项目，开发不以盈利为目的的教育、文化、科学技术、卫生、体育和其他社会公益事业项目。第二十二条规定，对外商、港澳台同胞及华侨投资企业从事、开发产品出口企业和先进技术企业、农林牧副开发项目，以及围绕能源、机电、冶金、化工、轻纺、食品等支柱产业为现有企业特别是国有大中型企业进行嫁接改造的项目，从开始获利年度起免征地方所得税10年，从企业开业之日起免征城市房地产税10年。第二十七条规定，对引荐、介绍台湾同胞来本省投资的中介人，在合同规定的资金全部投入企业后，可以按投资者实际投资额折合人民币1‰付给一次性奖金。对于投资较大的项目，酌情规定最高上限。

1992年12月，贵州省颁布了《贵州省鼓励外商和华侨港澳台同胞投资条例》，其中的第四章规定了华侨、港澳台同胞投资企业比一般的外商投资企业享受更多的优惠待遇。第二十八条规定，华侨、港澳台同胞投资企业，可免征地方所得税10年（一般的外商投资企业免征地方所得税7年）。投资于能源、交通、原材料、矿产资源开发等基础工业、基础设施和农业、林业、牧业、水利等开发性项目，兴办产品出口企业、先进技术企业和在少数民族自治地方、边远地区兴办企业，可免征地方所得税15年（一般的外商投资企业免征地方所得税10年）。

青岛市推出了"凝侨兴市工程"。在1996年试点中，市侨办引荐侨商外商洽谈重点项目10个，引荐海外客商1300多人次，与400多个单位洽谈了630个经贸科技项目，组织了30次招商活动，引进侨资企业382家，占全市引进"三资"企业的60%。至1997年初，全市有侨资企业2336家。1998年青岛市又出台了可将外国友人、华侨及港澳同胞聘为经济顾问的"暂行规定"，同年5月，青岛市又为"外国友人、华人和境外同胞"制定了"授予荣誉市民办法"。同年11月，青岛市又出台"设立琴岛奖暂行规定"。其中第二条规定："青岛市人民政府设立琴岛奖，奖励对本市经济建设和社会发展作出突出贡献的国外友人和华侨及港、澳、台同胞。"青岛市出台的一系列规定，形成了全面引进外商包括华商投资的配套政策。

海南省出台了《海南省经济特区外商投资条例》《海南省外商投资开发矿产资源管理规定》《海南省外商投资企业实施产业政策的办法》《海南省外商投资企业管理办法》等。"为了鼓励广大华侨、港澳台同胞投资参加海南开发建设和表彰他们慷慨捐赠"，海南省政府还颁布了华侨、港澳台同胞投资、捐赠奖励办法。对投资、捐赠达到一定数额者分别予以奖励："赤子楷模"（投资额 200 万美元以上或捐赠额 30 万美元以上者）；"赤子模范"（投资额 100 万—200 万美元或捐赠额 15 万—30 万美元者）；"爱琼赤子"（投资额 50 万—100 万美元或捐赠额 3 万—15 万美元者）。

此外，江苏省颁布了《关于鼓励华侨和香港澳门同胞投资的若干规定》（1991 年颁布、2002 年修订），规定属于农、林、牧、渔业开发性和能源、交通、通讯、港口基础设施性的项目，以及与乡镇企业合资、合作经营的华侨和香港澳门同胞投资企业，其土地使用费的免减，各市可在一定期限内给予更多的优惠。属于老企业改造的华侨和香港澳门同胞投资企业，可免交土地开发费。浙江省颁布了《关于鼓励华侨和香港澳门同胞投资的规定》（1992 年 3 月），辽宁省颁布了《辽宁省鼓励华侨、港澳同胞、归侨侨眷投资的优惠办法》（2000 年 3 月），四川省颁布了《四川省华侨投资权益保护条例》（2000 年 11 月），广西壮族自治区颁布了《广西壮族自治区高级人民法院关于依法保护外商和港、澳、台同胞合法权益的规定》（2002 年 8 月），山东省颁布了《山东省侨办关于进一步深化为侨资企业服务的意见》，等等。可见，全国许多省、自治区、直辖市及省辖市都颁布了吸引侨资、港澳台资的相关法规条例，不再详细列举。

　　总之，改革开放以来，不但中央政府制定出台了一系列涉及华侨、港澳台同胞投资的法规条例，各省、自治区、直辖市及省辖市，无论是地处东部沿海改革开放前沿的省市如福建、浙江、天津、青岛，还是内地（大陆）的省份如甘肃、山西、贵州、广西等，都纷纷制定了吸引侨资、港澳台资的条例、法规或采取了相关措施，这些构成了中国新时期完整的华侨投资政策。

　　地方政府的相关条例和规定，多是在中央政府相关条例和规定的基础上制定的。其中不乏创新者，如吉林、贵州、青岛等。这些既体现了中央政府的领导职能，又充分调动了地方政府的积极性，使吸引侨资政策得到贯彻落实。从中还可以看出，其间各地政府将华侨华人投资与港澳台资一道作为外资看待的同时，对其在当地的投资制定了比其他外资更多的优惠政策，采取了更为灵活的措施。随着外资包括侨资的大规模涌入，投资条件、环境的改变，中央和地方政府的相关条例、规定，也随之调整，如前述国务院有关华侨投资的《暂行规定》和《规定》；再如《福建省保护华侨投资权益若干规定》修正后，也作了一定调整。这表明中国华侨投资政策的深入和完善。

二、搭建各种平台吸引海外华商投资

·（一）创办经济技术开发区吸引侨资

　　为了更好地引进、利用外资，1984 年中国政府决定在大连、天津、上海、广州等开放城市设立经济技术开发区。经济技术开发区拥有国务院赋予国家级经济技术开发区的一系列扩大开放、吸收外资、鼓励出口、发展高新技术产业的优惠政策和计划管理、经济管理权限。经过近 20 年的开发建设，国家经济技术开发区已从沿海地区扩展到内地，遍布中国的主要工业城市，形成以高新技术产业为主的现代工业结构，成为所在城市及周围地区发展对外经济贸易的重点区域。各地政府先后出台各种政策为外商投资设厂创造良好的政策环境。各地投入大量资金对开发区的环境、道路、电力、电讯等进行改造，简化项目审批程序，为开发区内企业营造更好的生产生活氛围。进入 21 世纪，开发区在原来要求"七通一平"的基础上，又提出了建立"新九通一平"的新理念。所谓"九通"，即信息通、市场通、法规通、配套通、物流通、资金通、人才通、技术通、服务通；"一平"是"建立 21 世纪中国经济新平台"。各开发区普遍建立了自己的网站，联通了国际互联网，建设宽带局域网络，开始实施电子政务。大力发展金融和现代物流，加强第三产业，优化人文环境和自然资源保护，已成为开发区进一步发展的重要目标。

各经济技术开发区的基础设施不断完善，用于这方面的投资总额达 1000 多亿元，创建了一个比较适应市场经济发展要求、接近国际水平的软硬投资环境。"一站式"服务体系已普遍建立，一批开发区已通过 ISO14000 认证[①]，成为国家的区域性环境保护示范区，开发区基本实现了法制化，各项服务功能和社会功能不断完备。

各经济技术开发区普遍设立了出口加工区、公共保税中心、留学人员创业园、高新技术创业中心等国家级政策园区，入驻开发区的企业可享受免税、退税、出口奖励、运费补助、创业基金扶持等相应优惠政策。开发区对符合产业政策和导向的内外资项目给予相应的优惠政策和资金扶持。开发区管委会对区内企业全部实行行政事业"零收费"。行政服务中心多个审批窗口对区内企业和进区项目集中审批、办理有关手续，

---

① ISO14000 系列国际标准是国际标准化组织（ISO）汇集全球环境管理及标准化方面的专家，在总结全世界环境管理科学经验基础上制定并正式发布的一套环境管理的国际标准，涉及环境管理体系、环境审核、环境标志、生命周期评价等国际环境领域内的诸多焦点问题。旨在指导各类组织（企业、公司）取得和表现正确的环境行为。该系列标准共分 7 个系列，其标准号从 14001 至 14100，共 100 个标准号，统称为 ISO14000 系列标准。

实行"一站式"办公，全程代理代办服务；企业服务中心为企业生产经营、合资合作、信息交流提供协调服务。

至 21 世纪初期，经国务院批准的经济技术开发区有 54 个，累计吸收的外商直接投资占全国外商实际投资总额的 15% 左右，一些城市外商直接投资的 30%—40% 都集中在开发区。许多国际著名的大企业纷纷来开发区投资。据不完全统计，200 余家世界著名的、实力雄厚的国际大公司、大财团在经济技术开发区投资办了 400 多个工业项目，都取得了较大的发展和良好的经济效益。其中包括著名的海外华资企业如泰国的正大集团、印尼的三林集团、新加坡的嘉德置地等。2006 年，54 家国家级经济技术开发区共实现地区生产总值 10136.90 亿元，工业增加值 7414.24 亿元，税收收入 1570.02 亿元，出口 1492.33 亿美元，进口 1338.63 亿美元，实际利用外资 147.12 亿美元。依次分别比上年同期增长 24.04%、24.46%、28.77%、31.14%、20.13% 和 12.97%。按照《国家级经济技术开发区经济社会发展"十一五"规划纲要》，到 2010 年，全国国家级开发区地区生产总值力争达到 20000 亿元，占全国总量的 8% 左右；出口总额达到 3000 亿美元，年均增长 21%。①

中国加入世界贸易组织后，进一步扩大对外开放，对外资企业实行与国内企业同等待遇；此外，"两税合并"后，内外资企业税收政策也已趋同。国家级经济技术开发区的一些"政策优势"正在弱化。面对新的形势和挑战，开发区进行又一次全新的探索。

经过几年的发展，开发区重点转向打造自己的产业集群。许多开发区都形成了特色不同的产业集群：北京开发区是电子信息产业集群，广州开发区是化工产业集群，长春、武汉、重庆开发区是汽车产业集群，

---

① 上述数据参见冯蕾、李慧、杨崇浩：《国家级开发区：从新理念到新优势》，《光明日报》2007 年 9 月 6 日。

青岛开发区是家电产业集群，使开发区形成新的竞争优势。产业聚集，企业集中，也使得开发区在环境保护和发展循环经济方面具有不可比拟的优势。这推动着开发区粗放式发展模式逐渐向集约化方向发展。经过20多年的发展，国家级经济技术开发区特定区位、优惠政策的"先发优势"，正在转变为产业集群优势、技术优势、制度优势、人才优势等"综合优势"。这些优势，是发达国家开发区的重要特征，也是企业投资所真正看重的优势。

经济技术开发区在中国的改革开放中是一个先行的探索者，在改革开放中发挥了一定的"窗口"和"示范"作用。国家经济技术开发区不断丰富发展"三为主、一致力"（"以发展工业为主，以利用外资为主，以出口创汇为主，致力于发展高新技术产业"，发展成为"以提高吸收外资质量为主，以发展现代制造业为主，以优化出口结构为主，致力于发展高新技术产业和高附加值服务业"）。在转变经济增长方式、提高自主创新能力、发展节约型经济等方面，进行了成功的探索。

（二）唯一以"侨"命名的融侨开发区

福建省福清融侨经济技术开发区（以下简称融侨开发区）创办于1987年，1992年10月经国务院批准成为国家级经济技术开发区，是全国唯一一家以"侨"命名的国家级经济技术开发区。融侨经济技术开发区地处著名侨乡福清市，融籍华侨华人数量众多、资本雄厚，是以侨贤林绍良、林文镜为代表的一批旅外融籍华商倡导兴办和发展起来的。30多年来，融籍侨贤积极投身融侨开发区的建设，不断扩大投资规模。在其积极投资的带动下，许多世界性大公司也在此投资。随着开发区的发展，吸引了包括东南亚、欧洲、美国、日本等30多个国家和地区的投资者，行业遍布电子、塑胶、汽车玻璃、化纤、服装、食品、制鞋、铝业等诸多领域。区内80%以上产品供出口。融籍侨贤爱乡兴乡、支持家乡建设的投资热情成为融侨开发区发展的重要动力。

福建省委、省政府作出的"建设海峡西岸经济区"的战略部署给融侨开发区带来了新的发展机遇，也成为开发区有力的政策驱动因素。福清市政府切实采取多项措施，使开发区具备了良好的投资条件、环境与各项机制。融侨开发区在招商引资中的主要特点及优势为：

1. 福清市政府以"团结侨胞、争取侨心、运用侨力、建设侨乡"的指导思想，卓有成效地开展引侨引资工作。福清市注重发挥侨乡优势，以侨引台，以侨引外，大办"三资"企业，以外向型经济带动整个社会经济发展。为此，相继采取了一系列重大举措：一是积极开展对内对外宣传，让海内外形成共识；二是采取"请进来，走出去"的办法，多方联谊，争取侨心；三是认真贯彻落实各项侨务政策，切实保护归侨、侨眷的合法权益，温暖侨心；四是突出重点，争取大户，以大带中小。通过开展这些卓有成效的工作，许多在海外深孚众望、具有庞大实业、雄厚财力的老侨领和工商大户，纷纷回到家乡率先投资。福清市领导从实际出发，提出了"统一规划、项目牵头、分期实施、逐步配套"的连片开发工作思路，由当初规划面积仅 1 平方公里，逐步拓展到现在的 28 平方公里，融侨开发区成为八闽大地外向型经济的重要窗口。

2. 在区位、交通条件等各项设施建设方面具有优势。融侨开发区位于福建闽江口经济活跃带南部，是中国大陆距台湾岛最近的一个地区，具有优越的地理位置和便捷的交通条件。国道福厦线、福厦高速公路、省道大真线及福北路贯穿全区；北距长乐国际机场 40 公里，东连国家一类口岸 3 万吨级元洪码头，南接国家二类口岸融侨码头及国家一类口岸江阴 5 万吨级集装箱码头。有较强的经济集散和辐射能力，有江海水运、航空运输优势和陆路高速交通便利，电讯可直通世界各地，当地人力资源丰富，文化素质较高，具有较大的科技资源。开发区距福州 51 公里，可充分利用福州省会城市所具备的先进生产力、优秀人才和相对发达的金融资本市场、信息服务体系等有利条件，强化自身发展能力。

3. 坚持"发展才是硬道理"的原则，着力优化投资软环境。开发区在加强基础设施建设的同时，着力进行软环境的改善。一是实行稳定、开明的政策。让利兴业，这是融侨开发区成功的经验之一。即在招商过程中坚持"先予后取""先上后理"的指导思想，淡化眼前直接利益，注重潜在长远利益，对前来投资者实行"二带七自"（带资金、带技术设备、带原料市场；在符合国家产业政策及城市总体规划前提下，项目自定、厂址自择、设计自选、基建自招、伙伴自找、员工自聘、管理自主）的优惠措施，放手让投资者按国际惯例运作。在开发工业项目的地价上，坚持优惠地价稳定不变。二是提供优质服务，让投资者称心，成立由市委、市政府及部门主要领导组成的外经贸领导小组，作为外经工作的决策机构；市外商投资企业管理服务中心、融侨开发区管委会为投资者提供全过程、全方位服务；外商投资企业服务中心做好人才储备、培训及调整劳资关系。开发区坚持各项收费标准就低不就高，实行一次性收费、内部分流。经外商投资企业服务中心认可的项目一路"绿灯"，边审批边实施，提高办事效率。

4. 以项目带开发，促进开发区建设上规模、上档次、上水平。融侨开发区发展初期，由于基础配套比较薄弱，只能优先发展轻型、低耗、少污染的劳动密集型项目，随着开发区的实力不断壮大，基础设施不断完善，开始有步骤、有选择地发展一些资金、技术密集型项目，促进产业结构升级，逐步使开发区成为吸收国内外投资更加集中，投资环境不断完备，运行体制更加科学，经济效益不断攀升的区域之一，部分产品技术水平居世界前列，具有国际同行业先进水平，高新技术产业产值逐年大幅增长。2004 年高新技术产业产值为 339.4 亿元，占全区工业总产值的 94.3%，技术密集型企业所占比重逐年上升，电子技术密集型企业占主导地位。全区形成了包括电子、塑胶、玻璃、食品等支柱行业群，龙头企业实力不断增强，涌现出一批诸如冠捷电子、福耀玻璃、明达工业、南方铝业、太平洋塑胶等具有全球知名度和国际竞争力的大企业。全区被核定为高新技术企业有 17 家。2006 年，区内年产值超亿元企业有 35 家，其中超 10 亿元 5家。开发区通过"以侨引台，以台促侨"的措施和办法，形成"侨台港外联合开发"的格局。融侨开发区历来重视改善投资环境、拓展发展空间，引资项目规模大，起点高。多年来通过强有力的政策扶持和各类招商引资活动，逐渐形成了"侨台港外联合开发"的发展格局，其中规划 10 平方公里的洪宽工业村 90% 以上为台资企业。[①]

　　历经 20 多年的发展，融侨开发区已成为福清市和福州市改革开放的先导示范区、工业化的重要载体、外向型经济的重要平台、城市化的重要动力，成为全市"技术的窗口，管理的窗口，对外开放的窗口"，被誉为"不是特区的特区"。融侨开发区以其不到福清全市 1% 的土地，创造了 2006 年福清全市 40% 的税收、70% 的工业产值和 90% 的出口总值。截至 2007 年 6 月，融侨开发区累计审批各类企业 543 家，总投资 37.67亿美元，实际利用外资 13.97 亿美元，工业总产值 2746 亿元人民币，外贸出口 234.52 亿美元，财税收入 52.16 亿元人民币。其中出口总值、单位土地产出等主要发展指标位居全国 54 个国家级开发区前列。融侨开发区已成为福清、福州和福建重要的经济增长点。[②]

表 3-1　融侨开发区历年主要指标

项目 年份	当年批准 项目数（个）	总投资 （亿美元）	产值 （亿元）	财政收入 （亿元）	出口 （亿美元）
1987—1999	286	19.04	548.64	6.45	46.19
2000	12	1.75	147.62	3.23	11.34
2001	13	0.74	150.95	3.74	11.69

---

　　① 上述数据参见《融侨开发区"十一五"规划纲要》；严顺龙：《融侨开发区 20 岁了》，《证券日报创业周刊》2007 年 11 月 4 日。

　　② 严顺龙：《融侨开发区 20 岁了》，《证券日报创业周刊》2007 年 11 月 4 日。

续表

项目 年份	当年批准 项目数	总投资 （亿美元）	产值 （亿元）	财政收入 （亿元）	出口 （亿美元）
2002	28	0.81	184.4	5.10	13.80
2003	36	1.55	235.8	5.75	19.56
2004	35	1.45	366	6.80	34
2005	36	1.75	426	7.60	36
合计	446	27.45	2059.41	38.67	172.58

注：表中出口额汇率按 8.26 折算。

资料来源：《融侨开发区"十一五"规划纲要》。

表 3-2 融侨开发区出口额比重情况表（%）

年份 地区	2000	2001	2002	2003	2004
占福清出口额比重	97	98	99.14	94.49	97.10
占福建出口额比重	8.79	8.40	7.94	9.24	11.38

资料来源：《融侨开发区"十一五"规划纲要》。

表 3-3 2004 年融侨开发区与全国部分开发区主要指标比较

地区与 排名 指标	第一	第二	第三	第四	第五	融侨 开发区	排名
产值 （亿元）	天津 1822	广州 1338	昆山 1261	大连 712	北京 680	366	14
出口 （亿美元）	昆山 113.9	天津 111.75	漕河泾 55	广州 47.55	大连 40	34	6
利用外资 （亿美元）	青岛 12	天津 9.49	武汉 7.65	昆山 6.7	广州 6.55	0.92	25

资料来源：《融侨开发区"十一五"规划纲要》。

近年来，融侨开发区进入新的发展阶段，在实现可持续发展的基础上逐步实现经济转型。2011 年，融侨开发区实现规模以上工业总产值

663 亿元，实际利用外资 7818 万美元，内资到资 9.84 亿元，出口 38.3 亿美元（海关口径），财政收入 14.45 亿。2013 年，融侨开发区实现规模以上工业总产值 501.17 亿元，固定资产投资 74.26 亿元，内资实际到资 16.9 亿元，合同利用外资 5493 万美元，实际利用外资 3528 万美元，规模以上工业增加值 61.13 亿元。[1] 2014 年，面对严峻的经济形势，全区实现规模以上工业总产值 756.8 亿元，固定资产投资 119.6 亿元，税收 17.4 亿元。2016 年，全区规模以上 135 家企业总产值实现 843.21 亿元，实际利用外资 11441 万美元，比增 41.09。[2] 以上数字基本上可以反映融侨开发区稳中有升、持续发展的情况。

改革开放 40 年来，融侨开发区两次实现经济转型。即从早期的"三来一补"为主的产品加工基地，发展成为大规模具有一定科技含量的产品制造基地；再从产品制造基地转型为具有科技含量高、国内外领先的品牌制造基地。融侨开发区形成了光电科技园、洪宽台湾机电园、出口加工区等"一区多园"的格局，2011 年实现工业产值 126 亿元；平板显示整机制造产业，是我国目前规模最大的显示器整机生产产业园，2014 年融侨开发区生产电脑液晶显示器 3000 多万台，占全球液晶显示器产量的 1/5；2014 年 10 月，投资 300 亿元在融侨开发区开工的福州京东方第 8.5 代新型半导体显示器件生产线项目，是我国目前规模最大、自主掌握半导体显示核心技术的领军企业，是全球显示领域的领先企业。近年来，开发区先后被评为国家显示器产业园、国家新型工业化产业示范基地和国家平板显示高新技术产业化基地。

（三）两年一届的世界华商大会

遍布世界各地的华侨华人以吃苦耐劳、富于进取精神和不懈的创造

---

①　《2013 年融侨开发区工业总产值超 500 亿元》，福清新闻网，2014-02-25。

②　徐志南、俞凤琼：《福清融侨开发区：崛起电子信息千亿产业集群》，《中华工商时报》2015 年 10 月 30 日。

获得了世界的普遍认可和良好的口碑，成为许多国家和地区经济发展的重要推动力。为进一步加强沟通与合作，新加坡中华总商会、香港中华总商会和泰国中华总商会于 1990 年联合倡议，在原先区域性的华商联谊会基础上，每两年举行一次世界华商大会（World Chinese Entrepreneurs Convention，WCEC），以促进各地华商间的交流与合作。这一倡议得到许多国家和地区的华人工商社团的积极响应。

首届世界华商大会 1991 年在新加坡召开，每两年举行一次，至 2019 年已举办 15 届。每次会议都吸引世界各地华侨华人社团、华商精英的参与，同时也得到了大会举办国政府的重视和支持。这 15 届世界华商大会情况如表 3-4 所示。

表 3-4 历届世界华商大会简表

届次	年份	地点	国家	届次	年份	地点	国家
第一届	1991	新加坡	新加坡	第九届	2007	神户	日本
第二届	1993	香港	中国	第十届	2009	马尼拉	菲律宾
第三届	1995	曼谷	泰国	第十一届	2011	新加坡	新加坡
第四届	1997	温哥华	加拿大	第十二届	2013	成都	中国
第五届	1999	墨尔本	澳大利亚	第十三届	2015	雅加达	印度尼西亚
第六届	2001	南京	中国	第十四届	2017	仰光	缅甸
第七届	2003	吉隆坡	马来西亚	第十五届	2019	伦敦	英国
第八届	2005	首尔	韩国				

资料来源：任贵祥、朱昌裕著：《华侨华人与中国改革开放 40 年》，广东教育出版社 2019 年版，第 288 页。

从表 3-4 可以看出，截至 2019 年共召开 15 届世界华商大会，其中第六届和第十二届是在中国大陆召开的。

第六届世界华商大会于 2001 年 9 月 17 日至 19 日在中国南京召开。本届世界华商大会是第一次在海外华商的祖（籍）国——中国大陆举行。

此次华商大会在地点的选择上很有意义，南京是著名的"十朝都会"、历史文化名城。伟大的民主革命先驱者孙中山在南京建立了国民革命政府。华侨革命领袖孙中山和古城南京对海内外的华侨华裔有着强烈的感召力和深刻的印象。

焕发了青春的古都南京，也是中国改革开放的一个城市缩影。改革开放以来，南京 GDP 连续 10 多年保持了两位数的增长。南京投资环境的改善对海内外的华商产生了强烈的吸引力。本届华商大会是一次增进世界各地华商交流、共同发展的大会，也体现了中国对海外华商热情好客的人文关怀。

共有来自 70 多个国家和地区的近 5000 名华商代表出席大会，在参会国家与人数方面都是此前历届最多的。大会的主题为"华商携手新世纪，和平发展共繁荣"，副题是"如何迎接信息时代的新挑战"。会议受到中国政府的高度重视和大力支持。时任国家主席江泽民发来贺信。在 9 月 17 日的开幕式上，时任全国政协主席李瑞环亲临会议并发表了热情洋溢的讲话，高度评价了广大海外华商对中国经济发展的重要贡献。[1]

在 9 月 19 日举行的"中国经济论坛"上，时任国务院总理朱镕基发表了题为《走向更加开放和繁荣的中国经济》的演讲。朱镕基对华商对中国经济发展作出的杰出贡献给予充分肯定，他指出：在跨入新世纪之际，第六届世界华商大会在中国召开，具有特殊的重要意义。长期以来，广大海外华侨华人以不同方式热心支持和参与中国的经济建设。迄今为止，在华投资的外资企业，大多数项目和资金来自华商。中国经济取得辉煌成就，海外华侨华人功不可没。广大华侨华人的创业精神已经载入中国经济发展的辉煌史册！[2]

---

[1]　李瑞环的讲话请参见《人民日报》2001 年 9 月 18 日。

[2]　朱镕基的演讲请参见《人民日报》2001 年 9 月 20 日。

时任中国国家发展计划委员会主任曾培炎、对外贸易经济合作部部长石广生和中国人民银行行长戴相龙，分别在论坛上作了题为《乘"十五"计划东风，奏西部开发凯歌》《开放的中国，美好的未来》《中国金融业在改革中发展》的演讲。

来自世界各地的华商聚首金陵，带着亲情和友情，更带着对中国经济发展的憧憬。他们相信，中国蕴藏着巨大商机，这也是海外华商发展的重要机遇。

与会的各地华商都对中国的未来发展满怀信心。泰国盘谷银行董事长陈有汉认为，中国将成为亚洲国家经济发展的"火车头"。今后，盘古银行的业务重点将由美洲和欧洲转向中国。新加坡健全房地产股份有限公司董事长杨嘉文相信，中国成功申办奥运会和加入世界贸易组织，将为外商进入中国房地产市场创造更多的机会。英国皇家建筑学会会员蔡家声则认为，今后将有更多海外建筑师参与中国的建设，他愿意为中国设计更多漂亮的建筑。

正如日本神户华侨总会会长林同春所说，中国经济发展将为海外华商带来更多商机，这是不容置疑的。同时，他相信，强大的中国也是海外华侨的坚强后盾。

香港中华总商会副会长、香港金利来集团董事长曾宪梓表示，在促进海峡两岸"三通"、发展经贸往来方面，香港仍然可以发挥桥梁作用。他认为，中国加入世贸组织后，外国除了极少数大企业有能力直接同中国内地合作外，很多中小企业要与中国做生意，都要利用香港的中介作用。因为香港有在内地20多年的投资经验，有共同的文化背景，语言沟通方便。

旅港福建商会代表团团长杨孙西认为，香港和内地的合作，现在较为突出地体现在科技以及相关人才方面，许多香港的企业将其科研中心放在内地，加强与内地有关大专院校的合作，两地高校之间的合作也越来越紧密，他认为这必将会产生双赢局面。

台湾工商企业联合会理事长许胜发指出，两岸三地产业密切合作竞争力效果相乘，台湾与中国大陆的产业具有互补性，合则两利。他列举事例：10年前刚来大陆布局的鸿海精密机械，运用精密模具在台湾研发、大陆生产的策略，创造强大竞争力，傲视全球。现在，鸿海已经是全球计算机准系统的大厂，成为全球举足轻重的电子集团。

德国汉姜有限公司董事长姜海林表示，随着中德两国经贸的发展，德国华商应在中德经济互补上寻找商机，在中德经济交往的"桥梁"功能上做文章。据姜海林介绍，2000年中德贸易额突破200亿美元，德国在华直接投资项目已达2000多个，在欧盟国家中排在第一位。

在大会专题论坛上，姜海林应邀发表演讲的主题是"中国西部开发，海外华商所面对的新课题"。他认为，华商参与西部地区的开发，要建立在全新的可持续的基础上，特别是资源的开采、环境的保护、生态的平衡等方面要通盘考虑、全面计划。他尤其强调，对于有环境污染的项目，更要充分运用高新技术和科学手段治理。汉姜公司一直着力于推动中德经济贸易的发展，其最新成就之一是推动飞利浦集团公司与中方签订20亿元人民币的合资项目意向书。

以往人们对阿拉伯国家的华商关注较少，本届华商大会这一地区也派有代表团参加。科威特华人协会会长董泰康在大会上表示，希望中国与阿拉伯产油国之间能重新架起一条丝绸之路，在经济往来中互利互惠，优势互补。他认为，中国与阿拉伯国家在经济方面的合作前景非常广阔，中国的石油工程机构可以在勘探、钻井及地面工程建设等领域，以资金、设备、技术等与阿拉伯国家开展合作。科威特华人协会成立于1997年，是海湾国家第一个华人协会。董泰康在参会前在江苏已联系到很好的合作项目，他表示将会进一步扩大与国内企业的交流合作。

在为中国经济发展带来机遇欣喜的同时，这些来自海外的同胞也为中国的发展提出建议。联合国开发计划署聘请的环境项目顾问、美籍华人环境专家沈铎在论坛上发表演讲时，分析中国环境面临的挑战与机遇。他表示，由于近些年来迅速发展的经济使中国拥有了可进行污染治理的经济能力，高投资率可用于发展更清洁、能源利用更有效的企业。中国面临的环境和经济挑战需要中国进行一场"清洁革命"，这种革命大力强调经济增长与环境保护的协调，以中国拥有一个干净健康的未来为远景目标。他提出具体的环境治理建议：中国天然气和水的价格应该提高、扩大对污染企业的征税、加大对城市公共交通系统和废水处理系统方面的公共投资。这个建议十分中肯而实际，中共十八大把生态文明建设纳入国家建设"五位一体"的总体布局，说明了沈铎建议的超前。

第十二届世界华商大会于2013年9月25日至26日在中国成都举行。大会由中国侨商投资企业协会主办，四川省成都市承办。大会的主题是"中国发展·华商机遇"。共有来自105个国家和地区的3000余名中外代表参会，71家境内外媒体246名记者注册参会。泰国正大集团董事长谢国民、世茂集团董事局主席许荣茂、印尼力宝集团董事长李文正、益海嘉里集团董事长郭孔丰、玖龙纸业（控股）有限公司董事长张茵、福耀玻璃工业集团股份有限公司董事长曹德旺、香港霍英东集团行政总裁霍震寰、香港新华集团主席蔡冠深、香港旭日集团有限公司董事长杨钊、亚洲金融集团董事长陈有庆等一批世界著名华商参会。

9月25日上午，第十二届世界华商大会在成都隆重开幕。国家主席习近平向大会发来贺信。全国政协主席俞正声出席开幕式并发表演讲。习近平在贺信中指出：中国改革开放事业取得伟大成就，广大华侨华人功不可没。30多年来，华侨华人发挥在资金、技术、管理、商业网络等方面的优势，在中国各地投资兴业，用自己的智慧和汗水，有力促进了中国经济社会发展，有力推动了中国同世界的交流合作。中国已经确定了"两个一百年"的奋斗目标，开启了实现中华民族伟大复兴中国梦的新征程。实现中国梦，是海内外中华儿女的共同愿景，也将为世界各国人民带来更多利益和机遇。全面建成小康社会，实现中华民族伟大复兴，为广大华商施展抱负提供了广阔舞台。我们将进一步深化改革、完善政策、强化服务，依法保护华商投资兴业权益，鼓励和支持广大华商为中国发展献智出力。

俞正声在大会开幕式上发表了题为《把握发展机遇　共创美好明天》的演讲。演讲指出：一个繁荣稳定的中国，将为世界带来更多的发展机遇与合作机会，也将为广大华商事业发展提供更富潜力的市场空间、营造更加公平的市场环境、开辟更为广阔的国际舞台。俞正声对包括华商在内的广大华侨华人提出了四点希望：把握世界经济调整契机，进一步壮大华商经济；推动住在国经济社会发展，进一步融入当地社会；积极参与中国经济转型升级，进一步实现合作共赢；弘扬中华优秀文化，进一步树立民族良好形象。①

开幕式上，国务院侨务办公室主任裘援平宣读习近平的贺信。时任中共四川省委书记王东明、中国侨商投资企业协会会长谢国民、泰国中华总商会主席刘锦庭分别致辞。

大会开幕当天，举办中国经济论坛及若干分论坛，分论坛内容有"中国城镇化战略的发展机遇""海外华裔人才来华创业的机遇与挑战""青年侨商发展与机遇""中国西部大开发华商成功新天地"等15个议题。26日晚，第十二届世界华商大会闭幕。四川省借力华商大会，与海内外华商签约合作项目241个，总投资额1323亿元。

第十二届世界华商大会的重要意义有这样几点：一是把世界一大批著名华商的注意力引向中国西部。四川绵阳、乐山、眉山、巴中等10多

---

① 梁小琴、张文：《第十二届世界华商大会开幕　习近平致信祝贺　俞正声出席开幕式并发表演讲》，《人民日报》2013年9月26日。

个市、成都的 16 个区市县参加投资推介和展览活动，带动了中国西部投资发展。二是大会坚持和贯彻了中国经济转型升级新的发展理念。三是实现中华民族复兴的中国梦是大会的重要议题。

需要说明的是，第十二届世界华商大会在四川成都召开，四川成都成为中外华商向中国西部的焦点。此前，四川一直积极招商引资，取得了不俗的成绩。2008 年 7 月上旬，即汶川大地震后不久，政府有关部门即组织了"携手共建——知名侨资企业家四川行"活动。7 月 7 日，国务院副总理王岐山在中南海紫光阁会见了参加活动的代表并讲话，赞扬汶川地震灾害发生后，海外华侨华人发扬一方有难、八方支援的中华民族传统美德，纷纷慷慨解囊，捐款捐物，充分体现了血浓于水、患难与共的同胞亲情。希望大家建言献策，通过各种方式参与灾区重建。①

早在 1995 年，在国务院侨办，四川省委、省政府等部门创办了中国西部海外高新科技人才洽谈会（以下简称"海科会"），至 2017 年 9 月已经举办 16 届，成为全国最具影响力的科技人才交流盛会之一。共引进海外高端人才 1500 余人，科技项目 1000 多个，投资金额 2000 多亿元。其中第 16 届"海科会"，有 6 名诺贝尔奖获得者、13 名海外院士、16 名国内院士、4 名境外知名大学校长，30 多个国家和地区 600 多名海外专家学者及创新创业人士，部分海外政界人士，外国驻成都、重庆领事馆官员等参会，规格层次创历届之最。9 月 13 日，2017 海科会海外人才引进暨项目合作签约仪式在蓉举行。当日即成功签约项目 39 个，签约金额 599.26 亿元人民币，较上年增长 57%。四川省委书记王东明表示，自 1995 年首次举办以来，"海科会"对推动中国科学技术发展、促进中国西部地区经济转型升级发挥了重要作用，四川作为举办地受益很多。②

---

① 《王岐山会见参加"携手共建——知名侨资企业家四川行"活动代表时表示：欢迎广大海外华侨华人积极参与中国现代化建设》，《人民日报》2008 年 7 月 8 日。

② 李新琦：《海外高层次人才涌向天府创业》，《人民日报》2017 年 9 月 15 日。

　　经过多年发展，四川已初步形成"海科会""海科杯""侨梦苑""海创学院"和"海创基金""五位一体"的海外招才引智体系。海外高层次人才纷纷涌向天府创新创业，在打造国家创新驱动发展先行省的同时，开放合作也迈上新台阶。四川作为全面创新改革试验区、中国自由贸易试验区，获批国家级引领型知识产权强省建设试点省，天府新区成为国家级新区，成都高新区获批建设国家自主创新示范区，还有中国唯一的国家级科技城——绵阳科技城、中国著名航天城——西昌卫星发射中心等。四川是继改革开放前期东南沿海吸引华商资本、推动经济社会大发展的后起之秀。

　　第十四届世界华商大会 2017 年 9 月 16 日在缅甸召开，全国政协主席俞正声向大会致贺信，贺信说：当前，我们正处在一个大发展大变革大调整的时代。"一带一路"建设为全球经济发展注入新的活力，也为全球华侨华人的事业发展提供了新的机遇。希望广大华商把握机遇、发挥优势，在互惠合作中实现自身事业更大发展。① 第十五届世界华商大会于 2019 年 10 月 22 日在英国伦敦召开，近 3000 名来自世界各地华商代表与会，会议的主题是"世界新格局，华商新机遇"。

　　随着时代的变迁和经济浪潮的推进，以"在商言商"、弘扬中华民族文化为宗旨的世界华商大会不断更新主题，展现出华商对自身发展方向和世界经济大势的思索。40 年来，世界华商大会规模不断扩大，影响力与日俱增，促进了中国的经济文化进一步融入世界经济系统，在提升中国综合实力的同时，为世界经济作出新的"中国贡献"。

（四）中国中部侨务引资引智品牌"华创会"

　　各省市、各地区在努力营造良好的投资环境，大力兴建经济技术开发区、高新科技园区的同时，还定期举办具有相当规模的针对海外华商

---

　　①　《俞正声致信祝贺第十四届世界华商大会开幕》，《人民日报》2017 年 9 月 17 日。

的招商引资洽谈会，湖北"华创会"便是其中的代表。

在引进侨智侨资方面，湖北省发起的华侨华人创业发展洽谈会（以下简称"华创会"）具有典型代表性。它是由国务院侨务办公室和湖北省人民政府暨武汉市人民政府共同主办的。洽谈会宗旨是推动华侨华人的技术与资金相互结合，鼓励广大华侨华人积极到中部地区和湖北创业发展，积极参与中部和湖北重大科研项目的攻关和重点工程建设。

"华创会"每年定期在武汉举办，从 2001 年至 2020 年，已成功举办 20 届，始终得到海外侨胞、港澳同胞的积极响应和参与，已成为立足湖北、面向中部、辐射全国的侨务引智引资的知名品牌，成为全球华侨华人来华创业交流的平台之一。据不完全统计，2001 年至 2017 年，共召开十七届"华创会"，有来自海外 60 多个国家和地区的 12000 多位海外华侨华人专业人士和工商界人士与会，2000 余名海外华侨华人高层次人士回国（来华）创新创业。中部六省通过华创会引进海外高层次人才近 2 万人；签约引进项目近 3000 个，总投资额近 2500 亿元；落地企业 3000 余家。① 有力地推动了中部地区的经济建设和社会发展。纵观已举办 17 届的"华创会"，可以总结出以下特点。

一是会议规模越来越大，海外代表的文化层次越来越高。参加"华创会"的海外华侨华人代表一届比一届多，由最初的 100 多人发展到第十七届与会海内外嘉宾 4000 多人，其中海外华商 1661 人；首次邀请到著名华裔物理学家、香港科技大学前校长、美国科学院院士、中国科学院外籍院士朱经武，被誉为"邓氏桥梁永不日落"的国际著名桥梁建筑大师、美国国家工程院、中国工程院两院院士邓文中等重量级嘉宾。第十六届"华创会"有来自海内外 60 多个国家和地区的 3000 多名代表参加，其中有国务院侨办海外专家咨询委员会 10 名委员、科技委员会 20

---

① 《湖北日报》2017 年 7 月 11 日。

名专家以及 30 名其他专家代表与会。第十七届与会代表来自 70 多个国家和地区；有 3 位"诺贝尔奖"获得者、海内外多位知名院士参会。经过前几届会议的发展，海外参会代表实力更强，所涉及的专业领域更为宽泛。如参会的海外代表由最初限于高新技术领域，发展到专业领域不仅包括光电子信息、生物医药、高科技农业、汽车机械，还涉及环保、化工、材料科学、金融投资和文化教育等众多领域。

二是会议签约数量、金额逐年增加，签约项目的科技含量高。"华创会"由第一届签约项目 68 个，发展到第四届签约项目 112 个，总投资额约 18 亿元人民币，第六届签约项目共 125 个，总投资额 30.7 亿元人民币，第八届签约项目 130 个，总投资额 71.96 亿元人民币。引进资金项目的规模也越来越大。如第三届与第五届"华创会"签约上亿元的合作项目均为 6 个，第八届"华创会"签约上亿元的合作项目增加到 13 个。签约项目的科技含量高主要表现为：第二届"华创会"签约的基因治疗抗癌药物技术、复合铁钛粉技术等填补了国内空白。杨兴平博士开发的"开放式无线互联终端"项目填补了我国在该领域的技术空白，至 2004 年产值达到 8 亿元。第三届"华创会"上，签约项目达 103 个，其中专业人士创办高新技术企业 28 个。引进的高新技术项目多、专业人才层次高，如 IT 软件技术项目就占签约项目总数的 27%。据报道，2015 年第十五届"华创会"推介海内外项目 1942 个，会前会中对接洽谈项目 558 个，签约项目 155 个，协议总投资额 465.34 亿元人民币，引进外资 251.49 亿元人民币；总投资额过千万元项目 66 个，其中过亿元项目 57 个；引进海外高层次人才和技术项目 108 个，占签约项目数的 70%。[①] 2016 年第十六届"华创会"共收集、整理国内和世界多个国家有效报名参会项目

---

① 徐跃千：《创新创业 共谋发展——2015 年华侨华人创业发展洽谈会在武汉市隆重举行》，《侨务工作研究》2015 年第 3 期，第 7—8 页。

1195 个，重点签约项目 79 个，协议总投资额累计 164.344 亿元人民币。其中总数过千万元项目 39 个，过十亿元项目 3 个。[①] 2017 年第十七届"华创会"共对接洽谈项目 2185 个，其中海外项目 777 个。已有 134 个项目达成合同协议，协议总投资额累计 632.559 亿元，引进外资 162.76 亿元，总投资过千万元项目数 51 个，其中过亿元项目 41 个，过十亿元项目 19 个，引进人才 91 人，创办高新企业 25 家，累计创造就业岗位 14584 个。[②]

　　三是会议内容更加丰富、形式更加灵活。在原有的重点突出"项目洽谈"的基础上，第六届"华创会"扩大了对外学术交流。武汉大学、华中科技大学、华中师范大学等 10 余所高等院校积极利用"华创会"这一平台，与华侨华人专家学者举行了 26 场专题学术交流及报告会，广泛交流了热点学术研究成果。第七届"华创会"搭建的知识产权交易平台，方便了海外华侨华人展示自主知识产权成果，丰富了"华创会"的内容与形式，传播了知识产权观念。第八届"华创会"新增加了"国际资本风险投资推介会""海外华文媒体精英论坛""国际生物药物高峰论坛""汽车产业论坛"等专场活动，并在举办"武汉论坛"的方式上进行了改革创新，由会议报告式改为访谈式进行。体现了会议内容和形式的"求新"。第十六届"华创会"为推动海内外专业人才积极投身创业，组委会举办了三届"华创杯"创业大赛，吸引 40 多个国家和地区的 900 多个优质项目报名参赛。第十七届"华创会"紧扣"一带一路"国际合作热点，在嘉宾邀请和项目征集过程中，对"一带一路"沿线予以倾斜。大会设"一带一路"国际华文媒体论坛、"一带一路"专场会、"一带一路"国家华文媒体湖北行等活动，40% 的参会代表及项目来自"一带一

---

① 肖光：《万侨创新谋发展　共享机遇圆梦想——2016 华侨华人创业发展洽谈会在湖北武汉成功举办》，《侨务工作研究》2016 年第 4 期。

② 《第十七届华创会签下 632 亿元投资大单》，湖北日报网，2017-07-08。

路"沿线国家和地区。

四是办会方向更明确，辐射面更广。"华创会"由最初的基本限于湖北本地，发展到"立足湖北、面向中部、辐射全国"的办会方向。会议努力扩大海外代表的覆盖面，对世界各地华侨华人社团和重点人士广泛发出邀请。如第八届"华创会"首次参会的海外代表达 3/4，菲华各界联合会访华团、欧洲侨领团、美国加州代表团、日本博士团等 6 个团组总人数超过 200 人，旅美科协、中美汽车交流协会等一批科技社团首次参会。会议还向全国各省区市发出了宣传和邀请信息。如第五届"华创会"有 16 个省区市的代表参加。其中北京、广东、广西、浙江等兄弟省（区、市）与海外代表签订了 8 个合作项目。在第六届"华创会"上，除湖北当地外，新疆、河南、浙江、江苏、山东、辽宁、贵州等省区与海外代表签订 10 个合作项目。再如第十五届"华创会"先后举办了"费城分会场""旧金山分会场""长江经济带国际人才论坛"等 38 个专场活动；参会嘉宾分别来自美国、加拿大、德国、法国、日本、泰国及中国港台等 41 个国家和地区。第十六届"华创会"引进美、英、法、德等 10 个国家高层次人才和技术项目 46 个；首次吸引美国、加拿大、德国、法国、瑞典、新西兰等 7 国华侨华人和当地企业共同组团。第十七届"华创会"分别举办了德国、瑞典、泰国、加拿大、新加坡等国家专场活动；在日本东京，美国休斯顿、匹兹堡、纽约等地组织了 4 场场外专场活动，与当地华侨华人在 IT 产业、智能制造、医疗卫生、生物工程等行业深度交流合作。本届"华创会"海外专场和分会场涉及国家之多、人数之众创历年之最。新加坡专场聚焦"创新智慧合作"，30 多家新加坡企业代表和行业精英携"干货"参会，寻找合作伙伴。德国专场 11 个项目集中签约，总投资近 20 亿元人民币。[①]

五是由紧跟时代主题、注重引智发展到全面引资引智。如第五届"华创会"邀请了 100 位重点华商、20 多家跨国公司高层人士和 100 位海外同乡会负责人参加。会议期间，澳大利亚代表团到武汉市洪山区进行了考察、洽谈。其中，澳大利亚文促会名誉会长林晋文拟投资 65 亿元开发房地产项目。第八届"华创会"有 20 多个国家和地区的华商代表 200 多人出席。其中菲华各界联合会访华团、欧洲侨领团、美国加州代表团均在当地的商界具有一定的影响。[②]第十七届"华创会"紧扣"万侨创新、发展共享"主题，积极响应国家供给侧结构性改革战略，强调智能制造与传统产业相结合、工业大数据应用等主题，努力引进低消耗、低污染、低排放、高技术含量、高附加值、高竞争力的产业、项目，助推经济转型升级。

应当说，湖北"华创会"的成功举办，为各地区的招商引资活动提供了可资借鉴的丰富经验。

（五）中国—东盟经济园区持续吸引华商投资

中国—东盟经济园区是以南宁华侨投资区为基础建立的省级开发区，位于南宁市北郊。随着中国—东盟自由贸易区的建立及"中国—东盟博览会"永久性会址落户广西首府南宁，2003 年广西决定以南宁华侨投资区为依托，建设国家级的"中国—东盟经济园区"。在经济园区各类企业中，侨资企业有 20 多家，占企业总数的 1/4，已到位的投资额 6 亿多元。中国—东盟经济园区有归侨侨眷近 7000 人，与世界 29 个国家和地区特别是东盟各国有深厚的亲缘关系。

---

① 徐跃千：《聚焦引智引资 助推万侨创新——2017 年华侨华人创业发展洽谈会综述》，《侨务工作研究》2017 年第 4 期，第 17—18 页。

② 上述所引相关资料、数据请参见湖北"华创会"专题网对历届"华创会"的介绍，http //www. hch. org. cn/ index. Asp。

近年来，美国、加拿大、德国和印尼、泰国及其他东盟国家的华商纷纷到中国—东盟经济园区参观考察和洽谈项目，不少侨资企业也随之进入园区。其中加拿大华侨投资 3.7 亿元的广西万德药业股份有限公司是中国—东盟经济园区投资额最大的华侨企业。印尼华侨投资的金锋集团已签订在经济园区投资 15 亿元的协议，新加坡蓬莱发集团等东盟国家的大型企业也先后到中国—东盟经济园区考察并签订投资框架协议，一些全国 500 强、世界 500 强企业也向中国—东盟经济园区表示了投资意向。

中国—东盟经济园区 90 多家各类企业中，工业企业占 50 多家，农业企业 19 家，商业等其他企业 15 家。工业以制药、生活用纸、卫生护理用品生产、机械、农副产品加工业为主。2007 年园区全年新开工项目 30 个，竣工项目 17 个，在建项目 52 个。全年共引进食品、电子、标准厂房等东部产业转移项目或企业 9 个，合同投资总额 15 亿元。广西广明药业有限公司、南宁天然纸业有限公司等多家企业相继进入亿元企业行列，亿元企业实现产值已占到园区工业总产值的 44.25%。2007 年工业产值达到 22.22 亿元，同比增长 84.29%；合同引进外资 7474.5 万美元，同比增长 103.22%。[①]

党的十八大以来，中国与东盟的合作发展正在由"黄金十年"进入新的"钻石十年"的过渡期。2013 年 3 月，经中国国务院正式批准，东盟经济园区升级为国家级经济技术开发。以中国—东盟博览会为平台，中国与东盟的产业合作已经进入全方位、深层次、高规格的阶段。2015 年 1 月 21 日，广西—东盟经济技术开发区与沃尔沃集团广西独家经销商广西中南华星机械设备有限公司签署沃尔沃机械再制造项目协议，成为

---

① 相关资料与数据参见潘云锋：《中国—东盟经济园充满希望　广西最大华侨农场展价值》，新华网广西频道，2008-01-08，http // www. gx. xinhuanet. com/ 2008–01/08/conte。

广西—东盟经开区机械制造产业首家世界 500 强企业，成为继百威啤酒、美国嘉吉、中粮集团、印尼金光集团、正大集团、韩华集团等 9 家世界 500 强企业项目之后，又一家落户开发区的世界 500 强企业项目，至此，落户开发区的世界 500 强企业增至 10 家。

21 世纪初成立的东盟华商会，至 2018 年 6 月已经召开 16 届会议，每届华商会都吸引了大量华商聚集昆明，不仅引进了资金，还带来了先进技术和管理经验。16 年来，东盟华商会共有海外和西南地区 3000 多家企业、5000 多名华商参会，成功引进一批世界华商 500 强企业进入云南投资发展，累计签署正式合同和协议近 100 个，实际到位资金 50 多亿美元。①

除了以上介绍招商引资大型项目和活动外，还有启动实施"万侨创新行动"等。为了适应国家经济发展转变方式，提高吸收海外华商资本规模和质量，近年来，国务院侨务办公室（现已合并到中央统战部）启动"万侨创新行动"，着力打造的升级版侨商产业聚集区和华侨华人创新创业聚集区品牌，国侨办在有条件的地区建立"侨梦苑"，作为发挥侨务优势服务国家创新发展战略的重大举措。

2016 年 9 月，国务院侨办和河南省人民政府在河南平顶山联合举办第六届华侨华人中原经济合作论坛，论坛紧扣"创新、协调、绿色、开放、共享"五大发展理念，以项目为抓手，聚焦产业结构调整和经济转型升级，吸引了美国、澳大利亚等 29 个国家和地区的 1300 多名境内外客商和代表参会。本届论坛共发布项目 963 个，涉及装备制造、高新技术、基础设施、旅游文化等多个领域，技术水平高，发展前景好，符合国家产业政策和河南省产业发展规划。经过洽谈、协商，有 168 个项目

---

① 《综述："东盟华商会"走过 16 载》，中国新闻网，2018-06-14。

实现了成功对接，共有 73 个合作项目签约，总投资 609.44 亿元。[①] 河南其他城市也有较大规模吸引华商资本的活动，2012 年 10 月 23 日，2012 中国·商丘国际华商节开幕。华商节期间，商丘市共签约项目 216 个，签约协议资金 413 亿元。项目涉及机械制造、纺织服装、农副产品深加工、物流园区、新能源、新材料等领域。

筹备多年的中国侨商投资企业协会于 2008 年 1 月 16 日在北京宣告成立，这被广大侨商视为"华人华侨工商企业界的一件喜事"。时任国务院总理温家宝亲自会见侨商代表，并表达了三点重要意见：一、希望侨商会办成"侨商之家"，凝聚侨心、汇集侨智、发挥侨力。二、华侨华人企业在国家改革开放中发挥了独特作用，功不可没。三、中国改革开放一刻不停，欢迎更多的海外华侨回国投资兴业。应当说，温家宝的讲话是对华侨华人企业在中国改革开放中发挥独特作用的充分肯定。

总之，全国各地在招商引资实践中都取得了显著成效。当然，在看到这些成就的同时，也不应忽视其中存在的一些问题：突出表现在有的地方政府乱摊派和乱收费比较多、片面扩大优惠政策而难以兑现、外商投诉不能及时有效解决、地方保护主义严重。这些都影响到我国招商引资效果。

---

① 任胜利：《河南举行华侨华人中原经济合作论坛》，《人民日报》2016 年 9 月 13 日。

第二节 新时期海外华商踊跃来华投资

中国自实行改革开放国策引进外资以来，海外华资是外商直接投资的主要来源①。据当时统计，海外华商遍布于世界 168 个国家和地区、拥有资金 2 万多亿美元②，以其雄厚的经济实力成为国际资本市场中一支不可忽视的重要力量。从 1994 年开始连续十几年，中国一直是世界上最大的引进海外投资的发展中国家，而海外华商则是其中的重要力量。

一、海外华商资本是外商投资的主体

按照来华投资的海外华商企业来源地，大致可将其分为五大类：港澳企业、台湾企业、东盟地区华商企业、来自维尔京等自由港的华商企业，以及来自其他国家和地区的华商企业。有的学者指出，根据商务部的统计，自改革开放以来至 2005 年底，我国累计吸收的 6224 亿美元外商投资中，至少有多达 4170 亿美元是由华商或华商主导的企业带来的，约占全部外商投资的 67%。中国累计批准设立外商投资企业 55 万多家，其中华商企业约占 70%。③ 还有的学者根据商务部的统计认为，截至 2007 年底，我国累计吸收外资 6650 亿美元，其中海外华资约占外资总量的 60%。中国累计批准设立外商投资企业 57 万多家，其中海外华商在

---

① 本书中的海外华资是指由具有华人血统的各国华侨、华人及我国台湾、香港、澳门同胞的投资。

② 还有一种表述认为海外华商总资产约 3.7 万亿美元。参见中国新闻社《2007 年世界华商发展报告》。

③ 参见沈丹阳：《华商企业对中国大陆的投资现状及发展趋势》，《中国外资》2006 年第 9 期。

大陆投资企业达 34 万多家。[①] 根据侨资企业数据库资料推算，改革开放至 2007 年，海外华商在中国大陆投资累计约达 4000 亿美元。[②] 以上数据均说明，海外华资是外商直接投资的主要来源。[③] 中国自改革开放以来至今，有近 95% 的外资来自 20 个主要国家与地区，在这 20 个最大的外资来源地中，有 11 个对华投资的企业主体实际上是华商（包括台港澳地区、东盟五国及 3 个自由岛）[④]。

表 3-5　1978—2005 年我国累计利用华商投资的情况（单位：亿美元）

投资来源地	累计实际使用外资额	占全国比重（%）	华商投资权重（%）	其中华商投资额	占全国比重（%）
中国香港、澳门	2601.2	41.95	99	2575.2	41.53
维尔京等自由港	459.2	7.38	95	436.2	7.03
中国台湾	417.6	6.74	100	417.6	6.74
东盟五国	379.3	6.09	90	341.4	5.51
其他	2367	37.84	18—20	超 400	6.5 左右
合计	6224	100		4170	67

资料来源：商务部网站。

---

① 参见龙登高、赵亮、丁骞：《海外华商投资中国大陆：阶段性特征与发展趋势》，《华侨华人历史研究》2008 年第 2 期。

② 柳云平：《华商在中国大陆投资企业发展状况调查》，贾益民、张禹东、庄国土主编，陈文寿、游国龙副主编：《华侨华人研究报告（2019）》（中国社会科学院创新工程学术出版项目《华侨华人蓝皮书》），社会科学文献出版社 2019 年版，第 183 页。

③ 这里同时需要说明的是，中国一方面在利用外资方面保持着较高的增长速度；另一方面国内每年又有一定数量的资本流出。资料表明，1987 年到 1997 年的 11 年中，中国资本外流年均达 223 亿美元。外流资本的主要流向地为香港和维尔京群岛等自由港（参见湛柏明：《中国吸引外商直接投资对内资的需求效应》，《新华文摘》2004 年第 24 期；张梦：《审视"民企外资化"》，《中国外资》2006 年第 4 期）。应当指出，这种"内资外资化"的投资行为是一种非正常的投资行为，但确实是中国引进外资过程中存在的一种现象。根据以上情况，由于中国资本外流年均 223 亿美元的 1/4 又回流大陆进行投资，因此自 20 世纪 80 年代以来的 20 多年中，中国真正实际利用海外华资的数量、外商对华投资总额及海外华资占全部外商投资的比例，应当比目前公布的数字有所减少，海外华资占全部外商投资的 52% 左右。

④ 参见沈丹阳：《华商企业对华投资基本情况、新趋势及引发的思考》，《中国外资》2006 年第 9 期。

由于海外华商来华投资的计算方法标准不统一，港澳台商来大陆投资也列入海外华商资本；海外华商在华投资企业当中既有大量独资企业，又有许多与其他外商合资或合作的企业，还有中国国营企业的参股者或合资经营者。因此，改革开放 40 年来，海外华商在中国大陆投资未见总的统计数字，但为大家所公认的是，海外华商投资所占外资的比例一直在 60%—70% 之间，改革开放前期比例高些。据最新统计，2017 年度全国新设立外商投资企业 35652 家，同比增长 27.8%；实际利用外资金额 8775.6 亿元人民币（折合 1310.4 亿美元），同比增长 7.9%。其中华商投资占 786 亿—917 亿美元。[①] 所占数额和比例仍然很大，况且这仅仅是华商一年投资的数字。为了说明问题，下面分别介绍海外各地华商来大陆投资的情况。

（一）香港华商向内地投资

来自香港华商的投资是最多的，有 2500 多亿美元，约占外资总量的 40%。香港地区的投资有相当一部分是东南亚和其他地区华商的对华投资，也有极少部分非华商的投资。香港资本较长时期是内地所吸引外资的最大来源。2003 年内地吸收香港直接投资项目 13633 个，合同港资金额 407.1 亿美元，同比增长 25.7% 和 61.5%。[②] 但需要说明的是，港资中有一部分是国内资本为享受政府给予外资的优惠政策而外流到香港，然后又以外资的身份回到中国从事直接投资的，而这部分资金额缺乏统计。

考察香港向内地的投资，其中还有相当部分资金属于东南亚和其他地区的华商资本。这里又分两种情况：一种是由于某些国家的种种限制和规定，迫使这些国家的华商资本先假道香港再投入中国内地；另一种

---

① 《2017 年 1—12 月全国吸收外商直接投资快讯》，商业部网站，2018-01-29。笔者以为，在外商来华投资中，中国香港、台湾及东盟国家（尤其是香港）的基数及所占比例大，东盟国家在华投资以华商为主体。因此，海外华商资本占在华外资基本保持在 70% 的比例左右，后面则以此比例折算。

② 连锦添、马世领：《海外华商：中国经济的第二种力量》，《中国经济周刊》2005 年第 24 期。

是海外华商将在港澳投资经营所得及融资收入投放中国大陆。实际上，香港因其作为世界金融中心、信息中心、航运中心之一的重要地位和便利条件，成为海外华人企业投资中国大陆的桥梁与基地，起着积极的"转口投资"的作用。有不少海外华商的跨国公司均在香港设有分支机构，作为对亚洲及全球投资的重要据点，如印尼的三林集团（林绍良家族）、马来西亚的郭氏（郭鹤年）兄弟集团均是如此。许多海外华人财团如印尼的力宝集团、金光集团和泰国正大集团等，大多在香港设立公司，并用持股公司上市、银行融资、发行债券等方式募集资金，开展对大陆投资业务。香港的恒生指数成分股也不断增加具有海外华人企业集团背景的股份，如新加坡黄廷方控制的信和置业，马来西亚郭鹤年的南华早报集团和香格里拉集团，以及印尼林绍良家族的第一太平集团等。据统计，新加坡华商对中国大陆的投资，直接投资比例和经由香港的间接投资比例约占各半。[①] 1979 年至 2000 年投资中国大陆的香港资本总额为 1570 多亿美元，其中 520 多亿美元为各地华商资本，约占香港投资内地资本总额的 1/3，约占同期外资总额的 15%[②]。再如亚洲新兴工业化经济群体，作为区域内最大的投资集团，其投资额约有 60% 投向香港，其中很大部分转入中国内地，成为典型的"转口投资"。据统计，2015 年中国实际使用外资金额 1262.7 亿美元，同比增长 6.4%，其中香港投资 926.7 亿美元，占外资总额的 73.4%；新加坡投资 69.7 亿美元，占 5.5%。2017 年，投资中国前十位国家和地区实际投入外资总额 1246.1 亿美元，占全国实际使用外资金额的 95.1%，同比增长 5.2%。其排名为香港第一，989.2 亿美元；新加坡第二，48.3 亿美元；台湾省第三，47.3 亿美元。[③] 可见，香港在内地投资一直保持强劲势头。

---

① 岩崎育夫：《东南亚华人资本的海外投资动态》，参见《华侨华人历史研究》1997 年第 4 期。

② 参见蔡德奇、江永良：《华侨华人的新发展》，厦门大学出版社 2001 年版，第 226 页。

③ 《2017 年 1—12 月全国吸收外商直接投资快讯》，商业部网站，2018-01-29。

（二）台湾商界向大陆投资

来自中国台湾的投资，由几部分组成，其中直接来台湾的投资约有 418 亿美元，约占中国大陆外资总量的 6.7%。另外根据台湾《投资中国》杂志社在大陆的调查，大约 2/3 的台商投资，是通过第三方进入大陆的。来自维尔京群岛、开曼群岛、萨摩亚等自由港的投资，约有 436 亿美元，约占外资总量的 7%。这些投资至少 95% 以上是华商的投资，其中又有 2/3 以上是台商的投资。①

表3-6　1989—2005 年中国台湾对大陆直接投资情况

（金额单位：万美元）

年度	项目数		合同台资金额		实际使用台资金额		平均项目规模	
	台湾	占全国比重（%）	台湾	占全国比重（%）	台湾	占全国比重（%）	实到台资	合同台资
1989	539	9.33	43169	7.71	15479	4.56	28.72	80.09
1990	1103	15.17	88997	13.49	22240	6.38	20.16	80.69
1991	1735	13.37	138852	11.59	46641	10.68	26.88	80.03
1992	6430	13.19	554335	9.54	105050	9.54	16.34	86.21
1993	10948	13.12	996487	8.94	313859	11.41	28.67	91.02
1994	6247	13.14	539488	6.53	339104	10.04	54.28	86.36
1995	4847	13.1	584907	6.41	316155	8.43	65.23	120.67
1996	3184	12.97	514098	7.02	347484	8.33	109.13	161.46
1997	3014	14.35	281449	5.52	328939	7.27	109.14	93.38
1998	2970	15	298168	5.72	291521	6.41	98.16	100.39
1999	2499	14.77	337444	8.19	259870	6.45	103.99	135.03
2000	3108	13.91	404189	6.48	229628	5.64	73.88	130.05

---

①　参见沈丹阳：《华商企业对华投资基本情况、新趋势及引发的思考》，《中国外资》2006 年第 9 期。

续表

年度	项目数		合同台资金额		实际使用台资金额		平均项目规模	
	台湾	占全国比重（%）	台湾	占全国比重（%）	台湾	占全国比重（%）	实到台资	合同台资
2001	4214	16.21	691419	9.99	297994	6.36	70.72	164.08
2002	4853	14.2	674084	8.14	397064	7.53	81.82	138.90
2003	4495	10.94	855787	7.44	337724	6.31	75.13	190.39
2004	4002	9.17	930594	6.06	311749	5.14	77.90	232.53
2005	3907	8.88	1035825	5.48	215171	3.57	55.07	265.12

资料来源：中国商务部外资统计。

20 世纪 90 年代中后期以后，中国台湾大中型企业开始加快对大陆的投资，促使台商在大陆的投资总量、平均项目规模不断加大，并且转由第三地对大陆的投资增加。

从表 3-6 的平均项目规模可以看出，实到台资、合同台资在 20 世纪 90 年代中后期都有突破性增长，表明台湾的大中型企业加快了对大陆的投资。2005 年，大陆新批准台商项目数为 3907 个，同比下降 2.37%；合同台资金额 103.58 亿美元，同比增长 11.31%，使得当年的平均项目规模达到了 265.12 万美元，同比增长了 14.02%。显示新一轮以高新技术产业为代表的台湾大中型企业对大陆投资的比重显著增加。

台湾审批的台商投资额与大陆实际利用的台资额有较大差距，显示台商对大陆投资在台湾当局的管制措施下通过第三地对大陆投资比例增加。中国商务部数据显示，2005 年，台商经维尔京群岛、开曼群岛、萨摩亚等自由港对大陆的转投资为 37 亿美元，经第三地对大陆的投资比例达 63.4%。两者相加，大陆实际利用台资为 58.5 亿美元，较 2004 年下降 3.9%。截至 2005 年底，若加上经第三地的转口投资，大陆累计实际使用台资超过 600 亿美元，由大陆引进外资的第五位跃居第二位。①

改革开放以来，台商投资祖国大陆投资相继经历了初期投资阶段（80 年代初期至 90 年代初期）、平稳发展阶段（90 年代中期至 90 年代末期）和加速发展阶段（90 年代末期至 21 世纪初期）。台商在祖国大陆投资最初阶段，产业结构单一，技术含量低。一般集中于出口加工业如食品、纺织品、玩具、塑胶制品以及餐饮休闲业和传统制造业，大多属于劳动密集型产业。20 世纪 90 年代中期以来，投资形式发生明显变化，行业分布日益广泛，产业结构逐渐合理。20 世纪 90 年代末，以岛内的中小企业为主体，以"三来一补"外销模式为主的投资结构，逐渐被大型集团化企业和资本密集型产业所替代。进入 21 世纪，祖国大陆改革开放不断深化，经济持续快速发展，为台商创造了无限商机。特别是两岸加入 WTO 后，以 IT、电子、半导体为代表的高新技术产业纷纷前来祖国大陆投资。高科技产业及资本密集型产业已成为台商在祖国大陆投资的主流。此外，房地产、物流、金融、保险、证券、电信、医疗、服务业等众多领域，也已经成为台商涉足的重点领域。

台商大陆产业集聚的发展阶段是整个 20 世纪 90 年代。随着 90 年代初掀起的台商对大陆的投资热潮，台商的中小企业开始集体合作，邀请上下游工厂共同参与的方式共同投资，开始在特定地区集聚，呈现出产业集聚的雏形。到了 90 年代后期，随着台商大型企业对大陆投资的增多，产业集聚进入了快速发展的阶段，形成了以龙头企业为核心，大、中、小企业分工合作、上下游联动、配套完善的台商投资产业集聚。如在东莞，形成了以大众、微星、鸿友、源兴、美格等著名 IT 产业为核心的大、中、小企业配套完善的 IT 产业集聚。在苏州，台商投资也出现了

---

① 金伯生、聂平香：《台商在大陆投资现状及发展趋势》，参见商务部国际贸易经济合作研究院《外贸调研内参》2007 年 7 月 16 日第 11 期。

"龙头"带"配套","配套"引"龙头"的发展势头,形成了以电子产品为主的产业集聚。

从 20 世纪 80 年代初期第一家台资企业落户祖国大陆,发展到祖国大陆众多的省、自治区、直辖市已呈现遍布台资企业的局面;台商投资从 1987 年底累计 1 亿多美元,发展到截至 2005 年底,台湾对大陆累计投资项目 68095 个,合同台资金额 896.6 亿美元(经由第三地转投项目及资金未计入)。① 据统计,从改革开放 30 年至 40 年的 10 年间,台商资本一直居大陆吸收外资的前列。

江苏和福建是大陆与台湾经贸往来最密切的地区之一。据江苏省台办统计数据,截至 2014 年 5 月底,该省累计批准台商直接投资和经第三地中转投资项目近 2.5 万个,实际到账台资超过 650 亿美元。苏台年度贸易额超 400 亿美元。江苏实际吸引台资占大陆总量的 1/3。② 以此推算,台商在大陆的总投资额接近 2000 亿美元。

(三)东盟五国华商来华投资

东盟地区中华商拥有强大的经济实力。东盟地区聚居着 2000 多万华人华侨,掌控着近 2 万亿美元的资产,而且许多国家的大的经济财团和成功的工商界人士多为华人;华人上市公司占据整个东南亚股票市场上市公司的 70%。另据第六届世界华商大会组委会提供的资料,在统计的中国香港、中国台湾和东南亚的 300 家最大华商上市企业中,东南亚五国共有 78 家,所掌握的市值近 1000 亿美元,约占 300 家上市企业总市值的 32.1%。③

---

① 金伯生、聂平香:《台商在大陆投资现状及发展趋势》,参见商务部国际贸易经济合作研究院《外贸调研内参》2007 年 7 月 16 日第 11 期。

② 《台商在江苏投资额连续 11 年居大陆第一》,中国新闻网,2014-07-02。福建与台湾的经贸往来,后面第九章将介绍,此不赘述。

③ 张鑫炜:《东盟国家在华投资现状及前景展望》,参见《国际经济合作》2003 年第 12 期。

东盟地区以东盟五国（新马泰菲和印尼）为在华投资的主体。其在华投资始于 20 世纪 80 年代，起初投资规模很小，1995 年前的全部实际投资额仅为 36 亿美元。20 世纪 90 年代后期至 21 世纪初，东盟五国对中国大陆的实际投资额平均每年为 30 亿美元左右。其实际投资额在 1998 年金融危机以前呈现出稳定增长，投资年增幅保持在 7% 至 20%。

根据中国商务部的统计，截至 2003 年底，东盟五国的对华投资累计项目数为 22075 个，协议金额为 645.9 亿美元，占全部外资协议金额的 6.85%；实际到位金额为 323.7 亿美元，占全部外资到位金额的 6.46%[1]。根据 2003 年在马来西亚召开的第七届世界华商大会组委会的不完全统计，截至 2003 年，东盟国家对华投资中，约有 70% 的资本来自当地华人企业，而在 1997 年以前这一比例高达 95% 以上[2]。

1984 年至 2002 年，东盟五国对中国大陆的直接投资金额，新加坡为 214.59 亿美元，马来西亚为 28.35 亿美元，泰国为 23.75 亿美元，菲律宾为 14.22 亿美元，印尼为 11.19 亿美元[3]。东盟国家华商在中国大陆的投资多为其国内行业的海外延伸，如不动产业、金融业、零售业、基础设施和劳动密集型产业，延续了海外华人企业家"不熟不做"的特点。另外，第三产业中的饭店、酒店和住宅等房地产开发项目，为海外华人企业集团的强项。

事实上，由于受国家对外投资政策以及东盟华人问题的敏感性等多重因素影响，许多东盟国家内部的企业，特别是华人企业纷纷将其资产以"合法"途径向外转移再向中国投资。据估计，来自香港地区、维尔

---

① 周群、刘万强、林鲜华：《中国东盟经贸合作增势强劲》，商务部网，2004-07-12，http://www.mofcom.gov.cn/articl_1.xm2004-7-12。

② 张鑫炜：《东盟国家在华投资现状及前景展望》，参见《国际经济合作》2003 年第 12 期。

③ 王望波：《改革开放以来东南亚华商对中国大陆的投资研究》，厦门大学出版社 2004 年版，第 68 页。

京群岛、开曼群岛的投资中，至少有 30% 的资本来源于台湾地区和东南亚。受国家外汇资金管制等政策限制，东南亚的许多企业对外投资大多通过设在香港和西太平洋岛屿上的子公司进行。如新加坡华商对中国大陆的投资，直接投资和经香港投资中国大陆的比例各半。[①] 郭鹤年领导的公司虽发源于马来西亚，但其在中国大陆投资经营的宾馆酒店、房地产、粮油食品等项产业，资金大部分来自其香港的公司。因此，从外资资本的实际来源看，东盟国家华商在中国的实际总投资额超过 600 多亿美元。[②] 中国商务部统计显示，截至 2014 年底，东盟累计在华投资达到 917.4 亿美元。东盟已经超过澳大利亚、美国、俄罗斯等国家，成为中国第三大外资来源地。[③] 另据统计，截至 2016 年 5 月底，中国与东盟双向投资额累计超过 1600 亿美元，东盟是中国企业在国外的主要投资地，中国企业投资主要涉及贸易、物流、建筑、能源、制造业和商业服务等很多领域。从双边贸易情况考察，中国和东盟贸易额在 1991 年是 79.6 亿美元，2015 年贸易额达到 4721.6 亿美元，年均增长 18.5%，双边贸易额占中国对外贸易额的比重由 1991 年的 5.9% 上升到 2015 年的 11.9%。[④] 以上数字说明，改革开放近 40 年来，东盟五国华商经过从主要对华投资，到双方相互投资、比翼双飞的过程；双边贸易则呈现稳步增长的势头，而且比投资增长的幅度更大。

1. 印度尼西亚

印度尼西亚的华商企业集团在中国的投资较多。其中最大的三林集团在中国的投资为 20 亿美元左右，主要投资于工业、房地产、金融、能

---

① 岩崎育夫:《东南亚华人资本的海外投资动态》,《华侨华人历史研究》1997 年第 4 期。

② 目前东盟国家华商在中国大陆的实际总投资额难以精确统计，仅能根据一些公布的数据进行推算。

③ 《东盟成为中国第三大外资来源地》,新华网，2015-09-18。

④ 《中国与东盟贸易额年均增长 18.5%》,《证券日报》2015 年 7 月 20 日。

源、农业、运输、通讯等领域。其早期投资区域主要集中于福建、广东，其中在福建的投资便超过 8 亿美元，近些年向其他省市发展。三林集团在中国的主要投资项目有：1992 年与新加坡企业共同开发林氏故乡福清市工业区，5 年内投资额达 3 亿新元；1994 年在武汉投资 4 亿美元生产水泥，投资 3 亿美元在武汉兴建会展中心；投资 1 亿美元参与改造广东江门市浮法玻璃厂；通过在新加坡的子公司新加坡联合工业、新加坡置地等参与苏州工业园区的开发建设；2002 年，斥资 5 亿美元，购买了位于上海的中国远洋运输集团总公司经营的地产旗舰企业——中远置业集团有限公司的 45％股权，从而与中远集团这个中国特大型企业共同成为中远置业的并列第一大股东；通过在香港的子公司香港融侨实业发展有限公司于 2002 年在重庆投资 30 亿元人民币，开发占地 3000 亩的融侨半岛房地产项目，成为重庆利用外资的最大项目。此后投资逐年递增至 60 亿元，是重庆迄今为止最大的单宗房地产项目。此外，三林集团还利用印尼的原材料，在中国大陆开设了棕油加工厂。①

印尼金光集团对中国的投资主要由金光集团旗下的香港中策投资公司及新加坡亚洲浆纸业有限公司两部分组成。1992 年香港中策投资公司投资 20 亿港元购得大陆 188 家国营企业的经营权，对其进行现代化改造后有些企业便在国外上市。中策投资公司在中国的三项核心业务是啤酒业、造纸业和轮胎业，其他业务包括房地产、柴油机、电器、洗涤剂等。

除中策投资公司的投资外，印尼金光集团在中国其他领域亦有广泛投资，其主要业务有纸浆和纸品、房地产、银行、粮油食品和农林业、港口等。在上海设立了金光集团中国总部，投资 4.6 亿美元在上海外滩中央商务区建"外滩金融中心"，在上海的投资主要有上海金光外滩置地有限公司、宁波国际银行上海代表处等。1996 年金光集团在中国各地

---

① 参见王望波：《改革开放以来东南亚华商对中国大陆的投资研究》，第 69—70 页。

已立项和计划的项目金额达 30 亿至 50 亿美元，主要项目为在镇江、宁波和海南岛发展大型纸浆和纸品及相关的林木业，项目完成后将为中国提供 30% 至 40% 的纸浆和纸品需求量。[①] 1997 年 12 月 20 日，国家有关部门批准印尼金光集团浆纸项目在海南独资投资立项，项目总投资额为 12.83 亿美元，约合人民币 106 亿元，每年生产木浆 60 万吨（后增加到 100 万吨），为亚洲最大的木浆生产企业。1998 年 12 月 17 日举行奠基仪式。因为资金困难，项目一度搁置。2003 年 1 月 20 日，经海南省委、省政府协调努力，金海纸浆项目恢复开工。该项目采用先进产生工艺和高标准环保措施，建设两条单一制浆生产线。同年 3 月 25 日，海南金海浆纸厂正式投产。[②]

1992 年邓小平南方谈话后，金光集团属下的亚洲浆纸业有限公司（英文简称 APP）为最早进军中国的国际造纸业巨头。十几年来，APP 在中国总投资达 45 亿美元，在中国造纸业已取得绝对领先的优势地位。2002 年销售额达 131 亿元，为第二位晨鸣纸业的 3 倍多，纳税 10.5 亿元，占中国 2002 年度税收总额的万分之六[③]。至 2014 年底，APP（中国）已拥有总资产约 1471 亿元人民币，其中包括中国最大的工业造纸企业等 20 多家全资或控股的纸浆企业，拥有金东"太空棱""唯洁雅""清风"等著名品牌。依托中国市场，金光成为唯一跻身世界纸业十强的华人企业。另外，印尼中央统计局外贸统计数据显示，2016 年印尼与中国贸易总额 457.83 亿美元，其中对中国出口 150.97 亿美元，自中国进口 306.86 亿美元。中国继续为印尼非油气产品第一大贸易伙伴。两国间的经贸往来至

①　许丽卿：《印尼金光集团三五年内将在中国投资 30 亿至 50 亿美元》，《联合早报》1996 年 12 月 1 日。转引自王望波：《改革开放以来东南亚华商对中国大陆的投资研究》，第 71 页。

②　曲青山、黄书元主编，中共海南省委党史研究室（海南省地方志办公室）编：《中国改革开放全景录》（海南卷），海南出版社 2018 年版，第 143—144 页。

③　蔡锋：《40 亿美元布局中国　APP 做强纸业龙头》，《国际金融》2003 年 7 月 4 日。

少有 90% 涉及印尼华人。①

2. 马来西亚

马来西亚华商的投资以中国东南沿海地区为重点。根据商务部有关部门的统计，21 世纪初马来西亚对华投资中，在江苏的投资最多，项目数、合同金额和实际金额占其同期总量的 20%—40%，其次是浙江和上海，远远超过在其故乡福建和广东的投资规模。

随后，马来西亚华商对中国的投资逐渐从北方扩大到南方。投资重点也由房地产业、制造业、服务业和零售业为主转向以投资基础设施为主。

在中国投资最为著名、规模较大的马来西亚华人企业是郭氏兄弟集团和金狮集团。郭氏兄弟集团自 1983 年起在北京投资宾馆酒店业之后，在大陆各地积极开展多项投资，成为海外华商在中国大陆的最大投资者之一，投资总额已超过 50 亿美元。2012 年 12 月 12 日，2012 中国经济年度人物获奖名单公布，马来西亚著名华人企业家、嘉里集团董事长郭鹤年获得中国经济年度人物终身成就奖。金狮集团在中国 20 多个省市投资项目达 60 多个，涉及房地产、交通运输、汽车企业、食品加工等领域，总投资额达 10 多亿美元②。由中国—东盟商务理事会主办的 2012 十大走进东盟的中国企业和十大走进中国的东盟企业评选颁奖典礼于 12 月 24 日在北京举行。在本次评选活动中，马来西亚金狮集团执行董事长、马来西亚中华总商会永久名誉会长钟廷森先生获得了"2012 东盟走进中国杰出企业家奖"荣誉称号。

---

① 唐波、陈强、全良波：《"走进一带一路"——印尼华商巨擘力挺中国制造》，金羊网，2017-05-09。

② 崔晨：《香港、台湾及东南亚华人资本对大陆投资的动向》，参见国务院侨务办公室政研司编：《"中国和平发展与海外华侨华人"研讨会论文集》，第 246 页。

3. 新加坡

新加坡在对中国大陆的投资中政府起到的作用较大，很多投资属于集团性投资。新加坡对中国大陆的投资基本为华商的投资。其投资领域由最初的房地产开发、酒店业、餐饮业逐渐向 IT 产业、电力、海运、金融、法律、保险业等资本技术密集型产业发展。在投资地区分布上，华东、华北地区比华南要多，近些年向中西部区域扩展。

新加坡在中国大陆最著名的投资项目是 1994 年与中国方面共同投资建设苏州工业园区（新方占 65%，中方占 35%）。它主要是由新加坡政府为中心开发建设的，一些民间企业也参与其中。除了开发建设苏州工业园区以外，新加坡政府资本与民间资本共同投资的项目还有：无锡工业园区（新方占 70%，中方占 30%）、青岛亚洲工业园、烟台新加坡国际城（由新加坡投资 2 亿美元）、重庆新加坡国际城（由新加坡投资 5 亿美元）。[1] 凯德置地中国控股集团是新加坡嘉德置地集团在华的全资子公司。嘉德置地集团是亚洲最大的上市地产公司之一，总部设在新加坡，其核心业务包括房地产、酒店、服务公寓、物业服务以及房地产金融，分布在亚洲、大洋洲、欧洲和美洲的重要城市。凯德置地于 1994 年正式进入中国市场。其在华主要业务为房地产、酒店、服务公寓、物业管理等，各项业务遍及上海、北京、广州、大连、西安、天津、武汉、厦门、香港等近 10 个城市。10 年来，凯德置地在华总投资规模已达 160 多亿元人民币。[2]

新加坡金鹰国际集团为亚太地区一家多元化综合性工业集团。金鹰集团已在中国造纸、能源等领域进行了积极的投资。

此外，郭令明的丰隆集团、黄祖耀的大华银行、康伟华的永固控股、

① 参见郭梁：《21 世纪初的东南亚社会与经济》，厦门大学出版社 2003 年版，第 236 页。

② 《凯德置地：胸怀世界，看好中国》，焦点房地产网，2005-02-04，http://house.focus.cn/showarticle/608/500726.html 26K 2005-2-4。

连瀛洲的华联银行集团、黄加种的泛联集团、黄廷芳的远东集团、陶欣伯的新加坡置地等集团公司在中国大陆均有多项投资。

数据显示，截至 2014 年，新加坡在华累计投资金额为 723 亿美元。新加坡对华投资项目超过 2 万个。目前，新加坡在中国的投资主要以园区经济为主。其中苏州工业园区已经成为苏州经济社会发展的重要增长极，园区累计吸引外资项目超过 5500 个，实际利用外资 282 亿美元，93 家世界 500 强企业在区内投资了 154 个项目，上亿美元项目 149 个，其中 10 亿美元以上项目 7 个，在电子信息、机械装备等方面形成了具有一定竞争力的产业集群。①

4. 菲律宾

菲律宾对中国投资的华商企业主要是陈永栽集团和郑周敏家族的亚洲世界集团。在菲律宾素有菲华人首富、"烟草王"之称的陈永栽 1993 年在厦门设立了新联商业银行，后又在厦门投资 1 亿美元建立了银行中心和亚洲酿酒有限公司；2004 年在上海投资 2 亿美元建设裕景国际商务广场。除了上海，陈永栽财团旗下的香港裕景兴业集团还在厦门、北京、大连、深圳等地开发房地产项目，陈永栽在大陆的投资达 6 亿多美元。2017 年在北京举办"一带一路"国际高峰论坛期间，陈永栽接受记者采访时表示，"当年投资中国大陆时想，如果能赚钱双赢更好。倘若失败了，就当为（祖籍）国做贡献了。无论经济环境怎样，将继续加大对大陆投资"。② 可见他对中国大陆投资的信心和远见。

亚洲世界集团的投资领域主要在金融和不动产，投资区域主要在河南洛阳与故乡福建的厦门、泉州、石狮等地。亚世集团在洛阳的投资包括五星级酒店、800 万平方米的住宅区、150 万平方米的全球华侨新村、

---

① 《学习新加坡：对华最大投资国怎样炼成》，《经济参考报》2016 年 4 月 13 日。
② 华商文：《83 岁的菲律宾前首富：不管怎样，都要投资大陆》，微信公众号"华商韬略"，2017-05-22。

1200 万平方米的工业区等；在福建厦门、泉州、石狮等地建工业城、住宅区、商业中心等。亚洲世界集团在中国大陆的投资已超过 10 亿美元[①]。

在中国大陆投资的菲律宾企业财团还有菲律宾国家银行、施志成家族集团、顶峰控股集团等。

5. 泰国

泰国对中国的投资发展比较顺利。到 1996 年为止，泰国对华直接投资总额为 12.41 亿美元。亚洲金融危机发生后，泰国对中国的投资锐减，1997 年至 2002 年直接投资总额为 6.84 亿美元。投资领域主要集中在生产加工、农产品综合开发及服务业等行业。

泰国的正大集团是最早进入中国市场的华商企业。在中国改革开放启动后，正大集团成为第一个来中国投资的外资集团，是在中国投资项目最多，投贸额最大的外国公司之一。正大集团对中国的投资领域从农牧业开始，之后展开多元化产业投资，与日本本田公司合作制造摩托车，与荷兰喜力啤酒公司合作生产啤酒，与中国的企业合作进入农牧、化工、金融、通信、不动产等 10 多个行业 200 多个项目，创办了 100 多家合资和独资企业，年销售额达 300 亿元人民币，遍布全国除青海省外的 29 个省市自治区。正大集团在中国大陆的总投资额已达近百亿美元。[②] 其他在中国投资的华人财团包括盘古银行、伟成发集团、协联集团、暹罗机械集团、泰中促进贸易商会等。截至目前，正大集团已在中国共设立了300 多家企业，员工超 8 万人，总投资超 1100 亿元，年销售额近 1000 亿元。除了积极在中国投资建厂，创造工作机会，正大集团还积极帮助中国企业在泰国拓展海外市场。如近年来，上汽集团就与正大集团合作在

---

① 参见林珊：《菲律宾亚洲世界集团》，《华侨华人与侨务》1998 年专辑；梅显仁：《东南亚华人与华人经济》，南方都市网，2007-07-04。

② 参见郭梁主编：《21 世纪初的东南亚社会与经济》，厦门大学出版社 2003 年版，第 444 页。

泰国建设了一家整车工厂，使上汽的自主品牌汽车第一次在中国以外生产制造。[①]

（四）欧洲、北美、澳洲等地华商到中国投资

来自欧洲、北美、澳洲、日本等其他国家和地区的华商投资，至少有400多亿美元，约占外商在华投资的6.5%，占海外华商在华投资的10%左右。这些地区的华商投资数据是比较难统计的，这里仅能根据国务院侨办的资料和其他一些有关资料加以推算。[②] 这些国家和地区对中国大陆的投资在20世纪90年代起逐步增长，占全部外资的比例从1991年的约7%增至1992年的约11%，此后一直稳步上升。[③]

欧洲、北美、澳洲、日本等其他国家和地区的华商，主要是20世纪80年代以来我国香港地区、台湾地区和内地（大陆）及东南亚地区的数百万华人新移民，一个新生代的华人移民群和华商阶层陆续在世界各地兴起。他们对中华民族文化与祖（籍）国乡土的联系，无疑是十分重要的。

欧洲大陆的华商有相当部分来自浙江等地，如法国、意大利、西班牙等国的华侨华人主要来源于浙江青田、温州等地区，他们在回故乡投资、为故乡繁荣发展方面发挥了主力军的作用。

2007年11月11日至13日，"2007中国·青田华侨大会"在浙江青田隆重举行。来自世界120多个国家和地区的280多个华侨华人社团的侨领与代表齐聚故里，为青田发展献计献策。这是青田有300多年华侨历史以来的第一次，也是青田自2003年开始实施"华侨要素回流工程"

---

① 正大集团官网，2017-09-06.

② 参见沈丹阳：《华商企业对华投资基本情况、新趋势及引发的思考》，《中国外资》2006年第9期。

③ 参见龙登高、赵亮、丁骞：《海外华商投资中国大陆：阶段性特征与发展趋势》，《华侨华人历史研究》2008年第2期。

以来的一项重大举措。作为旅欧青田籍侨胞的桥头堡，旅法青田籍侨团这次派出了强大的阵容。近百名代表回乡参加了此次盛会，并积极参与家乡建设。"华侨经济"已成为青田极具发展潜力的经济板块。此次大会推介招商项目90多个，已经达成共识并在会议上签约的项目共有20个，总投资75亿元。这将为各投资商的事业发展开辟新的领域，同时也将给青田发展注入新的活力。[①]

欧美地区的华商在中国大陆各地还有一些中小规模的投资。如荷兰华商联合会2008年在宁波鄞州新城区建设欧洲华商大厦，总投约3亿元人民币。该项目主要是帮助宁波引进欧洲知名侨团、侨领企业和国外企业，推进商务经济，共谋发展。旅美华商、浙江省政协海外特邀委员陈永坤是浙江温州世贸中心的投资者之一。世贸中心总建筑面积超过25万平方米，是温州有史以来的最高建筑。[②]

据《2017世界华商发展报告》一书介绍，目前欧洲约有华侨华人255万人，其中约70%为经商者，欧洲华商数量已超过178万。华商分布最多的是英国、法国、意大利、西班牙、德国、荷兰。不过从整体上来看，欧洲华商的经济实力仍然较弱，目前餐饮业、皮革业、服装业、贸易是欧洲华商经济的几大支柱产业。欧洲华商比例虽大，但对华投资数量较小，未成规模。值得关注的是，2016年9月22日至24日在意大利小镇坎皮奥内市（CAMPIONE D`ITALIA）召开并成立的欧洲华商大会，来自中国和欧洲的300多名华商参加大会。会议旨在为中国"一带一路"建设的大能量搭建对接平台。[③] 欧洲华商大会对"一带一路"建设、中欧经贸合作产生了积极的作用。

---

① 《"2007中国·青田华侨大会"扫描》，法国《欧洲时报》2007年11月13日。

② 《旅美华侨陈永坤投资温州　打造浙江第一高楼》，星岛环球网，2007-12-13，http://www.stnn.cc/home/200712/t20071213_692070.html；另见建设网，2013-04-29。

③ 《首届2016年欧洲华商大会在意大利圆满落幕》，环球网（财经），2016-09-26。

北美地区的新一代华商主要是从中国大陆、港台等地到美、加留学工作并取得一定成就的人士。他们中的一些人携国际风险基金回中国大陆投资创业，并在较短的时期内取得了很大成功。雅虎中国、百度、搜狐、新浪、UT斯达康、腾讯等，便是新一代华商创办的具有代表性的优秀企业，其中腾讯是后起之秀。

在资讯不断发达、贸易范围日益拓展的今天，华商群体开始谋求更高层面的互动。全球性的大型华人商会也开始形成规模，世界华人工商互助联合总会就是一个典型例证。2000年10月26日，由美籍华人朱伯舜发起，以有意到中国大陆从事商业活动的海外华人为主体，联合海内外几十家工商协会组成的世界华人工商互助联合总会成立。华商会现拥有会员80余万人，已经先后向中国大陆投资了上百亿元人民币①。

介绍北美华商在中国投资，应该介绍一下美国华商会的组织。"美国华商会"全称为"美国华人商会"，英文名称为"American Chinese Business Association"（ACBA），是由美国政府批准于2004年9月成立的，为面向全球华人的非营利性组织。总部设在洛杉矶，有12个行业分会。商会的宗旨就是为在美国和全球的华商提供服务，维护华商的正当权益，建立商务平台，发挥桥梁和纽带作用，促进美中贸易关系的发展和企业之间的交流。美国华商会成立以来一直比较活跃，并间接组织对华投资。2011年5月5日，美国华商会会长和云南省保山市人民政府签订了在云南腾冲建设"美国城"项目协议书，投资总额为6亿美元。这是美国华商会组织在华投资的范例。

澳大利亚籍华商首富兼科学家施正荣，2001年回国创办了尚德太阳能电力有限公司，担任公司董事长兼CEO，并任全国工商联新能源商会常务副会长。尚德公司专业从事多晶硅太阳能电池和单晶硅太阳能电池、

---

① 彭治国：《大陆的新华商》，参见《新华商》2008年创刊号。

组件和光伏系统的研究开发、制造和销售。2006 年公司生产能力达到
270 兆瓦，产量达 160 兆瓦，实现销售收入超 50 亿元，在世界同行业排
名前三。2005 年 10 月，在上海召开的国际光伏科学与工程大会上，施正
荣因其对中国和世界光伏产业作出的巨大贡献而荣获世界光伏科学与工
程大会特别奖。2007 年 1 月 20 日，施正荣因其对发展中国新能源产业的
影响力和推动力作出的杰出贡献，荣膺 2006 CCTV 中国经济年度人物。[①]
但后来由于种种原因，无锡尚德太阳能电力有限公司逐渐走下坡路并最
终破产重整。这也说明一部分海外华商企业在华投资由于种种原因缺乏
后劲，没有可持续性。

此外，澳大利亚最大的机械企业 HDC 公司执行董事长李明治在福
州、唐山及大连等地的机械企业有所投资[②]。澳大利亚华商、华溪实业
有限公司董事长林盛育投资 3666 万美元开发建设武夷山度假区娱乐城
项目。

此外，维尔京群岛等自由港对中国大陆也有投资，21 世纪初统计约
有 436 亿美元，约占 7%。这部分投资中，至少 95% 以上是华商的投资，
其中 2/3 以上是台商的投资[③]。

英属维尔京群岛等自由港的资本在中国外资中的比重由 1998 年、
2000 年的 9% 上升到 2002 年的 15.5%，成为中国外资的第二大来源地。
维尔京群岛等自由港对中国大陆的投资除主要为台商的资本外，还有一
部分为中国国内资本为享受政府给予外资的优惠政策而外流到维尔京群
岛等自由港，然后又以外资的身份回到中国从事直接投资的，而这部分

---

①　王海波：《澳洲华人首富施正荣：做事先做人"诚信"创天下》，中国侨网，2008-02-23，
http://qh.chinaqw.com.cn/tzcy/hsfc/200802/22/107372.shtml。

②　黄昆章：《澳大利亚华侨华人史》，广东高等教育出版社 1998 年版，第 248 页。

③　参见沈丹阳：《华商企业对华投资基本情况、新趋势及引发的思考》，《中国外资》2006 年第
9 期。

资金额缺乏统计。①

　　以上全面介绍了改革开放 30 年中国吸收海外华商资本的情况，改革开放 30 年至 40 年海外华商在华投资的情况见表 3-7。

表 3-7　2008—2018 年中国吸收外资数量及华商资本数量（单位：亿美元）

数量／金额　年度	外资企业数量	吸收外资数量	华商资本数量
2008	27514	923.95	647.77
2009	23435	900.33	630.23
2010	27406	1057.35	740.15
2011	27712	1160.11	812.08
2012	24925	1117.20	782.04
2013	22773	1175.86	823.10
2014	23778	1195.60	836.92
2015	26575	1262.70	883.89
2016	27900	1260.00	882.00
2017	35652	1310.40	917.28
2018（1—5 月）	24026	526.60	368.62
累计	291696	11890.01	8324.08

　　资料来源：根据中华人民共和国商业部网站中国历年吸收外资的数据统计绘制。其中海外华商统计数字，系笔者按比较公认的占外资总额的 70% 折算。

　　表 3-7 是改革开放 30 年至 40 年中国吸收利用外资的统计数字，可以看出这 10 年间外资逐年递增的基本情况。其中历年海外华商资本的数字是笔者根据本年度实际利用外资的金额，按学界认识大体一致的看法占外资总数 70% 的比例折算的。实际上，华商每年在华投资数额占外资的比例并不确定，前后期高低不等，这只是个约数。意在说明，从改革开放

———

① 参见湛柏明：《中国吸引外商直接投资对内资的需求效应》，《新华文摘》2004 年第 24 期。本文作者指出，一般认为中国外流资本的目的地过去主要是中国香港，现在主要是维尔京群岛等自由港。

30 年到 40 年，随着逐年利用外资的增长，海外华商来华投资也随之递增。因此，表中海外华商历年在华投资总体上稳中有升的趋势是成立的。

表 3-7 从纵向上大体反映 2008 年至 2018 年中国吸收外资及华商资本的情况。从横向上考察，笔者列出 2008 年和 2017 年中国吸收外资及华商资本排前 10 名的国家和地区的情况（见表 3-8 和表 3-9），也能从中看出一些发展变化。

表 3-8　2008 年对华投资前 10 名国家和地区及当地华商投资统计表（单位：亿美元）

国家/地区	中国香港	英属维尔京群岛	新加坡	日本	开曼群岛	韩国	美国	萨摩亚	中国台湾	毛里求斯
外资数量	410.36	159.54	44.35	36.52	31.45	31.35	29.44	25.5	18.99	14.94
华资数量	410.36	111.68	44.35	25.56	22.02	21.99	20.61	17.85	18.99	10.46

资料来源：根据《2008 年 1—12 月全国吸收外商直接投资情况》绘制，中华人民共和国商业部网站，2009-01-22。除港台及新加坡均为华商资本外，其他国家和地区的华商资本占外资按 70% 折算。

表 3-9　2017 年对华投资前 10 名国家和地区及当地华商投资统计表（单位：亿美元）

国家/地区	中国香港	新加坡	中国台湾	韩国	日本	美国	荷兰	德国	英国	丹麦
外资数量	989.20	48.30	47.30	36.90	32.70	31.30	21.70	15.40	15.00	8.20
华资数量	989.20	48.30	47.30	25.83	22.89	21.91	15.19	10.78	10.50	5.74

资料来源：根据中华人民共和国商业部外资司：《2017 年 1—12 月全国吸收外商直接投资快讯》绘制，中华人民共和国商业部网站，2018-01-29。除港台地区及新加坡均为华商资本外，其他国家和地区的华商资本占外资仍按 70% 折算。

从表 3-8 和表 3-9 的 2008 年和 2017 年外商及所在国和地区华商在华投资前 10 名国家和地区统计表，可以看出排名发生较大变化，其中 2008 年排在前 10 名以内的英属维尔京群岛、开曼群岛、萨摩亚、毛里求斯，2017 年则排在 10 名以外，欧洲的荷兰、德国、英国、丹麦排在前 10 名，说明欧洲对华投资的加强。2008 年排在前 10 名国家和地区在华投资占全国实际使用外资金额总额为 802.44 亿美元，占全国吸引外资的 86.85%，其中华商资本为 703.87 亿元；2017 年排在前 10 名的国家和地区外资总额为 1246.1 亿美元，占全国实际使用外资金额的 95.1%，其中华商资本为 1197.64 亿美元。其中香港资本由 2008 年占一半到 2017 年占 2/3 以上，增幅较大。

二、改革开放以来海外华商来华投资分期

改革开放 40 年来，海外华商对中国大陆的投资，按投资的规模、特点大致可分为四个时期。

（一）华商来华投资的探索起步时期（1979—1991 年）

这一时期中国大陆吸引外资的区域从设立经济特区到沿海地区全面对外资开放，经历由点到面的开放过程。

在改革开放初期，海外华商对中国大陆的投资速度较慢，且规模也较小，投资项目多为中小型企业。主要投向广东和福建沿海地区，尤其是珠江三角洲和闽南金三角地区。其主要原因：一是改革开放初期设立的经济特区都在这些地区，且毗邻港澳台和东南亚，交通方便，便于产品出口；二是这些地方大都是海外华商的故乡，他们对家乡的风土人情、生活习俗等各方面情况比较熟悉，可以更好地把社会资本转化为经济资本。当时海外华商的投资主要是采取"三来一补"的形式，加工贸易以及劳动密集型加工企业如纺织品加工、电子电器组装等占据大部分比重，

投资期限多为 3 年至 5 年，投资方式以中外合资、合作为主。

随着中国改革开放的推进，特别是 1985 年，中国政府颁布《国务院关于华侨投资优惠的暂行规定》，对到境内投资的侨、港、澳、台同胞除享受外商投资企业待遇外，更在税收上享受"免三减四"的特别优惠。这对于吸引大量海外侨胞，特别是港澳台中小资本到国内投资起到了积极的促进作用。

1986 年以来中国政府制定并颁布了多项关于引进外资以及侨、港、澳、台资的法规及相关政策，如《国务院关于鼓励外商投资的规定》（1986 年）、《国务院关于鼓励台湾同胞投资的规定》（1988 年）、《国务院关于鼓励华侨和港澳台同胞投资的规定》（1990 年）等，规定对包括海外华人在内的外商投资企业给予优惠待遇；并规定对华侨、港澳台同胞投资企业除享受外商企业的优惠减免税收外，对其生产的出口产品，免缴出口关税和工商统一税；华侨、港澳台同胞投资企业进口用于生产出口产品的原材料、元器件、配套件等，免缴进口关税和工商统一税等等。在政策层面上为外商及海外华商提供了进入国内市场的保障。

随着中国对外开放领域的不断扩大，鼓励外商投资的相关优惠政策和相关法规的陆续出台及投资环境的不断改善，自 20 世纪 80 年代中期起，掀起了海外华商赴大陆投资的第一次高潮，每年的投资额均超过 10 亿美元[①]。华商的投资区域由经济特区扩大到 14 个沿海开放城市以及沿海地区，并逐步延伸到广大内陆地区；投资期限延长至 10 年以上；投资方式由中外合资、合作向外商独资发展，投资领域由一般的组装、加工业向深度加工业和系列加工业转变。这一时期海外华商在华投资总额超

---

① 参见吴洪芹：《海外华人赴华投资现象之剖析》，《侨务工作研究》1995 年第 4 期。

过 180 亿美元。①

（二）华商来华投资的快速发展时期（1992—1997 年）

以邓小平南方谈话为标志，表明中国政府将继续坚持改革开放国策，加快改革开放步伐。党的十四大明确提出建立社会主义市场经济体制，中国进一步开放内陆和周边地区，形成多层次全方位的对外开放格局。20 世纪 90 年代以来中国政府鼓励外商投资生产型企业项目，如工业、农牧渔业、交通、能源、邮电等生产性项目，以及交通运输、电力设备等基础设施建设项目，并鼓励外商投资电子、通信、生物等高科技产业，要求不断提高投资质量和技术水平。1992 年，中国政府作出了加快发展第三产业的决定，利用外资的领域逐渐扩大到金融、贸易、商业、旅游等第三产业。海外华商在这些领域的发展具有优势。特别是 20 世纪 90 年代以来东南亚国家经济处于高速发展时期，资本市场上盈余资金较多，且对华关系日益改善，鼓励华商到中国投资，于是来大陆考察、洽谈合作的华人大企业家和企业集团投资者成倍增加。90 年代初以来，随着海峡两岸联系逐渐增多，台商在大陆的投资迅速增长。这一时期中国政府制定并颁布了多项进一步引进和管理外资的法规法令，如《中华人民共和国外资金融机构管理条例》（1994 年）等，推出关于财税、金融、投资、外贸等一系列改革措施，对外资的管理趋于与国际惯例接轨，吸引外资的环境与条件大为改善，中国再次掀起了海外华商来华投资的高潮。这一时期海外华商在华投资总额超过 1300 亿美元，平均每年达 200

---

① 参见林金枝：《海外华人在中国大陆投资的现状及其今后发展趋势》，《华侨华人历史研究》1993 年第 1 期。林文列出这一时期海外华商投资额为 179.32 亿美元。目前一些学术著作中对海外华资的统计，只是将官方公布的港澳台和东南亚的投资数据相加，来自其他地区如欧美、日本、维尔京等地的投资也包括部分华人资本，但缺乏详细统计数据而未计入其中。本书根据林文的统计数据，推测这一时期海外华商投资额应超过 180 多亿美元。因各个时期海外华商投资额难以精确统计，故本书列出的各个时期海外华商投资额只能是约数。

多亿美元。[①]

（三）华商来华投资的调整与成熟发展时期（1998—2007 年）

这一时期中国方面对外资全面开放的格局已形成，在继续改善投资环境的同时，中国政府逐渐将引资重点转向高新科技领域和引导外资投入国内薄弱产业部门如基础产业的建设。1997 年 9 月，国务院总理朱镕基指出，中国还将对符合条件的外商投资项目的设备进口重新实行一定的优惠政策。但这些投资项目首先要符合中国的产业政策，要带来新的技术，而不是低水平的重复建设。[②] 中国政府在原有基础上又出台多部有关外商投资的政策法规、指导目录、管理办法，如《国务院关于指导外商投资方向的规定》（1998 年）、《国务院关于扩大外商投资企业从事能源、交通、基础设施项目税收优惠的规定》（1999 年）等。2004年国家出台多部有关外商投资的政策法规、指导目录、管理办法等，并向外商扩大开放了更多的投资领域。这就在政策层面上为外商及华商提供了进入国内市场的保障，从而吸引更多海外华商来华投资。2004 年我国实际利用外资突破 600 亿美元，表明国际资本和跨国公司非常看好我国的市场，同时也说明华商投资祖（籍）国的积极性越来越高。

在海外华资方面，在经历了亚洲金融危机之后，由于中国大陆未受金融风暴的冲击，社会保持稳定，经济运行情况良好并持续高速发展。从 1997 年下半年以来，有许多东南亚华商与中国大陆签订了数额巨大的投资项目。中国企业家协会曾于 1998 年 12 月 29 日公布对在华外资企业的调查结果，表明外资企业将中国作为理想的投资地，主要因为有利的

---

　　① 庄国土在其《华侨华人与中国的关系》（广东高等教育出版社 2001 年版）第 378 页中，列出这一时期海外华商投资额为 1276 亿美元。这一时期维尔京群岛在华投资达数十亿美元（主要为华人资本），但未计入其中。中国台湾在大陆的实际投资额远大于官方公布的统计数据。故本书认为这一时期海外华商投资额应超过 1300 多亿美元。

　　② 朱镕基：《中国的经济形势和发展前景》，1997 年 9 月在"21 世纪中国经济发展高级研讨会"上的演讲。参见庄国土：《华侨华人与中国的关系》，第 379 页。

经济环境和稳定的政治环境，以及潜力巨大的国内市场；并将稳定的政治环境、较强的汇率制度和特殊的社会、经济结构，视为抵御亚洲金融危机的四项主要因素。[①] 1998 年海外华商在中国大陆投资达到当时创纪录的 352 亿美元，这个时期对中国的投资使他们规避了风险。1999 年至 2001 年的 3 年中，海外华商尤其是东南亚华商在中国大陆的投资略有下降，其原因主要为：（1）海外华资的主要来源地之一东南亚国家在金融危机之后经济恢复未尽如人意，许多华人企业集团在金融危机中遭受重创，遂投入大规模的企业重组之中，造成对华投资数量的减少。（2）东南亚国家政策干预。金融危机之后，大多数东南亚国家都在积极扩大内需，为防止金融和外汇投机，许多国家一直采取较为严厉的外汇管制措施，客观上对华资企业到中国大陆投资造成一定影响。（3）21 世纪初，中国利用外资政策有所调整，即由改革开放初期对外商企业特别是华侨华人企业实行税收优惠逐渐转为与中国企业同等待遇，引资重点转向高新科技领域和引导外资投入国内薄弱产业尤其是基础产业部门，这样便对技术水平相对较低的外资项目和单纯为享受优惠政策而对华投资的项目有所影响。但 2002 年以后，海外华商在进行企业重组、实现战略性调整之后，对中国大陆的投资呈现稳步增长的态势。这一时期海外华商在华投资总额超过 2600 亿美元，平均年投资额达 260 多亿美元。[②] 这一时期可以说是海外华商投资中国大陆的高潮时期。

（四）海外华商来华投资的转型时期（2008 年至今）

2007 年 10 月，中共十七大召开，大会指出，进入新世纪新阶段，

---

① 参见康君、赵喜仓编著：《中国经济发展与外商直接投资问题研究》，中国统计出版社 2005 年版，第 42—43 页。

② 1998 年至 2000 年的海外华资数据参见庄国土《华侨华人与中国的关系》，第 380 页。2001 年至 2005 年的外资数据参见 2002 年至 2005 年的《中国经济年鉴》及 2006 年的《中国商务年鉴》，海外华资约占全部外商投资的 52%。

我国发展呈现一系列新的阶段性特征，经济实力显著增强，同时生产力水平总体上还不高，自主创新能力还不强，长期形成的结构性矛盾和粗放型增长方式尚未根本改变；创新发展理念、转变发展方式、破解发展难题，实现未来经济发展目标，关键要在加快转变经济发展方式、完善社会主义市场经济体制方面取得重大进展。要大力推进经济结构战略性调整。大会指出：加快转变经济发展方式，推动产业结构优化升级。这是关系国民经济全局紧迫而重大的战略任务。要坚持走中国特色新型工业化道路，坚持扩大国内需求特别是消费需求的方针，促进经济增长由主要依靠投资、出口拉动向依靠消费、投资、出口协调拉动转变，由主要依靠第二产业带动向依靠第一、第二、第三产业协同带动转变，由主要依靠增加物质资源消耗向主要依靠科技进步、劳动者素质提高、管理创新转变。

在 2012 年 11 月召开的中共十八大，强调以科学发展为主题，以加快转变经济发展方式为主线，加快形成新的经济发展方式，把推动发展的立足点转到提高质量和效益上来，着力激发各类市场主体发展新活力，着力增强创新驱动发展新动力，着力构建现代产业发展新体系，着力培育开放型经济发展新优势。实施创新驱动发展战略，推进经济结构战略性调整，全面提高开放型经济水平。

中共十八大以来，党和政府坚定不移贯彻新发展理念，坚决端正发展观念、转变发展方式，发展质量和效益不断提升。经济保持中高速增长，在世界主要国家中名列前茅，国内生产总值从 54 万亿元增长到 80 万亿元，稳居世界第二，对世界经济增长贡献率超过 30%。供给侧结构性改革深入推进，经济结构不断优化，数字经济等新兴产业蓬勃发展，高铁、公路、桥梁、港口、机场等基础设施建设快速推进。农业现代化稳步推进，粮食生产能力达到 1.2 万亿斤。城镇化率年均提高 1.2 个百分点，8000 多万农业转移人口成为城镇居民。区域发展协调性增强，"一带一路"建设、京津冀协同发展、长江经济带发展成效显著。创新驱动发展战略大力实施，创新型国家建设成果丰硕。开放型经济新体制逐步健全，对外贸易、对外投资、外汇储备稳居世界前列。①

中国经济已由高速增长阶段转向高质量发展阶段，正处在转变发展方式、优化经济结构、转换增长动力的攻关期。

2017年10月召开的中共十九大，强调贯彻新发展理念，建设现代化经济体系，提出深化供给侧结构性改革，加快建设创新型国家，实施乡村振兴战略，实施区域协调发展战略，加快完善社会主义市场经济体制，推动形成全面开放新格局。中国坚持对外开放的基本国策，坚持打开国门搞建设，积极促进"一带一路"国际合作。

从党的十七大特别是十八大以来，中国经济发展处于全面转型阶段，中国的侨务政策包括吸收华商资本的政策，也随之调整发展。如国务院总理李克强在第二届世界华侨华人工商大会开幕式上的讲话指出：中国正在实施创新驱动发展战略，加快培育发展新动能，改造提升传统动能。希望华商充分发挥资金、技术、管理、商业网络和人才优势，积极投身国内创新发展热潮，在参与创新发展中抢占先机。希望华商充分发挥联通中外、汇聚资源的独特优势，积极参与"一带一路"建设和中国同世界各国的经贸合作，拓展三方合作，更好实现互利共赢。②

广东省佛山市顺德区（原为顺德县）是著名侨乡，拥有近50万顺德籍港澳台同胞和海外侨胞和1.5万名归侨侨眷。据不完全统计，改革开放以来，顺德华侨港澳乡亲对家乡的投资超过60亿美元，公益慈善捐赠近20亿元。2015年，顺德实现地区生产总值2587.45亿元，增长8.5%；连续4年居中国市辖区百强首位。正如顺德区区长彭聪恩所说，改革开

---

① 习近平：《决胜全面建成小康社会　夺取新时代中国特色社会主义伟大胜利——在中国共产党第十九次全国代表大会上的报告》（2017年10月18日），人民出版社2017年版，第3页。

② 《李克强会见世界华侨华人工商大会代表》，《人民日报》2017年6月13日。

放 30 多年来，50 多万海内外乡亲的支持是顺德持续发展的动力。党中央提出推进"一带一路"建设后，向来敢为人先的顺德又走在前列，积极利用世界顺德联谊总会的海外社团资源，深挖"一带一路"沿线国家和地区商机，稳步扩展"朋友圈"。顺德先后与澳大利亚的高嘉华市建立正式友城关系，与美国的三藩市、加拿大的爱民顿、英国的纽卡素、马达加斯加的塔马塔夫等城市签订友好合作备忘录。2015 年，全区进出口总额为 257.7 亿美元，其中对"一带一路"沿线国家进出口贸易总额约 88.8 亿美元，占全区进出口额的 34.4%，占比提升 2.4 个百分点。[①]

2017 年 6 月 14 日，由国务院侨务办公室、天津市人民政府共同主办的"2017 中国·天津华侨华人创业发展洽谈会"举行，同期举办世界侨商项目与商品博览会（以下简称"华博会"）。1500 多名海内外嘉宾来津参会，217 家海外侨资企业参展，近 10 万市民参观采购。本届"华博会"主题是"万侨创新、互利共赢"。海内外华侨华人及海外投资者积极参与各项活动，与天津市各区域、部门、企事业单位开展了积极广泛的对接洽谈，共达成合作协议 198 项。其中，海外高层次人才引进合作项目 107 个，科技创新项目 38 个，媒体机构合作项目 3 个，投资贸易项目 50 个，项目涉及投资总额 172.6 亿元。其中科技含量高的无人水下机器人技术引进、生物医疗激光研发合作、纳米功能水去除土壤重金属合作等世界先进科技创新项目。[②]海外侨胞和华商积极参与本届"华博会"，来自海外嘉宾代表占总数的 80%，涉及 83 个国家和地区的 232 个海外侨团商会。在"华博会"上，天津科技成果转化交易市场正式揭牌，为首批天津市海外人才工作站和招才引智专员颁发了铭牌和聘书，120 位在

---

① 贺林平、郭明达：《顺商回家　共绘蓝图——世界顺德联谊总会第十届恳亲大会侧记》，《人民日报》2016 年 4 月 27 日。

② 龚相娟：《华侨华人创业发展洽谈会在津举办——搭建涉侨经贸科技交易平台》，《人民日报》2017 年 6 月 16 日。

京津冀创新创业的海外博士，273 位海外院士、博士和创新人才，与 350 家京津冀科技型企业、科研机构、高校及孵化平台进行对接洽谈，涉及技术成果转化、科技人文合作、共建联合实验室等创新合作项目 730 个，签约转化率近 20%，协议投资总额达 172.6 亿元人民币，取得了丰硕成果。①

华北各地招商引资规模越来越大，合作平台不断提高。2017 年 11 月 29 日，第二届世界冀商大会在河北省邯郸市举办，本届大会以"聚冀商力量，绘河北新篇"为主题，旨在搭建海内外冀商联谊沟通合作的平台，凝聚冀商力量，鼓励和引导冀商回归创业，促进河北经济转型发展。来自海内外的 500 多名冀商代表参会，围绕 18 个重点项目签约，总投资额约 1314 亿元人民币。有的与会冀商表示，河北靠近京津的地缘优势以及京津冀协同发展、雄安新区建设等政策优势，"这些都给河北带来更多的发展机会和空间"，并从中"找到合作契合点"②。

地处九省通衢的湖北武汉，除了国务院侨务办公室与湖北省委省政府举办多届的招商品牌"华创会"外，还举办了其他形式的招商引资活动。2017 年 11 月 27 日，开办了武汉新民营经济招商大会·全球温州商会专场活动，全球主要温州商会负责人和企业代表到会，签约 17 个项目，总投资额 1203 亿元人民币，涉及创新创业、中部经济、智能制造、时尚创意、教育文化多个领域。据主办者介绍，目前武汉有国内外温商企业 3000 多家，遍布多个领域，带动了百万人就业。自 2017 年 9 月以来的 3 个月里，武汉举办了三场新民营经济招商大会专场活动，其中上海市浙

---

① 天津市侨办：《万侨创新　互利共赢——2017 世界侨商项目与商品博览会成功举办》，《侨务工作研究》2017 年第 4 期，第 19—20 页。

② 李茜、陈林：《第二届世界冀商大会：重点项目签约总投资约 1314 亿元》，中国新闻网，2017-11-29。暨南大学图书馆世界华侨华人文献馆、彭磷基华侨华人文献信息中心编：《侨情综览》（2016），南方出版传媒、广东人民出版社 2018 年版，第 416 页。

江商会专场签约 11 个项目，总投资额 1292 亿元人民币；闽粤港专场签约 23 个项目，总投资额 1358 亿元。仅 2017 年武汉市招商引资已签约金额 22114.5 亿元，实际到位资金 7273.5 亿元。[①] 可见招商引资数量之大，效果之好。

中国经济转变发展方式的明显标志之一，是由原来的大规模"引进来"转向大规模"走出去"，而中国企业"走出去"在当地生存发展，需要当地华侨华人的帮助支持。如匈牙利是中东欧地区华侨华人较多的国家，也是中国在该地区投资最多的国家。万华集团、华为公司、中兴通讯、七星电子和中国银行等一些有实力的中国企业和金融机构在此落户经营。其中万华集团是中国在中东欧地区最大的投资项目。2011 年，万华集团斥资 12.6 亿欧元收购了匈牙利博苏化学公司 96% 的股权，之后又追加投资 3 亿欧元，完成了年产 16 吨的甲苯二异氰酸酯（TDI）新生产装置建设，使万华博苏化学公司成为欧洲最大的 TDI 制造商。中国企业在当地的发展，为当地提供了就业的机会，并为当地华侨华人带来利益。据统计，2015 年中国对欧洲国家的外向型产业投资总额 230 亿美元。向欧洲投资最多的前 5 个国家，投资企业占前三位的是汽车 78 亿美元，房地产和酒店 64 亿美元，信息技术和通讯 24 亿美元。其中向意大利投资 78 亿美元；向英国的投资由 2014 年的 50 亿美元降至 2015 年的 32 亿美元；向法国投资 36 亿美元（比上年增长 160%）。从 2000 年以来的 15 年间，中国共向欧美投资 2050 亿美元，其中投资北美 1080 亿美元，投资欧洲 970 亿美元；投资北美的以私营企业居多，投资欧洲的国有企业

① 谢慧敏、成熔兴：《武汉：打造温商"第二故乡"》，《湖北日报》2017 年 11 月 28 日。暨南大学图书馆世界华侨华人文献馆、彭磷基华侨华人文献信息中心编：《侨情综览》（2016），南方出版传媒、广东人民出版社 2018 年版，第 416 页。

居多。①

　　"一带一路"发展理念提出后，海外华侨华人率先响应和实践。2015 年在泰国华人自发建立起泰国"一带一路"研究院，泰国正大集团副总裁、潮州砚峰书院院长李闻海表示："'一带一路'是伟大的战略构想，能让我们的国家更强大，更快地实现中国梦，我们也会积极地参与进来。"② 在正大集团的努力推动下，中国移动通信集团公司进入泰国，上海汽车集团股份有限公司在泰国建厂。在距泰国曼谷东部百余公里的罗勇府，有一座占地 12 平方公里的工业园，被称作泰中罗勇工业园，这里驻扎着 86 家中资企业，随着"一带一路"建设的不断推进，越来越多的中国企业在这里落户开拓新的市场机遇。园区内中国企业的经营范围涉及汽车摩托车配件、机械、电子电器和建材等多个行业，至 2017 年春这里的投资额有 25 亿多美元，创造了 2 万多个就业岗位。正在建设的三期开发工程，还将容纳 300 家企业，创造 10 多万个就业岗位。③

　　随着"一带一路"建设推进，有近 200 家中资企业来到缅甸投资。由于缅甸基础设施有待完善，给缅甸吸引外资包括中资企业带来不便。为了给入缅投资的中资企业提供政策咨询，解决落户缅甸的中资企业遇到的实际问题，在中国驻缅使馆的支持下，缅甸中（港澳）企业联谊会和缅甸福建企业商会，分别于 2016 年 3 月和 2017 年 7 月成立，企业会员达到 200 家，④ 将为缅甸中资企业发展提供便利。

---

　　① 赵可心编译：《中国国企多投资欧洲　私营企业偏爱北美》，参考消息网，2016-03-15。暨南大学图书馆世界华侨华人文献馆、彭磷基华侨华人文献信息中心编：《侨情综览》（2016），第 416 页。

　　② 唐宁、孙立极：《潮商热切关注"一带一路"战略》，《人民日报》2016 年 5 月 26 日。

　　③ 李晓萍：《"一带一路"倡议助中企在泰国迎更大发展机遇》，国际在线，2017-04-18。暨南大学图书馆世界华侨华人文献馆、彭磷基华侨华人文献信息中心编：《侨情综览》（2017），南方出版传媒、广东人民出版社 2019 年版，第 191—192 页。

　　④ 《仰光缅中企业交流会兴办　助力"一带一路"自发展》，［缅甸］缅甸中文网，2017-11-28。暨南大学图书馆世界华侨华人文献馆、彭磷基华侨华人文献信息中心编：《侨情综览》（2016），第 250 页。

从以上介绍的改革开放以来华侨华人投资情况可以看出，20 世纪 80 年代中国改革开放后，海外华侨华人投资的数量是巨大的，呈现出快速递增并且形成了持续的投资热潮，为历史上前所未有。吸引海外华商来华投资取得重大成效的原因主要有这样几个方面。

第一，中国政府制定了被实践证明完全正确的改革开放政策的结果。中共十一届三中全会以来，党的方针路线和政策转入正确的轨道上来，确立了以经济建设为中心的改革开放政策。80 年代初中国确立对外开放政策的同时，率先在改革开放的前沿广东、福建两省实行"特殊政策"和灵活的措施，如设立深圳、珠海、厦门、汕头 4 个经济特区；1984 年 4 月，对外开放又扩大到 14 个沿海港口城市和海南岛；1992 年邓小平南方谈话发表后，中国政府又新批准长江沿岸 28 个城市和 8 个地区，东北、西南及西北 13 个边境城市，以上海浦东为龙头的长江沿岸地区多层次、全方位的对外开放格局，使中国对外开放和经济建设进入一个加快发展的新阶段。改革开放使中国社会政局稳定，经济持续快速发展，在吸引外资方面制定了完善配套政策，同时加快开放地区水电、交通、通信等基础设施建设。这些给港澳台商和海外华商以很大鼓舞，为他们提供了千载难逢的发展机遇，他们作为所在国家和地区触觉最敏锐的一部分资本，率先进入广袤的中国市场，并扎根落户，开花结果。

第二，经济全球化和资本国际化是海外华商投资中国大陆的原因之一。在世界经济不断发展、经济全球化的时代，国际资本流动、各国资本相互渗透，是国际经济合作的正常现象。因而出现了当今国际投资活动的多种形式，如发达国家之间的相互投资，发达国家与发展中国家互相投资，发展中国家之间互相投资的局面，你中有我，我中有你，多向对流。很难设想当今世界上有哪个国家的经济可以脱离国际大家庭的互助互利而孤立地生存和发展。资本流动的一般规律是哪个国家和地区投资收益率高，就自然流向那里。中国大陆改革开放后，尤其是 20 世纪

90 年代确立社会主义市场经济运行机制后，则逐渐呈现出优于其他国家和地区吸纳国际资本的环境和条件，加上亲缘、血缘等特殊的因素，便吸引了国际大量的华商资本。

第三，中国大陆劳动力资源和自然资源丰富、劳动力成本低、市场广阔等，是吸引海外华商投资的重要原因之一。据有关资料记载，改革开放之初，中国大陆的劳动力成本不及港台的 10%，有效用地价格不及港台的 1%，而投资回报却相当于东南亚的 4 倍。有关调查显示：外商投资迅速增长的主要因素为充足的劳动力资源、广大的市场、给予投资者的税收优惠政策及鼓励措施等。对此，有 4/5 的外商认为，中国大陆的劳动力资源充足而且成本低廉，能够吸引他们来华投资；有 1/2 的外商表示，中国大陆市场广阔吸引他们前去占领。中国大陆的这些有利条件，自然也是深谙资本运行规律、了解中国国情及有人际关系优势的海外华商的用武之地。

第四，华侨华人与中国大陆同源、同种、同文，并有世代相袭的血缘亲情关系及某种爱国爱乡传统，是其投资的特殊原因。在强调资本运行规律是获得高收益率的关键的同时，不能忽视资本操纵者的特殊因素。一般而言，在投资的硬环境和软环境大体相近并都有利润可图的情况下，投资者在寻求合作伙伴时，为了寻求最佳投资效果，当然愿意同有血缘亲缘关系、有共同语言的人成为经济合作的伙伴。这些是中国大陆改革开放以来，华侨华人大规模向祖（籍）国投资不可忽视的特殊因素。

第五，20 世纪后半叶特别是 70 年代以来，东南亚各国产业结构调整及外汇储备增加，也促使这些国家的华商把资本投向祖（籍）国。产业调整一般是企业升级换代，向海外输出劳动力密集型的产业及国内市场饱和的各种产业。而中国刚刚确立社会主义市场经济，急需大量资金，又有广阔的市场和大量剩余劳动力，往往需要这类产业。资本输出的规律表明，华商住在国不需要大量企业投资上马，而商家掌握资本又不能闲置，必然向外寻找出路，流向需要资本的国家。

第六，东盟内部市场的相对狭小加重了其对外部市场的依赖；中国经济的持续快速发展对东盟增加对华投资产生了推动作用。20世纪七八十年代，东盟国家主要是为日本生产下游的电子产品，出口方面主要依赖日本市场；到了90年代，随着日本经济的衰退和美国新经济的兴起，东盟国家的出口又开始严重依赖美国市场。2000年下半年以来，美国的国内需求趋于疲软，其消极影响也开始波及东盟国家，特别是"9·11"事件发生后，随着美国和全球经济陷入衰退，东盟的经济和对外贸易也相应随之滑落。而经济持续快速发展的中国与东盟国家比邻，加大对华投资，扩大双边贸易，对于东盟国家摆脱对美、日等国家的依赖和促进对外经贸合作多元化也会产生积极的影响。中国加入世界贸易组织、2008年奥运会和2010年上海世博会的成功申办，中国经济的持续快速发展以及日趋强大的经济吸引力，对东盟增加对华投资进一步产生了推动作用。

另外，资本天然具有规避风险的特性，华人资本也不例外。在华商势力较为强大的东南亚地区，有的国家华人资本受到所在国各种势力的疑虑，且由于有的国家政治经济形势不安定因素较多，华人资本便有可能遭受威胁。如印尼1998年大规模排华、迫害华侨骚乱发生后，当地华侨华人遭到残忍的屠杀、抢掠，导致华商资本外流增加，其中很大一部分以再投资形式转移到中国大陆。

虽然东盟国家的华商对中国大陆的投资近些年增长较快，但相对于各国华商资本的总量来讲，仍然是很小的比例，对华投资的增加并未对华商居住国的经济构成消极影响，相反对促进中国与东盟国家之间的互相投资产生了积极作用，如进入21世纪中国已成为东盟第六大贸易伙伴，东盟则为中国第五大贸易伙伴。贸易量的增长对双向投资起到了积极的推动作用。东盟国家华商资本对中国大陆的投资不仅促进了中国经济的发展，同样也促进了华商居住国经济的发展。那种不切实际地夸大东盟国家华商对中国大陆的投资额，甚至有些敌对势力别有用心地鼓噪"华商资本外流对东盟国家经济的不利影响""中国威胁论"和"中国投资黑洞论"等，都需要引起中国与东盟国家的警觉，并应当给以有力批驳。

第三节 新时期海外华商来华投资的特点与绩效

改革开放 40 年来，海外华商企业在中国大陆的投资呈现出较为鲜明的特点：投资领域逐步宽泛；投资结构不断优化和完善；投资地域、规模不断扩大；投资方式日益多样化；投资行业向多元化发展；随着改革开放的不断深入，大企业集团的投资逐渐增多；科技型华商企业大幅增加。海外华商企业在中国大陆的投资具有鲜明特点，对中国的改革开放与经济发展产生了重要作用。

一、海外华商来华投资的几个特点

（一）领域不断扩大，结构不断优化

中国从改革开放吸收外资伊始，港澳和华侨投资捷足先登，始终占外资的很大比例，对外商来华投资起到带头示范作用。这是不争的事实。分管对外经济及进出口工作的国务院副总理谷牧曾回忆说：

1987 年夏天，我会见一位外国朋友，谈起我国的对外开放，他说你们吸收的外资中，港澳和华侨的投资占相当大的一部分。言外之意是我国吸收的外国客商投资并不多。我说，你讲的这个情况是迄今为止的事实，也可以说是优势所在。我国的港澳同胞、台湾同胞及海外侨胞，加上遍布世界的外籍华裔，超过 5000 万人。这是我国开展对外经济贸易活动的有利的条件。中央很重视运用这个条件。我国的对外开放，就首先安排在重要侨乡广东和福建两省起步，然后逐步推开了。为了发挥港澳

同胞、台湾同胞及海外华侨和外籍华人在对外开放中的作用，党中央、国务院作出许多部署，各级侨务部门做了大量工作。我曾就贯彻落实侨务政策，专门向中央提过建议。我国实行对外开放后，最先来投资的就是港澳同胞和东南亚华侨、华人中的企业家，他们投资的项目和投资的数量在一段时间里居于境外客商投资的首位。一直到 20 世纪末，即使在外国客商投资逐步增加的情况下，香港的投资仍占 60%。他们也带动了欧、美、日等国和地区的投资，在境外客商来华投资、开展贸易活动方面，他们起了先行示范作用。①

　　当然，海外华商来华投资经历了一个过程。改革开放初期至 1990 年以前，海外华商在中国大陆的投资尚处于起步阶段，其投资领域比较单一，主要集中在加工工业，尤其集中于轻工、纺织、服装加工、电子电器组装，一般为技术含量相对较低的劳动密集型产业；一些大的企业集团开始投资房地产业、宾馆服务业。90 年代后，中国政府调整产业政策和投资导向，鼓励外商投资生产型企业项目，因此海外华商投资于机械制造、农牧渔业、交通运输、化工、能源、电力、通信等生产性项目大幅增加，资本相对密集的产业如电子和电器行业也吸引了大量海外华资。其中技术水平较高的企业和产品出口比例较大的企业明显增多。对国有企业进行技术改造等合资合作项目亦成为华商关注的重点，如印尼的金光集团通过旗下的中策公司大规模地以并购、参股形式对近 200 家中国国有企业进行现代化改造，其中有的企业经过运作还在国外资本市场上市；海外华商对黑龙江省的投资项目中半数以上是装备制造业、石化工业等六大基地建设项目。海外华商还积极投资东北城市燃气、热力和供排水管网等公共设施的建设。华商投资的产业结构不断优化和完善，华

---

　　① 《谷牧回忆录》，中央文献出版社 2014 年版，第 436 页。

资企业的技术含量不断提高。

1992 年以来，国内第三产业市场包括商业、房地产业、金融业、保险业、旅游业等领域对外资开放，而海外华商在第三产业领域具有历史传统、丰富的经验及显著的优势。一方面，他们了解国际服务业的经营管理和新的理念；另一方面，他们又比一般的外商熟悉中国服务业的实际状况，特别是与文化和习俗相关的服务业的具体经营。因此，中国开放第三产业市场便为海外华商来华投资发展提供了新的机遇，其投资领域迅速向第三产业拓宽。

至 21 世纪初，随着中国产业政策的调整，海外华商在高新科技领域如 IT 产业、生物工程以及基础设施建设的投资比例有所增长。服务业领域成为海外华商企业投资的新热点，如商业、物流、医疗、法律、保险、教育及文化、咨询业等都是华商投资比较集中的行业。投资服务业的海外华商企业数量在其投资总量中的比重，从 1992 年以前的约占 12% 上升到 2004 年的约占 18%。

（二）地域不断拓宽，规模不断扩大

海外华商在中国大陆的投资地区，一开始大多局限在几个经济特区和华商的故乡以及广州、上海、北京等一些大城市。随着中国对外开放地区的扩大、投资环境、投资法规的不断完善，海外华商的投资规模也不断扩大，投资地区逐步扩大到 14 个沿海港口城市、东部沿海地区，发展并形成了沿海、沿江、沿边地区和广大内陆地区的多层次、全方位的投资新格局。

随着中国全方位的对外开放，海外华商在华投资亦由沿海向沿江、沿边和内陆地区推进。如泰国谢国民的正大集团，已先后在河南、广西、四川、安徽等地投资兴办饲料厂；印尼彭云鹏的巴里多太平洋集团在陕西咸阳投资兴建火力发电厂和渭河公路大桥，李文正力宝集团投资改造辽宁抚顺煤矿；马来西亚郭鹤年的郭氏兄弟集团在广西兴建深水码头和炼油化工企业；菲律宾郑周敏的亚洲世界集团在洛阳投资土地成片开发项目等。[①] 新加坡在中国内地的投资也在中新两国建交后迅速增加。随着新加坡内阁资政李光耀1994年与1996年访华时两次率团对河南进行参观考察，新加坡商家在河南的投资便由1994年的4000万美元激增至1996年的6亿美元。新加坡在河南投资的行业包括食品、机械、电子、化工、医药、旅游、房地产和仓储运输等。[②] 2005年6月3日在"港洽周"签约仪式上，李嘉诚旗下的香港和记黄埔地产有限公司总经理徐建东与湖南省望城县人民政府负责人正式签约，项目总投资5000万美元。[③]

2003年国务院侨办开展了"2000—2002年度全国百家明星侨资企业"评选表彰活动，当选的全国百家侨资明星企业分布在19个省、自治区和直辖市，其中闽粤占一半，投资中西部的侨资企业榜上有名；绝大多数当选企业都是改革开放后来华投资的；投资总额约150亿美元，来自11个国家和地区。[④] 从这项活动中可以间接地看出，海外华商投资地区广泛的特点。又如自1979年泰国正大集团率先在深圳建立第一家饲料厂至今，共在大陆投资213个项目，涉及农牧化工等10多个行业，年销售额达300亿元人民币，遍布全国除青海省外的29个省、区、市，可谓遍地撒种，遍地开花，遍地结果。

伴随着中国西部大开发、中部崛起和振兴东北老工业基地战略的实施，华商在西部、中部各省和东三省的投资大幅增加。2005年，西部地区和东北地区吸引华商投资增幅首次超过了全国平均增长水平。2006年5月初召开的西部项目洽谈会上，香港和记黄埔签约以10亿元投资西部

---

① 许鸣：《当前的形势及对侨务工作的影响》，《华侨与华人》1993年第1期。

② 杜良锋：《新加坡在河南的投资战略》，《东南亚南亚信息》1997年第4期。

③ 连锦添、马世领：《海外华商：中国经济的第二种力量》，《中国经济周刊》2005年第24期。

④ 李海峰：《迎接全国华商组织的蓬勃发展——在"全国华商组织经验交流会"上的总结讲话》，《侨务工作研究》2005年第1期。

地区的中药、医疗器械的研发、生产、销售等项目的建设。^①同年 8 月在昆明举行的第四届东盟华商投资西南项目推介会达成意向投资项目 36 个资金 17.3 亿美元，超过前三届总和，签约项目涉及基础设施、旅游、文化、生物、农业等多个领域。这些项目均是国家鼓励的西部发展产业。其中最大的一笔投资是在贵州建设高速公路项目，金额达 7.5 亿美元。印尼融侨集团拟定在云南投资 2.3 亿美元，用于发展文化旅游产业。前来中国西南投资的华商也从过去的东盟国家，向亚太地区扩展。美国、日本、加拿大、澳大利亚等国华商都来参会并找到理想的投资项目。其中，美国华尔顿集团在昆明投资 1.25 亿美元，建设昆明国际会议中心。^②数据显示，中部地区的江西、湖北、安徽等省，海外华资已经呈现出可喜的增长势头。

振兴东北老工业基地战略的提出和实施，使东北成为吸引华商投资的又一片热土。吉林省于 2002 年和 2003 年专门针对华商进行了两届项目洽谈，共有来自世界各地的 220 余位华商，与吉林近 500 户企业就电子、汽车、机电、医药、环保和高科技等多个领域开展了项目对接和洽谈，签约 161 项，向吉林省投资 41 亿元人民币。^③ 2004 年 7 月在沈阳举行的第二届华商企业科技创新合作交流会上，共签订合同、协议和意向 366 项，投资总额 32.41 亿美元，其中华商注入资金超过 66%。^④ 值得注意的是，东北地区的传统产业、国有企业开始成为外商投资的新热点。2004 年辽宁省新批国有企业利用外资合同额比上一年增长 2.5 倍；黑龙江省外来投资项目中半数以上是装备制造业、石化工业等六大基地建设

---

① 连锦添、马世领：《海外华商：中国经济的第二种力量》，《中国经济周刊》2005 年第 24 期。

② 《云南日报》2006 年 8 月 24 日。

③ 《华声报》2004 年 7 月 19 日。

④ 《辽宁日报》2004 年 7 月 21 日。第一届与第三届华商企业科技创新合作交流会分别于 2002 年 6 月在杭州市、2006 年 9 月在上海市召开。

项目。2006 年 6 月，在哈尔滨举行了第三届世界华商高峰会议。来自世界 26 个国家和地区，86 个华商经贸社团组织的领袖及华商企业家 410 多人参加此次峰会，这也是世界华商组织联盟成立以来，首次由中国内陆省份承办的华商高峰会议。目前，在黑龙江省的外资企业中，95％的投资者是华商，华商在黑龙江省的外商投资总量中约占 60％。①

（三）中小企业投石问路，大企业集团后续跟进

在中国众多的海外华商企业中，中小企业占大部分比例，并且参与当地经济的程度更深，这在广东、福建、浙江等沿海侨乡尤为突出。许多侨资、港资中小企业在侨乡的投资，给当地直接带来了示范效应，带动了一大批乡镇企业、民营企业的诞生和发展。另外，中小企业的投资成本相对较低，适应市场能力较强，中小企业的投资起到了投石问路的先导作用。例如 20 世纪 80 年代初，印尼几位华商便在厦门经济特区投资 300 万美元兴办了印华地砖厂。投资者勇于探索实践，不断与有关部门协调解决问题，最终取得了成功。在他们的示范与带动下，许多侨商都来到厦门等地投资。②

华商中小企业在中国大陆投资的一个特点是将原来的一次性捐款捐物、捐赠公益事业改变为投资开办生产性项目，再将其盈利长期用作捐赠款项。例如，福建省石狮市华侨郑先生，投资 2000 万美元兴建禾乃食品有限公司，所得全部利润捐给石狮市教育基金会。南安市华侨黄先生，投资 1000 多万美元在城关兴建高 12 层，建筑面积 1 万多平方米，拥有商场、宾馆、写字楼的必利达大厦，作为该市教育基金会的永久产业。③ 将投资与捐赠相结合，这也是华商从外来输血向当地造血的一个可喜变化。

---

① 《哈尔滨日报》2006 年 6 月 14 日。

② 参见王望波：《改革开放以来东南亚华商对中国大陆的投资研究》，第 88 页。

③ 洪伟东：《泉州市侨捐工作拓新路》，《华侨华人与侨务》1995 年第 4 期。

20世纪90年代以前，来中国大陆投资的海外华商特别是东南亚华商基本为中小企业，而且不少华商前来投资往往先在香港注册再以港商身份进入大陆。随着中国与东南亚国家关系的全面改善，特别是在1992年邓小平南方谈话以后，这种情况有了很大改变。一些世界著名的华人企业家，如马来西亚的郭鹤年、郭令灿，印尼的林绍良、李文正，菲律宾的陈永栽、郑周敏，新加坡的黄祖耀、李成义、林增，泰国的郑明如、陈龙坚、张锦程等，纷纷前来考察和投资。他们大多投资于基础产业和基础设施等大型项目，进行大规模成片土地开发以及综合性投资，其投资项目规模之大、周期之长，在华侨华人对中国投资史上是空前的。如新加坡华商投资项目——苏州工业园、无锡工业园等，已不是传统的行业投资或建立个别企业的投资，而是投资新建一个具备多种功能的现代化城市（或城区）。力宝集团对福建湄州岛、忠门半岛的开发，都属于跨世纪的长期、综合投资项目。有关统计资料显示，新加坡、马来西亚、泰国、印尼、菲律宾等国华人财团的对华直接投资金额，1992年达16亿美元，超过1979年至1991年的总和，到1994年突破了百亿美元，至21世纪初已达500多亿美元。泰国正大集团是来华投资最早、投资项目与投资额最多的华人财团，其在华总投资额已达近百亿美元；马来西亚郭氏兄弟集团在华的投资额已超过50亿美元；印尼三林集团在中国投资工业、地产、金融、酒店业超过15亿美元。[1] 后来，印尼三林集团与我国台湾中钢集团合作，在福建省福清江阴建立现代化特大型钢铁项目。该项目由海内外大财团共同融资兴建，首期投资26亿美元，远期将增至50亿美元，年工业产值可达2000亿元人民币，同时还可带动数百个相关项目落地和创造数千亿元的经济总量。[2] 2006年6月，马来西亚著名华商

---

① 陈靖：《海外华人大财团来华投资动向》，《侨务工作研究》1995年第4期。

② 参见王望波：《改革开放以来东南亚华商对中国大陆的投资研究》，第70页；郭梁主编：《21世纪初的东南亚社会与经济》，第444页。

李三春与东南亚部分华侨联合投资逾 300 亿元在武汉启动兴建"常福汽车世界"项目，占地面积 34.39 平方公里。项目规划为汽车零配件基地、世界汽车博览区、汽车旅游区、世界品牌汽车总部基地、中央服务区等十个片区，凸显汽车文化主题。马来西亚金狮集团在中国 20 多个省市投资项目达 60 多个，涉及房地产、交通运输、汽车企业、食品加工等领域，总投资额达 10 多亿美元。

（四）科技含量大幅增加，华商新锐引人注目

进入 21 世纪后，随着世界科学技术迅猛发展，欧美等发达国家的华人科技型企业家成长引人注目。美国硅谷数千家高科技企业中有 20% 约 1600 多家为华人所办。有不少科技人才回中国大陆投资创业并取得成功。雅虎中国创办人杨致远、百度创办人李彦宏、搜狐创办人张朝阳、新浪创办人王志东等，成为新一代在中国大陆投资创业并取得成功的华商精英代表。回国创业的新一代华商一般具有以下特点：

他们大多具有高学历，具备较强的专业知识技能，在高新技术领域具有优势，从事与国际接轨密切的产业。无论是 IT 通信、互联网，还是金融投资、影视传媒、咨询公关、法律服务、社会教育、医疗卫生等，都与高科技或同国际接轨密切的新兴市场相关。他们大多受过海外国际化大公司规范的训练，拥有世界先进的经营理念，能够及时抓住高新产业发展的机遇，把西方的国际化准则与中国实际结合起来，并利用国际商业网络在区域经济合作中寻取商机，整合资源，拓展发展空间。

人才优势是新一代华商（"海归"）创业的另一大特点。一些"海归"回国创业选择了团队形式，往往是各有所长的几个人一起回国创业，并在创业过程中不断从国外引进企业所需的各种人才，这也是海归创业在引进人才方面的优势之一。发挥国内国外团队和群体作用，具有团队合作精神和互补优势，容易争取到好的投资，能够和海外伙伴开展良好合作。

近 10 年来，"海归"们踊跃回国创业推动了国内在新经济、新技术、互联网、IT、通信、传媒等诸多领域的发展，甚至包括传统产业的发展。著名的海归企业如搜狐、新浪、百度、UT 斯达康、亚信、中星微电子、e 龙、携程、盛大、物美等都是在这个时期成长起来的。特别是在中国高新技术产业发展中，华人科技人才和科技型企业家发挥了极其重要的作用。如在 IT 产业，美籍华人创办的"中芯国际"已成为当时中国大陆最大的芯片生产厂家，2003 年该公司有 3900 多名员工，来自 16 个国家和地区，90% 是华裔，其中 160 多人来自美国，500 多人来自中国台湾，80 多人来自新加坡、韩国和日本，30 多人来自欧洲。[1]

"海归经济"已成为中国重要的经济力量之一。据不完全统计，21 世纪初期到上海投资创业的"新华侨华人"（留学人员）总数达 6 万余人，在上海创办各类企业 3250 家，总投资额超过 4.5 亿美元。还有一批批海外华侨华人纷纷来武汉创办高新技术企业，涉及生物医药、高科技农业、光电子信息、环境保护、教育、金融等多个领域，为武汉经济注入新的活力。截至 2008 年，华侨华人和港澳台同胞在武汉投资创办的企业已近 2000 家，占该市外资企业的 70%。[2]

海外侨胞中的专业人士以多种形式为国服务。他们或回国创办企业；或与国内企业合资合作发展事业；或受聘于跨国公司和国外银行，作为中国区代理、高级管理人员等。截至 2004 年底，全国已建成各级留学人员创业园 110 家，入园企业超过 6000 家，约 15000 位留学人员在园内创业。[3]

若将当今蓬勃发展的新一代华商与老一代华商相比，老一代华商的经营以餐饮业、房地产业、加工制造业为主；新一代华商则积极从事与

① 谭天星：《浅谈海外华商与当代中国经济发展的互动关系》，《侨务工作研究》2005 年第 1 期。
② 彭治国：《大陆的新华商》，参见《新华商》2008 年创刊号。
③ 《人民日报》2008 年 9 月 25 日。

国际接轨密切的产业，如 IT 通信、互联网、金融投资、法律服务、社会教育、医疗卫生等。老一代华商多以人际关系网为基础发展事业，家族式经营居多；新一代华商善于运用国际金融资本，着力建立规范化的现代管理方式和经营机制。老一代华商勤奋耐劳，重视与所在地的融合；新一代华商更注重扩大经营规模，积极与国际接轨。两者在中国大陆的投资各有所长，在发展经济方面可以形成优势互补、相得益彰的效果。两代华商都充满了努力进取的精神，在创造个人成功的同时，也为中国经济的繁荣发展作出了贡献。

（五）起点平台增高，经济效益良好

改革开放后海外华商向中国大陆投资，大多是中国薄弱的产业、新兴产业及高新技术产业。从改革开放初期参与"三来一补"到分散办厂，从土地成片开发再到组建企业集团，海外华商总是走在前列。由于他们自身拥有引进、利用国外先进技术设备、管理方法和开拓国际市场等优势，所以企业经济效益普遍良好，能够迅速将产业优势转换为产值优势、创汇优势和利税优势。如 1979 年 3 月创办的福建省建侨企业有限公司，生产的热收缩薄膜，为国内首创产品，填补了国内新型材料的一项空白，投放市场后即由中国包装进出口公司和中国轻工业进出口公司以外币收购，成为替代进口产品。又如 20 世纪 80 年代初，泰国正大集团与世界著名农牧企业——美国大陆谷物公司合作，在深圳成立了正大康地公司，这是深圳引进的第一家外资企业。正大康地投资 3000 万美元建立饲料加工厂、种猪种鸡厂、屠宰厂等，并以科学配方、现代化管理和集约化饲养，逐步发展建立了一批成功企业，推动了科学养殖和现代饲养工业在中国的发展，对促进当地"菜篮子"工程建设和农村经济发展都起到了重要的作用。再如 1981 年香港中华电力公司和广东省电力公司合资兴建了深圳大鹏核电站，总投资为 37 亿美元，这是当时华资在广东投资的一个大项目。核电站的总装机容量为 180 万千瓦，年发电量为 100 亿千瓦

时，第一套机组于 1992 年 10 月发电，第二套机组于 1993 年 7 月投入运行。电力 70% 供应香港，30% 供应广东。该项目引进了先进的技术和设备，填补了国内的空白。这座核电站的建成，无论是对香港地区的繁荣，还是对广东经济发展都起到重要作用。马来西亚华商林建中 1983 年 4 月与深圳华侨城合资建立华侨晒图纸厂，从美国引进先进设备，生产高级晒图纸，填补了中国该项技术的空白。厦门宏泰发展有限公司，实行先进的经营管理体制，将科研与生产紧密结合，注重开拓市场，其生产的电子通信产品，全部销往美国和西欧，1987 年出口额达 687 万美元，居当时福建省外商投资企业出口创汇的第三位。缅甸华侨王俊宏 1985 年起到深圳投资，创办钟表电子等多家公司。其生产的时运达钟表礼品广告产品，获国际相关认证，打进欧美、日本国际钟表市场。1994 年，在美国礼品市场时运达牌形象由起初的 96 位上升到第 11 位。该公司年产各类钟表 1400 多万只，年销售额 3.4 亿元，全球拥有 800 多家经营商，是当年深圳的利税大户。印尼三林集团与我国台湾潘氏集团在福清合作投资的冠捷电子有限公司，投资金额逾 6000 万美元，1992 年投产。发展至 2002 年，冠捷电子营业总额为 18 亿美元，其中出口额为 11.38 亿美元，上缴税费 6.5 亿元人民币。至 2006 年，以冠捷、捷联为龙头，福强精密印制线路板、冠茂金属制品、正茂塑胶等 37 家企业组成的显示器产业链，冠捷科技集团公司年产值逾 300 亿元，电脑显示器产量位居全球第一，占福清工业总产值的 47.7%，在福建省乃至全国都具有举足轻重的地位。四川成都三叶草生物制药公司董事长梁朋，是中国改革开放后的第一批留学生之一。梁朋在美国读书期间便发明出"基因差异显示技术"，并在 1992 年成立公司时将该技术产业化。2007 年，他自美国返回家乡成都创业，筹资 4000 万元人民币创办三叶草公司，致力于现代生物技术药物在中国市场的研发及生产。其在人才引进、关键技术、基础建设及创新药物方面在国内及世界的领先地位也获得我国认可，共获得 2000 多万元国家"十二五"期间"重大新药创制"科技重大专项 3 项及"863 项目"1 项的支持。这些数字、事例说明，许多海外华商在大陆的投资效益良好。

（六）投资方式多种多样，投资行业多向延伸

改革开放前华侨投资均投入中国大陆国营企业，私营企业微乎其微。改革开放后，海外华商对大陆的投资方式日益呈现多样化的趋势。既有独资企业，也有合资、合作企业；既有创办新企业，又有改造"嫁接"原有企业；既有单独零星建厂，也有集中成片设厂；既有个别产业投资，又有连锁产业开发；既有合营联营，还有租赁、参股、采用补偿贸易、购买境外中国债券等。其中既有直接投资，也有间接投资。如印尼的金光集团通过旗下的中策公司收购中国国有企业 200 多家并对其进行现代化改造，中策公司拥有合资企业 51% 以上的股权。与纯粹外商不同，海外华商（包括港、澳、台商）与中国大陆尤其是侨乡有着特殊的血缘关系、亲缘关系及情缘关系，熟悉投资环境，了解运作程序，掌握投资规律。因此，在向祖国大陆投资过程中，他们往往以自己的企业和经营活动为载体和平台，与其他投资者建立联系，这样就创造了"以侨引侨""以侨引外""以侨引台""侨港台外联合投资"等一系列投资方式。如福建省泉州市，由安海旅居新加坡同乡会名誉会长黄某联合菲律宾等地华商、台商等合作投资 3000 万美元创建泉州安平开发区。再如1987 年成立的福建省福清市融侨经济技术开发区，有来自印尼、新加坡、马来西亚、韩国、日本、法国、德国、美国、澳大利亚、芬兰及中国港澳台等十几个国家和地区的资本。到 1993 年时总投资达 7 亿多美元，累计批准"三资"企业 126 家。1992 年，印尼三林集团又与新加坡企业在福清市共同开发了工业区——元洪投资区。又如截至 1999 年底，重庆市利用外资总额为 50 多亿美元，其中"以侨引外"的资金达 25 亿美元。华商企业在投资方式与管理模式上不断实现传统与现代相结合，在投资

趋向上实现本土与国际相结合，使之具有一定的比较优势和抵御风险的能力。

海外华商的在华投资行业也逐步向多元化发展，实行一业为主、多业经营和综合发展的方针，并以行业经营多元化为取向。如泰国正大集团从农牧业"起家"，投资设立饲料工厂，如今已经涉及商业零售、机电制造、金融产业、生物制药、石化工业、房地产等十多个行业。印尼的金光集团除通过旗下的中策公司大规模收购中国国有企业并对其进行现代化改造外，还对其他领域进行广泛投资，涉及的主要业务有纸浆和纸品、银行、房地产、粮油食品和农林业、港口等。马来西亚的郭氏兄弟集团除在中国重点投资酒店业、房地产、粮油食品业之外，还投资化工业、建材水泥、高速公路等。这些企业集团分别拥有数十家乃至上百家企业或分公司，基本形成了产、供、销一条龙，农、工、商、贸易、金融一体化的经营格局。

我们在看到海外华商企业在华投资所呈现的优势的同时，也不应忽视其中存在的问题：一些海外华商企业所投资的项目如造纸业、纺织服装业、电子电器业等行业对当地环境所造成的污染未得到投资者的有效重视。一些企业牺牲劳动力的基本权利以廉价工资来保证企业的低成本运营，劳动条件也未得到应有的保障。这些情况在一些海外华商投资的前期显得尤为严重。后来，中国政府推出并逐步完善劳动保护法，保障雇工的基本权益，环境保护法也得到越来越严格的执行。劳动力成本的上升、治污费用的支出，以及在2008年3月国家税务总局明确规定取消外商投资企业原享受的若干优惠政策，使部分海外华商企业的低成本优势大为降低，面临转移或转型的挑战。

二、海外华商投资有力推动了中国改革开放

随着海外华商投资数额不断增加，投资规模不断扩大，投资地域不断延伸，投资领域不断拓展，以及这些投资所带来巨大经济效益的显现，不仅促进了中国经济建设的快速发展，而且加速了中国改革开放的进一步深化。正如习近平在致第十二届世界华商大会的贺信中指出："中国改革开放事业取得伟大成就，广大华侨华人功不可没。30 多年来，华侨华人发挥在资金、技术、管理、商业网络等方面的优势，在中国各地投资兴业，用自己的智慧和汗水，有力促进了中国经济社会发展，有力推动了中国同世界的交流合作。"[①] 海外华商对新时期中国经济发展的重要作用主要表现为以下几方面。

（一）为外资登陆中国起到示范带动效应

在改革开放初期，中国作为典型的发展中国家，资金短缺十分严重。而海外华商凭借自己的创业文化，经过百余年的艰苦奋斗，已形成了总资产超过 2 万亿美元的"财力库"、数十万经贸科技人才的"智力库"以及由遍布全球经贸联系和近万个社团组成的"网络库"。中国具有巨大的人力、物力和市场潜力，随着中国深化改革、扩大开放的进程，海外华商纷纷来华投资，在带来大量资金的同时，也带来先进的技术、设备和人才，从而弥补了中国在现代化建设中这些方面的不足与需求，为中国经济建设与发展注入了新的生机和活力，投资者同时获得丰厚利益并得到发展。回顾 40 年来的中国改革开放和招商引资的发展过程，海外华商始终积极参与中国的经济建设，正是他们的带头作用，带动了其他外国资本进入中国大陆。

中国改革开放伊始，海外华商率先进入中国大陆投资，随后外国资

---

① 《习近平致第十二届世界华商大会的贺信》，《人民日报》2013 年 9 月 26 日。

本通过华商资本进入中国大陆，进而外国资本直接投资或与华商资本组合投资中国大陆。这个时期的华商资本投资比重在80%左右。华商资本在中国大陆投资的成功，开始改变外国资本的观望态度，再加上遍及世界各国和各地的华人财团或集团公司的影响，外国资本逐步借助华商资本投资渠道进入中国大陆。如东南亚各国及港台的华商作为西方国家厂商与跨国公司的代理商、中介商、"先头兵"而进入中国大陆，进而带动西方国家厂商的对华投资。像美国克莱斯勒汽车公司欲投资中国大陆时，就邀请固柏台湾子公司一同前往投资。随着中国政府和各地政府不断改善投资环境，制定诸多优惠政策，外国资本开始直接进行大规模投资，其投资比重逐渐达到40%左右。如当时世界500强中的许多大型企业集团宝洁、东芝、丰田、英特尔、惠普、西门子、诺基亚、摩托罗拉等陆续对中国大陆进行大规模投资。

新一代华商（以海归人士为主）在中国对外开放中，除了中国传统的吸引外商直接投资外，还带回了新的融资方式，引进了新的国际资本，创造了新时期利用外资的新方式。有不少海归精英回国创办的企业如搜狐、百度、新浪等已在海外成功上市，从国际资本市场融得巨额资金，用于海归在中国扩大企业规模的需要，创造了企业在中国发展、在海外融资的新模式。

大批回国的海归精英已成为跨国公司在华的领头人。几乎所有在华的跨国公司都有海归人士的参与，有的海归还成为世界跨国公司500强在中国公司的CEO。海归群体不仅在跨国公司担任领头人，从更广的范围和更深的层次看，他们可以说很好地发挥了种子的作用，营造了环境和人才的互利、双赢效应。海归群体在中国经济的发展过程中，不仅加快了跨国公司本土化的进程，更重要的是在这个过程中，培养了大批国际化的本土人才。从北京的CBD到上海的浦东，再到长三角、珠三角，活跃着数以千万计的外企和"三资"企业人才。对"海归"而言，跨国公司兼容的国内外两种文化，为他们提供了优越的施展才华的空间，这既是国家大环境，也是企业具体氛围的价值。同时海归们起到的播种机作用，不但带动了人才的流动，也引入了技术等物质层面以外的先进理念和机制。

不仅海归精英成为跨国公司在华的领头人，一些外籍华人或中国新移民也在华跨国公司中发挥了重要作用。有学者调查了美国 19 家在华跨国公司，发现 70% 的驻华首席代表是美籍华人或中国新移民。这些专门与中国联系的中介商与经理人员，以其特殊身份与中西文化背景而活跃于中西经济交流舞台。他们对推动跨国公司在华投资、加速中国和国际经济接轨，起到了举足轻重的作用。

（二）带动了国内原有产业结构的调整升级

改革开放前，我国产业结构的主要问题表现为产业间比例失调和内部水平偏低。利用以海外华资为主力的外商直接投资以来，外资企业的产业分布对于促进我国产业结构的调整升级和合理化发展起了积极的作用。从外商对华直接投资设立机构、合同外资金额的产业分布情况看，1979 年至 2003 年，在外商对华投资投向农、林、牧等第一产业累计创办企业 13333 家，合同外资金额为 180.36 亿美元，所占全国吸收外商直接投资总量比重分别为 2.87% 和 1.91%；外商投资工业和建筑业等第二产业累计创办企业 350170 家，合同外资金额为 6320.10 亿美元，所占全国吸收外商直接投资总量比重分别为 75.26% 和 67.01%；外商投资金融、贸易、商业、旅游等第三产业累计创办企业 101774 家，合同外资金额为 2930.84 亿美元，所占全国吸收外商直接投资总量比重分别为 21.87% 和 31.08%。[①] 许多国家经济发展的普遍规律表明，当经济发展到一定水平时，第三产业的发展速度便高于第一、第二产业。20 世纪 90 年代起，

---

① 参见《2004 中国经济年鉴》，中国经济年鉴社 2004 年版，第 391 页。

中国已大体进入这个发展阶段。此时中国第三产业市场对外资开放，为海外华商积极参与其发展创造了良好的机遇和条件。海外华商对华直接投资较大规模地集中于第二产业和第三产业，在某种程度上缓解了我国三次产业发展中第二产业层次较低和第三产业发展不足的问题，推动了产业间的合理化发展。

从表3-10可以看出，1997年至2011年海外华商投资，使第二、第三产业比例发生变化，产业比例趋向合理化。从我国吸收华商投资的产业分布结构考察，华商投资主要集中在第二产业。第一产业14年间累计吸收103.987亿美元，占总投资额的1%—2%；第二产业累计吸收华商投资额为4382亿美元，约占66%；第三产业累计吸收华商投资额21006亿美元，占32%。1997年，第二产业的华商投资额最多，占81.5%，远远高于第三产业和第一产业投资额，2003年最高时占86%，但此后第二产业投资额所占比重逐渐减少，到2011年比重降至50.8%，仍为三个产业华商投资最多者。从2004年开始，受到国家鼓励发展第三产业政策影响，华商投资重点转向第三产业。第三产业投资额的比重由2003年的11.8%上升到2011年的47.5%，增长速度最快。[①]

表3-10　1997—2011年海外华商三次产业投资变化表（单位：亿美元）

年份	第一产业	第二产业	第三产业	总计
1997	4.10972	224.11	46.864	275.079
1998	4.17696	220.8	62.768	287.747
1999	4.49827	185.79	36.016	226.304
2000	4.21891	190.91	43.187	238.315
2001	5.58759	222	32.145	259.738

---

① 王森：《新华人华侨对大陆投资的产业结构变化影响研究》，中华全国归国华侨联合会中国华侨华人历史研究所资料。参见任贵祥、朱昌裕著：《华侨华人与中国改革开放40年》，广东教育出版社2019年版，第343页。

续表

年份	第一产业	第二产业	第三产业	总计
2002	6.45973	253.82	36.266	296.544
2003	5.84329	233.81	31.922	271.573
2004	4.10368	265.87	74.883	344.863
2005	4.13572	267.77	75.418	347.326
2006	3.7708	279.87	112.74	396.382
2007	6.60987	320.94	207.26	534.812
2008	8.76846	413.07	258.39	680.228
2009	10.6485	392.06	268.32	671.022
2010	14.9935	439.47	374.21	829.177
2011	16.0958	471.18	440.19	927.436
总计	103.987	4382	2100.6	6586.55

资料来源：参见任贵祥、朱昌裕著：《华侨华人与中国改革开放 40 年》，广东教育出版社 2019 年版，第 342 页。

特别是进入新世纪以来，众多海归精英活跃在中国经济快速增长的领域，成为中国第三产业的排头兵。他们中包括创业型人才及职业经理、金融、咨询、法律、经纪代理、IT、传媒出版、公关、广告、旅游、会展、教育等各界人士。海归人士在这些领域中的创业大量涌现，加快了中国第三产业和现代服务业的发展。

（三）增加财政外汇收入，拉动投资外贸增长

中国改革开放 40 年来，中央政府财政收入和地方政府财政收入一直呈上升势头，这与海外华资企业所产生的经济效益是分不开的。据有关资料分析，进入新世纪后我国财政收入的约 10% 来自外商投资企业上缴的税收。[1] 如 2005 年全国财政收入为 31628 亿元人民币，以海外华资为

---

[1]　蔡德奇、江永良：《华侨华人的新发展》，第 232 页。

主力的外商投资企业上缴税收约 3163 亿元人民币，约占当年财政总收入的 1/10。[①]

　　中国国民经济持续高速发展并取得显著成就，人均国民生产总值由 1980 年的人均 460 元增加到 2005 年的人均 10826 元。中国的进出口总额不断增长，在国际贸易中的地位显著提高。我国从改革开放伊始便十分重视外商投资企业的出口创汇，并将其作为我国吸引外商直接投资的目的之一。改革开放 40 年来，以海外华资为主力的外商投资企业出口创汇增长迅速，1987 年至 2005 年年增长率达 36.45%，远高于全国平均水平的 15.21%，占全国年出口创汇总额的比重不断上升，由 1987 年的 3.09% 增至 2005 年的 55.1%。截至 2006 年 6 月底，全国累计实际使用外资金额达 6508 亿美元。2001 年至 2005 年，约占全国企业总数 3% 的外商投资企业上缴税收 22384 亿元人民币，年均增长 22%，占同期全国税收总额的比重从 2001 年的 19% 提高到 2005 年的近 21%。[②]

　　据商务部统计，2004 年国内外商投资企业出口总值已达 3386.06 亿美元，同比增长 40.89%，占全国外贸出口比重的 57.07%。从 1990 年开始，我国扭转了进出口贸易长期处于逆差的状况。投资和外贸是拉动国内经济的"两驾马车"，海外华商企业对国内的外贸出口起到了巨大的促进作用，是促进国内出口的主力军。2003 年末国家外汇储备达 4033 亿美元，居世界第二位，对防范金融风险和维护国家经济安全起到了极为重要的作用。[③]

---

　　① 参见《2006 中国商务年鉴》，中国对外经济贸易出版社 2006 年版。需要说明的是，尽管海外华商企业在上缴税收、出口创汇等方面所占外资企业中的比重未有精确的统计，但从海外华商企业数量占外资企业约 70% 的比例，且海外华商企业多数为出口加工型企业来看，可以得出华商企业在上缴税收、出口创汇等方面是主力军。

　　② 参见《2002 中国经济年鉴》《2006 中国商务年鉴》。

　　③ 以上数据参见连锦添、马世领：《海外华商：中国经济的第二种力量》，《中国经济周刊》2005 年第 24 期。

另外，海外华资企业在国内高新技术领域的投资促进了高附加值、高技术含量制造业的发展，使国内出口商品结构有了明显的改善与优化，提高了出口产品的国际竞争力，表现为出口商品中，工业制成品比例、机电产品比例和高新技术产品比例的上升。如外资企业高科技产品出口额由 2001 年的 378 亿美元增至 2005 年的 1920 亿美元，增长了 5 倍，占同期全国高科技产品出口总值的 86.2%。① 以海外华资重点投入的江苏省为例（台商在大陆投资的 1/3 聚集在江苏，新世纪以来，台商在江苏的投资逐渐转向电子信息等高新技术产业，其中新批的 1000 万美元以上的项目中，电子信息类项目约占一半，目前江苏省有台资电子信息企业1000 多家），2002 年江苏省机电产品出口突破 200 亿美元，出口比重从1997 年的 20% 提高到 2002 年的 55.1%；高新技术产品出口突破 100 亿美元，出口比重从 1997 年的 7.4% 上升到 2002 年的 31.3%，使江苏省成为全国第二个高新技术产品出口超百亿美元的外贸大省。②

吸收包括海外华资在内的外资迅速增长，拓展了中国参与国际分工与竞争的广度和深度，加深了中国参与经济全球化的程度，为中国进一步发挥比较优势、成为面向全球的生产基地和技术开发基地创造了有利条件。外商投资企业对外依存度明显高于其他类型企业，其出口占工业产值的比重高达 46%，比其他类型工业企业高 29 个百分点。③ 此外，以海外华资企业为主力的外商投资企业始终保持外汇收支总体平衡有余，银行结售汇顺差值逐年大幅增长，对改善中国国际收支状况发挥了重要作用。

---

① 参见《2002 中国经济年鉴》《2006 中国商务年鉴》。

② 参见康君、赵喜仑编著：《中国经济发展与外商直接投资问题研究》，中国统计出版社 2005年版，第 52 页。

③ 参见《2004 中国经济年鉴》，第 391 页。

（四）引进了先进技术和管理经验

许多海外华资企业在品牌、信息、融资、技术和管理方面较内资企业更具有优势。它们直接带来了产业技术、人力资源和社会需求的创新效应，通过对国内企业特别是民营企业的示范与表率，对国内企业提高劳动生产率和管理水平产生了激励作用。

在改革开放早期，进入中国市场进行投资的大部分是东南亚华商和港澳商人。对当时的中国而言，现代化企业经营管理在许多领域都是空白。因此，海外华商投资企业便为中国企业提供了借鉴的样板。改革开放以来的实践表明，国内管理观念的变革、现代管理方法的引入，华商投资企业可谓开风气之先，有的管理人员把海外华资企业在内的外资企业称为中国员工的"黄埔军校"。海外华资企业管理以中华文化为内核，又融入了西方先进的管理手段，并经受了急剧的现代化进程的洗礼，这恰恰是建设中国特色现代化企业管理模式的逻辑路径与迫切任务，因而具有重大的实践价值。

例如在酒店管理方面，1979年由香港霍英东与华侨及广东省旅游局合资创建的广州白天鹅宾馆，制定了先进的管理制度，其内部管理条例手册广为流传，至今成为侨乡与其他地区酒店管理的范式。穗港合作经营的中国大酒店，坚持"顾客至上，服务第一"的管理理念，率先推行劳动合同制，在教育培训、智力开发、员工奖惩等管理环节上，都引进或借鉴国际惯例。[1] 在海外华商企业的示范与带动下，中国宾馆业的服务水平迅速提高。

海外华商在中国进行投资的同时，也带来和引进了一些西方发达国家采用的经营方法和手段，如印尼金光集团属下的香港中策投资公司收购中国国有企业再经过改造包装后在海外上市的资本经营新方式，在国

---

[1]　郑一省：《多重网络的渗透与扩张》，世界知识出版社2006年版，第115页。

内引起强烈反响，随后国内企业也纷纷仿效，寻求上市。

进入 21 世纪以来，一批海归回国创业引进了风险投资的理念和新经济的模式，带来了一系列的现代企业管理观念，如创业一定要先有创业计划书，要重视创业团队的组建，重视职业经理人作用，要有一个激励的机制，包括期权和股份等，还要有人力资源管理、营销管理等一系列管理机制，如百度、搜狐、新浪等企业的成功创建与发展便树立了良好的榜样。这些现代企业管理观念与管理方式的引进，使海归企业和跨国公司一道，对促进中国企业管理方式的革新与管理水平的提高产生了积极的作用。

海归回国创业还为国内带来了先进的技术。海归创办企业大多属于高技术、服务领域，包括掌握最新科技成果的高科技人才，其中不少人拥有专利。他们与许多欧美跨国公司联系密切，并有先进的管理经验和较多的人际关系，成为沟通国内企业与国际市场的桥梁。海归创办企业对国内高新技术产业和服务业的发展、提高我国民族企业的国际竞争力有较大的促进作用。

（五）安置吸纳大量劳动力就业，推动计划经济向市场经济转轨

中国是一个拥有 7 亿多劳动力的人口大国，每年新增劳动力约 1000 万人。解决庞大劳动力就业问题始终是党和政府工作的重点。由于海外华商投资企业不少是劳动密集型的制造加工业，据测算，我国平均出口 1 亿美元可创造 1.5 万个就业岗位，2003 年出口 4384 亿美元，可解决 6500 万人的就业，其中加工贸易吸纳的劳动力就在 3500 万人以上，因此提供了大量的就业和工作机会。[①] 如 2005 年，以海外华资企业为主力的外商投资企业安排国内就业人数超过 2500 万人，占该年全国城镇就业人

---

① 连锦添、马世领：《海外华商：中国经济的第二种力量》，《中国经济周刊》2005 年第 24 期。

数的约 10%。[①] 以海外华资重点投入的福建省为例，2004 年福建省外商投资企业从业人员数达 168 万人，约占该省城镇就业人数的 1/4，其中海外华资企业从业人员数约 42 万人。[②] 再如泰国正大卜蜂集团在华的农牧业直接就业人口约 8 万人，间接就业人口达上百万人。以上数据和比例充分体现了海外华资企业对解决国内就业问题所发挥的重要作用。

由于多数海外华资企业采用比较先进的技术设备和管理手段，并注重对员工的技能培训，从而使员工的内在素质和实际才干得到锻炼和提高，同时也培育了一批新型的企业管理人才。特别是大批人口进入"三资"企业，对我国就业结构的改善和劳动力素质的提高发挥了积极的作用。

更为重要的是，随着以海外华资企业为主力的外商投资企业的发展，促进全社会更新思想观念，增强改革开放意识、竞争意识、信息观念和市场经济观念。海外华商对中国经济的最大贡献之一，是他们在中国投资，把国际上的管理、技术和产品消费市场，与中国的国内生产接轨；他们在投资中国的同时，更是把市场经济的概念，以企业运作的方式带入中国，帮助中国人在接受市场经济概念上具有重大的影响，使中国社会变革的成本最低，并带动中国进入国际经济体系。这也是对世界经济的重要贡献。[③]

海外华商凭借特有的商业网络和驾驭市场的经验，影响并帮助中国内地企业逐步实现从计划到市场的转轨过渡，成为中国经济转轨的引领者和带动者。因此在实践中，中国经济从传统的计划经济向现代市场经济转轨，海外华商提供了最可直接借鉴的形式和经验，发挥了不可替代

---

① 参见《2006 中国商务年鉴》。

② 根据福建省统计局公布的统计数据。

③ 参见单纯：《海外华商有助中国纳入世界经济体系》，中国新闻网，2001-09-16，http://www.chinanews.com.cn/2001-09-16/26/122739.html。

的作用。

近十多年，新一代华商（海归）回国创业，对推动当代中国兴起的创业大潮和全社会重视创业文化氛围的形成，特别是在中国从计划经济向市场经济过渡过程中塑造新的创业文化，起到了积极的带头作用。

（六）推动了区域经济发展和城市化进程

改革开放以来，海外华商在我国东部沿海地区投资发展产业，促进了东部地区经济的迅速发展。尤其是东部沿海地区的上海、江苏、浙江、福建、山东、广东、海南七省市，是海外华资的重点投入的地区。以2000年为例，仅广东、江苏、福建、上海和山东五省市就占全国吸引外资总额的67%。[①] 在中国东南沿海开放地区，尤其是在广东、福建、浙江等沿海侨乡，大量的侨汇转化为企业的启动资金及生产性资金，使侨乡企业像雨后春笋般建立起来。海外华商的直接投资，已经成为当地社会经济发展的主要资金来源。侨乡的面貌焕然一新，欣欣向荣。这些地区人民的生活水平相应有了很大的提高，率先走向小康。

广东是全国第一侨乡，有3000多万海外华侨华人，遍及世界160多个国家和地区。其中在东南亚的广东籍华侨华人占广东海外华侨华人总数的60%以上。广东省是我国改革开放的"排头兵""领头羊"，长期是我国经济发展的大省强省。据统计，在泰国，祖籍广东的占泰国华侨总数的79%；在印尼、菲律宾、马来西亚和新加坡，祖籍广东的分别占49%、12%、57%和45%。改革开放至2014年，海外华侨华人累计在广东直接投资1200多亿美元，创办企业近4万家，占广东全省实际吸收外资总量近70%。海外乡亲捐赠数额折合人民币超过400亿元。[②] 从改革开放至2012年，广东汕头累计直接吸收的80亿美元外资中，80%以上是

---

① 参见中国对外经济贸易白皮书编委会编：《中国对外经济贸易白皮书：2001》，中国金融出版社2001年版，第117页。

② 张昌隆、胡倩：《海博会：21世纪海上丝绸之路新支点》，《人民日报》2014年10月23日。

侨资。在侨资的引进和带动下,一批世界500强企业、跨国企业集团落户汕头,带来了世界各地先进的技术和管理,为特区发展提供了强大动力。2013年11月,广东第五届粤东侨博会在汕头市举行。来自20多个国家和地区的著名潮籍乡亲、华侨侨领等1000多人与会,粤东地区汕头、汕尾、潮州、揭阳4市与客商签约185个项目,总投资达1948亿元。[①]

福建省是我国第二大侨乡,改革开放以来福建省积极利用"侨"的资源和优势,大力吸引侨资、大力引进侨智,推动经济社会实现跨越式发展。据统计,至1994年全省新批外商投资企业3026项,实际利用外资37.12亿美元,其中侨、港、澳投资占外资项目总数的74.12%,占实际利用外资的86.16%,接受华侨华人和港澳同胞捐赠款物折合人民币43.5亿元。至20世纪90年代后期,福建省利用外资上了一个台阶,1998年底累计批准设立外商投资企业24842家,合同外资达546.76亿美元,其中已开业15107家,实际利用外资262.16亿美元,侨港澳资金约占总额的70%。2012年福建共利用侨资323.8亿美元,占利用外资比例的80%;接收侨捐项目6608个,金额36.75亿美元。从改革开放到2017年底,福建省累计利用侨资918.44亿美元,占全省利用外资总额近80%;华侨华人对福建捐赠金额累计超过280亿元人民币。[②]上述数字反映了改革开放以来福建省利用外资侨资的不断增长。

浙江既有传统老侨乡也有改革开放后形成的新侨乡,但与广东、福建不同的是,改革开放后浙江产生了一大批浙商。据统计,截至2003年底,浙江约有400万人在省外、国外投资创业,占全省总人口的1/10,投资总额约5300亿元。天下浙商则成为浙江多年发展中独一无二的宝贵资源,也是浙江未来发展的最大优势之一。浙江省委、省政府对这一资

① 柯志雄、朱思雄:《广东粤东侨博会 签约1900亿元》,《人民日报》2013年11月9日。

② 曲青山、黄书元主编:《中国改革开放全景录》(福建卷,李鸿阶、黄玲主编),海峡出版发行集团、福建人民出版社2018年版,第380—381、383、394页。

源十分重视。对此，时任浙江省委书记习近平提出并实施"跳出浙江发展浙江"战略，吸引浙商回归建设浙江。在 2005 年 6 月 5 日的浙商论坛峰会上，习近平指出：广大浙商不仅是推进省内经济发展的重要力量，而且是"跳出浙江发展浙江"的主体力量，也为国家统筹区域发展作出了贡献。"跳出浙江发展浙江"与"立足浙江发展浙江"是紧密相连的。浙商源于浙江，根在浙江。我们既要鼓励和支持浙商"走出去"发展，也倡导和支持在外浙商积极反哺家乡，踊跃回乡投资，参与家乡发展。由此提出浙商回归的重要思想。[①] 在这一思想指导下，历届浙江省委、省政府对吸引浙商回归采取了一系列举措，如 2011 年 11 月省委、省政府出台了《关于支持浙商创业创新促进浙江发展的若干意见》，随后又将支持浙商创业创新确定为全省经济工作的"一号工程"的标志性工作。2011 年、2013 年、2015 年、2017 年连续召开四届世界浙商大会，2012 年、2014 年分别组织"天下浙商家乡行"等系列活动，使浙商资金回归的规模呈快速增长态势。2012 年至 2016 年，全省浙商资金回归到位数分别为 1297.9 亿元、1752.1 亿元、2235.7 亿元、3066 亿元和 3450 亿元，2017 年 1 月至 10 月就达 3849 亿元。[②]"浙商回归"的政策有力推动了浙江经济发展转型和升级。

　　在侨乡和华商投资比较集中的中小城市乃至某些乡镇的建设发展突飞猛进，加快了乡村城市化的进程，如广东和福建的许多县撤县改市，在这些地方"城市群带""卫星城镇"拔地而起。其中吸收外资包括华资开发、建设起到了突出的作用。再如，21 世纪初，浙江省青田县约有 4 亿元侨资投入城市建设项目。青田县城最大的旧城改选项目新世纪大厦，

　　① 曲青山、黄书元主编，中共浙江省委党史和文献研究室编著：《中国改革开放全景录》（浙江卷），浙江人民出版社 2018 年版，第 108 页。

　　② 曲青山、黄书元主编，中共浙江省委党史和文献研究室编著：《中国改革开放全景录》（浙江卷），第 110、112 页。

即由荷兰侨领吴洪刚投资 1.4 亿元开发建设。有关部门评价公布的"首批投资硬件环境 40 优城市"中，侨乡城市有广州、深圳、珠海、汕头、佛山、湛江、惠州、福州、厦门、泉州等，占"40 优城市"的近四成；中国农村综合实力百强县中，重点侨乡县、市有广东省南海市、顺德市、潮阳市、番禺市、宝安县、台山市、新会市、揭阳市、廉江市、三水市、华都市，福建省石狮市、晋江市、南安市、福清市等。①

同时，随着海外华商投资逐步向广大内地特别是中西部地区延伸，也进一步推动、加速了这些地区的开发与发展。如美国成功集团总裁李玉玲，是 20 世纪 80 年代中期去美国创业的新移民，她创办的美国成功集团经营额超过 50 亿美元。创业成功后，她回中国创办了 30 多家合资或独资企业。2000 年 8 月，她在新疆乌鲁木齐投资 5 亿元人民币于小西门旧城改造"成功广场"项目，该项目集购物、住宅、餐饮、娱乐、写字间于一体。这是海外华人投资者首次大规模参与新疆开发。

（七）"以侨搭桥"带动中国企业走向世界

海外华商居住世界各地，在中国走向世界的过程中，在加强中国与各国、各地区的合作与交流中，发挥了桥梁纽带作用。我们的引进外资、我们的出口贸易、我们的对外交往，许多都是依靠华侨华人。②海外华商与中国侨务部门、主管经济部门和外国重要企业集团都有密切的关系，在我国改革开放中发挥了"穿针引线"的重要作用。"以侨搭桥"已成为国内引进国外资金、先进技术和科学管理经验的一个重要途径，并在我国与世界各国之间成功地搭起了许多座"经济之桥"。

海外华商大多参加了其所在国的城市或地区的华人社团。有媒体评论说，如果在每一个存在华人社团的城市上标注一面小红旗，那么地图

---

① 王望波：《改革开放以来东南亚华商对中国大陆的投资研究》，第 189 页。

② 李瑞环在第六届世界华商大会开幕会上的致词，《人民日报》2001 年 9 月 18 日。

就会变成一张红纸。目前在全球分布的成千上万个华人社团、星罗棋布的华人商会，既是联系华人社会的纽带，也成为与国内保持血脉关系的民间桥梁。如果说华商在"导入"外资方面发挥了重要作用，那么在中国企业"走出去"的过程中，一些在海外具有较高信誉的华商也同样充当了中介和桥梁。

　　例如，印尼三林集团于 1993 年与中国银行合资设立福建亚洲银行，开展中国大陆企业对外投资的中介业务。中资华闽集团与三林集团共同开发印尼石油。华润集团则在泰国进行不动产开发，在印尼进行森林开发。①

　　又如，中国方正集团在马来西亚的分公司总经理郑云诚上任前是当地著名的华裔诗人和社会活动家，而日本方正的总裁管祥红在去日本留学前是北京大学学生。由于他们都深谙两地的市场和文化，为方正在当地的发展起到了积极的作用。2000 年，日本软银投资日本方正 1000 万美元，当时，日本方正的估值高达 7000 万美元；2002 年 4 月，马来西亚方正在马来西亚证券交易所成功上市，募集资金 877 万马币，从而成为内地企业在马来西亚上市的第一家公司。②

　　在中国加入 WTO 后，中国经济全面融入世界经济体系。2006 年全年中国对外直接投资额（非金融部分）达 161 亿美元，比上年增长 31.6%。同时，全年中国对外承包工程完成营业额 300 亿美元，比上年增长 37.9%；对外劳务合作完成营业额 54 亿美元，比上年增长 12.3%。③ 截至 2015 年 7 月，中国累计实现对外非金融类直接投资额为 7098 亿美元。2015 年上半年，中国对外非金融类直接投资额为 635 亿美元，同比增长

　　① 王望波：《近 20 年来东南亚华商在中国大陆的投资》，《东南亚研究》2002 年第 4 期。

　　② 连锦添、马世领：《海外华商：中国经济的第二种力量》，《中国经济周刊》2005 年第 24 期。

　　③ 源自商务部网的统计数据。转引自龙登高、赵亮、丁骞《海外华商投资中国大陆：阶段性特征与发展趋势》，《华侨华人历史研究》2008 年第 2 期。

20.8%。2015 年 9 月 18 日，"投资巴西——中巴企业家研讨会"在巴西圣保罗举行。本次研讨会由巴西中资企业家俱乐部、巴西精英企业家联合会和巴西中国精英企业家联合会主办。中巴在地理上距离遥远，但关系非常紧密。截至 2014 年，中国对巴西累计投资额超过 200 亿美元，在巴西投资的中国企业超过 200 家，连续 6 年成为巴西最大贸易伙伴；2014 年中巴贸易额达 866 亿美元，是 2000 年的 23 倍。[①] 这一数字说明，中巴经贸合作未来潜力很大，中巴合作的脚步迈进很快，从长期来看中国银行对巴西充满信心。

改革开放以来，中国企业"走出去"大致经历三个阶段。

1979 年至 1996 年为起步阶段。1979 年至 1986 年，中国累计兴办非贸易海外公司 277 家，投资总额近 3 亿美元，投资区域涉及 45 个国家和地区，而且以发展中国家和港澳地区为主。对外投资规模小，参与主体单一，投资多集中在餐饮、国际承包工作和咨询服务等行业。1987 年中国企业对外投资开始加快，当年兴办境外企业 124 家，直接投资额达 3.5 亿美元。1990 年，中国非贸易性海外直接投资企业达 800 家，投资总额 20.6 亿美元。投资主体日益多元化，涉及 90 多个国家和地区，投资领域涵盖资源开发、制造加工、交通运输等。1991 年至 1996 年，中国累计兴办境外非贸易企业 1184 家，累计投资额 45.2 亿美元，投资区域达 139 个国家和地区，而对澳大利亚、加拿大和美国等前 10 个国家和地区投资额占 78.7%。投资领域包括资源开发、加工装配、交通运输、工程承包和旅游餐饮等行业。

1997 年至 2007 年为平稳增长阶段。1998 年亚洲发生金融危机，为鼓励中国企业"走出去"发展，中国相继出台多项开展境外加工项目的配套政策。1997 年至 2003 年，中国企业累计对外直接投资为 1979 家，

---

①　《中国企业家看好巴西中长期投资机会》，南美侨报网，2015-09-20。

年均 282 家；累计投资金额 53.74 亿美元，年均投资额为 7.68 亿美元。
2004 年，商务部下发《关于境外投资开办企业核准事项的规定》，并与
国务院港澳办联合下发《关于内地企业赴香港、澳门投资开办企业核准
事项的规定》，促进了境外投资的发展。2005 年，中国对外非金融投资
净额达到 122.7 亿美元，首次超过百亿美元。2006 年至 2007 年，中国对
外非金融类直接投资分别为 161.3 亿美元、187.2 亿美元，投资形式、投
资领域走上多样化，中国对外投资进入了新的发展阶段。截至 2007 年，
中国近 7000 家境内投资主体共设立对外直接投资企业 1 万多家，覆盖全
球 173 个国家和地区，累计直接对外投资存量 1179.1 亿美元，突破千亿
美元。其中股本投资 475.6 亿美元，占 40.3%；利润再投资 434.7 亿美元，
占 36.9%；其他投资 268.8 亿美元，占 22.8%。

改革开放 30 年（2008 年）以后为突破发展阶段。据商务部统计，
2008 年中国对外非金融类直接投资 406.5 亿美元，同比增长 63.6%，进入
快速增长阶段。2009 年中国对外非金融类的直接投资 433 亿美元，2010
年增至 590 亿美元，2011 年达到 600.7 亿美元，2012 年为 772.2 亿美元，
2013 年为 901.7 亿美元；2014 年达到 1028.9 亿美元，覆盖全球 156 个国
家和地区，对外投资企业数量为 6128 家。[①] 近 10 年来，在"走出去"
战略指引下，中国对外直接投资以年均 36.5% 的速度持续高速增长。

从表 3-11 可以看到，20 世纪 90 年代到 21 世纪初，中国企业"走
出去"规模较小，基本上是在两位数徘徊。2005 年突破百亿美元，2014
年突破千亿美元大关，表明中共十八大以来中国逐步加快了"走出去"
的步伐。

---

① 中华全国归国华侨联合会中国华侨华人历史研究所有关研究资料。参见任贵祥、朱昌裕著：
《华侨华人与中国改革开放 40 年》，广东教育出版社 2019 年版，第 350 页。

表 3-11　1990—2015 年中国企业对外直接投资情况表（单位：亿美元）

年份	金额	年份	金额
1990	9	2004	55
1991	10	2005	122.7
1992	40	2006	163.3
1993	43	2007	187.2
1994	20	2008	406.5
1995	20	2009	433
1996	21	2010	590
1997	26	2011	600.7
1998	27	2012	772.2
1999	19	2013	901.7
2000	10	2014	1028.9
2001	69	2015（1—6 月）	635
2002	27		
2003	28.5	累计	6265.7

资料来源：任贵祥、朱昌裕著：《华侨华人与中国改革开放 40 年》，广东教育出版社 2019 年版，第 315 页。

与中国企业"走出去"密切相关的是，华侨华人在其中扮演的角色。一般来说，华侨华人为中国企业"走出去"发挥以下作用。

第一，桥梁纽带作用。由于社会制度和环境差异，文化生活理念不同，宗教信仰有别，经济发展水平及风俗习惯差别，各国的投资环境、市场结构、贸易规则等都有很大区别。解决这些问题可借助当地华商广泛的政界商界人脉关系，帮助中国企业熟悉并融入当地社会，了解并顺应各个国家和地区的发展规律和要求，及时掌握当地生产规划、市场情况、产业脉搏，进而有针对性开展投资、贸易和技术合作，提高双边或多边合作效益。遍布世界尤其是东南亚各国的华商拥有大量资金、技术和人才，具有广泛性、开放性、互惠性、高效性等特点。中国企业可以结合和发挥这些特点，借助华商成熟的生产销售网络，与国际性的商业网络沟通关系建立联系，增强与各种区域性组织、住在国政府、民间组织和科研机构开展联系与合作，助力中国企业进入当地市场，打开营销渠道，提高市场占有率。中国企业走出国门融入海外，当地华商起着不可替代的中介纽带作用。

第二，融合互补作用。中国企业"走出去"创业发展，可借助海外华商雄厚的经济科技实力，把海外华人企业、华人跨国公司作为可靠的合作伙伴，实行"强强联合"，开展资金、信息和业务合作，促进生产专业化和企业规模化发展，实现就地生产、就地销售，然后进一步拓展国际市场，促进产业转型升级，增强企业自身发展能力。海外华商既有人脉资源深厚，熟知国内的经贸规则，有不同的对华投资合作经验；又有熟悉住在国政治、经济、文化、法律和生活习惯等融通中外的独特优势，与其合作结盟，依托海外华商传递信息、融通资金、降低交易费用、打开融通渠道等，可以使中国企业减少盲目投资，提高投资效率，少走弯路，规避风险，共享区域经济发展成果。当然，中国企业拥有的雄厚资金、制造技术、管理模式等自身优势，在石油化工、电站工程、电信、港口机械、有色金属、路桥施工等领域具有竞争优势，两者合作可以优势互补、资源共享，形成"1+1 ＞ 2"的效果，达到双赢或多赢。

第三，牵手接轨作用。海外华商具备自身的潜在优势，他们经过几代人的接力打拼、经营发展，已在国际上站稳脚跟，不仅拥有广泛的商业网关系，积累了丰富的经营管理经验，而且有顽强的适应能力，谙熟国际市场规律，能够引领、牵手、促进中国企业与国际市场接轨，共同推动国家经济新秩序发展。中国企业走向海外，应借鉴海外华商的国际经营管理经验，加快形成紧密型的商业伙伴关系，通过境外投资、跨国经营，建立海外生产基地、销售网络和融资渠道等方式，加快融入国际市场，形成规模竞争优势，扩大品牌影响力，提升中国企业利用"两种资源、两个市场"能力，提升中国企业国际化发展水平。

总之，中国经济的繁荣发展为华商提供了商机和舞台，华商的力量也为中国产业升级和"走出去"提供了强有力的支持。中国的经济通过海外华商网络走进了世界市场，华商在中国投资的成功进一步确立了世界市场对中国的信心。海外华商对中国经济发展的贡献有目共睹；而在互惠互利的原则下，广大华商也获得了丰厚的回报，也为居住国带来很大的经济利益。这种互利多赢局面证实了中国经济发展和华商的经营发展都进入了一个黄金时期。如今当中国的发展进入中国特色社会主义新时代，这种相互的合作也将迈上一个更高的台阶。

但也应看到，我国企业"走出去"是在准备不足的情况下快速推进的。有学者在福建等沿海地区调研发现，企业对"走出去"有很多困惑，如对国外环境、法律、社会、文化了解不够，特别是国际化专业人才储备严重不足，内部管理机制跟不上等。水土不服，准备不足，不能入乡随俗。这也是其他地方企业遇到的普遍问题。从多年来境外直接投资年检的情况看，国内企业"走出去"的总体盈利状况并不理想，亏损企业数量比较多。这方面还有待探讨和改进，其中积极吸引我国海外留学生与华侨在"走出去"的企业中就职是可行的举措之一。[①]

三、进入新时代 引资新举措 争取新效能

（一）"引进来""走出去"并重，华商充当"新娘""红娘"

中共十八大标志着中国特色社会主义进入新时代。我国经济体制改革、经济发展也进入时代。新时代要坚定不移贯彻新发展理念，端正发展观念、转变发展方式。习近平在中共十九大报告指出："我国经济已由

---

① 汤敏：《提高企业抱团出海的层次》，《人民日报》2015年6月30日第7版。

高速增长阶段转向高质量发展阶段，正处在转变发展方式、优化经济结构、转换增长动力的攻关期，建设现代化经济体系是跨越关口的迫切要求和我国发展的战略目标。必须坚持质量第一、效益优先，以供给侧结构性改革为主线，推动经济发展质量变革、效率变革、动力变革，提高全要素生产率，着力加快建设实体经济、科技创新、现代金融、人力资源协同发展的产业体系，着力构建市场机制有效、微观主体有活力、宏观调控有度的经济体制，不断增强我国经济创新力和竞争力。"[①]这是根据党的十八大以来经济发展作出的新部署，吸收海外华商资本也要适应新时代、新形势和新任务。

关于适应我国经济发展转变方式，吸收海外华商资本的政策，党和国家领导人在不同场合曾作出重要论述。2015年7月6日至7日，由国务院侨务办公室主办的首届世界华侨华人工商大会在北京召开。来自80多个国家和地区的450多名华侨华人代表出席大会。大会以"携手全球华商、同圆中华梦想"为主题，旨在加强增进全球华商和专业人士与祖（籍）国的联系，引导海外侨胞积极参与中国现代化建设，助力建设"一带一路"等。7月6日下午，国务院总理李克强会见与会代表并发表讲话。他介绍了我国的经济形势和经济政策：中国正着眼于保持经济中高速增长和迈向中高端水平"双目标"，着力打造大众创业、万众创新和增加公共产品、公共服务"双引擎"。同时，加快推进新型工业化、信息化、城镇化和农业现代化，拓展区域发展新空间。深入推进简政放权放管结合优化服务，进一步放宽市场准入，鼓励创新创业，不断改善营商和投资环境。李克强指出，广大华侨华人是推动各国和世界经济发展的重要力量，也是促进中国经济与世界交流融合的重要纽带。他对与会

---

① 习近平：《决胜全面建成小康社会　夺取新时代中国特色社会主义伟大胜利——在中国共产党第十九次全国代表大会上的报告》（2017年10月18日），人民出版社2017年版，第30页。

华侨华人代表提出三点希望：一是当好促进中国经济转型发展的"生力军"，充分发挥海外华侨华人在资金、技术、管理、商业网络等方面的优势，更广泛、更深入地参与中国经济建设，在助推中国经济提质增效升级的同时，实现自身事业的更大发展，共同分享中国改革发展的"红利"；二是架起中外经济合作共赢的"彩虹桥"，结合自身专业成就卓著、政商人脉广泛、熟悉当地法律规则等特点，为推进"一带一路"建设、国际产能和装备制造合作发挥积极作用，为中国企业"走出去"积极牵线搭桥，促进中国与世界经济深度融合、互相促进、互利共赢；三是打造华商在世界上的"新形象"，继续发扬中华民族传统美德，与住在国人民一道，创业兴业、团结互助、和睦相容，诚信守法经营，承担社会责任，为当地经济社会发展贡献智慧和力量，希望大家客观真实介绍中国经济社会发展情况，增进中国人民与各国人民之间的相互了解和友谊。[1]

两天的大会，除主题报告外，还安排了高端论坛、分组讨论、"侨梦苑"推介会等各个环节。内容涵盖如何建立世界侨商组织网络和联系合作机制，"一带一路"建设、"京津冀协同发展"和"走出去"战略带给侨商的机遇与挑战，侨商企业如何参与创新驱动发展等。主办方还邀请了有关部委负责人和经济学家介绍国家重大发展战略和宏观经济形势，使与会者对国家各方面的发展状况、战略部署有了进一步的了解。从泰国正大集团1979年在深圳投资成立中国第一家外资企业以来，其资本企业已遍及除西藏之外的各省区市，投资总额逾百亿元人民币，涌现出一批享誉世界的品牌企业。泰国正大国际集团董事长谢国民在大会开幕式上的致辞说："30多年前，我到中国投资的时候，中国基础设施落后，缺少外汇，缺乏人才。那时我们敢投资，今天我们更看好中国。未来10

---

① 《李克强会见首届世界华侨华人工商大会全体代表》，《人民日报》2015年7月7日；王尧：《首届世界华侨华人工商大会在京开幕》，《人民日报》2015年7月7日。

年是中国大发展的时期，'一带一路'建设在为中国经济注入新活力的同时，也将带动周边国家和地区的经济发展。我们华侨华人愿与中国企业合作，为此尽绵薄之力。"① 这既是经验之谈，也表达了华商的心声。

2016 年 6 月 2 日，由国务院侨务办公室、中国海外交流协会举办的第八届世界华侨华人社团联谊大会在北京召开，来自 136 个国家和地区的 700 余名侨团负责人出席。国务院总理李克强会见出席会议的全体代表并发表讲话，首先代表中国政府，向与会华侨华人代表，并通过他们向 6000 多万海外侨胞致以衷心问候和良好祝愿。李克强指出，经过改革开放 30 多年的努力，中国已成为世界第二大经济体，经济实力、综合国力和国际影响力不断提升。但中国仍是世界上最大的发展中国家，要实现现代化还有很长的路要走。面对国际国内多重困难和挑战，我们将继续深化改革开放，攻坚克难，大力发展新经济、培育新动能、改造和提升传统动能，发挥好中国经济巨大的韧性、潜力和回旋余地，经过努力，中国经济一定能够保持中高速增长、跃上中高端水平。李克强向与会代表提出三点希望：一是做中外友好合作的"金丝带"；二是做中国创新发展的"参与者"；三是做祖国和平统一的"连心桥"。李克强会见世界华侨华人工商大会和第八届世界华侨华人社团联谊大会代表的讲话，实际上是对新时期国家侨务政策的具体阐释。其要点是争取海外华商推动中国经济转型，助推中国经济提质增效升级；参与"一带一路"建设，促进中国与世界经济深度融合、互相促进、互利共赢。

2018 年 4 月 8 日至 11 日，博鳌亚洲论坛 2018 年年会在海南举办，习近平在论坛上发表重要演讲重申，落实新发展理念，建设现代化经济体系，深化供给侧结构性改革。演讲表示："中国人民将继续扩大开放、

---

① 人民日报记者王尧：《当好生力军　架起"彩虹桥"——首届世界华侨华人工商大会侧记》，《人民日报》2015 年 7 月 16 日。

加强合作，坚定不移奉行互利共赢的开放战略，坚持引进来和走出去并重，推动形成陆海内外联动、东西双向互济的开放格局，实行高水平的贸易和投资自由化便利化政策，探索建设中国特色自由贸易港。""创造更有吸引力的投资环境。投资环境就像空气，空气清新才能吸引更多外资。过去，中国吸引外资主要靠优惠政策，现在要更多靠改善投资环境。"① 习近平再次向世界阐明中国的开放政策和投资政策。参加论坛的华商对中国的开放政策、经济政策更加充满信心。华商们表示，中国越开放，机会就越大。泰国华商谢国民在发言中认为：中国的政策让投资人放心，"我们对中国的改革政策充满信心"。中国进一步深化改革开放将给华商们带来更多的发展机会，广大华商要不断创新以适应新时代新机遇。香港世茂集团董事局主席许荣茂表示，中国企业参与"一带一路"建设"走出去"已成为常态，华商作为联系所在地与中国的桥梁，可以引导中国企业在当地发展，分享企业管理经验，利用经济优势开设相关融资业务。新加坡金鹰集团主席陈江和说道："华侨华人投资占了当时外商投资企业总数的八成，创立了许多第一。"与会者认为，如今华商角色发生了变化，他们既当"新娘"又做"红娘"。作为当事人来华投资是"新娘"；积极牵线搭桥，助力中国企业"走出去"，则成为"红娘"。②

（二）广东打造吸引海外华商资本新亮点

中共十八大以来，全国各地尤其是侨务部门、重要侨乡，认真贯彻十八大的经济决策，发挥自身的优势，积极吸引海外华商资本。其中中国（深圳）华人华侨产业交易会及广东省粤东华侨博览会（以下简称粤东侨博会或侨博会）就是一例。

① 习近平：《开放共创繁荣　创新引领未来》，《人民日报》2018年4月11日。
② 《中国改革开放40年　华商分享发展红利迎来新机遇》，中国新闻社，2018-04-01；《华商聚博鳌：中国越开放　机会就越大》，中国新闻社，2018-04-10。

　　中国（深圳）华人华侨产业交易会（以下简称侨交会）是在中国提出建设"一带一路"构想的背景下，由深圳市侨商智库研究院发起，联合 200 多家海内外社团、商协会共同主办的交易会，旨在打造一个跨国投资与合作的专业平台。以侨为"桥"，助推"一带一路"建设。通过侨交会，汇聚高端人脉，收集各方信息，集合精英智慧，对全球优势商务项目和资本进行整合与对接，为亟待寻求各种发展机会的海内外企业及个体搭建一个可信、持续、互联、互动的信息和资源平台。

　　首届侨交会于 2015 年 8 月 13 日至 15 日在深圳会展中心举办。展会面积共 37500 平方米，设文化旅游展区、特色贸易展区、地产展区、高新科技展区、金融展区以及产业园展区共 6 大专业展，吸引了全球 28 个国家和地区的 600 多家参展商前来参展，其中海外企业近 300 家，参展项目约 2700 个，国内企业 300 多家，参展项目达 2200 多个。据主办方统计，首届侨交会共计 66 家签约单位 52 个签约项目，成交金额 464.2 亿元。其中招商引资项目 236 亿元，占比达 50.8%；金融投资项目 130 亿元，占比达 28%；地产物业项目 75 亿元，占比达 16.2%。签约单位包括深圳市侨商联合投资有限公司、本草园（香港）有限公司、加拿大西地空气有限公司等。①

　　第二届侨交会于 2016 年 8 月 13 日至 15 日在深圳会展中心举办，本届侨交会以"万侨创新"为主题，展会面积 37500 平方米，来自全球 31 个国家和地区的侨领和 627 家展商参展，国内 325 家，海外 302 家；签约项目 473 个，签约金额达 464.2 亿元人民币，其中跨国投资与外贸进出口贸易项目签约金额达 114 亿元，占比达 24.4%；智慧家庭、智慧穿戴、智能机器人、VR（虚拟现实）、新能源科技产业项目签约金额达 102 亿元，占比达 21.8%；侨商文化与旅游产业项目签约金额 45 亿元，

① 《首届侨交会在深开幕》，《深圳特区报》2015 年 8 月 17 日；《广州日报》2015 年 8 月 14 日。

占比达9.6%。

第三届侨交会于2017年8月13日至15日在深圳会展中心举行。本届侨交会以"以侨为桥，货通天下"为主题，围绕这一主题，主办方向珠三角地区征集1000家具有独立自主品牌及技术的优秀中小型制造企业。据统计，本届侨交会项目签约总金额为420亿元人民币，各项目的签约情况：跨境电子商务13亿元，中侨供应链进出口贸易95亿元，房地产35亿元，新能源62亿元，基础设施建设73亿元，矿产资源36亿元，高新科技项目57亿元，农产品（农业投资、园区开发、观光旅游项目）34亿元，特色产品10亿元，其他项目签约5亿元。本届侨交会新增了"一带一路"跨境电商展区，沿着"一带一路"迈出第一步，首届海外展即"第三届华人华侨产业交易会暨OCTF 2017·中国—印尼商品展"，2017年10月6日至8日在印度尼西亚会展中心举行，展会规模为4860平方米，标准展位300个，是侨商智库首次带领中国企业和商品走出国门，试水当地市场，为产业与商品输出拓展海外市场，提供商机和资源渠道。①

深圳三届侨交会立足长三角、珠三角两大经济发达区域，并向"一带一路"沿线国家精准延伸，双展联动，旨在为广大华商企业提供更加精准专业的交流合作对接服务，构建全新的国际经济贸易会展生态平台，以此促进全球范围内企业行业的深度协同，促进企业品牌融通世界，是党的十九大以来吸引海外华商资本的新模式。

2006年9月，广东省委、省政府在地处粤东的汕头市召开了"促进粤东地区加快经济社会发展工作会议"，会后出台了《中共广东省委、广东省人民政府关于促进粤东地区加快经济社会发展的若干意见》，对粤东经济社会的发展作出若干战略部署，其中即有举办侨博会的决定。

---

① 《深圳特区报》2017年8月16日。

《意见》规定，侨博会"由省政府协调，省外经贸厅和省侨办主办，粤东四市轮流承办，每年举办一次侨博会，鼓励和吸引侨商到粤东投资创业"。自 2008 年 11 月 11 日广东省首届粤东侨博会在汕头拉开帷幕始，分别在潮州（2009 年）、揭阳（2010 年）、汕尾（2011 年）三市成功举办，共四届，是为第一轮。这四届侨博会签约的经贸项目投资总额累计达 3000 多亿元，侨资侨力为粤东地区加快发展、实现崛起作出了重要贡献。此后改为两年一届，主办城市据前例依序轮换不变。2013 年 11 月 8 日，第二轮即第五届粤东侨博会在汕头市举行。这次侨博会是在党的十八大召开后举办的，会议贯彻落实党的十八大精神和省委、省政府的决策部署，深化改革，扩大开放，加快转型升级。本届侨博会升级由广东省人民政府主办，省外经贸厅、省侨办和汕头市委、市政府承办，汕尾市、潮州市、揭阳市政府协办。时任广东省委书记胡春华，全国政协副主席李海峰等多位领导及众多知名华商出席会议。会议主题为"打造粤东城市群，共筑潮人新家园"。在这届侨博会项目签约仪式上，汕头、汕尾、潮州、揭阳四市签约的招商引资项目 24 个，投资额 692 亿元；汕头、梅州、汕尾、潮州、揭阳五市签署了关于加快推进交通基础设施建设协作协议；汕头市政府与汕头大学、以色列理工学院签署了支持创办广东以色列理工学院框架协议。2015 年 10 月 27 日，第六届粤东侨博会在潮州市开幕，主题是"创新驱动·振兴粤东"。在国家"一带一路"建设和广东创新驱动战略背景下，凝聚海内外潮人，特别是东南亚众多潮汕籍华侨力量，共同推动粤东地区转型升级。来自国内 25 个城市、27 个国家和地区的 100 多个社团的潮汕籍乡亲，以及部分海丝沿线国家政要齐聚潮州，共襄 21 世纪海上丝绸之路新未来。这届侨博会成果颇丰，潮州、汕头等粤东四市共推出总投资 591.6 亿元的 94 个高新技术招商项目，现场签约项目 20 个，总金额 275.7 亿元。[①] 2017 年 11 月 11 日，第七届粤东侨博会在揭阳市开幕，以"汇聚侨力、合作创新，助推粤东振兴发展"为主题。中共广东省委书记李希出席开幕式并会见境内外嘉宾，广东省省长马兴瑞、中国国务院侨务办公室副主任郭军在开幕式上致辞。尽管第七届侨博会签约招商数据不详，但这是在党的十九大闭幕不久举办的侨博会，贯彻落实十九大精神及最新经济发展理念是毋庸置疑的。

（三）海外华商企业适应新时代新形势转型升级

如前所述，改革开放 40 年来，华商在中国大陆投资经历了起步、增长、调整与成熟发展阶段，积累了丰富的经验。2007 年全球经济危机爆发，对世界经济发展产生巨大影响。中国处在世界发展的大潮中，如何应对滚滚而来的全球性经济危机，中共十七大适时提出加快转变经济发展方式，推动产业结构优化升级的经济决策，标志着中国经济第二次转型的开始。中国进入新时代以来，随着改革开放向纵深推进，经济发展方式，由注重速度向注重质量转变，即由高速度向高质量转变，海外华商的企业也随之纷纷转型升级。

2018 年 4 月 13 日，习近平《在庆祝海南建省办经济特区 30 周年大会上的讲话》指出："海南经济特区取得的成就是改革开放以来我国实现历史性变革、取得历史性成就的一个生动缩影"；"40 年来，深圳、珠海、汕头、厦门、海南 5 个经济特区不辱使命，在建设中国特色社会主义伟大历史进程中谱写了勇立潮头、开拓进取的壮丽篇章"。[②] 海南经济特区改革开放 40 年和海南建省 30 年来，海外华商资本发挥了重要作用。据不完全统计，目前海南省实有外资投资企业 3150 家，其中侨资企业（包括港澳同胞投资的企业）2400 多家，约占 80%。尤其是随着海南国

---

① 贺林平、陈惠永：《粤东侨博会在潮州开幕》，《人民日报》2015 年 10 月 28 日。

② 《人民日报》2018 年 4 月 14 日。

际旅游岛上升为国家战略，区位、资源、政策及环境的比较优势更加突显，再次引发华侨华人的投资热潮。2010 年、2011 年连续两年在香港进行投资推介，签约大型项目 39 个，总投资额 681.1 亿元。海外华侨华人、港澳同胞在海口市投资企业 500 多家，占全市外资企业的 80% 左右。侨资企业中，来自港澳地区的投资占 64%，其余主要来自东南亚和欧美等 20 多个国家。截至 2013 年，海外华商在海口的投资累计达 100 亿美元，占全市外资近八成。①

浙江省宁波市自 1984 年初至今，已有 500 多位华侨华人、港澳同胞在甬设立 3500 多个基金项目，捐赠财物约 15 亿元，投资企业 5000 多家，约占全市外资企业的 70%。2017 年 9 月，浙江省青田县精心设计打造的丽水（青田）侨乡项目交易中心正式运营，该平台采取"线上展示介绍"和"线下分析洽谈"相结合的运作模式，让华侨华人更加直接详细地了解到有哪些项目可以投资、投资规模有多大、盈利点在哪里等情况，有效破解了华侨回国投资缺乏对接平台问题。短短两个月，已有 120 个项目上线运营、概算投资 550 亿元。②

江苏省现有 200 多万归侨侨眷和海外侨胞，其中以改革开放后出国的新侨、侨商和新归侨新侨眷居多，目前在江苏工作生活的科技领域新侨就有近 10 万人。据不完全统计，华侨、外籍华人在江苏省投资企业 2 万多家，投资总额占利用外资总额的 60% 以上。侨资企业在引进海外资金、先进技术和国际人才的同时，也带来了现代化的管理方法和经营理念，对江苏省调整优化产业结构、转变经济增长方式和提高自主创新能力起到了重要的推动作用。为吸引华侨在江苏投资，以侨引资、以侨引才引智，2015 年 9 月 23 日，江苏省第十二届人大常委会第十八次会议审议通

---

① 中华全国归国华侨联合会中国华侨华人历史研究所有关课题资料。
② 中国新闻网，2017-12-19。

过了《江苏省保护和促进华侨投资条例（草案）》[以下简称《条例（草案）》]。《条例（草案）》在投资方式方面，根据江苏省华侨投资主体多元化、投资来源差异化、经营形式多样化的客观实际，规定了华侨投资者"可以用货币出资，也可以用实物、知识产权、土地使用权等非货币财产，以及法律、法规允许的其他方式出资"，以地方立法的形式确认和推动投资主体、经营方式多元化。在投资领域方面，鼓励和引导华侨投资者在新一代信息技术、节能环保、生物技术和新医药、高端装备制造、新材料、新能源等战略性新兴产业和现代服务业、现代农业等领域创新创业。华侨投资者及其设立的企业依法享受各项税收优惠，同等享有政府主导的各类专项资金支持，并建立江苏海外回国人才信息数据库，为其提供信息支持。《条例（草案）》还明确要引导和支持华侨投资者投资的企业参与"一带一路"建设。①

与海外华商企业的转型升级密切相关、值得一提的是第十六届四川"海科会"。2017年9月12日，由国务院侨办、四川省委省政府和九三学社共同主办的第十六届中国西部海外高新科技人才洽谈会（以下简称海科会）在成都开幕。与会海内外嘉宾总人数超过2000人，其中海外专业人士代表逾600人。包括6名诺贝尔奖获得者、29名海内外知名院士、50多位名校校长和资深教授、华侨华人创新团队等参会。本届海科会以"万侨创新，汇智西部"为主题，共举办了开幕式及天府论坛等19项44场活动及9场高新科技项目对接。本届海科会促成了一大批人才、智力合作。人才招引方面：412名海外人才与省内244家重点企业、产业园区、高等院校、科研院所签订了引才引智协议，较上届增长48%，其中博士304人，约占74%。诺贝尔物理学奖获得者朱棣文被电子科技大学聘请为名誉教授，诺贝尔经济学奖获得者默顿被四川大学、

---

① 《江苏吸引华侨投资　以侨引资引智写入地方立法》，新华报业网，2015-09-24。

电子科技大学聘请为名誉教授，诺贝尔化学奖获得者切哈诺沃被西华师范大学聘请为特聘教授。邓文中等多名海内外院士分别被眉山市和遂宁市聘请为城市发展顾问。2017年新聘和续聘了14名海外华侨华人社团负责人、知名专家学者作为四川省引进海外高层次人才工作顾问，目前全省海外引才顾问53名。招商引资方面：本届海科会成功签约项目93个，金额699.96亿元人民币，较上届增长83%。特别是四川省与英国诺丁汉大学签订省校合作协议，是四川省实施合作战略以来，首次与海外高校尤其是世界百强名校签订合作协议。作为全球十大孵化器之一的休斯敦技术中心将其在中国的首家分中心正式落户成都"侨梦苑"。此次招商引资深入四川内部有关地市，围绕四川省与加州友好省州关系协议，眉山市与加州中心签订加州智慧小镇协议，泸州市、绵阳市也分别与英国诺丁汉市签订友好框架协议。从签约情况考察：海科会实效性逐年提升，特别是最近两届大会签约人才共690人，占海科会历届总数1712人的40%；签约项目资金1082.76元人民币，占海科会历史总量2159.96亿元的50%。①与此同时，随着本届海科会"海外华侨华人创新创业四川学院"（以下简称"海创学院"）揭牌、"中国西部海外华侨华人创新创业基金会"（以下简称"海创基金"）签约、四川省侨商投资企业协会科技创新委员会成立，标志着以海科会为对接平台、"海科杯"为项目平台、"侨梦苑"为服务平台、"海创学院"为培训平台、"海创基金"为融资平台的四川省"五位一体"全链条、全要素海外招才引智工作体系初步建成，探索出一条汇聚创新要素、推动人才项目与资本融合、服务成果转化的新路。四川作为我国西部内陆省份，在吸引海外华商资本方面，主动作为，适应时势，积极转型，经济健康发展，推动了西部地区经济

---

① 四川省外侨办：《为海外高端人才创新创业培植沃土——第十六届中国西部海外高新科技人才洽谈会在四川成功举办》，《侨务工作研究》2017年第5期，第40页。

社会的发展。

中共十八大以来，除了海科会的招商引资活动外，四川省还组织多种类型的活动，如组织多届世界华商峰会、海外华商商会峰会和西博会中国侨商馆，每年重点开展"侨资企业西部行""侨商千企四川行""中外知名企业四川行"等，并通过举办第十二届世界华商大会等平台，吸引数千名海外和沿海侨商陆续来川考察投资，签约合作项目300多个，总投资额超过1800亿元人民币。四川全省各类侨资企业达8000多家，在川营商侨界人士近60万人；开展学术交流160多场，促成630多名海外华侨华人专业人士与省内近300家高校、企业签订引才引智协议，引进高科技项目129个。[①]四川成为西部地区吸引侨资的亮点。

随着经济发展方式的转变，老的华商企业不断换代升级，新的华商企业起点高、科技含量高，为了做强做大，纷纷融资上市。据不完全统计，2012年至2015年，至少有31家新华商企业在A股上市，其中创业板14家，中小企业板13家，上海主板3家，主板1家。业务涉及精密设备、电气机械和器材制造企业7家，生物医药企业4家，电子元器件6家，品牌服装企业3家，电子信息与IT服务行业企业4家，金属制品行业企业2家，纺织业企业2家，家装装饰行业企业1家等多个行业及企业。这些企业可以说是中国经济转型、产业升级中有代表性的新型华商科技企业。具体情况如表3-12所示。

---

① 徐杨祎：《四川侨企数量突破8000家　近60万侨胞在川经商》，中国侨网，2016-05-30。暨南大学图书馆世界华侨华人文献馆、彭磷基华侨华人文献信息中心编：《侨情综览》（2016），第453页。

表 3-12 华商企业在华上市融资：2012—2015 年在 A 股 IPO 的华商企业

公司名称	行业	上市时间	实际控股人情况
深圳市麦捷微电子科技股份有限公司	电子元器件（创业板，300319.SZ）	2012-02-10	丘国波、李文燕，中国国籍，拥有加拿大居留权
广州卡奴迪路服饰股份有限公司	品牌服装（中小企业板，002656.SZ）	2012-02-28	林永飞，中国籍，美国永久居民
广东奥马电器股份有限公司	电器（中小企业板，002668.SZ）	2012-04-16	蔡拾贰、蔡健泉（叔侄），苏冬平、苏志缨（中国香港永久居民）
深圳麦捷微电子科技股份有限公司	电子元器件（创业板，300319.SZ）	2012-05-23	李文燕，中国籍，拥有加拿大永久居留权
广东顺威精密塑料股份有限公司	塑胶制品（中小企业板，002676.SZ）	2012-05-25	麦仁钊，加拿大籍
百隆东方股份有限公司	纺织业（上海主板，601339.SH）	2012-06-12	杨卫新、杨卫国，中国香港籍，拥有澳大利亚临时居留权
中颖电子股份有限公司	集成电路业（创业板，300327.SZ）	2012-06-13	傅启明，中国香港籍
东莞宜安科技股份有限公司	精密压铸件（创业板，300328.SZ）	2012-06-19	李扬德，中国香港籍
浙江亿利达风机股份有限公司	家电行业（中小企业板，002686.SZ）	2012-07-03	章启忠、陈心泉、陈金飞，均为中国籍，拥有澳大利亚永久居留权
广州迪森热能技术股份有限公司	生物质能源行业（创业板，300335.SZ）	2012-07-10	常厚春、马革、李祖芹，均为中国籍，拥有新加坡永久居留权
麦克奥迪（厦门）电气股份有限公司	光学设备（创业板，300341.SZ）	2012-07-26	杨泽声，中国香港籍
海南双成药业股份有限公司	医药行业（中小企业板，002693.SZ）	2012-08-08	王成栋（中国籍）、王荧璞（澳大利亚籍）父子

续表

公司名称	行业	上市时间	实际控股人情况
顾地科技股份有限公司	塑料管道制造（中小企业板，002694.SZ）	2012-08-16	林伟雄等林氏家庭，4人为拥有加拿大国籍子女
杭州泰格医药科技股份有限公司	医药研发服务（创业板，300347.SZ）	2012-08-17	叶小平、曹晓春（女），海归人员
奥瑞金包装股份有限公司	金属包装（中小企业板，002701.SZ）	2012-10-11	周云杰，中国籍，拥有澳大利亚永久居留权
浙江我武生物科技股份有限公司	生物制品业（创业板，300357.SZ）	2014-02-21	胡赓熙（中国籍）、陈燕霓（美国籍）夫妇
贵人鸟股份有限公司	运动鞋服（上海主板，603555.SH）	2014-01-24	林天福，中国香港居民，拥有菲律宾永久居留权
常州光洋轴承股份有限公司	汽车零件（中小企业板，002708.SZ）	2014-01-27	程上楠、张湘文夫妇，中国籍，拥有香港永久居留权
苏州斯莱克精密设备股份有限公司	精密设备（创业板，300382.SZ）	2014-01-29	安旭，美国籍，留学归国创业
北京光环新网科技股份有限公司	IT服务（创业板，300383.SZ）	2014-01-29	耿殿根，中国籍，拥有加拿大永久居留权
东易日盛家居装饰集团股份有限公司	家装行业（中小企业板，002713.SZ）	2014-02-19	陈辉、杨劲夫妇，拥有加拿大永久居留权
海澜之家服饰股份有限公司	服装行业（中小企业板，600398.SH）	2014-04-11（借壳上市）	周建平（控股人）、赵国荣夫妇，周晏齐（女儿，拥有中国香港永久居留权，持股35%）
杭州福斯特光伏材料股份有限公司	光伏组件（上海主板，603023.SH）	2014-09-05	林建华，中国籍，拥有新加坡永久居留权
北京浩丰创源科技股份有限公司	IT服务（创业板，300419.SZ）	2015-01-22	孙成文，中国籍，拥有加拿大永久居留权

续表

公司名称	行业	上市时间	实际控股人情况
北京汉邦高科数字技术股份有限公司	电子信息（创业板，300449.SZ）	2015-04-22	王立群，中国籍，1997年取得美国永久居留权
昇兴集团股份有限公司	金属包装（中小企业板，002752.SZ）	2015-04-22	林永贤、林永保、林永龙均为中国香港居民
浙江田中精机股份有限公司	电子元器件（创业板，300461.SZ）	2015-05-19	钱承林（董事长），中国籍，拥有日本永久居留权
哈尔滨威帝电子股份有限公司	汽车电子（主板，603023.SH）	2015-05-27	陈振华，中国籍，拥有加拿大永久居留权
赛摩电气股份有限公司	煤炭采选（创业板，300466.SZ）	2015-05-28	厉达、王茜、厉冉，均为中国籍，拥有澳大利亚永久居留权
多喜爱家纺股份有限公司	纺织服装（中小企业板，002761.SZ）	2015-06-10	陈军，中国籍，拥有加拿大永久居留权
成都康弘药业集团股份有限公司	医药（中小企业板，002773.SZ）	2015-06-26	柯洪尊、钟建荣夫妇及其子柯潇，均为中国籍，前二人拥有新加坡永久居留权

资料来源：任贵祥、朱昌裕著：《华侨华人与中国改革开放40年》，广东教育出版社2019年版，第362—364页。

表3-12所列31家上市企业，均为华商在中国新投资的企业，这些企业起点和科技含量高，它们适应我国转变经济发展方式，企业在投资融资中即实现经济转型和产业升级，成为中国经济改革发展的"领跑者"。

以上介绍的华商企业转型只是列举的一些现象，并不都具有典型代表性。笔者以为，转变经济发展方式是经济发展由量变到质变的过程，不能一蹴而就，也不是一朝一夕就能实现的，而是要经过一个时期；转变经济发展方式不能搞"一刀切"、一个模式，而是要根据企业的实际情况加以转变。中国经济第二次转型主要是发展方式的转变，由注重速度发展向注重质量发展的转变，这次转型面临的难度和挑战都是前所未有的，要面对和解决长期以来经济结构失衡、经济体制改革遗留的问题、生产要素价格扭曲等一系列问题。第二次经济转型对资金、技术、人才等方面的需求巨大。而这次经济转型中，海外华侨华人将凭借自身优势，即文化优势、资本优势、技术优势和社会网络优势等，成为经济转型的牵引力和动力。

（四）探索创办"侨梦苑"凝聚侨智侨力

中共十八大以来，为适应中央经济发展新常态的判断和举措，适应经济发展方式转变的需要，国务院侨务办公室启动万侨创新行动，探索创办建设"侨梦苑"是其中的重要内容。"侨梦苑"，全称"侨梦苑——华侨华人创新创业聚集区"，是国务院侨办 2014 年通过顶层设计、启动打造的新型侨务引资引智平台，即在国家重大战略布局中的中心地带为华侨华人打造的侨商产业聚集区和华侨华人创新创业基地，是华侨华人投资祖（籍）国创业的沃土。

1. 万侨创新行动之首的天津"侨梦苑"

2014 年 3 月 19 日，国务院侨务办公室主任裘援平在天津市武清区考察海外侨商投资兴业情况期间，提出打造侨商产业聚集区设想，并将之命名为"侨梦苑"。7 月 9 日，《国务院侨务办公室、天津市人民政府关于发挥侨务优势支持天津经济社会发展战略合作协议》签署，明确国务院侨办将重点支持在天津建设"侨梦苑"侨商产业聚集区。在此背景下，全国首个侨商产业聚集区——天津"侨梦苑"于 11 月 17 日在武清揭牌成立，成为凝聚侨力、汇集侨智、助推区域经济发展的新载体。天津"侨梦苑"侨商产业聚集区涵盖武清全域，面积 1547 平方公里，区内交通网络便捷。"侨梦苑"产业布局主要分为四个区域：以武清新城为载体的现代休闲经济和文化创新区，以经济技术开发区和商务区为载体的科技研发和总部楼宇区，以五个工业园为载体的研发孵化项目和高新产业先进制造区，以自贸区开清园为载体的自由贸易试验区，随后又增加一些相关园区，一并享有天津自贸区、滨海新区开发开放、国家自主创新示范区、京津冀协同发展、"一带一路"建设等五大国家战略机遇。落户"侨梦苑"的企业可享受国家级经济技术开发区及高新区、自主创新示范区、自贸区以及天津市、武清区叠加优惠政策。"侨梦苑"启动以来，已入驻近百家侨资企业，聚集了美国威特集团、香港世茂集团等大型华商企业，实际投资 200 亿元人民币，落户项目 40 个左右，涉及机器人制造、新能源洗车、跨境电商、计算技术开发等诸多行业，并引进一批海外华侨华人高层次人才。①

　　天津"侨梦苑"是国务院侨务办公室与地方政府部门合作建设的第一家"侨梦苑"，随后又在江西、广东、江苏、河北等地创办多家"侨梦苑"。

2. 福建省"侨梦苑"揭牌福州经济技术开发区

　　2015 年 7 月，福建省"侨梦苑"在侨商产业聚集区福州经济技术开发区挂牌成立，占地面积 624.49 平方公里，逐渐形成"一区五园"、六大功能区的发展格局。福建"侨梦苑"成立以来，积极推进运用"互联网+"模式，建立手机 APP"侨梦苑"网上常态化对接工作平台；汇聚政策叠加优势，做好政策和招商项目汇编推介；拓展对接渠道，积极推动华商 500 强、世界 500 强与"侨梦苑"对接；充分利用侨务经济科技平台活动，推动"侨梦苑"建设；搭建"侨梦苑"企业与海上丝绸之路沿线对接平台，做强服务平台，推动一批项目对接落地。至 2017 年已对

---

　　① 天津市侨办：《加强天津"侨梦苑"建设　大力推进"万侨创新行动"》，《侨务工作研究》2016 年第 1 期，第 9—10 页。

接侨商项目 100 多个，总投资金额为 61.46 亿元，形成了以网龙网络公司为龙头的信息智能产业聚集区，以新大陆集团为龙头的互联网产业聚集区，以上润精密公司为龙头的精密制造业产业聚集区。"侨梦苑"与开发区互联互动，自"侨梦苑"挂牌至 2017 年夏，福州经济技术开发区新注册外资企业 438 家，其中 70% 为侨资企业。为扩大影响，做强做大"侨梦苑"，福建把"侨梦苑"模式辐射推广到厦门、泉州、莆田等其他区域，推动侨资侨智与福建开展全方位合作。[①]

3. 江西"侨梦苑"落户南昌红谷滩新区

2015 年 11 月 17 日，江西"侨梦苑"在南昌市红谷滩新区揭牌成立。江西"侨梦苑"地处赣江之北，涵盖南昌红谷滩新区全城，总面积约 175 平方公里。其建立遵循绿色低碳环保的原则，以现代服务业为主题，体现科技与商务相结合、文化与休闲相结合、产业与宜居相结合的特色。之所以选择在南昌红谷滩新区建立江西"侨梦苑"，是因为这里具有发展优势和自身特色。一是地理位置优势。红谷滩新区是南昌市区域、产业、政策、资源"四个聚焦"的重点区域。二是侨资企业投资基础好。截至 2014 年 9 月，江西省外商投资企业 6953 户，其中侨资企业 4531 户，实际投资总额 147.73 亿美元，劳动密集型企业占 75% 以上，解决了大批劳动力就业问题，并成为江西省税收的重要来源。三是生活配套服务完善。新区环境优美，有 10 所各种品牌学校、医疗设施上乘的医院妇幼保健院，以及在建科技馆、图书馆、博物馆等。

江西"侨梦苑"建立以来至 2017 年 11 月，已聚集侨资企业 100 多家，总投资约 500 亿元人民币，[②]涉及金融、商贸、休闲旅游等多个领

① 曲青山、黄书元主编：《中国改革开放全景录》（福建卷，李鸿阶、黄玲主编），海峡出版发行集团、福建人民出版社 2018 年版，第 392—393 页。

② 暨南大学图书馆世界华侨华人文献馆、彭磷基华侨华人文献信息中心编：《侨情综览》（2017），南方出版传媒、广东人民出版社 2019 年版，第 412 页。

域。随着香港世茂、联泰集团、华南城、厦门联发、阳光新地、莱蒙集团、铜锣湾、东亚银行、汇丰银行、香格里拉酒店、喜来登酒店等一批知名华商企业的落户，红谷滩新区成为全省侨商聚集的高地。

4. 广东增城创办引资、引技、引智"侨梦苑"

广东增城"侨梦苑"于 2015 年 12 月 22 日揭牌，其位于广州增城国家级经济技术开发区。这里是珠江三角洲的地理几何中心，地处连接香港、深圳、广州三大都市的中部，是广州通往东莞、深圳、香港及粤东地区的交通咽喉，区位条件非常优越。

广东增城"侨梦苑"坚持以"以侨为桥、跨界合作、创新先导、专业运作"为基本理念，主要功能定位为华侨华人科创基地、华侨华人创业特区、华侨华人交流合作示范区。努力建成"国际侨商产业集聚与合作交流示范区""南中国华侨华人高层次人才创新创业高地""华侨华人高层次人才集聚的侨智城"，打造全球华人引资、引技、引智新高地。将以"一带一路国际创新驿站"为重要纽带，打造"一带一路创新合作区""先进制造业及战略新兴产业园区""国际合作科教示范园区""现代都市农业与生态休闲旅游示范园区"，形成"四区一链"的发展格局。可见其定位和起点高平台高，直通国家"一带一路"建设高端。

广东增城"侨梦苑"揭牌后，已强势打造了创新中心，"侨梦苑"创业梦工厂、国际众创空间、产业承载区规划建设全面铺开，并已成功吸引金鉴检测 LED 材料表征分析服务外包中心、国家级华侨华人分子医学转化科学中心、绿色科技创新健康产业园、易宝科技"互联网+"孵化器、全球华侨华人数字创造新基地等一大批侨商投资重点项目落户。①

---

① 席羽:《聚焦侨智侨力　搭建"双创"平台——江西南昌、广州增城、江苏南京"侨梦苑"建设一览》,《侨务工作研究》2016 年第 1 期。

5. 江苏搭建创新创业新平台"侨梦苑"

2016 年新年之际，即 1 月 16 日，由国务院侨务办公室主办，南京市人民政府和江苏省侨办承办的"启动万侨创新行动暨江苏南京侨梦苑揭牌"活动在江苏南京举行。此次活动以"万侨创新、协同发展"为主题，旨在为海外侨胞打造高端创新创业平台，推动华侨华人回国（来华）创业，共圆梦想。国侨办主任裘援平在揭牌开幕式上发表讲话说：加强与地方政府合作，精心打造一批升级版侨务引智引资平台，构建一批"侨梦苑"侨商产业聚集区和华侨华人创新创业基地，打造为高端海外人才创新创业全链条服务体系，调动更多海外侨商和专业人士创新创业激情。裘援平还指出，华侨华人是我国实施创新驱动发展战略的骨干力量，创新驱动发展、区域协同发展、中国制造 2025、"互联网 +"，以及"走出去""一带一路"等一系列重大发展战略深入实施，"十三五"规划即将出台，都为华侨华人参与我国现代化建设和国际经济合作提供了广阔天地，广大华侨华人要努力搭乘祖（籍）国经济高速发展的快车以之实现人生价值。

与会的侨商们积极建言献策，开拓创新创业新思路。有侨商建议，应充分发挥海外侨胞科研力量在海外的研发创新优势，运用"国外创新，国内创业"的模式，将侨胞在海外创新研究成果在国内进行产业化生产，特别是一些重点行业如工业加工、医疗等。有侨商表示，较以往创新形式最大的不同，就是平台的建立，"侨梦苑"将支持创新创业上升到新高度，支持力度更大，不同产业园区的定位应各有特色，招商引资的行业应各有专攻，这才能体现平台的创新特色。作为企业也应配合提供平台，在转型升级中能够更好地嫁接国内与国外的资源，特别是侨务资源，从而帮助企业解决技术、人才以及市场问题。有侨商提议，利用虚拟现实技术，通过互联网让侨胞共同体验"侨梦苑"的魅力，提高"侨梦苑"的关注度，注重未来虚拟现实技术的产业化发展，将"智"的服务引到南京来。侨商们的建言，思路开阔，商道哲理，充满智慧。

在江苏"侨梦苑"成立大会上，外引内扶双管齐下，发展动力充足。江苏省成立"侨梦苑"专项扶持基金和"侨梦苑"侨商产业投资基金，总额达 212 亿元；大会共签约 15 个项目，其中"侨梦苑"项目 8 个，"海外惠侨工程中餐繁荣计划"项目 7 个，涉及资金共计逾 380 亿元人民币，为"侨梦苑"的建设灌注了发展动力。[①]

6. 与"华创会"合流的湖北"侨梦苑"

与前 5 家"侨梦苑"成立的情况不同，2016 年 6 月 23 日揭牌的湖北"侨梦苑"与第十六届"华创会"开幕同时进行。在以往"华创会"的基础上，湖北省创办各种孵化机构 30 多家，4 万多名华侨华人、2000 多家侨资企业聚首"侨梦苑"安居创业，其中包括王肇中、闫大鹏、曹祥东等大批归国高端人才。湖北"侨梦苑"以武汉光谷中华科技产业园为核心区，以未来科技城、光谷生物城等七大园区为辐射区，努力建成有全球影响力的华侨华人创新创业中心。湖北"侨梦苑"原有基础雄厚，其内聚集企业 3 万多家，其中有侨资企业 4000 多家，基本形成了以光电子信息产业为主导，生物医药、新能源与节能环保、高端装备制造、现代企业协同发展的产业格局，企业营业收入突破万亿元，为华侨华人回国（来华）创新创业提供平台。近 5 年来，园区引进外国专家 2 万多人次，延揽华裔专业人才 600 多位。[②]

通过以上所介绍的 6 家"侨梦苑"可以看出，与以往的园区不同，它们是海内外各种创新要素协同创新创业的示范区和对侨综合服务的示范区。其他"侨梦苑"也有类似的特色，如 2017 年 5 月 4 日揭牌的山东

---

① 高翀：《创新创业增发展动力　引智引资燃侨胞热情——"启动万侨创新行动暨江苏侨梦苑揭牌"活动圆满落幕》，《侨务工作研究》2016 年第 1 期。

② 肖光：《万侨创新谋发展　共享机遇圆梦想——2016 年华侨华人创业发展洽谈会在湖北武汉成功举办》，《侨务工作研究》2016 年第 4 期。

济南"侨梦苑"，在济南被列为全国新旧动能转换先行区，它遵循三大原则：创新、智能、绿色；突出三大主题：生物医药业、电子信息业、智能装备业；彰显四大特色：科创与经济相结合、文化与商务相结合、健康与生态相结合、宜业与雅居相结合；打造六大平台：高端海外人才的聚集平台、华侨华商的创新创业平台、行业标准的制定平台、对外招商引资的平台、发展环境的最优平台、现代泉城的对外展示平台。资料显示，截至2018年在全国15个省市的国家重大发展战略布局中已经创办17家"侨梦苑"及海外院士专家北京工作站，入园的侨资企业达1.4万家，引入数万名海外科技专业人士，成为侨商产业聚焦区和海外侨胞的创业示范基地。①

"侨梦苑"是国务院侨办为配合国家创新驱动发展战略建立的侨商产业聚集区。希望通过建设"侨梦苑"，搭建一个为高层次人才回国（来华）创业发展提供项目对策、签约落地、创业培训、政策支持、人才支援、市场开拓、融资保障的全链条服务高端创业创新平台，成为海外华侨华人创新创业的高端专业平台和综合性服务体系，争取最大限度发挥侨资侨智新优势，推动侨商企业的转型升级、二次创业。从一定意义上讲，"侨梦苑"还将成为与全球创新创业链相连接的功能区，这对中国进一步推动"一带一路"建设，服务全球华侨华人特别是侨商和海外科技专业人士回国（来华）创业，协同发展，搭乘祖（籍）国快车方面具有重要意义。与以往吸引侨资和华商资本不同，新时代、新阶段引资更加注重"资"和"智"，即"经济"加"科技"、"发展"带"创新"、"数量"变"质量"。

笔者以为，对于引导海外华商企业转型升级，将引资和引智结合起

---

① 许又声：《国务院关于华侨权益保护工作情况的报告》，《侨务工作研究》2018年第2—3期合刊。

来、经济发展与科技创新结合的方法是可取的。但从前面介绍的情况考察，各地"侨梦苑"一哄而上，能否可持续发展，还要拭目以待；如果是昙花一现，其意义和价值则要打折扣。但愿笔者的担心是多余的。

（五）华北各地吸引侨资"换挡"升级

近年来，随着天津滨海新区开发开放、京津冀协同发展、"一带一路"建设、自主创新示范区建设等国家战略的实施，天津成为北方经济发展吸引外资颇有活力的大城市，其国际地位和社会影响力日益凸显。2015 年 4 月，中国北方首个自由贸易试验区在天津挂牌运行，天津再次以全新的形象吸引海外华商的目光。据天津市侨务办公室副主任房靖彪介绍，在自贸区投资便利化政策推动下，越来越多的海外华侨华人愿意回到祖（籍）国"走一走，看一看，试一试"。特别是自贸区挂牌一年多以来，海外华侨华人参与天津自贸区发展愿望强烈，加速了侨资企业、涉侨项目落户。2016 年 8 月"第八届中国天津华侨华人创业发展洽谈会"（以下简称侨洽会）在天津举办。马来西亚侨务促进委员方淑华在接受中新社记者采访时表示，中国设立自贸区，将之打造成为对外开放的高地，其开放、包容的发展理念和日趋国际化营商环境，令大马企业家向往。"十年前我组织来华考察的企业家多从事房地产开发行业，现在来华考察教育、文化、科技项目的企业家明显增多。"在欧洲做中国小商品生意的比利时青田同乡会会长傅伯弟表示，中国自贸试验区的设立，为侨商在华投资兴业提供了更多机遇。得益于自贸区的政策优势，他的工作重心亦逐渐从"走出去"转型为"引进来"。2016 年夏，傅伯弟在天津自贸区注册了进出口公司，计划设立欧洲产品交易中心，展售欧洲 8 国食品、生活用品等。天津市侨务办公室提供的数据显示，过去五年，累计有 5000 余名海外侨胞来津投资考察，合作项目意向 520 个，协议投资额 400 亿元人民币。至 2016 年 8 月，天津市注册侨资企业逾 3800 家，总投资逾 300

亿美元。①

北邻天津、西接河南的山东省，是我北方的沿海省份。山东最早的外资，合资企业、独资企业都是侨资，在山东投资规模最大的外资企业也是侨资。新加坡金鹰国际集团在日照投资兴办的亚太森博（山东）浆纸有限公司是山东省投资额最大的侨资企业，累计投资达到 388 亿元人民币。据统计，截至 2012 年底，山东省累计批准外商投资项目 64864 个，合同利用外资 2100.5 亿美元，实际利用外资 1252 亿美元。其中，侨（含港澳台）资企业、合同利用侨资、实际利用侨资，均占外商投资项目总数、外资总额、实际利用外资总额的半数以上。改革开放 30 多年来，山东省正常运营的侨资企业有 6569 家，投资总额 594.76 亿美元，从业人数约 64 万人。从企业投资规模看，侨资额在 50 万至 500 万美元的有 2637家，500 万至 1000 万美元的有 622 家，1000 万美元以上的有 841 家。从企业所属行业看，加工制造业 2222 家，占 33.83%；商业服务业 1152 家，占 17.54%；电子信息业 613 家，占 9.33%；机械装备业 455 家，占 6.93%；房地产业 393 家，占 5.98%；生物医药业 192 家，占 2.92%；环保产业 170 家，占 2.59%；其他 1372 家，占 20.88%。此外，还有捐资 16 亿多元人民币兴办公益事业。②

2015 年 12 月 10 日至 13 日，第八届华商企业科技创新合作交流会（以下简称华交会）在山东省烟台市举行。本届华交会是国务院侨务办公室为华侨华人参与中国产业创新和结构调整，促进华商企业与中国企业合作，于 2002 年创办的大型引资引智活动的继续和发展。本届华交会以"共享机遇，合作共赢"为主题，旨在搭建一个海外华商和科技界人士与山东开展经济、科技合作交流的平台。共有来自 21 个国家和地

① 《3000 侨企扎根天津　自贸区成"换挡"新动能》，中新社，2016-08-29。

② 山东省侨办：《山东省侨资企业发展情况调研报告》，《侨务工作研究》2014 年第 1 期，第 19 页。

区的华商和高层次专业人士代表 130 多人，以及 17 个市代表团的 200 多位企事业单位代表参加会议。大会期间主办方举办了引资引智项目合作洽谈会、企业海外发展洽谈会、合作项目签约仪式、烟台市开发区投资合作项目推介会、海外华商烟台创业园区相关考察等一系列活动。此次大会中外双方共推出合作项目 400 多个，达成合作协议 43 个，合同金额 114.45 亿元人民币，其中包括招商引资项目 31 个，技术和人才引进项目 2 个。① 签约项目涉及先进制造业、高新技术、高效农业、葡萄酒、生物医药、节能环保、城市建设、对外贸易等行业。2017 年 11 月 28 日，第九届华交会在济南举办，来自世界各地 40 多个国家和地区的 300 多名海外华商、专业人士参会。拟签约项目 52 个，协议投资额 684.6 亿元人民币。② 规模和数量大大超过上届华交会。

为顺应国际国内产业转移趋势和要求，进一步发挥侨务资源优势、引导海外华侨华人资金技术参与中西部建设，国务院侨务办公室与河南省政府共同主办华侨华人中原经济合作论坛（以下简称华合论坛），目的在于引资、引智、引技。2016 年 9 月 11 日至 12 日，由国务院侨办和河南省政府共同主办的第六届华侨华人中原经济合作论坛在河南平顶山举行。来自美国、澳大利亚、新西兰等 29 个国家和地区的 1300 余名海内外客商，聚首平顶山，共话"新机遇、新产业、新模式"，寻觅中原发展良机。本次论坛成果丰硕，共发布招商项目 963 个，涉及能源化工、电子信息、装备制造、食品及农产品加工、基础设施、文化旅游、建材机电等多个领域。论坛各方就 206 个项目进行了对接洽谈，共签约项目 168 个，签

---

① 山东省侨办：《共享机遇　合作共赢——第八届华商企业科技创新合作交流会在山东举行》，《侨务工作研究》2016 年第 1 期，第 11—12 页。

② 王宗阳：《第九届"华交会"亮相济南　52 个大项目投资达 684 亿》，大众网，2017-11-28。暨南大学图书馆世界华侨华人文献馆、彭磷基华侨华人文献信息中心编：《侨情综览》（2017），南方出版传媒、广东人民出版社 2019 年版，第 413 页。

约金额 1931.17 亿元人民币。项目投资领域涉及农业、装备制造业、文化旅游业、商贸服务业等多个行业。签约的合同项目中，投资额度均在亿元以上，其中 5 亿元以上项目 58 个、10 亿元以上项目 68 个。①

　　中国 40 多年的改革开放大潮，一浪追逐一浪，奔腾不息，滚滚向前。海外华侨华人追随着祖（籍）国改革的潮流逐浪前进，海外华商向中国大陆投资，有力地推进了改革开放的浪潮。

---

① 《第六届华合论坛落幕　共签 1931 亿元大单》，中新社，2016-09-12。

第四章

投身新时期科技事业的华裔科学家、"海归"学者

科学技术是第一生产力，是经济社会发展的重要动力源泉。党和国家历来高度重视科技工作。改革开放40多年来，我国科技事业快速发展，取得历史性成就[①]，已成为具有重要影响力的科技大国[②]。中国科技实力实现了从难以望其项背到跟跑、并跑乃至领跑的历史性跨越[③]。而科学技术的进步，起决定作用的是人才。历时十年的"文化大革命"，使中国的科技事业发展遭受了一场严重的灾难。改革开放前，"同发达国家相比，我们的科学技术和教育整整落后了二十年。科研人员美国有一百二十万，苏联九十万，我们只有二十多万，还包括老弱病残，真正顶用的不很多"[④]。但是，我们在海外还有几

---

① 《关于深化科技体制改革加快国家创新体系建设的意见》（2012年9月23日）。《国务院公报》2012年第28号。

② 《创新动能源源不断后劲足——如何看待我国科技竞争力》，《人民日报》2019年8月11日。

③ 《我国科技实力实现历史性跨越 研发人员总量连续6年稳居世界第一》，《人民日报》2019年8月5日。

④ 《邓小平文选》第2卷，人民出版社1994年版，第40页。

千万同胞，有数十万的华侨华人科技专家、教授、
工程师和企业管理人才，其中包括一批世界一流的
科学家。他们身为炎黄子孙，有强烈的民族自尊心
和自豪感，很多人愿意为振兴中华贡献自己的聪明
才智。改革开放新时期中国科技事业的振兴，华裔
科学家、"海归"学者发挥了不可替代的重要作用。

第一节　华裔诺贝尔奖获得者心系中国科技发展

1977 年 8 月 8 日，邓小平在科学和教育工作座谈会上的讲话中强调："接受华裔学者回国是我们发展科学技术的一项措施。"[①] 在科技领域，目前获得诺贝尔奖的中国籍科学家只有屠呦呦，但获得诺贝尔奖的华裔科学家有 8 位，中国改革开放前获奖的有杨振宁、李政道、丁肇中，新时期获奖的有李远哲、朱棣文、崔琦、钱永健、高锟。他们不仅为中华民族争了光，而且关心祖（籍）国的建设和发展，并通过各项交流和合作，积极推动了祖（籍）国科技事业的发展。

一、1957 年诺贝尔物理学奖获得者——杨振宁

"中国人在国际科学坛上有建立不朽之功绩者，乃自杨振宁始。"[②] 众所周知，1957 年杨振宁与李政道因弱相互作用下的宇称不守恒的发现而获得诺贝尔物理学奖。他的代表性成果还有费米－杨模型、杨－米尔斯规范场理论、杨－密尔斯方程式、杨振宁－李政道相变理论、贝特假设、杨－巴克斯特方程等。美国哲学学会在授予杨振宁本杰明·富兰克林奖章时评价说："杨振宁教授是自爱因斯坦和狄喇克之后 20 世纪物理学出类拔萃的设计师。"[③] 杨振宁所构建的物理学大厦，已与牛顿力学大

---

① 《邓小平年谱（1975—1997）》（上），中央文献出版社 2004 年版，第 179 页。

② 丁肇中：《杨振宁小传》，《杨振宁文录》，海南出版社 2002 年版，第 1 页。

③ 《杨振宁文录》编者前言，第 1 页。

厦、麦克斯韦电磁学大厦、爱因斯坦相对论大厦并称于世。

这样一位成果丰硕的科学家，虽然曾加入美国籍，但他时刻关心着祖国的发展。与杨振宁共事多年的聂华桐教授用"血浓于水"四个字描述杨振宁的爱国主义情怀。他深情地说："多年来，我和他相处，我深深感到他对中国的关心，他关心中国人的生活是不是在改善，关心中国的科学技术是不是在朝着正确的方向发展，关心培养中国的人才，关心中国的前途。"① 周培源不止一次地称赞杨振宁是"一位爱国的科学家！他是第一个回国访问的美籍科学家，在这一点上是任何人不能与他相比的"②。

1971 年 7 月下旬，杨振宁第一次回国，到上海探望父病，也是十年内乱期间美籍华人知名学者访问新中国的第一人。8 月 4 日下午，周恩来总理会见并宴请了杨振宁。在这次会见和宴请中，周恩来前后和杨振宁足足谈了八小时。1972 年，杨振宁第二次来华访问时，周恩来总理诚恳地请杨振宁就中国的教育、科研提出意见和建议。杨振宁后来回忆说："到了 1972 年夏天作第二次旅行时，我已经拿定主意，作为一名中国血统的美国科学家，我有责任帮助这两个与我休戚相关的国家建起一座了解和友谊的桥梁。我也感觉到，在中国向科技发展的征途中，我应该贡献一些力量。"③ 他提出了目前中国理工科大学不重视基础教学和理论研究，是目光短浅的表现，应引起重视；他对不尊重知识、浪费人才的现象十分痛心，提出要注意落实知识分子政策；中国如果要在国际上获金牌，那么在中国科研经费匮乏的情况下，应发展不要花大钱的科目，如拓扑学的研究等。周恩来对杨振宁的意见进行了详细研究，并力所能及地指示有关部门认真落实。在周恩来的过问下，在周培源的组织下，中

① 许胜蓝、孟东明编著：《杨振宁传》，复旦大学出版社 1997 年版，第 97 页。

② 许胜蓝、孟东明编著：《杨振宁传》，第 109 页。

③ 《杨振宁文录》，第 28—29 页。

国的拓扑学研究列入了国家级课题，一批本来要下放到干校的知识分子幸运地被留下来开展研究工作。

杨振宁访华结束回到美国之后，积极宣传中国的变化及其成就。由于他在学术上的地位，他还经常到欧洲、南美洲、东南亚、日本等地去讲学或访问，各地往往要求他作关于中国情况的报告，他在这些地方的报告，对当地的华侨华人产生了很大的影响。从此，大批著名的外籍华人科学家陆续来到中国，中西方学者交流日益扩大，为中国的现代化建设、世界科学的发展起到了巨大的推动作用。许多美国人，尤其是科学家对中国持友好的态度，愿意同中国亲近，杨振宁的功劳是非常大的。美国国务院亚太事务助理国务卿李洁明在一次午餐会上称许亚裔人士对协助美国在亚洲问题上所作的贡献时，特别提到杨振宁，他说："诺贝尔物理学奖获得者杨振宁博士当年到中国大陆，对中国的现代化有促进作用，而美国目前的政策也是支持及愿意协助中国进行现代化的，杨振宁可说是首开其端……"①

1973 年夏天，杨振宁第四次回国访问期间，提出要见毛泽东主席。7 月 17 日下午，毛泽东在自己的书房会见了这位著名的科学家。毛泽东会见外籍中国科学家，在新中国的历史上还是第一次。

1980 年，杨振宁在石溪纽约州立大学发起组织 CEEC（Committee on Educational Exchange with China，与中国学术交流委员会），资助中国学者去该校进修。资金是由杨振宁出面向美国和香港企业家们募捐的。在 1981 年至 1990 年，CEEC 资助了复旦大学、北京大学、上海交通大学、中国航空航天大学、西安工业大学、兰州大学、华东师范大学、中国科学技术大学、西安医学院、南京航空学院和中国科学院高能物理研究所等十几个单位的 90 名科技工作者到该校进行理论和应用方面的学习

和研究。①

1983 年 8 月，在杨振宁的提议下，"中山大学高等学术研究中心基金会"在香港成立。其宗旨是支持和资助广州中山大学开展学术研究，促进中山大学与国内外的学术交流。

1985 年，为了促进、鼓励青少年在创造发明上的积极性，由杨振宁提议、刘永龄出资设立了"亿利达青少年发明奖"。1986 年，杨振宁在刘永龄的热情慷慨资助下，又提议设立了吴健雄物理奖、陈省身数学奖，以纪念他们在科学事业上的伟大贡献，并勉励青年学生努力学习、工作，继承发扬老一代科学家的治学、奋斗精神，为振兴中华民族而努力。

此后，杨振宁几乎每年都要回中国，发表演讲，介绍自己读书、教学、研究等方面的经验。

2003 年 12 月，一直怀着报国之心的杨振宁从美国归来，定居在清华园。2004 年 11 月 2 日，北京市公安局出入境管理处为杨振宁颁发了中国永久居留证。杨振宁回到祖国后，作为一位 80 多岁的老人，他像一个精力充沛的年轻人，精神抖擞地参加一个又一个学术研讨活动，发表并阐释一个又一个科学理论观点，为祖国科技事业的振兴和发展释放着自己的光和热。2015 年 4 月 1 日，杨振宁放弃了美国国籍，2017 年转为中国科学院院士。

为了表彰杨振宁的杰出贡献，中国有关方面报请国际机构批准，将中国科学院紫金山天文台发现的一颗编号为 3421 的小行星命名为"杨振宁星"。

---

① 许胜蓝、孟东明编著：《杨振宁传》，第 154 页。

二、1957 年诺贝尔物理学奖获得者——李政道

李政道从事物理学研究 60 余年，在量子场论、基本粒子理论、核物理、统计力学、流体力学、天体物理等诸多领域做了一系列具有开创性和里程碑意义的工作。他与杨振宁合作提出的弱相互作用中宇称不守恒理论，推翻了过去物理学界奉为金科玉律的宇称守恒定律，彻底改变了人们对对称性的认识，为人类探索微观世界打开了一扇新的大门，因此他们共同荣获 1957 年诺贝尔物理学奖。

李政道十分关心祖（籍）国的高能物理的发展，为振兴中国科技倾注满腔热情。"文化大革命"刚结束，李政道就向中国高层领导献策：中国应有自己的高能加速器。具有远见卓识的邓小平果断地批准了这一项目。1979 年 1 月，在美国斯坦福直线加速器中心，李政道和帕诺夫斯基一起组织了第一次中美高能物理会谈，之后，两国正式成立了中美高能物理合作项目。通过这一合作渠道，为中国培养了几十名高能加速器研究骨干。同时，美国高能物理实验室为日后北京正负电子对撞机的设计、建造提供了大量技术上的支持。1984 年 10 月 17 日，中国第一个高能加速器——北京正负电子对撞机开始创建，邓小平亲自为工程奠基。1988 年 10 月 16 日凌晨 5 时 56 分，我国第一座高能加速器——北京正负电子对撞机首次对撞成功，这为我国粒子物理和同步辐射应用开辟了广阔前景。1999 年，北京正负电子对撞机一机两用，并建设了同步辐射实验装置，成为多学科交叉前沿研究的大型平台。2004 年，国家对北京正负电子对撞机进行重大项目改造，使之成为国际上最先进的双环对撞机之一，并将我国对撞机和谱仪技术推进到国际前沿。[①] 在这项有关中国高能物理研究和科技发展的关键决策中，李政道起了十分重要的作用。

---

① 2009 年 10 月 21 日《新闻联播》报道。

中国已经有了自己建造的加速器，但中国更需要懂得使用、研究、管理的科学工作者。李政道为此不遗余力地奔走，就是要使中国的科学工作者不仅掌握加速器的研究方法，还要使之能做出一流的世界成果。李政道在美国专门设立了一个高能物理实验领域的中国访问学者项目，这在美国被称为"李政道学者"①。这些访问学者在李政道的亲自安排下，都进入了高能物理的前沿领域进修学习，为北京正负电子对撞机的建设和高能物理研究打下了基础。

最能体现李政道拳拳爱国之心的，恐怕莫过于他费尽心血所倡导的CUSPEA，这是中国—美国联合招考物理研究生项目的简称。李政道为此付出的心血是有目共睹的，正如他所说："我现在是三分之一时间用于CUSPEA，三分之一用来帮助发展中国的高能物理事业，剩下三分之一时间用来做物理研究。"② 从 1979 年开始到 1989 年结束，通过 CUSPEA 共培养了 915 名学生。他们当中有的学成回国工作，成为所在单位的骨干；更多的则周期性回国讲学，成为沟通国内和国际学术联系的重要桥梁。

在 CUSPEA 繁忙的工作中，李政道还考虑了这些相当数量的获得博士学位的科技青年如何安排，使他们能对中国建设四个现代化发挥最大能力的问题。为此李政道积极主张设立博士后流动站。在他的倡导下，国家科委、国家教委和中国科学院着手制订了在我国建立"博士后科研流动站"的试点方案，并于 1985 年 7 月 5 日由国务院批准办法实行。李政道被聘为博士后流动站管理协调委员会顾问及同时成立的中国博士后科学基金会名誉理事长。

1986 年，他争取到意大利的经费，在中国科学院的支持下，创立了

---

① 朱光亚、周光召：《记李政道物理生涯六十年》，http://tech.163com/06/1204/18/31H418 ST00091537.html。

② 蒋东明：《李政道传》，长春出版社 2003 年版，第 171 页。

中国高等科学技术中心（CCAST）并担任主任，每年都回国亲自主持国际学术会议，并指导 CCAST 开展多种形式的学术活动，对提高科技人员的水平起了重要作用。同时，他还在北京大学建立了北京现代物理研究中心，其后在浙江大学成立了浙江近代物理中心，在复旦大学成立了李政道实验物理中心。

1998 年 1 月 23 日，李政道将其毕生积蓄的 30 万美元，以他和他的已故夫人秦惠䇹的名义，设立了"中国大学生科研辅助基金"，资助北京大学、复旦大学、兰州大学和苏州大学的本科生从事科研辅助工作。

由上可以看出，李政道为中华民族振兴倾注满腔热忱。早在 1985 年邓小平会见李政道时，就对他说："谢谢你，考虑了这么多重要的问题，提了这么多好的意见。"

1997 年 5 月 30 日，经国际小行星中心和国际小行星委员会批准，中国科学院将南京紫金山天文台发现的 3443 号小行星命名为"李政道星"。

为纪念李政道教授从事物理研究 60 年，2006 年 11 月 24 日下午在北京举行了李政道教授从事物理研究 60 年学术思想研讨会。中共中央政治局常委、国务院总理温家宝出席会议，朱镕基、李岚清、路甬祥发了贺信。

三、1976 年诺贝尔物理学奖获得者——丁肇中

丁肇中因发现重氢分离子而引人注目；因发现了抗氢同位素和证实了量子电动力学的正确性而初露头角；因发现了一个质量比质子重 3 倍多的粒子，寿命却比通常的基本粒子要长 1000 倍的 J 粒子而轰动了世界物理学界，他也因此而获得 1976 年诺贝尔物理学奖。在颁奖典礼上，他用一口流利的汉语发表演讲，使华夏语言第一次在诺贝尔颁奖大厅响起。

这份用中文书写的答词载入了诺贝尔奖的光荣史册。1979年，他领导的马克·杰小组，通过实验发现了胶子现象。这一成果，又一次轰动了国际高能物理学界，打破了国际物理学界多年的沉寂。

丁肇中对中国高能物理的发展一直十分关心。从1975年开始，他每年都要回国访问、讲学，有时甚至几乎每个月都要来中国。获得诺贝尔物理学奖的第二年，即1977年夏天，他带着妻子和两个女儿一起来华，受到了邓小平的接见。邓小平对丁肇中说，中国发展高能物理急需培养一批实验人才，希望派中国科学家参加丁肇中的实验组。丁肇中毫不犹豫地答应了，双方最后商定中国每年派10人参加他在德国汉堡的马克·杰实验组，这也是中国首次与西方开展大型科学合作。在丁肇中的具体指导下，1988年10月，一座大型高能加速器——正负电子对撞机在北京建成。如今，在北京正负电子对撞机上做物理实验的科技人员，大多数都在丁肇中领导的实验组工作和学习过。1997年12月，在杨振宁、丁肇中教授等发起倡议下，清华北美教育基金会在美国注册成立，这对协助清华成为一流大学有重要作用。2019年，丁肇中担任在济南成立的山东高等技术研究院名誉院长。该研究院面向国际科学前沿，以宇宙线等前沿性科学研究和应用基础研究为主攻方向。

丁肇中进行的在宇宙空间直接探测反物质研究计划的探测装置叫阿尔法磁谱仪，其最核心的部件是永磁铁。永磁铁用于阿尔法磁谱仪是丁肇中在国际物理学界首先提出的。在这项研究计划中，丁肇中把合作伙伴确定为中国科学院电工所。1994年3月，丁肇中特意来到电工所，与电工所的专家研讨阿尔法磁谱仪的设想，10月正式与电工所签订备忘录，并对外宣布阿尔法磁谱仪的磁体由中国科学院电工所研制。经过三年的艰苦工作，电工所成功制造出了太空用永磁铁，永磁铁的研制成功把中国科学院电工所推向世界科研的前沿。丁肇中因此获得中国国务院颁发的1996年度中国国际科技合作奖。1998年6月2日美国东部时间18时

6分，阿尔法磁谱仪搭载"发现号"航天飞机，从肯尼迪航天中心升空。这是世界历史上第一个太空实验磁谱仪顺利升空，参与这项大型国际科学合作项目的中国科学家备受世界关注。2013年2月，丁肇中领导的研究团队对外宣布，阿尔法磁谱仪发现了弱作用重粒子（WIMP）存在的证据，而WIMP就是一种暗物质的候选体。2014年9月21日，中国大陆第一所参与阿尔法磁谱仪实验AMS项目合作的高校——东南大学召开新闻发布会，发布了丁肇中主持AMS项目的最新研究成果。此项研究成果证明了暗物质存在实验的6个有关特征中，已有5个得到确认，进一步显示宇宙射线中过量的正电子可能来自暗物质。这是AMS实验自19年前启动以来，第二次正式公布研究结果。丁肇中特授权东南大学在国内发布AMS实验最新研究结果。

四、1986年诺贝尔化学奖获得者——李远哲

李远哲主要从事化学动态学的研究，在化学动力学、动态学、分子束及光化学方面贡献卓著。李远哲获诺贝尔奖，是由于他对交叉分子束方法的研究，对了解化学物相互反应的基本原理，作出了重要突破，为化学动力学开辟了新领域。分子束是一门新学问，1960年才开始试验成功。1967年至1968年，李远哲自己设计、自己动手，殚精竭虑地把一台交叉分子束实验装置建立了起来。交叉分子束方法是李远哲攻读博士学位后，与这次同时获诺贝尔化学奖的指导教授赫希巴赫共同研究创造的。这一方法的诞生和发展，为年轻的化学动力学注入了新的生命。此前十多年间，李远哲又不断改进这项创新技术，将这种方法运用于研究较大分子的重要反应。他设计的"分子束碰撞器"和"离子束交叉仪器"能分析各种化学反应的每一阶段过程。

李远哲明确表示，身为中国人，不希望看到中国落后。为了便于科学

研究，他加入了美国国籍，但他依然十分关心中国的科技发展。1978年，李远哲随美国一个化学代表团访华（纯粹及应用化学代表团）。回到美国后，李远哲很快将一套分子束装置的图纸寄给国内的同行，欢迎中国派人到他的实验室学习有关技术，并希望中国的科学家搞好分工合作，集中力量攻克难关。中国科学院化学所1986年4月投入使用的大型束源转动式分子束激光裂解产物谱仪，就是他和中国同行心血的共同结晶。在1987年5月访问中国科学院化学研究所时表示："我愿意帮助我所在领域的科学工作者提方案，方案好，国家是会支持的。我是来起促进作用的。"之后又多次来大陆访问，每次来访，都要作学术报告，把世界上最新的研究成果和他自己的心得介绍给中国同行，传播新成果、新思想，指导国内高校和中科院的一些研究所开展科学研究工作，并同他们一道讨论各种问题。他一直与中国科技大学开展学术交流，并帮助科大化学系开展起化学动力学的研究工作。他还指导大连生物研究所和北京化学研究所建立了三套分子束装置，并被复旦大学、中国科技大学和中国科学院化学研究所授予荣誉教授头衔。1998年5月5日，李远哲在北京大学就"面向21世纪的挑战"作演讲，将飞速发展的生物技术带来的变化称为"第三次产业革命"，认为它将会改变人类自身的基因和体质。

五、1997年诺贝尔物理学奖获得者——朱棣文

朱棣文是斯坦福大学第一位华人教授，也是该校第一位华人系主任。他是第一位可以控制、移动一粒原子的人。他对"光学原子陷阱"的研究，为他赢得了驰名学术界的美国物理学会赫伯特·布罗依达奖。1997年10月因发现了用激光冷却和捕捉原子的方法，与法国人克洛德·科昂－塔努吉和美国人威廉·菲利普斯一起分享诺贝尔物理学奖。该方法的奠基人就是朱棣文，他从1983年起开始致力于"冷却原子"的研究工

作，在 1985 年首先发明了用激光冷却和捕捉原子的方法，他的发现对物理学理论是个重大突破。法国人克洛德·科昂－塔努吉和美国人威廉·菲利普斯又进一步验证和发展了朱棣文运用的方法，使冷却温度进一步降低，甚至使温度降到了 0.18 微凯，并从一维变成了多维。这项成就，可使科学家在前人所无法达到的领域内操控物质，使得对单个原子及其内部结构进行精确的研究成为可能，同时也是对物理学理论的重大突破。

朱棣文完成的现代版"比萨斜塔实验"，被评为 1999 年世界十大科技进展。2004 年 8 月 1 日，朱棣文正式出任劳伦斯·伯克利国家实验室第六任主任。劳伦斯·伯克利国家实验室是美国能源部下属的 10 余所国家实验室之一，也是亚裔人士首次掌管美国能源部下属的一个国家实验室。

1997 年 6 月，朱棣文到北京出席清华大学高等研究中心成立大会暨21 世纪科学展望研讨会并做了主题报告。会后，受到国家主席江泽民的亲切接见。同年 11 月 2 日，在美国访问的江泽民亲切会见了朱棣文，并同他进行了友好的谈话。江泽民对朱棣文在科学理论研究上取得的成果表示祝贺。他说，我这次访美期间，参观了美国的一些高科技公司。高科技发展对社会及经济的进步非常重要。欢迎你们到中国访问。朱棣文说，我已去过中国两次，我很愿意为促进美中两国的科技交流作出努力。中国在美国的留学生很努力，今后他们回到中国后，可以发挥很大的作用。江泽民和朱棣文还讨论了激光、制冷等科技问题。1999 年 10 月 5日，时任中共中央政治局常委、国务院总理的朱镕基在深圳会见了前来参加深圳"中国国际高新技术成果交易会"的朱棣文。

朱棣文认为，中国正在正确道路上快步前进，中国有优秀的科技人才，有些实验室的设备也很先进。他说："中国应该建立一种体制，让科学家有更多的国际交流，以增强他们在国际上的竞争力。"①他表示愿为促进美中两国的科技交流而努力。获得诺贝尔奖的当月，朱棣文就在中国驻瑞典大使馆与在瑞典研究和学习的学者学生代表进行了座谈。1998年5月5日，朱棣文在北京大学就"与生物学相结合的原子和分子物理学"作了专题演讲。1998年8月20日，朱棣文在中国科协第三届青年学术年会上作了题为《原子分子的激光控制——科学中的无规行走》的学术报告。朱棣文于1998年当选为中国科学院外籍院士。2008年4月获美国亚洲协会教育领域年度奖。2009年1月至2013年2月任美国奥巴马政府能源部长，创造了美国历史上任职时间最长的能源部长的纪录。

六、1998年诺贝尔物理学奖获得者——崔琦

美籍华人物理学家崔琦1968年加入著名的贝尔实验室担任研究员。1982年起任美国普林斯顿大学教授。1984年获得了美国物理学会颁发的奥列佛·伯克利奖。1987年当选为美国科学院院士，并成为美国物理学会和科学进步协会的会员；同年获伯克利奖。施托默和崔琦1982年在利用超强磁场和低温做实验时发现了强磁场中的分数量子化的霍尔效应。一年之后，劳克林通过理论说明了上述两个人的发现。这一发现对人们进一步认识物质的普遍的结构和性质有着重要意义。三位科学家的贡献使得人们对量子物理的认识有了新的突破，促进了现代物理学新的重要理论概念的发展。他们也因发现了霍尔效应而获得了1998年诺贝尔物理学奖。1998年崔琦还获得了世界著名的本杰明·富兰克林物理奖。

崔琦从1999年起主要从事金属和半导体中电子性质的研究，其成果将可应用于研制功能更强大的计算机和更先进的通信设备。崔琦十分关

---

① 《人民日报》1997年12月9日。

心中国科学技术事业的发展。改革开放初期就访华讲学，介绍国际上科学技术的最新研究热点，建议中国开展二维电子系统物理和低维量子体系物理的研究，并积极推动《中美原子、分子和凝聚态物理研究合作备忘录计划》的实施。2000 年当选为中国科学院外籍院士。崔琦认为中国文化背景对他影响很大。他说，具有数千年悠久历史的中华文化是人类的宝贵财富，比如中文，就应该很好地掌握它。他说懂得的语言越多，可以表达的东西就越多，这对开拓思路大有裨益。

七、2008 年诺贝尔化学奖获得者——钱永健

美籍华裔科学家钱永健祖籍浙江杭州，1952 年生于纽约。其堂叔是著名的“中国导弹之父”钱学森。1968 年时，钱永健便以研究金属与硫氰化合物结合的论文，获得“西屋科学天才奖”，并获得奖学金进入哈佛攻读化学和物理。1972 年毕业后到英国剑桥大学深造。1977 年获得生理学博士学位。1995 年当选美国医学研究院院士，1998 年当选美国国家科学院院士和美国艺术与科学院院士。2002 年获美国化学学会创新奖和荷兰皇家科学院海内生物化学与生物物理学奖。2004 年获世界最高成就奖之一的以色列沃尔夫奖医学奖。2008 年，与美国科学家马丁·沙尔菲和日本研究人员下村修共同获得诺贝尔化学奖。获诺贝尔奖的原因是他们发现了绿色荧光蛋白（GFP）并加以研究。这种蛋白被广泛用作一种实验室工具，用于显示生物体内的活动，比如脑细胞的发育或癌细胞的扩散等。GFP 的价值在于作为“一种发光的基因标识”，而钱永健的最大贡献是发明荧光染剂技术，可以追踪观察活体细胞内钙离子信号的流动和变化，并在基因上改变令水母发光的分子，“使我们大致了解了 GFP

是如何发出荧光的"。[①] 钱永健在获得诺贝尔奖后接受记者采访时表示，虽然自己在美国长大，算不上中国科学家，但他"希望奖项能鼓舞中国的学生和科学家"。

八、2009 年诺贝尔物理学奖获得者——高锟

高锟是光纤通信、电机工程专家。1933 年生于中国上海。1949 年，高锟全家移居香港。1987 年至 1996 年任香港中文大学校长。1996 年当选为中国科学院外籍院士。高锟教授 1966 年在《光频率介质纤维表面波导》论文中开创性地提出光导纤维在通讯上应用的基本原理，描述了长程及高信息量光通讯所需绝缘性纤维的结构和材料特性。同时开发了实现光通讯所需的辅助性子系统。在单模纤维的构造、纤维的强度和耐久性、纤维连接器和耦合器以及扩散均衡特性等多个领域都做了大量的研究，而这些研究成果都是使信号在无放大的条件下，以每秒亿兆位元传送至距离以万米为单位的成功关键。1981 年，经过他的不懈努力，第一个光纤系统面世。高锟因为在"光学通讯领域的光传输方面的突破性成就"，与美国科学家史密斯和博伊尔分享 2009 年度诺贝尔物理学奖。

任职香港中文大学校长期间，他为中文大学罗致了大批人才，使中大的学术结构和知识结构更加合理。在与内地科技界的交流合作中，他主张"一步一步把双方的联系实际化"。1997 年被北京邮电大学聘为名誉教授。

由于他的杰出贡献，1996 年，中国科学院紫金山天文台将一颗于 1981 年 12 月 3 日发现的国际编号为 3463 的小行星命名为"高锟星"。

---

① 《美日科学家分享诺贝尔化学奖》，《参考消息》2008 年 10 月 9 日。

第二节 华裔科学家与中国新时期的科技发展

海外华侨华人依靠自己的努力奋斗,在学业和事业上取得了可喜的成绩,他们不仅为中华民族争了光,而且关心祖(籍)国的建设和发展,并通过各项交流和合作,积极推动了祖(籍)国科技事业的发展。除了前述获得诺贝尔奖的华裔科学家外,在各领域还有许多世界一流的华裔科学家,其中既有老一辈华裔科学家,也有新一代后起之秀。

一、物理学领域的华裔科学家报效中国

物理学界一直是华人云集并取得丰硕成果的领域,先后有杨振宁、李政道、丁肇中、朱棣文、崔琦五位华裔科学家获得了诺贝尔物理学奖,而没有获得诺贝尔奖,但成就显著的物理学家更是比比皆是。

1.吴健雄、袁家骝夫妇

吴健雄、袁家骝夫妇是世界著名的物理学家,双双创造了物理学上的辉煌,蜚声世界。

吴健雄是世界最杰出的女性实验物理学家,有"核物理女皇""中国居里夫人"和"物理科学的第一夫人"之称。她与导师赛格瑞共同发现了对铀原子核分裂连锁反应有关键影响的惰性气体"氙";是世界上首枚原子弹研制人员中唯一的女性;是杨振宁和李政道发现的"宇称不守恒定律"正确性的实验证明者;是专为那些应得而未得到诺贝尔奖的落选者而设的沃尔夫奖金的第一位得主。1958年当选美国国家科学院院士,是获此殊荣的第七位女性。1975年当选为美国物理学会有史以来第一位女性会长,1994年被选为中国科学院首批外籍院士。

袁家骝是世界著名的高能物理学家，他先后在美国国家科学实验室和普林斯顿大学长期从事基础物理研究，并取得了许多重要成果。在"中子的来源""高能质子加速器""共振物理学""粒子探测器""宇宙射线"等领域，都有新发现和新成就。他的智慧结晶《高能物理加速器研究》一书是高能物理学界的权威专著，为高能物理研究者所必读。

吴健雄和袁家骝虽长期身居海外，但没有忘记自己的根在中国。多年来，他们不辞辛劳，为中国的科研和教育作出了不朽的贡献。

1972 年 11 月 6 日，中国科学家和工程师代表团到达瑞士，参观在 BASLE 举行的核设备及器械展览会。说来也巧，袁家骝先生也在那里访问。他怀着强烈的爱国精神，千方百计去找关系，终于获得陪同中国代表团参观西欧核子研究中心的机会，从而成为新中国成立后代表西方与中国物理学家直接接触的第一人。1973 年，吴健雄、袁家骝夫妇第一次回国探亲、讲学。10 月 15 日，周恩来总理接见了他们，勉励他们为中美科技交流多作贡献。通过与国内科学家广泛地接触，袁家骝先生加深了对新中国的了解。他回到西欧核子研究中心后，马上向该所所长提出了向中国提供核物理研究设备的建议。第二年，经过他的不懈努力，一批核物理实验设备得到批准后运至中国原子能研究所。由此，正式揭开了西欧与中国在核物理、高能物理研究领域广泛合作的序幕。1979 年，袁家骝先生作为美方正式成员参加了在北京举行的第一次中美高能物理会谈。从 1981 年到 1993 年的 12 年间，袁家骝夫妇参与了中国同步辐射器的建造，并一直关心北京正负电子对撞机和合肥同步辐射加速器的研制工作。同时，袁家骝夫妇还为促进海峡两岸在基础物理等领域的学术交流做了大量工作。

吴健雄、袁家骝夫妇用他们一生积蓄的大部分，建立了以吴健雄父亲名字命名的吴仲裔奖学金基金会，设立吴健雄袁家骝科学讲座基金会、吴健雄研究基金会和袁家骝基金会，支持中国的教育和科技事业。

1990 年 5 月 17 日，中科院南京紫金山天文台庄重宣布：将在太阳系发现的编号为第 2752 号的小行星命名为"吴健雄星"，以表彰吴健雄在高科技领域对人类所作出的贡献。而经党中央、国务院批准的在东南大学建造的吴健雄纪念馆已于 2002 年 5 月 31 日开馆。

2. 田长霖

田长霖是美国工程热物理学家，国际传热学界权威学者，长期以来在热辐射、热传导、低温技术、热管理论、两相流及反应堆传热、多孔介质热交换、太阳能利用、航天热控制、光电器传热等领域进行了大量研究，并取得许多创新的成就。他不仅在热物理基础理论方面作出了卓越的贡献，而且在解决重大工程的复杂技术问题时，也表现出高超的才能。他对美国航天飞机表面隔热层研究有突出建树，受到公开表扬；在两相流及反应堆传热的卓越研究，使他成为美国三哩岛反应堆事故解决过程中的技术顾问。1990 年 7 月 1 日，伯克莱加大校董事会在 258 位候选人中，挑选田长霖担任第 7 任校长，成为伯克莱加大 122 年历史上，也是美国有史以来的第一位华裔及亚裔大学校长，任职至 1997 年。2001 年 10 月 7 日，荣获美国国家工程院（NAE）"创业奖（Founders Award）"，以表彰他在气体热辐射、热绝缘和微量热传递领域所作出的开拓性贡献，以及在世界青年教育方面所取得的杰出成就。田长霖是此奖设立以来第二位获此殊荣的华裔科学家。

田长霖经常回国参加学术活动，并促进中美、中国在国际的科技交流与合作，为我国科技和教育进步作出了贡献。早在 20 世纪 70 年代初"文革"动乱时期，他不顾种种困难，多次回国作学术报告和讲座，介绍美国和国际传热质学的最新进展以及他本人的各项科研成果。除了交流基础科学外，对于国外尖端技术发展的最新成就及关键项目，他也积极主动地向大陆有关专家介绍，其中包括与中国航天界的交流和座谈。他还积极活动，促使中国专家参与国际交流活动，包括加入国际学术组织、参加国际会议并争取领导席位等。20 世纪 70 年代末，因为他的积极活动，中国航天专家首次在美国第 14 届宇航热物理会议上作了 3 篇高水平报告，影响极大，提高了中国航天界的国际地位。类似的活动，不仅提高了中国的地位，而且使中国科学家接触到许多先进的科技知识。除此之外，他还积极支持在美国出版《中国工程热物理》英文刊物，促进中美学术交流，扩大中国的影响。

在中美科研合作方面，田长霖也努力推动，他与吴仲华组织了中美双方工程热物理学者在西安和夏威夷的交流活动，还组织了中美合作研究项目，并争取到美国国家科学基金会的支持，提供科研活动经费。在美国大学任教期间，他还培养了多名来自大陆的访问学者和研究生。

田长霖与国内工程热物理学家、科研单位、高等院校有广泛的联系。1981 年，他就是中国科学院工程热物理研究所名誉研究教授，之后又成为清华大学、上海交通大学、华中理工大学、天津大学等多所大学的名誉教授及西安交通大学工程热物理研究所名誉所长。他多次受到我国国家领导人接见，并热心地对我国科技和教育的改革和发展提出宝贵建议，为我国科技事业的发展作出了贡献。1994 年 6 月 8 日，他当选为首批中国科学院外籍院士。2000 年当选为中国工程院外籍院士。田长霖刚刚卸任校长，就以美国社会精英团体"百人会"总监的身份率领代表团来到北京，受到了江泽民等党和国家领导人的亲切接见。在此之前，他还作为中科院外籍院士拜访了时任总理李鹏，就我国高校改革、深化科技体制改革坦诚进言，表达了拳拳赤子之心。他指出："中国的基础科学要兼顾，事关国计民生的应用科学要发展，但当务之急是要强化技术科学的过程……"

2002 年田长霖去世后，美国总统布什表示：田长霖是杰出的教育家，是世界知名的科学家，对国家、民族、教育及科技都有很大的贡献。

3. 朱经武

朱经武是世界著名的物理学家，美国国家科学院院士，曾多次被提名为诺贝尔物理学奖候选人，而又每每与这个全球物理学界的最高荣誉擦肩而过，但在国际物理学界，没有拿到诺贝尔奖的朱经武，其名气不亚于许多诺贝尔奖获得者。20 世纪 80 年代，他和他领导的美国德州超导中心在高温超导方面的突破性研究，引发学界"超导热"。1987 年，朱经武和同事在休斯敦大学实验室发现了一种液氮温度以上的超导体。这个震撼世界的发现，开创了物理学的一个崭新分支，具有极其广泛的工业运用前景，可以广泛用于发电、输电、医学诊断和其他许多部门。1997 年，朱经武的小组首度发现不具毒性的高温超导体。

朱经武是美籍华裔学者中较早与中国科技界和教育界建立友好关系的教授之一。1979 年帮助中国科学院物理研究所发展盒式高压技术和物理的研究，被聘为该所荣誉研究员；1988 年、1991 年先后被聘为中山大学、南开大学的名誉教授，积极协助南开大学开发新能源镍－氢电池技术。1996 年 6 月 7 日，当选为中国科学院外籍院士。2001 年 7 月 1 日，朱经武任香港科技大学校长。

4. 俞洪

俞洪的研究侧重于多体理论与表面物理，而在半导体表面的电子结构与电子元激发方面的成就尤为突出。他在 1990 年获得蒙大拿州立大学物理学博士学位，当年就提出了在时间相关局部密度近似值内求得全态非局部电子密度反应理论及其方法。该方法能够提供当时最先进、最准确、最复杂的电子密度的计算结果。时至今日，不少物理学同行仍在沿用这一方法来研究多体问题。1992 年，他开始了由劳伦斯·利弗默国家实验室部分资助的"准单维电子气态的物理特性"的课题研究，提出了研究低维电子系统的理论框架与统计方法。该理论方法为凝态物理提供了精微的计算结果，同样至今仍被不断引用。鉴于他的研究成果和科研组织能力突出，他提前3年被破格转正并晋升为副教授（美国大学对新聘教师均有5到6年不等的试用期）。之后，他的科研成果更是一发而不可收。1994年，他与同行以及学生又探讨弹性物质的声子带结构以及该种物质的非线性动力特征。由于非线性效应，他们发现了声子带结构和共振频率的转换，该项成果更正了力学教科书中的一个常见错误。1997年初俞洪晋升为正教授并当选为物理系主任，同年还获得美国物理荣誉学会Sigma Pi Sigma颁发的国家奖（全美仅有5人）和华盛顿大学1997年度杰出科研教授称号。1994年，他应邀到上海参加"薄膜物理与应用国际会议"，并宣讲研究成果，还应邀到复旦大学、上海科技大学演讲。

此外，34岁就晋升为哈佛正教授的庄小威、率领团队于2005年发现奇特且被找到概率很小的粒子Y（4260）的娄辛丑和叶树伟等，都是华人物理学者中的佼佼者。

二、工程学领域的华裔科学家报效中国

被誉为"美国历史上最优秀的建筑家""现代派设计大师"的美籍华人建筑设计师贝聿铭是国人熟知的老一代工程师的代表，而新一代工程师也已成长起来，续写着辉煌。

1. 贝聿铭

贝聿铭1917年出生于中国广东。1935年到美国，先后在麻省理工学院和哈佛大学学习建筑学，并曾在哈佛大学任教。他高超的设计艺术在全世界享有盛誉。自1955年以来，他设计的大型建筑物有：丹佛市摩天大楼、华盛顿国立美术馆东楼、波士顿美术博物馆西楼、纽约市会议中心、肯尼迪图书馆等。他善于运用几何原理设计高层和大型复杂的建筑物，使建筑物具有几何线条美和雄伟壮观的气势；善于把民族的传统形

式与现代建筑技术融合为一体；善于使建筑物包含"感情"和产生"动"的感觉。1982 年美国全国建筑学院的院长们选他为最佳大型非居住建筑设计师。1983 年获得国际普里茨克建筑学奖金，该奖金由海厄特基金会主办，设立于 1979 年，每年颁发一次，贝聿铭是这一奖金的第五位获得者。虽然长期生活在美国并加入了美国籍，但他始终认为，"自己还有深深的根，就在中国"。贝聿铭曾于 1973 年、1974 年、1977 年多次参加我国出席联大代表团团长举办的招待会。1978 年 12 月回国时受到全国人大常委会副委员长廖承志、国务院副总理谷牧的接见、宴请。为了促进中美文化交流，贝聿铭用 1983 年获得国际普里茨克建筑学奖金的十万美元，成立一个奖学金基金会，帮助中国建筑师、学者和学生到美国进修、讲学和参观访问，吸取美国好的有益的建筑技术和经验。他还应聘参加了北京城市建设计划委员会。1982 年 10 月，由贝聿铭参与设计的北京第一座具有中国园林庭院建筑特色的现代化香山饭店开始试营业。饭店围墙饰面呈白色，镶嵌有中国古老的青砖筒瓦和花岗石墙裙。11 座各具特色的人工庭院以曲折迂回的连廊相贯连，人工点缀的假山瀑布、小桥流水、奇花异草与香山公园的自然风光交相辉映。从客房和连廊的窗口可以观赏秀丽的香山景色，在秋天还可以欣赏著名的香山红叶。饭店内保留下来的有数百年树龄的 4 棵雌雄银杏树，以及各种古松、白皮松等珍贵树木，使饭店显得古香古色。2006 年 10 月，苏州博物馆新馆开馆，他把封山之作留给了故乡。新馆置于院落之间，沿传统的粉墙而上，坡形屋顶弃黛瓦，采用纹理优美的灰色花岗岩，至屋顶，渐渐演变成一种新的几何效果，自然光透过晶莹剔透的玻璃天棚，流动在室内，让人心旷神怡。1996 年贝聿铭当选为中国工程院外籍院士。

2. 邓文中

在斜拉桥和预应力桥梁方面有杰出贡献的邓文中，曾于 1989 年主持制定世界上第一部《斜拉桥规范》。由他负责设计、监造、审核及提供咨询的大桥有 100 多座，遍布北美、南美、非洲、亚洲，为他赢得了"邓氏大桥永无日落"的美誉，其中有多座桥梁创下了"世界之最"的纪录。1995 年邓文中被选为美国工程院院士。1991 年获美国节段桥梁学会"领袖奖"，1995 年获美国土木工程师学会"罗布林奖"，1998 年获国际桥梁会议"罗布林终身成就奖"等。1999 年，美国权威周刊《工程新闻纪录》（*Engineering News Record*）遴选他为过去 125 年来 125 位对工程最有贡献的"顶尖人物"之一。

邓文中对中国桥梁建设非常关注，1979 年起他经常回国与同行交流与讲学，无保留地介绍国外先进技术和经验，先后受聘为同济大学、东南大学名誉教授和铁道部大桥局顾问，并参与了上海南浦和杨浦、武汉二桥、虎门大桥、南京长江二桥、南京长江三桥、杭州湾大桥等许多大桥的设计、审核和顾问工作，为我国桥梁工程建设作出了突出贡献。他还组织旅美华裔工程师在中国进行交流与演讲。2000 年 6 月当选为中国工程院外籍院士。1994 年，邓文中的公司在重庆正式成立。2003 年 1 月，他拿下在重庆的第一个项目——菜园坝长江大桥。之后，他先后设计了重庆石板坡长江大桥复线桥等大大小小的桥梁。其中仅重庆市内，他设计的跨江大桥便有 10 余座。2007 年，邓文中设立了"邓文中奖学金"，截至 2019 年捐款已达 300 余万元，帮助近 400 名重庆籍大学贫困新生顺利走进大学校园。2010 年，邓文中被重庆全职引进。2015 年、2016 年、2017 年连续三年参加中国西部海外高新科技人才洽谈会。

3. 张东柯

1993 年获英国纽卡索（Newcastle）大学博士学位。同年，他受聘为澳大利亚阿德雷德大学化学工程系讲师。1999 年 2 月，被聘为珀斯 Curtin 技术大学的教授，成为澳大利亚最年轻的工程学科教授之一。张东柯是澳大利亚煤工业和政府联合发起的 COAL21 工程的技术顾问团成员之一。2000 年通过与工业界及政府合作，建立澳洲煤炭与可持续发展联合研究中心，任首席科学家。化工系主任任期满后，于 2002 年作为创始人建立了柯腾技术大学的燃料与能源研究中心，专心于能源与环境的基础研究和技术开发。

张东柯主要科研方向包括粉煤燃烧与发电，煤气化，煤灰利用，以煤炭为基础的多联产综合资源利用；新能源开发，可再生能源，煤炭利用过程中污染物的生成与控制的研究和技术开发，天然气利用，天然气转换液体燃料的技术，工业催化剂的基础研究和技术开发，工业炸药的运用与安全研究，可持续发展以及能源政策与战略的研究。

由于在专业上的贡献，他曾先后获得多种奖励，并于 2003 年当选为国际能源基金会会员。2004 年 11 月，当选为澳大利亚工程院院士，成为该院 4 位华人院士之一。

虽然在澳大利亚多年，但张东柯长期保持着与国内的学术来往，是东南大学和华中理工大学的客座教授，每年回国数次。2002 年，他入选"中国科学院海外评审专家"。2003 年被聘为中科院山西煤炭化学研究所博士生导师和兼职研究员，和王洋教授、吴晋沪研究员、房倚天研究员等合作，并带 4 位研究生进行"煤与甲烷共转换"等课题的研究。

2006 年 4 月 2 日，温家宝总理在访问澳大利亚珀斯 Curtin 技术大学时，亲切会见了张东柯。他借机向温家宝总理递交了《关于为中国能源建设的建议》的报告。2011 年 4 月 6 日下午，贾庆林来到西澳大学能源中心，中心主任张东柯向贾庆林仔细介绍了研究中心的情况。西澳大学能源中心与中国的新奥集团建立了合作关系，很多研究成果已经在新奥集团的生产中得到应用。

4. 倪军

1987 年获威斯康星大学博士学位后，跟随吴贤铭教授一起来到密歇根大学开创更为广阔的制造科学与技术科学新天地。在 1992 年吴贤铭教授去世后，倪军担任了吴贤铭制造研究中心主任。他主要从事制造科学领域中的精密制造工程、精密测量技术及制造工程的建模与补偿控制等方面的研究。在这个领域，特别是汽车制造工业方面，接连取得令人瞩目的研究成果，对于美国汽车整体质量的提高作出了重要贡献。他还承担了美国国家科学基金会"产学联合研究中心"的工作，承担了美国三大汽车公司、波音公司、美国空军及国家科学基金等的 40 多项科研项目。1991 年获"美国国家优秀青年制造工程师奖"，1994 年获得"美国总统教授奖"。年仅 33 岁的倪军教授能够获此殊荣，确实是旅美学人的骄傲，也是中国人民的骄傲。

倪军是中国首批聘请的 73 位"长江学者"之一，是上海交通大学四名"长江学者"之一。2000 年，他还促成了密歇根大学与上海交大共建"上海交大—密歇根大学机械工程学院"，共同培养学生和师资。同时，倪军还受聘于清华大学，与清华的教授联合培养博士生。他还经常到上海通用、大众、二汽、宝钢、长安汽车等企业，向他们介绍精密加工的新技术，给企业做咨询。另外，他还和教育部合作，从 1996 年开始，制订了一个中美高级制造学者奖学金计划，英文叫 SAM 计划。这个计划由密歇根大学出钱和出考题，教育部负责选拔考试，派人来读博士或做博士后。在倪军领导的吴贤铭制造研究中心的研究人员和学生中，来自中国大陆的学生、学者占半数以上。该中心非常重视与中国大学、研究机构和企业的联系与交流，他们与清华大学、上海交通大学、天津大学、华中理工大学和大连理工大学等都有密切的联系。

5. 崔占峰

1988 年，崔占峰获得英国文化委员会的资助，到苏格兰斯特拉奇莱德大学做博士后研究，主要从事膜分离、生物加工和组织工程等研究。1991 年在爱丁堡大学任讲师。1994 年到牛津大学任教，先后任讲师、Reader（类似副教授）。2000 年 10 月 1 日，38 岁的崔占峰被牛津大学正式聘任为工程系化工专业教授。他是牛津大学有史以来第一位华人教授。此外，他还是英国化学工程师学会法人成员，英国国家工程委员会特许工程师（CEng）。1993年获得英国皇家工程院授予的"全英高校青年讲师奖"，1999年获得"英国皇家工程院工程预见奖"。2013年当选英国皇家工程院院士。

他与国内学术界联系频繁，几乎每年都要回国一两次，并常有国内的研究生或访问学者到他所在的实验室工作。2005年3月，崔占峰成为大连理工大学首位长江学者特聘讲座教授。

在工程领域为华人赢得荣誉的还有美国华人女建筑师林璎，她在读大学四年级时就因参与越战纪念碑蓝图的设计并在1421件参选作品中一举中标而名噪一时。

三、化学领域的华裔科学家报效中国

李远哲和钱永健分别于1986年和2008年获得诺贝尔化学奖，从众多的华裔化学研究者中脱颖而出，充分显示了华人在这一领域的实力。

1. 潘毓刚

潘毓刚是美国著名大学波士顿学院化学系终身教授、享誉世界的化学家，主要从事理论化学和量子化学研究，创立了先进的计算夫兰克—康登因子的渐进方法和微观化学动力学的理论，并把量子力学和统计力学应用于化学反应研究，这在当今世界理论化学领域还属最新课题，改变了过去宏观化学的粗糙和表面的研究，使人类首次掌握了高空化学、空气污染化学等原理，从而奠定了他在化学领域的地位。1973年被任命为波士顿学院终身教授，兼任联邦德国斯图佳大学的客座教授。1978年荣获联邦德国高级科学家特别奖，1987年被选为美国工程科学院院士。1994年同袁家骝、吴健雄一起获得全美华人协会的成就奖，表彰他们在科学上的卓越成就和为华人社会的进步与发展作出的杰出贡献。

从 1977 年起，定居美国的潘毓刚每年都要回国义务讲学，是国内 30 多所大学的名誉教授，是改革开放初邓小平亲点、中科院聘请的首批 10 名名誉教授之一 [①]。1986 年，他应时任国务院侨办主任廖晖的邀请，接受了暨南大学名誉教授一职。2000 年初，杨振宁回北大给本科生上课，当时已经退休的潘毓刚也开始在暨南大学、汕头大学等国内大学教授本科课程，因而成就了海外科学家回国教本科生"北有杨振宁，南有潘毓刚"的美谈。2001 年，潘毓刚在波士顿学院化学系带完最后一名博士生，宣布此后不再带学生，而选择回国授课。曾连续 4 年（1986—1990 年）担任全美华人协会主席，为增进华人团结、争取和维护在美华人地位和权益，促进中美科技、文化交流作出了突出贡献；曾担任对中国改革开放影响很大、在美国出版的《科技导报》的顾问编委（杨振宁、李政道都曾任此职），为中国提供了许多世界经济建设和科技发展的最新信息。由于潘毓刚在全球科学界的影响及其对中国现代化建设所作的突出贡献，先后受到国家领导人邓小平、江泽民等的亲切接见。

2. 王焰

王焰在美国加州大学洛杉矶分校化学系做理论化学博士后研究的 4 年中，在世界一流科学杂志上发表论文 9 篇，其中发表于荷兰《化学物理快报》1998 年第 29 期的《高精确度从头算与密度泛函相结合嵌值理论》，提出了许多新的理论观点。其计算力方法与传统的量子化学力方法相比（包括曾获诺贝尔奖的科学成果）要快至少三四个数量级（一千至一万倍）以上。计算的范围也由传统的几百个原子组成的体系扩展到一万个原子体系，从而能够从理论上阐述与日常生活密切相关的化学过程，使其应用更加广泛。他研究发明了两个"动能密度泛函"，后来这

---

① 他们是物理学方面的杨振宁、李政道、丁肇中、吴健雄；化学方面的潘毓刚、李远哲，数学方面的陈省身、林家翘及生物学等方面的吴瑞、牛满江（大陆）。

两个"动能密度泛函"以他的名字命名。王焰还与他的导师卡特教授合作并负责撰写了专著《凝聚态化学的理论力方法》中的重要一章"无轨道动能密度泛函理论"。这一长达 70 页的章节，通过对过去 73 年间发表的 428 篇专著和论文的归纳，第一次对动能密度泛函理论从诞生到发展进行了系统的总结，并展望了未来的发展。他的这些论文和专著，引起了国际化学理论界的关注，6 次应邀在国际学术会议上作大会报告，两次作国际学术会议的分会主席，从而初步奠定了他在理论化学界的学术地位。

2001 年，王焰应聘加拿大温哥华英属哥伦比亚大学理论化学助理教授，在 300 多名学者中脱颖而出。2002 年 8 月，入选该校应用数学所正式成员。2003 年 4 月，获得了该校彼特·沃尔高等学术研究所设立的"彼特·沃尔年轻学者奖"。5 月又在第三届国际蛋白质科学年会上获"科学创新报展金牌奖"。他所研究的"化学势数值"的课题，前人已经研究了 40 多年，共得出了 6 个不同的结论，因不能确定究竟哪个是正确的，困扰了理论化学界近半个世纪。王焰经过长达 9 年的研究（包括任职前 6 年的博士后研究基础），用严格的数学推导，确立了"电离势负值"是唯一正确的化学势的数值，推翻了前人做出的其他 5 个结论，使理论化学界长期争论而没有得出确切结论的问题得到解决。其论文《伐克空间普遍密度泛函的微商》在美国物理学会最权威的杂志《物理评论》上发表后，在国际理论化学界引起了很大的震动。

2004 年 8 月，王焰应邀回国，访问了北京大学、吉林大学和中科院大连化学物理研究所，并作学术报告。同时还在北京向来自全国重点高校参加"全国研究生化学暑期学校"的近 200 名博士和硕士研究生作了三场学术报告，受到热烈欢迎。目前，王焰已接受中国国内多所大学的聘请，并担任青岛海洋大学计算机科学与工程研究所理论化学客座教授。

王焰说，我虽身处国外，但魂牵梦萦的还是伟大的祖国和父老乡亲。

我今后要争取每年回国一次，将量子化学最新成果带回祖国，为 21 世纪我国科学技术发展，尽一个海外赤子的拳拳报国之心。[①]

3. 杨培东

1997 年，杨培东在哈佛大学获得化学博士学位。之后在圣塔芭芭拉加大从事博士后研究工作。1999 年 6 月加盟伯克莱加大化学系，独立负责一个实验室的工作，从事纳米材料的研究。同时，他还是劳伦斯·利弗摩尔国家实验室科学家。杨培东已在纳米线以及原子序列方面取得了开创性的成果，这些成果对于合成纳米半导体材料，以及微型纳米线紫外激光器、计算机电路、太阳能板以及生物传感器和基础科学的研究都具有重要的推动作用。他的研究小组在只及人类头发丝千分之一的纳米导线上制造出了世界最小的激光器——纳米激光器。这在全球尚属首次。在 2003 年的《技术评论》[②]杂志评选中，杨培东跻身"世界 100 位顶尖青年发明家"（World's 100 Top Young Innovators）行列。2004 年 7 月，杨培东当选为美国化学会纳米科学分会主席。2007 年 5 月荣膺美国科学基金委（NSF）艾伦·沃特曼奖[③]。美国国家科学基金会凝聚态化学项目主管尼尔森（David Nelson）表示，杨培东获奖不仅是由于他找到了合成一维半导体纳米结构的有效方法，更重要的是他在基础物理和化学的研究方面所表现出的非凡的创造力和能量。从 1995 年至 2005 年的论文被引用次数看，杨培东已名列世界最顶尖的 10 名材料科学家之列。2012 年，当选为美国人文与科学院院士，2016 年当选为美国国家科学院院士。2017 年，杨培东被聘为首批"中关村海外战略科学家"。杨

---

① 邱声鸣：《王焰：成才之路用勤奋铺就》，《神州学人》2004 年第 11 期。

② 《技术评论》是很具权威性的杂志，由麻省理工学院（MIT）出版。据美国世界新闻网报道，这是《技术评论》第二次发表同类名单，被选上榜的 100 人，是从全世界计算机、生物、网络、纳米四大技术领域 35 岁以下的青年科学精英中选拔出来的。

③ 艾伦·沃特曼奖是美国全国科学基金会的年度科学大奖，每年授予一位在科学或工程研究领域表现出色的年轻科研人员，条件为候选人年龄不能超过 35 岁，或者获得博士学位不到 7 年。

培东还担任中国科学院苏州纳米技术与纳米仿生研究所国际实验室名誉主任。

四、生物学领域的华裔科学家报效中国

作为"对全社会最为重要并可能改变未来工业和经济格局的技术"，生命科学和生物技术越来越受到人们的重视，华人学者也不示弱，争占生命科学前沿阵地。

1. 生物学界资深专家牛满江

牛满江是著名美籍发育生物学家，美国天普大学终身教授。牛满江在 20 世纪 50 年代就已经名扬世界，半个世纪以来，他潜心于"核糖核酸在发育中的独特功能"的研究，从而开创了人工培育新物种的新思路。两次荣获古根海姆奖和利利学术奖。

他十分热爱祖国，为中美科技文化交流合作、国内科研发展作出了积极贡献。牛满江教授曾以科学家的远见和胆识，冲破中美两国学者之间不允许有任何往来和交流的禁区，开辟了科学合作改善中美关系的途径。特别是与中国科学院副院长、生物学家童第周教授共同研究动物胚胎移植并获得成功，在发育生物学研究领域具有重大意义。1973 年夏，牛满江应邀携夫人来华，与童第周一道研究有关细胞和遗传的问题。他们选用鱼类作为实验材料，先从鲫鱼卵子细胞质内提取信息核糖核酸，然后注入金鱼受精卵中。结果一种奇妙的现象出现了，发育中的金鱼幼苗，有一部分由双尾变成了单尾。他们根据实验结果写出《核酸诱导金鱼的变异》等两篇论文，提出自己的新见解，在生物学界引起了广泛的注意。1976 年，牛满江再次与童第周合作，他们选用鲤鱼和金鱼进行实验，所用的方法与第一次实验大致相同。实验的结果同样令人惊奇，培育出的金鱼幼苗，不仅尾部有鲤鱼的性状，而且其肝脏、眼睛也发生了

异常的变化。这两次实验表明，细胞质和细胞核一样，对细胞的分化、发育和遗传都会发生显著的作用。人们可以用细胞内的核糖核酸引导法来改变其遗传性，以便促使生物能够按照人的意志向着最佳的方向发展。这项科研成果不仅纠正了以往细胞遗传学中的一些错误观点，而且对农业和医学的发展产生了深远影响。

为在中国建立发育生物学研究基地，他提出并协助中国科学院建立了中国科学院发育生物学研究所，并从美国洛氏基金会和联合国人口活动基金会共筹集到几百万美金的资助。1980 年他促成南开大学和天普大学结成姐妹学校。

牛满江教授被国内 80 多个单位聘为名誉教授或顾问，回国工作 34 年，直到 2006 年 11 月 8 日去世（享年 95 岁）的前一天还依然工作在实验室。牛满江教授每年来中国工作 8 个月，每天在实验室工作 10 小时以上，周六日也不休息。有人劝他不要再去实验室工作了，教授回答说："你们不要看我的年龄，要看我还有没有清楚的头脑，严谨的思维，是不是还能做科研工作。""我答应周总理、邓小平的工作还没有做完，我不能停下来，要对自己的承诺负责。"[①]

牛满江教授对祖国作出的杰出贡献，得到了中国领导人的充分肯定和高度评价。在 1973 年牛满江首次访华时，就受到周恩来总理的亲切接见，并感谢他对促进中美学术交流作出的贡献。1977 年邓小平复出后首次接见的外宾就是牛满江夫妇。1993 年、2000 年、2006 年又先后受到国家领导人江泽民、胡锦涛以及国务委员陈至立的接见。美国总统布什也曾多次接见过牛满江，并将带有美国总统标志全金领带夹和胸花送给牛满江夫妇，以感谢他为中美交流所作的贡献。

---

① 傅仲华：《给人间留下宝贵财富——记著名美籍发育生物学家牛满江》，《光明日报》2007 年 11 月 17 日。

2. 程京

1994 年至 1996 年，程京于美国宾夕法尼亚大学（University of Pennsylvania）医学院病理及实验室医学系做博士后。1996 年进入美国纳米基因公司工作，回国前任该公司首席研究员。他在国际上申请了 17 项专利和专利公开，并作为第一主编编著了世界上第一本名为《生物芯片技术》的英文专著。1998 年他所取得的研究成果"芯片实验室"（只有 1 平方厘米的超小实验室）为世界首创，并在美国《科学》杂志评选出的世界科技十大突破中被引用，并由此获得了纳米基因公司颁发的杰出成就奖——"纳米奖"。

1998 年 1 月，程京接受清华大学聘请，筹建清华大学生物芯片研究与开发中心。1999 年 3 月，正式回国任清华大学生物芯片研究与开发中心主任。2000 年 3 月起，主持筹建和运营生物芯片北京国家工程研究中心，并任中心主任和中心项目法人建设单位北京博奥生物芯片有限责任公司（"博奥公司"）技术总监。

3. 王晓东

王晓东是美国德州大学西南医学中心博士、终身教授，霍华德·休斯研究所研究员。2004 年 4 月当选美国科学院院士，是近 20 年来我国出国留学人员中当选美国科学院的第一位院士，是该院最年轻的院士，也是第一位 1949 年后在中国大陆受过大学教育当选美国科学院院士的华裔科学家。他主要从事生命科学前沿领域细胞凋亡规律的研究，并在细胞凋亡生物化学机理研究上取得重大突破。这项研究可以揭示生物生长与死亡的规律，为人类癌症及传染病等疑难杂症的治疗提供了重要的理论依据。王晓东以自己扎实的研究作风和不懈的努力，成为该领域的世界知名学者，曾获诺贝尔奖提名。

王晓东虽然加入了美国国籍，又是著名科学家，但他始终眷恋着祖（籍）国，积极为中国的科技发展出力，致力于以他的所学所长报效养育他的祖（籍）国。1998 年，他的母校——北京师范大学聘他为客座教授。他时刻关心母校的发展，关注师弟、师妹们的学术研究，母校的很多学子赴美后，都曾在他主持的实验室工作过。他每年都要回国为中国科学院研究生院、北京大学和清华大学等高校研究生授课。2003 年，他接受科技部的聘请，担任北京生命科学研究所所长。另外，他还和十几个在美国有教职的大陆留美学者组成一个团队，为北大和清华等高校组织了名叫"BIO2000"的研究生课程项目。

4. 杨向中

世界著名生物技术专家，世界首例克隆牛"艾米（Amy）"之父，纽约州科学院院士，美国康涅狄格大学教授、生物技术中心顾问兼转基因动物实验部主任。杨向中从事胚胎研究近 20 年。在 1999 年 6 月 10 日，杨向中率康涅狄格大学研究小组成功地使用 13 岁（相当于人类 80 岁）老龄奶牛耳体细胞克隆出的小母牛"艾米"在美国康州大学顺利诞生。他的研究证明，利用与生殖系统无关的细胞，可转成具有多能性的胚胎细胞，进而生成身体各部分的细胞。这项发现为利用复制技术为基因功能定位、遗传疾病论断与防治、组织和器官修补以及衰老和长寿研究等方面开拓了新途径。在 2000 年于荷兰召开的国际胚胎学会年会上，来自 42 个国家的 1000 多名学者一致认为，杨向中的成果是 20 世纪最重要的科技成果之一，它无论从科学还是商业化角度来看都比克隆多利绵羊重要得多。2001 年 6 月 3 日，杨向中用老年牛克隆的一头母牛"戴希"通过自然繁殖，产下一头健康牛犊。这表明用老年牛克隆的后代能够正常发育、怀孕和产犊，这说明克隆过程能够逆转老化的遗传物质，像自然生殖一样产出健康的后代。这一发现不仅对克隆良种和珍稀动物非常重要，对研究人类治疗性克隆的途径也是一大福音。

杨向中虽然已经加入美国国籍，但一直心系中国。1992 年，由杨向中发起的"中国—康奈尔科研基金项目"宣告成立，这就是今天在海外学者中颇负盛名的"中国桥基金会"的前身。作为总裁的杨向中已先后为基金会筹集了 200 万美元。"中国桥"基金会已促成众多外国学者及中国留学生到中国进行科学研究与技术交流。1998 年，杨向中与杨秀生合作汇编了《迈向 21 世纪：海外农业科学家谈中国农业与农村发展》的建议书，递交国务院后得到温家宝的首肯批示。2001 年又建议开展奶牛计划，利用性控制胚胎移植技术，令中国土产黄牛孕育出产奶量多三倍的美国奶牛。在他的大力推动下，这项计划已经在新疆、山东、内蒙古等地开始实施。2005 年，中科院动物研究所生殖生物国家重点实验室胚胎生物学研究组段恩奎博士领导的科研小组与美国康涅狄格大学再生生物学研究中心杨向中博士、田秀春博士领导的科研小组合作，首次由克隆牛胚胎建立了第一株经过充分鉴定的稳定的胚胎干细胞系。这些细胞能够无限复制，并且可以转变为几乎所有牛组织和器官的细胞。

在生物学领域作出突出贡献的华人科学家还有很多，如第一个发现催化 DNA 变构的拓扑异构酶的哈佛大学分子生物系教授王倬等，正如现任美国科学院院长在谈到华人生物科学家的贡献时曾说，"如果没有华人开展生命科学研究，生命科学的小一半工作就不会得到开展"；"世界生命科学领域顶级杂志中，大约有 30%—40% 的论文，作者有华人"。[1]

五、数学领域的华裔科学家报效中国

数学大师陈省身曾说过，如果在国外的留学生都回来，中国数学大国的地位就差不多了。由此可见，海外华人学者在数学领域取得的成就非同一般。

① 武卫政：《生命科学前景美好——访中国科学院副院长陈竺》，《人民日报》2004 年 7 月 21 日。

1. 陈省身

美籍华人陈省身是世界公认的数学大师。他因成功完成了著名的高斯—彭内公式的内在证明和示性类方面的著述而蜚声国际数学界。他在整体微分几何上的卓越贡献，影响了整个数学的发展，被杨振宁誉为是继欧几里得、高斯、黎曼、嘉当之后里程碑式的人物。他的《微分几何若干论题》一书，轰动了全世界。陈省身把微分几何学的局部研究和主题研究联系起来，于1944年创立"陈氏级理论"，使微分几何的研究进入了一个新境界，而他本人也成为微分几何学的权威。他开创并领导了整体微分几何、纤维丛微分几何、"陈省身示性类"等领域的研究。陈省身一生办过三个国家级数学所，第一个是1947年7月，创办中央研究院数学研究所；第二个是1981年11月，在美国伯克利建立美国数学研究所，任所长，成为世界数学研究中心；第三个是1985年10月，在天津创办南开数学所，任所长。1984年5月获以色列国会颁发的沃尔夫（Wolf）数学奖。2004年摘得有"东方诺贝尔"之称的首届"邵逸夫奖"。包括格里菲思在内的国际评委们的评价是："陈省身是近代几何学宗师，他的数学研究以几何学为中心，持续几近70年，勾画了现代数学的多个范畴。他对当代数学精髓之一的微分几何学的界定，超过其他数学家……"[1] 法国数学家维伊称他为"微分几何之父"。丘成桐评价说："陈先生是第一个占领近代科学重要位置的中国人，比杨振宁他们要早。"[2]

作为美籍华人，陈省身不忘故土故人，不忘中国。在南开数学所成立仪式上，他说："要为南开数学所，为中国的数学，鞠躬尽瘁，死而后已"。他运用自己在国际数学界的崇高威望，大力推动中国数学现代化

---

① 中华新闻网，http://news.china.com/zh_cn/culture/edu/10000941/20041209/12006000_3.html。

② 南方网，http://www.southcn.com/edu/zhuanti/chen/focus/200412100982.htm。

的进程。1972 年 9 月 8 日，陈省身偕夫人郑士宁和女儿陈璞首次访问阔别 23 年的祖国，带来了美国科学院、数学会、医学会的许多资料送给中国科学院，希望中美两国科学促成交流。我国改革开放以后，陈省身更是投入了大量精力、做了很多事情推动中国数学的发展。1980 年初，他启动了 3 项影响巨大的"数学工程"：每年一度在中国举办"微分方程和微分几何国际会议"；举办"暑期数学研究生教学中心"；选拔中国数学研究生参加"陈省身项目"，赴国外攻读博士学位。此外，他还以高龄之身走上讲台，给青年人系统讲解微分几何课程。此外，他还多方奔走，帮助一批中国数学研究生赴美深造。这对中国数学事业的发展产生了巨大的推动作用。为了使国际数学界对中国的数学发展情况有进一步的了解，陈省身和丘成桐在 1993 年提出在中国举办一次世界数学大会的建议，并得到党和国家的大力支持。2002 年世界数学家大会在中国举办，陈省身是大会的名誉主席，并在大会开幕式上致辞。这件事不仅增进了国际数学界对中国数学发展状况的了解，更重要的是鼓舞了中国数学家的信心，成为中国数学发展史上的里程碑。2000 年，陈省身回到中国，定居母校南开大学，只为实现心中的一个梦想：使中国成为 21 世纪的数学大国。虽然此时的陈省身已到耄耋之年，但仍不遗余力地为推动中国数学发展贡献自己的力量，一直到生命的最后他的工作才停下来。

陈省身为中国本土数学事业发展的努力，中国的国家领导人是很清楚的。邓小平在 1977 年、1984 年、1986 年三次接见他，都谈得很好。后来和江泽民的关系，则更有友谊的成分。其实，陈省身并不刻意去争取领导的接见。有些事情的发展是自然形成的。1985 年，在上海举行中国数学会成立 50 周年庆典，时任上海市市长的江泽民接见国内外数学家，是陈省身和江泽民第一次见面。陈省身还记得那天的宴请，说那桌淮扬菜很好吃。

2004 年 11 月 2 日，国际小行星中心将中国国家天文台施密特 CCD

小行星项目组所发现的永久编号为 1998CS2 号小行星命名为"陈省身星"，以表彰他的卓越贡献。《小行星公报》称，陈省身"在整体微分几何等领域上的卓越贡献，影响了整个数学学科的发展"。

2. 林家翘

林家翘是国际公认的力学和应用数学权威，当代应用数学学派的领路人。从 20 世纪 40 年代开始，他在流体力学的流动稳定性和湍流理论方面的工作带动了一代人的研究和探索。他用渐近方法求解了 orr-sommer-feld 方程，发展了平行流动稳定性理论，确认流动失稳是引发湍流的机理，所得结果为实验所证实。他和冯·卡门一起提出了各向同性湍流的湍谱理论，发展了冯·卡门的相似性理论，成为早期湍流统计理论的主要学派。他将数学应用到航空和天文物理方面的研究，曾有力地推动了这两个领域的基础科学进程，其中，他"关于漩涡星系密度波理论"的巨大成就，被认为"对星系的动力演化及恒星形成的天文学思想有着革命性影响"[1]。在数学理论方面，他最突出的贡献是证明了一类微分方程中的存在定理，用来彻底解决海森伯格论文中所引起的长期争议。

林家翘 1962 年被选为美国科学院院士，1973 年至 1975 年担任美国工业与应用数学学会会长，由于他在研究工作上的贡献，1976 年获美国科学院应用数学奖。

林家翘教授对中国的科技事业十分关心。1972 年以来，多次回国进行学术访问，邀请众多美国知名专家来华讲学，接受多位中国大陆学者去美国麻省理工学院深造，为国内培养了一批有造诣的学者，推动了应用数学与流体力学的许多新领域在中国的发展，为中国科技事业的发展作出了突出的贡献。1994 年当选为中国科学院外籍院士。2002 年从美国回国定居，创建清华大学周培源应用数学中心。林家翘及其夫人梁守瀛

---

[1]　百度网，http://hi.baidu.com/fishsmiling/blog/item/6033a764f00a1df0f6365440.html。

向清华大学周培源应用数学中心捐款 58.6 万美元，设立了"林家翘、梁守瀛学术研究基金"，用以支持中心开展国际学术交流合作，从而推动清华大学应用数学学科的发展。他的目标是要让清华的应用数学达到国际最高水平，他的理想是希望清华理学院能恢复当年的辉煌。

现在，林家翘在清华每周一和周四的上午，都要去周培源应用数学研究中心上班。1978 年 7 月，邓小平曾会见林家翘教授和夫人梁守瀛。2006 年 6 月 8 日，第二届应用数学前沿问题国际研讨会暨林家翘教授 90 华诞庆祝会在清华大学举行，国务委员陈至立到会表示祝贺。

3. 丘成桐

丘成桐在数学上的成就是多方面的：微分几何、非线性椭圆微分方程、低维流型拓扑、广义相对论、复流型解释几何等方面都有所成就，被公认为"近 1/4 世纪里最有影响的数学家"[①]。1974 年，他成为美国斯坦福大学教授。1976 年，他证明了世界数学难题卡拉比猜想[②]，并把微分方程应用于微分几何，推动了微分几何和微分方程的发展，从而蜚声海外。之后，丘成桐又相继解决了史密斯猜想、爱因斯坦猜想、实蒙日—安培方程狄利克雷问题、闵可夫斯基问题、镜猜想以及稳定性与特殊度量间的对应性等一连串世界数学难题，以他的研究命名的卡拉比—丘流形在数学与理论物理上发挥了重要作用。1979 年，美国加州科技及工业博物馆授予丘成桐"1979 年加州科学家"的光荣称号，他成为获得这一荣誉的第一个数学家。1981 年，他获得美国数学学会的"韦伯伦奖"。1983 年，他获得数学领域最高荣誉"菲尔茨奖"。"菲尔茨奖"是国际数学家大会每四年一次颁发给在数学方面有杰出成就的四十岁以

---

① 国际数学大师、菲尔茨奖获得者唐纳森语。《光明日报》2006 年 2 月 14 日。

② 卡拉比猜想源于代数几何，是意大利著名几何学家卡拉比在 1954 年国际数学大会上提出的：在封闭空间，有无可能存在没有物质分布的引力场？卡拉比认为是存在的，可是没有人能证实，包括卡拉比自己。

下的数学家的，被公认为是国际数学界最高的奖。丘成桐是因在"加勒比猜想的解决""正质量猜想的解决"等问题的研究方面有杰出成就而获奖的。他也是自"菲尔茨奖"设立以来第一个获奖的美籍华人。

1994年，丘成桐和英国教授西蒙·唐纳德森分享了由瑞典皇家科学院颁发的克拉福德奖。丘成桐获奖，是由于他成功地发展了微分几何中的非线性技巧，使一些著名的数学难题得以解决。瑞典皇家科学院的公报说，丘成桐的研究成果，对数学及物理学的许多分支，如拓扑学、解析几何、表示论、广义相对论、微分几何、偏微分方程等，都有着深远的影响。克拉福德奖是1980年设立的科技界大奖之一，它授予的科学领域是诺贝尔奖不包括的，是7年颁发一次的世界级大奖。其目的是推进瑞典和世界其他国家的基础科学研究。1997年，美国总统亲自颁发给他美国国家科学奖。

2010年，丘成桐荣获沃尔夫奖，沃尔夫奖嘉奖词中这样评价他："几十年来，丘教授的成果极其丰硕，并将这些成果辐射到纯数学、应用数学与理论物理的许多领域，此外，他还通过培养众多的研究生和创建几所活跃的数学研究中心对数学研究产生了巨大的国际影响。"丘成桐是继自己的导师、著名华人数学家陈省身之后，第二位获得沃尔夫奖的华人。

丘成桐虽身居海外，却十分关注中国数学事业的发展，"我一生最大的愿望是帮助中国强大起来。"[1]在受聘为国务院侨办"海外专家咨询委员会"首批委员时，丘成桐表示，21世纪会出现一个华人对科学大贡献的时期，中国将在科学技术领域处于领先地位，为达此目标，"愿将己身化为桥"[2]。江泽民称赞丘成桐："先生心念中华，胸怀报国之志。"1979年，30岁的丘成桐应华罗庚邀请第一次回国访问。1980年，丘成桐在由陈省身牵头于中国召开的微分几何和微分方程的国际大会上提出了 100 个几何的难题，"希望祖国的青年数学家能够研究和攻克这些难题，以此提高他们的水平"。此后，他不断支持中国的数学研究，在中国先后创建香港中文大学数学所、北京中科院晨兴数学中心（1996 年）、浙江大学数学中心（2002 年），并出任这三家研究机构负责人且分文不取，甚至连往返飞机票等差旅费都是自己解决，但他却为这三个研究机构募集资金 1.5 亿元（截至 2006 年），一次就向浙大数学中心捐赠了 50 万美元的图书，并在浙大、中国科大设立丘成桐奖学金。据不完全统计，丘成桐个人捐款已达三四百万元（截至 2006 年）。① 他和香港晨兴集团主席陈启宗于 1998 年共同发起的世界华人数学家大会，每三年举办一次，已先后在北京、台北、香港和杭州连续举办四届，会议专门设立晨兴数学奖，以奖励 45 岁以下取得杰出成就的华人数学家。2005 年，浙大"丘成桐数学英才班"首批招考了 12 名具有数学天赋的学生。为此，他专程从美国赴浙江大学访问讲学，面试招考学生。至今，丘成桐培养的博士大部分是中国人，其中一些人回国后成为中国数学的领军人物。另外，早在 1987 年，丘成桐就受聘为清华名誉教授，多次到清华访问、讲学，对清华数学学科的发展和教学科研提出了许多建议，接收并指导了多名清华的教师和研究生前往美国进修深造。2009 年，清华大学数学科学中心成立，丘成桐担任中心主任。2010 年，丘成桐用所获沃尔夫奖奖金在清华设立数学奖学金，奖励在数学方面有突出才能的清华学生。1994 年他当选中国科学院外籍院士，2003 年获得中国政府授予的国际科技合作奖。

4. 陶哲轩

1999 年，24 岁的澳籍华裔数学家陶哲轩被美国加利福尼亚大学聘为

---

① 《光明日报》2006 年 2 月 14 日。

全职数学教授。陶哲轩的研究领域主要包括偏微分方程（PDE）、数列、数论以及谐波分析。其中谐波分析是微积分的一种高级形式，主要使用物理学方程。用一位他的同事的话来说，谐波分析中的一些工作"几乎没人能懂"。2000 年至 2005 年，陶哲轩还先后获得塞勒姆奖、博谢纪念奖、克雷基金会奖和利瓦伊·L·科南特奖等学术大奖。2006 年，在马德里第 25 届国际数学家大会上，陶哲轩获得菲尔茨奖。陶哲轩获此殊荣主要在于他对偏微分方程、组合数学、谐函数分析和堆垒数论等方面的贡献。他是荣获菲尔茨奖的第一位澳大利亚人，也是继 1982 年美籍华裔数学家丘成桐获菲尔茨奖后全球第二位获此大奖的华裔。2007 年，陶哲轩获得了麦克阿瑟"天才奖"。2008 年，获艾伦·沃特曼奖。2006 年10 月的美国《大众大学》杂志将其评为"最具才气的十位科学家"之一。陶哲轩是英国皇家科学院和澳大利亚科学院院士。2008 年当选为美国国家科学院外籍院士。据报道，2015 年 9 月 17 日，他宣布证明了保罗·埃尔德什在 1932 年提出的埃尔德什差异问题存在，这是个困扰学术界 80多年的问题。[①]

5. 叶向东

1986 年叶向东赴苏联莫斯科大学数学和力学系学习，1991 年获苏联副博士学位（Ph.D）。1991 年至 1993 年在意大利国际理论物理中心从事博士后研究。长期从事基础数学中动力系统及其相关方向遍历理论和连续统理论的研究。在国际高水平数学杂志上发表论文 50 多篇，是该领域有国际影响的学者。

在莫斯科大学期间，叶向东另辟蹊径，考虑一个系统中几乎周期轨迹（一个极小集合），以一个整数序列（自然数集上的一个自映射）作为它的特征。这一独到的思考使"沙氏"定理的推广取得了实质性的进

---

①　《华裔数学家 IQ230 超爱因斯坦　被称"史上最聪明的人"》，《参考消息》2016 年 2 月 3 日。

展。"沙氏"定理是 1964 年乌克兰数学家沙可夫斯基发表的，展示了线段系统的周期行为中存在着的一种确定性的相互依存关系。"沙氏"定理发表以后，世界范围内众多学者试图将其深化和推广。与此同时，叶向东还解决了上述几乎周期运动的特征和拓扑熵以及唯一遍历系统的共存等方面的一些问题。

叶向东 1993 年回中国科学技术大学任教。1995 年起任教授。1996 年获国家杰出青年基金资助；2000 年被聘为教育部"长江学者奖励计划"特聘教授。曾入选国家"百千万人才工程"，荣获首届"江淮十大杰出青年"称号、宝钢优秀教师奖，享受国务院政府特殊津贴。曾任第九、第十届国家自然科学基金委数理学部的专家评审组成员、安徽省青联委员、全国青联委员等。

6. 张继平

1989 年，张继平开始了为期六年的海外讲学和合作研究。他先后应邀赴美国明尼苏达大学、芝加哥大学、法国巴黎高师、德国美茵兹大学及埃森大学、英国剑桥等世界著名大学和研究机构做客座教授和高级研究员。1992 年至 1993 年，张继平在法国巴黎与著名的步驰（Puig）猜想的提出者 Puig 教授合作进行科研，短短一年的时间，他圆满完成了自己的分工任务，将一般情况化到单群情况，把步驰（Puig）猜想的证明工作往前推进了一大步。步驰（Puig）猜想——现代模表示论的基本问题是决定给定有限群的 P—块代数的森田（Morita）等价类，离完全解决还相当遥远，但张继平对它的研究为步驰猜想的最终解决提供了方法和思路。张继平还创立和系统发展了群的算术理论，进而解决了胡帕特（Huppert）猜想和共轭类长猜想等著名难题，并在代数数论和微分几何等研究领域得到深刻的应用；他把代数 K—理论引入模表示论，把著名的车门诺夫（Zelmanor）理论应用于模表示论的研究。美国著名代数家哈里斯（Harris）说："张改变了世界线性群研究的面貌。"张继平已于

1995 年回国任新成立的北京大学数学学院院长。

六、航天航空领域的华裔科学家报效中国

在航天航空领域，华人科学家可谓群星闪耀，仅据美国太空总署的资料显示，已先后有王赣骏、张福林、焦立中、卢杰四位华人进入过太空。王赣骏是进入太空的"中华第一人"，于 1985 年 4 月 29 日乘坐航天飞机进入预定轨道飞行，进行了为期 7 天的太空飞行，出色地完成了预定的任务。张福林是美国太空总署历史上第一位华裔宇航员（王赣骏是以一位科学家的身份进入太空进行实验的，他本身不是宇航员），从 1986 年到 2002 年，共七次进入太空，出色地完成了各种任务，在太空中的时间超过 1601 小时。焦立中则是第一位担任国际空间站指令长的华裔人士，也是第一位在太空行走的亚裔航天员，他搭乘过"哥伦比亚号""奋进号""发现号"航天飞机和俄罗斯"联盟 TMA-5"载人飞船，四度升空、六次太空漫步。卢杰则和俄罗斯太空人马林申科创造了人类太空史上新的行走纪录。他们飘出美国"亚特兰蒂斯号"航天飞机，花费 6 小时 14 分钟的时间，以缓慢的步伐在太空行走了 30.58 米，登上了正在组装的国际空间站。

此外，在地面的工作人员中也有大量的华裔。例如，在 2004 年"勇气"号（Spirit）和"机遇"号（Opportunity）成功登陆火星中，华人科学家功不可没。在帕萨迪纳喷气推进实验室地面指挥中心，聚集着多位华裔科学家，如太空通信系统部经理潘天佑，火星着陆系统总工程师、华裔科学家李炜钧，担任"机遇号"飞行指令部副主任的华裔女科学家谈继华，"勇气号"的飞行主任、华裔科学家陈哲辉等。据在喷气推进实验室工作已超过 16 年的沈毓贤介绍，在该部门的华裔通信专家就有 60 余人。而王阿莲则参加了"勇气"号与"机遇"号的研发科学家团队。

王阿莲还和另一位华裔科学家李荣兴博士共同争取，将火星探测车在2006年1月23日到2月4日的两周内传回的30处新地标，陆续以中文命名为女娲、伏羲、精卫、神农、泰山、黄河、尧舜、禹、愚公、盘古、燧人、仓颉、嫘祖、后羿、刑天、夸父、不周山、共工、广寒宫、嫦娥、吴刚、羿、丝路、玉门关、敦煌、莫高、鸣沙、罗布泊、张骞及郑和。

除了直接参与航天航空项目的科学家外，还有很多人在从事相关基础研究，以推动航天航空事业的发展。

1. 黄振春

1995年初，美国宇航局需要一位紫外线探测项目的工程师，作为唯一的人选，黄振春进入了宇航局哥达飞行中心。由于工作出色，1997年，他成为主任科学家；1999年，升任首席科学家。由于在宇航领域作了杰出的研究成果，于1997年和2000年两次获得美国第二大国防公司雷松公司的杰出贡献奖。2001年，黄振春被联合国聘请为联合国海外传授技术（TOKTEN+STAR）高级专家，同时被中国国家科技部聘请为火炬高技术海外咨询专家。在江泽民和朱镕基访美期间，他曾作为杰出学者受到亲切接见。1999年，他还作为旅美杰出青年科学家应邀参加50周年国庆庆典活动。2000年，他亲自发起并组织带队参加了江苏省"21世纪高技术发展及人才培养战略国际研讨会"和多个城市举办的"经贸洽谈会"。2001年8月，他率6位留美博士斥资1.1亿元人民币在江苏南京、昆山、镇江成立了生产和开发具有世界先进水平的光电元器件的奥雷光电公司和研发工程中心，以三足鼎立之势欲做中国光电器件之领头雁。奥雷光电主要从事光集成通讯器件和光纤通信模块的研究开发和生产。

2. 高正红

1992年10月至1994年6月，高正红在洪堡基金会的科研基金资助下，赴德国慕尼黑工业大学流体力学研究所进行科研工作。在德国的两年里，她的主要研究方向是"绕三角机翼大迎角定常与非定常旋涡流动数值模拟计算"。这是现代航空技术中非常重要的理论问题。高正红利用慕尼黑工业大学提供的先进的工作条件展开了研究，取得了具有国际先进水平的成果，为新一代飞机的设计提供了必要的理论数据和空气动力学数据。国际著名空气动力学家、国际航空学会前主席拉什卡教授称赞她是"高水平的计算空气动力学家"。1994年6月，高正红回到西北工业大学飞机工程系任教授。2000年被教育部批准为飞行器设计学科长江特聘教授。

3. 王健平

1982年，20岁的王健平从中国科技大学近代力学系公派赴日本名古屋大学工学部航空航天学科学习，在完成了从工学学士到工学博士的课程后，又做了五年多的研究。十余年的刻苦求学，使王健平逐步成长为国际计算流体力学领域引人注目的学者。

在航天航空领域，如果说固体力学是它的骨架的话，流体力学就是血液。计算流体力学通过计算得到物体在流体中的受力情况，为生产、科研提供依据，对于航空航天的重要性不言而喻。在流体力学研究已经由传统的风洞实验进入到数值模拟以后，计算方法就成为计算流体力学最重要的研究课题之一，特别是在航空航天方面。同该领域其他方法相比，王健平所研究的谱方法有精度高的优点，但是它的灵活性很差，不能计算复杂形状，不能计算击波间断。这二者间的矛盾，一直是阻碍谱方法发展的最根本的问题。十余年来，王健平一直为解决这个难题，使谱方法成为一种应用广泛且精度高的计算方法而探索着。最近，他又发展了"点谱方法"，比有限谱方法更为优越。

在这一领域，王健平已经发表了40余篇论文，他的文章两次被收入 *Lecture Note Sin Physics*（《物理讲演集锦》），他发表在该领域国际一流刊物 *Journal of Computational Physics*（《计算物理》）上的论文，受到国际学术界的广泛注意。在第六届国际计算流体力学会议上，他的报告成为会议最重要的内容之一，亚洲计算流体力学会主席、日本计算流体力学会名誉主席大岛耕一说，王健平的文章是整个日本代表团最大的骄傲。在日本期间，他先后参与、主持科研项目 8 项，其中日本国家级的占 6 项，均取得了斐然的成绩。王健平已于 1996 年底回国，在北京大学湍流研究国家重点实验室工作。

七、计算机领域的华裔科学家报效中国

新世纪以来，个人计算机普及的热潮不仅出现在少数发达国家，而且正在席卷全球，特别是在包括中国在内的一些亚洲国家和地区，个人计算机普及的速度相当惊人，有人甚至说已经进入了"计算机社会"。在这一进程中，华裔科学家也有突出的贡献。

1. 姚期智

姚期智是美国国家科学院院士、美国人文及科学院院士、中国科学院院士。1972 年获哈佛大学物理学博士学位，1975 年获伊利诺大学香槟分校计算机科学博士学位。曾先后在麻省理工学院、斯坦福大学、加州大学伯克利分校等从事教学和研究。1986 年至 2004 年 6 月任普林斯顿大学计算机科学系教授。于 1998 年当选为美国科学院院士，于 2000 年当选为美国人文及科学院院士。美国计算机协会把 2000 年度的图灵奖（公认为计算机领域诺贝尔奖）授予他，使他成为自图灵奖创立以来首位获奖的华裔学者。其贡献的领域包括基于复杂性的伪随机数发生理论、密码学和通信复杂性。他促进了计算理论的形成，在包括计算几何、深度不变的布尔线路复杂性、数据结构分析以及量子通信等许多领域确立了新的方法论和有效的技术。他开创了通信复杂性领域，揭示了分布计算通信开销的实质。

20 世纪 80 年代初，姚期智在美国斯坦福大学任教期间，就与国内

有密切的科技合作关系。中科院软件研究所的几位研究员都先后访问过斯坦福大学，得到姚期智的许多帮助。他经常访问中国，在计算机科学领域进行多次学术交流。2000 年以来，姚期智还担任中国《软件学报》副主编，并担任软件研究所客座研究员。2003 年，他应聘担任清华大学讲席教授，在算法、算法复杂性及量子计算等计算机科学领域，帮助国内建立一支高水平的基础研究队伍，其中包括青年学术骨干和研究生的培养，开展国际学术交流活动，建立国内外的合作关系等。2004 年 9 月，姚期智辞去普林斯顿的终身教职，正式加盟清华高等研究中心，成为清华高等研究中心全职教授。姚期智带来了一个从 6 人增至 10 人的讲席教授组，他们都是国际上算法和复杂性领域最出色的华人学者。2007 年 3 月 29 日，姚期智领导成立了清华大学理论计算机科学研究中心。2007 年 4 月 16—19 日，理论计算机科学研究中心成功主办了第十届国际公钥密码学会议，来自世界 15 个国家的学者参会，姚期智担任大会主席。这是国际密码学研究领域和理论计算机研究方向的一次世界级盛会，首次在中国召开，又恰逢该会议的十周年庆典，可谓意义深远。姚期智于 2004 年当选为中国科学院外籍院士，2017 年转为中科院院士。

2. 王嘉廉

1976 年在纽约创立了 CA 公司（Computer Associates，计算机联合公司），以 10 万美元起家，经过 10 余次的兼并变动，到 2002 年时拥有 160 多个分公司，18000 名员工，年产值超过 60 亿美元，全球 95% 以上的世界 500 强企业都是他的用户。在美国《商业周刊》排出 2002 年全球 1000 大公司中，CA 列第 182 位，在美国列第 97 位。《工业周刊》也将 CA 连续三次列入"全球企业管理 100 佳"。CA 以经营商业应用程序为主，和微软走的路线完全不同，服务对象也不同，其服务对象几乎全是大型计算器系统，包括金融、商业、交通运输、通讯等系统。CA 在公关宣传方面相当低调，因此许多美国媒体将它称为"世界规模最大，却不为人知的软件公司"。

在 1999 年全美 CEO 收入排行榜上，王嘉廉以 6.55 亿美元的年度收入赫然名列第一，从而也成为 1999 年度全球最高薪 CEO。2002 年 11 月，作为公司创始人、董事会主席的王嘉廉正式辞职，并退出董事会，不过，他被 CA 公司授予了名誉董事长的头衔，同时他也是该公司第二大股东。

由于与生俱来的故乡情结，王嘉廉经常回中国，"每次回上海，我都觉得特别亲切，会想起小时候的许多事。"除在中国设有直接的分公司外，王嘉廉还在中国设立诸多合资企业，如北京冠群金辰软件公司、冠群联想软件公司、杭州东信冠群软件公司、上海光华冠群软件公司、中软冠群软件公司等，还有与东软的合作。

3. 张若玫

张若玫于 1974 年到美国，在普渡大学攻读数据系统管理博士学位。此后，她工作于贝尔实验室。在那里，她开发出了高稳定度多工传输协议——一种新的能同时给多个用户传输数据的技术。为此，她获得了专利权。此协议在网络中得到广泛应用，她关于此协议的论文成为专业人士的必读资料。之后，她离开贝尔实验室，来到当时在硅谷并不太出名的 SUN 公司。在张若玫加入 SUN 两年后的 1986 年 3 月，SUN 公司成功地在纳斯达克上市。作为一个未来行业的领军人物，张若玫在这里得到了她从实验室走向市场化的第一次洗礼。但对于富有冒险精神的张若玫来说，她要离开 SUN，搭建一个更大的舞台，一个属于自己的舞台。

1986 年，张若玫与丈夫戴尔·史金和另外两人一起，创立了"Teknekron"软件系统，即"Tibco"软件。其交易工作站（TraderWorkstation）产品彻底改变了华尔街接收和传输股票信息的方式，革命性地更新了当时金融界的线上数据交易信息系统。然而，1994 年，张若玫又出人意料地将与其丈夫所有的 Teknekron 资产以 1.25 亿美元卖给路透社，并放弃了提早退休的计划，合作创立了 VITRIA（远创科技）公司，为遍及全球的用户提供行业领先的业务流程整合服务 BUSINESSWARE——一个全新的针对不同行业需求，界面友好的应用系统。VITRIA 的解决方案又一次革新了企业内部对信息的共享和管理。1999 年，Vitria 公司成功上市，成为当年最著名的 IPO 公司之一。这一年，张若玫得到了她的荣誉，与思科、亚马逊公司的总裁一起被 Fortune 杂志授予"著名 eCEO"。2000 年，张若玫成为 Forbes 全美 400 富豪首位入榜的华裔女性；2001 年，张若玫被《商业周刊》评为"年度优秀企业家"。

在大洋彼岸功成名就的张若玫，2003 年 2 月走上了上海交大的讲台，这是张若玫第一次回到内地。一个月后，她再次来到中国。9 月在北京设立了全资子公司及研发中心"远创威业"。2004 年 4 月 6 日，张若玫用公司更名作为在中国创业的一个新起点，把"远创威业"正式更名为"麒麟远创"。张若玫的理想是，用西方的技术、中国的人才，成就一家以技术创新闻名的中国公司。

4. 石勇

石勇 1991 年获得美国堪萨斯大学管理科学和计算机系统博士学位。1991 年至 1996 年任美国内布拉斯加州立大学管理学院助理教授。1996 年至 1998 年任美国内布拉斯加州立大学信息科学和技术学院副教授。1999 年至 2003 年任美国内布拉斯加州立大学信息科学和技术学院查尔斯—玛格丽德姆信息技术杰出讲座教授、系主任和数据挖掘实验室主任。在美国学习、研究、工作的 19 年中，石勇取得了很多卓越的成就，并先后涉及了信息科学、管理科学、生产计划、财务会计、农业政策、石油工程、科学预测等众多的领域。2004 年回国组建中国科学院数据与知识管理研究中心，2007 年该中心与"虚拟经济研究中心"和区域经济的科研团队整合成立中国科学院虚拟经济与数据科学研究中心。成思危任该研究中心主任，石勇担任常务副主任。

此外，活跃在计算机领域的还有曾任微软公司副总裁、在学生时代就因开发了"奥赛罗"人机对弈系统并在 1988 年击败国际象棋世界冠军而名噪一时的李开复，以及计算机程序语言设计和实现领域的国际权威、耶鲁大学计算机系教授邵中等。

总之，在改革开放以来我国科技事业所取得的成果中，凝聚了海外华裔科学家的心血和汗水。其中既有老一代华人科学家，他们虽然功成名就、享誉世界，还有着繁重的科研教学任务，但为了中国科技事业的发展，不辞劳苦，四处奔波，无私地贡献着自己的聪明才智，在人才培养、项目建设、中外交流等方面发挥了重要作用。党和国家领导人对老一代华人科学家也非常重视，经常会见回国探亲、访问、讲学的科学家，听取他们的金玉良言，共商振兴中国科技之路，并建立了良好的友谊。也有在国外成长起来的新秀，有中国改革开放后出国定居的新移民，但他们都秉承了中华民族吃苦耐劳、艰苦创业的传统美德，成就了事业的辉煌。他们的成功，不仅为个人创造了机会，赢得了荣誉，而且推动了整个科技事业的发展。由于中国实行"引进来、走出去"的人才战略，由于中国的经济在改革开放以来日新月异的发展，已吸引了越来越多的海外华人科学家，他们与中国的联系越来越频繁、关系越来越密切。因此，我们要积极创造条件，融海外华人科学家之智，早日实现中华民族的伟大复兴。

第三节 "海归"学者对中国新时期科技事业的贡献

改革开放以来，我国实施"引进来、走出去"的对外开放战略，出国留学工作适应国内经济、社会发展及国际形势和中外关系发展的需要，不断在改革中向前发展，取得了令人瞩目的成绩，培养了一大批优秀、高层次人才。从 1978 年到 2018 年底，各类出国留学人员累计达 585.71 万人。其中 153.39 万人正在国外进行相关阶段的学习和研究；432.32 万人已完成学业；365.14 万人在完成学业后选择回国发展，占已完成学业群体的 84.46%[①]。他们为国家的建设和社会进步，为增强我国在国际上的科技竞争力，作出了宝贵贡献。

一、出国留学工作简况

出国留学工作是我国培养创新人才的重要渠道，是培养和凝聚高层次人才，造就和吸引学科带头人的一条重要途径。在新中国科技事业的发展历程中，留学回国人员曾作出过杰出的贡献。新中国成立伊始，许多华侨知识分子毅然放弃国外优越的生活和工作条件，怀着强烈的报国之心，冲破重重阻力，克服种种困难，回到生活艰苦、条件落后的祖国。在 20 世纪 50 年代，从欧美回国的留学生达 2500 多人[②]。五六十年代，

---

① 《2018 年度我国出国留学人员达 66.21 万人　各类留学回国人员为 51.94 万人》，《人民日报》2019 年 4 月 2 日。

② 《李岚清教育访谈录》，人民教育出版社 2004 年版，第 188 页。

新中国还向苏联等国家派遣了 1.8 万多名留学生[①]，到 1967 年时大多回国参加工作。他们奋战在祖国各条战线上，与国内同胞一道，为恢复和发展国民经济，尤其是为振兴新中国的科技事业作出了突出的贡献，为新中国的国防和高科技发展奠定了坚实的基础。如荣获"两弹一星功勋奖章"的 23 位科技专家中，有 21 位是从国外留学归国的；1955 年中国科学院首届学部委员的 172 人中有 158 人是归国学者。

但随着 1966 年"文化大革命"的爆发，中国向外派遣留学生的工作完全中断了，派出的留学生也大多回国参加了工作。直到 1972 年底才恢复向外派遣留学生的工作，但派出的人数很少。到 1977 年止，我国仅向 32 个国家和地区派出 1548 名留学生，且主要是派出学习和研究外国语言的，学习和研究自然科学的很少，仅占 6.3%。[②]为加速人才培养、学习国外先进的科学技术和管理经验，改革开放伊始，派遣留学生工作就被提上了日程。

（一）派遣留学生工作

面对"文化大革命"后中国科技人才队伍短缺的紧迫形势，邓小平于 1978 年 6 月 23 日作出了关于扩大派遣留学人员的重要指示，提出留学生的数量要增大，"我赞成增大派遣留学生的数量，派出去主要学习自然科学。要成千上万地派，不是只派十个八个。请教育部研究一下，在这方面多花些钱是值得的。这是五年内快见成效、提高我国科教水平的重要方法之一"[③]。为落实这一重要指示，同年，教育部作出了 3000 人的派遣计划[④]。于是，作为迅速缩短与发达国家先进科学技术之间差距的

---

①　《李岚清教育访谈录》，第 188 页。

②　许志怀、关键：《四十年出国留学工作的回顾与思考》，《神州学人》1989 年第 6 期。

③　国务院侨办公室、中共中央文献研究室编：《邓小平论侨务》，中央文献出版社 2000 年版，第 14 页。

④　据 2009 年 9 月 28 日《新闻联播》。

最有效手段之一，派遣留学生的工作成了中国改革开放的先声。

1978 年 7 月，美国卡特总统科技顾问弗兰克·普雷斯（Dr. F Press）向方毅副总理发出邀请，请中国政府派代表团赴美商谈留学生计划。10 月，经过谈判，中美双方达成互派留学生的谅解。此后，中国又陆续与英国、埃及、加拿大、荷兰、意大利、日本、联邦德国、法国、比利时、澳大利亚等国达成互派留学生协议。在各方面的努力下，1978 年 12 月 26 日，首批赴美的 50 名访问学者在中美正式建交之前前往美国。而在同年 3 月，中国已选拔了 23 名"尖子"，于五六月间赴加拿大、英国、法国、日本、澳大利亚和新西兰等国学习。第二年，我国又公派出 1777 名留学生。[①] 从此，中国出现了历史上前所未有的留学热潮。

1980 年，为使留学生派遣工作迅速启动，国家提出了"保证质量、力争多派"的方针；1986 年，为弥补留学生派遣中参差不齐、学非所用的问题，中共中央、国务院于 5 月发布了《关于改进和加强出国留学人员工作若干问题的通知》，国务院于 12 月批转国家教委《关于出国留学人员工作的若干暂行规定》，将留学工作政策完善为"按需派遣，保证质量，学用一致"十二字方针。这之后，出国留学工作开始步入健康发展轨道，通过各种形式出国留学的人也越来越多。1992 年 8 月，针对留学生有的按时回国和有的留在海外的比较复杂的情况，国务院办公厅发出了《关于在外留学人员有关问题的通知》，全面阐述国家对滞留海外的留学人员的一系列具体政策，并明确把"支持留学，鼓励回国，来去自由"作为我国出国留学工作的总方针。自费留学政策也进一步调整和放开，从"鼓励回国工作"到"鼓励海外留学人员以多种形式为国服务"。1996 年，成立国家留学基金管理委员会，引入竞争机制，在国家留学基金资助的公费留学生选派上实行"个人申请、专家评审、平等竞

---

① 参见李岚清：《突围——国门初开的岁月》，第 355 页。

争、择优录取、签约派出、违约赔偿"的办法。与此同时，国家对自费留学生也十分重视，在1980年、1982年、1984年、1986年、1990年和1993年相继出台了自费留学生政策，总的原则是将自费留学生看作中国留学教育不可缺少的一个重要渠道，"开明渠、堵暗道"，加以支持和正确引导。

中国派遣留学生的政策得到了海外科学界的热情支持。如，由李政道发起的中美联合招考物理研究生计划，从1979年到1989年的十年间，累计共有915名中国留学生通过该计划到美国攻读物理类博士学位①。1981年，康奈尔大学的吴瑞教授又倡议把此计划扩展到中美生物化学和分子生物学领域。同年，复旦大学名誉教授、哈佛大学化学系主任、美国科学院院士多林教授发起中美化学研究生计划。丁肇中于1982年提议设立实验物理研究生培养计划。陈省身于1982年倡议并组织实施"陈省身项目"。

海外民间和官方各种基金会也积极赞助中国派遣留学生。为留学生提供奖学金的有美国李氏基金会（The Li Foundation，1982年）、包玉刚出资设立的包兆龙留学生奖学金（1983年）等。1985年，包玉刚致信邓小平和英国首相撒切尔夫人，提议设立"中英友好奖学金计划"，包玉刚及其家属认捐1400万英镑，中国政府出资1400万英镑，英国政府从外援基金中拨资700万英镑，由英国文化委员会在英国本土实施该计划。1986年6月，三方在伦敦签署备忘录，成立"中英友好奖学金计划委员会"，每年支持350名至420名中国研究生和学者到英国大学和研究机构从事学习和学术研究。②

① 北大招生网，http://www.gotopku.cn/forum/viewthread.php?tid=47570。
② 宋健：《百年接力留学潮》，《光明日报》2003年4月15日。

（二）充分重视留学生回国工作

自外派留学生工作伊始，中国政府就十分重视留学生的回国工作。这些海外留学人员大多是获得博士、硕士学位或有博士后经历的高层次人才，而且大部分是 35 岁以下的中青年，他们的专业学科几乎覆盖了当代科学的所有领域，对新世纪中国的发展具有十分重要的战略意义。因此，如何利用好这些宝贵的人才资源，鼓励和吸引更多海外学人回国服务和为国服务，是摆在政府面前亟待解决的问题之一。李政道曾预言，这些在美国或欧洲的一流研究机构和著名学府中，成绩名列前茅的青年科学工作者，将成为 21 世纪引导中国各学科发展的新一代权威人物。因此这个问题引起了党和政府领导人的高度重视。1981 年 2 月 26 日，为保证 1500 多名进修人员在该年学成回国，教育部就发出了《做好留学人员回国工作的通知》，要求国内派出单位配合使领馆做好教育工作，规定进修人员必须按期回国，急国内工作需要之所急。[①] 在 1984 年以前，政府公派留学人员回国比例相当高，除少数特殊情况外，90% 以上都能按期回国。但从 1985 年开始一直到 1992 年，公派留学回国的人数和比例都呈现出较大幅度的减少，特别是 1985 年和 1986 年，这两年公派留学回国率不到 30%。[②]

邓小平曾多次就留学生回国工作作出指示。1984 年 8 月 25 日，他在会见美籍华人陈省身教授时说："要用好出国留学人员"[③]。1985 年 7 月 16 日，邓小平在听取胡启立、方毅、宋健、严东生、周光召等汇报时指出："人是最宝贵的财富。我们有几万名留学生在国外，这是财富，要

---

① 国家教委外事司编著：《教育外事工作历史沿革及现行政策》，北京师范大学出版社 1998 年版，第 59 页。

② 转引自崔晓麟、张君：《中国共产党吸引海外留学人员回国工作政策考察（1978—1992）》，《三峡大学学报（人文社会科学版）》2017 年第 4 期。

③ 转引自《邓小平年谱（1975—1997）》（下），中央文献出版社 2004 年版，第 991 页。

争取他们回来。我们要加强同他们的联系。一个是搞博士后的方法，一个是特区、开放城市招聘留学生的方法。把他们吸引回来，还要想更多的方法。博士后只是一小部分人，要从更多的方面来考虑。有许多框框束缚我们，要改革。招聘要有对象，有名单。要赶快搞规划。尤其是科学研究机构，现在就要去招聘。把最优秀的先招聘回来。所谓少讲空话，多做实事，这就是实事，要落实到单位，落实到人。最优秀的，招聘的条件要提高。"[①] 1985 年 9 月，中共中央和国务院批准了由中央引进国外智力领导小组办公室等部门起草的《关于争取留学博士毕业生早日回国工作的请示》，其中提出了留学生毕业回国工作分配制度改革的政策原则，创新了争取在外留学生回国工作的思路和方法。1986 年 11 月 3 日，邓小平在会见美籍华人陈省身教授和夫人时的谈话中指出："最好的人才不用才是真正的损失。要努力争取在国外学习的人回国，并为他们创造较好的工作条件，使他们回国后能发挥专长。国内办高科技中心的目的之一也是为了吸引人才回国。对少数尖子人才的待遇可以高一些。应该向尖子人才提供较优厚的待遇。对有才能的人应该破格评级提升。"[②] 1988 年 9 月邓小平又指出："我们的留学生有几万人，如何创造他们回来工作的条件，很重要。有些留学生，回来以后没有工作条件，也没有接纳他们的机构，有些学科我们还没有。可以搞个综合的科研中心，设立若干专业，或者在现有的一些科研机构和大学里增设一些专业，把这些人放在里面，攻一个方面，总会有些人做出重大贡献。否则，这些人不回来，实在可惜啊。"[③] 为进一步完善出国留学工作，中国政府于 1988 年 12 月正式成立"中国留学服务中心"。中心的宗旨是为对外教育交流人员提供多种形式的服务，特别是为出国留学人员回国工作提供双

---

① 国务院侨务办公室、中共中央文献研究室编：《邓小平论侨务》，第 18 页。

② 国务院侨务办公室、中共中央文献研究室编：《邓小平论侨务》，第 20—21 页。

③ 《邓小平文选》第 3 卷，第 275 页。

向选择服务。中国政府 1989 年出台并组织实施了用人单位到国外去招聘出国留学人员回国工作的政策。据有关文献的统计数据：从 1989 年实施出国招聘人才的政策开始到 1992 年的四年间，中国政府先后组织了由 90 个单位和部门参加的 12 个"留学人员招聘团（小组）"，分别到 11 个国家，接触了 1.4 万多名中国在外留学人员，现场录用了 700 多名留学生，并与 2000 多名留学人员建立了联系。[①] 1992 年的全国人大和政协会议上，呼唤留学生回国服务成为两会的中心话题之一。1992 年邓小平在南方谈话中指出，"希望所有出国学习的人回来。不管他们过去的政治态度怎么样，都可以回来，回来后妥善安排。这个政策不能变。告诉他们，要做出贡献，还是回国好。希望大家通力合作，为加快发展我国科技和教育事业多做实事。搞科技，越高越好，越新越好。越高越新，我们也就越高兴。不只我们高兴，人民高兴，国家高兴。对我们的国家要爱，要让我们的国家发达起来。"[②] 邓小平这些论述，深深打动了海外学子的心，也推动了全国留学工作。1992 年 8 月，时任国家教委主任的李铁映同志提出了出国留学政策的三句话 12 个字："支持留学，鼓励回国，来去自由。"8 月，国务院发布了《关于在外留学人员有关问题的通知》，贯彻了"鼓励回国，来去自由"的留学方针。1993 年 11 月，"支持留学、鼓励回国，来去自由"这一新时期留学工作的总方针载入党的十四届三中全会通过的《中共中央关于建立社会主义市场经济体制若干问题的决定》。

继邓小平之后，江泽民也很重视留学生工作。1993 年，江泽民指出："世界科技进步日新月异，我们要努力跟踪和创新，力争在高科技领域占有一席之地。在这些方面，广大留学人员具有知识的优势和国际交流的经验，肩负重大而光荣的使命，祖国和人民期望广大留学人员不断做

---

① 转引自崔晓麟、张君：《中国共产党吸引海外留学人员回国工作政策考察（1978—1992）》，《三峡大学学报（人文社会科学版）》2017 年第 4 期。

② 《邓小平文选》第 3 卷，第 378 页。

出贡献。"① 1995 年，江泽民在纽约中文电视台的电视讲话中提出，派遣留学人员出国学习是我国改革开放政策的重要组成部分。我们支持出国留学，鼓励学成回国，实行来去自由。② 此后，中国政府不断出台新政策、新措施，为解决这一问题做出了积极努力。同时，归国留学生则以30% 的大幅度逐年增加。

进入新世纪，胡锦涛同样重视留学生工作。2003 年 9 月 30 日，胡锦涛接见全国留学回国人员先进个人和先进工作单位，及 10 月 8 日在欧美同学会成立 90 周年庆祝大会上的讲话中提出，要把吸引和用好留学人员作为实施人才战略的一项重要任务抓紧抓好，积极营造留学人员回国工作、创业、发展的良好环境，形成鼓励干事业、支持干成事业的社会氛围，加大"教育部留学回国人员科研启动基金"的资助力度，充分发挥留学人员的积极性和创造性。鉴于我国在主要发达国家约有 20 多万人学成后留在海外工作，其中 45 岁以下、具有助理教授或相当职务以上的约 6.7 万人；就职于国际知名企业、高水平大学和科研机构，具有副教授或相当职务以上的高层次人才约 1.5 万人，且这些留学人员虽然长期在海外工作、生活，但其中许多人始终心系祖国，有回国工作和为国服务的愿望的现实状况，③ 2008 年 12 月 23 日，中共中央办公厅转发《中央人才工作协调小组关于实施海外高层次人才引进计划的意见》，在中央、国家有关部门、地方分层次、有计划组织实施海外高层次人才引进计划。至 2012 年 8 月，已分 8 批引进海外高层次人才 2793 人。2012 年8 月 17 日，中共中央组织部等 11 个部门联合发出通知，启动"国家高层

---

① 《人民日报》1993 年 10 月 24 日。

② 《与国家留学事业共辉煌——写在〈神州学人〉创刊 20 周年之际》，《神州学人》2007 年第5 期。

③ 2008 年 12 月 23 日，中共中央办公厅转发的《中央人才工作协调小组关于实施海外高层次人才引进计划的意见》。

次人才特殊支持计划"（以下简称"国家特支计划"），计划从 2012 年起，用 10 年左右时间，有计划、有重点地遴选支持一批自然科学、工程技术和哲学社会科学领域的杰出人才、领军人才和青年拔尖人才，形成高层次创新创业人才队伍建设体系①。

中共十八人以来，中国特色社会主义进入新时代。为决胜全面建成小康社会，实现"两个百年"奋斗目标，实现中华民族伟大复兴的中国梦，习近平更加重视留学生工作和青年人才的培养。2013 年 10 月 21 日在欧美同学会成立 100 周年庆祝大会上，习近平发表重要讲话，充分肯定：百余年的留学史是"索我理想之中华"的奋斗史，一批又一批仁人志士出国留学、回国服务，大批归国人员投身中国共产党领导的伟大事业，在中国革命、建设、改革的历史画卷中写下了极为动人和精彩的篇章。习近平指出："改革开放以来，党中央和邓小平同志作出了扩大派遣留学生的战略决策，推动形成了我国历史上规模最大、领域最多、范围最广的留学潮和归国热。截至 2012 年底，我国出国留学人员达到 264 万人，留学回国人员达到 109 万人。广大留学人员积极投身改革开放和社会主义现代化建设，积极推动我国同其他国家各领域交流合作，为推动我国经济社会发展作出了重要贡献。"习近平强调："党和国家将按照支持留学、鼓励回国、来去自由、发挥作用的方针，把做好留学人员工作作为实施科教兴国战略和人才强国战略的重要任务，使留学人员回到祖国有用武之地，留在国外有报国之门。我们热诚欢迎更多留学人员回国工作、为国服务。"在这里，习近平把 12 字留学工作方针发展为 16 字新时代留学工作方针，"发挥作用"成为下一步留学归国政策的重点。习近平强调："在亿万中国人民前行的伟大征程上，广大留学人员创新正当其时、圆梦适得其势。广大留学人员要把爱国之情、强国之志、报国

---

① 《国家高层次人才特殊支持计划》，中共中央组织部办公厅 2012 年 8 月 17 日公开发布。

之行统一起来，把自己的梦想融入人民实现中国梦的壮阔奋斗之中，把自己的名字写在中华民族伟大复兴的光辉史册之上。"接着，习近平对全体留学人员提出四点希望：希望大家坚守爱国主义精神；希望大家矢志刻苦学习；希望大家奋力创新创造；希望大家积极促进对外交流。①2014 年马年春节来临之际，习近平收到中国留学德国学生来信。1 月 16日，习近平给他们回信。信中指出：希望广大海外学子秉持崇高理想，在中国人民实现中国梦的伟大奋斗中实现自身价值，努力书写无愧于时代的华彩篇章。希望大家"志存高远，脚踏实地，刻苦攻读，积才广学，早日用所学所得报效祖国和人民"。②从习近平的讲话和信函中，可以看出立足新时代寄予的新期望。2015 年 5 月，中央统战工作会议上，习近平又明确指出："留学人员是人才队伍的重要组成部分，也是统战工作新的着力点。"③2017 年 12 月 30 日，习近平给莫斯科大学的中国留学生回信，"希望你们弘扬留学报国的光荣传统，胸怀大志，刻苦学习，早日成长为可堪大任的优秀人才，把学到的本领奉献给祖国和人民，让青春之光闪耀在为梦想奋斗的道路上"。④

2016 年 6 月，有份材料集中反映了留学回国人员创业创新中遇到的烦恼和障碍，其中突出表现为优惠政策享受难、落户就学办理难、开户融资难、知识产权应用难、政策限制放开难、文化理念融合难等"六难"，李克强在这份材料上作出批示，要求有关部门合力研究解决"六难"问题。李克强批示后，国务院 18 个相关部委雷厉风行，合力破解材料中反映的带有普遍性的问题。半年多时间，国务院 18 个部委合力出台

①　习近平：《在欧美同学会成立 100 周年庆祝大会上的讲话》，《人民日报》2013 年 10 月 22 日。
②　《习近平给全体在德留学人员回信　勉励他们秉持崇高理想努力报国为民》，《人民日报》2014 年 1 月 20 日。
③　陶庆华：《鹰击天风壮　鹏飞海浪春》，《光明日报》2017 年 9 月 8 日。
④　《光明日报》2017 年 12 月 31 日。

改革措施，已经惠及超过 200 多万留学归国人员。①

党的十八大以来，以习近平同志为核心的党中央明确提出"聚天下英才而用之"的战略目标，大力吸引海外留学人员归国创新创业，出台一系列重大政策举措，开展一系列重大工作，推进体制机制改革，使得留学人员近悦远来，望旆来归。②加快构建具有全球竞争力的人才制度体系，国家、地方和用人单位引才项目竞相发力，新中国成立以来最大规模的海外留学人才"归国潮"澎湃而至。③十八大以来，党中央出台和落实《关于深化人才发展体制机制改革的意见》等 60 多项文件，初步完成留学人员回国的政策体系构建。④

（三）积极搭建留学生回国创业平台

为了发挥海外留学归国人员的作用，为他们人尽其才、避免人才浪费创造条件，政府有关部门组织各种科技活动，召开科技专业会议，吸引学有所成的海外留学人员或华人科学家参加。从 2000 年起，由国务院侨务办公室、国家科技部、中国科学院等部门联合举办"世界华人论坛"，随后每两年举办一届。至 2008 年第五届论坛时，共有工商、科技、金融界逾 1000 位海外知名华侨华人代表出席，以高层次代表和高端的专业视角在海内外产生广泛影响。2010 年 7 月 26 日至 27 日，由前述几个部门和广东省人民政府联合举办的"第六届世界华人论坛"在广州举行，来自美国、加拿大、英国、德国、法国、澳大利亚、新西兰、日本等 25个国家和地区的 190 名海外高端学者，以及 160 位国内代表参加论坛。论坛的主题是"创新中国·和谐发展"。与会代表围绕"创新中国与低碳发展、创新中国与发展制造业关键技术、创新中国与生物医药业发展、

---

① 《总理批示 18 部委通力破除回国留学生创业创新壁垒》，中国政府网，2017-02-12。

② 陶庆华：《鹰击天风壮　鹏飞海浪春》，《光明日报》2017 年 9 月 8 日。

③ 罗旭：《"归国潮"背后的中国吸引力》，《光明日报》2017 年 9 月 8 日。

④ 王海磬：《十八大以来归国人才数据速览》，《光明日报》2017 年 9 月 8 日。

金融创新与促进经济发展方式转变、创新中国与产学研合作"五个方面进行交流和深入研讨。① 世界华人论坛属于科技类型论坛，其对于海外科技界华人和中国留学人员了解中国科技情况、转变经济发展方式起到了中介作用。

　　进入 21 世纪以来，中国侨联与北京市侨联等单位，围绕"科教兴国""人才强国"战略，根据海外新侨的要求和愿望，连续开展了十届海外侨界高新技术人才为国服务活动。先后与天津、河北、内蒙古、上海、浙江、山东、重庆等省市侨联合作，组织了来自世界 20 多个国家和地区的 500 多位海外学者，带着 750 多个科技项目和研究成果，参与了北京奥运、环渤海区域开发、西部大开发和社会主义新农村建设等，签订合作项目 100 余个，协助地方有关部门引进了一批高层次人才和高新技术。中国侨联还联合多个部门，表彰了在回国创业和为国服务中成绩突出的创新人才 326 人、创新成果 100 项，命名了科教兴国示范基地 35 个、科技进步带头人 38 名、科技兴业示范企业 47 个。② 中国侨联通过开展这项活动，发挥了新侨的独特作用，在推动国家自主创新、产业升级、区域协调发展等方面作出了贡献。2010 年 8 月 24 日，为期 6 天的"第十届海外高新技术人才为国服务暨第三届新侨创新成果交流会"在北京人民大会堂开幕。中共中央政治局委员、全国人大常委会副委员长王兆国会见与会代表时强调，要统筹利用国内国际两种人才资源，吸引更多的海外人才回国创业、为国效力。全国人大常委会副委员长、中科院院长路甬祥，全国政协副主席、科技部部长万钢等领导出席开幕式并为获奖代表颁奖。

　　2016 年金秋时节，由国务院侨办，四川省委、省政府和欧美同学会

① 李刚：《世界华人论坛举行》，《人民日报》2010 年 7 月 28 日，第 11 版。
② 林军：《海外高新技术人才为国服务交流会开幕》，人民网，2010-08-24。

共同主办的第十五届中国西部海外高新科技人才洽谈会（以下简称"海科会"）在成都市举行。诺贝尔奖得主丁肇中，12 名海外院士，30 多名海外名校校长和资深教授，183 名海外华侨华人专业协会会长，50 多名海外高层次人才，300 多名海外创新创业人才参会，规格层次创历届之最。专业代表来自美国、英国、德国、法国、意大利、荷兰等 33 个国家和地区，地域广泛创历届之最。278 名海外人才在展会期间集中签约落户四川，引进高新科技项目 89 个，金额达 382.8 亿元人民币，引资引智成果之丰硕创历届之最。全国人大常委会副委员长韩启德评价说："海科会引进了一批以尖端科学家和顶级创业团队为代表的海外华侨华人专业人士到中国西部发展，带动了科技创新和产业转型发展，扩大了中国西部的对外开放。"[1]"海科会"让越来越多活跃在全球现代科技前沿领域的海外华侨华人，正在成为四川实施创新驱动发展的强劲引擎。2009 年，四川省启动海外引才"百人计划"；2013 年，四川省海内外引才"百人计划"拓展为海外高层次人才引进计划。至 2016 年，已引进 595 名高端人才、52 个顶尖团队，居西部第一、全国第七。在 2015 年成都举行的"海科会"上，来自美、英、澳、日等 20 多个发达国家和地区的 60 多家海外科技专业社团，600 多名华侨华人专业人士携 400 多个高新科技项目参会。"云计算、互联网＋"专场、"BIO 天府国际转化医学暨生物医药高峰论坛""天府芯谷·硅谷直通车"活动……这些专场活动无不与四川省重点战略产业和新兴产业发展紧密结合。在 2015 年成都"海科会"海外人才引进暨项目合作签约仪式上，在美国创业的陈崇，辞去在美国的高薪工作，成为四川大学生物治疗国家重点实验室特聘研究员。当陈崇谈到如此抉择时表示："学成报国的大'是'、西部发展的大'势'、

---

① 李翔、吴姗：《海外科技精英相继入川》，《人民日报》2016 年 10 月 13 日。

潜心研究的大'事',三者合一,四川是首选。"① 四川欧美同学会·四川留学人员联谊会成立和留学报国成都基地挂牌,186名海外人才与省内相关单位签订引才引智协议,引进高新科技项目34个,签约资金72.75亿元,同时引进海外引才顾问累计达68人。四川省各市州也有斩获,在"海科会"内江专场活动中,70余名海外高层次人才为内江带来80个高新科技项目,现场签约项目10个,涵盖遗传学、肿瘤防治、跨境电商合作等多个领域。21年来,"海科会"累计引进海外高端人才1000多名,科技项目1000多个,投资金额1080亿元,开展海外高端人才与高校、科研院所等交流2000多场,凸显了"海科会"高端人才引进、科技项目合作、国际学术交流三大平台功能。2017年9月15日,第十六届"海科会"在成都市举行,其规模和签约金额高于十五届,有关情况已在其他章节介绍。

　　"海科会"越来越吸引海外尖端华人科技人才,是因为成都孵化器愈加成熟。成都高新区1991年被国务院批准为全国首批国家高新技术产业开发区,2006年被科技部确定为全国创建"世界一流高科技园区"六家试点园区之一,2015年6月被国务院批准为国家自主创新示范区。四川自然环境良好,人民乐观豁达,造就了勇于求新、乐于探索和安逸生活的文化现象,这种独特的环境与文化交相映衬,也是吸引很多高层次人才"来了就不想走"的原因。2015年,成都被美国《财富》杂志列入"2015中国十大创业城市",被美国米尔肯研究所评为"2015中国最佳表现城市",还被中国新华社评为"中国最具幸福感城市"首位。

　　截至2016年底,我国留学回国人员总数达265.11万人,其中2016年回国43.25万人,党的十八大以来5年回国人数占到70%。引进海外

---

　　① 乔萱:《天府圆梦正当时——写在第十五届中国西部海外高新科技人才洽谈会开幕之际》,《人民日报》2016年9月13日。

高层次人才 6089 人①，各地引进高层次留学人才 5.39 万人；出国留学完成学业后选择回国发展的留学人员比例由 2012 年的 72.38% 增长到 2016 年的 82.23%；省部共建留学人员创业园 49 家，全国留学人员创业园 347 家，入园企业超过 2.7 万家，7.9 万名留学人员在园创业，形成了新中国成立以来最大规模留学人才"归国潮"，我国对海外人才吸引力显示出强大的"人才磁铁"效应。②另据教育部网站消息，2017 年，中国出国留学人数首次突破 60 万，达 60.84 万人，同比增长 11.74%，持续保持世界最大留学生生源国地位。同年留学人员回国人数较上一年增长 11.19%，达到 48.09 万人，其中获得硕博研究生学位及博士后出站人员达到 22.74 万人，同比增长 14.90%。2017 年度，我国留学生出国学习、回国服务规模双增长，与国家战略、行业需求契合度不断提升，发展态势持续向好。2018 年度我国出国留学人员总数持续增加，达 66.21 万人；同年各类留学回国人员总数也持续增加，达 51.94 万人③。出国留学完成学业后选择回国发展的留学人员比例，由 2012 年的 72.38% 增长到 2017 年的 83.73%，形成了新中国成立以来最大规模留学人才"归国潮"④。但同时也应看到，当前国际人才竞争越发激烈，"人才战争"硝烟渐起。许多发达国家通过改革移民政策，加大人才吸引或留置力度，一些发展中国家也不甘示弱，纷纷加入全球人才竞争行列。中国流失的顶尖人才数量居世界首位，其中科学和工程领域滞留率平均达 87%。⑤

---

① 参见《我国提速迈向人才强国》，《光明日报》2017 年 8 月 30 日。海外高层次人才引进工作小组会议 2017 年 4 月 28 日在京召开，对近期海外引才工作作出部署。《人民日报》2017 年 4 月 29 日。

② 《新中国成立以来最大规模海归潮形成》，《人民日报》2017 年 4 月 12 日。

③ 《2018 年度我国出国留学人员达 66.21 万人　各类留学回国人员为 51.94 万人》，《人民日报》2019 年 4 月 2 日。

④ 《在习近平党建思想指引下实干担当——党的十八大以来组织工作述评》，《人民日报》2018 年 7 月 3 日。

⑤ 《中国成人力资源大国　流失顶尖人才数量世界第一》，新华网，2013-06-03。

二、留学回国人员大显身手

由于我国政府十分重视鼓励和吸引海外留学人员回国工作或以多种形式为国服务，而且在吸引海外优秀人才团队、支持留学人员回国孵化科技企业等方面，陆续出台了一系列政策措施，如长江学者奖励计划、国家杰出青年科学基金、百人计划、火炬计划、中国青年科学家奖等，对留学人员回国起了重要促进作用。

1996年实行新的国家公派留学选派办法后，接近改革开放30年时，公派留学生的回归率达95.9%[①]。到2007年已有近32万人学成回国，而在2002年底时，学成回国的留学人员只有近16万。"海归"们遍布政治、经济、外交、科技、文化、教育、卫生、高科技产业等领域，起到了或正在起着非常重要的作用，其中涌现出不少科学研究的帅才和将才，有的还担任了某一领域的学科带头人或首席科学家，主持或承担着国家"863计划"等重大科研项目。2003年时，中国科学院院士的81%、中国工程院院士的54%，"九五"期间国家"863计划"首席科学家的72%，都有留学经历[②]。海外回国人员在国家科技奖获奖项目完成人中占了较大比例，如2005年度国家自然科学获奖项目的第一完成人中有73.7%是海外回国人员，国家技术发明奖和科技进步奖也占到30%左右[③]。很多留学回国人员活跃在中国的高新技术产业领域，据不完全统计，截至2004年底，全国已建成各级各类留学人员创业园110家，入园企业超过6000家，约15000位留学人员在园内创业[④]。改革开放以来，

---

① 《李岚清教育访谈录》，人民教育出版社2003年版，第187—189页。

② 蒲颖：《改革开放以来留学回国工作的成绩》，《神州学人》2003年第11期。

③ 《新世纪首次全国科技大会》，《神州学人》2006年第2期。

④ 林军：《殷殷桑梓情　拳拳赤子心——广大海外侨胞积极参与中国改革开放和现代化建设事业》，《人民日报》2008年9月25日。

不断回国发展的留学人才已经成为中国各行各业的骨干力量。另据统计，1978 年到 2009 年底，各类出国留学人员总数达 162.07 万人，截至 2009 年底，选择回国发展的已达 49.74 万人，2009 年回国人数首次突破 10 万人，增幅达 56.2%。全国已建成留学人员创业园 150 余家，入园企业超过 8000 家，20000 余名留学人员在园内创业。81% 的科学院院士、54% 的工程院院士、72% 的"863 计划"首席科学家都是海外留学、修学回国人员，他们在各个领域作出了重要贡献。[①] 从改革开放之初到 2010 年底，中国留学回国人员总数已达 63.22 万人，"十一五"期间累计回国 39.93 万人，比"十五"期间增长近 3 倍，新一轮留学人员归国热潮已经形成。我国留学人员回国数量连创新高，得益于人力资源社会保障部实施的海外高层次留学人才引进项目、中科院"百人计划"、教育部"长江学者计划"，以及北京"海聚工程"、江苏"双创计划"等一批部门和地方留学人才工程的深入实施。2011 年时，我国 72% 的国家重点项目学科带头人是"海归"。高层次留学回国人员已逐渐成为提高我国自主创新能力的领跑者和生力军，成为我国人才队伍的重要组成部分和现代化建设的特需人才资源。[②] 2014 年度出国留学人员就达到 45.98 万人，留学回国人员 36.48 万人。据 2015 年统计，中国科学院院士的 81%、中国工程院院士的 54%，都有留学经历。"两弹一星功勋奖章"的 23 人中，留学归国学者有 21 人；在美国纳斯达克上市的上百家中国企业中，八成是由中国留学人员创办和管理的。[③] 可以说，我国改革开放中的外派留学生事业已由过去播种耕耘的阶段开始进入收获的季节。

　　《学子风华》一书集中展示了各行各业取得突出成就的留学归国人

---

① 林军：《海外高新技术人才为国服务交流会开幕》，人民网，2010-08-24。

② 《留学回国人员总数超 63 万　新一轮归国潮形成》，新华社，2010-08-24，http://edu.people.com.cn/GB/204387/15496477.html。

③ 王辉耀：《让留学人员成为发展"战略资源库"》，《人民日报》2015 年 7 月 1 日。

员业绩。1999年教育部编纂的《学子风华——优秀留学回国人员业绩录》一书，收录了424位自20世纪70年代末以来做出了各种业绩和受到过各类表彰的优秀归国留学人员。这些受表彰的优秀留学归国人员，绝大部分学习和从事的专业是自然科学，学习和从事人文和社会科学的不到1/4。从书中介绍的这些优秀留学归国人员做出的业绩来看，他们共取得在世界上处于领先水平或开拓性的研究成果30项，获得国际奖项和外国专利的共有52项，填补了国内空白或在国内取得了开拓性、首创性研究成果及获得国家发明专利的有282项。另外，获得各类国家级奖项的有152项，获得各种省部级和专项类别奖项的有近千项。这些优秀留学归国人员主持或参与的研究项目约有两千项，独著或与人合著的各种著作有千余部。在国内外发表的论文近万篇，有不少被国内外学术界多次引用或引证。

2003年出版的《学子风华（4）——优秀留学回国人员业绩录》又收录了226位留学回国人员。他们主要是改革开放后留学回国的国家级研究所所长和国家重点实验室、国防重点实验室、教育部开放实验室、国家工程研究中心等国家级实验室和工程研究中心的主任，改革开放后留学回国参与"863计划""攀登计划""973计划"等国家级科研计划和项目的首席科学家，改革开放后留学回国的"长江学者奖励计划""百千万人才工程""百人计划""跨世纪优秀人才培养计划"等重要人才计划、人才工程的入选者和国家杰出青年科学基金、国家有突出贡献中青年专家等国家级科研基金、国家级荣誉称号的获得者，以及改革开放后留学回国并曾经在上述重要岗位工作过的优秀留学回国人员代表。而《学子风华（3）——杰出留学回国人员特辑》，则向我们集中展示了改革开放后留学回国的两院院士，改革开放后留学回国的教育部直属和其他知名高校及国家级科学研究院的校（院）长，改革开放后留学回国的"长江学者成就奖"获得者等杰出留学回国人员代表。进入21世纪后，我国加大力度引进海外高层次人才。中科院的"百人计划"、教育部的"长江学者奖励计划"、国家自然基金委的"国家杰出青年科学基金"等人才计划，也引进了一批优秀海外人才为国家建设和发展作出突出贡献。①

2013 年 12 月，中华全国归国华侨联合会、国务院侨务办公室决定，授予万立骏、梁思礼等 11 人"中国侨界杰出人物"荣誉称号；授予马建忠等 20 人"中国侨界杰出人物提名奖"；授予王倩等 984 人"全国归侨侨眷先进个人"荣誉称号。这 11 位侨界杰出人物是：中国科学院化学研究所研究员、重点实验室主任万立骏，清华大学经济管理学院教授、中国与世界经济研究中心主任李稻葵，中国科学院福建物质结构研究所学术委员会主任吴新涛，华南理工大学建筑学院院长何镜堂，浙江省温州市鹿城区七都侨界留守儿童快乐之家理事长周祥薇，海南省兴隆热带花园董事长兼总经理郑文泰，江苏省宜兴精陶集团总工艺师徐安碧，中国航天科技集团公司、中国航天科工集团公司科技委顾问梁思礼，"南网兄弟"、广西防城供电公司十万山华侨林场营业点职工黄春强、黄春宁，复旦大学附属中山医院心内科主任葛均波。②

留学回国人员取得的业绩有些是我们所容易理解的，但有些领域、行业是我们所陌生的，我们只能通过他们在国内外主要刊物上发表论文的数量、被《科学文献索引》（SCI）收录、被《工程论文索引》（EI）收录、获得国家及省部级奖励、入选"百千万人才工程""长江学者奖励计划""跨世纪优秀人才培养计划"及众多的"首次发现""首次观察"等成果和奖励来感知他们所取得的成绩。如曾在法国居里大学留学获得博士学位的张经院士，目前在 IGBP-IMBER（Integrated Marine Biogeochemistry and Ecosystem Research）中担任科学指导委员会成员；

① 《万钢：海外人才归国数量年增长逾 30%》，新华网，2010-09-28。

② 《梁思礼等 11 人荣获"中国侨界杰出人物"称号》，《人民日报》2013 年 12 月 3 日。

在联合国教科文组织（UNESCO）政府间海洋委员会中任基础建设咨询委员会（UNESCO/IOC-CGCB）成员；在SCOR（国际海洋科学指导委员会）中担任第128工作组"近海缺氧问题"的负责人（2005—2008年），但我们对他所从事的化学海洋学与海洋生物地球化学这一领域并不熟悉。

不仅新时期出国留学学成回国人员为改革开放作出了重要贡献，一批改革开放前归国的知识分子，仍然在为改革开放积极做贡献。2009年7月中旬，国务院侨务办公室、中国侨联等部门组织全国评选"侨界十杰"活动。中国科学院数学与系统科学研究院研究员吴文俊，神华集团有限公司总经理张玉卓，广东韶关钢铁集团有限公司主任工程师、高级技师罗东元，北京华腾东光科技发展有限公司高级工程师罗益锋，中国科学院海洋研究所研究员郑守仪（女），吉林大学汽车学院教授郭孔辉，国家体育总局体操中心副主任、国家级教练黄玉斌，海南省农垦总局副局长、南田农场场长彭隆荣，福建省光学技术研究所高级工程师赖爱光，中国航空工业集团公司北京航空材料研究院高级顾问颜鸣皋等10名早年回国并在各自的岗位上建功立业的同志，被评选为全国侨界"十杰"。授予王广基等20名同志全国侨界"十杰"提名奖；授予于敏等960名同志全国归侨侨眷先进个人荣誉称号。这些在科技文化领域有造诣的华人归国科学家，均为改革开放前归侨的科技精英。其中全国特种合成纤维信息中心、北京华腾东光科技发展有限公司高级工程师罗益锋，是1957年从印度尼西亚回到中国的华侨，是特种纤维领域的专家，回国几年，正想大干一番，不料发生"文化大革命"。1977年"文革"结束后，他在印尼的亲人劝他出国去，他本人也曾动心，最后还是留下未走。中共十一届三中全会召开不久，即1979年，国家科委从全国挑选4名专家组成赴美考察团，罗益锋就是其中之一。罗益锋的归侨身份过去一直是很敏感的，能担当这个重任，没有充分信任是不可能的。他曾获得国家、部委等颁发的 35 项科技成果奖，是祖国的改革开放事业给他最大限度施展自己才华的广阔天地。

另外一个展示归侨贡献的平台是中国侨联于 2003 年设立的"中国侨界贡献奖"，每两年举办一次，目的是展示和表彰新侨回国创业的创新成果，以吸引更多的海外侨界人才以多种形式为国服务。目前已连续举办 7 届，共表彰在回国创业和为国服务中成绩突出的创新人才 937 人。这对于进一步激发侨界高新技术人才在建设创新型国家中的积极性、创造性，吸引更多海外高新技术人才以多种形式为国服务、回国创业起到了积极的推动作用。下面我们以第五届的获奖情况来展示新侨在经济社会发展中作出的突出贡献（见表 4-1）。

表 4-1　第五届中国侨界贡献奖（创新成果）名单

地区	项目名称	负责人
北京	细胞骨架对植物细胞增殖的调节	任海云
	高功率超短脉冲光纤激光器	王　璞
	单体大容量固态聚合物大动力 500AH 锂电池	王晓功
	开放式的基于可穿戴式传感器的动作捕捉解决方案	刘昊扬
	水循环代谢系统	袁国文
	国家 I 类新药"重组人血管内皮抑制素注射液"	罗永章
天津	混合配体位聚合物的设计、合成及光、磁性能研究	杨恩翠
	中国近代城市建筑遗产的研究与保护	徐苏斌
	国家 1.1 类长效新药原创原研及成果转化	富　岩
	石墨烯及单壁碳纳米管的制备及应用	陈永胜
河北	大型土木工程结构的抗风关键技术及应用研究	刘庆宽
山西	益肾胶囊治疗慢性肾脏病的系列研究	方敬爱
	甘净养肝——中西医结合肝病防治	银小龙

续表

地区	项目名称	负责人
内蒙古	热超导及太阳能综合利用项目	王亚雄
	家畜性别控制新技术研究开发与产业化推广应用	李喜和
	蒙古马独特基因、新品系培养及马奶产业化示范与推广应用研究	芒　来
	高速铁路钢轨生产工艺技术的开发和集成创新	李春龙 智建国
辽宁	H13 模具钢锻造新工艺创新成果产业化	陈　鉴
	无电解长寿命电源的科技产业转化项目	杜洪生
	紫云台——中国工业淘堡网	张桂平
	草莓优良新品种培育及脱毒苗工厂化生产	张志宏
吉林	无墨喷水打印技术	张晓安
	车辆底盘工程公共技术服务平台	郭　川
	Ⅰ类抗菌新药——抗耐药菌的抗菌肽	陈育新
黑龙江	模块式野战厨房	孙建斌
	智能型高频开关电源	赵晓红
上海	拓扑绝缘体新量子现象研究	贾金锋
	组织工程技术在组织再生中的应用	刘　伟
	实时动态监测和控制细胞内分子过程的新技术与方法	杨　弋
	抗凝血新药替卡格雷的合成工艺及其关键中间体的合成技术改进	孙智华
江苏	虾蟹新型疫病——螺原体病的研究及防控关键技术	王　文
	微电子神经/肌电桥在瘫痪肢体运动功能康复中的应用	王志功 吕晓迎
	基于大规模蛋白芯片筛选技术的高特异性单克隆抗体肿瘤病理检测试剂的研发和产业化	何为无
	高性能阻尼复合墙体隔音系统	陈天蛋
	多肽类医药中间体开发关键技术及产业化	徐红岩
	基于数字化制造技术的汽车整车匹配主模型和大型复杂精密检验工装的研发和产业化	孔　啸

续表

地区	项目名称	负责人
浙江	神经损伤的分子影像研究	田 梅
	固体废弃物立式旋转热解气化焚烧技术及装备	鲍海明
	MQJN 涂装热能循环中心	黄立明
安徽	陈璋壶的工艺研究及复仿制	郑东平
	家电及汽车用镀锌钢板表面耐指纹和自润滑涂层	张千峰
	纳米金属粉的工业化生产	李小毛
	均匀沉降和可调式铁塔在采煤塌陷区内使用及研究	李淮海
福建	电动车用高安全性能陶瓷隔膜的产业化	赵金保
	高光效功率型绿光 LED 芯片制造技术产业化	林志东
	肿瘤个体化基因诊断系列试剂产品的研制及产业化	郑立谋
	蔬菜害虫持续控制	杨 广
	雷公藤良种繁育和 GAP 关键技术研究	魏佰兴
	新型富勒烯的合成	谢素原
江西	面向工业应用的分子筛膜大规模制备技术	陈祥树
	分子影像技术在青光眼眼病的临床应用和分子机制解析	张 旭
	池蝶蚌家系核心种群	洪一江
	全杜仲胶囊药物创新及二次开发	肖军平
山东	IMD 模内装饰技术	刘昌进
	荧烷类热、压敏燃烧合成新工艺的开发与应用	林淑美
河南	癌症化学预防	董子明
	变声速增压热交换器	曹 辉
湖北	肿瘤转移的分子靶向治疗应用	马 丁
	含碳固体燃料高效低耗综合利用关键技术及应用	陈汉平
	"椎间盘退变的模型构建、机制及治疗""椎间盘退变机制及微创治疗系列研究""含有连接蛋白核心序列的两亲性多肽及其应用"	邵增务
	热休克蛋白和 DNA 损伤修复基因在环境应激和疾病中的作用	邬堂春
	纤维增强聚合物（FRP）加固工程结构关键技术研究与应用	卢亦焱

续表

地区	项目名称	负责人
湖南	油药复合产品研发及产业化应用	李文东
	新型独立空气悬架开发应用	韦　彪
	抗移植原（MICA）抗体的发现及其临床器官移植配型中的应用	邹义洲
	碱性成纤维细胞生长因子心血管效应的研究	姜志胜
广东	家禽重大传染病控制技术研究	廖　明
	高效节能超高密度 LED 显示屏	李红化
	深海管线用直缝埋弧焊钢管	陈　昌
	超材料超薄平板卫星天线	刘若鹏
广西	香蕉新品种桂蕉 6 号的选育与产业化	林贵美
	杂交水稻博优 423 的选育与推广应用	莫振茂
	基于局部模式分析的多源数据挖掘理论和方法	张师超
	年产 1200 吨重组甘露聚糖酶产业化项目	罗　科
	癫痫发病相关机制及临床应用的研究	吴　原
海南	热带作物几种重要病虫害绿色防控技术研究与应用	黄俊生
重庆	图像处理关键技术研究及其应用推广	龚卫国
四川	超导磁共振医学成像系统	邹学明
	美洲大蠊规模化养殖及康复新液产业化	耿福能
	高速串行接口 IP 核	邹铮贤
云南	光损伤性皮肤病防治体系的创建及应用	何　黎
	家养动物良种繁育生物工程技术及产业化应用	苏　雷
	有机诱导抗病剂的研发及在病害绿色防控中的应用	陈穗云
陕西	高性能北斗 /GPS 双模卫星导航定位芯片	周文益
	文物微环境实时监测系统	邓　宏
	寒武纪叶足动物起源与演化研究	刘建妮
	大骨节病因、发病机制和防治方法研究	王治伦
甘肃	甘肃特色植物及其废弃物资源化高效利用	张　继
宁夏	中国回族科学技术史	王　锋

续表

地区	项目名称	负责人
新疆	天山雪莲抗炎活性物质基础及系列制剂质控研究	贾晓光
	干旱区生态环境调控与管理研究	塔西甫拉提·特依拜
	新疆设施农业标准化技术研究与集成示范	王晓冬
兵团	囊型肝包虫病外科治疗及其基础系列研究	彭心宇
	大田作物养分资源综合管理	危常州
国家机关	物联网总体架构及关键技术研究	刘　多
	中国河口海岸风暴潮及海洋动力三维数值预报模型——CHINACOAST	汤立群
	林业物联网技术与应用	于新文
	复现超高声速飞行条件的激波风洞	姜宗林
	高速列车空气动力学优化设计及评估技术	杨国伟
	多元蛋白质芯片	靳　刚

资料来源：参见任贵祥、朱昌裕著：《华侨华人与中国改革开放40年》广东教育出版社2019年版，第419—422页。

2016年9月1日第六届"中国侨联贡献奖"举行颁奖，赵炜等169名人才获得"中国侨界（创新人才）贡献奖"；干细胞在生殖、发育及临床研究中的应用等80项成果获得"中国侨界（创新成果）贡献奖"；微纳能源与自驱动传感创新团队等81个团队获得"中国侨界（创新团队）贡献奖"；安发（福建）生物科技有限公司等86家企业获得"中国侨界（创新企业）贡献奖"。浙江省侨联等12家单位获得"优秀组织工作奖"，甘肃省侨联等19家单位获得"组织工作奖"。此次获奖的169名创新人才中，博士以上学位占88.76%，受到表彰的81项创新成果和80个创新团队，涵盖生物医药、新材料、新能源等20多个学科领域，多项研究获国家自然科学基金、国家重大科学研究计划的资助，并获得国家科技进步奖；受到表彰的86家创新企业，共获专利1300余项，许多项目拥有自主知识产权，多个产品和技术填补国内空白。[①] 2018 年 6 月 15 日第七届"中国侨界贡献奖"颁奖，共评选出廖洪恩等 104 名"中国侨界贡献奖"获奖者，其中一等奖 38 名，二等奖 66 名[②]。

三、吸引海外高层次人才的决策

吸引海外领军人才创新创业是党和国家的一项重要举措。2008 年 12 月，中央决定实施引进海外高层次人才计划，围绕国家发展战略目标，用 5 年到 10 年时间，有重点地引进并支持一批海外高层次人才回国（来华）创新创业。

国家制定吸引海外高层次人才决策出台后，随即成立海外高层次人才引进工作小组负责组织领导和统筹协调。工作小组由中央组织部、人力资源和社会保障部会同教育部、科技部、中国人民银行、国资委、中国科学院、中央统战部、外交部、发改委、工业和信息化部、公安部、财政部、国侨办、中国工程院、自然科学基金委、外专局、共青团中央、中国科协等众多单位组成。这项决策实施的十多年来，坚持边实践边完善，从最初的创新长期、创业两个项目，逐步拓展为顶尖人才与创新团队、创新长期、创新短期、创业、青年、外国专家、文化艺术人才、新疆西藏项目等 8 个子项目，形成涵盖各年龄段、各领域、各层次海外人才的完整引才体系。

截至 2015 年共有 11 批 5208 名海外高层次人才回国（来华）工作，其中各项目引进人才情况为：文化艺术人才项目 16 人，外专项目人才 244 人，青年项目 1778 人，创业项目 751 人，新疆西藏项目 49 人，创新

---

①　《中国侨联颁发第六届"中国侨联贡献奖"》，中央政府门户网站，www.gov.cn，2016-09-01。

②　《中国侨联颁发第七届"中国侨界贡献奖"》，《人民日报》2018 年 6 月 16 日。

短期项目 322 人，创新长期项目 2036 人，顶尖人才 10 个团队 12 人。[①]

引进海外高层次人才计划紧紧围绕国家发展战略需求，突出"高精尖缺"导向，注重优化各项目及学科领域结构，加大引进基础研究、前沿科学领域人才，实现基础学科人才与应用学科领域并重；加大对高端制造、信息安全以及农业、食品和环保等民生科技领域支持力度，在保证质量前提下对西部、东北老工业基地予以适当倾斜。自 2008 年引进海外高层次人才计划启动以来，引进人才层次高、质量优、支持力度大，受到全球关注，已成为具有国际影响力的国家引才聚才的品牌。中国科学技术大学副校长、中国科学院院士潘建伟说："引进海外高层次人才计划把潮头改了"，"在国外留学的顶尖人才，现在都会把回国作为第一选项"。有的专家表示："君以国士待我，我当以国士报之。""深切感到国家有许多任务在等着我们，回国大有可为！我们一定围绕国家需求，践行五大发展理念，争做创新发展的排头兵。"[②] 如 2015 年，一些专家潜心基础前沿研究，在生命科学、物质科学、信息科学等领域取得一批高水平的原创性理论成果和实验突破；一些专家在关系未来长远发展的信息技术、能源技术、材料装备等应用技术层面取得重大革命性创新，解决了企业发展技术瓶颈，打破国外封锁和垄断，出现了一批"中国创造""中国设计"；一些专家在药品安全、污水处理、空气治理、食品安全等关系民生的领域创新创业，取得一批造福百姓的重大成果；一些专家充分利用海外长期工作经历，积极参与国际合作和国际标准制定，增强我国在国际上相关领域的话语权和影响力。由近百位专家组成的"PM2.5 特别防治小组"首创了"空气质量实时智能控制平台"，在准

[①] 暨南大学图书馆世界华侨华人文献馆、彭磷基华侨华人文献信息中心编：《侨情综览》（2016），南方出版传媒、广东人民出版社 2018 年版，第 365—366 页。

[②] 暨南大学图书馆世界华侨华人文献馆、彭磷基华侨华人文献信息中心编：《侨情综览》（2016），第 365 页。

确预报和临时处置方面已取得初步成果，得到国家有关部门高度重视。

有些经济发达省份积极通过引进海外高层人才计划引进高端人才。北京中关村国家自主创新示范区，仅 2012 年聚集留学归国人员数量达1.6 万人，比 2008 年增长一倍多，其中硕士以上归国人员为 1.2 万人。与人才回流同步的是企业"走出去"，2012 年示范区有 296 家企业开展境外直接投资，境外直接投资额为 331.9 亿元，较上年增加 1.1 倍；示范区143 家企业在境外设立分支机构 457 家。[①] 有资料介绍，选择在上海创新创业的海外高层次人才日益增多。截至 2015 年上半年，来上海留学归国人员约 12 万人，其中有 770 多人为海外高层次人才。浙江省也积极引进一批海外高层次人才，并涌现出尖端科技人才，两期"973"项目首席科学家陈大可为物理海洋学专家，并入选中国科学院院士；还有机械工作专家邹鸿生，物理学和天文学家仇旻，计算机科学专家陈胜勇等。

引进的海外高层次人才中有不少人才成为在本领域取得突出成绩的专家。其中最为突出的是受到习近平赞扬的黄大年。黄大年 1958 年出生于广西南宁，1975 年 10 月通过招考进入广西第六地质队，成为一名航空物探操作员，首次接触并喜爱航空地球物理职业。1977 年恢复高考考入长春地质学院应用地球物理系，相继完成本科与硕士研究生学业后留校任教，1991 年被评为副教授。1992 年获得"中英友好奖学金项目"的全额资助，赴英国攻读博士学位，师从国际地球物理学大师、英国皇家科学院院士古宾斯教授。1996 年，获英国利兹大学地球物理学博士学位后，他第一时间返回选送单位长春地质学院报到，兑现学成归国承诺。1997年 1 月，经学校批准，再次前往英国，开始在英国剑桥 ARKeX 航空地球物理公司任高级研究员 12 年，从事水下隐伏目标和深水油气高精度探

① 余荣华：《中关村一年吸纳"海归"1.6 万人　对境外直接投资高速增长》，人民网，2013-06-19。暨南大学图书馆彭磷基华侨华人文献信息中心编：《侨情综览》（2013），暨南大学出版社2014 年版，第 271—272 页。

测技术研究工作，曾先后担任过研发部主任、博士生导师、培训官等多项学术职务。当时，作为英国剑桥 ARKeX 地球物理公司的研发部主任，黄大年是一个被仰望、被追赶的传奇人物。他带领一支包括外国院士在内的 300 人"高配"团队，实现了在海洋和陆地复杂环境下通过快速移动方式实施对地穿透式精确探测的技术突破。这项技术是当今世界各国科技竞争乃至战略部署的制高点。而妻子则在伦敦开了两家诊所，女儿在英国上大学，一家人生活优裕、事业骄人。2008 年，中国开始实施海外高层次人才引进计划，黄大年得到消息并受到了邀请。2009 年，黄大年毅然放弃国外优越条件，由国家"千人计划"特聘专家（第二批）教育部国家重点学科口引进，回到吉林大学（2000 年长春地质学院合并到吉林大学）地球探测科学与技术学院任全职教授、博士生导师。当有人问黄大年为什么放弃英国优厚条件回国参加科研工作，他表示："我虽在国外生活，但我时刻等待祖国的召唤，很多人都选择年老体弱落叶归根，但作为高端科技人员应该在果实累累的时候回来更好，更有价值！我是国家培养出来的，是从东北这块黑土地走出去的，当然就要回到这里！"[①]黄大年还说："在这里，我就是个花匠，过得再舒服，也不是主人。国家在召唤，我应该回去！"[②]黄大年回到吉林大学后，被选为"深部探测关键仪器装备研制与实验项目"负责人，他率团队刻苦攻关，我国超高精密机械和电子技术、纳米和微电机技术、高温和低温超导原理技术、冷原子干涉原理技术、光纤技术和惯性技术等多项关键技术进步显著；首次攻克快速移动平台探测技术装备研发瓶颈，这也是世界科技强国竭力追求的核心技术，而且是国家科技实力的重要标志之一。其团队创造了

---

① 张意：《北京侨界举办"黄大年同志先进事迹报告会"》，暨南大学图书馆世界华侨华人文献馆、彭磷基华侨华人文献信息中心编：《侨情综览》（2017），南方出版传媒、广东人民出版社 2019 年版，第 327 页。

② 《十八大以来总书记点赞的优秀共产党员》，新华出版社 2017 年版，第 16 页。

多项"中国第一"，为中国"巡天探地潜海"填补多项空白，为深地资源探测和国防安全建设作出了突出贡献。"快速移动平台探测技术"2012年获中国侨界贡献奖。

黄大年惜时如命，每天必须工作到凌晨，出差的路上都在打电话，飞机上都在写材料。有人称他为"科研疯子"，做事"只争朝夕"，把每一天都当成生命最后一天来过，最终积劳成疾，2017年1月8日，因病医治无效去世，年仅58岁。1月10日，中共吉林省委常委会追认黄大年为中共党员；5月中宣部追授黄大年"时代楷模"称号；7月1日中共中央追授黄大年"全国优秀共产党员"称号；还有其他多种荣誉称号。中国科协、科技部追授黄大年"杰出科学家"荣誉称号，教育部追授黄大年"全国优秀教师"荣誉称号。

2017年5月，习近平对黄大年事迹作出指示：黄大年同志秉持科技报国理想，把为祖国富强、民族振兴、人民幸福贡献力量作为毕生追求，为我国教育科研事业作出了突出贡献，他的先进事迹感人肺腑。我们要以黄大年同志为榜样，学习他心有大我、至诚报国的爱国情怀，学习他教书育人、敢为人先的敬业精神，学习他淡泊名利、甘于奉献的高尚情操，把爱国之情、报国之志融入祖国改革发展的伟大事业之中、融入人民创造历史的伟大奋斗之中，从自己做起，从本职岗位做起，为实现"两个一百年"奋斗目标、实现中华民族伟大复兴的中国梦贡献智慧和力量。[①]

除上述介绍黄大年事迹外，通过引进海外高层次人才计划回国的施一公、潘建伟、朱健康、王中林、丁洪、饶毅、姚力军等，都已经成为相关领域科技创新的中坚力量，已有20多名专家增选为中国科学院、中

---

① 《习近平对黄大年同志先进事迹作出重要指示》，新华社，2017-05-25。暨南大学图书馆世界华侨华人文献馆、彭磷基华侨华人文献信息中心编：《侨情综览》，第2页。

国工程院院士。如施一公于 2008 年 4 月入选美国霍华德休斯医学研究所研究员，这是世界生命科学领域的至高荣誉。但施一公谢绝了邀请，而选择回国到清华大学工作。"施一公的到来，是清华人才引进的一个标志性事件。"经过潜心研究，2015 年 8 月 23 日，清华大学举行发布会，介绍施一公研究组首次揭示高分辨率剪接体三维结构和剪接体对前体信使 RNA（核糖核酸）执行剪接的基本工作机理的重大成果。诺贝尔生理学与医学奖得主杰克·肖斯德克评价该成果"是一个巨大的突破"。①

　　澳大利亚工程院院士程一兵收到中国引进高层次人才计划邀请后，经深思熟虑后，带着自己的科研团队回到了家乡武汉。其团队成员在澳大利亚有工作、有绿卡、有家庭，之所以放弃在当地工作回国创业，是希望在武汉实现创新创业的梦想。程一兵表示，"我是土生土长的武汉人，在国外生活了 31 年，一直希望能够为家乡的父老作一些贡献。"作为首批国家引进高层次人才计划专家之一、美国耶鲁大学博士后刘奋勇带着"抗流感病毒鼻腔喷雾器产业化"项目回国落户广州增城开发区"侨梦苑"。刘奋勇表示，自己在广州出生长大，在国外工作生活多年后入驻"侨梦苑"，有找到了"家"的感觉。"这里是重要的产学研基地，可以把大学实验室里的技术在侨梦苑里产业化，而且十分看好前景。"②

　　由于中国把创新创业摆在国家发展全局的核心地位，"十三五"规划纲要第二篇专题阐述了国家实施创新驱动发展战略，引起广泛关注。不少在海外学业有成留学人员乃至华人科学家受到鼓舞和吸引，纷纷选择回国创业。据全国政协副主席、科技部部长万钢在 2015 年初召开的全国科技会议上介绍，目前我国科技人力资源总量已超过 7100 万，研发人员超过 535 万，其中企业研发人员 398 万。近 5 年回国人才超过 110 万，

---

① 暨南大学图书馆世界华侨华人文献馆、彭磷基华侨华人文献信息中心编：《侨情综览》（2016），第 364 页。

② 冉文娟：《万侨创新　中国政策红利将为海外人才提供创业良机》，中国新闻网，2016-05-19。

是前 30 年回国人数的 3 倍。^①可见这是一个人才辈出的时代，是群星灿烂的时代。

四、正确看待出国留学

实践证明，改革开放以来我国一直坚持支持留学的方针，是完全正确的。一个民族要想发展和进步，在继承和发扬本民族优秀文化传统的同时，必须吸收其他民族的一切先进文明成果。

（一）如何看待国内教育与海外教育

有在国外学习、工作经历的人，毫无疑问在各方面都得到了锻炼，回国以后如果能很快摆正自己的位置融入国家经济建设、科技发展，就会找到自己的位置，作出自己的贡献，但这并不能否认国内对人才培养的重要性。

在《学子风华（3）》和《学子风华（4）》中，我们鲜见有在国外接受本科教育的留学生，大多在中国读到了大学，甚至研究生，基本是赴国外进修深造，攻读硕士、博士学位，或从事博士后研究，以及做访问学者、客座教授等。因此，我们在看待留学回国人员取得的成就时，既要看到在外留学这一重要经历在其事业的发展过程中所发挥的作用，但也应看到在国内所受到的基础教育和知识的积累，所养成的勤奋好学的习惯，以及留学回国后国内所提供的良好条件对其成绩的取得所起的作用。也就是说，在中国受到的基础教育，为留学人员取得的成就打下了坚实的基础。如曾入选教育部"跨世纪优秀人才培养计划"、国家"百千万人才工程"的上海交通大学特聘教授、博导黄震，在其东渡日

---

① 邱晨辉：《科技部部长万钢："十二五"海归人才超 110 万》，暨南大学图书馆世界华侨华人文献馆、彭磷基华侨华人文献信息中心编：《侨情综览》（2016），第 371 页。

本进行博士后研究之前，就已发现了燃油溶气雾化的新现象，他是带着这一课题在日本进一步发现了喷孔内流态和压力分布的两种模式及其对雾化的控制机理，成功解决了溶气燃油快速制备和燃油溶气喷射中溶气析出气泡生长率低这两个国际上一直未能解决的学术难题的，在国际上首次提出了燃油溶气雾化的新概念。回国后，他已主持了十几项国家和省部级项目，获得多项国际首创及国际先进研究成果和多项省部级科技奖励。朱日祥以自己的亲身经历说："我们国家的教育水平相当高，我们自己培养出来的博士同样能参加国际竞争。""对大多数没有机会拿'洋博士'的青年人，应该相信自己，相信我们祖国的教育和科技水平。只要我们勤奋努力，具有献身精神，在国内同样可以做出高水平的研究工作。当我们带着自己的研究成果到国际上去交流与合作，就会强烈地体会到自尊、自强的民族自豪感，少一些失落与寄人篱下的感觉。"①

如果能够结合东西方研究的长处，将会取得更大的成就。宋永华在谈到自己学术成就的根本原因时说："中国教育为我打下了坚实的理论基础，东方人固有的秉性让我一直保持着谦虚谨慎的态度，学会与人和睦相处，这为搭建良好的研究平台创造了条件。另外，西方研究者治学严谨，不追时尚的态度也是必不可少的。"②

（二）如何看待滞留海外的留学生

我们看到，在改革开放以来我国科技发展与进步中，留学归国人员功不可没。但我们也看到，出国留学人员有相当一部分没有回来，他们有的是把世界作为自己的活跃舞台，在那里大显身手者；有的是暂时对国内现状缺乏信心，等待机会观望者；也有的是注重国外优越的工作生

---

① 《不负时代的重任》，《神州学人》1999 年第 9 期。

② 《宋永华院士留英华人的荣耀》，http://www.southcn.com/news/international/huaren/200408050654.htm。

活环境，想成为一名特殊身份的国际公民。这些都可以理解。但他们中的大多数毕竟都学习和掌握了国际的先进技术，如果众多的海外留学人员能把国内急需的产品和技术以及先进的管理经验带回到国内，使其能尽快地转化为生产力，这不仅能为我国及企业节约大量的财力及人力，而且能缩短并弥补我国与先进国家在高科技领域的差距，并以跨越式的方式发展我国高科技产业和民族工业，使得我国能尽快地在一个新的起点和高度上参与国际竞争。因此，大批留学生滞留海外对国家是一种损失。2001 年，由国家人事部、教育部等五部委联合发布了《关于鼓励海外留学人员以多种形式为国服务的若干意见》，提出了"回国服务或以多种方式为国服务"的号召，不管哪种类型的长期置身海外的留学人员，国家都十分欢迎他们为自己祖国做点事情。2016 年，人力资源和社会保障部实施了 42 项海外赤子为国服务行动计划（以下简称"赤子计划"），全年共吸引世界各地留学人才超过两万人次为国服务，14000 余个人才技术合作项目参与对接，签订合作协议或达成合作意向的项目超过 4000 个。通过开展多种形式的为国服务活动，搭建人才项目对接交流平台，鼓励广大留学人员为国服务①。

而值得欣喜的是，滞留海外的许多人也特别希望能把自身的发展同中国的合作交流结合起来，大部分在通过各种形式为祖国建设服务。比如，提供些科技、金融等方面信息和可行性报告给有关部门和单位，为母校或原工作单位提供人才联合培养的机会或共同开展合作研究，开展回国短期讲学或指导有关新兴领域的工作，等等。留学生在海外成立的各种社团组织也多以帮助推进中国现代化进程和中国与外部世界的沟通、了解为己任。因此，广大在外留学人员同样能把自己的聪明才智贡献给生养自己的家乡、国家和人民。另外，只要我们国家保持经济持续快速

① 《赤子计划吸引留学人才超过两万人次为国服务》，《人民日报》2017 年 1 月 18 日。

健康发展和社会不断进步，逐步发展完善有关政策，创造更加良好的环境，特别是为留学归国人员解决实际问题，进一步改善他们的工作条件，就一定会有更多的优秀留学人员回国或用其他方式为祖国建设服务。因此，我们支持留学的方针不但要坚持下去，而且要不断完善。

总之，无论是在国外的华人科学家还是归国的留学生，许多人都在其从事的领域取得了可喜的成绩，以上所举事例，仅仅是其中很小的一部分，也是普通读者所日常关注或比较了解的方面，其他虽与普通大众的日常生活关联不大，但对促进整个科学事业的发展无疑具有重要的作用。而且他们都有一颗炽热的心，希望自己的祖国繁荣富强，并投身其中，献计献策。相信经过海内外中华儿女的努力奋斗，我们伟大的祖国一定能日新月异，实现杨振宁先生在香港大学演讲时的预言："到了21世纪中叶，中国极有可能成为一个世界级的科技强国。"①

新一轮科技革命和产业变革正在孕育兴起，世界主要国家都在寻找科技创新的突破口，力求抢占未来发展的先机，高端人才日益成为这场全球科技竞赛的决胜点。站在历史与未来的交会点，我们比历史上任何时期都更接近实现中华民族伟大复兴的宏伟目标，也比历史上任何时期都更加渴求人才。我们要正视所处的历史方位，以海纳百川的姿态，择天下英才而用之，实行更积极、更开放、更有效的政策。既要抓住当前世界经济复苏依然低迷提供的引才良机，积极适应"人才双向流动"特点和规律，主动引进海外高层次人才，使留学人员回国有门、回国后有用武之地，也要使留在国外的学子有报国之门。

----

① 杨振宁：《杨振宁文录》，海南出版社2002年版，第94页。

国家出版基金项目
NATIONAL PUBLICATION FOUNDATION

华侨华人与中国革命和建设丛书

任贵祥 主编

华侨华人与中国特色社会主义建设

（下）

◎ 任贵祥 朱昌裕 等著

团结出版社
UNITY PRESS

第五章
大力推动新时期中外文化交流

中华民族传统文化历史悠久，博大精深，是凝聚和吸引海内外亿万中华儿女的强大磁场。悠悠岁月，滔滔重洋，割不断海外赤子对祖国家乡故土的深情留恋；天涯海角，异国他乡，割不断海外侨胞对中华民族传统文化的血缘亲情。漂泊到世界各地的广大华侨华人，绝大多数人始终保持着自己的民族传统文化，并与当地民族文化交融，成为中外文化交流的友好使者。

海外华侨华人世世代代认同中华文化，是中华文明几千年历史积淀的结果。清朝学者张澍曾说过："参天之木，必有其根；怀山之水，必有其源。"广大华侨华人的"中国心"植根于中国深厚的历史文化传统和民族认同感之中。世界各国的"唐人街""中国城"，就是当年华侨力图保留自己文化传统之"根"的佐证；当华侨先辈们步入中老年时，"寻根"思想强烈，即通常所说的"叶落归根"。随着时代的变迁，海外华侨华人社会这种文化理念虽有诸多变化，表现形式多种多样，但中华文化之"根"仍然蔓延海外，根深蒂固。改革开放新时期，他们在推动中外文化交流方面更加活跃，成为一道亮丽的风景线。

第一节　传统悠久的海外华文教育

近代以来，伴随着大批中国人出洋定居形成华侨，在华侨居多的地方逐渐建立了私塾、补习班、华文学校，对华侨子弟进行中文教育（也称华文教育）。这种传统一直保留至今，而且不断发展进步。20 世纪 70 年代末，中国实行改革开放方针政策以后，随着中国经济社会的持续快速发展，综合国力的增长和国际影响力的提高，巨大的市场与国际影响力，引领"汉语热"在世界范围内持续升温，中文正成为全球仅次于英文的强势语言。对于广大海外华侨华人而言，新一波的"汉语热"不仅使他们与祖（籍）国文化纽带的联结更为紧密，也为他们拓展海外中文教育带来了新的机遇和发展空间。目前，全世界共有 2 万多所华文学校广泛分布在 100 多个国家和地区，华文教师十余万人，在读学生达数百万人，他们是华文教育的主要受众。

一、南洋各国华文教育世代相传

新加坡在一个世纪前曾为东南亚地区中文教育的"文化重镇"，有包括中文小学、中学和大学在内的一整套完善的教育体系。20 世纪 60 年代新加坡在中华人民共和国成立后，大力推行英文教育，华文教育很快走向式微。到 1984 年，中文沦为小学和中学里的一门单独语言学科，除了中文课以外，所有的科目都用英语教授。随着中国的发展，中文重要性日益显现，新加坡政府对中文教育政策进行了调整。2004 年 11 月 26 日，新加坡国会批准了教育部提交的《华文教学改革白皮书》。新加坡教育部长尚达曼当天宣布，这项改革将在 2008 年全面执行，其中部分内容会在 2005 年启动。新加坡官员称，此举目的是使新加坡这个以英语为日常语言的国家重回"华语世界"。

马来西亚是个多民族和多元文化的国家，有华侨华人 500 多万人，约占全国人口的 1/4。中华文化在这里比较悠久，其中第一所中文学校——五福书院创建于 1819 年，经过近两个世纪的发展，目前全马保留了较完整的华教体系，无论是城镇还是乡村，凡是华人居多的地方都有华文学校。截至 2002 年，全马有中文小学 1280 所，在校学生约 63 万人；独立中学 60 所，在校学生约 6 万人；华文大专学院 3 所，学生约 3000 人；还成立了 1 所以华文教育为主的大学——拉曼大学。马来西亚华人非常注重自己的母语华文教育，大多把自己的孩子送到中文学校读书，殷切希望自己的后代传承中华传统文化。由于华文教育相对发达，加之中国的发展，当地不少马来族和印度人也纷纷把自己的子女送到华文学校就读。2002 年，全马约有 6 万非华族子弟在华校就读，有的学校非华族学生占到 2/3。这种现象被中文媒体称之为"华小异调"。由此可见，马来西亚华文教育蓬勃发展的势头。当然，马来西亚中文学校也面临着资金短缺、师资不足等困难。

日本神户中华同文学校，是 1899 年在梁启超的"华侨必须重视教育"的倡议下创办起来的。这所百年老校，也是海外华侨创办的规模最大的用普通话教学的学校之一。为培养中日友好事业的接班人作出了非凡的贡献。该校创办百周年之际，正在日本访问的中国全国政协主席李瑞环参观了该校，并为学校题词："办好华侨学校，促进中日友好。"李瑞环在同学校的师生交谈时指出："中日两国是近邻，两国文化有很多相同和相近的地方。两国可以优势互补，可以进一步促进和发展友好合作关系。这是中日两国人民的共同利益。"[①]神户中华同文学校不但传播交流了中日文化，其价值远远超出文化的内涵。

----

①　《为了中日世代友好——记李瑞环参观神户中华同文学校》，《光明日报》1999 年 12 月 13 日。

印度尼西亚是东南亚华侨华人居多的国家之一。尽管他们世代生存艰难辛酸，但仍顽强地保留着中华文化。在苏哈托执政时期，大肆排华，实行 30 多年的中华文化灭绝政策，中华文化出现了断层。瓦希德总统上台及后来的梅加瓦蒂总统执政期间，对华人实行了较为宽松的政策，中华文化随之复苏。在印尼各地，如雅加达、万隆、泗水等地，出现了不少中文补习班。在雅加达，一些学校从幼儿园到中学都开设了中文课。随后，第一所由华人创办的"巴淡国际大学"成立。中文教育在印尼逐渐艰难地兴起。

柬埔寨华文学校有百余年历史，李克强总理曾经访问过的泰国清迈崇华新生华立学校有 113 年历史；柬埔寨端华学校，学生达 1.5 万人，是国外最大的华文学校。

在近现代历史上，东南亚各国华侨华人数量最多，中文教育起步较早，有着较悠久的历史传统。中国改革开放后，对这一地区的中文教育有所推动，使这些国家的华侨华人在保持传统中文教育的基础上有所发展，但由于这一地区的中国新移民较少，因而中文教育发展步伐不大。

二、欧美澳非各国的华文教育

自 20 世纪 80 年代以来，欧洲的华文教育发展很快，"有华人的地方，就有中文教育生根开花"。据初步统计，至 20 世纪末，欧洲华侨华人举办的各类中文学校或中文班约有 300 所（个）。其中英国最多，有 100 多所主流的中学教授中文，其中包括著名的伊顿公学和一些中等技术学校；法国、荷兰各有三四十所。意大利、西班牙、葡萄牙等国家，以及东欧的俄罗斯、匈牙利等国家随着中国新移民的增加也纷纷办起华文学校。

美国是世界上最发达的国家，改革开放后大陆新移民大量涌入美国，尤其是文化层次很高的留学生移民居多。随着新移民的大量涌入，1989 年

8月28日，由大陆移民创办的华文学校——希林联合中文学校在芝加哥成立。学校刚创建时，只有十几个学生，2名教师，3名志愿工作者。建校10周年时，已经发展到有在校学生1000多名，100多名教师，数百名志愿工作者，有7个校区。希林华文学校还与其他5所中文学校联合发起成立全美中文学校联合会（CSAUS）。[①] 希林中文学校的建立发展，在中国改革开放新时期大陆新移民在美国建立的华文学校中具有一定的代表性。

1994年美籍华人王学瑛在华盛顿发起建立全美华文学校联合总会（NCACLS）。其主要目标是把美国华文学校融入美国主流社会的教育体系。它由全美各地10个地区性中文学校协会所属400所学校组成。联合总会与台湾联系比较密切，由中国台湾侨务部门免费赠送教材。由于众多大陆新移民不习惯台湾繁体字和注音符号，同年12月从中国大陆来的留学生和新移民在华盛顿建立了全美中文学校联合会（CSAUS），以促进使用简体字、标准普通话和汉语注音。该组织得到中国国务院侨务办公室的支持并提供适用教材。全美中文学校协会会员学校发展很快，从初建时的5所学校发展到1998年时的120所学校，分布于30个州，学生总数超过15000人。[②]

有关中国改革开放时期美国中文教育发展的总体情况请见表5-1。

表5-1　美国华文学校统计简表（1956—1995）

时间（年） 州	学校数量（所）					学生（人）	教师（人）
	1956	1978	1980	1985	1995	1995	1995
加利福尼亚	20	53	60	101	223	36794	1928
纽约	3	17	14	32	71	11786	721
总数（全美）	39	128	143	304	634	82675	5542

资料来源：根据周南京主编《华侨华人百科全书》（总论卷）第676—677页绘制。

---

① ［美］《侨报》1999年11月13日。

② 周南京主编：《华侨华人百科全书》（总论卷），中国华侨出版社2002年版，第668—669页。

美国华文学校统计简表，从1956年到1995年间，中间截取了1978年、1980年、1985年、1995年四个年份，即分别代表改革开放的不同时期；选择了华侨华人居多的西部加州、东部纽约的华文学校数为代表，从中可以看出美国华文学校逐年增多的发展趋势，由1978年的128所增加到1995年的634所。又据统计，截至2003年春，全美有中文学校近900所，学生14万人，近150所美国大学开设中文课。[①]

位于中美洲的墨西哥，华侨华人人口数量不多，但他们也保留着中华文化之脉。1999年2月，当地华侨妇女周玲燕、徐金华、闵聪等自发地创办华夏中文学校，目的是不让自己的孩子及其他华人子女丢掉中华文化之“根”，故将学校命名为“华夏”。她们白手起家，没有中文教材，便利用回中国大陆的机会从国内带来教材；没有教学设备，就从自己家里拿；没有教室，她们就租房作教室；没有老师，她们就自己操教鞭上课；经费困难，她们则自己不拿分文报酬。她们的义举，受到中国驻墨使馆、中国全国人大华侨委员会、中国国家汉语教学办公室的赞扬和多方支持，学校越办越好。

20世纪60年代，由于澳大利亚实行白澳政策，加之华人人口少、居住分散，当地没有独立的华文学校；70年代在悉尼等地创办了少数几所中文学校。进入80年代，澳大利亚实行多元文化，尤其是中国大陆新移民的涌入，使得中文学校蓬勃发展起来。据统计，1989年全澳有中文学校49所，学生9727人；1993年增至96所，学生15152人，4年间学校和学生增加近一倍。[②]

在遥远的非洲，最早建立的华文学校，是1912年毛里求斯华侨创办的新华学校。从此，非洲华侨居多的地方，华文教育持续不断，到抗日

① 肖炜蘅:《第三届美西地区中文学校教学研讨会侧记》,《侨务工作研究》2003年第2期。

② 黄昆章著:《澳大利亚华侨华人史》，广东高等教育出版社1998年版，第256—257页。

战争时期出现了一个高潮。20世纪六七十年代，非洲华文学校及中文教育几乎中断，八九十年代又有恢复和发展。在毛里求斯，最早办起的新华学校停办数年，1979年又重新开办。1986年，在中国使馆的帮助下，毛里求斯又建立了一所中国音乐学校。1990年，科特迪瓦和南非分别创办了华侨华人中文班。1991年，大陆新移民在南非约翰内斯堡创办了华侨学校。以上概要介绍的欧美、非洲华文教育情况，大体可以反映出中国改革开放以来国际影响力的提高，对这些地区华文教育快速发展的推动。海外华文教育的可贵之处，在于长期以来是华侨华人自办，自己出钱出力，完全是一种执着的中华民族文化坚守和中华民族情怀。中国改革开放以来，随着各项侨务政策的制定和完善，才得以给予海外华文教育以各方面的支持。

三、华文教育变迁与汉语热兴起升温

（一）开展多种形式华文教育活动

为了适应日益发展的华文教育，交流各地华文教育的经验，取长补短，东南亚各国的华文教育工作者于1995年9月在新加坡举行第一届东南亚华文教学研讨会，1997年12月、1999年12月又分别在马来西亚和菲律宾召开第二、第三届东南亚华文教学研讨会。其中第三届研讨会规模较大，来自文莱、柬埔寨、印度尼西亚、老挝、马来西亚、新加坡、缅甸、泰国、越南、菲律宾、韩国及中国大陆以及中国台湾的华文教育工作者共330多人与会。菲律宾教育部长、菲华商联总会理事长等出席会议并讲话。会议收到论文50多篇，内容主要涉及两个方面：一个是东南亚华文教育的历史变迁；另一个是当前东南亚各国华文教学中存在的各种有待解决的理论和实践问题，如华文教师培训和华文教材编写问题等。会议就这些问题展开了热烈的讨论。据会议主持者分析，三届东南亚华文教学研讨会的召开，是为适应冷战结束后国际形势的变化，及东南亚各国政治、经济、文化状况相应变化的需要，尤其是中国大陆改革开放后经济腾飞，中国台湾及香港经济发展，这些深刻变化"加强了华语文的实用价值，促成了华语文的经济价值、资讯价值及战略价值"，"使华文教育与教学变成了一种世界性的需求"，因而，也就使华文教育和教学在东南亚各国的振兴和发展出现了令人鼓舞的新机遇。①

　　进入 21 世纪后，又相继召开了第四至第七届东南亚华文教学研讨会，每届研讨会都有新的内容。2001 年 12 月 7 日至 11 日，在泰国曼谷举办了第四届东南亚华文教学研讨会，来自中国大陆和中国香港地区、台湾地区，以及新加坡、马来西亚、菲律宾、印度尼西亚、越南、老挝、柬埔寨、文莱、韩国、澳大利亚以及东道主泰国等 14 个国家和地区的 400 多位华文教育工作者和企业家出席了会议。会议分别就华文教材、师资培训、教学方法等问题进行了探讨和交流，会议收到论文 20 余篇。2003 年 12 月 5 日至 8 日，在马来西亚雪州召开了第五届东南亚华文教学研讨会。这届研讨会的主题为"东南亚华文教育和华文教学的发展与挑战"。东南亚 10 个国家和地区的华文教育工作者参加了会议。研讨会的内容包括：论文介绍、东南亚各国华文教育工作概况报告、交流会及书刊展览等。第六届东南亚华文教学研讨会于 2005 年 11 月 6 日至 9 日在文莱举行。来自马来西亚、泰国、印度尼西亚、新加坡、菲律宾、越南、文莱、柬埔寨及中国大陆和香港、台湾地区的共 263 名代表与会。会议的主题为"东南亚华文教育前景之瞻望及实践"，会议围绕"促进东南亚各国华文教育同道的办学经验交流""推动东南亚华文教育与华文教学的发展与挑战"等问题进行交流讨论。2007 年 12 月 6 日，第七届东南

---

① 菲律宾华文教育研究中心黄端铭：《"第三届东南亚华文教学研讨会"总结报告》，［菲］《世界日报》1999 年 12 月 24 日。

亚华文教学研讨会在印度尼西亚泗水开幕。东盟成员国、中国政府官员、各院校专家、资深教育工作者及印度尼西亚各省市华教机构领导及华社代表800多人参加了会议。这是七届东南亚华文教学研讨会参加人数最多、规模最大的一次会议，而且在过去排华激烈的印度尼西亚召开，具有特殊的意义。与会者认为，已经召开的七届东南亚华文教学研讨会本着推动东南亚华文教学的发展，以及促进东南亚华文教学的交流两项宗旨，为东南亚华教作出了积极的贡献。对于配合当前华文教育蓬勃发展，亚洲华教的复兴具有非凡意义；与会者呼吁东南亚华文教育工作应与时俱进。①

连续召开的七届东南亚华文教学研讨会，是东南亚华文教育工作者根据形势的发展和需要，自觉地、自发地、有针对性地改进和调整传统华文教育，这是传统华文教育的进步。

除了东南亚华文教学研讨会外，从1990年起，国务院侨办等单位共举办了5届国际华文教育研讨会。首届研讨会会议名称为"华文教学工作研讨会"，于1990年在北京举行。第二届名称为"海外华文教育交流会"，于1994年8月22日至24日在广州市举行。第三届"国际华文教育研讨会"于1999年8月2日至4日在上海召开。第四届国际华文教育研讨会于2004年12月12日至17日在广东省增城市举办。来自32个国家和地区共300多名华文教育界代表参加了会议。会议主题是"开拓华文教育新思路，共谋华文教育大发展"。第五届国际华文教育研讨会于2007年11月3日至9日在山东省青岛市召开。来自五大洲30多个国家和地区的400多位侨务和华文教育界的领导、代表聚集一堂，共商华文教育发展大计。本届研讨会的主题是"大力拓展华文教育，促进华社和谐发展"。

---

① 中国侨网，2007-12-7。

随着我国经济的迅速发展和综合实力的不断提高，华文教育在海外的影响力正日趋增强，海外华文教育的规模、层次不断扩大提高。为提升华文教育在世界范围内的影响，2009 年在四川省成都市承办第六届国际华文教育研讨会时，按国务院侨务办公室的要求，将"国际华文教育研讨会"更名为"世界华文教育大会"。第一届世界华文教育大会于2009 年 10 月 20 日至 22 日在成都市举行，来自世界五大洲 37 个国家和地区的 500 余名华文教育界代表参加了大会。大会以"抓住机遇，凝聚力量，推动华文教育大发展"为主题，举办了"首届中华文化知识竞赛总决赛"、中华文化知识讲座和四川民族特色文艺演出等活动。①

2013 年 10 月 30 日，第二届世界华文教育大会在西安市隆重召开。大会主题是"凝聚力量，推动海外华文教育大发展"。国务院侨办主任、中国海外交流协会常务副会长李海峰在开幕式上致辞。来自 37 个国家和地区的近 600 名各界代表与会。2014 年 12 月 7 日至 8 日，由国务院侨务办公室和中国海外交流协会主办的第三届世界华文教育大会在北京人民大会堂举行。来自 50 个国家和地区的 500 余位华文教育界代表参加大会。大会的主题是"发展华文教育，振兴华文学校"。2017 年 12 月 19日，第四届世界华文教育大会在京举行，大会由国务院侨办和中国海外交流协会主办，来自 55 个国家和地区的近 600 位华文教育界代表参加了大会。

华文教育是中华文化在海外的"希望工程"，中华民族在海外的"留根工程"，是华侨华人社会最重要的"民生工程"。多年来，在有关各方的共同努力下，海外华文教育工作取得了很大的成绩，对弘扬中华文化，促进中外交流，推动海外华侨华人社会团结与发展起到了不可替代的作用。国内有关部门积极作为，为海外华文教育创造各种条件。2012

---

① 《第二届世界华文教育大会特刊》，《人民日报》2011 年 10 月 30 日。

年 9 月 29 日，北京华文学院新校区开学典礼暨董事会成立大会在京举行，标志着北京华文学院新校区正式投入使用。国侨办会同有关部门制定华文教育发展规划，编辑出版了《幼儿汉语》《汉语》《中国历史常识》《中国地理常识》《中国文化常识》等教材和读物，编写了《千岛娃娃学汉语》等本土化特色教材，创办中国华文教育网，构建了从幼儿到初中、从语言到文化、从平面到网络的华文教材体系。培训华校负责人和教师 6 万多人次，外派教师 1000 多人，募集了 3 亿多元华文教育资金。如今，在世界各国已经形成拥有几十万华文教师、几百万在校生的 2 万所华文学校，构建起从幼儿园到高中颇具规模的海外华文教育格局。

（二）"汉语热"在海外兴起与升温

随着中国改革开放以来经济社会的快速发展，以及中国加入世界贸易组织，积极参与国家事务，世界各国也开始重视并加强汉语教学。据统计，至 2008 年 3 月，全世界有 100 多个国家 3000 多万人学习汉语，2300 多所大学开设了汉语课。[①] 如在英国有 150 多所中学开设了汉语选修课。汉语已被纳入英国教学大纲规定的初中结业考试及高中会考科目之一。法国巴黎第三大学中文系共有学生 1800 人，成为海外最大的中文系。原西德波恩建立了培训华语人才中心，1986 年该国有 2000 多名大学生进修汉语。中文在日本是仅次于英文的第二外语，约有百万人通过广播、电视等方式学习中文。自中美建交、两国关系正常化，尤其是中国改革开放后，美国学习中文开始持续不断升温，至 20 世纪 90 年代，约有 200 所大专院校开设中文专业，进修中文的大学生逾万人。[②] 至 2005 年，美国有 2400 所高中把汉语作为一门外语。2006 年 1 月 11 日，《纽约时代》杂志刊文说："数十年来，人们（在中国周边国家）对中国怀有深

---

① 《人民日报》2008 年 9 月 25 日。

② 周南京主编：《华侨华人百科全书》（总论卷），第 639 页。

深的猜疑。但是，掌握中文已经作为一扇通向生意成功的大门，现在更成为一种时尚，一种风靡欧美的时尚。"①

中国改革开放 40 年来，随着中国国际地位和国际影响力的不断增强，中国与世界其他国家和地区在政治、经济、文化、教育等领域的交流日益频繁，世界范围内的"中文热"持续升温，海外侨胞学习华文、了解中华文化的热情更是空前高涨。维系中华民族的因素，除了血缘和地缘之外，更重要的是文化因素。优秀的中华文化是连接中国的历史与未来、支撑中华民族绵延发展的精神支柱，是全球华侨华人相拥相依的纽带。华文教育是面向几千万海外侨胞尤其是华裔青少年这一特殊群体开展的民族语言学习和中华文化的传承工作，是海外华侨华人社会团结和谐、延绵发展的内在动力，也是与海外侨胞保持与祖（籍）国情感联系的根本纽带，又是海外侨胞传承中华文化、保持民族特性的重要保证，是凝聚侨心、促进海外华侨华人社会发展的内在动力，是一项关乎国家、民族的伟大事业，是中华民族在海外的"留根工程"，更是党和国家的一项长期的、具有战略意义的基础工作。

通过以上介绍可以看出，传统的海外华文教育和新兴汉语学习热潮，两者不能同日而语，它们既有联系又有区别。其联系是学习中国的语言文字，了解中国文化。区别是，海外华文教育一般是指华侨华人为保持延续中华传统文化，使他们的后代能够保持中华文化之"根"而进行的中文教育，其存在的历史较长，长久不衰；而海外学习汉语热潮，一般是指中国改革开放、国力日益强大后，引起世界大多数国家的高度重视，掀起的一股学习汉语热，其兴起的时间短，而且是把汉语作为一种工具，其对象既有外国人也有华人（当然对于华人来说，也有保持中华传统文化

---

① 广东华侨华人研究会编：《世界海外华人研究学会地区性非洲国际会议论文摘译》，香港社会科学出版有限公司 2008 年版，第 182—183 页。

的目的）。近些年来，欧美各国大中学校开设的汉语课，均属于后者。

世界各地有越来越多的华人和外国人学习汉语，尽管目的不同，但有一点可以肯定，即中国改革开放 40 年来，广大华侨华人加强和扩大了中文教育，成为当前世界学习汉语热潮的一部分，从而推动了中外文化交流，对于新时期增强海外同胞的民族意识和凝聚力身心力，弘扬中华传统文化起到了重要作用。

当然，目前海外华文教育也遇到一些困难和问题，如中国大陆和中国台湾在海外华文教育中所提供的汉语教材字体、注音不统一，为海外华文教育带来不便；海外华文教育师资不足，水平不高，待遇偏低；各国对华文教育的政策不同，不少国家重英语轻汉语，以及发达国家和发展中国家经济差异较大，使海外华文教育发展呈现不平衡的状况。教材、师资和学科建设仍是海外华文教育亟待解决的突出矛盾。针对这些问题，2004 年 4 月，"国家海外华文教育工作联席会议"在北京成立，大会制定了《2004—2007 年海外华文教育工作规划》。同年 9 月，以募集资金服务海外华文教育为宗旨的"中国华文教育基金会"正式挂牌。同时，国务院侨办还增加了华文教育专职工作人员的编制，恢复了专司华文教育的管理机构。

第二节   传统新兴海外华文传媒蓬勃发展

海外华文报刊、华人社团、华文学校，被称为华人社区的三大支柱，共同担负着传承中华文化，促进华人社区与居住国社会交流沟通的任务。其中海外华文媒体包括全系统的华文报刊、广播、电视，以及现代新兴的网络信息等。自 20 世纪 80 年代至 21 世纪初，随着经济发展全球化，高新科技和信息产业日新月异，各种媒体包括海外华文媒体呈现出强劲的发展势头。目前中国香港、澳门、台湾及海外各地出版的各类华文报刊达 500 余种，其中日报 120 多家，华语广播电台 70 多家，华语电视台数十家，网络媒体后来居上。目前传统的海外华文媒体近 2000 种。这些为改革开放新时期中外文化交流传播创造了有利的条件。

一、海外大陆新移民兴起办报潮

（一）东南亚华文报刊历史与现状

据有关报道，在过去的 180 多年里，世界 52 个国家和地区，出版过 4000 多种华文报刊；21 世纪初，新加坡华人李金龙医师举办了中文报刊收藏展，展出各类中文报刊达 700 多种。这些大体可以反映出近两个世纪期间，海外华文报刊的一鳞半爪。

自 19 世纪以来，华侨在海外开始创办报刊，报道各种消息，传播中外文化。到辛亥革命时期，华侨掀起了创办报刊的第一个高潮，当时华侨创办的报刊达 100 多种，占当时国内外中文报刊总数的七八分之一，其中有相当一部分是支持革命的报刊，为孙中山领导的资产阶级民主革命呼吁呐喊，从舆论方面配合辛亥革命，同时在世界各地广泛地传播了中华文化。

抗日战争时期，华侨掀起了创办报刊的第二个高潮，当时海外华文报刊接近 140 种。这些华侨报刊高扬中华民族抗战的旗帜，大力宣传歌颂祖国抗战，无情地揭露抨击日本侵略者的侵华暴行，成为中华民族抗击日本侵略者的雄劲号角，为祖国抗战胜利作出了特殊的贡献。

自 20 世纪以来，华侨居多的东南亚地区，华文报刊蓬勃发展，总数约达 200 种，是世界华文报刊的重心。20 世纪 80 年代，新加坡两个老牌家族性侨报《南洋商报》《星洲日报》整顿改组，于 1982 年合并后出版《南洋·星洲联合早报》《南洋·星洲联合晚报》（以下简称《联合早报》《联合晚报》）。在马来西亚、菲律宾、泰国等地传统华文报继续出版，并新办了少量华文报刊，总体平稳，发展不快。但个别国家如印度尼西亚和日本的华文报刊有突破性发展。印度尼西亚政府对华人政策较宽松后，在 20 世纪六七十年代华文报刊几乎灭绝的情况下，到 2003 年华文报刊猛增至 14 种。中国改革开放后，日本华人新移民大量增加，被称为"改革开放后来日中国人发行的报刊"先后出现过 50 多种。[①] 出版发行时间较长、现在仍在出版的有《华人时报》《东方时报》《半月文摘》《中日新报》《中日产业开发》等约 15 种。

自中国大陆改革开放以来，海外华文报刊的发展又出现一个新的高潮。据不完全统计，截至改革开放刚刚起步的 1980 年，海外共有华文报刊 211 种，其中日报 70 种。到 20 世纪 90 年代中期，即到 1995 年（有的国家为 1996 年）海外共有华文报刊 490 种（会刊、校刊等未计，也未包括 30 多种网络杂志），比 1980 年增长了一倍多，分布在 5 大洲的 40 个国家和地区，其中日报 78 种。按地区分，亚洲仍然是华文报刊的重要中心，共有 199 种（有说 200 种），影响大的日报多集中在东南亚，共

---

① 王士谷著：《海外华文新闻史研究》，新华出版社 1998 年版，第 76 页。

38 种（其中马来西亚 16 种，新加坡 3 种，泰国 6 种，菲律宾 4 种，其余分布在日本、印度尼西亚、越南、柬埔寨、印度等国家）。北美洲是华文报刊的另一个出版中心，美国有 128 种（有说 130 种），分布于 22 个州，日报 12 种，是世界上华文报刊最多的国家，其中有 1/3 为大陆新移民所办；加拿大华文报刊有 33 种（有说 37 种），大部分为新移民所办。其他地区华文报刊情况为：欧洲有 44 种（有说 56 种），拉丁美洲有 28 种（有说南美洲 65 种），大洋洲有 52 种，非洲有 6 种（至 1999 年有 47 种）。[①] 由此可见，新时期在海外"出现了一个大陆新移民的办报潮"。

介绍中国改革开放以来的海外华文报刊，还应该追溯"世界中文报业协会"这一团体。其成立于 1968 年 11 月 18 日，秘书处设在中国香港。会员为中外 100 家华文报社，另有少数华文杂志社为附属会员。其宗旨是提高华文报刊的编采及生产水平，促进新闻自由及会员间的合作与关系。首任会长是香港《星岛日报》董事长胡仙，副会长为台湾《联合报》董事长王惕吾，执行委员由中国香港地区、台湾地区以及吉隆坡、诗巫、新加坡、曼谷、纽约、洛杉矶等地的华文报社负责人组成。至 2005 年已经在世界各地举行了 38 届年会。"世界中文报业协会"属于海外华文报纸的世界性业缘团体，它对近 40 年的海外华文报刊起到了交流沟通、协调活动、推动发展的作用。

（二）欧洲华文报刊后来居上

20 世纪中叶以前，中国移民大多移向东南亚各国；改革开放 40 年来，大陆新移民大多移向北美、欧洲、澳大利亚及日本等地。华人移民的新趋向，改变了华文报刊的分布状况。

20 世纪 70 年代，欧洲主要有两家华文报，一家是总部在中国香港

---

① 王士谷著：《海外华文新闻史研究》，第 31—32 页；周南京主编：《华侨华人百科全书》（总论卷），第 740 页。

的《星岛日报》报业集团的欧洲版——1975 年 8 月 20 日《星岛日报·欧洲版》在英国伦敦出版。该报先是在香港编排，航寄伦敦印发；随后在伦敦设立办事处，招聘工作人员，在英国招揽广告和采编当地新闻，并将要闻版改为卫星传版。1984 年《星岛日报·欧洲版》发行扩展至西欧各国的华侨华人社群当中。20 世纪 80 年代，欧洲的第二家华文报是总部在中国香港的《文汇报·欧洲版》——1981 年 11 月 1 日创刊于伦敦。以上两家欧洲华文报都是香港报纸的扩展。不言而喻，这两家香港华文报首先登陆英国，主要是因为当时中国香港由英国殖民统治。1982 年至 1983 年之交，在法国巴黎几乎同时诞生了两家华文报：一家是 1982 年 12 月 6 日出版发行的《欧洲日报》；另一家是 1983 年 1 月 1 日创刊的《欧洲时报》。两报虽然只有一字之差，但政治倾向差异很大：前者亲台，后者倾向大陆，形成对峙局面。这就是 20 世纪七八十年代欧洲的四大华文报，伦敦、巴黎各有两家，政治立场明显不同。不过，到了 90 年代，随着中国大陆、台湾海峡两岸往来加强，以上四大日报对于祖（籍）国政治上的分歧明显淡化，尤其在"反对'台独'势力，促进中国统一"问题上立场趋于一致。在此前后，德国、荷兰、瑞典等国家也创办了几种影响较小的华文报刊，基本上是免费赠阅。20 世纪 90 年代，随着大陆新移民涌入欧洲，华文报刊随之兴盛起来。如 1991 年 1 月创刊的《欧华》月刊（后改《奥华快讯》，奥地利华人总会主办）、1994 年 8 月创刊的《西华之声》（西班牙华人总会办）、1994 年 9 月创刊的《欧洲之声》（匈牙利华人联合总会主办）、1995 年 1 月创刊的《欧洲华声报》（西班牙华人协会主办）等。与此同时，东欧国家也结束了无华文报刊的历史，其中仅有 2 万华侨华人的匈牙利，就有华文报 10 家；约有 20 万华侨华人的俄罗斯，有华文报刊 7 种；南斯拉夫、罗马尼亚等国也创办了华文报刊。据统计，近 30 年来，欧洲华侨华人创办或与之相联系的华文报刊总数接近 100 种，进入了前所未有的繁荣时期。

在欧洲华文报刊及其他华文媒体繁荣发展的基础上，1997 年成立了欧洲华文传媒协会，以"弘扬中华文化，促进中国人民和欧洲各国人民之间的了解与合作，推动欧洲华人社团之间的团结合作与发展，提倡融入当地社会，更好地为欧洲华侨华人服务"为宗旨①。该协会的成立进一步推动了以报刊为主体的欧洲华文媒体的发展。1999 年 8 月 13 日，欧洲华文传媒协会在法国巴黎召开第三届年会时，英国、法国、西班牙、比利时、荷兰、奥地利、罗马尼亚、匈牙利及中国（中国新闻社、《人民日报》海外版）等国家的 17 家华文媒体的 30 多位代表参加。会议由欧洲华文传媒协会主席梁源发主持开幕式，法国《欧洲时报》社社长杨咏橘致开幕词，中国代表致祝词，中国驻法使馆新闻参赞李蓓芬女士到会致贺。她在致辞中赞扬说：欧洲华文传媒多年来在及时报道中国消息、弘扬中华文化传统、促进侨界团结和欧中交流等方面做了大量工作，已经成为欧华社会生活不可或缺的组成部分。

（三）北美洲华人新移民报刊

就地区而言，亚洲地区的华文报刊最多；就单一国家而言，属美国的华文报刊最多，近 130 种。原来国民党在美国主办的老牌报纸《美洲日报》（纽约）、《新中国日报》（檀香山）、《少年中国晨报》（旧金山）相继停刊后，于 1976 年创办《世界日报》。美国影响较大的左翼侨报《美洲华侨日报》创刊于 1940 年 7 月，1979 年 2 月 5 日，邓小平访美期间曾为该报题词："愿你们为增进中美两国人民的友谊作出更大的努力。愿你们为祖国的社会主义建设、为台湾回归祖国，实现祖国统一大业，作出更多的贡献。"② 1989 年停刊后，在纽约后续的《侨报》创刊。《世界日报》《侨报》是目前美国影响很大的两种华文报。1993 年 10 月，美

---

① ［法］《欧洲时报》1999 年 8 月 15—17 日。

② 程曼丽著：《海外华文传媒研究》，新华出版社 2001 年版，第 199 页。

国华人新移民在西雅图创办了《新大陆》(四开半月刊)，后总部移到旧金山，面向全美发行，在西雅图、洛杉矶、芝加哥、纽约、波士顿、亚特兰大、休斯敦、达拉斯、圣迪戈、丹佛及加拿大温哥华等地设有办事处。1994 年 4 月 3 日，华人新移民在洛杉矶创办《中国导报》(后改《华美导报》)，是一份有中、英文两种版本对开的周报，也面向全美发行，在旧金山、休斯敦、芝加哥、亚特兰大、波士顿、纽约、西雅图、华盛顿等大城市设 8 个分社。1994 年 6 月 10 日，新华人在纽约创办《中国经济时报》(对开周报)，同时出版英文电子版(日刊)，成为海外华人社会的第一份英文电子报。由以上三份报刊可见，美国华人新移民所办报刊起点较高，出手不俗。在美国、加拿大还有些非大陆新移民创办的报刊。

有关新移民创办的美国华文期刊，值得一提的是黄运基等创办的《美华文学》。黄运基是美国的华文文学家。1994 年底，他和几位朋友在旧金山发起创办《美华文学》。创刊十几年来，它已经成为美国境内品位最高、影响力最大的华文文学杂志。2004 年 2 月 27 日，为纪念《美华文学》创刊 10 周年，旧金山"美华文协"举行了纪念活动，宴开 30 席，近 300 人参加，气氛热烈。"美华文协"会长刘荒田指出，10 年来，即使在相当艰难的处境中，黄运基一家坚持把杂志办下来，如今，杂志发展势头良好，水平越来越高。为研究《美华文学》的价值，中国暨南大学和武汉大学获得国家的专项拨款，专门研究这本杂志，可见其影响力和文学价值之大。尤其是《美华文学》的创办者黄运基是一位作品颇多的文学家，出版了《黄运基选集》三卷。几年前，第三卷由中国文联出版社出版。该书分为"东方欲晓""毛泽东的故事""改革开放的中国""中国迈进 21 世纪"四辑。头三辑是作者于 1974 年应中国外交部之邀率领一个美籍华人访华团赴北京参加国庆 25 周年庆典以及在 20 世纪 80 年代访华所撰写的一系列报道评论文章。当年颇为读者关注，尤其是对邓小平接见访华团时的谈话：《邓小平谈中国前途与侨务政策》。第四辑则是重点评论中国和平崛起对国际经济、政治的影响，及其在世界上所扮演的角色。

（四）异军突起的海外华文电子报刊

介绍海外华文报刊，值得一提的是 20 世纪 90 年代发展起来的海外华文网络期刊。随着科技的进步，网络媒体逐渐兴起，而且来势快捷强劲，大有后来居上之势。

1991 年 4 月，由北美留学生在英文《中国新闻文摘》的基础上创办起第一家中文期刊——《华夏文摘》正式上网，现已发展为在世界上影响最大的综合性中文电子周刊（国际统一刊号为 ISSN：1021—8602）。至今已出数百期，每期平均 15000 字，编辑人员分布在 6 个国家的二十几个城市，通过互联网完成编辑工作。1999 年，一个旨在向华人全面介绍最新美国移民的网站"美国华文移民大全"（www.yiminusa.com）开通，供网民们免费上网查询有关移民的各种信息。1986 年 1 月美国威斯康星大学的中国留学生创办了综合性中文刊物《威大通讯》，1993 年 7 月在此基础上创办了电子版（季刊）。内容除校园活动外，经常刊登诗歌、散文、娱乐、健康信息等。1994 年初，在美国肯塔基州路易维尔市的留学生创办《未名》中文双月刊，分别出版印刷版和电子版。与此同时，纽约州立大学布法罗分校的中国学生创办中文双月刊《布法罗人》电子版。每月出版的《硅谷中国工程师协会会刊》电子版，报道最新科技动态。另外，美国还有文学性电子刊物《新语丝》（月刊，1994 年 2 月创办）和《橄榄树》，学术性电子刊物《语文专刊》。前两种刊物没有注明编者及地址；后者为纽约的美洲中国文字改革促进会主编。

加拿大的中文电子杂志早在 1991 年就出现了。当年 12 月由渥太华中国同学联谊会主办的综合性月刊《联谊通讯》电子版问世。其以服务性为主，刊登较多的生活知识性文章。1993 年 9 月 20 日，加拿大中国学者联谊会创办了中文十日刊《枫华园》电子版，集文学艺术、科学技术、文化娱乐、时事新闻为一体。另外，卡尔加里中国学者联谊会、温尼伯市曼尼托巴大学中国学生学者联谊会分别于 1993 年、1994 年创办《窗口》《红河谷》中文电子杂志。

欧洲的中文电子期刊的出现略晚于北美洲，但发展很快。1993 年 10 月，英国利兹中国学生学者联谊会主办的《利兹通讯》上网发行，成为欧洲第一份网上期刊。到第二年下半年，短短的几个月间，即有六份由欧洲留学生创办的电子刊物相继问世，它们是：瑞典隆德华人学生学者联谊会创办的《隆德华人》，柏林留学服务中心的《华德通讯》（半月刊），瑞典的《北极光》（月刊），荷兰留学生同学会的《郁金香》，丹麦的《美人鱼》等。

日本的中文电子期刊发展得也比较快。1994 年仙台东北大学创办了中文电子月刊《东北风》。1996 年日本则出现了《日本侨报》《华声月刊》《中文导报》《留学生新闻》等几家中文电子报刊。

至 1996 年，北美、欧洲、日本的华人网络杂志共有 30 多种。最近 10 多年来，华文网络期刊未见统计数字，但可以断言是在不断增加。

随着电子期刊的不断涌现，陆续出现了海外华文报纸电子版，一些原有华文报也纷纷升级为电子版。1994 年 6 月，纽约《中华经济时报》开办英文电子版（20 世纪 80 年代大陆留美学生主办）。1995 年 7 月中文电子报《环球电子日报》在休斯敦创刊（60 年代中国台湾留美学生主办）。1996 年 2 月，美国较有影响的《侨报》进入因特网，增加电子版。在此期间，洛杉矶出版的华文报《联合时报》则停止印刷版而改出电子版。美国和加拿大的一些华文报则加入网络组成《美中国际电子报》。

继北美洲之后，东南亚等地区的华文报也纷纷加入网络出版电子版。在东南亚很有影响的新加坡《联合早报》于 1995 年 6 月起通过新加坡报业控股公司属下的主机"亚洲一号站"进入因特网，其电子版内容丰富，栏目众多，大事件之后还有综合回顾，如 1997 年 11 月江泽民主席访美结束之后，在网上可以集中看到该报编制的江泽民访美日程及其此前的有关独家报道和述评。在较短时间内，该报在网上被点击次数达 1320 万次。[①] 1997 年以来，海外华文报上网的还有马来西亚的《星洲日报》《南洋商报》《光华日报》，菲律宾的《商报》，澳大利亚的《澳洲日报》《自立快报》，奥地利的《奥中资讯网》（中、德双语版）等。而且有些电子版华文报已经打破地域界限，与其他电子报刊互相链接，如从电子版《澳洲日报》上不但可以浏览到澳大利亚全国新闻和华人社区新闻，还可以从网站链接访问上述已上网的几家亚洲的华文报刊及一些英文报刊，以及访问中国大陆和港台地区的许多报刊。

海外华文电子报刊是华侨华人传媒业的新生事物，其主体是新时期与新移民有联系的中国留学生而为，它是对传统华文报刊的革命，也代表了海外华文报刊未来的发展趋势。

（五）海外华文报刊的作用特点

随着中国的发展和强大，华人族群经济实力的增长、人数的增多及对自身权益的重视，海外华文报刊的影响越来越大。

2000 年美国总统竞选，美国华文报纸同时采访了民主党和共和党两位总统候选人；澳大利亚大选期间，悉尼有的华文报将 1/3 的广告版面提供给各主要政党候选人；在西欧、日本，越来越多的当地人士阅读华文报刊，作为学习汉语的手段。

华文报刊是海外华人社会的重要媒体之一，它既有传播中华文化、开展中外文化交流的功能，还有一定的舆论导向和评论时政等独特的功能。

日本《侨报》社 2000 年推出了《我认识的鬼子兵》日文版一书，对

---

① 王士谷著：《海外华文新闻史研究》，第 82 页。

日本国民了解认识 20 世纪三四十年代日本对中国的那场侵略战争，给中国带来的深重灾难起到了警醒作用，在日本引起较大反响。《侨报》社还出版了介绍在日中国人奋斗足迹单行本。

随着新时期海外华文报刊的发展，进入 20 世纪 90 年代，中外报刊界同人开始了初步的学术交流。1991 年香港中文大学主办了"传播与社会发展"研讨会，1993 年台湾政治大学主办了"大众传播研究与教学"研讨会。在此基础上，1995 年 10 月 12 日至 16 日，由新加坡南洋理工大学、中国新闻史学会、中国华中理工大学联合主办的"95 世界华文报刊与中华文化传播"国际学术研讨会在中国举行。来自中国大陆、港台及新加坡、马来西亚、文莱、日本、美国、法国、德国等 10 个国家和地区的百余名从事传媒、新闻业的专家学者参加了会议，其中有许多业内著名专家学者。与会者提交论文 50 多篇，论文内容涉及世界华文报刊、大众传媒、电子期刊等多方面，题材广泛，既有涉及历史，又有注重现实；既有理论探讨，又有具体实例分析；既有宏观概括，也有个案研究。会议讨论热烈，百花齐放，百家争鸣。①

各种海外华文传媒对中国积极、客观、公正的报道，成为架设在中国与各国之间、华人社区与主流社会之间的桥梁。通过这座桥梁，现代中国的各种信息和源远流长的中华文化远播天涯海角，海外的各种信息和各种先进文化也源源不断地传入中国，对中外先进文化的传播交流起到了积极的作用。

综观近 40 年的海外华文报刊，可以总结这样几个特点：第一，办报资金来源表现多元化。有过去传统的家族或工商业者个人办报；有政府控股、参股或资助办报者；有政党或社团出资办报者；有华人新移民集资办报刊；也有外族人士办华文报刊的。第二，报刊种类和内容日趋多

---

① ［新加坡］《联合早报》1995 年 11 月 12 日。

样化。报纸有日报、周报，早报、晚报；期刊有半月刊、月刊、季刊、半年刊等。内容有综合性、专业知识型、文艺型和消闲型的；性质有政治、经济、文化、文体、科技型等。尤其各家海外华文报刊，都加强了对中国大陆信息的报道，如中国加入世贸组织，外商对华投资等。第三，印刷和录入技术先进。现代报刊印刷不断更新，排版均为数字化，信息输入进一步趋向电脑化。第四，办报机构逐步趋向集团化。现代有实力的海外华文报刊趋向集团化。尽管为数不多，但这是大报大刊的发展方向。第五，海内外互动联通。对于海外华文媒体而言，无论是传统的"华侨媒体"，还是现代的"华人媒体"，来自中国的新闻与信息都是其版面的组成部分。中国国内的一些省区市与市级媒体，甚至地方政府也相继与海外华文媒体进行版面合作。据不完全统计，目前全国有20多个省区市的主流媒体在世界六大洲的海外华文报纸上开版面，有的合作版面每日刊发，也有的合作版面每周刊发。如侨乡浙江省温州市、青田县在意大利、法国、葡萄牙的华文报纸均开设了版面；再如羊城晚报报业集团就与澳大利亚侨鑫集团开展《新快报》合作；等等。

改革开放以来中国的发展、大陆新移民大批移往海外，为海外华文报刊的蓬勃发展提供了动力；华侨华人自身经济的发展、经济力量的壮大，是推动华文报刊发展的内在力量。两种因素的综合作用，使华文报刊业的发展迎来了新的高潮。如泰国华文报《新中原报》总编辑林宏所说：25年前，我们曾经担心华文报刊会像恐龙一样绝种，时至今日，它仍然遍布世界，可见其生命力。在中国经济不断发展的大环境下，华文报刊的前景一片光明。

当然，辩证地考察，目前海外华文报刊的发展也存在一些问题：如水平普遍不高；编辑力量不足；有些报刊经费有困难；有些报刊语言文字不规范，错误较多；与英文媒体比较，显然处于弱势等。

二、海外华语广播电视及新媒体

（一）创办海外华语广播电台

海外华文媒体，除了华文报刊以外，还有华语广播影视业。海外华侨开办广播电台最早始于 20 世纪 30 年代，1933 年春美国檀香山相继出现"华人播音局"（不久改"华语播音社"）和"檀山播音新闻社"。1939 年 4 月旧金山华侨创办金星广播电台等。洛杉矶也创办过华语广播电台。20 世纪 70 年代，美国华人广播发展形成纽约、旧金山和洛杉矶三大中心。1972 年加拿大温哥华创办了华侨之声电台，不久被香港商人接办。东南亚最早的华语广播是 1937 年在马来西亚创办的。60 年代后新加坡脱离马来西亚联邦单独成立华语广播电台。20 世纪 70 年代末，菲律宾华人创办了规模较小的华语电台"大东广播社"。澳大利亚有多种语言广播电台，其中有华语节目，1975 年试播。

20 世纪 80 年代，海外华语广播电台得到大发展。北美和东南亚原有的华语广播电台继续播音，在欧洲、非洲、南美洲也陆续建立华语广播电台。据不完全统计，截至 90 年代中期，海外华语广播电台先后开办 60 多家，其中北美 34 家（美国 25 家、加拿大 9 家），欧洲 9 家，大洋洲 9 家，东南亚 8 家，非洲 2 家，南美洲 1 家。[①]

随着大量华人新移民涌入美国，华语广播进一步发展。纽约成为华语广播电视的一大中心，全市计有华语广播电台 4 家。其中美加华语广播网，经过多年经营，20 世纪 90 年代已在全美各大城市及加拿大的某些城市设立分台，通过卫星全天 24 小时用广州话进行联播。1988 年 2 月，由美籍华人程蕙创办的中国广播网，使用普通话播音，相继在洛杉矶、旧金山、圣荷塞、纽约、达拉斯等地设立分台，通过卫星进行全天 24 小

---

① 周南京主编：《华侨华人百科全书》（总论卷），第 745 页。

时联播。与此同时，纽约创办了规模较大的华语广播电台以及中华商业电台、侨声广播电台等。在洛杉矶，80 年代先后开办中华之声广播电台、中文广播电台、联邦电台华语广播等。加拿大有多伦多中华之声电台、加国华声、加华有限广播公司、蒙特利尔的华侨之声中文电台、埃德蒙顿的四海中文广播、卡尔加里的华人广播电台、罗杰斯电台多元文化频道、温尼伯的华人之声电台等，均是在 20 世纪 80 年代以后发展起来的。

欧洲的华语广播始于英国。1983 年英国广播公司曼彻斯特地方电台开辟"东方地平线"专栏，用香港话播出。最初每周半小时，几年后增加至每周 2 小时。1990 年英国华裔主持的"城市好时光"中文节目开播，以热情奔放、生动活泼为特色受到欢迎。英国还有苏格兰电台中文节目（1986 年 11 月）、伦敦城市好时光华语节目（1990 年 6 月）等华语广播。1984 年，荷兰社会文化福利部下属荷兰广播基金会，增设"中文广播节目"，也用香港话广播。90 年代后正式定名为"荷华传真"，每周播出五天，每天半小时。1985 年面向法国亚裔移民的"亚洲广播电台"在巴黎创立，用法语和华语向专门地区播音，主要对象是来自印支的华裔移民。1990 年 4 月 2 日，法国国际广播电台正式开播中文节目，是面向全世界的中文节目。它是继"美国之音"（VOA）、"英国广播公司"（BBC）之后另一个具有所在国背景、面向世界的华语节目，而与这两者不同的是，法国国际广播电台每天三小时的节目中，其中有一小时系主要以法国本土华人为播音对象，集中报道法国华人社区的时事动态。意大利普拉托市是中国新移民比较集中的地方，1993 年 8 月，该市开播了每天 20 分钟的中文节目。

大洋洲的华语广播电台大多创办于 20 世纪 90 年代。从 1992 年至1994 年，在悉尼、墨尔本先后开办有澳大利亚多元文化广播电台华语广播、澳大利亚中文广播电台等。新西兰则有新西兰电台华人之声、新西兰华人之声、基督教华人之声、奥克兰华人电台（商业电台）等华语电台。非洲主要有南非和毛里求斯两个国家有华语广播电台。

（二）海外华语电视传媒

电视是现代传媒之一，特点是影像声音同时以动态形式展现在收视者面前，比报刊、广播更有独特的优势。据现有资料显示，华语电视在美国最早出现在 20 世纪 70 年代初，洛杉矶、纽约、旧金山是美国早期华语电视的三个发源地。华语电视走向发展阶段在 80 年代以后。1980 年台湾中国电视等三家电视公司合股在美国成立国际视听传播公司，总代理这三家电视公司在美国的播映权和录像带发行权并经营联合华语电视。此后华语电视扩展覆盖全美各地。旧金山有世华电视、太平洋电视等；纽约有苹果电视、宏声电视、世界电视等。1990 年开办的纽约中文电视采取有线与无线两种方式播出，覆盖率较大，收视人口达 7000 万人。加拿大华人企业家于 1984 年创办了加拿大中文电视有限公司，面向全加广播（后改组城市电视）。至 1996 年初，北美地区 11 个城市共有华语电视台 35 家，其中使用卫星直播的有 6 家。

20 世纪 90 年代，中文电视在欧洲兴起。1992 年 11 月，由香港机关报中港集团投资创办的第一套面向欧洲华人的中文电视台——"欧洲东方卫视"在英国伦敦正式成立，翌年元旦正式开播。1994 年，香港邵氏传媒集团投资 20%，英国太平洋传媒投资 80%，合资创办的"时代华人电视"，面向欧洲华侨华人。这是以香港财团为后盾、以英国伦敦为基地，最早出现在欧洲的中文电视台。1995 年后，两家电视台相继重组。①90 年代后期进入欧洲的另一中文电视节目是中国中央电视台通过卫星传送的国际频道节目，收视者主要为欧洲的华人新移民。

截至 2003 年，马来西亚有 3 个电视频道每天下午 6—7 点播出华语

---

① 这里介绍的欧洲华语广播和最初的中文电视台设立及重组情况，参见李明欢著：《欧洲华侨华人史》，中国华侨出版社 2002 年版，第 759—761 页。

电视节目，菲律宾华文电视"福华有线中文电视服务"每天播出七个半小时，日本华文电视台有 5 家，新加坡、泰国等均有华语电视台或电视节目，澳大利亚有华语电视台 2 个。

值得关注的是，近些年随着数字技术普及与新媒体发展，华文新媒体集团也初现雏形并日益显示出影响力，进而在华文传媒市场上显现日益强大的影响力。目前，华文传媒市场中最大的新媒体平台"麒麟电视（KyLinTV）"隶属于麒麟国际（KyLin Global Network）。麒麟电视于2005 年创办于美国纽约，使用 IPTV 技术并依托互联网平台提供来自中国大陆、香港、台湾以及东南亚地区的 100 多个中文电视频道，观众主要通过机顶盒、智能电视、个人电脑等多个媒体终端收看麒麟电视节目。与有线电视的地域和频道数量限制，以及卫星电视的低到达率比较，互联网电视受益于海量节目库以及互联网高接入发展速度迅速，如今"麒麟电视"已成为全世界范围内最大的中文网络电视运营商。

20 世纪 80 年代，华语电视呈现兴盛景象，主要体现在三个方面：一是华人居多的北美、西欧、东南亚逐步形成三个华语电视中心；二是使用卫星传播，并同中国本土电视联网，由地区性向世界性过渡；三是海外华语电视与中国大陆及港台的交流合作及其相互间的交流合作日益发展。

（三）海外中文新兴网络媒体

一个多世纪前，海外侨胞与祖国和家乡的信息传播交流受到时空的限制，只能用书信传递信息，侨批和水客在信息传播中承担重要角色；不言而喻，这种信息传播时速很慢。随着计算机网络技术的不断发展，目前已经成为信息技术的一场革命。中国对外开放 40 年来，使这场信息革命在中国也达到了高潮。据中国互联网网络信息中心的报告显示，截至 2016 年 6 月中国网民数量达 7.1 亿人，互联网普及率达到 51.7%，超过全球平均水平 3.1 个百分点。超过世界网民总数的 1/5。2015 年中国网购市场规模达 3.8 万亿元，占社会消费品零售总额的 12.7%，总量居全球第一。2015 年中国信息经济在 GDP 中占比超过 1/4。这些数字足以说明中国是个年轻的网络大国，当然还不是网络强国。绝大多数有中文阅读能力的华人都可以通过国际互联网接触到华人世界的新闻、文化和商务信息，同自己的祖（籍）国、家乡、亲属和同乡进行联系，为子女寻求学习母语的辅导并增进接触中华文化的机会。

美国华人在信息产业的成功，推动了华人社会的信息传播。早在 20 世纪 60 年代，王安的电脑公司开始研究中文电脑的语文系统，1975 年推出世界第一套包括软硬件的中文电脑，以后又研制出中文数据库、中文通讯等软件。1998 年 5 月，杨致远的雅虎正式推出中文繁简体网站搜索系统，大大方便了中文使用者的网站和信息检索。由于存在着巨大的市场需求，互联网上的中文网站日益增多，目前世界各国华人建立的中文网站数以千计，种类繁多。① 新浪网是目前世界上较大的中文信息网站之一，新加坡联合早报网站则是全球影响最大的中文信息网站之一。截至 2003 年，欧洲影响较大的华文网络媒体有 5 家，加拿大有华文互联网站 60 家，澳洲华文互联网上百家。1999 年夏，南美洲巴西推出"世界中国城"和"巴西中国城"两个华文网站。前者站址设在美国，储藏有巴西、美国、加拿大等国家的华人资料；后者设在圣保罗，内容有中国传统文化、饮食保健等 20 多项。2005 年 6 月，《秘鲁通》中文网站正式开通。该网站是由旅秘新侨创建，得到了中国驻秘鲁使馆、旅秘华侨华人社会团体和有关人士的大力支持。从一个半世纪前的唐人街古老中华文化，发展到现在的网络文化，是秘鲁华侨华人文化发展的缩影。

中国互联网新媒体走向海外，扩大海外传播力影响力，是网络战略

---

① 有关情况参见刘权：《信息革命与海外华人文化交流》，载广东华侨华人历史研究会编：《华侨与华人》2001 年第 1 期（总第 25 期）。

新媒体技术发展方向。2014 年 6 月,《人民日报》海外网新加坡频道上线,迈出面向海外拓展的第一步。至 2016 年夏天,第 12 个海外本土化频道——非洲新闻网上线。至此,《人民日报》海外网海外频道流量占频道总浏览量接近 10%,读者覆盖超过 100 个国家和地区,其中,美国、日本、加拿大、德国、西班牙、泰国、印度等国家和中国港澳台地区的读者总量居于前列。近年来,西方主流媒体纷纷办起中文版,这将对中国的对外传播产生深刻影响。

2015 年 5 月,《人民日报》海外网成功组织策划"首届海外华文新媒体高峰论坛"。这是我国第一个以团结和凝聚海外华文新媒体为目的的论坛。来自 40 多个国家和地区的 170 多家海内外华文新媒体、400 余位海内外嘉宾与会,论坛在华媒界引起强烈反响。

新西兰频道总顾问陆涵绮是一个年轻的上海女孩,海外留学后在当地曾经同时经营管理多个公司。自从与《人民日报》海外网合作建立新西兰频道后,为了更好地专注于"承载了希望与情怀的平台",她出让经营多年的旗下公司,以更高昂的热情全身心投入新西兰频道的运营。她说:"身处海外,祖国的意义对我越来越重要。新西兰频道将紧密结合海外网跨媒体平台优势,更好地服务于新西兰企业、商家、社团,使新西兰频道更实用、更高效。"海外网朝鲜频道总顾问李春日,2007 年到朝鲜金日成综合大学读经济学博士课程,4 年后做博士后研究。他表示,"朝鲜频道就是要通过最直观的方式,讲述中朝交流的故事、友谊的故事,同时让全世界的中文读者了解一个真实的朝鲜"。① 2015 年 11 月 13 日晚上,巴黎市中心发生系列枪击爆炸恐怖袭击案件。暴恐事件发生后,《人民日报》海外网第一时间与法国侨报、新欧洲、欧洲时报联动,通过各平台刊登中国驻法使馆的联系方式,提醒身在巴黎的华人同胞注

---

① 人民日报记者徐蕾:《网聚海外粉丝》,《人民日报》2016 年 5 月 19 日。

意自我保护，同时对事件全程 24 小时不间断关注。中国领导人高层出访、大阅兵、习近平马英九会见等重大新闻报道，海外网第一时间向所在国家及周边的华人华侨留学生讲述祖（籍）国的最新变化和发展成就，同时联动海外华文媒体在本土内容上积极发声，在当地华人圈及中文读者群体中拓展新媒体平台的读者。

为了适应新媒体信息时代，加强全球华侨华人的互联互通，2015 年 7 月 28 日，中国侨联"侨联通"APP 全球开通仪式在京举行，近 300 位来宾共同见证了这一激动人心的时刻。彩色的电子地图上以不同的颜色标出了五大洲，嘉宾们通过按手印的方式分别点亮了亚洲、大洋洲、欧洲和非洲板块。最后，中国侨联主席林军把右手放在美洲板块上，点亮了整个地图，他同时伸出左手兴奋地比出"V"字手势，标志着"侨联通"APP 正式全球开通，会场响起一阵热烈的掌声。"侨联通"APP 全球上线，是侨联组织主动适应互联网时代发展潮流，创新侨联工作手段和为侨服务载体的一项重要举措。"侨联通"APP 试运行半年时，即有 1 万余名注册用户。

新一代华侨华人在掌握、运用现代科技方面有优势、大有作为，并在世界各地的华侨华人社会中发挥着重要作用。国务院侨办鼓励海外侨团自己开发或者利用国侨办已经搭建的新媒体手段，实现"侨团 + 互联网"发展。2016 年 6 月 2 日，第八届世界华侨华人社团联谊大会在北京人民大会堂开幕，来自 136 个国家和地区的 700 余名侨团负责人漂洋过海前来参会。大会开幕这天，"侨宝"移动客户端也正式上线运行。点开这一与"侨胞"谐音的移动客户端，"资讯""活动""华助""生活""文教""咨询"等板块一应俱全。侨团不仅可以及时获取最新涉侨资讯，还可以便捷寻求各类侨务服务。此外，"侨宝"还专门开辟"侨友"界面。世界各地的华侨华人只要通过简单地"扫一扫""摇一摇"，就能互相添加好友，在线即时交流，拥有一个专属的线上侨友圈。①

　　随着新媒体的发展日新月异，海内外新媒体从业人员为适应新媒体的发展，积极参加相关会议和论坛，探讨新媒体问题。2017 年 9 月 5 日，在中国成都举行的第二届海外华文新媒体高峰论坛上，来自 40 多个国家和地区的约 300 家媒体，500 余位海外华文新媒体代表、知名侨领、境内知名媒体负责人参加论坛，并展开了热烈的讨论。本届论坛发布了《海外华文新媒体发展报告》和"海聚平台"即"海外华文新媒体技术支撑与内容共享平台"，为海外华文媒体融合发展提供研究参考，为华文媒体互联互通、共享资源提供技术平台。

　　从总体上考察，中国改革开放以来的海外新闻事业与以前大不相同：在东南亚地区，由于没有新移民补充，华文新闻业的受众由老华侨为主转为以当地出生的华裔人群为主；在欧美、澳大利亚和日本，由于有大批新移民涌入，其人数大大超过老华侨，华文新闻业的受众已由老华侨转为新移民。

---

① 人民日报记者王尧：《做中外友好合作的"金丝带"（侨连四海）——第八届世界华侨华人社团联谊大会侧记》，《人民日报》2016 年 6 月 16 日。

第三节　海外华文文学艺术绽放异彩

　　开展各种学术交流（这里主要指人文方面），进行文学艺术创作和表演，是文化传播和交流的重要内容。从一定意义上说，文学艺术是一个国家文化底蕴的体现。中华文学艺术与中华民族传统文化一样，历史悠久，底蕴深厚，为世界所公认，也为国内外中华同胞引以为豪。中国改革开放以来，随着大陆海外新移民数量的增加，其中有相当一部分是留学生移民，他们大多在国内接受过高等教育，有些在国外继续深造，有较深厚的文化功底。他们联络当地有文化水平的华人学者或当地学者，在海外建立学术、文艺团体，开展学术交流和艺术交流，成为新时期中外文化交流的重要内容之一。

一、华人文学艺术团体活跃海外

　　欧洲华人学会是一个集学术与联谊于一体的华人社团。1978 年欧洲汉学会在意大利举行年会，与会的 10 余位华侨华人汉学家聚集在一起，探讨问题，交流学术，意识到应当加强自身的团结，提高汉学人员在欧洲的地位。他们商定，第二年在德国汉堡举行欧洲华侨华人学者首次聚会，进行学术交流并具体商讨组建社团之事。1981 年 8 月 27 日，欧洲各地近 30 名华人学者相聚于法国里昂近郊的一个小山村，正式宣布成立欧洲华人学会。其宗旨为：倡导学术研究，加强教学与研究经验交流，促进中西文化合作与交流，和睦欧华学者之间的感情。其章程规定：凡在欧洲大学、研究所等机构或以个人身份从事教学和研究的华籍或华裔学人，均可申请为会员。①欧洲华人学会成立以来，每两年举行一届会议，相聚联谊并进行专题学术研讨。从 1983 年起，该会编辑出版不定期的中文学术刊物《欧华学报》，是当时欧洲唯一的中文学术刊物。至 1997 年已出版了 4 期。

欧洲华文作家协会是一个较有影响的欧洲华侨华人文学团体，1991年成立于瑞士日内瓦。该协会在政治上有明显的台湾背景，起初来自中国大陆的移民作家望而却步，加之有水平的欧洲华人作家较少等原因，因此该协会会员较少，规模不大。但由于该协会得到中国台湾"侨委会"支持，参与一些相关活动，也有些会员在世界各地的华文报刊上发表作品，因而使其有一定的社会影响。90 年代后期，随着中国大陆和台湾海峡两岸来往增加，来自中国大陆的移民也有入会者，该协会规模有所扩大，影响力上升。

在欧洲华侨华人群体中，讲粤语方言者甚多。老一代粤语移民大多喜欢家乡的粤剧。自 20 世纪 70 年代以来，英国、荷兰、比利时等国家的一些华人粤剧爱好者经常相约聚会，平时吹拉弹唱，自娱自乐，逢年过节时则组织一些公开演出，受到华人的欢迎，尤其是老人、妇女及退休人员更是喜欢。由于有一定的群众基础，在华侨华人居多的西欧各国，纷纷自发地成立粤剧文艺团体，诸如法国广东粤剧社、荷兰粤剧社、比利时粤剧社、瑞士粤剧社、英国侨声音乐社等。当地华商在财力上给粤剧社提供资助，使其得以开展活动。在此基础上，1994 年，西欧各国粤剧社派代表在法国巴黎成立了"欧洲粤剧研究会"，它是一个带有全欧洲性质的业余文艺团体。"欧洲粤剧研究会"成立后，举办了多场欧洲粤剧大会演，丰富了广大华侨华人的业余文化生活，增进了他们之间的团结和谐。

---

① 李明欢著：《欧洲华侨华人史》，第 684 页。

自 20 世纪八九十年代以来，印度尼西亚政府对华人由高压转向宽松，印华文学逐渐解冻，并建立了华人文化团体，开展华文文化活动，出版新书，与印尼文学团体共同开展文化活动。1989 年，印尼华人作家组织了"祖国文化协会"；第二年，"印华作家协会"宣告成立，很快会员发展到 200 多人，并出版了会刊《印尼之友》，还陆续出版了一些会员的个人文集。为推动华文文学的发展，印华作协举办了散文、短篇小说、儿童文学、诗歌、微型小说等各种文学研讨会；同时加强与印尼文作家交流，将华文作品与印尼文作品互译，推动了两种文学的交流，促进了中印文化融合。

诗歌是文学的一种表现形式。2000 年 11 月，在澳大利亚悉尼成立了澳洲华文诗社——酒井园诗社，这是海外少有的华人诗社。翌年 11 月，该社成立一周年之际举行纪念集会，并出版由诗社副秘书长许耀林与澳洲著名华文诗人刘湛秋一起主编的《世界华文诗萃》（以下简称《诗萃》）。《诗萃》印制精美，篇幅厚实，共 670 多页，囊括了当时健在的世界主要华文诗人的重要作品。其编辑体例分为"祖国大陆篇""港澳台篇"和"海外篇"三部分。酒井园诗社坚持民族性与世界性并行不悖，得到海内外华人同人的认同与好评，其出版的诗集对推动海外华文文学发展产生了积极的影响。另外，由大陆新移民创办的澳洲《大洋报》副刊已出版 100 多期；澳华文学作品出版了多本专集。

在海外华文文学不断发展、华人居多的各大洲先后成立华文作家协会的基础上，1992 年 11 月 22 日至 25 日在台北举行首届世界华文作家大会。各洲华文作家协会的代表在会上报告了各地区华文作家协会的会务及文学活动情况，并通过大会宣言："认为唯有华文作家以包容的、宽阔的胸怀，在世界各地互信互爱，团结一致，努力创作，才能让华文文学展现出中华文化的真善美，才能开创华文文学的新纪元。"大会宣告成立世界华文作家协会。旨在"凝聚全世界华文作家的智慧，藉文学创作及文艺活动的推展，使华文文学能融合于全世界华文的生活之中，并鼓励创作风气，奖掖优秀文学作品，培养华文作家，整理华文文学史料，以使华文文学在全球华文作家的共同努力耕耘下，在世界文坛上，收获丰硕的果实，绽放出灿烂的光芒"。①

世界性的华文作家组织还有"海外华文女作家协会"。其前身为1989 年 7 月在美国加州柏克莱成立的"海外华文女作家联谊会"，1993年 6 月在马来西亚举行第三届年会时改现名。2000 年 10 月，在美国北卡罗来纳州嘉丽市举行第六届大会。目前有会员 150 名。其中美国 72 名，加拿大 8 名，其他分布在法国、荷兰、新加坡、马来西亚、菲律宾、泰国、澳大利亚及中国港澳台等。

与海外华人文学团体有关系的还有世界华人摄影学会。1995 年 1 月18 日，世界华人摄影家约 120 人云集中国香港，召开世界华人摄影学会成立大会。与会者有中国大陆、港澳台，新加坡、马来西亚、菲律宾、印尼、日本，以及美国、加拿大等 12 个国家和地区的摄影爱好者。学会旨在促进各国各地区华人华裔摄影家之间的联系；进行摄影理论与创作技艺的交流，使华人影艺得以提高和拓展，繁荣文化，造福社会。

其他海外华人文学团体还有：1988 年 12 月在香港成立的世界华人诗人协会，1995 年成立的世界华人文物收藏家协会等。

二、海外华文文学的兴起发展

东南亚各国与中国一衣带水，隔海相望。生息在这里的广大华侨华人，一直不忘弘扬、保存祖（籍）国的文学艺术。在文学方面，马来西亚的马华文学比较典型。马华文学家方修（吴之亮），将 20 世纪前半叶

---

① 周南京主编：《华侨华人百科全书》（社团政党卷），中国华侨出版社 1999 年版，第 463 页。

的马华文学分为四个时期，并认为第二个时期，即 1937 年至 1942 年的抗战文学运动是最热闹、最壮阔的一场文学运动，其主流是正义性（反对日本侵略）和民族性（抗日、卫马）。① 可见，马华文学具有热爱祖国、热爱侨居国的优良传统。20 世纪 80 年代以来，马华文学的发展呈现出个性化与本土意识的特色。2000 年 8 月上旬，中国社会科学院侨联海外中心举办了为期三天的"马华作家作品研讨会"。与会者对新时期涌现的一批马华作家及其有影响的代表作予以认真客观的品评。大家对这些非职业的马华作家的创作精神和社会使命感表示敬佩；认为近一个世纪的马华文学吸收了中国文学母体的营养；传承了华夏文化的优良传统，同时也吸纳了包括马来文化和西洋文化在内的精华，形成了具有本土意识与风格的马华文学，取得了令人瞩目的成就，多次在亚洲获奖。② 这表明，至今马华文学在本土化的同时，仍然保持了民族性的精华。有研究者对 20 世纪 90 年代马华文学的成果作如下评价："近 10 年，按年均出版小说、散文、诗歌、戏剧和文学理论著作共 50 部估计，那么总共就是 500 部，对只有 500 万左右人口的马来西亚华族来说，其比例就不低了，况且这种估计数是偏于保守的。从数量看，马华文学正在走向繁荣。以质量论，也是登上新台阶，名列海外华文文学前茅。"③ 尽管这不是很准确的说法，但大体上可以反映马华文学的成就。

中国古典文学多姿多彩，四大名著家喻户晓，有口皆碑；唐诗、宋词、元曲，朗朗上口，传扬中外。中国古典的文学艺术，在海外华侨华人社会中到处传颂。中国大陆改革开放后，中国古典文学通过各种方式传播到海外华人社会之中。

---

① 关于方修对早年马华文学分期及抗战时期的马华文学的具体情况参见任贵祥著：《华侨第二次爱国高潮》，中共党史资料出版社 1989 年版，第 235—238 页。

② 《当代马来西亚华人作家作品受关注》，《光明日报》2000 年 8 月 8 日。

③ 李君哲著：《海外华文文学札记》，南岛出版社 2000 年版，第 41 页。

　　《三国演义》是中国古典文学的四大名著之一，在中国妇孺皆知。改革开放后，海外华人学者将这一名著以独特的方式传播到海外。旅法著名画家王以时和法国汉学家、东方艺术学者阿巴·克里斯托夫合作绘制了一本法文版《三国演义》连环画第一册《曹操》，由法国中国蓝出版社出版发行。许多法国读者对这本精美、别致、新颖的连环画有着浓郁兴趣。

　　有关海外华文文学活动值得着重介绍的是：1999 年 10 月 30 日至 31 日在南美洲巴西圣保罗召开的"三十年南美华人生活文化学术研讨会"。参加这次会议的有来自亚洲、欧洲、北美洲、非洲的 200 多位文化界华人代表。这是 30 年来世界文化界华人在南美洲召开的一次盛会。10 月 30 日上午 9 时，举行大会开幕式典礼，会议由世界华文作家协会总会长石城博士主持。他指出：这场南美史无前例的文化探讨会，在跨世纪前夕举行，真是难能可贵又意义重大。可以断言，在新世纪地球村的各式文化统合中，这对中华文化的传扬是一种很重要的步骤和模式。巴西政府及文化界对这次大会很重视，圣保罗州长电贺致意，巴西作家协会负责人在会上致辞，肯定华人珍视祖国文化，把优质传统汇入巴西文化之川，丰富了这块土地，使其更增添了多元的色彩。大会向与会代表分发了会议资料《南美华人天地论文集》。研讨会的主题演讲由巴西的杨宗元博士担任，他向会议报告了南美华侨华人概况，演讲配合投影机放大的图片、画面等资料讲解，生动活泼。随后，阿根廷、智利、巴拉圭、秘鲁、乌拉圭、巴西等国代表分别介绍各自国家华人文化及生活情况。大会分为文化教育、宗教传布、实业经营、学术科技 4 个组，围绕各自的主题进行了热烈的讨论。文化教育组有 4 个专题报告及自由发言，主要介绍并讨论了华人子弟就读巴西大学的情况，华文教育及华人子弟双语现象，华文文字的推广，以及如何落实海外华人教育等；宗教传布组介绍了天主教、佛教、基督教、道教等宗教在南美洲的传播情况。大会分组讨论内容广泛丰富，但以海外华人文化为主。大会还举办了一场文学讲座，主题是"华文文学到南美"。大会达成共识：海外华文文学因各作者写作时取材当地文化资源，而成为中国文学的另一支系，但比原体更具多姿，大家身为播种者，更应加强自修，多钻研，多写作。[①] 这次大会推动了世界华文文学工作者的合作交流，及其对南美洲各国文化的了解和友好交流。

　　中国改革开放后，华文文学在非洲也悄然兴起，毛里求斯华人作者吴越天在 1997 年香港回归后所作的一首诗歌《祖国我们为你歌唱》即其中的一例，诗歌的内容如下：

　　祖国啊！

　　亲爱的母亲，

　　您四十八年英姿焕发，

　　不畏艰险，乘风破浪！

　　以一穷二白，

　　走向强国的行列，

　　从衣不蔽体，

　　奔向富足安康！

　　看，改革的步伐越迈越劲，

　　开放的国门客似云来，

　　我们的事业如日中天，

　　红红火火千秋万代！

　　百年耻辱已经洗雪，

---

① 台湾《中央日报》1999 年 11 月 6 日。

东方明珠回到了祖国的怀抱，

三通已经有期，统一大业翘首在望……①

海外华文文学在自身发展的同时，与中国大陆的联系、交流也日益加强。2004 年 9 月 21 日至 24 日在山东大学威海国际学术中心举行的第十三届"世界华文文学学术研讨会"，是世界华文文学研究、交流的又一个盛会。这次会议由中国世界华文文学学会、山东大学、山东省侨办、威海市政府主办，《齐鲁晚报》、暨南大学协办。22 年前，即 1982 年在广州暨南大学召开的第一届研讨会，被称为"第一届台港文学学术研讨会"，后来发展成为"台港澳与海外华文文学学术研讨会"，最后定名为"世界华文文学学术研讨会"。至十三届研讨会，有来自美国、英国、法国、新加坡、马来西亚、比利时、澳大利亚、新西兰、日本、越南、韩国及中国港澳台等 20 个国家和地区近 90 位代表与会，还有中国内地（大陆）高校和学术研究机构的近 90 位研究人员，加上其他相关人员，总数近 200 人。从其名称的变化可以窥见其历史变迁；从与会者人数和代表国家及地区的增加，可以窥见其发展情况。这次会议的主题是"多元文化语境中的华文文学"，在研讨过程中又具体确定为相关的几个议题，包括"全球视野中的华文文学诗学体系""华文文学的文化活力和族群特色""华文文学中的原乡性和超越性""华文文学中的身份书写""华文文学史（文体、国别、地区）及叙事策略""华文文学史料学的建设""传统的现代转型和海外华文文学"等，从这些议题中可以发现，经过 22 年的努力和研讨，世界华文文学已经从草创时期进入深入发展阶段。这次会议的主题发言，也体现了相当高的学术水准。②

---

① 李安山著：《非洲华侨华人史》，中国华侨出版社 2000 年版，第 435—436 页。

② 任贵祥主编：《海外华侨华人与中国改革开放》，中共党史出版社 2009 年版，第 362 页。

进入 21 世纪以来，海外新移民文学日益发展，活动频繁。2004 年 10 月，由南昌大学和《文艺报》联合举办的首届新移民文学研讨会在南昌召开。来自世界各地的华人作家、学者、评论家共 80 人出席了会议，并就新移民文学的各方面问题进行专题研讨。令人意想不到的是，在大批新移民当中，其文学创作的比例之高居全球之冠。他们的许多小说、诗歌和散文作品，已经产生和正在发生越来越大的影响，优秀的作家有美国的严歌苓、刘荒田、程宝林，英国的虹影，荷兰的林湄等。本次研讨会就新移民文学的主要特征等问题进行了研讨。在这次会议上，南昌大学宣布成立新移民文学创作研究所。

国际新移民华文作家第二届研讨会于 2006 年 7 月 18 日在四川大学举行。来自海外 8 个国家和地区的知名华人作家，以及国内各地、四川各高校的文学工作者、新闻媒体数十人参加会议。研讨会由著名旅美华人作家少君和四川大学文学与新闻学院院长曹顺庆主持。与会者分别围绕"海外华裔文学的现状与发展""海外华文文学研究现状与趋势""海外华文文学的现代中国文学史意义""华文报纸副刊和华文文学"等问题进行了精彩的演讲和深入的探讨。这次会议推动了海内外华文文学研究的互动，为海内外华文作家搭建了交流平台。

2014 年金秋十月，中英文化交流学会和北京同乡会在英国伦敦联合举行了"抗战诗歌朗诵演唱会"。约 150 名各界人士参加会议，这是英国华侨华人正在举办的系列活动中参与人数最多的一次。此前，相同主题的诗歌朗诵演唱会还在英国北部城市伯明翰和曼彻斯特举行，分别由中英文化交流学会与英国中部华人学会、中英文化交流学会曼城分会与曼城中华艺术社联合举行。

英国多位华侨华人社团领袖率会员踊跃参加，有老华侨，也有不少在校学生，还有全家一起前来的。很多参与者和观众纷纷表示，这次活动在异国他乡释放了正义的能量，震撼人心。

在海外华侨华人社会中，也不乏个人从事中华文化交流传播活动。法国华人陈澎就是其中之一。离开中国越久，中国心越赤诚；离开祖国越远，强国梦越强烈。陈澎幼年时生活在柬埔寨，中柬建交后，他回到祖国参加建设。经历了 20 世纪五六十年代之交的三年困难时期，曾两次参加抗美援越作战。70 年代，柬埔寨发生战争，陈澎的亲人流落到巴黎，后来他也赴法国与亲人团聚。工作之余，陈澎热心于弘扬中华文化，把自己的写作宗旨定为："写诗要写爱国诗，作文要作颂侨文"，30 年坚持不懈。[①] 1990 年春，陈澎与一班同好组建"巴黎龙吟诗社"，先后被推举为副社长兼秘书长、社长，一干又是 10 年。2000 年，他卸下社长职务。觉得只有诗，没有文，好似一条龙缺了一只眼睛，于是又成立了一个"巴黎中华文学社"，定期出版杂志。近年网络发达，陈澎在海内外的网站上开了几个博客，弘扬中华文化。为了更好地与海内外文化人士交流，他自己出资，在巴黎建立了一个"世界华人文化网"，已有不少诗人、作家在这里开设专栏，继续坚持传播中外文化。

三、儒家文化及新儒学推崇海外

儒学，是中国传统文化的经典，对世代中国人影响深刻。儒家文化在海外华侨华人社会中得到长期的推崇。中国改革开放后，儒家文化在海外华人社会中更加发扬光大，儒学研究在海外也愈加活跃。

美国著名高等学府哈佛大学，是世界享誉盛名的大学。哈佛大学燕京学社的华人学者杜维明教授，就是一位有造诣的儒学专家。他很重视儒家的人文精神，并提出了从儒家人文精神出发来反思近代启蒙以来的文化问题。他认为，从人的尊严来看，西方的人权理论仅仅提出了一个

---

① 陈澎：《中国梦强国梦（中国梦赤子心）》，《人民日报》2013 年 7 月 6 日。

"最低要求"，"我们不可能从人权本身开拓出道德的价值理念"。然而"在儒家的传统里有关伦理学的课题，确有很丰富的资源"。[①]

儒学在欧洲和东南亚等地区的华侨华人学者以及当地学者中也有较深入的研究。2000 年 11 月 2 日，在新加坡正式成立儒学会，国际儒学联合会理事长唐裕当选理事会主席。新加坡政府有关官员出席会议并致辞，呼吁加强对儒学的研究，发扬儒家精神。唐裕在会上表示，新加坡儒学会将与国际儒学会联合会其他成员一道共同努力，积极推广儒家思想，使中华文明发扬光大。

生活在印度尼西亚的广大华人历经艰辛坎坷，受尽排华苦难；中华文化在这里也同样遭到厄运，但华人社区仍顽强地保留着儒家文化的印迹。在雅加达甘邦桥街，有两个孔教组织——"雅加达孔教忠恕基金会""雅加达西区印尼孔教会"。平日这里比较冷清，而到每年的 9 月 28 日孔子诞辰纪念日，便热闹起来，不少华人来此参加拜祭活动。在印尼，孔子及其儒学被当作一种宗教。每年的春节、清明、端午、中秋等传统节日及孔子诞辰日，孔教会都举行各种祭祀或纪念活动。目前，印尼全国已有 100 多个与孔教联系的机构，会员约有百万之众。2002 年 10 月 5 日，印尼儒学会宣告成立，成为当时世界上第 19 个成立儒学研究会的国家。

目前，儒学、新儒学、儒家文化，及其相关的孔子学院流行海外，与世界各国的民族文化碰撞、交融；儒家文化中的中庸、仁爱、和谐、人本、修身重道等精华部分，通过广大华侨华人传播到世界各地，成为世界文化的组成部分，成为世界历史文化遗产的内容之一。

[①]　吴根友：《近十年美国儒学研究简述》，《光明日报》2001 年 1 月 16 日。

四、遍布海外的华文书店

巴西，是南美洲最大的国家；圣保罗，是巴西的首府。在圣保罗市最繁华的商业中心广场附近，有一个不被外人注意，却为华人关注的精神家园——文昌书局。它是 40 多年前，由从中国香港来巴西创业的福建籍华侨何德功创办的。何德功经营农场营利丰厚，但感觉自己及当地的华人同胞精神空虚，遂动议创办了文昌书局，书局惨淡经营，何德功用尽心血。作为当地华人领袖、巴西华人协会首任会长，何德功为中巴建交作出了重大贡献。1980 年，中国刚刚开启改革开放的大门，何德功率领巴西贸易代表团来华访问，受到邓小平的亲切接见，使他引以为豪。但不幸的是，三年后何德功患癌症去世。临终嘱咐儿子何安：无论如何要把文昌书局坚持办下去，这是南美唯一的一家华文书店，是沟通祖国和华侨的重要文化渠道。何安尊重父亲遗嘱，将文昌书局坚持办下来，并逐渐扩大经营规模，现在每年都从中国国际图书进出口总公司进口一些大陆的书刊和音像制品，书店经营状况逐步改善。文昌书局成为在南美传播中华文化的桥梁，南美华侨华人的精神家园。

中华文化犹如普通而顽强的芳草长遍天涯海角。华文书刊是传播中华文化的一种有效形式。在瑞士的日内瓦联合国欧洲总部万国宫里，有一个特殊的图书馆——中文书会。书会成立于 1975 年，目前藏有中文图书 2000 多册，录像带近 700 盒；书会有华人会员 120 多人。书会制定了章程，其宗旨是“促进对中国文化的了解，并增进会员之间的友谊”。近年来，国内热销的《顾准全传》《人间鲁迅》《读者》《读书》等书刊，国内热播的《大宅门》《雍正王朝》《牵手》等影视作品的录像带，在较短的时间里即能在书会中看到。书会热心中国大事动态，1997 年 2 月邓小平去世，书会献了花圈；1998 年夏长江洪灾，书会捐了款；1999 年 5 月，以美国为首的北约轰炸我国驻南斯拉夫使馆、炸死炸伤我国记者，书会致电哀悼念我国记者、谴责美国的暴行。小小的中文书会，传播的却是大中华的文化。

澳大利亚悉尼的"艺风"和"志文"华文书店已有十多年乃至几十年的历史了，算是澳洲华文书店的"老字号"了。早期这两家书店均经营港台地区书刊，中国大陆书刊数量很少。中国改革开放以来，其经营的大陆书刊大量增加。改革开放后，悉尼又陆续开办了"劲雅轩""龙文""中国""慧源""东方文化"等华文书店，主要经营大陆的书刊读物。其中位于悉尼市郊小镇菲明顿的"东方文化书店"，是由中国北方华侨开设的一个普通书店。其开业不久，"大展拳脚、积极创业"，曾分别举办"九九澳洲国际书展""九九澳洲—中国图书展"的大型书展活动，中国大陆的 21 家出版社前来参加书展。展出的图书有 2000 多种、上万册。通过举办图书展，使东方文化书店成为澳洲华文书店的后起之秀。

曾经采访过悉尼东方文化书店书展的一位中国澳门记者评论道：澳洲"中文书店日增，书业日旺，自然想到这是祖国国运兴隆与中华文化在国外大大弘扬的美好象征。中文书业的兴旺，将大大满足澳洲人的精神需要，促进澳中人民更多的理解与更好的文化交流，也为世界文化宝库增添更多的财富"①。这位记者的评论，说明了海外中文书店的意义和作用。

五、海外中华文艺大放光彩

中国改革开放以来，继欧美之后，中国人移居澳大利亚的日渐增多，中华文化也随之传播到澳洲，中华艺术登上了世界著名的艺术殿堂——悉尼歌剧院。1984 年毕业于中央戏剧学院导演系的余俊武，1987 年赴

---

① 《澳门日报》1999 年 7 月 18 日。

澳大利亚留学并加入澳籍。澳大利亚是个多民族国家并实行多元文化政策，主流文化和多元文化在这里界限模糊。余俊武决心把中国的文化艺术介绍给澳洲并进行一些尝试。1987年底，余俊武结识了华裔女歌唱家江静枝（也毕业于中央戏剧学院）。来自同一所学校，受到相同的文学艺术教育及共同的文化背景，使他们产生了传播中华文化的共识——拟在悉尼上演中国著名戏剧家曹禺的著名话剧《雷雨》。随即成立悉尼华人话剧团《雷雨》剧组，由余俊武担任导演。经过导演和剧组同人的努力，话剧《雷雨》演出成功，一炮打响，中华戏剧艺术之花初次绽放澳洲。经过不懈地追求、摸索，余俊武和妻子王燕妮自编自导了现代话剧《寻梦》——描写华人在澳洲近百年来酸甜苦辣的移民生活。该剧演出后，不但深深触动了当地的中华同胞，也轰动了澳洲戏剧界，在当地主流社会中引起强烈的反响。通过旅澳华人的努力，中华艺术前所未有地登上澳大利亚的最高文艺殿堂，展现在世界面前。

在21世纪初的一个盛夏，美国华人艺术家，以西洋歌剧的形式，以中国唐朝著名诗人李白生命后期内心的苦闷、忧郁为题材，在科罗拉多州中央城歌剧院演出歌剧《诗人李白》。该剧以李白生命的最后遭遇为素材，通过艺术手法，演绎成"酒""月""诗"三部曲，与自己灵魂的对话，展现出李白鲜为人知的性格冲突，剧情虚实结合，惟妙惟肖，形象生动。演出一举获得成功。艺术家们的精湛表演，使很多原本对李白一无所知的美国观众感受到了"诗仙"的魅力，产生了穿越时空的心灵撞击。演出结束后，全体观众起立鼓掌长达几分钟，很多观众将玫瑰花抛到台上，以此表达他们对这部歌剧的喜爱。

日本华侨华人积极开展民间的文艺交流活动。2005年10月29日，由中日明星同台演出的"第二届中日友好歌会"吸引了5000名中日观众，在当时中日关系"政冷经凉"的时节里，形成了一股文化交流的暖流。与此同时，华人社会的各类侨团、专业社团、学友会、联谊会等也以战后 60 周年和联合国成立 60 周年为契机，组织了许多报告会、论坛等纪念活动。这种民间友好交流对于两国关系的改善起到了有益的作用。

改革开放以来中国的影视业发展很快，中国电影多次荣获世界大奖。有些中国电影演员进军好莱坞。这些成为中国影视业的亮点。也有些海外华人演员走红世界，马来西亚怡保地区出生的华人女演员杨紫琼就是其中的一个。杨紫琼的父母是马来西亚的富有华商，她 4 岁开始学习芭蕾舞，后来到英国皇家舞蹈学院进修，希望能成为专业芭蕾舞蹈演员，但后来背部受伤，舞蹈演员梦破碎。这样杨紫琼改行从事影视业。1997年，她首次进军国际影坛，3 年后在李安导演的电影《卧虎藏龙》中表演，并获得国际大奖。

华侨华人不但向居住国传播了精湛的中华艺术，他们也把西方艺术之精华传播到中国，并推动了中西文化的交融。法国著名华人书画艺术家赵无极，1948 年赴法国学习绘画，他十分勤奋并勇于创新，借助西方现代绘画形式和技巧，表现中国传统绘画艺术，中西合璧，走出一条独特艺术道路并在西方主流艺术界获得成功。在赵无极的画笔下，处处透露深厚的中国传统文化底蕴，糅合西方绘画艺术精华，使其绘画作品较之西方主流艺术风格更具独特的艺术魅力，以至于酷爱中国文化的法国总统希拉克特意向他求购一幅绘画作品，作为赠送当时访问法国的中国国务院总理朱镕基的礼物。希拉克还盛情邀请赵无极偕夫人一起出席爱丽舍宫的赠画仪式。这在中法交流史及法华文化界传为佳话。[1]

---

[1] 参见周望森主编：《华侨华人研究论丛》第 6 辑，中国华侨出版社 2003 年版，第 226 页。

第四节 风靡海外的节日民俗文化

世界各个国家都有自己的传统节日，而且都有各自的民族特色，五花八门，丰富多彩。这些节日往往是和文化、民俗联系在一起的。具有五千多年历史文明的中国，更是有许多传统的节日，如春节、元宵节、清明节、端午节、敬老节、中元节、中秋节等；既有古老的传统节日，也有时间较短的现代节日。广大华侨华人虽然生活在异国他乡，但他们世代保留着过节的生活习惯，"每逢佳节倍思亲"。

一、中国春节火爆世界各国

（一）华侨华人热热闹闹过大年

在中华民族众多传统节日中，春节是各种节日之最——最隆重、最热闹、最流行、最大众化，是所有中华儿女的共同节日。中国改革开放以来，春节在海外越过越大，越过越红火。

新加坡华裔人口占总人口的76%。一年一度的春节在这个国家更能体现出中华文化浓郁的感染力和亲和力。每年春节期间，大街小巷张灯结彩，大红灯笼高高挂起，衷心祝福恭喜发财，家家户户红喜对联。年复一年，年年如此。

泰国曼谷耀华力路是华人聚集的唐人街，华人在这里生活有200多年的历史。每年春节这里到处挂红——红灯笼、红对联、红挂钱、红窗花、红喜字、红横幅、红唐装；"恭喜发财""恭贺新禧""吉祥如意"的红条幅满目皆是；爆竹声声，锣鼓阵阵，亲朋好友见面频频拱手。

日本是中国的近邻，与中国隔海相望，日本文化深受中国传统文化的影响。日本横滨中华街每到大年除夕，新年钟声甫敲响，家家户户喜洋洋，男女老少心舒畅，关庙灯火通天亮。华人居多的长崎，春节期间，上万只灯笼挂在观光胜地中岛川沿岸，水光相映，异常壮观。

20世纪90年代，尤其是进入21世纪以来，在美国这个世界上最发达国家，在世界上最繁华的、最现代化的大城市纽约，也同样接受了中国最传统、最古老而又现代化的春节。2005年2月6日，是农历大年除夕。曼哈顿唐人街的行人们手中提着大包小包的年货，步履匆忙，但人们脸上喜气洋洋；路边的摊贩面对众多的顾客，忙得不可开交；鲜花店的小老板生意火爆，当日进来的数千美元的鲜花格外热销；农历鸡年的雄鸡报晓剪纸颇为流行。若不是人群中夹杂着一些白人和各处的英文标识，人们以为这是中国某城市过年。北京京剧团在林肯中心奉献的京剧《三打白骨精》为春节助兴；尤其是除夕夜首次在联合国演出的一场春节文艺晚会，中国福建泉州木偶剧团为各国外交官们表演的《闹元宵》《钟馗醉酒》等中华传统节目，把鸡年春节推向了联合国。美国华侨华人居多的旧金山、洛杉矶等地，一年一度的春节更是年味十足，热热闹闹，这里不再介绍。

中国每年的春节正是寒冬数九的严寒时节，而在南美洲的阿根廷华侨华人过春节却是炎热的盛夏。炎热的天气和华侨华人春节热情汇合在一起，更显得热烈。2006年1月29日，农历大年初一，阿根廷首都布宜诺斯艾利斯中国街喜气洋洋，张灯结彩，鞭炮锣鼓交响。远离中国两万多里的中华同胞在39摄氏度的高温中迎来了春节。这年春节，当地政府部门颁布法令，将中国街列为旅游景区之一，并规定双休日及中国新年（春节）把中国街临时改为步行街。这对当地华侨华人有特殊的意义，这年春节也格外的热闹：中国街人潮如涌，熙熙攘攘；两旁家家户户的华人宅门上贴着大红春联，各家店铺挂着火红的灯笼，各个摊位上摆满了各种年货。在鞭炮锣鼓声中的舞龙舞狮游行表演，把欢庆新年活动推向高潮，数千人前来参观，到处充满了欢笑声、鼓掌声、拍照声。有的浓眉大眼的阿根廷少女不时地触摸舞龙的尾巴，希望交上好运。阿根廷首都中国街、中国年，变成了一个展示中国传统文化的亮点，为这个多元文化的南美国家增添了一道亮丽风景。

非洲大陆，虽然华侨华人数量相对较少，但有华侨华人生息的国家，每年春节的气氛并不逊色。地处非洲最南端的国家南非，2007 年春节华侨华人比过去增加了一项内容——在约翰内斯堡华侨华人以举办庙会的方式欢度春节。庙会上既有舞龙舞狮等中国传统节日活动，也有中华歌舞、民间游戏和各种传统手工艺展示，还有各种中华传统小吃，前来参观的人在大开眼界的同时，也大饱口福。

与以往春节的各种民俗展示不同，2016 年春节美国华侨华人举行了别有特色的活动——"2016 全球华人新春摄影大赛"。大赛由北美摄影协会和美国《侨报》联合主办。据主办者介绍，摄影大赛活动得到世界各地华侨华人摄影爱好者的响应，共收到来自美洲、亚洲、欧洲、大洋洲的参赛作品近 3 万幅。这些作品与大赛主题非常贴切，有传统的社戏、放烟火、舞龙舞狮、吃团圆饭、猜灯谜，并体现猴年元素。大赛组织了评奖活动，有 40 幅作品分别获一、二、三等奖。《新春爆米花》荣获一等奖，《力量》《红红火火过大年》《向着幸福》荣获二等奖，其余获得三等奖和优秀奖。中国驻纽约总领事馆文化参赞李立言、联合国欧盟协会主席赛吉尔（Giuseppe Sergi）、联合国第 11 届亚欧峰会摄影艺术总监戈拜（Richard Gabai）等嘉宾宣布各奖项获得者名单。颁奖同时在纽约亚洲文化展览中心举办"2016 年全球华人新春摄影大赛"作品巡展，并将获奖作品上网展示。摄影大赛活动充分表现了世界各地民众共庆中国春节的欢乐场面，并向世界展示了中国的传统文化，也让世界各地民众更加

了解中国，取得良好效果。^①

随着中国的发展及其在世界地位日益提升，海外华侨华人愈加感到扬眉吐气，欢欣喜悦。近几年世界各地华侨华人在新春佳节之际，纷纷致辞向国内同胞拜年。2017 年春节前夕，世界各地华侨华人通过人民日报社向全国人民拜年，祝贺党和国家各项工作迈上新台阶，祝愿全国人民在新的一年里幸福美满，中国更加繁荣昌盛，在全面建设小康社会的伟大征程上不断取得新的成绩。菲律宾华商联总会理事长张昭和拜年贺词表示：向中国人民拜年，祝大家新春吉祥、安康快乐！在习近平主席的正确领导下，中国发展日新月异，海外华侨华人对祖（籍）国的未来充满信心，衷心希望中国发展的道路越走越宽！德国华侨华人公共外交协会会长杨强华新年贺词说：2017 年是中德建交 45 周年。中国将迎来党的十九大，德国接棒举办二十国集团领导人峰会，两国之间将开展一系列高层互访。值此农历鸡年春节来临之际，向全国各族人民致以美好的新春祝福，祝中国繁荣昌盛、国泰民安！祝各族人民节日愉快、万事如意！美国华侨、美中广东商会副会长刘子扬向祖国人民拜年说：新年伊始，万象更新。在这喜庆时刻，向全国人民致以新春的祝福，祝家乡亲人幸福美满、体健安康！中华五千年的文明底蕴加上近几十年突飞猛进的发展成就，给世界树立了一个榜样。习主席提出的构建人类命运共同体的倡议更是值得世界深思。澳大利亚中国和平统一促进会会长黄向墨说道：春节是中华民族的重要节日，体现了中国传统文化中重视家庭、重视亲情、重视朋友的品德。新春到来之际，我祝愿全球同胞新春吉祥、

---

① 《"2016 全球华人新春摄影大赛"结果揭晓》，中国新闻网，2016-05-07。暨南大学图书馆世界华侨华人文献馆、彭磷基华侨华人文献信息中心编：《侨情综览》（2016），南方出版传媒、广东人民出版社 2018 年版，第 174 页。

万事如意！ ①

（二）春节成为具有世界性的节日

值得一提的是，近些年来，有不少国家政府及其首脑都很重视华侨华人的春节，把春节定为法定节日，春节已经成为带有世界性的节日。

2002 年 2 月 11 日，是农历腊月三十，菲律宾总统阿罗约专门签署向华人表示祝贺新年的文告，向全菲华人表示节日祝贺！文告高度赞扬了华人在菲律宾社会发展中所起的重要作用，并希望华人社团继续支持她的经济政策。阿罗约是第一位在农历除夕签署祝贺华人春节文告的菲律宾总统。2 月 12 日大年正月初一，正在南极度假的马来西亚总统马哈蒂尔通过通信卫星电话向全马华侨华人拜年。同日，新西兰总理海伦·克拉克也首次为华侨华人举行春节招待会。

2003 年春节前夕，美国纽约市市长宣布将华人春节列为法定公共节日；翌年 11 月，纽约州州长签署法案，将农历新年定为全州法定节日——尽管这一天不放假，但它将作为目前纽约州唯一的亚裔节日而载入美国历史。

从 2003 年开始，春节成为印度尼西亚政府法定的公共节日，这对长期饱受苦难的众多印尼华侨华人来说，是个很大的欣慰。

2005 年农历鸡年春节前夕，英国首相托尼·布莱尔通过英国广播公司（BBC）中文网向在英国的华人发表春节祝词。布莱尔首相在新年祝词中说："我很高兴在农历新年来临之际向英国的华人社区表示我最良好的祝愿，祝愿大家鸡年幸福快乐。"② 这是英国首相第一次通过公共传媒正式向全英国华人拜年。2007 年春节，布莱尔再次表达他对中国猪年的祝福，他表示：中国新年已不单单是华人社区的庆祝活动，其日益成为

① 张志文、王云松、李志伟、曲颂、管克江、任彦、李秉新、吴云、王海林、鲍捷：《海外华侨华人向全国人民拜年》，《人民日报》2017 年 1 月 28 日。
② 《人民日报》2005 年 2 月 8 日。

整个英国的重要庆典，也是英国现代多元文化的重要组成部分。

聚焦 2008 年春节，向全体中国人和所在国华侨华人祝贺春节拜年各国政要有：加拿大总理哈珀、巴西总统卢拉、阿根廷总统克里斯蒂娜·费尔南德斯、法国总统萨科齐、丹麦首相拉斯穆森、匈牙利总理久尔恰尼、奥地利联邦政府副总理兼财政部长莫尔特雷尔等。这足以说明中国春节已成为世界性节日。

中国春节以十二生肖排序，2016 年是中国农历猴年。世界各国政要入乡随俗，祝贺中国春节，猴年话猴。联合国秘书长潘基文则在农历猴年贺词视频中称，猴的智慧与灵活寓意着这是希望与活力的好年。他还拱手做出拜年的姿势，用中文祝福"猴年大吉"。加拿大新任总理特鲁多 2 月 5 日发布了其当选后的首个中国新春致辞，"猴象征着聪明、机智、敏捷和充满好奇"，并用普通话、粤语道贺"恭喜发财，恭喜恭喜"。[①]

赞比亚是非洲中南部的内陆国家。中国春节庙会近几年连续在赞比亚首都卢萨卡举行，华侨华人和赞比亚国家政要民众踊跃参加，热闹非凡。2016 年春节期间，中国春节庙会在赞比亚首都卢萨卡市举行。作为庙会的重头戏，"欢乐春节"——南京艺术团访问赞比亚的首场演出格外受到关注。赞比亚开国总统卡翁达、总统夫人埃斯特·伦古，中国文化部官员、中国驻赞比亚大使，以及赞比亚多位部长及议员、各国驻赞比亚使节和联合国机构工作人员、华侨华人和中资机构代表等近 2000 人一同观看演出。在卢萨卡市莱维大型购物中心，中国传统舞龙舞狮、灯笼条幅，使庙会现场到处洋溢着浓郁的节日气氛。中国文艺演出、中华美食品鉴、烟花表演等精彩项目轮番进行，中间穿插非洲民歌《咿呀呀欧雷欧》、由卡翁达作词的著名歌曲《团结一心》，使两国文化交相辉映。两个多小时的演出，无论是赞比亚当地官员、政要还是普通民众都赞不绝口。

---

① 《多国元首政要秀中文拜年点赞华侨华人》，中国新闻网，2016-02-07。

2017 年中国春节，在全球刮起了一阵"红色旋风"，"中国最大的节日正走向全球"。1 月 27 日《澳大利亚人报》网站报道称，以敲钟、燃放爆竹和传统舞狮作为标志的中国新年，如今已"成为一项国际性庆祝活动"。[①] 世界媒体纷纷关注中国春节，其背后是对中国文化的关注、对中国发展的瞩目、对中国影响力的认可。

近些年来，世界各国政府及其政要对中国春节的重视并向当地华人祝贺新年，甚至把春节定为法定节假日，说明中国的传统节日已经融入当地主流社会文化之中，成为带有世界性的节日；也表明中国日益发展强大，使世界各地华侨华人的处境有所改善、社会政治地位提高。一个半世纪前，千百万中国人在海外受尽欺辱，华侨先驱到美国、加拿大淘金矿、修铁路，为其创造巨大财富，却遭到无穷无尽的排华、辱华的待遇。今非昔比，世界各国政府及其政要对当地华侨华人春节的态度，表明中国的地位、中国人的地位与过去不可同日而语了。

（三）侨务部门海外慰侨巡演

秉承"以人为本，为侨服务"的宗旨，自 1984 年起，国务院侨务办公室和中国海外交流协会，每年都在中国传统节日期间组派具有民族特色的高水平艺术团组赴海外访问演出。20 多年来，已累计向海外华侨华人聚居的 60 多个国家和地区派出各类文艺团组 100 多个。从 2009 年春节开始，国务院侨办组织的"文化中国·四海同春"奔赴世界各地开展慰问华侨华人巡回演出，拉开中国文化"走出去"的大幕，到 2017 年已经持续 9 年，为世界各地中华同胞送去节日文化大餐。迄今"四海同春"慰侨访演共赴 144 个国家和地区（次），309 个城市演出 417 场（次），观众累计达 516 万人（次），被侨胞誉为"海外春晚"。

[①] 人民日报记者许立群、高石、丁子、李志伟：《"中国新年成为全球性节日"——看世界媒体如何"打量"中国春节》，《人民日报》2017 年 2 月 2 日。

"文化中国·四海同春"以传统新春佳节为舞台，以中华文化艺术为媒介，把春天的温暖带给海外中华同胞，把带着中国符号的文化产品推向世界，满足了海外侨胞的精神文化需求，增进了当地社会对中华文化的了解和认知，展现了中国开放、文明、自信、自强的形象，成为侨务部门以侨为桥、沟通世界，展示中国文化软实力的重要渠道，成为春节文化"走出去"三大国家级品牌之一。

为弘扬传播博大精深的中华文化，不断强化凝聚海外华侨华人的精神纽带，更好地团结广大海外侨胞为实现中华民族的伟大复兴而努力奋斗，从2008年春节开始，中国侨联启动"亲情中华"主题活动。该活动内容包括"亲情中华·海外慰问演出行动""亲情中华·侨胞青少年寻根行""亲情中华·中华文化巡展活动"等系列内容。至2014年，中国侨联已向海外组派出120多个艺术团体，在五大洲62个国家和地区的200余座城市举行了600余场演出和近1000场联欢交流活动。[①]至2017年夏，已赴世界70个国家和地区进行900多场（次）演出。

如今，"亲情中华"海外演出已成为近年来以一个主题在海外到访城市多、演出场次多、现场观众人数多的活动项目，在弘扬中华文化、联络侨胞感情、加强中外友好、拓展民间外交、促进侨务发展等方面都发挥了重要作用。

与国务院侨办组织的"四海同春"春节慰侨巡演有所区别的是，中国侨联的"亲情中华"不都是安排在春节巡演，平时也组织巡演，而且是多有特色的专项演出。如2015年6月下旬，中国侨联"亲情中华·筑梦丝路"亚欧巡演，就是将中国梦和"一带一路"有机结合起来。古丝绸之路始于中国，终于土耳其。"亲情中华"艺术团第一站来到土耳其伊

---

① 吴亚明：《中国侨联"亲情中华"欧洲慰侨访演　千江有水千江月（侨连四海）》，《人民日报》2014年10月1日。

斯坦布尔，后经保加利亚索非亚、以色列特拉维夫，到拉脱维亚里加、法国巴黎。是为中国侨联"亲情中华·筑梦丝路"专项演出活动。

除了国侨办、中国侨联组织的"四海同春""亲情中华"慰侨巡演外，文化部组织的"欢乐春节"活动红红火火地在海外侨社展开，到世界各国华社巡演，在世界各地营造浓浓的中国年味儿，成为用文化语汇讲好中国故事的品牌之一。据文化部"欢乐春节"组委会办公室透露，截至2017年，"欢乐春节"已在全球140个国家和地区的500多座城市举办2000余场活动，海外受众突破2.8亿人次，全球参与城市和人数再创新高。①

如今，"欢乐春节"已拥有"新春音乐会""行走的年夜饭""春节庙会""跨国春晚""中国风格""艺术中国汇"等多个较成熟的子品牌。通过"欢乐春节"活动弘扬中华文化，讲好中国故事，传递文化自信。"欢乐春节"正推动春节进一步成为普天同庆、全球共享的世界性节日。由此可见，文化部组织的"欢乐春节"活动，显现了自身特色，是具有别番风味的文化活动。

二、中国国庆节成为海外现代节日

国庆节，在此特指1949年10月1日中华人民共和国成立纪念日。是一个时间相对较短的现代节日。每年国庆节，国内外都有不同形式的庆祝活动，其中逢五逢十为大庆。改革开放后华侨华人对中国的国庆活动愈来愈普遍，规模越来越大。

在国庆45周年来临之际，美国各地华侨华人展开了热烈的庆祝活

---

① 人民日报记者陈尚文、裴广江、黄发红、杨迅、万宇、孙超：《"欢乐春节"演绎精彩中国故事》，《人民日报》2017年2月12日。

动。美国西部具有 120 多年历史的金山湾侨团萃胜公商总会首次升起五星红旗；旧金山中华总会馆及其下属的 7 个侨团，首次设宴欢迎中国驻旧金山的五位总领事；纽约各界华侨华人和中国留学生首次举行盛大游行活动。这几个"首次"创造了美国华侨华人庆祝中国国庆节的"历史纪录"，标志着旅美华侨华人的团结进步和对祖（籍）国的认同。这几个"首次"中，属纽约大游行等一系列庆典活动为著。为筹备这次活动，纽约、费城、华盛顿等城市华人社团、留学生团体及中国台湾同胞组织共 60 多个团体的代表近 300 人自发地成立筹备委员会，史无前例地向美国政府部门申请到庆祝中华人民共和国国庆大游行的许可证。经过两个多月的紧张筹备，一切就绪。1994 年 9 月 25 日下午，在纽约哥伦布公园拉开美东华人大游行庆典的序幕。一时间，锣鼓喧天，雄狮舞动，五星红旗与星条旗迎风招展，游行队伍浩浩荡荡地行进在纽约的大街上，不时有围观者加入队伍，达数千人，远远超过原来估计的人数。参加游行的华侨华人感到自豪，扬眉吐气；也令美国社会为之瞩目。纽约州州长葛漠发表文告，宣布 9 月 25 日至 10 月 1 日为"中国周"，纽约市政府也宣布这一天为"中国日"。9 月 26 日晚，美东各界华侨华人在纽约华埠最大的三家酒楼举行盛大的国庆晚宴。正在美国参加联大会议的国务院副总理兼外交部部长钱其琛与中国常驻联合国代表李肇星、中国驻美大使李道豫、中国驻纽约总领事张伟超等应邀出席宴会，与 3000 多名华侨华人共庆中国国庆。美国知名华人历史学家麦礼谦称美国华侨华人这次举行的庆祝中国国庆 45 周年活动，"是美国华人历史上的一大进步"。①

美国休斯敦，目前约有华侨华人 20 万人。每年的中国国庆节，对这里的华侨华人来说是一年一度的大事，已经连续举办十多年的国庆节庆

① 周望森主编：《华侨华人研究论丛》第 2 辑，中国华侨出版社 1997 年版，第 250—251 页。

祝活动。而每年的庆祝活动，当地华侨华人社团都认真筹备、精心组织，目的在于利用这一时机，激发广大华侨华人对祖（籍）国的热爱之情，向美国主流社会展示中国灿烂的传统文化。

2009年是新中国国庆60周年，世界各地华侨华人分别参加所在国家的中国使馆举行的国庆活动。其中中国驻美大使李肇星在华盛顿举行的大型招待会，美国华侨华人、旅美中国学者、留学生等700多人参加。

"六十年风雨兼程，一甲子沧桑巨变。"中华人民共和国成立60周年庆典活动在太平洋彼岸的美国华侨华人和各界友好人士中引起了热烈反响。中国国务院新闻办公室制作的新中国成立60周年国庆庆典光盘如同一份厚礼，在美国华侨华人和各界友好人士中争相传送。最早领取这份"厚礼"的是华盛顿地区福建同乡联合会会长陈荣华。陈荣华领到光盘两天后，有一位同乡在纽约办喜事，他在同其他乡亲包乘大轿车赴宴途中，在车上播放了新中国成立60周年国庆庆典光盘。看了天安门前的庆典盛况，侨胞们赞不绝口，纷纷要求将光盘复制后分发大家。有一位年逾古稀的老华侨专程驱车4小时到华盛顿领取光盘。老人在看了天安门广场的庆典盛况后感慨地说："我早年离开祖国，每当受人欺负时，我只能在心里喊一句话'祖国，您富强吧！'为了这一天的到来，我等了几十年，咱们中华民族等了五千年啊！"

为了表达对祖（籍）国良好衷心祝愿，新中国60华诞之际，海外华侨华人纷纷写下国庆寄语。美国华人社团联合总会主席陈清泉寄语说："过去60年，华侨华人与祖（籍）国人民并肩走上国家中兴之路，下个60年，海外侨胞仍将一如既往，与人民共和国荣辱与共、同舟共济，共创中华民族伟大复兴的历史新篇章。"阿根廷华侨华人联合总会主席陈瑞平表示："当今中国已经走到了世界舞台的中央，在国际风云变幻中，发挥着越来越重要的作用。有祖国做坚强后盾，我们海外侨胞社会地位不断上升，影响不断扩大，作为中华民族的一员，由衷地感到骄傲和自豪。"法国广东会馆会长黄健成说："热烈庆祝中华人民共和国成立 60 周年，祝愿祖国繁荣富强，国泰民安，欣欣向荣！"印度尼西亚归侨贝仲敏认为："新中国 60 年不平凡历程告诉我，国运兴，侨运兴。国强民富，是全体中华儿女的不懈追求；民族复兴，是全体中华儿女的奋斗目标。"日本神户中华同文学校校长金翼说道："要让华侨子女们在学习祖国历史文化的基础上，为拥有一个中国人的品格，为自己是中国人而感到自豪。"① 这些美好祝愿，有些已经曙光在望，"中华民族伟大复兴的历史新篇章"正在写就。

海外华侨华人除了在当地欢庆一年一度的国庆节外，每年都派代表回中国参加国庆节庆祝活动。如 2000 年国庆节，是进入 21 世纪的第一个国庆节。9 月 29 日晚，国务院侨务办公室、国务院港澳办公室、国务院台湾事务办公室，在人民大会堂举行国庆招待会庆祝新中国成立 51 周年，党和国家领导人李鹏、李瑞环、胡锦涛和海外华侨华人代表及港澳台同胞共 1000 多人参加国庆招待会。

三、异国他乡端午中秋倍思亲

端午节、中秋节是中华民族两个历史悠久的传统节日，每逢端午节、中秋节到来之际，各地华侨华人喜气洋洋，以各种不同方式欢度这两个节日。当然，这两个节日季节不同，端午在春夏，中秋在深秋；欢庆的方式也不同，端午节吃粽子、赛龙舟，中秋节吃月饼、赏圆月。

2014 年 6 月 1 日，在英国大曼彻斯特郡索尔福德市索尔福德港 9 号码头，彩旗飘扬，人头攒动。欧洲最大的龙舟赛——全英中华端午龙舟赛在曼城古运河开桨举行。来自英国的龙舟爱好者和当地华人、留学生

---

① 《寄语》，《人民日报》2009 年 10 月 1 日（国庆特刊）。

同场竞技，一起体验中国文化传统项目，共庆端午佳节。中华文化放光彩，精彩纷呈龙舟赛。这一赛事吸引了上万名当地观众和10多名英国市长、议员们前来观看。龙舟赛成功举办，与中国曼彻斯特侨团努力是分不开的，龙舟赛也得到了中国驻曼彻斯特总领馆以及曼彻斯特地方市政厅的大力支持。比赛现场，主办方曼彻斯特新华联谊会制作的2000多枚粽子飘香诱人，望着精巧的粽子，很多英国民众早已按捺不住，纷纷上前品尝，连连夸赞说："中国文化真是太神奇了。"这样的龙舟比赛已经连续成功举办两届了，丰富了曼彻斯特华侨华人的文化生活，传播了灿烂多彩的中华文化，增进了中英两国人民之间的友谊，收到了很好的效果。[①] 中华传统的端午节，被白皮肤黄头发蓝眼睛的英国人所欢迎。

　　新加坡是华裔居多的岛国，也是世界唯一的华族人口占大多数的国家。因此，这里中秋节更显中华韵味。2007年中秋节期间，这里月饼飘香，彩灯竞艳，节日气氛浓厚。裕华园举办的主题为"奇幻海洋"中秋欢乐彩灯拉开狮城中秋庆祝活动的序幕，5000盏彩灯组合成23个主题灯笼群，营造出浓浓的节日气氛。随后开始的"月圆河畔庆中秋"灯会活动使新加坡河畔灯光灿烂，绚丽多彩。古老的唐人街牛车水添新装，各华人社团开展了多种娱乐欢庆活动，新加坡总理李显龙也与6000名民众一起在大桥小学参加提灯赏月庆中秋活动。

　　9月21日，中国侨联艺术团在美国华盛顿举行了一场精彩的文艺演出，为当地华侨华人欢度中秋节献上一份礼物，弥补了他们中秋月圆之际不能与家人团聚的遗憾。耳熟能详的经典老歌，大放异彩的国粹京剧，充满民族特色的精彩表演，把台下中华同胞的心灵带回了祖国和家乡。一首动情的歌曲《母亲》，引起了他们的共鸣，有人随之哼唱，有人随着歌声打拍子，有人甚至热泪盈眶。精彩的表演给这里的中华儿女带来

---

　　① 人民日报驻英国记者黄培昭：《龙舟竞渡英伦古运河》，《人民日报》2014年6月3日。

了团圆，带来了欢乐，带来了畅想，带来了无限深情。

坦桑尼亚中华总商会以文体竞赛的方式迎接 2007 年的中秋佳节，报纸拔河、成语接龙、对歌、猜谜、比手快、踩气球、快喝啤酒、巧夺美食等一系列带有民族特色的游戏，充满了节日的祥和欢乐，"健康快乐过中秋"成为本年中秋节的主题。

各大洲、各地区、各国家的华侨华人，都以不同方式而又不失民族特色的活动欢度中秋佳节；中秋节团圆思乡之情、中华民族血缘亲情的和谐文化，不同程度地感染了当地民族，这是一种潜移默化的文化交融。

四、华侨华人欢度"感恩节"

中外文化交流，在某种程度上是中外文化互动、渗透和融合。前面介绍了华侨华人社会在当地欢度中华传统节日的情况，以及当地民众、友好人士对中华传统节日在某种程度上的认可和接受。中外文化交流实际上是双向的，也就是说，华侨华人向居住国人民传播中华文化的同时，也吸收和接受了当地的民族文化。下面介绍一例华侨华人对当地民族文化吸收的情况，进而说明中外文化的双向交流和互动。

"感恩节"是美国人的一个重要节日，但有些旅居美国的华侨华人也和美国人一道欢度这个节日。早年来到美国创业的一些华侨华人开始过感恩节，因为他们来美时大多像当年的英国清教徒一样艰难困苦。20世纪 60 年代由家乡湖南赴美谋生的史济雄、黄雯雯夫妇，在马里兰州艰苦创业，开办了一家墨西哥餐馆和一家超市，生意逐渐兴隆起来，生活也逐渐富裕起来。为了"感恩"，史济雄夫妇连续多年举办感恩节免费大餐，招待当地的穷人（多为墨西哥族人）。其中 2007 年"感恩节"的免费大餐接待近千人，其义举受到当地人的好评和赞扬。当有记者问到史济雄举办这样义举的初衷时，他深有感触地表示：自己当年初到美国时，遇到许多困难，得到了当地居民的友好帮助。现在生活好了，会常常回想到当年艰苦的日子，为当地穷人尽点微薄之力，回报社会，表达自己"感恩"的心愿。另外，作为一个中国移民，史济雄也希望通过自己的善行，让人们感觉中国人不仅吃苦耐劳，也热衷于做善事。[1] 这体现了中国人的情操，也是中美文化交融的典型事例。

---

[1] 徐启生：《感受旅美华人"感恩节"免费大餐》，《光明日报》2007 年 11 月 24 日。

第五节　传播交流中国特色文化

文化是人类的共同遗产，世界各国各民族都有自己的文化。文化既有共性，又有个性，既有普遍性，又有特殊性。前面介绍的教育、传媒、文学艺术和节日民俗等既属于共性文化，当然这里也包含了个性，如中国文学中的儒学、古典文学，艺术中的京剧等，节日民俗中的春节等，即属于个性文化。还有些文化属于民族特色的文化，即其他国家和民族不具备而中国独有的文化，下面介绍几种中国特色文化在海外传播的事例。

一、走红海外的中华饮食文化

饮食文化是中华传统文化的内容之一。改革开放后，中国的饮食业蓬勃发展，并广泛地传播到海外。世界各地的中餐馆随处可见，中国的饮食文化随之传播到世界各地，受到广泛欢迎。尤其是近年来，随着中国国际地位的提升以及中国人走向世界的脚步加快，中华文化风靡全球，美食即是其中代表。纽约人金伯亮到北京学艺，回美后创立了"老金煎饼"，风靡美国街头；黑龙江小伙在俄罗斯蘸糖葫芦，当地副市长成了登门常客；夫妻肺片变身"史密斯夫妇"，获评《美国 2017 餐饮排行榜》年度开胃菜；"熊猫快餐"迅速扩张，发展为拥有 1500 余家分店的跨国餐饮巨头……由此流行这样一种说法：有人类生活的地方就有中国人，有中国人的地方肯定能找到中餐馆。从 1850 年第一家中餐馆在美国开张，海外中餐已有 160 多年历史。《中国餐饮产业发展报告（2015）》指出，90% 以上的海外华侨华人从事餐饮及其相关行业，海外中餐馆数量超过

40万家。^①另据2017年夏的不完全统计，目前海外中餐厅遍布世界各地，店面总数约55万家，总体产值可达2500亿美元。^②尽管两者统计数据差距较大，但目前海外中餐馆笼统地说有四五十万家，是无人置疑的。

欧洲，是中国改革开放以后大量新移民涌入的地区，致使中餐馆以前所未有的势头发展起来。从表5-2可见一斑。表中分别截取三个时间中餐馆的统计数，其中1975年代表中国改革开放前，1985年、1998年分别代表中国改革开放以来的不同时期。

表5-2　西欧六国中餐馆增长统计表（单位：家）

国别＼年份	1975	1985	1998
英国	2000	4600	7500
法国	600	3000	3200
荷兰	2000	2040	2170
德国	500	860	2200
比利时	200	950	1000
奥地利	60	300	800
总数	5360	11750	16870

资料来源：李明欢著：《欧洲华侨华人史》，第595页。其中德国的统计数仅限于联邦德国。

表5-2能够充分地反映出改革开放以来中国饮食业在欧洲发展的概况。中餐业是欧洲华侨华人经济的支柱产业之一。如英国华人有90%从事餐饮业，荷兰有70%的华人靠餐馆谋生。至于中餐馆所体现出的中华饮食文化，一般体现的是中华文化的氛围。海外中餐馆大多在唐人街里面，而唐人街入口处具有独特的中国式牌楼，沿街各处有五颜六色的招

---

① 人民日报记者孙立极：《让美食带着文化"走出去"（侨连四海）》，《人民日报》2016年7月7日。

② 《中国新闻周刊》记者韩永：《谭天星：民心相通要文化和经济并举》，《侨务工作研究》2017年第5期，第9页；《中华文化频圈"洋粉"海外劲吹"中国风"》，中国新闻网，2017-08-07。

牌广告；中餐馆店堂内此起彼伏的粤语、客家话、普通话、福州话等，东来顺、满汉全席、全聚德烤鸭等中国风味的菜肴，即烘托出浓郁的中华文化气氛。在欧洲各国大中城市，每逢节假日或者周末，那些在当地口碑好的中餐馆常常座无虚席，处处爆满；每逢良辰吉日，一些著名的酒楼、饭店成为当地华人婚宴嫁娶的迎宾场所，充满了温馨的乡情和中华文化特色。

中华餐饮业在澳洲也较盛行。有学者统计，1983—1984 年间，澳大利亚各地中餐馆数量如下：堪培拉有 60—80 家；悉尼有 300 家；新南威尔士有 7000 家；墨尔本有 200 家（截至 1986 年）；阿德莱德有 8000 华人，从事餐饮业者占 1/8。新西兰有 600 家（截至 90 年代）。澳洲的中餐馆，中华文化气息浓厚。餐馆内一般都挂有中国书画，挡着中国屏风。有的挂有中国对联，让华人顾客增添思乡之情，如悉尼的一家中餐馆的对联是："供饷十洲三岛客，欢迎四海五湖人"；醉香酒楼的对联是："沽酒客来风亦醉，卖还人去路还香"；花竹茶室的对联为："花间渴想相如露，竹下闲参陆羽经"。[①]澳洲中餐馆及其传统中华饮食颇受欢迎，如墨尔本华人陈荣亨制作的春卷享誉澳洲，被誉为"南半球的春卷大王"。

中餐馆在遥远的非洲国家同样有市场。据不完全统计，截至 20 世纪 90 年代初，非洲各国华侨华人经营的大小中餐馆约有 800 家，分布在埃及、埃塞俄比亚、冈比亚、肯尼亚、南非、毛里求斯、尼日利亚、尼日尔、津巴布韦、科特迪瓦等国家。西非小国加蓬首都利伯维尔的闹市区坐落着一家中餐馆——北京饭店。它虽然开张时间不长，但生意红火；不但受到华侨华人的欢迎，而且当地的一些政要名流也前来光顾，品尝中国的风味菜肴。如当地媒体报道：中国饮食文化深入加蓬。2006 年中秋节，在加蓬华侨华人协会的大力支持下，北京饭店举办了"中秋之夜"

---

① 黄昆章著：《澳大利亚华侨华人史》，第 246 页。

联欢晚会，旅加华侨华人欢聚一堂共庆中秋，中国大使到场祝贺，大家一边品尝饭店精心制作的美味佳肴和月饼，一边欣赏歌手表演的文艺节目。通过北京饭店，让加蓬人民领略了中国文化的风骚。

中国饮食业在亚洲流行的时间更早，改革开放后也有所发展。据20世纪90年代初的统计，东南亚各国中餐馆有65000家，日本有5000家，中东地区有1500家。亚洲各国的中餐馆大体在七八万家之间。

海外中餐馆数量庞大，但八成以上的中餐馆处于初级水平，规模小、就餐环境不佳，"上不得台面"。针对这种情况，2015年7月，国务院侨务办公室适时提出"中餐繁荣计划"，作为"海外惠侨工程"八大计划之一。国侨办主任裘援平提出，要"以食为本，固本强基，提升中餐在全球的整体形象；以食为缘，携手兴业，促进内外中餐业联动发展；以食为媒，服务社区，做海外和谐侨社建设的骨干；以食为桥，沟通中外，做中外文化交流的大使"。① 这就是"中餐繁荣计划"的目的。该计划以提升海外中餐业水平，弘扬中华饮食文化为重点。为此，国侨办将扬州大学旅游烹饪学院确定为中餐繁荣培训基地，这是国内唯一拥有本、硕、博学位授予点的餐饮专业学院。2016年春节期间，国侨办组织了以扬州大学中餐繁荣培训基地为主体的"中餐繁荣访问团""春节送年饭"活动。"中餐繁荣访问团"一行赴美国、智利、秘鲁3个国家的5个城市，举办了包括中餐饮食文化的讲座、中餐技艺的培训、精品淮扬菜的年夜饭品鉴活动。美食无国界，中餐成为文化传播的好途径。"年夜饭品鉴活动"受到热烈欢迎，如美国洛杉矶参加活动人数最多，有50桌的规模。访问团与智利大学签署了合作协议。秘鲁有近4000家中餐馆，他们非常欢迎中餐技艺培训。

---

① 人民日报记者孙立极：《让美食带着文化"走出去"（侨连四海）》，《人民日报》2016年7月7日。

　　中国改革开放 40 年来，海外中餐业的发展大致有这样几个特点：一是经营地点由过去主要在华人居多的中国城或唐人街，逐渐向华人社区以外发展。如在美国中餐成为当地居民最受欢迎的饮食之一；口味挑剔的法国人把中餐誉为"世界最好的饮食"。二是由过去以单一的广东风味为主，发展至现在汇聚中国东西南北的不同风味的菜肴，中餐的各大菜系，北派南味，从宫廷御膳到江南小点，在海外中餐馆里应有尽有。而以前"杂碎"几乎成了中餐的代名词。三是探索中餐制作标准简单化，致力于快餐化。中餐品种繁多，风味迥然，但过去的制作非常复杂，过于讲究，现在中餐的制作一般简化了程序，节省时间，减少成本；其中快餐已经流行起来，如美国洛杉矶中式快餐连锁店推出的"熊猫快餐"风靡加州。四是中小型中餐馆仍占大多数。过去的中餐馆大多是小餐馆，现在出现了一些投资百万元甚至千万元，修建得富丽堂皇的豪华酒店、饭庄，但仍以中小餐馆居多，有相当一部分是夫妻小店，而且因竞争激烈，收入微薄。

二、中医文化独具魅力于海外

　　中医和中医学，起源于中国。中医诊疗时根据阴阳五行的理论，采取望闻问切的方法。中医理论既有深奥的医学科学道理，又蕴藏着深邃的中华文化的哲理。同其他中华文化一样，中医是属于中国大陆及港澳台同胞共同的中华文化，但它又是一门医学科学，体现了文化科学的特性。

　　早年随着大批华人出国形成海外华侨社会，大多数生活困难的华侨看不起西医，遂用中医偏方治病。中医和中医文化在海外华人社会随之流行起来，并逐渐渗透当地社会之中。中国改革开放后，这一传统在海内外更加发扬光大。

　　美籍华人崔巍及其创办的美洲中国文化医药大学，是传播中医文化的典型事例。在美国西部华人聚集而居的大城市旧金山，提起崔巍及其中国文化医药大学，许多人并不陌生，甚至连一些"老美"都知道。由于早年美国医学界对中国的中医存在传统的偏见，持不屑一顾的态度，所以中医中药仅在旧金山和洛杉矶两地的唐人街有一定市场。20 世纪 80年代，年近 60 岁的崔巍想凭借掌握中医的本领打进美国社会。1982 年崔巍创办中国文化医药大学，其办学理念是：让中国文化在美国扎下根来，而中医就是中国文化的载体。经过 20 多年的风雨洗礼和艰辛探索，他摸索出一套独特而科学的办学方式，逐渐得到美国社会的认可，如今崔巍及其所办的学院成为美国第一所可以授予硕士学位的、规范的私立中医大学。学院由招收华人子弟扩展到招收美国学生。这就难怪有不少"老美"学生认识并推崇自己的华人校长了。凭借多年的中医经验，经过多年苦苦求索，崔巍形成了一套自成体系而令人信服的中医学文化理论。他认为，中医和西医不同，西医强调的是科学分析和定量化，而中医把人看作一个整体，强调和谐与平衡；文化和医学不可分，中医中药的基础是中国文化，而西药的基础是西方的科学文化，因此，他始终把中医称作"中国文化医学"，他撰写了一本著作，题目为《中国文化医学之根》。近些年来，美国医学界逐渐转变对中医的偏见，转而重视中医及中医学。对此，崔巍功不可没。

　　美国华人居多的加利福尼亚州，是美国中医普及最广泛、最受欢迎、发展最快的地区。目前加州共有 7000 多名华人中医针灸师，是美国中医界的中坚力量。在加州的洛杉矶有两个国际性的中医药专业学术团体：

　　一个是世界中医学会，其成立于 1994 年 7 月 30 日。宗旨是：组织团结全世界中医、中药、针灸、气功、按摩等方面的学者进行学术交流，促进中医学术发展，使之更好地为世界人民的健康服务。其理事会成员来自中国、法国、加拿大、美国、新加坡、日本、韩国、马来西亚、印度尼西亚、新西兰等 10 多个国家，北京 304 医院中医科主任、中国中医协会内科心脏病专业委员会副主任陈振相曾出任会长。该会成立后，陆续在世界各地设立了多个分会，并先后在加拿大、中国、法国、日本以及我国香港地区等地举行过多次学术会议。

另一个是世界中医药联合总会。其于 1996 年 10 月 15 日在洛杉矶市成立。该组织由美国中医药针灸学会会长、韩国中医药学会会长，以及我国台湾中医师公会第一届理事长等 19 人为发起人。该会属于国际联盟（IMAF）公益社会组织。其宗旨是：联系全球中医药界人士互相研究探讨，定期开会讨论，发表及报道有关最新医药知识、动态及产品，用以造福人类，增进人类健康。

经过中国改革开放的直接或间接推动，中医科学在欧洲也蓬勃发展起来。据统计，截至 2001 年，全欧洲共有大小中医诊疗机构及中药店 3 万多家；经过中医培训的西医师、理疗师、牙医及在中国受到系统中医教育并在欧洲从业者总共约有 10 万人，其中专职从事中医诊疗的有 3 万人；全欧每年在中医诊所就医的患者达 500 多万人次；各类中医教学机构接近 100 所，每年培养输送的中医药人才 1500 多人；全欧西医医院校中设有中医教学机构的有 20 多所，教学时数在 300—500 学时之间；全欧现有中医药、针灸学术团体 150 多个。[①] 可见，中医风行全欧洲，中医文化与欧洲文化交融渗透，融为一体。

欧洲最发达的德国，过去也是西医一统天下，政府有关部门及德国医疗事故系统，对中医一贯持排斥态度，中医难以登堂入室，与西医比较，中医始终扮演着"小媳妇"的角色。但近些年来，中医的地位在德国逐渐有所提高。尤其是对一些慢性的疑难杂症及老年性疾病，西医往往显得无能为力，而中医治疗效果明显，因而使得越来越多的德国人钟

---

① 李明欢著：《欧洲华侨华人史》，第 777 页。

情中医，中医在德国社会中逐渐"抬头"。据德国卫生部门粗略统计，近些年来德国约有 5 万多医生采用中医治疗手段，尤其是针灸等，约占德国医生总数的 1/6。每年接受中医治疗的德国患者多达 200 万人以上。鉴于此，德国有些著名医学院如柏林夏里特医院等拟考虑设中医教授的职称，德国医疗部门也逐渐对中医采取宽松政策。在此背景下，经过当地华人的努力，2000 年 12 月 9 日在德国巴伐利亚州的安贝格市举行会议，成立了德国华人医学会。来自德国各地的华人医学人员及德国同行近 150 人出席会议。德国政府部门及医学同行，中国有关部门对德国华人医学会的成立予以多方支持。中医在德国的处境不断改善。

在欧洲各国纷纷认可并重视中医的基础上，2000 年 11 月 24 日，在比利时成立了欧洲联盟中国传统医学协会（BAD PYRMONT），来自全欧 15 个国家的 29 个协会加盟。协会以发扬中国传统医学为宗旨，促进中国传统医学理论实践及技术交流，并保障协会成员在欧洲联盟的合法权益，未来欧盟扩大，将容许其他会员国的中国医学协会加盟。①

中医在欧洲推广已不仅限于华人，而且包括某些热心于中华传统文化的西方人士。2001 年 4 月，德国慕尼黑大学医学史研究所所长文树德教授和阿仙波女士策划组织了一个大型的"中国传统医学展"。展览在巴黎东北部的维莱特公园举行。展览内容从中医的阴阳五行到动静脉神经经络，从《本草纲目》到中药采制，从望、闻、问、切到针灸、拔火罐等，应有尽有；展览既有实物、照片、绘画、著述，还有录像、问题解答等多种方式，图文并茂地展示了中国传统医学的历史和现状。

中医在亚洲各国属于传统的医药卫生事业，早年比较流行并有较大发展。在华侨华人居多的新加坡、马来西亚、印尼、菲律宾、泰国等国家都有传统的中医治疗和中医文化。中国改革开放以后，由于大陆新移

---

① ［法］《欧洲时报》2001 年 1 月 3 日。

民较少移入这一地区，作为传统的中医在这里没有突破性的发展。中医在日本也有较长的历史了，现今仍然受到重视并有所发展。漫步在日本东京大街上，不时可以发现名"一贯堂""紫山堂"一类的中医房，药房里面的货架上摆着十全大补汤、六味地黄丸、紫云膏等中药。中医及中医学，在日本称作"汉方医药"，是秦汉以后传入日本的中国文化，秦朝方士徐福被尊为"医药之神"，唐代鉴真和尚东渡日本带去了许多中医及中医学经典。但1868年日本明治维新以后，引进推崇西方医学，"汉方医学"沦落为民间医道。但中医的作用西医是不可能替代的，有些老年疑难杂症以及一些慢性病，中医疗效显著。经过一个时期的冷落后，至20世纪七八十年代，"汉方医学"在日本逐渐复兴。日本有从事中医研究的机构，一些医科院校设有中医专业。在日本的各种医疗机构里，77%以上的医生使用中药为患者治疗疾病；被日本政府部门批准适用"国民健康保险制度"的中药约有140种。[①]

中医在澳大利亚也有一定的地位。截至1990年，全澳有中医诊所、中药店共220多家。越南华人中医师陈盛福在悉尼唐人街开设的中华参茸药行并设有中医诊所，颇具规模，也颇受欢迎，前来购药就医者络绎不绝，华人和当地其他居民各占一半。

在遥远的南美洲，中医也逐渐被当地民众接受并得到传播和青睐。华人中医师钟清在阿根廷开办中医诊所为当地民众医疗治病、传播中医文化获奖就是有代表性的一例。钟清1987年来到阿根廷开设中医诊所和中医学校，利用四代相传的中医医学为旅居阿根廷华人和当地民众解除病痛，传授中医疗法和健身功夫。随着中医逐渐被接受、学习中医人数的增加，1999年经阿根廷政府有关部门批准，钟清创办了阿根廷中国中医医学院，开设中医班、指压推拿班、气功班等课程。30多年，为阿根

---

① ［美］《侨报》2001年1月2日。

廷、巴西、秘鲁、智利等南美国家培养了 2 万多名中医学员，使中国传统中医药文化在南美得到广泛传播和传承。2017 年 5 月 16 日晚 19 时许，阿根廷布宜诺斯艾利斯市议会召开颁奖大会，授予华人中医师钟清"推广中医荣誉奖"，以表彰钟清在阿根廷 30 多年推广中医文化，为阿根廷人解除病痛、带来健康所作出的积极贡献。阿根廷布市议会议员 Javier Andrade 代表市议会发表贺词，对钟清在阿根廷推广中国传统中医，为阿根廷人带来健康生活表示感谢，同时他希望中国的中医医学能够给更多的阿根廷人带来健康和快乐。① 现场还播放了钟清和阿根廷中国中医医学院行医和教学的电视专题片，让现场来宾领略一次中医的神奇魅力。

中国中医文化既是中华民族传统古老文化，随着时代的发展又融入现代文化的元素。2017 年 10 月 21 日，第十四届世界中医药大会暨"一带一路"中医文化周在泰国曼谷拉开帷幕。来自世界 30 多个国家和地区约 1000 名专家学者及嘉宾与会。这次活动由世界中医药学会联合会主办、泰国中医师总会承办，以助力"一带一路"，服务民众健康为主题，旨在加强和推动中医药学的国际学术交流，加快中医药现代化、国际化、标准化的进程。世界中医药学联合会主席佘靖在开幕式介绍了该会成立 14 年来取得的成果：目前世界中医联有来自全球五大洲 67 个国家和地区的 253 个团体会员和 150 个分支机构，已与世界卫生组织建立了官方工作关系，并成为国际标准化组织的 A 级联络单位、联合国教科文组织认证的非物质文化遗产保护咨询机构。大会还同时兴办"第十一届中医药服务贸易展览会"，设立了展示无极保养灸、脊柱健康等 4 个工作坊，

---

① 柳军：《阿根廷华人中医师钟清被授予"推广中医荣誉奖"》，［阿根廷］阿根廷华人网，2017-05-17。暨南大学图书馆世界华侨华人文献馆、彭磷基华侨华人文献信息中心编：《侨情综览》（2017），南方出版传媒、广东人民出版社 2019 年版，第 201—202 页。

为代表们提供交流临床经验的推广研发成果的机会。①

总之，在中国改革开放的大背景下，经过世界各国华侨华人的长期不懈地争取和努力，使得中医和中医文化传播于全世界，在当地社会中扎根、发芽、开花、结果，顽强生存，不断得到发展，并成为多姿多彩的世界文化的组成部分。据不完全统计，目前全世界共有中医诊所 3 万多家。中医文化与中餐文化、中华武术文化成为世界最受喜欢的中华民族特色文化的内容，进而繁荣丰富了世界文化，为世界历史文化增添了宝贵的财富，这是中华民族及其海外儿女对世界文化作出的贡献。

三、唐人街成为海外中华文化符号

提到海外中华文化、探讨中外文化交融，无论如何也绕不过世界各地的唐人街。风雨唐人街是海外中华文化的符号，是中外文化交融的见证和平台。遍布世界各地的唐人街，历史长短不等，各有风格特色，但不论差异多大，其中蕴藏的中华文化内核是相同的。

（一）尽显中华文化风采的曼谷唐人街

泰国曼谷唐人街至今已有近 200 多年历史，由三聘街和耀华力路、石龙军路、嵩越路及附近的街区组成。18 世纪华人迁至湄南河以东的新区域，形成曼谷唐人街的雏形。唐人街路口矗立着一块印有"圣寿无疆"字样的牌坊，这是泰国公主诗琳通于 1999 年用中文写下的题词。据当地华人介绍："中泰一家亲，华人在泰国生活得很好，很多人加入了泰国国籍。泰国王室也很关心华人的生活，国王陛下和公主殿下还都学习中文。"华人已经完全融入了泰国当地主流社会和文化。放眼望去，唐

① 王国安：《第十四届世界中医药大会在泰国曼谷召开》，中国新闻网，2017-10-21。暨南大学图书馆世界华侨华人文献馆、彭磷基华侨华人文献信息中心编：《侨情综览》（2016），第 240 页。

人街商铺林立，车水马龙。那些看起来略显老旧沧桑的建筑，见证了泰国华人筚路蓝缕的奋斗史。在游人眼中，唐人街是曼谷最为繁华的商业区之一，也是华人为泰国经济社会发展作出重要贡献的历史见证。而对泰国华人而言，除了生意之外，他们"生于斯，长于斯"，无论现在身处何方，唐人街都是异国中的那片"故土"，承载了几代人的成长回忆。唐人街的绝大多数华人，一直保留着庆祝春节的传统。每到除夕，一家老小都会去附近的寺庙拜佛，祈求家人平安，生意兴隆。耀华力路是唐人街区之一，每当中国农历新年临近，这里开始弥漫着喜庆的气息。涌动着熙熙攘攘的人流，道路两旁出现售卖年货的摊贩，挑选对联、福字和灯笼的顾客络绎不绝。曼谷唐人街 200 多年的变迁，中华文化和泰国文化水乳交融。

曼谷唐人街和世界各地的唐人街变迁大体相同。老一代华侨华人坚守着唐人街独特的文化，而新一代华侨华人的到来不断丰富着唐人街的故事。他们虽然背景不同，但都秉持辛苦打拼的理念，收获各自不同的人生。88 岁的丁长电是曼谷土生土长的第二代华人。在唐人街耀华力路主干道旁边的一个小支巷里，他接替父亲经营的"笑笑酒楼"，这里位置显得有些偏僻，而酒楼已经有百余年历史了。酒楼经营潮汕菜，主要依靠的都是老顾客。每年春节这里都是顾客爆满，需要提前预订。与普通的华人家庭一样，每年大年三十是丁家最热闹的日子，正月初一是最欢乐的日子。他与老伴、7 名子女和 14 个孙辈，会一起酬神拜佛，之后向饭店伙计和孙辈派发红包。每年年夜饭一定不能少的是发菜（与"发财"谐音），广东人喜欢发菜的好彩头。

从 20 世纪 70 年代开始，丁长电到过中国 30 多次，还给家乡捐建了小学、桥梁。他说："我第一次回到家乡，感觉是比较落后，道路不好，房子较旧，就连厕所条件也很差。这些年，中国的变化实在太大了，现在一切都建得很好。我去过中国许多城市，翻天覆地的变化让我感到由衷的骄傲。"[①]

（二）曼哈顿唐人街列入美国史迹名录

美国纽约曼哈顿岛，有一片华人生活区——曼哈顿唐人街，美国人称"中国城"。这里已被美国政府列入国家史迹名录，说明曼哈顿唐人街的历史和美国历史已融为一体，中华文化和美利坚文化有机融合。进入曼哈顿唐人街，熟悉的中华元素扑面而来。壁刻"南无阿弥陀佛"的大乘寺，纪念儒家始祖的孔子广场，各类中餐馆、中国传统工艺品店、杂货铺，形形色色的汉字招牌，就连麦当劳广告都是中文的，行走在这里仿佛穿越另一个国度。曼哈顿唐人街大致形成于 19 世纪 90 年代。当年最早移民到美国西海岸的中国人，因加州通过了《排华法案》遭受排挤，遂向东海岸迁移，首站落脚于纽约曼哈顿岛东南隅。随着人口不断增加，唐人街逐步扩展至今日的规模。百余年来，唐人街是中国新移民踏入美国的桥头堡，中国人在这里不仅能找到住房，享受便捷的中文服务，而且还可能通过室友、同乡会等关系找到工作。由于发挥了移民门户的职能，唐人街人气兴旺，并保留着中华文化的传统风俗。每逢春节、元宵节等中国传统节日，街上人头攒动，耍龙灯、舞狮子等传统表演纷纷登场，热闹非凡。"曼哈顿的'中国城'将逐渐变成一个观光点，供游客体验异国风情。"纽约市亨特学院亚裔美国人研究和城市计划专业教授彼得·孔表示，历经 100 多年的岁月沧桑，承载华人集体记忆和情感的唐人街在悄然转身，演变成海外中华文化符号。

由于历史变迁，美国经济发展，古老热闹的唐人街悄然变化。近年来曼哈顿唐人街出现"老年留守、青年迁出、新移民不再涌入"的萎缩景象。目前居住于此的 5 万多华人主要是老移民，来自香港、广东、福建等地，通用语言是粤语。当年他们闯海外的"三把刀"——菜刀、剪

---

① 黄培昭等：《唐人街，异国年味别样浓》，《人民日报》2017 年 2 月 5 日。

刀、理发刀，在这里土壤深厚，中餐馆、理发店等仍然是许多人的经济来源。然而，作为低薪阶层的聚居区，唐人街拥挤杂乱的环境难以留住中产化的中国移民家庭子女，这里提供的资源对新一代技术移民或投资移民也缺乏吸引力。许多毕业后进入美国公司的中国留学生一般居住在中产阶层社区，投资移民则更多选择郊外的富人区。

逐渐富裕起来的华人移民家庭和部分新移民，正在向新兴华人社区聚集。纽约市皇后区的法拉盛近年规模和人气飙升，有纽约"第二唐人街"之称。20年前这里只有两三家华人商店，而今华人商业尤其温州人的大型超市非常活跃，大街上络绎不绝的人流基本都是华人面孔，居民主要来自中国台湾和中国大陆。在布鲁克林区的第八大道，华人商店鳞次栉比，经营者主要来自广东和福建，这里被称为纽约"第三唐人街"。这就是新老唐人街变迁的真实情况，曼哈顿老唐人街则渐渐成为中华文化的符号。

（三）繁华热闹的伦敦唐人街

英国伦敦西区，莱斯特广场旁边，几条纵横交错的小街小巷，置身其中，仿佛来到中国的某个小城，听到亲切而熟悉的广东话、普通话，思乡之情油然而生。这便是伦敦的"中国城"——唐人街，爵禄街是唐人街繁华的主街。

每年春节，伦敦唐人街都是华侨华人欢度新春最热闹的地方。2017丁酉鸡年，这里的活动更多，春节的庆典气氛更浓。"光狮子表演就有30支队伍，还有在街上发红包的，象征着吉祥幸福。"对于当地华侨华人来说，每年春节都感到说不出的亲切和欢欣，春节就像磁铁一样吸引着海外游子。

伦敦唐人街的历史变迁与身后中国的国家命运紧密相连。早在1800年，一些来自中国华南地区的劳工和水手流落伦敦，在东部脏乱差的船坞区落户。伦敦最早的华人聚居点是莱姆豪斯，那里以鸦片烟馆和贫民窟而出名。1934 年，莱姆豪斯区被拆除。第二次世界大战后，爵禄街取代了莱姆豪斯，成为最具规模的华人聚居地，即唐人街。当时，爵禄街所在的苏豪区，是一个"黄、赌、毒"泛滥的"三不管"地带。早期，伦敦唐人街以来自中国香港的人居多，他们大多经营粤菜餐饮业，一把炒菜勺一抡就是几十年。长期下来，唐人街发生了巨大变化，从"一把菜刀走天下"，到"中医草药一把抓"，再到文化交流、留学咨询、旅游业、律师业、房地产业……甚至到华人走上从政道路等，唐人街的变化可谓天翻地覆。唐人街的历史，折射出时代、岁月的变迁，也从一个侧面反映出国强方可民安的大道理，只有祖国富裕强大了，旅居海外的游子才有尊严，才不受歧视，才可以体面地生活。直到 1985 年，在中国改革开放取得成就的背景下，伦敦政府才正式承认"伦敦华埠"唐人街社区的地位。[①]

伦敦的唐人街堪称华人的精神家园。这里既是伦敦华人的聚居场所，更是精神栖息地。唐人街是华人社会的一个缩影，这里有可口的中国饭菜，有富有东方气息的日杂商店，有免费的中文报刊，有图书馆，有丰富多彩的音乐会和歌唱会……每逢中秋节、春节、国庆节等重大节日，这里还有充满浓郁特色的舞狮、舞龙和高跷等表演。现在的唐人街，涵盖了华人生活的各个方面，已经成了华人不可或缺的物质生活支撑和精神文化寄托。

（四）新兴南非之"约堡唐人街"

南非被称为"彩虹之国"，多种语言、多种文化是南非独特的风景。在南非首都约翰内斯堡东部布鲁玛湖湖畔的西罗町街，街头高耸的中式牌楼上面写着"约堡唐人街"，黄色琉璃瓦与红色石柱在灿烂的阳光照射下熠熠生辉。这里便是南非乃至整个非洲最大的新兴唐人街——西罗

---

① 黄培昭等：《唐人街，异国年味别样浓》，《人民日报》2017 年 2 月 5 日。

町。放眼眺望，这条 610 米长的街道上林立着 100 多家店铺，到处是中文标识的店铺、超市、餐厅、美发店、服装店、菜市、宾馆、书店、律师事务所、珠宝店，仿佛置身国内某条街道一般，俨然一座小型的中国乡镇。当然小镇的中餐馆、粮油店其他行业也有些南非马拉维人工作。在这条街道上，还有两座仿古的中式建筑，雕梁画栋，极具特色。与之对应的位于老城区理事路的老唐人街已经没落。这里中文是通用语。从早上 9 点到晚上 9 点，街道充满活力与商机。经过 20 多年的发展，唐人街已成为约翰内斯堡市内的中国文化坐标。这也是为什么许多来南非打拼的中国人第一个落脚点便是唐人街。1995 年西罗町只有一家名叫"秦记面馆"的中国餐厅。1998 年中南两国建交后，经贸往来迅猛发展，许多中国人开的店铺从老城区的旧唐人街搬到这里。2004 年唐人街管委会成立，当时这里已有 30 多家店铺。又经过 12 年的发展，到现在已经有了 160 多家店铺，周围有 3 万华侨华人居住。2004 年至 2012 年是约堡唐人街的快速发展时期，也是经济最好、租金和房价最高的时期。特别是唐人街管委会和南非华人警民合作中心的相继成立，提升了唐人街的治安、卫生和经商环境，唐人街成为公认治安比较好的地区，大家都往这里来。610 米长的西罗町街成为许多华人安居乐业的地方，高峰时期可谓人山人海。伴随"中国制造"在转型升级，南非华侨华人的经营模式和理念也在调整。随着"中国制造"向中高端发展，南非华侨华人的经营活动更趋多元化，涉及电器、矿山机械、五金水暖等；投资领域更加广泛，在本地开设箱包厂、服装厂以及涉足房地产领域等，经济实力日趋坚实。

　　经济发展、商业活跃，唐人街的文化氛围也日益浓厚，其北端的中华牌楼已经成为约堡的一个文化地标建筑。2013 年 10 月 11 日，在"德里克大街"街道最东段，举行唐人街"中华牌楼"剪彩仪式。新的中式建筑前搭起两个白色的篷子，南非总统祖马在临时搭建的主席台上发表讲话。随即南非官员与中国使领馆及侨界代表一起挥动剪刀，完成了唐人街"中华牌楼"剪彩仪式。剪彩充满十足的中国味，"中华牌楼"彰显了地道的中华文化。牌楼高 21.5 米、宽 27.5 米，风格融合唐、宋两代建筑的精华。朱红的柱子、精美的石雕、大气的斗拱、流光溢彩的琉璃瓦，牌楼上描着花鸟与吉祥的纹饰，"富贵平安" 4 个大字格外显眼。这是非洲竖起的第一座"中华牌楼"，又是世界各国唐人街牌楼中最大的一座。南非总统祖马表示，这座中华牌楼是华侨华人对南非多元文化以及经济社会繁荣所做贡献的一座永久纪念碑，是南中友好与合作的新象征。祖马还说："南非在过去 20 年内取得的最大成就之一，就是在建设不分种族、多元文化的社会。过去 20 年里，在南非的华侨华人人数显著增长，中国侨民对南非的贡献也显著增多。"①

当地媒体经常有人到唐人街拍电影、短片或关于中国美食的节目，唐人街已经成为中国文化在当地的一个平台和名片。2016 年 7 月，约翰内斯堡市政府公布了唐人街的改造升级计划，计划将唐人街打造成约翰内斯堡市的五大景点之一。未来的唐人街将更具品牌效应。

（五）百年历史的悉尼唐人街

悉尼的城市中心区，有一片土地是澳大利亚规模最大的唐人街。唐人街见证了一代又一代华人的奋斗和贡献，历经百年变迁，它已经成为中国传统文化和华人精神的象征，在悉尼这座多元文化融合的大都市里熠熠生辉。

19 世纪上半叶，最早一批华人以劳工身份来到澳大利亚淘金，后来大部分华人返回祖国，一些人则留下来靠贸易、手工制造、洗衣、捕鱼等维持生计。19 世纪 60 年代，悉尼坎贝尔街的干草市场里，一些华人商

---

① 张建波、倪涛：《南非总统出席剪彩仪式　中华文化融入"彩虹之国"　非洲竖起首座"中华牌楼"（第一现场）》，《人民日报》2013 年 10 月 12 日。

贩开始聚集出售水果、蔬菜并在附近居住，逐渐形成了华人活动的中心区域，成为唐人街的雏形。如今的悉尼唐人街，包括坎贝尔街、德信街、莎瑟街、皮特街等区域，融合了传统与现代文化。唐人街南北两端各矗立着一座中式牌楼，北侧牌楼外侧、内侧各书"四海一家""澳中友善"，南侧牌楼则书"通德履信""继往开来"，彰显着中国传统文化的包容、和谐和诚信。街道两旁各类商铺鳞次栉比，中餐馆、糕点店、中医中药行、海鲜干货店、工艺品店、旅行社等一应俱全。春节期间，唐人街格外热闹，大大小小的商铺都贴起了福字、春联，挂上了红灯笼、中国结，红红火火。"唐人街不仅吸引了悉尼本地人，很多外地及外国游客来到悉尼都会到唐人街观光，悉尼唐人街已经成为人们认识和了解中国文化的一扇窗口，促进了多元文化交流。"悉尼市市长克洛弗·摩尔在接受《人民日报》记者采访时说。"目前，悉尼的华裔人口约占城市总人口的1/10，华人社区为悉尼的发展作出了卓越贡献。""每到中国农历新年，悉尼市政府都会举行盛大的庆祝活动，春节不仅是华人的传统节日，而且也是悉尼全城欢庆的盛典。"[1]悉尼市副市长罗宾·凯米斯在中国记者采访时热情地说："唐人街是悉尼市人人都喜爱的旅游和文化景点，也是悉尼市最繁华的地区之一，具有重要的文化和社会意义。许多游客和市民都非常喜欢去唐人街游玩，我自己也很喜欢去唐人街购物。"[2]悉尼市正副市长的表白，真实地说出了唐人街的文化价值。

　　2016年春节前夕，在悉尼唐人街的购物中心里，一位身着中式传统服装的华裔女士正在挥毫泼墨，书写春联和福字，她身边围满了顾客。

---

　　[1]　以上介绍泰国曼谷、美国曼哈顿、南非约堡、澳大利亚悉尼唐人街情况，均见人民日报记者李晓宏、李志伟、鲍捷、俞懿春、苏亚：《唐人街，永不消褪的文化符号》，《人民日报》2016年2月11日。

　　[2]　人民日报驻澳大利亚记者王佳可等：《唐人街改造，点亮悉尼的明珠（中国梦·共赢曲）》，《人民日报》2013年12月10日。

这位书写春联的女士名叫徐一，她告诉记者，她从 2010 年开始每年春节期间都在唐人街写春联，"现在越来越多的澳大利亚人也喜欢中国书法和文化，希望能将中国春节的喜庆带回家"。来自西澳大利亚州的盖比在这里挑选了写有"心想事成"的条幅，她一边向记者展示刚买来的福袋挂饰一边说："我的邻居中也有不少华人，我非常喜欢中国春节这种欢乐的气氛。今年，我打算把条幅和福袋都挂在家里，希望猴年全家幸福平安。"同仁堂悉尼分店开店 10 年，吸引中外患者，业务量一直稳步提升，不但是很多华人心目中的金字招牌，而且越来越受到当地人的认可。

2016 年初，悉尼市政府决定，对唐人街区域进行升级改造，提出未来 10 年改建规划，着力增加该地区的文化休闲氛围。中国文化和传统始终是唐人街改造工程在设计理念和具体施工过程中重点突出的一大特色。相信这条记录着历史变迁跨越的百年老街，会随着时代发展不断焕发出新的活力与光彩。

总之，唐人街是海外一道独特的人文景观，见证着华侨华人的历史。早期华侨华人大多从事重体力、低收入的艰辛工作，往往受到当地主流社会的歧视。随着中国国际地位不断提升，中国和世界各国关系稳步向前发展，华侨华人不仅自身增添了许多自豪感，同时主流社会也改变了对中国和华侨华人的整体印象。逢年过节，传承中华文化传统成为唐人街和华人社区的一项光荣使命。如今的唐人街已不是华人居住的集中地，却是彰显中华文化的一个重要舞台。随着中国经济的崛起，西方社会掀起一阵阵"中国热"，新一代华侨华人还有越来越多的外国人也深深地爱上了中国的各种文化。

四、向祖（籍）国捐赠展示中华文物

旅美华人傅海澜女士向南京梅园新村纪念馆捐赠文物，是新时期华侨华人对祖（籍）国做出的一件有意义的事情。

年逾 70 岁的傅海澜女士是 20 世纪 40 年代后期美国驻华大使司徒雷登的秘书傅泾波之女、全美华人协会华盛顿分会会长。自 20 世纪 80 年代后期以来，傅海澜先后三次来华捐赠有关国共南京谈判期间周恩来与司徒雷登互赠的礼物。1988 年 5 月，傅海澜专程赴南京将当年周恩来送给司徒雷登的五彩瓷花瓶赠给梅园新村纪念馆，为研究国共南京谈判的历史提供了重要物证，这个事关众多历史名人和事件的花瓶以其重要的历史价值被定为国家一级革命文物。三年后，即 2001 年 8 月 25 日，傅海澜再次专赴南京，将 1946 年周恩来赠送给司徒雷登的签名册捐给梅园新村纪念馆。1946 年 7 月，司徒雷登赴任美国驻华大使抵达南京，周恩来、董必武、李维汉等前往祝贺，并在签名册签名。签名册上还有一些国民党党政要员、社会名流和外国友人的签名。在捐赠仪式上，傅海澜表示，这种文物不应归私人所有，应该归梅园新村纪念馆所收藏。① 2004 年 4 月 15 日，傅海澜从华盛顿专赴南京，第三次向梅园新村纪念馆捐赠珍贵文物。这次捐赠的文物是，1946 年国共谈判破裂时，周恩来即将返回延安前夕，派王炳南专程前往美国驻华大使馆，当面送给傅泾波一件延安石雕刻。石刻由红木框镶制，高 28 厘米，宽 23 厘米；石刻质地为瓷器；画面为中国古典文化风格，雕有城池、楼阁、人物，栩栩如生。据傅海澜介绍，这件雕刻的寓意为时时刻刻不要放弃中美关系。② 从中联想出当时中共领导人对中美关系的重视和信心。傅海澜三次向梅园新村捐赠珍贵文物，受到南京市有关领导的高度赞扬。

首都博物馆是 21 世纪刚刚落成的一家博物馆。2006 年春，美国华人收藏协会向首都博物馆捐献一批历史文物，共 30 多件。其中多为反映

---

① 《美籍华人傅海澜女士再次向南京梅园新村纪念馆捐赠珍贵文物》，《梅园通讯》2001 年第 3 期。

② 《美籍华人傅海澜女士向梅园新村纪念馆捐赠珍贵文物》，《梅园通讯》2004 年第 2 期。

华侨先驱早年在海外奋斗历史的老照片和文字资料等。同年 7 月，旧金山华人历史学家、前美国华人历史学会会长麦礼谦等百余人联袂向中国华侨历史博物馆捐出 200 多件纵横一个多世纪的华侨历史文物。其中有 1930 年的出港票、旧金山侨胞 1934 年欢迎抗日英雄蔡廷锴将军访美的海报、参加美军"二战"诺曼底登陆的华裔军人获得的紫心勋章、旧金山首届华埠选美小姐的旗袍、《金山之路》百万字毛笔书法蝇头小楷手稿等。为了响应给中国华侨历史博物馆搜集文物倡议，第二次世界大战期间参加美军诺曼底战役的华裔军人欧阳金海老人带着老伴等，开始了"到没落华埠寻宝"之行，他们来到加州古老的华埠乐居、埃灵顿、汪古鲁、葛伦等地穿梭走访搜寻。他们不虚此行，搜集到 1864 年华工在美国修筑大铁路时留下的旧照片、一段锈迹斑斑的路轨；1934 年抗日英雄蔡廷锴在旧金山书写之《抗敌救国箴言》，以及华侨欢迎蔡廷锴的大幅照片等。

进入 21 世纪后，我国设立并启动了"抢救流失海外文物专项基金"，收回早年流失的文物。这项活动，得到海外华人的响应。美国旧金山有位华人收藏家将其收藏的清皇室德龄公主的几件珍贵遗物送返祖国。旧金山收藏界名人和古董鉴赏家黄金源和于传龙（旧金山收藏家协会名誉会长）表示，基于民族情结，他们早就身体力行，在海外的拍卖行和民间收购中国文物，让这些来自祖（籍）国的文物返回故国家园。尤其是出身收藏世家的于传龙，早年阅读历史书籍时，得知当年八国联军侵入中国北京，抢掠大量中国文物，使大批国宝流落海外，收藏在国外博物馆里，心里很不是滋味。遂立志不惜付出一切精力、穷尽毕生积蓄和家财，搜罗流落到海外的中国文物，买回一件算一件。为此，他卖掉豪华游艇，放弃豪宅，在拍卖行和民间收藏中国文物，其中不乏国宝级文物。如一件元代青花带 62 字铭文的香炉，他整整搜寻几十年，终于如愿以偿。

英籍华人收藏家赵泰来，多次将自己收藏的大批珍贵古代艺术品捐赠中国，价值 3.5 亿元人民币。其中一对乾隆珐琅彩"古月轩"锦鸡图

双耳瓶，是 280 多年前清乾隆皇帝亲自下旨烧制，十分精致，工艺价值
很高。该瓶全世界不会超过 6 个。在 2006 年的苏富比拍卖会上，一只同
类珐琅彩瓶创下 1.15 亿港元的高价。① 赵泰来捐赠的另一件文物为清雍
正年间的珐琅彩题诗过墙梅竹纹盘，也是珍贵文物。

　　出生于中国台湾嘉义县的美籍华人施刘秀枝，被称为"文化亲善大
使"。施刘秀枝现任美国加州奥兰治郡宝尔博物馆副馆长、中华文化艺
术协会会长。在她的积极努力下，宝尔博物馆近年不断扩建，增加了"亚
洲艺廊"的特色展览，使原来一个不知名的区区小馆名声大振，被美国
博物馆协会评为世界级而且是"美国人必须看的博物馆之一"。此外，
宝尔博物馆在美国众多博物馆中独树一帜，多年来坚持举办与中国文化
有关的展览。作为副馆长，施刘秀枝多方奔走，频繁往返美中两地，联
系筹备中国文化展，曾举办过"故宫珍宝展""皇权——南京博物馆中华
五千年精品展""中国鼻烟壶展""中国唐三彩展""雪域珍藏——西藏
文物展""中华文明艺术五千年：上海博物馆展"等。据工作人员反映，
这些展览反映良好，有些引起轰动效应；前来参观的美国观众源源不断，
节假日更是络绎不绝，致使许多美国人对中国文化如痴如醉。该博物馆
被称为促进美中文化交流的"排头兵"，是了解中华文化的"中国之
窗"。当然，作为展览的主办者和筹办者，施刘秀枝每成功举办一次展
览，都要花费很多心血，付出艰辛的努力。举办这种公益性的专题展览，
无利可图，她要以展览馆名义到社会上四处募捐，筹集经费，有时甚至
自己掏腰包应急。当有记者采访时，她表示：弘扬中国文化是我终生
的追求，我要让更多的美国人了解和欣赏博大精深的中国文化，要把中
华文化之美宣扬于世界，让华人在世界各个地方都能昂首自豪。我从小
生长在很浓厚的中华文化氛围中，对文化艺术有着深深的热爱，现在把

---

① ［美］《侨报》2006 年 8 月 4 日。

传播中华文化当成了一次"圆梦"的过程。施刘秀枝为弘扬中华文化、开展中外文化交流作出了杰出的贡献，中华文化熏陶了她宽广的胸襟。

五、举办中华文化节龙狮飞舞

中华文化节，又称中国文化节，是近年来流行于海外华人社会并受到欢迎的中外文化交流活动。

海外华人举办中华文化节比较早的是马来西亚。1983 年，马来西亚 13 个州的华人代表千余人聚会槟榔屿，召开"第一届全国华人文化大会"，经过热烈的讨论，大会发表了《文化大会宣言》，并向马来西亚政府提呈《国家文化备忘录》，首次表达占国家人口 1/3 的华人社会，对于国家文化建设的立场、意见和建议。要求政府对各民族文化一视同仁，平等对待；扶助各民族文化，并大力促进它们的交流。这是马来西亚华人第一次大胆提出中华文化与各民族文化平等并进行交流的主张。会后，旅马华人成立了全国华人文化工作委员会。在该会领导下，1984 年举办了第一届马来西亚华人文化节。至 90 年代后期共举办了 14 届华人文化节。每届文化节都围绕着弘扬民族文化、促进华社团结的宗旨开展文化活动。如举行文艺表演、戏曲演唱、龙舟比赛、华族文化讲座等，提出了"促进民族交流、丰富国家文化"的口号。马华文化节，弘扬光大了中华文化，并促进了中华文化与当地民族文化的交融。如 1993 年 10 月的第十届华人文化节，以"真的传承，横的交流"为主题，主持者走出华人社区，邀请当地各民族民众参加华人文化节活动。得到当地各民族友好人士的响应和支持，也得到当地主流社会好评和赞扬，马哈蒂尔首相亲自到会主持文化节开幕式，还发表讲话，他认为这样的活动对于"加深了解，促进融合，创造一个互相谅解、尊重、宽容与紧密团结的社会"很有积极意义；与会政府文化官员对此也予以好评，希望"让全国人民共同欢庆，使各族和谐永恒"。再如 1997 年召开的第 14 届华文节，马来西亚副首相安瓦尔在开幕式上讲话，并当场题词"文化交流"四个汉字。① 可见马华文化节对于文化交流起到了良好的成效。

　　2002 年 11 月是中国和澳大利亚建交 30 周年，以此为契机，由澳大利亚华人团体联合会、《人民日报》新闻信息中心、中国民间文艺家协会等多家联合举办为期两天的第二届中华文化节。其宗旨为弘扬中华文化，丰富澳大利亚多元文化内涵，促进澳大利亚民族社区间的和谐与友谊，提高旅澳华侨华人融入多元文化大家庭的能力。

　　2004 年 9 月 19 日，成群结队的华侨华人扶老携幼齐聚华盛顿，欢庆第六届"中国文化节"。本届文化节气氛热烈，当地唐人街古老的街道两旁，临时搭建的 6 个文化展棚，展示着中国传统书法、绘画、手工等艺术；各家中餐馆竞相拿出绝活，推出独特风味的菜肴。文化节的重头戏是民族文化大游行。游行队伍在"华盛顿中国文化节"的大型横幅引导下，中美国旗方队、大专院校彩旗方队、"醒狮起舞"方队、"巨龙翻腾"方队、民族服饰方队及大型花车等，浩浩荡荡。游行队伍中掌声、喝彩声、欢腾声此起彼伏。布什总统和时任中国外交部长的李肇星分别为文化节发来贺信。布什的贺信说：美籍华人所秉持的价值观以及他们所作出的贡献，使美国变得更强大、更美好。李肇星的贺信说：长期以来，大华府地区华侨华人为弘扬中华文化、促进中美两国人民的相互了解和友好交流做了大量卓有成效的工作，举办"中国文化节"即是其中的一大盛举，值得赞赏和嘉许。②

　　在南美洲的古巴，2002 年 7 月举办了第二届中国文化节，古巴政府的有关官员和中国驻古使馆人员参加开幕式。开幕式上展示了中国汉族

---

　　① 肖炜蘅：《冲突与融合——从华人文化节看当代马华文化的本土化进程》，载钟汉波、张应龙主编：《广东侨史论丛》（第 1 辑），香港荣誉出版有限公司 1999 年版，第 253—258 页。

　　② 《华盛顿华侨华人欢庆中国文化节》，《光明日报》2004 年 9 月 21 日。

和一些少数民族的传统服装。哈瓦那华区促进会武术队表演了中国传统的舞狮和武术，当地文艺工作者演唱了中国歌曲。文化节内容有"世界遗产在中国"图片展、中国传统工艺品展、图书展及文艺演出等。

介绍古巴中国文化节，顺便介绍中华武术传古巴的情况。混血儿出身的李荣富（中国父亲和古巴母亲），在20世纪90年代将中国武术传到了古巴。1993年，中国驻古巴大使馆去了一位会打太极拳的外交官，对打拳饶有兴趣的李荣富便跟他学习打拳。翌年，在中国使馆的帮助下，李荣富作为留学生来到中国北京体育学院（现北京体育大学）学习武术。一年后回到哈瓦那华人区开设武术馆。随后，李荣富再度到北京体育学院学武，并获得了武术二级证书。返回古巴后，他在哈瓦那和其他城市设立武术学校，仅哈瓦那的武术学校就有20多所，学员近3000人。近些年来，每当国庆、春节等中国传统节日之际，李荣富便带着队员到华人社区表演，随着舞龙、舞狮队伍翩翩起舞，受到欢迎。

六、长途跋涉祭奠中华始祖黄炎二帝

在全体中国人包括大多数海外中华同胞的心目中，黄、炎二帝是中华民族的始祖（个别中国少数民族除外），每年清明节，都有大批的中国人包括港澳台同胞、海外侨胞，共同祭奠黄、炎二帝，年复一年。

早在司马迁的《史记》中记载："黄帝崩，葬桥山。"桥山即今天的陕西省黄陵县。如今的桥山黄帝陵面积333公顷，周围群山簇拥，山上古柏森森，气势巍然。桥山上现有古柏8万多株，其中千年以上树龄有3万多株，是我国最大的一片柏树林。祭祀黄帝活动历史久远，最早可追溯到春秋战国时期，汉代已成规模，以后历朝历代都在黄陵举行祭祀活动。改革开放以前的二三十年间由于种种原因，这里人烟稀少，基本没有祭祀活动。

　　改革开放后，人们的思想观念发生了重大变化。整个社会追思先祖、纪念故人的风俗习惯盛行，祭祀活动随之兴起，并由民间祭祀，转为官方引导。早在 1986 年，位于湖南省炎陵县的炎帝陵，就得到各级党和政府及社会各界的充分重视，炎帝陵先后被确定为全国重点文物保护单位、全国百个爱国主义教育基地、全国归国华侨爱国主义教育基地、湖南省最佳旅游景区等。十多年来，炎帝陵共接待国内外各界旅游和祭祀者 400 多万人次，其中港澳台同胞、海外侨胞和国际友人 30 多万人次。

　　20 世纪 80 年代起，每年清明节都有当地居民、港澳同胞及海外侨胞到黄帝陵祭祀，规模大小不等。但黄帝陵多年失修，由于经费困难，当地部门曾进行过小规模局部的修葺。大规模整修黄帝陵工程从 1992 年 8 月开始，投资 8400 万元，至 1999 年第一期工程已经完成；2003 年黄帝陵开始了规模宏大的二期整修工程，二期工程总投资 2.5 亿元人民币，至 2004 年清明节前完工。

　　20 世纪 90 年代以来，到黄陵祭祀的人越来越多，规模越来越大，并由民间自发的活动发展到官方引导和参与。如 1999 年 4 月 4 日，黄帝陵基金会在西安举行了为整修黄帝陵捐资仪式，国内有关省区和海外华侨华人共捐款 422.8 万元，历年累计捐款总共达 5000 多万元。[1]4 月 5 日清明节这天，万木吐翠，大地变绿，数千名海内外华人同胞和当地群众，聚集在轩辕黄帝庙前，公祭黄帝。9 时 50 分，隆重的公祭活动在 34 声礼炮和《黄帝颂》的古乐声中开始，34 声礼炮代表 34 个省、自治区、直辖市和港澳特别行政区。全国政协副主席张思卿代表全国政协敬献花篮，国家经贸委副主任陈邦柱代表中央国家有关部委敬献花篮，陕西省委书记李建国代表陕西省敬献花篮，香港青年会会长姜玉堆、澳门濠江中学校长杜岚、台湾《民意周刊》李庭荣、美国西雅图中国美术协会会长白

---

　　①　《海内外华人公祭轩辕黄帝》，《光明日报》1999 年 4 月 6 日。

玉昆、新加坡大通旅游机构董事经理徐炳辉等代表港澳台同胞和海外侨胞敬献花篮。陕西省省长程安东恭读祭文。随后，所有参祭人员向黄帝像三鞠躬，并瞻仰了修葺一新的轩辕庙。

许多海外侨胞把祭祀黄帝陵作为自己的神圣心愿。菲律宾华人黄光坦曾几次准备回大陆到黄帝陵祭祖，都因身体欠佳未能如愿，临终前对儿子黄明荣说，叶落归根，莫忘祖先。黄明荣带着父亲的嘱托携全家辗转来到黄帝陵，激动地对自己的孩子说："我们的根在这里！"日籍华人周华女士参观完黄帝陵后，代表尚在襁褓中的女儿在陵区种一棵万年青。她说："我之所以用孩子的名义种树，目的是等她长大后让她明白，她永远是一个中国人。"① 作为海外华人真挚的中华情感令人难忘和深思。

"回到祖（籍）国，一定要祭祖。" 2017 年 7 月，马来西亚中华大会堂总会青年团团长王琮钦在"华夏行"的地方考察活动中特意选择了河南线，他说最直接的原因就是参加在黄帝故里举行的祭祖。"这是我的一大心愿，特别是参观完龙门石窟、少林寺、河南省博物馆等地之后，亲身感受中华文化源远流长，对华夏先祖更加崇敬！"王琮钦感叹，回到祖（籍）国，骨子里的文化基因也被唤起了，文化归属感和自豪感都很高涨。②

在 1999 年 4 月 5 日清明节这天，数千名海内外中华同胞聚集在炎帝故里陕西省宝鸡市，祭祀华夏人文始祖炎帝。上午 9 点，祭炎仪式在炎帝祠隆重举行，仪式由宝鸡市人民政府主持。

此后多年，海内外华人祭祀黄帝的规模愈来愈大。如 2007 年清明节前来祭祀者达 1 万多人，海外华侨华人和港澳台同胞有 2000 多人，参加舞乐告祭的演员达 1000 多人，是历年来祭祀黄帝规模最大的一次。祭祀

---

① 《共祭中华始祖　凝聚民族精神》，《人民日报》2004 年 3 月 24 日。

② 冯学知等:《享华夏机遇　筑青春之梦（侨连四海）》，《人民日报》2017 年 7 月 20 日。

结束后，在轩辕庙古柏大院还举行了庆祝香港回归祖国 10 周年纪念碑揭碑仪式。

　　按照以往惯例，2008 年清明节的黄帝陵祭祀活动也很隆重。海内外华人 8000 多人前来拜祭黄陵。主持人恭诵祭文后，全体公祭者怀着景仰的心情向黄帝像行三鞠躬大礼。随后人们在雄浑古老的祭祀乐中，举行了传统的乐舞告祭仪式："云纪"礼赞轩辕黄帝盛德如祥云化雨，福佑华夏；"夔鼓"礼赞轩辕黄帝修德振兵，建立远古的文明古国；"瑞德"分别用"祈年舞""蚕桑舞"和"农耕舞"，组成了"华夏农耕文明图卷"礼赞始祖功德。全国人大、全国政协及当地党政部门均出席了祭祀仪式。① 一年一度清明节的黄、炎二帝祭祀活动，成为海内外中华同胞的文化祭祖盛典。

　　除上述祭祀黄、炎二帝外，还有其他一些祭祀活动。如 2007 年清明节，来自海外及全国各地 1 万多人齐集山西省临汾市洪洞县，举行"中国·洪洞大槐树寻根祭祖大典"仪式。9 时 9 分，祭祖大典开始。鸣锣三响，祭祖堂大门徐徐开启。各界代表向移民先祖敬献花篮，主祭人向移民先祖敬献祭品，省长宣读祭文。百名少先队员放飞 881 个代表 881 个姓氏的彩色气球，881 位移民后裔代表在欢歌笑语中到祭祖堂中认祖。这一套带有规范性的祭祀内容和仪式是有历史缘由的——据史料记载，元末明初，中原大地因灾害十室九空，荒无人烟。而此时的洪洞县风调雨顺，人丁兴旺，人口稠密，经济富庶。明政府为救济难民，发展经济，充实国力，遂在洪洞城北的汉代大槐树下设立移民机构，组织并救济流落到此的众多灾民迁徙到豫、鲁、皖、湘、鄂等 18 个省的 500 个州县安家生活。移民从明洪武三年（1370 年）到永乐十五年（1417 年）历时 47 年，被迁移的有 4 个民族 881 个姓氏共达 100 多万人口。专家称，这是

---

　　① 《8000 余名海内外华人公祭轩辕黄帝》，《人民日报》2008 年 4 月 5 日。

中华民族史上范围最广、规模最大、历时最长的大移民（这些移民中也有移往海外的），对振兴当时中原及西北经济，促进社会稳定有重大作用——山西洪洞大槐树因此成为寻根问祖的圣地。

需要说明的是，华侨华人传播交流中国特色文化不只上述这些，还有中华婚俗文化、中华海外客家文化等，限于篇幅，不再展开介绍。

第六节　以中华文化伸张历史正义

文化的内涵丰富深刻，文化的外延宽泛广阔。文化能够传承人类文明，文化可以辨别丑恶是非。改革开放以来，广大华侨华人积极开展各文化交流活动，传播弘扬中华文化；同时，他们也以各种文化为载体，开展维护中国尊严的活动。

一、北美华侨华人揭露日本侵华历史

众所周知，从 1931 年 9 月至 1945 年 8 月日本发动了对中国长达 14 年的侵略战争，给中华民族、中国人民乃至亚洲各国人民带来了深重的灾难；1937 年 12 月 13 日至 1938 年 2 月中旬，侵华日军在中国首府南京屠杀了 30 万中国同胞，这是世界历史上空前惨绝人寰的侵略暴行，这是历史的铁证。但 60 多年来，少数日本右翼分子借尸还魂，以各种手段否认或掩盖日军当年犯下的滔天罪行；少数日本政要常常参拜供奉当年侵华日军战犯神灵的靖国神社，使中国人民及亚洲受到侵略国家人民无比义愤；同样使海外华侨华人普遍愤慨。

美籍华人女作家张纯如，通过深入探究南京大屠杀的真相，收集到大量日本侵略者当年残暴地屠杀中国人暴行的资料，在此基础上撰写了《南京暴行——被遗忘的大屠杀》一书，揭露侵华日军南京大屠杀的罪行，首次使南京大屠杀这一重大历史事件进入英语世界的视野，引起轰动，成为热销书，荣登《纽约时报》畅销书榜，唤起了西方社会对第二次世界大战期间日本军国主义侵华暴行的重视。作者指出："如果残暴的差别有所谓等级之分，发生于第二次世界大战中的南京大屠杀，就其残忍程度与暴虐规模说，也仍然是世界历史上此类故事中排在最前面的。"
作者写作本书的最大希望之一是"能唤醒日本的良知，接受为这场事变
而应承受的责任"；并警示人们："忘记过去就注定会重蹈覆辙。"① 从
文化的角度考察，这是用战斗之笔，以铁的事实，揭露抨击少数日本右
翼分子否认南京大屠杀而进行的一场严正的斗争。

　　2005 年，在纪念抗日战争胜利 60 周年之际，为缅怀历史，不忘浩
劫，美国黄河艺术团等 10 多个社区华人合唱团在波士顿、康州连续三场
演唱"黄河大合唱"音乐会，每场参加演唱者都接近 200 人。炎黄艺术
团还邀请美国主流交响乐团和专业合唱团，在波士顿交响乐厅演唱"黄
河"。文化协会与亚洲文化基金会在华埠合办"日军侵华纪实展"。波
士顿荣光会在华埠举办纪念抗战胜利 60 周年大会。2005 年美国华侨华人
开展一系列文化活动，都围绕着"不忘历史浩劫"的主题，唤醒人们永
远不要忘记中华民族这段悲惨的历史。

　　为了让所有中华儿女永远牢记日本侵略中国、给中华民族带来空前
灾难的民族耻辱，并用事实揭露当年日本侵略中国犯下的滔天罪行，美
国马里兰州、弗吉尼亚州和华盛顿州的各界华侨华人于 2000 年开始筹建
"日本侵华浩劫纪念馆"。7 月 16 日，近 200 名华侨华人代表在华盛顿
举行会议，商讨建立纪念馆的筹备事宜及实施计划。长期在美国教育部
门工作的熊玮教授在会上发言，强烈呼吁将中国抗日战争的历史编入美
国高中的第二次世界大战史课程。与会的《日本侵华研究》(美国华文刊
物)编辑、美国南伊利诺伊州大学退休教授吴天威，也发出同样的呼吁。

---

　　① ［美］张纯如著，马志行、田淮滨、崔乃颖等译：《南京大屠杀》导言，东方出版社 2005 年
版，第 5、21 页。令人遗憾和惋惜的是：由于张纯如在撰写该书过程中，进行艰苦的采访、奔波各地
搜查资料并进行艰苦的写作，一个个悲惨事实反复地使她陷入痛苦深渊，加之不断受到日本右翼分子
的攻击、恐吓和威胁，导致她身心疲惫，患上精神忧郁症，以至最终崩溃，于 2004 年 11 月 9 日自杀
身亡，年仅 36 岁。

此前，即 7 月初，他致函美国总统克林顿，指出："令人难以置信的是，（美国）中学生对中国的抗日战争几乎一无所知"，"而这场浩劫远比犹太人的遭遇更为恐怖和惨烈"①。这次会议商定先在旧金山湾区建立一座临时性的抗日战争纪念馆，最后在华盛顿建立一座宏伟的"日本侵华浩劫纪念馆"。我们不晓得现在纪念馆的建设进展如何，但美国华侨华人的初衷应该予以充分肯定。

　　对于 20 世纪三四十年代日本侵略中国这段悲惨的历史，世界各国的认识程度和重视程度是不同的，有些人对此甚至不了解。海外华侨华人对于揭露日本侵华的历史、让当地人民了解这段历史，深感责无旁贷。加拿大"日本侵略中国历史史实维护会"（以下简称史维会）负责人王裕佳，是位华人医生。为了让加拿大教育界更深刻地了解认识日本侵华历史，从 2004 年起，他领导的加拿大史维会每年都资助和安排 20 多名加拿大高中教师到中国考察、了解"二战"时期日本侵略亚洲特别是侵略中国的血腥历史，回来后进行交流和讨论，并向社会各界介绍日本侵华历史。2005 年，在访华教师和史维会的共同努力下，经由安大略省教育厅认可，亚洲二战史包括日本侵华史，终于列入高中必修课。这在加拿大高中历史教育尚属首次。对此，王裕佳功不可没。他还把华裔作家张纯如撰写的《南京大屠杀》、史咏主编的《南京大屠杀》图片集，以及有关日本侵华受害人的纪录片分发给安大略中学。由王裕佳担任会长的"多伦多历史史实维护会"与多伦多大学华裔及日裔学生共同举办了日本侵华历史图片展。作为一名医生，王裕佳同时将自己置身于国际正义事业，其精神值得赞扬。

　　2017 年在日本侵华南京大屠杀 80 周年之际，加拿大安大略省省议会举行南京大屠杀纪念活动。这是当年 10 月 26 日该省省议会通过华人

①　《美华人华侨筹建"日本侵华浩劫纪念馆"》，《光明日报》2000 年 7 月 17 日。

省议会议员黄素梅提出的"将每年 12 月 13 日设立为南京大屠杀纪念日"动议后，该省官方场合首次正式举行南京大屠杀纪念活动。安大略省是首个设立南京大屠杀纪念日的西方国家省份。12 月 13 日下午，华人议员黄素梅、董晗鹏在省议会先后就南京大屠杀纪念日宣读声明。黄素梅说，这一纪念日对许多安省民众而言是重要的一天，因为这里也生活有南京大屠杀幸存者和死难者亲人。她强调，纪念日关乎对历史的教育。董晗鹏说，当人们承认真相，尤其是确凿的真相时，才能获得进步的机会。在黄素梅提议下，议长主持，安省议会议事大厅内人员全体肃立，为南京大屠杀数十万死难者默哀。省议员戴彼得（Peter Tabuns）说，如果一个国家否认现实，拒绝接受历史真相，那么这样的历史就会重演。安省省长韦恩（Kathleen Wynne）受邀出席了安省议会大楼内举行的一场纪念会，并表示支持华人社区开展南京大屠杀纪念活动。13 日晚，来自华人社区及其他多族裔社区的数百人，冒着严寒聚集在位于多伦多市区的加拿大安大略省省议会大楼前，举行烛光追思会，缅怀南京大屠杀死难者，呼吁珍视和平。来自日裔社区的多名代表受邀旁听了安省省议员们围绕南京大屠杀纪念日所作声明，并参加了在省议会举行的纪念活动。另外，在与安大略省相邻的曼尼托巴省省会温尼伯，华人社团于 13 日傍晚在省议会大楼内主办纪念南京大屠杀 80 周年追思会，该省政要及多个少数族裔社区的代表参加。在大多伦多地区华人最为集中的万锦市，市议会于 12 日晚通过动议，将 12 月 13 日设立为该市的南京大屠杀纪念日。纪念南京大屠杀的活动在加拿大成为维护和伸张正义的政治文化活动。①

---

① 《加拿大安大略省首次在官方场合举行南京大屠杀纪念活动》，中国新闻网，2017-12-14。

二、东南亚华侨华人维护历史正义

第二次世界大战期间，中国是亚洲抵抗日本侵略的主战场，中国人民遭受日本侵略者蹂躏荼毒时间最长、最深重。日本发动太平洋战争后，东南亚各地沦陷，东南亚各国人民包括生活在那里的几百万华侨，也遭到生灵涂炭。

为揭露第二次世界大战期间日本侵略者对中国、对东南亚人民犯下的滔天罪行，2000 年 2 月 20 日在菲律宾马尼拉举办了《南京大屠杀图片展》。这次展览是由菲华各界联合会、菲律宾华支退伍军人总会等旅菲华侨华人团体主办。当地华侨华人、中国驻菲各机构、菲律宾官员及外国驻菲使节等近 500 人出席开幕式。参加日本侵华战争的老兵东史郎带着当年日军屠城血证《东史郎日记》来参加展览开幕式并现身说法，为参观者的心灵带来了很大的震撼。

一小撮日本军国主义者"借尸还魂"，部分日本政要对此推波助澜，几乎年年都有日本政要参拜靖国神社。对此海外华文报刊毫不留情，予以谴责。如 2000 年 4 月 21 日，100 多名日本国会议员集体参拜靖国神社。24 日，泰国华文报《亚洲日报》发表社论，谴责日本国会议员参拜靖国神社的行径，呼吁世界各国人民警惕日本军国主义"借尸还魂"。

日本右翼势力美化或否认当年侵略中国或亚洲的罪恶历史，用尽各种卑鄙拙劣的手段，其中之一就是几次修改中学历史教科书，否认或歪曲侵略历史。对此，旅日华人王志新等百余人成立了"旅日中国人教科书问题思考会"的团体（以下简称"思考会"），其始终坚持维护中日友好和世界和平的愿望，强烈要求日本有关方面尊重历史，妥善处理教科书问题。2001 年春，日本"新历史教科书编撰会"再次利用教科书歪曲历史事实，美化侵略战争。"思考会"发表声明，严正指出：关于历史问题的正确认识是中日关系的政治基础，也是两国人民世代友好的基础。

在过去的战争中，日本帝国主义给中国及近邻各国人民，同时也给日本人民造成了莫大的灾难，这已是不可辩驳的事实。但日本"新历史教科书编撰会"等编写的历史教科书却无视铁的事实，严重伤害了中国人民的感情。教科书的作用是将历史事实的本来面目正确地传授给下一代。但是，日本学校如果用"编撰会"的那种历史教科书，必然导致日本青年对历史的认识偏离事实，加深他们与亚洲其他国家青年之历史认识上的隔阂，从而成为日本及亚洲未来的不稳定因素。[①]

"东方是东方，西方是西方。"这是一个世纪前英国作家普林在其诗作中描写东西方文化的距离。现在我们通过以上介绍的中国改革开放以来大量的中外文化交流融合的事实，似应把这两句诗改为"东方有西方，西方有东方"。

中外文化的交流、碰撞，贯穿于中国移民过程的始终，即贯穿于海外华侨华人形成的整个历史长河之中。但时代不同，中外文化交流传播的方式内容，也各有不同。中国改革开放后大批新移民移居世界各地，他们在迁移、定居、安家、立业的过程中，与当地的环境相适应、相调适，必然产生新的文化上的碰撞交融，他们既要顽强地保持中华传统文化之"根"，又要自然而然地吸收当地民族文化，在传播中华文化的同时吸收当地文化，并对中华传统文化有所创新。因此说，华侨华人是新时期中外文化交流的纽带和桥梁。

海外华侨华人传播中外文化、开展中外文化交流，具有重要的历史意义和深远的现实意义，得到党和国家领导人的重视和肯定。江泽民很重视发挥海外同胞在开展中外文化交流中的作用。20 世纪 90 年代，江泽民分别为日本横滨、神户的两所华文学校建校百周年题词："传播华

---

① 《旅日中国学者谴责日本"编撰会"等歪曲历史》，《光明日报》2001 年 3 月 22 日。

夏文化，增进中日友好。"① 2007 年 6 月 20 日，国家主席胡锦涛会见第四届世界华侨华人社团联谊大会代表，并作了重要讲话，号召广大华侨华人做中华文明的积极传播者，做中国人民和世界各国人民友好交往的积极推动者，为世界和平与发展作出更大的贡献。②

　　辩证地考察华侨华人在改革开放新时期中外文化交流中，发挥了重要的桥梁作用，其主流是好的。但华侨华人在中外文化交流中，也存在诸多困难；也有少数华侨华人身上存在不健康的劣根性文化，如旧金山有些华人存在赌博风气，扰乱了当地的社会治安。再如在阿富汗首都喀布尔的 10 多家中餐馆，有七八家被当地警方查实从事色情、卖淫活动，引起当地民众的反感和愤怒。当然，传播或接受中外文化的糟粕、在中外文化交流中起负面影响者，毕竟是海外华侨华人中的极少数。

---

① 《江泽民论侨务》，国务院侨务干部学校 2002 年编印（内部资料），第 30 页。

② 《胡锦涛会见第四届世界华侨华人社团联谊大会代表》，《人民日报》2007 年 6 月 21 日。

第六章

献爱心　大力兴办公益福利事业

　　华侨华人和港澳同胞素来具有热爱桑梓、热心捐助家乡和祖（籍）国公益福利事业的优良传统。中国大陆改革开放后，他们再掀捐赠公益事业的新高潮，捐助的热情更为高涨，参与捐赠人数之多、数额之大、范围之广都是历史上前所未有的。他们的慷慨捐助，体现了华夏儿女一方有难、八方支援，血缘于水而浓于水的民族感情和高尚的人道主义精神，有力地推动了中国社会经济的发展。改革开放时期华侨华人和港澳同胞兴办公益事业涉及方方面面，包括倾资办学，大力兴办教育事业，提高国民素质；捐助医疗卫生事业，救死扶伤，提高全民健康水平；举办文化体育事业，活跃群众文化生活；修桥筑路、改善交通，兴修水电工程，改善人民生活；捐款献物，赈济灾民，共同抵御自然灾害等。华侨华人和港澳同胞积极参与中国公益事业，成为中国公益事业发展的重要力量，为推动中国公益事业及社会经济发展作出了独特贡献。

第一节　新时期海外侨胞兴办公益事业概况

公益事业，也称慈善事业，是建立在社会捐献基础之上的社会救助事业。根据《中华人民共和国公益事业捐赠法》的界定："公益（慈善）事业是指非营利的下列事项：（1）救助灾害、救济贫困、扶助残疾人等困难的社会群体和个人的活动；（2）教育、科学、文化、卫生、体育事业；（3）环境保护、社会公共设施建设；（4）促进社会发展和进步的其他社会公共和福利事业。"[1] 由此可见，公益事业完全是一种献爱心的事业，是不计回报的善举；而海外侨胞为祖国和家乡举办公益事业，在展现人间大爱中又凝聚着特殊的爱国爱乡情感。

一、华侨兴办公益事业的光荣传统

广大华侨侨居世界各地，心系祖国，情系桑梓，历史悠久。早在晚清时期，就有华侨在广东、福建等侨乡捐资兴办公益事业。同治六年（1867 年），嘉应州（今广东梅州）修建的育婴堂，便是泰国华侨资助的。[2] 1872 年，"中国留学第一人"容闳捐银 500 两在家乡香山县南屏乡（今广东珠海境内）创办"甄贤社学"，成为第一个海外华侨捐资创办的学校。1912 年，他又集资扩建该校，使它成为初具规模的现代学校。[3] 19 世纪末，闽粤两省先后出现一批华侨捐资、集资创办或助办的学堂及学塾。

---

[1]　《中华人民共和国公益事业捐赠法》第三条（1999 年 6 月 28 日通过）。

[2]　广东省地方志编纂委员会编：《广东省志·华侨志》，广东人民出版社 1996 年版，第 325 页。

[3]　庄国土著：《华侨华人与中国的关系》，广东高等教育出版社 2001 年版，第 238 页。

　　华侨大力支持辛亥革命，掀起第一次爱国高潮。革命取得胜利后，进一步激发了华侨的爱国主义热情。中华民国成立以来，华侨捐助家乡和祖国的热情更为高涨。闽、粤等侨乡的许多教育、文化、卫生事业，道路桥梁建设、赈济灾荒等各种公益事业，常常得到海外华侨的倾囊资助。从 1912 年至 1931 年，华侨在福建兴起了捐资办学的热潮。如福建省晋江县，从 1925 年到 1927 年兴办的 120 所学校中，侨办和侨助的学校有 53 所，占总数的 46%。陈嘉庚是这个时期华侨捐资兴学的典范，他一生倾资捐款办学的资金有 1 亿多美元。他于 1913 年在家乡创办集美小学，1917 年创办闽南第一所女子中学，1918 年创办集美师范、集美中学，1919 年创办集美小学幼儿园并设立同安教育会，1921 年创办福建最高学府——厦门大学，1921 年到 1931 年，他为厦门大学支出的建筑费用达 100 多万元。1929 年至 1931 年，由于世界经济危机的影响，陈嘉庚的事业遭受严重打击，在全部公司企业倒闭破产的艰难困境中，他始终高举"教育救国"旗帜，支持厦门大学和集美学校两校经费。1934 年 2 月，他正式宣布全部公司收益作为厦大、集美两校经费。[①]

　　在广东省，仅 1937 年 7 月至 1938 年 6 月，世界各地华侨及香港同胞汇回国内的赈灾及慈善捐款总额就达 4368 万余元，其中大半为广东省在海外的侨胞所捐。[②]

　　抗日战争期间，海外华侨掀起第二次爱国热潮。他们"毁家纾难"，踊跃捐输，为抗战的胜利作出了巨大贡献。从九一八事变开始，一直到抗战胜利的 14 年间，华侨为抗战捐款始终没有停止。当时全世界 800 万华侨中，有 400 万人为祖国抗战捐过款。整个抗战期间华侨捐款总数达

　　①　参见庄国土著：《华侨华人与中国的关系》，第 240—241 页。
　　②　《广东省志·华侨志》，广东人民出版社 1986 年版，第 326 页。

国币 13 亿多元。[①]

新中国成立后,华侨华人仍积极致力于在家乡和祖(籍)国捐助公益事业。1955 年,国务院在关于贯彻保护华侨和侨汇政策的命令中强调,华侨素来热心家乡公益事业,各级行政机关既要保护和发扬他们爱国爱乡的热情,又要反对巧立名目敲诈勒索、骗取钱财的做法。这一政策进一步鼓舞和激发了广大华侨和港澳同胞爱国爱乡的热情,他们继续热心兴办家乡的公益事业。如广东大埔县,在 20 世纪 50 年代,全县华侨兴办的公益事业达 500 余宗,捐资额达 100 余万元。1949 年至 1956 年,华侨在广东恩平县兴修水利设施 5 座,受益面积 3605 亩。[②]

"文化大革命"中,由于"左"的侨务政策,华侨华人与中国的联系基本中断,他们对中国公益事业的捐助大为减少甚至停止。进入改革开放新时期后,华侨华人和港澳同胞重新焕发了捐赠公益事业的活力和热情,掀起了捐助公益福利事业的新高潮。

改革开放以来,华侨华人和港澳同胞大规模捐助中国公益福利事业,除了爱国爱乡传统使然外,还有几个大的背景。[③]

首先,改革开放前某些正确侨务政策的恢复凝聚了侨心。改革开放以来,随着各项侨务政策的恢复和落实及各项侨务工作的开展,华侨华人重新恢复了对祖(籍)国的信心。如各级政府采取了保护归侨侨眷权益、鼓励华侨华人投资国内及兴办公益事业等措施,从根本上保护华侨华人及其亲友在国内的权益,加深了他们对中国政府的信任,也激发了他们捐资造福桑梓的热情。

---

① 详情参见任贵祥著:《华侨与中国民族民主革命》,中央编译出版社 2006 年版,第350—351 页。

② 广东省地方志编纂委员会编:《广东省志·华侨志》,第 327 页。

③ 参见庄国土:《华侨华人与港澳同胞对厦门捐赠的分析》,《华侨华人历史研究》1999 年第4 期。

其次，华侨华人和港澳同胞与中国的联系和交往增多。改革开放以来，海外乡亲往来国内比较自由方便，他们纷纷回乡探亲、旅游、投资，与国内的联系更加密切，也更加关注家乡的建设和发展，触发了捐助家乡公益事业的热情。

再次，华侨华人和港澳同胞经济实力增长。20世纪60年代以后，作为亚洲"四小龙"的香港、新加坡等地经济起飞。20世纪70年代以来，泰国、马来西亚、菲律宾、印尼等华侨华人集中的东南亚国家经济飞速发展，为这一地区华人经济的发展提供了条件，华人的经济实力也不断增长，出现了很多跨国企业集团。在华人大企业集团的带动下，华人经济全面发展，使海外侨胞有能力造福桑梓。

最后，各级政府对捐赠的鼓励。中国政府对华侨捐资兴办公益事业一向持鼓励态度，并制定相关法律、法规对这种慈善捐赠进行指导和管理。1957年8月，国务院颁发了《华侨捐资兴办学校办法》。1984年2月，广东省政府颁布《广东省华侨、港澳同胞捐办公益事业支持家乡建设优待办法》之后，相继有20多个省、自治区、直辖市或副省级城市制定并颁布了华侨捐赠公益事业的条例和办法，采取各种措施鼓励及表彰华侨捐赠，保护华侨华人和港澳同胞捐赠公益事业的积极性，促进了他们对公益事业捐赠的热情。具体情况第六节详述。

二、改革开放以来兴办公益事业自然因素

随着改革开放的启动和不断发展，华侨兴办公益事业呈现阶段性发展，捐赠公益事业的地区及项目都存在一定的差异和规律。

（一）随着改革开放的推进呈现出阶段性发展

改革开放40多年来，华侨华人和港澳同胞捐助中国公益事业的进程与中国改革开放的发展历程基本相一致。大致上可以分为三个阶段：

1979 年至 1986 年为恢复阶段，1987 年至 1992 年为初步发展阶段，1992年以后为大发展时期。改革开放初期，华侨华人和港澳同胞捐赠对象主要是本乡本土和母校。1987 年以后，中国改革开放力度加大，海外侨胞的捐赠热情不断高涨。1992 年邓小平南方谈话以后，中国改革开放进入一个新阶段，海外侨胞的捐赠热情再次升温，掀起了捐赠中国公益事业的新高潮。试举几例。

从 1979 年至 1986 年，福建省厦门市接受海外乡亲捐赠 1001 万元人民币；1987 年至 1992 年为 7098.6 万元人民币；1993 年至 1998 年为27345 万元人民币。第二阶段是第一阶段的 7 倍多，第三阶段则相当于第二阶段的 3.8 倍。[①]

再看浙江省文成县。从 1938 年华侨华人开始为家乡捐赠，到 1999年，文成县华侨华人为家乡捐赠 7542 人次，捐赠总计折合人民币 4091.7万元。[②] 在这 60 年中，尤以 20 世纪 80 年代改革开放后华侨捐赠直线上升，90 年代更创历史新高。从 1990 年至 1999 年，共捐赠折合人民币3019.61 万元，占总数的 73.8%。

在不同的发展阶段，华侨华人和港澳同胞的捐赠呈现出不同的特点。在改革开放初期，由于当时中国百业待兴，社会经济发展水平落后，各种物资短缺，华侨华人和港澳同胞的捐赠以工农业生产资料等实物为主。以广东省为例。据不完全统计，从 1979 年至 1987 年，广东省接受海外乡亲捐赠折合人民币 238488 万元，其中第一位是生产资料，占 40.57%；第二位是修建、扩充学校教学设备，占 16.92%；第三位是建中旅社、侨联大厦，占 8.66%；第四位是修建医院和扩充医疗设备，占 5.57%；第五位是造桥修路，占 4.78%；第六位是文体事业，占 2.64%；第七位是

---

① 根据庄国土：《华侨华人与港澳同胞对厦门捐赠的分析》一文的数据整理，见《华侨华人历史研究》1999 年第 4 期。

② 朱礼主编：《文成县华侨志》，中国华侨出版社 2002 年版，第 283 页。

修建民房，占 0.24%。此外，还有 20.41% 为其他项目的公益事业。^①从 1979 年至 1980 年 6 月底，河南省接受的捐赠有汽车 11 辆、影印机 1 部、彩色电视机 5 台，折合人民币共计 50 余万元，另有捐款 3 万余元。^②

随着中国改革开放的深入和经济的发展，侨乡的各项建设事业取得进步，人民的生活水平不断提高，物质不断丰富，华侨华人和港澳同胞的捐赠逐渐转向以捐款为主，捐资领域也转向教育、文化、体育及其他福利事业，促进了侨乡的精神文明建设。具体情况将在以下各节详述。

（二）地区分布以侨乡为主扩展全国各地

华侨华人和港澳同胞对中国大陆公益事业的捐赠遍布全国各地，但全国两大重点侨乡——广东、福建占有较大比例。

广东是接受海外侨胞捐赠最多的省份，改革开放以来，接受捐赠近 400 亿元，占全国受赠总额的近 60%；广东省海外乡亲捐建教育、卫生、体育、基础设施、扶贫济困等项目逾 2.4 万个，建立各类公益基金近 3000 个。侨捐项目引领了广东公益事业的发展。^③广东重点侨乡江门籍的侨胞，散居全世界 107 个国家和地区。改革开放以来至 2012 年初，江门侨胞累计捐赠近 60 亿元。在这种慈善氛围中成长的江门人，渐渐形成了独特的城市精神。如今江门市民间慈善组织已发展到 34 个，并打造了"慈善公益万人行""爱心 100""慈善一日捐"等多个慈善文化品牌。江门连续 7 年在元宵节举办"慈善公益万人行"活动，为社会福利事业筹集善款累计达 6.2 亿多元，救助困难群众 30.1 万多人。2009 年，中华慈善总会颁奖表彰"中华慈善突出贡献人物"，江门受表彰者 10 人，人

---

① 广东省地方志编纂委员会编：《广东省志·华侨志》，第 330—331 页表。
② 周南京主编：《华侨华人百科全书》（侨乡卷），中国华侨出版社 2001 年版，第 195 页。
③ 《400 亿：粤侨捐总数约占全国六成》，《南方日报》（电子版）2008 年 5 月 14 日。

数占广东总数的一半。① 江门跻身于全国文明城市，侨胞的内涵和特色，独具其优。

一直以来汕头都有"海内一个汕头，海外一个汕头"的说法。截至2011年底，全市接受华侨和港澳同胞捐赠款项超过61亿元。② 海外乡亲捐建了潮汕体育馆、谢慧如潮剧艺术中心、潮阳民生医院等一大批公益项目，设立潮汕星河奖基金会、汕头教育基金会、潮汕贫困地区助学基金会及各级教育基金会，为发展汕头的社会事业，促进社会和谐作出巨大贡献。

福建接受侨胞捐赠名列第二。改革开放30年来，海外华侨华人、港澳同胞向福建捐赠公益事业的资金高达164亿元人民币。③

改革开放以来，广东、福建接受捐赠合计达564亿元，占全部捐赠总额的80.57%。华侨华人、港澳同胞在部分省市的捐赠情况见表6-1。

表6-1　改革开放以来华侨华人、港澳同胞对部分省市捐赠概况表

（单位：亿元）

地区		时间	金额	备注
广东	全省	1978—2008年4月	400	
	佛山市	1978—2008年4月	35	
	揭阳市	1978—2007年	24	
	汕尾市	1978—2007年8月	11	
	鹤山市	1978—2007年4月	4	港元
	茂名市	1978—2006年6月	5	
	江门市	1978—2007年5月	50	港元

---

① 人民日报记者吴冰、李亚舟：《珠江西岸的和谐天堂（全国文明创建先进典型）——广东省江门市创建全国文明城市侧记》，《人民日报》2012年1月11日第15版。

② 陈健：《凝聚侨心反哺家乡》，《人民日报》2012年10月19日。

③ 中国侨网，http://www.chinaqw.com/zgqj/qjdt/200801/03/01467.shtml。

续表

地区		时间	金额	备注
广东	广州市	1978—2008 年 4 月	36	广州市侨联提供的数据
	中山市	1978—2006 年	14	
	开平市	1978—2007 年 6 月	10	
	梅州市	1978—2008 年 4 月	26	梅州市侨联提供的数据
	大埔县	1978—2008 年 4 月	5	大埔县侨联提供的数据
福建	全省	1978—2007 年	164	
	泉州市	1978—2007 年	70	
	福清市	1978—2007 年 8 月	16	
上海		1990—2006 年	16	
浙江	全省	1978—2004 年 7 月	18	
	温州	1978—2008 年 4 月	3	
江苏		1978—2008 年 6 月	21	
海南	全省	1978—2007 年 7 月	7	
	文昌市	1978—2008 年 4 月	3.8	
	琼海市	1978—2008 年 3 月	1	

资料来源：以上数据主要依据中国侨网有关消息整理而成，不再一一注明出处。此表大致为改革开放 30 年的统计数据，40 年的数据未加整理。

从表 6-1 可见，广东各地接受捐赠的情况比较普遍，江门市接受捐赠较多，达 50 亿港元；福建接受的捐赠中，近 43% 集中在泉州，泉州接受的捐赠达 70 亿元；浙江、海南等侨乡都有数额不等的捐赠；上海、江苏等东南沿海地区接受的捐赠数额也不小。

除表 6-1 所示外，其他侨乡如广西、云南等地也都得到不同程度的捐赠。从 1989 年至 1992 年，海外华侨华人及港澳同胞给广西的捐赠物品折合人民币 1 亿多元。① 海外华侨华人、港澳台同胞对云南少数民族边疆贫困地区的教育、医疗、卫生、救灾等公益事业倾注了极大热情，作出了积极贡献。从 1978 年至 1986 年上半年，云南省接受华侨、港澳同胞捐献总值共折合人民币 581.11 万元，其中捐款 14.94 万元，物资折价566.17 万元。② 据不完全统计，从 2003 年至 2008 年，来自 27 个国家和地区的海外华侨华人、港澳台同胞慈善机构和个人共捐赠云南公益事业7.2 亿元人民币。在他们的支持下，云南省共建设 "侨爱学校" 510 所，医院、卫生院 30 余所，并有 3.1 万多名学生得到资助。③ 一些非侨乡同样得到大量捐赠。如改革开放以来，华侨华人和港澳同胞纷纷在江西省捐款赠物，兴办文教、卫生和其他福利事业。自 1985 年至 2000 年，江西省接受海外乡亲捐赠达人民币 17.1141 亿元。④ 少数民族华侨华人同样关心家乡及祖（籍）国社会公益事业和教育的发展。如美国中华少数民族联合会在 2001 年 1 月成立后不久就向内蒙古受灾地区捐款 2 万美元，后来又向贫困地区儿童捐款 20 万美元。⑤

全国各地都得到了华侨华人和港澳同胞的捐赠，在此不能一一列明。

（三）项目分布比原来宽泛

就捐赠项目来看，华侨华人和港澳同胞的捐赠涉及教育、文化、医疗卫生、体育、基础设施建设、工农业生产及其他公益事业，捐赠范围广泛。以 2007 年对广东省的捐赠为例。截至 2007 年 11 月底，华侨华人、港澳同胞仅通过广东侨务部门协助和办理的捐赠就达 8 亿多元人民币（不

---

① 广西壮族自治区地方志编纂委员会编：《广西通志·侨务志》，广西人民出版社 1994 年版，第 78 页。

② 云南省地方志编纂委员会、云南省侨办编撰：《云南省志》卷六十五《侨务志》，云南人民出版社 1992 年版，第 189 页。

③ 《云南日报》2008 年 10 月 18 日。

④ 周南京主编：《华侨华人百科全书》（侨乡卷），第 300 页。

⑤ 赵和曼著：《少数民族华侨华人研究》，中国华侨出版社 2004 年版，第 279 页。

包括其向民政部门及慈善机构捐赠的金额），比 2006 年同期增长了 2 亿元。捐赠领域从相对集中捐建学校、医院、道路、桥梁，转到兼顾扶贫助学、捐赠图书、捐建图书馆、体育馆和救灾等方面。其中捐建学校、教学楼、实验室、助学、培训教师的资金就超过 3 亿元人民币，占总捐赠额的 1/3 以上；捐建道路、桥梁、水窖等公共设施超过 7000 万元，比 2006 年翻了一番；扶贫救灾金额增长迅速，2004 年捐赠金额为 1762 万元，到 2005 年翻了两倍多，达到 4795 万元，2006 年和 2007 年，仅侨务部门组织和协助办理的扶贫救灾金额均在 1 亿元左右。①

除了上述捐赠情况，还有属于特殊捐赠。如 2015 年 12 月 29 日，中国华侨历史博物馆在京举行捐赠仪式，接受来自欧洲中国和平统一促进会和德国华侨华人中国和平统一促进会捐赠的"波茨坦和平钟"。2015 年 8 月 11 日，中国人民抗日战争、世界反法西斯战争胜利 70 周年暨反"独"促统柏林大会十五周年纪念大会在柏林举行，由欧洲华侨华人捐赠铸造的"波茨坦和平钟"揭幕并敲响维护和平的钟声。这项特殊捐赠的背景为：70 多年前，当中华民族遭到日本大举侵略、面临生死存亡之时，广大海外华侨华人，与祖（籍）国同呼吸、共命运，积极参与和支援祖国人民抗战，与祖国人民共赴国难、挽救危亡，最终取得抗日战争的伟大胜利。70 年后，历史渐渐远去，有的国家忘记了伤痛，出现了否定历史，美化侵略，企图为军国主义分子翻案的逆流，这值得引起爱好和平的世界人民高度警惕。正如中国侨联主席林军说："我们不允许任何人对二战历史翻案，这座钟由欧洲多位华侨华人捐资铸造，正是凝聚人心的体现。"②真相如钟永存，和平如钟永固。历史时刻提醒着，任何蓄

---

① 彭静玲：《去年侨港澳同胞通过侨务部门捐赠广东公益愈八亿》，中国侨网，2008 年 1 月 3 日，http://www.chinaqw.com/zgqj/qxsz/200801/03/101511.shtml。

② 吴储岐：《"波茨坦和平钟"：入驻侨博馆——寓意和平如钟永固（说词解事）》，《人民日报》2016 年 1 月 7 日，第 20 版。

意破坏《波茨坦公告》的行为都会受到爱好和平的国家和人民的一致反对。这种特殊的捐赠具有特殊的意义，是不能用金钱数量来衡量的。

2011年9月初，吉林长春世界雕塑公园举行了松山韩蓉非洲艺术收藏博物馆开馆仪式。坦桑尼亚著名华侨华人领袖、非洲文化学者李松山、韩蓉夫妇，坦桑尼亚、毛里求斯和孟加拉国等国的驻华使节和外交官，以及中外艺术家、学者等相关人士共计数百人出席。该馆收藏展出的非洲艺术珍品均为李松山、韩蓉夫妇捐赠。他们夫妇长年致力于中非友好交流，并长期从事非洲马孔德艺术的研究、发掘、整理和组织创作工作，收藏有上万件马孔德和其他非洲艺术珍品。① 这是中非文化交流的一项重要活动，李松山、韩蓉夫妇是交流的使者主角。

日本帝国主义侵略中国蓄意发动九一八事变82周年之际，即2013年9月18日，中国人民抗日战争纪念馆公布了日本强征奴役中国劳工罪行档案。这些档案共120袋405份，包括日本35家企业124个作业场的373份报告和日本外务省报告书及附属档案32份。② 这批档案的捐赠人为东京华侨总会名誉会长、时任副会长的爱国华侨陈焜旺。抗战馆妥善保管这些珍贵的档案，现在已经实现电子化，将向社会公布，方便社会各界利用，并在适当的时候展出。

2014年10月21日，是著名爱国侨领、中国侨联首任主席陈嘉庚诞辰140周年纪念日，中国华侨历史博物馆当天在北京举行落成典礼。新落成的博物馆坐落于北京市东直门内北小街。1960年陈嘉庚先生捐赠50万元人民币，倡议兴建中国华侨历史博物馆，此后历经波折。2005年国家重启兴建，海内外侨界反响热烈。捐款献物者超过5000人，累计捐款4000多万元，捐赠藏品14000多件。③ 美国旧金山侨胞、专栏作家招思

---

① 刘亮明：《松山韩蓉收藏博物馆开馆》，《人民日报》2011年9月5日。

② 何勇等：《勿忘"九一八"》，《人民日报》2013年9月19日。

③ 吴亚明：《中国华侨历史博物馆举行落成典礼》，《人民日报》2014年10月22日。

虹女士及其《金山之路》读者团队、个人已累计向侨博捐赠文物逾 2000 件。2007 年，新加坡民俗收藏家陈来华，把多年搜购的 1000 多件侨史藏品、实物，捐赠给筹建中的侨博。[①]

五洲四海满欢乐，中外亲朋聚一堂。为庆祝共和国 67 岁生日，2016 年 9 月 28 日，国务院侨办、中国海外交流协会联合在京举办了"为侨服务日"活动，近 400 名侨胞齐聚北京。"为国喝彩""为侨服务""为侨点赞"，国务院侨办主任裘援平简明扼要地阐述了"为侨服务日"的三大主题。"为侨服务日"活动中，侨界爱心人士共向华文教育事业捐款 7000 余万元人民币，裘援平为新一批 13 家"华助中心"、7 家"华星艺术团"揭牌。[②] 侨办爱心人士向"为侨服务日"捐款，也属于特殊的捐赠。与捐赠"和平钟"比较，这是有金钱数量的捐赠。

总之，伴随着中国改革开放的深入发展，华侨华人捐赠中国公益事业水涨船高，他们的足迹遍及全国各地，捐赠的领域也越来越广泛，成为中国公益事业发展的重要参与者和推动者。

[①] 王尧:《中国华侨历史博物馆开馆，请看——"国字号"侨博的前世今生（侨连四海）》，《人民日报》2014 年 11 月 6 日。

[②] 吴储岐:《喝彩　服务　点赞》，《人民日报》2016 年 10 月 27 日。"华侨华人互助中心"（以下简称"华助中心"），是近年来海外侨社自发成立的，已成为侨胞守望相助、融入主流、同舟共济的温暖之家，是互帮互助的慈善组织；"华星艺术团"是由海外侨社文艺团体成立的，已成为弘扬中华文化、促进中外交流、丰富侨胞文化生活的骨干队伍。

第二节 再次掀起兴办教育事业高潮

捐款兴办或资助教育事业一向是华侨华人和港澳同胞兴办公益事业的主要领域，并具有长期的光荣传统。陈嘉庚倾资兴学的义举尽人皆知。改革开放以来，在华侨华人和港澳同胞掀起的捐赠热潮中，教育仍是他们关注和支持的主要对象，呈现出捐资数量大、办学层次和形式多样化及捐资范围广泛等与以往不同的特点。

一、为兴办教育事业捐献巨款

改革开放以来，在华侨华人和港澳同胞对中国大陆的 1000 亿元捐赠款项中，40% 用于支持教育事业。香港同胞李嘉诚是在内地捐赠最多的个人，从 20 世纪 80 年代至今累计捐赠了 28 亿元，[①] 他对汕头大学的捐资就达 20 亿港元。[②] 邵逸夫在全国各地共计 3000 多个项目捐赠额达 25 亿元，80% 用于支持教育。[③] 在全国各地，对教育的捐赠普遍占捐赠总额的一半左右。特别是在广东、福建等重点侨乡，一些重点市、县和乡镇，华侨华人和港澳同胞捐资办学现象相当普遍，捐资数额特别巨大，对教育的捐赠占有相当大的比重，弥补了地方财政投入的不足，有力地促进了侨乡教育的发展。

如广东重点侨乡潮汕地区，最漂亮的建筑是侨捐学校；在潮汕地区

---

① 《羊城晚报》2008 年 5 月 15 日。

② 黄昆章、张应龙主编：《华侨华人与中国侨乡的现代化》，中国华侨出版社 2002 年版，第 136 页。

③ 《羊城晚报》2008 年 5 月 15 日。

的大部分乡镇，几乎村村都有侨捐学校。在潮汕地区，华侨华人和港澳同胞对教育的捐赠均占捐赠总额的 40% 以上，捐助的学校占当地同期学校总数的一半以上，在潮州市更高达 73%，充分反映出侨捐学校的重要地位。

再看珠江三角洲地区，1978 年至 2001 年，江门市华侨华人和港澳同胞捐资办学的金额近 19 亿港元，捐建学校达 2500 多所（包括大、中、小学校），占同期当地学校总数的 40.8%；1978 年至 2000 年，台山市华侨华人和港澳同胞捐资办学的金额为 4 亿港元，捐建学校达 533 所；1978 年至 1998 年，新会市华侨华人和港澳同胞捐建学校达 705 所，还捐建了 152 所幼儿园、托儿所；1979 年至 1998 年，惠州市华侨华人和港澳同胞捐建中小学校 708 所；1979 年至 1998 年，佛山市华侨华人和港澳同胞捐建学校 799 所，反映了侨捐学校规模巨大。[①]

福建省 1979 年至 1994 年华侨华人及港澳台同胞捐款兴办公益事业折合人民币 31 亿元，用于教育事业的占 50%，拥有各种教育基金会 800 多个，基金总额 3 亿多元，从 1992 年到 1997 年底捐建各类学校达 2354 所。[②]

据厦门市侨务办公室统计，自 1949 年至 1986 年全市接受华侨华人捐资（物）办学资金总额为人民币 2643.61 万元。其中 1949 年至 1966 年为 1602.61 万元，年均 94.27 万元；1967 年至 1978 年因受 "文化大革命" 影响，骤降为 39.09 万元，年均 3.55 万元；1979 年至 1986 年为 1001.81 万元，年均跃升 125.23 万元。1987 年至 1990 年华侨华人对厦门捐资（物）兴学继续攀升，4 年捐资（物）合计人民币 2024.05 万元，年均 506.0125 万元。从 1949 年至 1990 年华侨华人在厦门捐资兴学的三个时

① 根据黄昆章、张应龙主编：《华侨华人与中国侨乡现代化》第 58—69 页有关内容整理而成。
② 参见任贵祥、赵红英著：《华侨华人与国共关系》，武汉出版社 1999 年版，第 319 页。

段教育捐赠可以看出，新中国建立到"文革"前的捐资有一个良好的开端，但"文革"期间的捐资数额急剧下降，改革开放后一路攀升，到90年代达到高潮。[①] 1993 年至 1998 年，厦门接受海外侨胞捐资文化教育的金额每年分别为 3187.4 万元（占同年捐资总额的 64.36%）、1695 万元（53.19%）、3553.8 万元（85.6%）、3042.9 万元（57.96%）、4401.8 万元（70.63%）和 2221.1 万元（62.18%）。[②] 1993 年至 1998 年，每年捐资文化教育事业均在千万元以上，在同年捐资总额中所占比例均在 50%以上，1995 年更高达 85%。

再以福建泉州为例，据泉州侨务办公室资料，改革开放以来，侨办、侨助学校义举再次兴起，并迅速发展。1990 年泉州市范围内侨建、侨助各类学校（包括幼儿园）1560 所，占全市各类学校总数的 42.8%。其中中小学以上学校 1205 所，占全市小学以上学校总数的 50% 左右。全市幼儿园中，侨资兴办的有 173 所，侨助的有 192 所，占全市幼儿园总数的33%。[③]

海南省主要县、市侨乡的大部分学校都得到过海外侨胞的捐助。海口、文昌、琼山、琼海和万宁等市县均创办有华侨学校。从 1988 年至2000 年，祖籍海南的华侨华人和港澳同胞捐赠海南省公益事业的款额达3.9944 亿元，其中文化教育约占 45%。素有"文化县"之称的海南省重点侨乡文昌县，华侨华人捐助教育事业贡献良多。从 1978 年至 1995 年，全县海外乡亲捐资办学达 8245 万元。兴建、扩建的教学楼、图书馆、科学馆和宿舍楼等达 240 幢，建成校舍 344 座。[④]

改革开放以来，海外侨胞、港澳同胞累计向海南琼海市捐赠折合人

---

①　厦门华侨志编纂委员会编：《厦门华侨志》，鹭江出版社 1991 年版，第 233—234 页。

②　根据黄昆章、张应龙主编：《华侨华人与中国侨乡的现代化》第 225 页表 2-13 有关内容计算。

③　泉州市华侨志编纂委员会编：《泉州华侨志》，中国社会科学出版社 1996 年版，第 240—242 页。

④　黄昆章、张应龙主编：《华侨华人与中国侨乡的现代化》，第 300—301 页。

民币近 1 亿元，其中 60% 用于教育文化事业。比较大的项目有香港企业家李强捐助的李强学苑 300 万元、东屿小学 150 万元、嘉积中学李强奖学金基金大楼 100 万元及教育奖励金 161 万元等。新加坡林鸿谟捐资 300 万元用于建设琼海市华侨中学和阳江镇造坡小学两所学校的教学楼，马来西亚冯振轩捐资 300 万元建成潭门镇典礼昌小学。①

　　以上列举事例可见，华侨华人和港澳同胞在重点侨乡捐资兴建或助建的学校数量和比例都很大，弥补了当地政府对教育财政投入的不足，促进了当地教育的发展。

　　而在其他地区，华侨华人和港澳同胞的捐资也大大改善了当地的办学条件。

　　浙江省文成籍侨胞对教育的捐赠始于 20 世纪 50 年代初，到 90 年代形成高潮。从 1952 年至 1998 年，捐资于教育的金额为 1110.94 万元人民币，占捐资总额的 27.15%，共捐资兴建中小学教学楼 28 座，其中 90 年代 22 座。从 1990 年开始设立教育基金，到 1998 年底共有 9 个教育基金会。此外，还为学校添置教学设备、资助贫困学生学费等。②

　　自 1999 年世界云南同乡联谊大会成立以来，海外云南乡亲更加关心云南、支持云南的发展。他们已为家乡捐建了 200 多所希望小学，累计捐赠教育、医疗、卫生等公益事业达 4000 多万元人民币。③

　　四川省侨办于 1994 年提出一项争取海外捐资助学的计划，1995 年正式定名为"侨心工程"，意在弘扬海外侨胞、港澳同胞扶危济困、兴学育才的高尚品德和光荣传统，鼓励他们为四川贫困地区的教育等公益事

---

　　① 琼海市外事侨务办公室：《海外侨胞港澳同胞 30 年来累计向琼海市捐赠近亿元》，中国侨网，2008-03-07，http://www.chinaqw.com/zgqj/qxsz/200803/07/109090.shtml。

　　② 朱礼主编：《文成县华侨志》，中国华侨出版社 2002 年版，第 309、322 页。

　　③ 曲靖：《投资兴业捐助公益　海外云南同乡襄助云南省发展》，中国侨网，2008 年 4 月 19 日，http://www.chinaqw.com/zgqj/qjdt/200804/19/114064.shtml。

业奉献爱心，得到了海外侨胞和港澳同胞的积极响应和支持。截至 2007 年，四川省侨办共接受海外捐资 2 亿多元，建成侨心学校 420 座、卫生院 30 所；资助贫困学生 10500 名、残疾人 650 次、麻风病人 150 名；助养孤儿 1030 名；在大专院校设立奖助学金 7 个，奖助贫困学生 1000 余名；等等。①

1956 年至 1990 年，山东省共接受捐资达 1002.624 万元人民币，新建、改建、扩建学校 603 所。②截至 2008 年 4 月，山东省各级侨联共接受海内外侨胞捐赠折合人民币 1.5 亿元，捐建学校 110 余所，承建中国侨联"侨心小学"18 所，资助科研项目 20 多个，扶助优秀贫困学生 6000 多人，各种奖学金累计受益学生达 100 万人。③

全国各地这样的事例俯拾皆是，处处可见华侨华人和港澳同胞捐资办学的身影，不再一一列举。

二、捐资办学门类层次齐全

改革开放以来，华侨华人和港澳同胞捐助教育的另一特点是办学层次多样化，门类齐全，不仅资助基础教育、普通教育，而且越来越多地关注职业教育和高等教育甚至学前教育，从幼儿园、小学、中学、职业学校到大学，涉及不同层次的学校，完善了一些重点侨乡的教育体系。

（一）加强基础教育捐助中小学

捐资兴办或助办家乡中小学校是华侨华人和港澳同胞最先关注和最多关注的公益事业。在重点侨乡，海外乡亲捐建的中小学校不仅数量多，

---

① 《侨心工程》，四川侨务网，2008-04-10，http://www.sc-overseasinfo.net/zthd/ShowArticle. asp?ArticleID=47。

② 山东省地方志编纂委员会编：《山东省志·侨务志》，山东人民出版社 1998 年版，第 156 页。

③ 《全省侨联接受捐赠 1.5 亿》，《大众日报》2008 年 4 月 17 日。

而且捐资金额也很庞大。据中国侨联统计，从 2005 年至 2009 年的五年间，共建立了教育专项基金 11 个，捐建侨爱心小学 800 余所，扶持科教项目 3793 个，资助贫困学生数十万人。[①]

前述 1990 年泉州的 1560 所侨建侨捐学校中，中小学校有 1189 所，占总数的 78.95%。在生源较多的侨乡村镇，还发展成为从幼儿园、小学到中学配套的学村。

李嘉诚于 1994 年捐资 1100 万港元，为潮州市的贫困山区建造 50 所基础小学，总建筑面积达 36196 平方米，分布在潮州的 32 个乡镇，为山区教育的发展作出了重要贡献。[②]

在广东梅州，华侨华人和港澳同胞独资捐建的中学有田家炳一中、田家炳高级职业学校、进光中学、曾宪梓中学、梅县职业中学、东海中学、永芳中学、济平中学等。此外，东山中学、梅州中学、丙村中学、平远中学、大埔中学等都得到他们的资助。田家炳为家乡广东大埔县捐款 1 亿多元兴办公益事业，其中教育占大部分，受惠学校达 40 多所。[③]祖籍广东大埔的马来西亚华人萧畹香捐资 1000 万元独资修建大埔进光中学。该校 1985 年动工修建，1987 年落成招生。从幼儿园至高中部一应俱全，有学生 1000 多人，教职工 270 多人。萧畹香每年还拨付 100 多万元办学经费，拨付 100 多万元为教师修建安居工程，另捐 8 万元用于教师培训。姚美良兄弟捐款 4000 多万元用于兴建大埔华侨中学、银江中学、银江小学和河口小学，并设立永芳教育基金。

爱国侨领陈沙立，祖籍广东，出生在泰国，属第三代华裔。现任加拿大翡翠国际工业集团总裁、加拿大国际联合商会主席、环球华商协会

① 人民日报记者吴亚明：《又踏层峰望眼开——中国侨联 5 年工作综述》，《人民日报》2009 年 7 月 13 日。

② 王本尊著：《海外华侨华人与潮汕侨乡的发展》，中国华侨出版社 2000 年版，第 72 页。

③ 黄昆章、张应龙主编：《华侨华人与中国侨乡的现代化》，第 168 页。

首任主席。他十分关心祖国在教育、医疗等扶贫事业的发展，从 2005 年以来的 5 年间，他已捐款 4000 万元人民币，资助了 65 所贫困地区华侨小学。2009 年 12 月 20 日，在北京举行"爱国侨领陈沙立资助贫困地区22 所华侨小学捐赠仪式"。陈沙立向全国人大常委会副委员长、民建中央主席、中华思源工程扶贫基金会理事长陈昌智递交捐赠支票 1110 万元。来自新疆、西藏、广西、宁夏、贵州、河南、内蒙古等 16 省区 22 所贫困小学接受了中华思源工程扶贫基金会陈沙立慈善基金的捐赠。至此，陈沙立在西藏、青海等 23 个省区市，捐建了 55 所思源华侨小学和救助了 23 名医学院学生，加之此前他已捐建的 45 所学校，现已完成他捐建百所学校的凤愿，已累计为大陆捐款捐物 11.3 亿元人民币。①

从表 6-2 可见，华侨华人和港澳同胞在广东主要侨乡捐助基础教育力度很大，对一所中学的捐助在千万元以上的例子处处可见，有的甚至近亿元。这在内地特别是经济发展比较落后的偏远地区是不可想象的，从中反映了海外乡亲对侨乡教育先行发展所作的重大贡献。

表 6-2　广东接受海外侨胞、港澳同胞捐赠千万元以上的部分中学

学校名称	金额	备注
广东台山一中	2300 万元	截止到 1997 年
广东台山师范学校	2420 万元	
广东新会陈经纶中学	1000 万元以上	
广东新会第一中学	1000 万元以上	
广东新会罗坑镇陈瑞祺中学	1000 万元以上	
广东棠下镇新会第三中学	1000 万元以上	

---

① 潘跃：《爱国侨领陈沙立捐资千余万助 22 所华侨小学》，《人民日报》2009 年 12 月 21 日；潘跃：《21 所华侨小学捐赠仪式在京举行》，《人民日报》2011 年 11 月 1 日。后一资料捐赠数字为1000 万元，略有出入。

续表

学校名称	金额	备注
广东新会七堡镇李文达中学	1000 万元以上	
广东新会双水镇梁华济学校	1000 万元以上	
广东佛山李兆基中学	8000 万港元	李兆基独资捐建
广东佛山郑裕彤中学	8000 万港元	郑裕彤独资捐建
广东南海南庄第三中学	2341 万港元	港澳乡亲集体捐资，地方政府拨款 2100 万元
广东潮安县宝山中学	1500 多万港元	陈伟南独资捐建
广东汕头林百欣中学	2200 万元	林百欣独资捐建
广东潮阳林百欣中学	1200 万元	林百欣独资捐建
广东大埔进光中学	1000 万元	萧畹香独资捐建

资料来源：根据黄昆章、张应龙主编《华侨华人与中国侨乡的现代化》第 59、60、63、65、125、126、169 页有关内容整理而成。

其他地区也有捐巨资发展中小学教育的，例如祖籍安徽阜阳的美籍华人张耀南，从 1999 年开始，和子女共同筹集资金在家乡兴办教育事业，捐资 500 万元兴建阜阳耀云中学。[1] 祖籍新疆的沙特阿拉伯华侨阿不来提·帕勒图阿吉捐资人民币 130 多万元，在家乡阿图什市兴建阿图什第六中学。该校于 1988 年建成，学校师生全部是维吾尔族。[2] 华侨华人和港澳同胞在浙江省捐资兴建或助建各类学校为数众多，类型齐全，包括小学、中学、职业学校、专科学校和师范学校，其中中学最多，达 15 所，请见表 6-3。

---

[1]　周南京主编：《华侨华人百科全书》（侨乡卷），第 131 页。

[2]　周南京主编：《华侨华人百科全书》（侨乡卷），第 1 页。

表 6-3　华侨华人和港澳同胞在浙江省捐办学校概况表

幼儿园、小学	中学	职业、专科学校	师范学校
庆同小学	定海一中	东海职业专科学校	湖州师范学校
绍成小学	东阳中学	宁波李惠利中等专业学校	锦堂学校
绍兴市庆祥幼儿园	金华市第一中学	宁波市逸夫职业高级中学	绍兴文理学院
绍兴市少儿艺术学校	宁波市慈湖中学	舟山航海学校	
廷佐小学	宁波市东恩中学		
张和祥小学	宁波市镇海中学		
	普陀中学		
	任岩松中学		
	绍兴县长城中学		
	绍兴一中		
	巍山镇中学		
	温州华侨中学		
	兴华中学		
	绍兴县华甫高级中学		
	浙江省舟山中学		

　　资料来源：根据《华侨华人百科全书·侨乡卷》浙江省海外乡亲捐办的学校和幼儿园有关内容整理而成。这些学校，有的是华侨华人和港澳同胞独资兴办的，有的是参与捐助的。

　　值得一提的是，华侨华人和港澳同胞还在家乡捐资创办幼儿园，支持学前教育。如 1990 年福建泉州的幼儿园中，侨资兴办的有 173 所、侨助的有 192 所，占全市幼儿园总数的 33%。1978 年至 1993 年，华侨华人和港澳同胞在广东江门捐资兴建幼儿园、托儿所 128 间，面积 31391 平方米。1979 年至 1998 年，华侨华人和港澳同胞在广东新会捐资兴建幼儿园、托儿所 152 间。①

（二）重视并捐款兴办职业教育培训

重视职业技术教育，是许多国家教育发展的一个重要方向。改革开放以来，中国也越来越重视职业教育。兴办职业技术学校，发展职业教育因而也成为华侨华人和港澳同胞捐助教育的一个趋势。他们资助建立的许多职业学校教学水平很高，教学内容实用性强，为当地培养了一批批专门人才。

在广东，香港同胞杨钊于 1985 年 8 月捐资 400 多万元港币，首先在家乡惠州市创办旭日服装职业学校。1988 年升格为西北纺织学院惠州分院，1992 年西北纺织学院惠州分院并入惠州大学，改名为惠州大学西纺惠州分院。之后杨钊又分别为西北纺织学院和惠州大学捐资 1600 多万港元和 1000 万港元。在梅州捐建的职业学校有田家炳高级职业学校、梅县职业中学等。表 6-4 是华侨华人和港澳同胞在广东捐建的部分职业学校。

表 6-4　华侨华人和港澳同胞在广东捐建的部分职业学校

年份	捐资人	捐资数额	学校名称	备注
1992	吴汉良（澳门）	2000 万元	开平吴汉良理工学校	
	杨永强（香港）	3000 万港元	顺德永强电视大学	
	海外乡亲	1235 万港元	东莞理工学院	
1986	郑翼之（香港）	1046 万港元	揭阳捷和工业中学	首捐 600 万港元
1987	张锦程（泰国）	3250 万元	普宁职业技术学校	首捐 1020 万元

---

① 黄昆章、张应龙主编：《华侨华人与中国侨乡的现代化》，第 59—60 页。

续表

年份	捐资人	捐资数额	学校名称	备注
1988	张贡天 （泰国）	210万元	饶平县贡天职业技术学校	首捐189万元
1994	林百欣 （香港）	4380万元	汕头市林百欣科技中专学校	首捐3880万元

　　资料来源：根据黄昆章、张应龙主编《华侨华人与中国侨乡的现代化》第129—133页等内容整理而成。

　　从表6-4可见，这些职业学校的投资金额都比较大，所设专业大多应用性比较强，有利于学生就业。如捷和工业中学开设机械、电子、钟表、会计、英语等专业，普宁职业技术学校陆续开设了电子电脑、财会、文秘与档案管理、幼师、美术、服装等专业，林百欣科技中专学校设有应用电子技术、计算机原理及应用、经济信息管理及办公自动化等专业。这些专业实用性强，为当地培养了所需的初级技术人才，很受当地社会的欢迎。

　　再看温州华侨中学。这所1957年由华侨集资创办的学校，在改革开放以后着力发展职业教育。随着温州籍侨胞在国外事业的发展，他们迫切需要子女能有较高的文化水平，出国帮助和继承他们的事业。为适应侨胞的这种需要，1984年9月温州华侨中学创办首届华侨子弟烹饪班。1985年又创办温州华侨烹饪服务职业中学，聘请国家特级厨师任名誉校长和顾问。后来又相继开设了建筑装潢、文秘、商业服务等各类高中职业班。1994年，温州华侨烹饪服务职业中学被评为浙江省示范性职业学校，1997年升级并更名为温州华侨职业中等专科学校。这种职业教育培养了一大批掌握实用技能的学生，数以千计的侨胞子女学成出国，继承了父兄的事业，有的已成为新一代侨领。[①]

---

　　① 详见温州华侨华人研究所编：《温州华侨史》，今日中国出版社1999年版，第245—247页。

（三）大力创办或协办高等教育

除了中小学等基础教育以及职业技术教育外，改革开放以来，华侨华人及港澳同胞还大力捐助家乡和祖国的高等教育。由他们捐资创办或协办的高等学校有广东汕头大学、嘉应大学、韶关大学、五邑大学、中山大学孙文学院，福建仰恩学院、漳州大学、龙岩闽西大学，浙江宁波大学、温州大学，河南黄河大学，海南大学及江苏无锡的江南大学等；由国家有关部门主办的华侨大学、暨南大学、厦门大学等，继续得到华侨华人的资助。尤其是在重点侨乡兴办的几所大学，填补了侨乡没有高等学校的空白，完善了当地的教育体系。试举有代表性的几例。

1. 汕头大学

在潮汕创办综合性大学是潮汕海内外乡亲的夙愿。进入 20 世纪 80 年代后，随着潮汕经济的发展和汕头经济特区的筹办，创办大学的呼声再次高涨。1981 年 8 月 26 日，国务院批准成立汕头大学，为广东省属综合性大学。但改革开放初期，百业待兴，建校的巨额经费没有着落。在这关键时刻，香港知名爱国人士李嘉诚怀着"发达不忘家国，必以报效桑梓"的深情，表达了捐资创办汕头大学的心愿。从 1980 年 12 月筹备汕头大学以来，他先后捐资总额超过 20 亿港元，使汕头大学的建设与发展有了得天独厚的物质基础。他把办好汕头大学当作他一生中最重要的事业。有关办学事宜，他都是用第一时间来进行研究，及时解决。对学校校园规划，办学规模，师资队伍建设，仪器设备的购置，教职员工的生活，学生的学习等殚思竭虑，不仅为汕头大学付出时间、金钱，更付出无限爱心。在李嘉诚的倾心支持下，在各级政府和有关部门的关怀支持下，汕头大学正朝着第一流大学的目标迈进。

2. 宁波大学

1984 年后，宁波相继被国家确定为沿海开放城市、计划单列城市。办大学一事，被提到议事日程上来。但改革开放初期，各行各业都亟待发展，要国家拿出大笔资金在宁波这样一座中等城市建造一座全新的大学，一时有诸多问题。邓小平帮助宁波人打破了思想的桎梏。他说："要把全世界的'宁波人'都动员起来建设宁波！"1984年10月，香港"船王"包玉刚回家乡宁波探访，马上行动起来，拿出5000万元人民币，助建宁波大学。包玉刚不仅自己倾心建设宁波大学，还积极主动为宁波大学的建设穿针引线。有近50位海外"宁波帮"人士先后捐赠逾2.5亿元人民币（按当年汇率计算）用于学校的各项建设，其中包括"宁波帮"的一代精英——包玉刚、邵逸夫、赵安中、曹光彪、顾国华、闻儒根、王雄夫等以及他们的第二代、第三代。[①] 2007年3月4日，"包玉刚讲座教授基金"在北京启动。该基金由宁波市政府、包玉刚之女包陪庆、中国石油化工集团公司和宁波大学共同出资设立，包陪庆一次性捐资人民币1000万元，宁波市政府财政专项拨款人民币1000万元、中国石油化工集团公司捐资500万元及宁波大学配套人民币1000万元，基金本金总计3500万元人民币。主要用于支持、鼓励宁波大学重点学科引进师资，拓展研究领域，提高科研水平和教学水平。[②]

3. 仰恩大学

福建泉州仰恩大学是香港和昌集团董事会主席、仰恩基金会理事长吴庆星投入巨资创办的高等学府，是全国第一所具有颁发国家本科学历证书和授予学士学位资格的私立大学。1986年5月，为了实现父母在家乡办学、帮助乡亲脱贫的遗愿，吴庆星回到家乡办学。他翻越山岭进行实地勘察，面对家乡落后的面貌，他把原来办小学的计划毅然改为兴办大学。1987年3月，吴庆星捐资7000万元的"仰恩大学"（从父亲吴善仰、母亲杜恩名字中各取一字命名）破土动工，学校在1988年9月开学

---

① 吴晶主编：《华侨华人研究论丛》第7辑，中国华侨出版社2006年版，第162—163页。

② 《宁波大学包玉刚讲座教授基金启动》，《浙江日报》2007年3月5日。

上课。仰恩大学从初创至今，经历了两个发展时期：1988年6月至1994年6月为"捐资公办时期"；从1994年7月开始至今为"独资私办时期"。1994年7月起，作为中国教育改革试点的私立大学，仰恩大学进入了一个崭新的发展时期。10多年来，经过一系列改革和发展，仰恩大学已成为具有开放式、国际化办学特色的著名私立大学。学校规模不断扩大，占地面积由1987年的200多亩扩大到2500余亩，建筑面积由当初的11万平方米扩大到80余万平方米，科系由原来仅有4个系发展为有5个学院、14个系、5个部、30个专业，学生人数由600人扩大至今在校本科生就有14000余人。

4. 五邑大学

五邑大学的筹办是在1983年9月5日召开的首届江门市归侨侨眷代表大会上由港澳代表倡议的。海外乡亲和港澳同胞还在香港成立了由268人组成的"海外华侨港澳同胞响应筹建五邑大学委员会"，并发出了《为响应筹建五邑大学告海外华侨及港澳同胞书》。海外华侨及港澳同胞掀起了捐建五邑大学的热潮，捐资的海外乡亲达千人以上，其中捐资1000港元者共342人，捐资100万港元者有28人，香港乡亲利国伟独捐2050万港元，香港乡亲伍舜德一家捐1000多万港元，五邑大学先后得到海外乡亲的捐资总额达2亿元。五邑大学40多座命名建筑物（楼、馆、室）都是由五邑籍海外乡亲同乡会集资或个人独资兴建的，五邑大学已成为团结海内外五邑乡亲的一面旗帜。除了捐资兴建校舍外，1992年8月，利国伟、吕志和、黄球等人在香港注册成立了"五邑大学教育基金有限公司"，专门为五邑大学筹集资金。[①]

5. 华侨大学

华侨大学创办以来，得到华侨的大力支持。至1990年，共接受捐款

---

① 黄昆章、张应龙主编：《华侨华人与中国侨乡的现代化》，第65—67页。

2443 万元。当时海外乡亲的捐款总额，相当于全校固定资产的 38%。[1]
2004 年 10 月，华侨大学厦门校区开工建设，同样得到海外乡亲的大力捐
助。由旅居海外的华大校友、校董和知名侨领资助兴建的华大厦门校区
侨捐工程，共六栋大楼，包括原全国侨联副主席、著名侨领王源兴女儿
王石筠伉俪、王穗英伉俪共同捐资 600 万元人民币资助建设的"王源兴
国际会议中心"，华大董事会董事兼副秘书长陈捷中伉俪捐赠 300 多万
港元兴建的"陈捷中蔡蝴蝶行政大楼"，华大董事会董事颜金炜伉俪捐
赠 300 多万港元兴建的"颜金炜陈秀吉行政大楼"以及华大董事会董事
李碧葱女士，董事柯伯诚的儿子柯少奇、柯少杰各捐赠 100 万元人民币
襄建的三栋学生宿舍大楼，于 2007 年 11 月 3 日举行了落成典礼。[2]

　　除了上述高校外，全国各地许多高等院校都得到华侨华人和港澳同
胞不同程度的捐助和支持。祖籍山东烟台的加拿大籍华人于维纮向烟台
大学捐赠 200 万美元（合人民币约 1760 万元），设立于维纮学术交流
中心和于维纮奖学基金会。[3]从 1991 年至 1998 年，厦门大学接受海外
同胞捐赠款物合计 6406 万元，占同期厦门文教捐款总数的 1/3 强。[4]日
本华侨吴桂显为了建设孙文学院（后改为中山学院），变卖家产，共捐
资 1300 多万港元。[5]旅美华侨熊德龙捐赠 100 万元人民币给云南大理州
农校作为办学基金。1985 年，香港鲍汉威捐赠给云南师范大学一套价值
16.8 万美元的电脑教学设备资料，1986 年，他又介绍加拿大一家公司给
云南师范大学捐赠了价值 100 万美元的计算机系统。[6]田家炳捐助 500 万

---

① 周南京主编：《华侨华人百科全书》（侨乡卷），第 234 页。

② 杨伏山：《华侨大学厦门校区一批侨捐工程落成》，中国新闻网，2007-11-03，http://www.
chinanews.com.cn/hr/zgqj/news/2007/11-03/1067748.shtml。

③ 周南京主编：《华侨华人百科全书》（侨乡卷），第 530—531 页。

④ 庄国土：《华侨华人与港澳同胞对厦门捐赠的分析》，《华侨华人历史研究》1999 年第 4 期。

⑤ 黄昆章、张应龙主编：《华侨华人与中国侨乡的现代化》，第 67—68 页。

⑥ 云南省地方志编纂委员会、云南省侨办编：《云南省志》卷六十五《侨务志》，第 189 页。

元在海南师范大学兴建"田家炳教育书院"。[①]祖籍云南的美国华人伍达观于1997年捐资115万美元在云南大学设立云南大学伍达观教育基金会,以每年利息收入的50万元人民币作为奖学金,奖励历史、生物、数学、物理、化学五个系的优秀学生、研究生以及在教学、科研中作出突出成就的教师。除在云南设立奖学金外,他还以母亲的名义,在清华大学设立"伍谢瑞芝文库"。1997年又设立"云南大学伍谢瑞芝文库",每年捐赠人民币30万元购买社会科学图书,建立图书中心和民族资料中心。[②]香港同胞吕振万于1995年捐资100万港元在武汉大学设立吕振万教师科技奖励基金,奖励武汉大学在科研中取得重大成果的教师,特等奖为1万港元。[③]南非华人企业家苏华杰和露西·陈捐资40万元在陕西西北大学国际文化交流学院设立华杰国际文化教育基金会,旨在提高该学院的教学设施、教学管理和教师水平。[④]

总之,华侨华人和港澳同胞为中国高等教育发展和人才培养作出了重大贡献。

三、捐资办学形式多种多样

华侨华人和港澳同胞捐资办学的形式越来越多样化,不只是一次性地捐资建设校舍、教学楼、图书馆等硬件设施,而且注重学校的可持续发展,包括添置教学仪器设备和图书资料,通过设立基金会等形式常年支付学校经费,等等。

从改革开放到20世纪90年代末,华侨华人和港澳同胞捐资为揭阳

---

① 《海南日报》2006年2月20日。

② 周南京主编:《华侨华人百科全书》(侨乡卷),第770页。

③ 周南京主编:《华侨华人百科全书》(侨乡卷),第375页。

④ 周南京主编:《华侨华人百科全书》(侨乡卷),第234页。

市学校添置教学仪器设备和图书资料总价值达 900 余万元；为汕头市 325
所学校添置教学仪器设备价值达 1700 余万元；为潮州市学校添置教学仪
器设备价值近 1000 万元。[①]

　　设立多种形式的教育基金和奖教奖学金，成为改革开放以来华侨华
人资助祖（籍）国或侨乡教育事业的一种新趋向，即通过设立多层次、
多形式的教育基金和奖教奖学基金，辅助和维持各捐办学校的经常教育
费用；表彰及鼓励教师的辛勤劳动，改善教师的工作条件和生活待遇；
鼓励学生刻苦学习，攀登科学文化高峰，成为优秀人才。华商为了解决
捐资学校日常经费的不足，还摸索出一条"以企（业）养校"的新路子，
即创办企业时就明确企业为非营利性质，扣除开支和用于扩大再生产的
费用外，盈利全部捐办教育或其他福利事业；或者是所办企业的盈利，
一次或逐步拿出一部分利润捐助教育。"以企养校"可使学校有资金保
障，能够稳定持久发展。

　　截至 2001 年，福建省泉州市共有教育基金会 842 个，基金总额 4.2
亿元，其中约 70% 的基金会由海外侨胞和港澳同胞捐赠设立。这些教育
基金会有家族设立的，有个人设立的；基金会货币的种类有人民币、美
元，还有港币；有高等教育基金（华侨大学基金会、仰恩基金会），而
多数为中学基金会；基金额比较大，都在 100 万元以上，其中最多的是
仰恩基金会 6500 万元人民币，其次是南安黄仲咸教育基金会 2000 万港
元。其他地区设立的教育基金与此相类似。如 1990 年成立的天津王克昌
奖学金基金会由祖籍天津的旅日华侨王克昌捐赠 1 亿日元（当时折合美
金 80 万元）而设立。每年，基金会理事会根据规定，用其利息，给天津
市大、中、小学德智体全优学生颁发奖学金。[②]

---

①　黄昆章、张应龙主编：《华侨华人与中国侨乡的现代化》，第 70—71 页。

②　周南京主编：《华侨华人百科全书》（侨乡卷），第 640 页。

广西籍海外乡亲也设立各种奖学金或助学金，促进家乡教育事业的发展。如雷雨均捐资 10 万元建立永和助学基金会，以存款所得利息，每年奖励 2 名优秀学生。1983 年，陈焕庭捐资 3 万元，在家乡玉林第一中学和樟木初级中学设陈焕庭奖学基金会，每年奖励 6 名品学兼优的学生。1988 年 5 月，罗希文捐赠人民币和港币各 20 万元，在梧州市第三中学建立罗伯磷奖教奖学基金会。李大光为家乡容县共捐资 30 万元建立教育基金会。[①]

祖籍云南禄丰县的澳门同胞刘世功于 1994 年捐赠 200 万元，在云南设立世功教育福利基金会，用于奖励和资助禄丰县成绩优秀学生、成绩卓著的教师、家庭贫困学生以及残疾学生中的优秀者。[②]

随着中国社会经济的发展，国家对基础教育投入和扶持的力度加大，华侨华人和港澳同胞捐助教育的方向也开始由基础教育转向高等教育，在高校设立奖学、助学金的越来越多，资助的额度也越来越大。如宁波市已有各类基金 50 多项，总规模达到 6500 多万元，其中日本侨胞傅在源设立的"富的大学生基金"，已资助 900 多名浙江、湖北、贵州等地升入全国重点大学但经济困难、学业优秀的学子，累计资助金为 1200 多万元。[③] 2007 年 11 月 21 日，90 岁高龄的加拿大华侨李惠荣向北京大学捐赠 1000 万港元，设立"北京大学李惠荣奖学基金"，用于帮助来自低收入家庭的北大学生顺利完成学业。该基金为不动本基金，每年使用投资收益的 80% 支付项目支出，用以奖励品学兼优、家庭经济条件困难的本科生和研究生，奖励额度为每人每年 5000 元人民币。[④]

---

① 详见广西壮族自治区地方志编纂委员会编：《广西通志·侨务志》，第 79 页。

② 周南京主编：《华侨华人百科全书》（侨乡卷），第 584 页。

③ 张慧慧：《"宁波帮"1984 年以来已在全国捐赠达六十多亿元》，中国侨网，2008-04-06，http://www.chinaqw.com/zgqj/qxsz/200804/06/112547.shtml。

④ 《爱国华侨北大设千万奖学基金》，《中国教育报》2007 年 11 月 30 日。

此外，还出现了资助出国深造、留学的新形式。如云南省旅港知名爱国人士伍集成于 1986 年捐资 1000 万元港币，设立伍集成文化教育基金会，用于资助云南省优秀中青年学者和科技人员出国深造。1994 年伍集成逝世前又增捐 1000 万元。自 1987 年以来，已先后选拔资助 10 批 30 名优秀中青年学者和科技人员赴国外开展学术访问和研究工作。[1] 马来西亚华人萧光盛捐款 20 万元，资助广东大埔进光中学 14 位学生到马来西亚南方学院留学。[2]

四、捐款办学由侨乡辐射全国

如前所述，华侨华人和港澳同胞早先是在家乡捐资办学，情系桑梓，惠泽乡里，体现出浓浓的乡土和宗亲情谊。然而，他们的目光并不局限在家乡故里，而是放眼祖国这个大家庭。他们捐资办学、助学的地域由原来的集中在侨乡扩展到全国各地，由局限于本乡本土发展到打破乡土界限，跨越原籍，辐射各地，特别是一些偏远贫困山区。

一是跨越原籍，但仍在本省区。广东、福建等地这种情况很普遍。如 1997 年至 1998 年，在厦门捐赠百万元以上者，其原籍大多不是厦门，而是晋江、惠安、泉州、安溪、莆田等地的乡亲。[3] 二是跨越原省区，面向全国。如 20 世纪 90 年代对北京地区文化教育事业的捐赠，这种情况就很明显。

邵逸夫等知名实业家、慈善家不只在家乡兴办教育，全国许多地区、许多学校都得到过他们的慷慨捐赠，其事迹广为人知。自 1985 年以来，邵逸夫多次向祖国内地教育事业捐款，截至 1999 年，捐款 17 亿多港元，

① 周南京主编：《华侨华人百科全书》（侨乡卷），第 674—675 页。
② 黄昆章、张应龙主编：《华侨华人与中国侨乡的现代化》，第 169—170 页。
③ 庄国土：《华侨华人与港澳同胞对厦门捐赠的分析》，《华侨华人历史研究》1999 年第 4 期。

用于兴建教学楼、图书馆、科技馆等 1850 余座，遍布全国各省、自治区及直辖市，对祖国教育事业的发展和民族进步特别是高等教育水平的提高发挥了重要作用。[①] 田家炳除了在家乡广东大埔捐资办学外，还在全国 10 多个省市捐资近 10 亿元兴建教育。[②] 祖籍浙江嘉兴的香港知名爱国实业家查济民热忱支持家乡各项公益事业，累计向家乡捐赠 2149 万元人民币。[③] 除了资助家乡外，1994 年，查济民及其家族捐资 2000 万美元在香港设立"求是科技基金会"，旨在推动中国科技研究工作，支持及奖励在科技领域有突出贡献的中国优秀人才。该基金会先后设立"杰出科学家奖""杰出科技成就集体奖"和"杰出青年学者奖"等奖项，每年评选并颁奖。基金会已累计奖励包括"两弹元勋"和"神舟五号"功臣在内的数百位杰出的科学家和青年科技英才。2000 年起，该基金会还设立"求是研究生奖学金"，旨在协助中国的著名高校培养一流的科技人才。1994 年至 2003 年间，基金会已颁发奖金近 900 万美元。基金会还相继在许多高校设立奖学金，如在 2005 年和 2007 年分别在新疆大学和华中科技大学设立各 400 万元的奖学金，资助、奖励贫困大学生。[④]

此外，值得关注的一个现象是改革开放后出国、刚刚事业有成的新移民也不遗余力地关心、支持家乡和祖国的公益事业，特别是教育事业。如 20 世纪 80 年代移居香港后再移居加拿大的广东茂名籍乡亲蔡得在广东、湖北、湖南、云南等地捐建希望小学 30 多所，累计捐助超过 2000 万元人民币。除在各地捐建希望小学外，他计划全程资助 1 万名贫困学生上学，已资助 4600 多名贫困学子完成了学业。他还捐款 200 万元人

①　详见周南京主编：《华侨华人百科全书》（侨乡卷），第 553—567 页。

②　罗英祥著：《漂洋过海的客家人》，河南大学出版社 2006 年版，第 83—84 页。

③　周南京主编：《华侨华人百科全书》（侨乡卷），第 236 页。

④　参见求是科技基金会网（http://www.qiushi.org/overview.html）、新浪网、光明日报网、湖北省人民政府网和新疆天山网等有关内容。

民币，创立蔡得茂名慈善基金，并承诺每年向基金注入一笔资金，直到1000万元，其收益用于扶贫助学。[①]

1985年赴日留学的福建长泰侨胞胡金定专修中日比较文学，获博士学位后在日本甲南大学任终身教授，本身并不是富豪，但早有爱国爱乡的善举，他用稿酬和节俭下来的资金，资助家乡公益事业。1997年，他出资10万元在家乡创办"枋洋镇胡金定教育基金"，还筹资在家乡建成"胡金定教育基金大楼"，配备图书、电脑，免费向乡亲开放。2007年12月29日，他又带头筹资在福建长泰创办"福建省胡金定教育基金会"，注册基金达200万元人民币。基金会每年将捐出约16万元的利息，用于支付长泰县的贫困生和品学兼优的学生。[②]

---

① 叶裕辉：《留芳大江南北　旅加侨领蔡得捐助公益逾二千万》，中国侨网，2008-04-16，http://www.chinaqw.com/zgqj/qxsz/200804/16/113664.shtml。

② 沈逸亭：《旅日华侨闽南创教育基金会　注册基金达二百万元》，中国侨网，2007-12-30，http://www.chinaqw.com/zgqj/qxsz/200712/30/101114.shtml。

第三节　大力兴办医疗卫生文化体育等事业

改革开放以来，海外侨胞及港澳同胞除捐助大笔资金兴办教育外，还大力捐款兴办医疗卫生、文化体育等福利事业；发扬人道主义、救死扶伤精神，兴办文体事业，提高家乡人民健康文明素质。对这些事业的捐赠，大大丰富了侨乡人民的文化生活和精神生活，有力地推动了侨乡精神文明建设，改变了侨乡落后面貌。

一、救死扶伤　兴办医疗卫生事业

华侨华人和港澳同胞对医疗卫生事业的捐助主要有这样几个方面：一是捐资兴建、扩建大型医院；二是捐助村镇基层医院；三是购置、增添先进的医疗设备和器械。这些捐助提高了当地的医疗卫生水平，改善了侨乡的医疗保健条件，特别是改变了乡村基层医疗机构少、医疗设施落后的状况，为侨乡医疗卫生事业的发展作出了重大贡献。

在广东省，华侨华人和港澳同胞对医疗卫生的捐助数量多、金额大、分布地区广泛。

1978 年至 1987 年，仅广东省侨务办公室批准接受的华侨、港澳同胞捐资兴建和扩建的医院、卫生院就有 300 多间。[①]

从 1978 年至 1993 年，海外乡亲在广东江门市捐资兴建医院 251 间、面积 258011 平方米。[②] 在广东中山市，1980 年至 1990 年海外乡亲捐资

---

① 广东省地方志编纂委员会编：《广东省志·华侨志》，第 327 页。

② 黄昆章、张应龙主编：《华侨华人与中国侨乡的现代化》，第 75 页。

建设医院 28 间。在广东汕头市，华侨华人、港澳同胞捐资新建、修建
医院及购置医疗设施有 81 宗，其中李嘉诚捐资兴建的汕头大学医学院三
所附属医院和两个医疗中心最为突出。在潮州市，华侨华人、港澳同胞
捐资兴建、扩建的医院有 26 所，还捐赠了一大批先进的医疗设备，累计
1.08 亿元。李嘉诚改建了潮安医院并新建潮州医院。香港实业家、慈善
家林世铿及其香港慈云阁也慷慨捐助家乡的医疗卫生事业，揭阳市红十
字慈云医院总投资 3165 万元，林世铿捐资 2062 万元；惠来县慈云中医
院总投资 2375 万元，林世铿和叶忠庆捐资 2080 万元。此外，在潮汕侨
乡，各地都有华侨华人和港澳同胞捐助的华侨医院。其中由全国政协常
委、香港实业家庄世平倡导修建的普宁华侨医院，总投资 3000 万元；华
侨华人和港澳同胞捐资 2700 多万元港币。在海外乡亲和社会各界的大力
支持下，普宁华侨医院得到了迅速发展，先后获得国家"二级甲等"医
院、"爱婴医院"、"省百家文明医院"等荣誉称号，为普宁的医疗卫生
事业作出了积极贡献。①

华侨华人和港澳同胞不仅捐资规模较大的医院，他们还把目光投向
村镇医院，捐助了数量众多的村镇医院，改善了乡村基层的医疗卫生
条件。

在梅州侨乡，华侨华人和港澳同胞先后捐助黄塘医院、梅县人民医
院、梅江区中医院高层门诊和住院大楼、梅州市人民医院江南分院、梅
县白宫华侨医院以及梅县松口人民医院门诊大楼等医疗机构，并捐助许
多先进的医疗设备，改变了山区医疗机构少、医疗设施落后的状况，极
大地改善了侨乡的医疗保健条件。2008 年 7 月，在东莞市侨务局的牵线
下，世界东莞社团联合总会向东莞市企石镇旧围村捐赠 50 万港元，用于
建设 1100 平方米的社区卫生服务站，以完善该村的医疗体系。该村仅有

---

① 详见黄昆章、张应龙主编：《华侨华人与中国侨乡的现代化》，第 141—144 页。

一个占地 60 平方米的卫生站，医疗设备也相当简陋，大多村民只能去镇医院治疗。新建的卫生服务站目前已完成规划、选址等筹备工作，将包括妇女儿童保健、输液、注射等基础医疗技术，还将配置检验、心电图、B 超等大项目设备。新医院位于村正中心处，覆盖整个自然村，村民看病将实现 5 分钟步行就医。①

除了捐建医院、卫生院及其他医疗设施外，华侨华人和港澳同胞还直接捐资用于家乡人民疾病的治疗。如 1999 年 4 月 3 日，台山市"光明行动"在台山市人民医院举行揭幕仪式，首次争取香港地区社团和个人捐款 80 万港元，捐助手术 500 例。据统计，从 1999 年至 2007 年的 9 年里，该市共发动香港地区有关团体和个人捐款港币 795 万元，免费为贫困"白内障"患者实施手术 5013 例，给贫困"白内障"患者带来康复和实惠。②

在福建省，华侨华人和港澳同胞捐赠医疗卫生事业的现象也很普遍，下面仅举几个有代表性的事例。

1991 年至 1998 年，海外同胞捐赠厦门医疗卫生事业的款额达 2978.2 万元，占同期捐款总数的 9.4%，在厦门市接受的捐赠中占第二位，主要是资助医院。③

从 1979 年至 2001 年，华侨华人和港澳同胞捐赠福建泉州医疗卫生事业的金额达 33222 万元。其中南安海外侨胞、港澳同胞在医疗卫生事业方面的捐赠主要有：新加坡李氏基金捐资扩建国专医院、吕振万捐建海都医院、菲律宾南安同乡会捐建南安市中医院门诊楼等。1978 年至 1998 年，永春县海外乡亲累计捐资达 2.5 亿元，其中用于卫生事业的达

① 东莞市侨务局：《世界东莞社团联合总会捐 50 万港元为故乡建卫生站》，中国侨网，2008-07-21，http://www.chinaqw.com/zgqj/qxsz/200807/21/124214.shtml。

② 《江门日报》2008 年 3 月 26 日。

③ 庄国土：《华侨华人与港澳同胞对厦门捐赠的分析》，《华侨华人历史研究》1999 年第 4 期。

1400 多万元。1980 年，泉州鲤城区华侨华人捐资兴建虹山卫生院；1986 年至 1992 年，海外侨胞、港澳同胞捐资鲤城医疗事业的主要项目有泉州市中医院友玉科学楼、福医大附属二院高维珊楼和高维珊福利基金会、泉州儿童医院、东海卫生院等项目。在泉州其他县市捐助的医疗机构还有惠安洛阳卫生院住院楼、惠安惠东华侨医院、永春县中医门诊楼、德化县医院门诊大楼、南安市医院门诊楼以及晋江英墩华侨医院等。[①]

海南籍侨胞同样关心家乡人民疾苦，纷纷捐资兴办医院及各种医疗设施。从 1978 年至 1995 年 6 月，文昌县各乡镇接受海外乡亲、港澳台胞捐资兴办公益事业总额达 14446.62 万元，其中用于医疗卫生事业 1562.71 万元，占捐资总额的 10.8%；建筑医疗大楼 31 幢，面积 23043 平方米；设立保健基金 80.78 万元。[②] 如文昌县锦山镇华侨医院、文教镇卫生院、龙马华侨医院等都得到了侨胞的捐助。1994 年 4 月，文昌县昌洒镇 330 名海外乡亲捐资 113 万元人民币，兴建昌洒卫生院门诊大楼，建筑面积 1000 平方米，设有内科、外科、中医科、妇产科、中西药房、手术室等，卫生院因此更名为昌洒华侨医院。[③]

二、提高文明素质　兴办文化事业

广义的文化事业包含广泛。华侨华人及港澳同胞捐赠文化事业内容丰富，形式多样，这里难以面面俱到，仅以其捐建的影剧院、图书馆、博物馆为代表加以介绍。

---

① 参见刘伯孳：《1978 年以来华侨华人与港澳同胞对泉州教育卫生事业的捐赠》，杨学溥主编：《浓浓赤子情》，海潮摄影艺术出版社 2002 年版，第 68—69 页表 1，第 71、73 页相关内容。

② 文昌归国华侨联合会、《造福桑梓》编委会编：《造福桑梓》，1996 年内部出版，第 1—2 页表格相关内容。

③ 黄昆章、张应龙主编：《华侨华人与中国侨乡的现代化》，第 304—305 页。

从 1978 年至 1993 年，广东江门市海外乡亲资助修建影剧院、图书馆 146 间，建筑面积 74654 平方米。台山市 1978 年至 1990 年接受海外乡亲和港澳台同胞捐助人民币 2200 万元，兴建文化、体育等设施 284 间，总面积 8860 平方米。这些文化体育设施，遍及全市。新会市海外乡亲捐建影剧院 9 间，文化中心（馆、室）32 间，建筑面积 42428.3 平方米，价值 1489.77 万港元；新建会堂 2 座，价值 54.9 万港元。开平海外乡亲捐建图书馆 10 间，影剧院 2 座。在佛山，由马万祺捐资 380 万港元建成的城区文化中心，是佛山重要的文化活动中心。顺德梁球琚图书馆是由梁球琚捐资 350 万港元兴建，建筑面积 4000 平方米，藏书 10 万多册，有 1000 多个座位，1988 年被评为广东省文明图书馆。在中山，香港郭得胜捐资 1000 万港元兴建孙中山纪念堂，占地面积 3 万平方米，建筑面积 8400 平方米，高三层。1983 年建成，建成后每年前来参观的人数达 60 万人次。

泰国华人谢慧如先后斥资 6000 多万元人民币，在家乡潮州修建了开元寺泰佛殿、慧如公园、谢慧如图书馆、慧如艺乐宫，在汕头市兴建了谢慧如潮剧艺术中心。华侨华人和港澳同胞还在汕头市捐资兴建了林百欣会展中心、潮汕历史文化研究中心、潮汕星河奖基金会等文化机构。潮州市华侨华人和港澳同胞捐助于修复文物、胜景等公益事业的款项达 2 亿多元。

从 1949 年至 1999 年，梅州籍华侨华人和港澳同胞捐资兴建的影剧院和图书馆共 120 间，建筑面积 47236 平方米。梅县图书馆、兴宁图书馆、平远图书馆，梅县、平远、大埔等地的文化活动中心，梅州的千佛塔、兴宁电视发射台、大埔电视台、梅州电视台演播室等文化设施和机构均为华侨华人和港澳同胞捐资兴建。印尼华人汤锡林捐资 1000 多万元，在蕉岭修建闽粤赣释迦文化中心；马来西亚华商姚美良捐建占地 7000 平方米的梅州大会堂。①

　　建设华侨博物馆，通过对华侨历史文物的收集、整理、陈列、研究，弘扬华侨艰苦奋斗、拼搏创业的精神和爱国爱乡、无私奉献的光辉业绩，是许多重点侨乡的普遍现象。而华侨博物馆的筹建同样得到华侨华人和港澳同胞的热情支持。如广东汕头华侨博物馆、揭东县华侨馆、梅州华侨博物馆、丰顺华侨纪念馆、大埔县华侨事迹展览馆、江门华侨历史博物馆、浙江青田县华侨历史陈列馆等，都得到了海外乡亲的捐助。

　　2008 年 6 月 5 日，由全国人大代表、化州市旅港同乡会荣誉会长、深圳市华讯国际投资有限公司董事长陈华伟捐资 1500 万元兴建的广东省化州市华伟图书馆工程破土动工。图书馆占地面积 10666 平方米，主馆高八层，建筑面积 11820 平方米，建设总投资 1500 万元，是一座具有图书馆、档案馆、会议室等多功能的综合大楼，计划在 2009 年底前竣工投入使用。陈华伟热心造福桑梓、回报社会。据不完全统计，他近年捐资总额达 2380 多万元。②

　　在福建侨乡，海外乡亲捐资兴建的规模较大的文化设施很多。如1981 年，福清县海外乡亲捐资 200 万元人民币，兴建了福清华侨影剧院，影剧院占地约 1 万平方米，主体建筑面积 5500 平方米，有 1730 个座位，是全省县级影剧院中规模最大、设备最好的一家。1985 年，福建福清县海外乡亲捐资 90 万元，兴建了福清县华侨图书馆。1988 年 9 月，已迁居香港的菲律宾华侨杨贻瑶捐赠 500 万元人民币兴建厦门图书馆。永春县文化中心郑世炎大楼占地 7 亩，由该县侨胞捐资 170 万港元，于 1989 年10 月建成。侨胞还捐助 10 万港元购置中外名著。石狮文化中心大厦造

---

　　①　华侨华人和港澳同胞对这里介绍的江门、潮州、梅州文化事业的捐赠均见黄昆章、张应龙主编：《华侨华人与中国侨乡的现代化》，第 77、78、139、141、170 页。

　　②　广东省化州市外侨局：《港胞陈华伟捐资 1500 万元为广东化州市建设图书馆》，中国侨网，2008-06-10，http://www.chinaqw.com/zgqj/qxsz/200806/10/119884.shtml。

价 100 万元，由海外乡亲蔡友玉独资兴建，于 1989 年春节竣工。[①] 这些在 20 世纪 80 年代兴建的文化设施，在当时领风气之先，大大丰富了侨乡人民的文化生活。

浙江文成县侨胞对文化事业的捐赠包括建成影剧院 8 座，电视接收站、电视塔、差转台、有线电视 7 处，图书馆 1 座，设立文学艺术奖励基金 1 个，捐建文化活动场所 18 处等。[②]

三、强国健身　兴办体育事业

体育事业也是华侨华人和港澳同胞关注的领域。在广东、福建侨乡，许多体育设施建设及运动项目的普及都与华侨华人密切相关，他们为家乡体育事业的发展开了风气之先。而对中国体育事业发展特别是对 2008 年北京奥运会的参与和支持更体现了华侨华人浓厚的爱国爱乡情怀，他们为中国体育事业的发展作出了独特贡献。

（一）捐资兴建体育设施

据不完全统计，从 1979 年至 1990 年，华侨华人和港澳同胞捐资在广东侨乡兴建的体育场馆有 23 座，捐资金额计港币 13143 万元、美元 27.1 万元、人民币 2323 万元。捐资地区涉及珠江三角洲、潮汕、梅州三大侨乡以及广州市。其中捐资最多的个人是霍英东，他先后捐资 5000 多万港元及 1000 万元人民币。捐资 1000 万元以上的场馆有珠海市度假村保龄球馆、中山温泉高尔夫球场、中山大学英东体育中心、开平体育中心、顺德体育中心以及汕头潮汕体育馆等。[③] 顺德体育中心是香港顺德联

---

① 福建省地方志编纂委员会编：《福建省志·华侨志》，第 220—221 页。

② 朱礼主编：《文成华侨志》，第 300 页。

③ 根据方雄普编著：《华侨华人与体育杂谈》，香港社会科学出版社有限公司 2006 年版第 75—77 页有关表格和数字综合而成。

谊总会捐资 2071.8 万港元兴建的，占地面积 7 万多平方米，由体育馆、体育场、射击场、网球场、训练场、体校组成。1993 年举办过第 11 届亚洲乒乓球比赛。[①]

华侨华人和港澳同胞为"足球之乡"——梅州足球事业的发展作出了重大贡献。他们捐资在各地兴建体育场馆。梅县足球场、兴宁足球场、大埔运动场、蕉岭运动场、平远运动场等是由曾宪梓等人捐建的；他们还捐建了梅州足球运动中心、足球运动学校。1979 年至 1999 年，梅州籍港澳台侨同胞捐赠给梅州文化体育事业方面的资金达 7471.26 万元人民币。[②]

1980 年至 1990 年，福建泉州籍华侨华人和港澳同胞捐助家乡兴建体育场馆 22 座，金额达 1500 万元以上。[③]

除了捐建体育设施外，广东、福建侨乡海外乡亲还通过出资举办比赛以及设立体育基金等方法，促进家乡体育事业的发展。如从 1982 年到 1990 年，加拿大籍的朱正贤连续 9 年资助广东台山举办"振兴杯"排球赛。梅州籍侨胞赞助举办各种赛事，如"宪梓杯""宇新杯""南方杯""焕昌杯""强梅杯""宝宝杯""梅协杯"及"三杯"（萌芽杯、幼苗杯、希望杯）等全国性或全省性的足球比赛，推动了梅州足球事业的发展。在福建省，侨胞捐助的体育基金会有很多，如泉州晋江的毓英体育基金会，就曾多次举办全国甲级排球邀请赛，排球、篮球表演赛以及体操、健美表演等。

（二）全力支持参与举办奥运会

除了捐建一般性的体育设施外，华侨华人和港澳同胞还倾力支持

---

① 黄昆章、张应龙主编：《华侨华人与中国侨乡的现代化》，第 171 页。

② 《梅州市华侨志》编委会、梅州华侨历史学会编：《梅州市华侨志》，2001 年（内部出版），第 53 页。

③ 方雄普编著：《华侨华人与体育杂谈》，第 82 页。

中国举办大型的国际运动会，特别突出的是北京申办和举办第 29 届奥运会。

1. 齐心协力申办奥运

1990 年北京成功举办第 11 届亚运会，大大激发了国人举办奥运的梦想。在第 11 届亚运会闭幕式上，观众自发地打出"亚运成功，众盼奥运"的横幅，国人为之振奋。"2000 年北京再见"的热切呼唤，表达了中国人民对奥运的期盼和憧憬。从国家领导人到人民群众，上上下下都为申办奥运尽心尽力。港、澳、台同胞和海外华侨华人，也以他们各自的方式支持中国申办奥运。

1991 年 2 月 26 日，中国第一次提出由北京承办 2000 年第 27 届奥运会。北京的第一次申奥正式启动。在全国掀起申奥热潮的同时，港澳台同胞和海外华侨华人也掀起了如火如荼的声援活动。他们通过十几万人的签名活动、成立申办奥运促进会等团体、举办以奥运为主题的图片展、制作相关电视纪录片、举办大型筹款餐会及集会等多种形式，支持北京申办奥运会。虽然北京第一次申奥没有成功，但华侨华人和港澳台同胞并没有失去支持北京申办奥运会的信心和热情。1999 年 4 月 7 日，北京向国际奥委会递交了承办 2008 年奥运会的申请，第二次奥运申办活动正式启动。这次申办得到华侨华人和港澳台同胞更加热烈的支持和响应。由欧洲华人华侨联合会等社团倡议的"全球华人心连心，齐心协力申奥运"的支持北京申奥运活动于 2001 年 5 月 8 日在德国的杜塞尔多夫全面启动，得到 20 多个国家和地区的近 200 个华侨华人社团的响应和支持。整个活动持续了一个多月，于 6 月 20 日结束，主要内容包括邀请华人演艺界人士和团体在世界华侨华人主要聚居地巡回演出，制作纪念牌赠送国际奥委会总部，组织全球华人联合签名递交国际奥委会等，充分表现了港澳台侨同胞支持北京申办奥运的决心和愿望。[①] 2001 年 7 月 13 日，北京第二次申奥成功，获得 2008 年第 29 届奥运会的举办权，终于实现了中国人举办奥运会的百年梦想。

北京申奥成功的消息，瞬间传遍整个海外华侨华人社会，无数人热泪盈眶，奔走相告，许多老人甚至激动得抱头痛哭。他们拥抱、握手、举杯，为祖（籍）国的胜利和强大而欢呼。北京申奥成功以后，全球华侨华人以不同的方式、相同的心情，表达对北京奥运会的支持、祝福并参与有关筹备工作。2007 年 4 月 30 日晚，在北京奥运会倒计时 100 天的座谈会上，法国华侨华人会主席陈胜武抒发奥运感言：

在东方太阳升起的地方，在古老而又现代的中国，奥运会将实现东西方文明的对接，成为全世界人民相聚的盛会，当奥运火炬在开幕式上点燃的一刻，同时将点燃所有人心中的快乐和梦想。我们为北京欢呼！我们为北京祝福！[②]

由国务院侨务办公室、国家电网主办，中国新闻社承办的"国家电网杯'同一个世界 同一个梦想'全球华人迎奥运征文"活动，自 2007 年 9 月在全球范围开展以来，共收到来自内地、港澳台和美国、加拿大、马来西亚、新加坡、泰国、澳大利亚等 201 个国家和地区超过 42 万件作品。这些凝聚全球华侨华人拳拳赤子之心的作品，也使得此次迎奥运征文活动被称为"凝聚全球华侨华人盼望奥运之心的重要之举"。

积极报名争当北京奥运志愿者，是海外华侨华人留学生参与支持和筹备北京奥运会的方式之一。据统计，共有 200 多个国家和地区的 27546 名海外华侨华人留学生报名担任北京奥运会、残奥会志愿者。截至 2008 年 7 月 17 日，北京奥组委按照赛会志愿者岗位需求，共录用 48 个国家

---

① 详见方雄普编著：《华侨华人与体育杂谈》，第 132—145 页。
② 陈文举：《华侨华人携手奥运共圆梦想》，《侨务工作研究》2008 年第 4 期，第 10—11 页。

和地区的海外华侨华人留学生323人，其中男性140人，女性183人。在每一位有幸入选的志愿者心中，最宝贵的是那份服务奥运的信念。

2. "水立方"凝聚同胞情

北京奥林匹克公园内的国家游泳中心——"水立方"，是唯一由华侨华人和港澳台同胞捐建的奥运场馆，它凝聚着海外赤子的一片深情，是港澳台侨同胞用爱心凝聚的"水晶宫"。

筹办2008年奥运会之初，北京市政府不鼓励市民捐款修建奥运会场馆。因为随着中国经济的发展和综合实力的提高，国家完全有能力办好北京奥运会。然而这个想法提出后，遭到了很多港澳台侨同胞的强烈反对。他们认为，2008年奥运会不仅是北京的奥运会，也是全体华夏儿女的奥运会。他们希望能有机会用一种独特的方式参加奥运会，为北京筹办奥运会贡献力量。在2001年北京市人民政府举行的国庆招待会上，澳大利亚中国和平统一促进会会长邱维廉作为海外来宾代表在招待会上致辞时提议由海外华侨捐款建立一个标志性的奥运场馆建筑，以体现中华民族海内外共同办奥运的民族团结精神。这是海外华侨第一次在公开场合提出由华侨捐款修建奥运场馆的建议。为尊重、顺应和满足朋友们的真诚心愿，2002年7月25日中共北京市委决定，把准备兴建的奥运场馆拿出一个来，由港澳台侨同胞自愿捐资建设，费用一亿美元左右。随后北京市人民政府决定，国家游泳中心为港澳台侨同胞捐资共建的指定场馆。2003年7月15日晚，北京市侨办在北京饭店举行为奥运捐款新闻发布会，第一次公布这个消息。声明由于海外华侨华人希望为奥运场馆捐款，从即日起北京市政府决定正式接受海外华侨为修建奥运场馆捐款。新闻发布会结束后，陪父亲回国治病的来自日本的记者欧阳乐耕把除了医药费和差旅费之外的1000美元当场捐赠给北京市侨办，成为第一号现金捐赠者。①

后来，国家主席胡锦涛参观"水立方"工地时，国家游泳中心副总经理赵志雄在现场汇报这件事情，胡锦涛表示：说实话，国家发展到这一步，国家拿出这十个亿是没有问题的。为什么还要接受海外华侨和港澳台同胞对"水立方"的捐款呢？这就是要通过这件事把大家的爱国心凝聚起来。海外华侨和港澳台的参与和支持，为我们成功举办奥运会创造了有利条件。一定要把这件事情办好！②

2003 年 1 月 15 日，国家游泳中心建筑设计方案面向全球招标。2003 年 7 月 28 日，国家游泳中心设计方案正式确定，它的建筑造型是一个充满水的立方体，简称"水立方"。从"水立方"开始施工建设到 2008 年 1 月 28 日竣工交付使用的 4 年多时间里，港澳台侨同胞的捐资一直持续不断地进行着，捐赠人数越来越多，捐赠数额越来越大。截止到 2008 年 1 月 28 日上午"水立方"竣工，捐款的国家和地区达 102 个，捐款人数达 35 万多人，捐款折合人民币已超过 9.3 亿元，全面满足了国家游泳中心的工程建设需要。③

"水立方"落成后，华侨华人和港澳台同胞的捐款仍在继续，截止到 2008 年 8 月 9 日北京奥运会开幕后，捐款的国家和地区增加到 105 个，款额增加到 9.4 亿元人民币。④

捐款者中，既有知名的企业家和社会名流，也有遍布世界各地的普通民众；既有年老的长者，又有稚嫩的孩童。在收到的捐款中，有超亿

---

① 孙晶岩的《华夏儿女共建水立方》一文，真实而详尽地记录了华夏儿女在这一不平凡的事件中，血脉亲情和共襄奥运梦想的感人事迹。详情参见《人民日报》（海外版）及中国新闻网等网站。

② 转引自卢斌、水潮：《亲情共建"水立方"　血脉同襄奥运梦》，《侨务工作研究》2008 年第 4 期，第 17 页。

③ 《北京日报》2008 年 1 月 29 日。

④ 北京市港澳台侨同胞共建北京奥运场馆委员会：《北京市人民政府举行颁发捐资共建功勋荣誉章仪式》，中国·北京侨务网，http://www.bjqb.gov.cn/forepageview/qwdt/qqgg/qqgg_xxxx.jsp?PK=2008。

元的大额捐款，霍英东捐赠 2 亿元港币，李兆基捐赠 1 亿元港币，李嘉诚捐赠 1 亿元港币，黄志源捐赠 1 亿元人民币；也有许多几百美元、几十美元的捐赠，甚至有许多海外华裔小朋友捐出了自己的零花钱。无论捐赠金额大小，都充分体现了海内外中华儿女赤诚的爱国之心，彰显了伟大的中华民族精神。

除了"水立方"这一标志性奥运场馆外，另一个奥运场馆——2008年奥运会乒乓球馆也得到海外华人的捐助。设立在北京大学内的 2008 年奥运会乒乓球比赛场馆——"中国脊"，得到新加坡邱德拔基金会 1.7 亿元人民币的捐赠。①

3. 万众欢庆祖（籍）国举办奥运盛会

2008 年 8 月 8 日晚 8 时，经过多年精心准备的第 29 届奥运会在北京隆重开幕了。全世界 200 多个国家和地区的一万数千名运动员、教练员齐聚北京，许多国家的首脑政要应邀来参加开幕式。50 多个国家和地区的 420 位华侨华人代表应邀出席奥运会、残奥会开幕式和闭幕式，和中国人民一起庆祝这个盛大的活动。

日本华侨华人联合总会名誉会长陈琨旺，已经 85 岁高龄，是应邀华侨华人代表年龄最长者。他刚到北京就接受记者采访。他说："1990年我曾应邀观摩了北京亚运会开幕式的盛况，被那盛大的场面所强烈震撼，万万没想到在自己有生之年还能在中国的土地上看到奥运会开幕式。北京奥运会一定会成功举办，对此我充满信心！"②祖籍广东汕头、时任泰国潮州会馆主席、泰国中华总商会副主席的陈汉士，为了庆祝北京奥运会的举办，2007 年 7 月 20 日，他一人出资、由潮州会馆举办泰国"情系北京奥运会"演唱会，容纳 2000 多人的礼堂座无虚席。与会华侨

---

① 《新加坡华裔捐赠一亿七千多万元修建北京奥运场馆》，中国侨网，http://www.chinaqw.com/news/200611/21/52225.shtml。也见中央电视台综合频道 2006 年 11 月 20 日晚间新闻报道。

② 《光明日报》2008 年 8 月 8 日。

华人热情高涨，第二天又加演一场，又是爆满。《我和我的祖国》《爱我中华》《祝福祖国》……对祖（籍）国倾注深情的歌曲一首接一首，现场情绪激动，歌声震天。陈汉士很有幸，是全世界唯一一位分别在居住国和祖（籍）国两次传递北京奥运圣火的火炬手。但不幸的是，就在他准备前往北京参加奥运会开幕式时，他岳母去世，灵柩暂厝寺庙。自古"忠""孝"两难全。陈汉士表示："中国举办奥运会，是中华民族百年一遇的盛事，我向冥冥中的老人家请了两天假，一定要来北京参加奥运会的开幕式。泰国的华侨华人也都支持我来。"北京上演的奥运史上最为美轮美奂、气势宏伟的开幕式，令世人赞叹，使广大华侨华人无比自豪。

奥运会期间，中国对奥运会的完美组织，中国运动员的精彩表现，成为海外同胞热议的话题。从美国旧金山唐人街到法国巴黎华人社会，亚洲、非洲、大洋洲华侨华人社会中都弥漫着为北京奥运自豪的气息。

四、泽被乡里　举办其他福利事业

改革开放以来，华侨华人和港澳同胞捐助祖国公益福利事业的积极性更加高涨，捐助项目更加广泛，涉及人民生产生活的方方面面。

（一）老有所养　兴办敬老院、养老院

关注弱势群体，扶贫济困，一向是华侨华人和港澳同胞捐助公益福利事业的重要内容之一，改革开放以来这一传统得到了发扬光大。改革开放至 1999 年，广东梅州市利用华侨华人和港澳同胞捐资兴建的敬老院共 252 间，面积 23839 平方米。[①] 1980 年至 1990 年，广东中山市海外乡亲捐资赠物参与兴建、扩建敬老院 42 间。中山市东郊的颐老院是由热心家乡公

---

① 《梅州市华侨志》编委会、梅州华侨历史学会编：《梅州市华侨志》，第 55 页。

益事业的海外乡亲捐资与中山市政府拨款共同兴建的。这所养老院占地 68
亩，投入资金 500 多万元，内有适合老年人居住的宿舍楼、康乐中心、门
诊大楼，还有环境优美的人工湖以及适合老年人锻炼的健身室、书画室、
文娱室、阅览室和电影电视室等，住、食、医、乐一应俱全，是老年人颐
养天年的好地方。① 1978 年至 1993 年，江门五邑的海外乡亲兴办敬老院
290 间，建筑面积 123852 平方米。其中新会新建敬老院 102 间，建筑面
积 35032.6 平方米，价值 2147.39 万港元；开平新建敬老院 7 间。顺德老
干部活动中心是 1995 年由香港梁伟明捐资 300 万港元兴建的，顺德伦教
康乐中心 1992 年由郑裕彤、郑裕培、翁佑等 54 人捐资 613 万港元兴建，
建筑面积 5000 平方米，内有影剧院、健身室、桌球室、图书室等。汕头
市华侨华人和港澳同胞捐资新建、扩建的养老院、幼儿园有 125 家。②

　　祖籍福建南靖县书洋镇塔下村的泰国福建会馆理事长张建禄对家乡
的公益事业十分热心，先后为家乡修建学校、电站，创办教育基金会和
敬老助残基金会，共捐款 300 多万元，连续 18 年发放敬老助残金。2008
年 6 月 29 日，福建省南靖县书洋镇塔下、曲江、南欧等村，80 岁以上的
老人及残疾人、贫困学生共 200 多人，领到了张建禄分发给他们的敬老
助残助学金，总额 5.6 万元。③

　　创立于 1991 年 10 月的湖南省张家界市特殊教育学校，由当地政府
投资 300 万元人民币与邵逸夫捐资 100 万港元建立。学校环境优美，设
施齐全，具有民族和特殊教育双重特色。既是残疾儿童学习文化知识和
专业技能的场所，又是有关师资培训、教学研究和职业培训的基地。④ 祖
籍江苏的香港同胞朱恩余及其父亲朱敬文，自 1981 年以来，连年进行社

----

①　广东省地方志编纂委员会编：《广东省志·华侨志》，第 330 页。

②　黄昆章、张应龙主编：《华侨华人与中国侨乡的现代化》，第 76、77、138—139 页。

③　《侨胞张建禄连续 18 年发敬老助残金》，《福建日报》2008 年 6 月 30 日。

④　周南京主编：《华侨华人百科全书》（侨乡卷），第 784 页。

会福利捐赠，先后给苏州市儿童医院、社会福利院、聋哑学校等捐款，累计3000多万港元。[①]

（二）捐资兴建侨联大厦、归侨之家等

改革开放初期，在广东、福建、浙江等重点侨乡，海外乡亲捐建侨联大厦等比较普遍。这些侨联大厦成为与海外乡亲联系、沟通及对外接待的重要基地。如1978年至1987年，广东省批准接受华侨华人、港澳同胞捐赠兴建华侨大厦、侨联大厦和归侨之家计有300多宗。全省条件比较完善的侨联大厦有100多座，是各地侨联开展活动和对外接待的重要场所。[②]由海外乡亲捐资兴建的梅州市侨联大厦建筑面积720平方米。梅县下属各镇如隆文、白宫、畲江、丙村、桃尧、松口、程江、城北、南山等10多个乡镇也都先后兴建了侨联大厦。

从1979年至1990年，福建安溪海外乡亲捐建、维修侨联会所、活动经费及赠物价值达100多万元，先后捐资兴建了蓬莱、龙门、西坪、龙涓、金谷、湖头等乡镇侨联会所。[③]

自1963年至1998年，浙江文成县侨胞为35个省、市、县各级机构及政府部门新建办公用房，添置办公设备及购买车辆等。在为此捐赠的424.76万元中，赞助各级侨务部门295.74万元，县机关单位50.73万元，乡镇机关单位45.49万元，其他单位32.80万元。[④]资助侨务部门的经费占近70%。

捐资兴建或修复风景名胜，把家乡装扮得更漂亮，也是海外侨胞所关注的。广东揭东县已故著名企业家黄永章的发妻邓礼英捐资258万元，

---

① 周南京主编：《华侨华人百科全书》（侨乡卷），第601页。
② 广东省地方志编纂委员会编：《广东省志·华侨志》，第328页。
③ 陈克振主编：《安溪华侨志》，第139页。
④ 朱礼主编：《文成华侨志》，第326页。

在龙尾镇兴建龙江旅游区，成为当地群众休息、旅游和娱乐的胜地。① 还有海外乡亲捐资修建排涝下水道、改造旧式厕所，改善家乡公共环境。从 1938—1998 年的 60 年中，浙江文成县海外侨胞捐资兴建楼、亭、塔、阁 23 座，修建寺庙宫殿 20 多处。金额计人民币 667.5 万元。②

美籍华人陈香梅女士于 1994 年 9 月 18 日向上海市静安区政协和静安海外联谊会捐赠人民币 100 万元设立陈香梅妇女基金，以表彰上海市女性有成就者，并资助妇女职业技术培训班。③

---

① 黄昆章、张应龙主编：《华侨华人与中国侨乡的现代化》，第 139 页。
② 朱礼主编：《文成华侨志》，第 331 页。
③ 周南京主编：《华侨华人百科全书》（侨乡卷），第 55 页。

第四节　改善基础设施　兴修水电路桥

水利、电力、道路、桥梁是居民生活的基础设施，与人民生活息息相关，为人们日常生活须臾离不开；这些基础设施怎样，关乎民众生活水平的高低。海外侨胞时刻关注关心家乡父老乡亲的生活情况，形成兴办改善家乡生活设施的光荣传统，改革开放后大力兴起兴办公益事业，兴修水电路桥是其中的一个重要方面。

一、改善生活条件　兴修水电工程

与家乡人民生活密切相关的水电等工程，也是海外乡亲特别关注的项目。他们在家乡捐建自来水等工程，虽然数额不大，却造福一方，大大改善了家乡人民的生活条件。

在广东侨乡，20 世纪 80 年代海外乡亲参与了潮州、东莞和博罗县的水改工程。其中东莞市海外乡亲在茶山镇、凤岗镇和石碣镇积极捐助建设自来水工程，在 1986 年 11 月举行的全国农村改水会议上，东莞被评为全国农村改水工作的先进单位。[①] 其中隐含着海外乡亲的功劳。

自 1978 年改革开放至 2002 年，华侨华人和港澳同胞在汕头市捐资兴建的饮水工程有 144 宗；在台山市捐建自来水工程 101 宗；在新会区捐建自来水工程 254 宗，价值 4781.34 万港元；在开平市捐建自来水工程 242 宗。[②]

[①]　广东省地方志编纂委员会编：《广东省志·华侨志》，第 329 页。
[②]　黄昆章、张应龙主编：《华侨华人与中国侨乡的现代化》，第 79、138 页。

1978 年至 1999 年，梅州市利用华侨华人和港澳同胞捐资兴建水利水电 510 宗。[①] 大埔县海外乡亲根据家乡山区的特点，捐资兴办中小型水电站。如田家炳于 1980 年给家乡捐建了一座装机发电 125 千瓦的银潭水电站后，又捐款 30 万元设立银潭经济发展基金会，作为开发家乡山区多种经营的经费。三河镇、枫朗镇的海外乡亲也分别捐资 13 万元和 11.5 万元，为家乡修建山塘及排洪渠道。[②]

福建安溪蓬莱镇温泉村唐氏海外乡亲，于 1983 年捐资在该村修建倒虹吸水渠引水工程，使 200 多亩农田得到灌溉。金谷乡中都村陈氏海外乡亲，于 1984 年捐资在该村修建一座长 300 米的水渠渡槽，使 300 多亩农田得到灌溉。湖头镇湖二村海外乡亲，于 1990 年捐资 40 万元，修建大古坑水利工程。[③]

1997 年，福清海外乡亲为闽江调水建设工程捐赠 1.098 亿元，占当年捐赠总额的 51.8%。到 1998 年 9 月底，他们为总投资 8 亿多元的闽江调水建设工程捐赠 4 亿多元，占总投资的一半以上。闽江调水建设工程的建成解决了困扰福清百年的缺水问题。[④]

海南省文昌县海外乡亲自改革开放以来，共捐助 434 万元打井 409 口，建起 42 个水塔和自来水设施。如罗豆农场东园村民众世世代代饮用池塘水，很不卫生。1992 年该村旅居泰国的乡亲何敦活回乡探亲，看到这一落后现象后，当即捐资 20 万元建起容量 50 吨的水塔，引珠溪河水进行消毒净化，通过水管输送到各家各户，结束了村民饮用塘水的历史。

从 1979 年至 1995 年，海南文昌籍华侨华人和港澳同胞捐资 1046 万

---

① 《梅州市华侨志》编委会、梅州华侨历史学会编：《梅州市华侨志》，第 46 页表格。

② 广东省地方志编纂委员会编：《广东省志·华侨志》，第 329 页。

③ 陈克振主编：《安溪华侨志》，厦门大学出版社 1994 年版，第 138 页。

④ 王付兵：《改革开放以来华人华侨对福清的捐赠及其作用》，《华侨华人历史研究》2000 年第 3 期。

元，为家乡兴办电利事业 53 宗，使 792 个村庄 27172 户居民用上了电。锦山是海外乡亲资助办电最多的乡镇，共捐资 228 万元，解决了 161 个村庄 4356 户人家的用电。抱罗镇海外乡亲资助 205 万元，办电 53 宗，安装变压器 50 个，架设高低压线路 84.5 公里，使全镇 136 个村庄 2000 户（占总户数的 60%）安上了电灯。[1]

浙江文成县侨胞捐建基础设施建设始于 1960 年，至 1998 年末共有 1571 人捐赠，金额计人民币 1214.5 万元，其中修建乡间道路 46 段（条）、水泥路 19 条、机耕路 7 条、隧道 1 个、公路 16 条；修建桥梁 34 座、自来水 10 处、碾米厂 4 处；还有电站、电灯、程控电话、码头、路亭等，涉及家乡人民生活的各方面。[2]

二、改善交通 修桥筑路

"要想富先修路"，"路通则财通"，这些在侨乡流传的俗语充分说明了改善交通在侨乡经济发展中的重要性。特别是在改革开放初期，交通条件的改善为经济发展提供了基本保障。因此，修桥筑路，开展基础设施建设，是华侨华人造福桑梓的重要内容。改革开放以来，在广东、福建等侨乡，修桥筑路在华侨华人和港澳同胞捐赠的公益事业中占有很大比例，有的侨乡修桥筑路成为海外乡亲捐资最大的项目。华侨华人和港澳同胞为改善家乡落后的交通面貌作出了积极的贡献。

华侨华人和港澳同胞捐资修建桥梁和道路建设有两个特点：一是捐资大型项目，大大改善了交通和投资环境；二是捐资修筑家乡村镇的道路，使原来崎岖难行的土路变为平坦宽阔的水泥路，给村镇发展经济创

① 黄昆章、张应龙主编：《华侨华人与中国侨乡的现代化》，第303—304页。
② 朱礼主编：《文成华侨志》，第284页。

造了良好条件。

在珠江三角洲地区，河汉交错，交通不便，华侨华人和港澳同胞大力捐资修桥筑路，大大改善了交通条件。

华侨华人和港澳同胞在台山捐资修筑公路和乡镇道路 600 多公里，兴建桥梁 80 多座，其中较大的有公益大桥、台城南门桥和潭江桥等。公益大桥全长 1001 米，宽 12.5 米，海外侨胞和香港同胞集资 1700 多万元，于 1986 年底建成通车。[①] 公益大桥的建成使台山县公益镇跨越了潭江的阻隔，是该镇陆路交通的一大突破。华侨华人和港澳同胞在新会捐资 13741.72 万港元，修建桥梁 135 座；捐资 5357.67 万港元，修筑道路堤岸 516 宗 645.75 公里。番禺的海外乡亲和港澳台同胞在家乡建桥修路，参与人数众多，几乎各村都有。据 1978—1991 年的统计，海外乡亲捐赠建桥修路款达 2.12 多亿港元，是各种捐赠项目中数额最多的。主要有 1982 年霍英东与何石、何添捐建的大石大桥；1983 年霍英东与何贤昆仲捐赠 1700 万元人民币支持建设的洛溪大桥。霍英东还先后独自捐助 3000 万港元和 1500 万港元，兴建三湾系列大桥和三善大桥。[②]

改革开放以来，潮汕侨乡的大型交通项目，如汕头市的海湾大桥、潮州市的潮州大桥、揭阳市的榕华大桥以及各市主要公路干道修筑资金的筹集，都少不了华侨华人和港澳同胞的捐助。其中潮州大桥的建设资金，全部来自华侨华人和港澳同胞的捐款。据不完全统计，华侨华人和港澳同胞在潮州建桥 85 座，总长 4500 米；修路 278 条，总长 2156 公里。捐资累计 1.3 亿元。[③]

另一重点侨乡广东梅州在修桥筑路、发展交通方面同样得到海外乡亲的倾力支持。1978—1999 年，华侨华人和港澳台同胞在梅州捐资兴建

---

① 广东省地方志编纂委员会编：《广东省志·华侨志》，第 328 页。
② 黄昆章、张应龙主编：《华侨华人与中国侨乡的现代化》，第 79—80 页。
③ 黄昆章、张应龙主编：《华侨华人与中国侨乡的现代化》，第 137 页。

的大小桥梁共 1218 座，公路 4635 公里，总金额达 28617.45 万元，占捐资总额的 16.54%。在各区、县、市都捐建有为数不少的桥梁和公路，其中在梅县修建桥梁近 600 座，道路近 2000 公里；在梅江区捐资修建桥梁和公路的金额占捐资总额的 30% 以上。田家炳独资在家乡大埔县修建家炳大桥，姚美良昆仲捐资兴建永芳大桥和永芳大道。梅县德龙桥、秋云桥、剑英纪念大桥、嘉应大桥等以及所有在梅州市境内的公路、大桥多数是由华侨华人和香港同胞独资或集资修建的。此外，他们还修建、扩建家乡村道，捐赠各种车辆（包括救护车、农用车、拖拉机、大货车等）。不仅大大缓解了家乡山区人民行路难的问题，而且有力促进了山区经济的开发和发展。

福建省泉州、福清、晋江、闽清、闽侯、连江、安溪、龙岩、永定等地四通八达的公路及连接沟壑丘陵的桥梁，有许多为海外乡亲出资修建。其中泉州最为突出，据不完全统计，1979 年至 1984 年泉州籍华侨华人、港澳同胞为家乡捐资修桥筑路款为 2311 万元，年均捐资 385 万余元。修建的桥梁有：德化县的苏坂长福桥，安溪赤岭芦汀大桥改建为丁字形大桥、新美石拱桥、美光大桥、榜头大桥，永春东平黄坑桥等。[①]

福建安溪县在民国时期以及新中国成立以来，海外乡亲就热心在家乡捐资修建桥梁和公路。改革开放以后，全县海外乡亲掀起捐资建造桥梁的热潮，1978 年至 1992 年，安溪各乡镇捐建的桥梁有 103 座，其中100 米以上的有 8 座，总捐资额 659.23 万元，捐资人数达 449 人次（不包括社团集体捐资项目）。1979 年至 1993 年，安溪海外乡亲捐资在家乡修建公路 80 多条，其中捐资 10 万元以上的有 15 条。[②]

从 1982 年至 1992 年，福建省福清华侨华人捐资修建了 108 条村路、

---

①　泉州市华侨编纂委员会编：《泉州市华侨志》，第 229—230 页。

②　根据陈克振主编《安溪华侨志》第 131—135 页表格内容综合而成。

4 条街道及 6 条公路。还捐资修建了倪松大桥和元载大桥。① 闽清县由海外乡亲捐资修建桥梁 18 座，乡村大道 9 条。美国美东福建同乡会名誉主席郑依球与连江县敖江乡梅洋村旅美乡亲，于 1990 年捐资 120 多万元，修建连江凤城至梅洋的约 15 公里长的公路。② 永定县、闽侯县等侨乡均有海外乡亲捐资修桥筑路，不再列举。但有一个大型项目值得一提。澳大利亚的华侨华人，特别是闽籍华侨华人在 2006 年 11 月 19 日晚上的一个宴会上，为拟建中的"闽坛大桥"捐款超过 1000 万元人民币。"闽坛大桥"是连接福建第一大岛海坛岛与大陆的大桥。海坛岛位于距台湾只有 68 海里的平潭县，拟建的"闽坛大桥"全长约 4.5 公里，2005 年经国家发改委批准立项，预计 2010 年通车。这座大桥是规划中的北京至台湾高速公路的一部分。修建这座大桥对闽江口经济圈乃至海峡两岸的意义十分深远，对海峡西岸经济区的建设具有重要战略意义，对加强两岸民间来往、促进祖国统一大业也将具有十分积极的促进作用。③

　　在浙江、海南侨乡，亦有不少华侨华人捐资修桥筑路，如荷兰华人胡志光出资修建的浙江文成玉壶镇克木大桥。从 1979 年至 1995 年，海外乡亲在海南省文昌县共捐助 858 万元，建造大小桥梁 101 座，修建乡村道路 388 条，总长 708 公里，将不少坎坷的小路修建成平坦大道，使偏僻的乡村通了车，大大改善了乡村落后的交通状况。④

---

　　① 王付兵：《改革开放以来华人华侨对福清的捐赠及其作用》，《华侨华人历史研究》2000 年第 3 期。

　　② 福建省地方志编纂委员会编：《福建省志·华侨志》，第 210 页。

　　③ 中新社悉尼电：《澳大利亚华人华侨为福建"闽坛大桥"捐款上千万》，中国侨网，2006-11-20，http://www.hsm.com.cn/news/200611/20/52207.shtml。

　　④ 黄昆章、张应龙主编：《华侨华人与中国侨乡的现代化》，第 303—304 页。

第五节 人间大爱无疆 捐款救灾赈灾

乐善好施,"一方有难,八方支援",是中华民族的传统美德,也充分体现在海外侨胞和港澳台同胞身上。每当祖国和家乡受灾遭难,他们纷纷伸出援手,甚至毁家纾难相助。近代以来华侨掀起支援辛亥革命第一次爱国高潮和支援以祖国抗战的第二次爱国高潮都得到淋漓尽致的展现。改革开放以来,华侨华人和港澳同胞参与中国赈灾仍然十分活跃。从 1987 年中国政府首次向国际社会提出受援请求开始,特别是 1991 年中国政府第一次大规模呼吁国际社会提供救灾援助以后,华侨华人和港澳同胞成为参与中国赈灾的一支重要力量。

一、从救助大兴安岭火灾到九八抗洪

(一)捐助 1987 年大兴安岭火灾

1987 年大兴安岭发生特大火灾后,国务院决定,"外国民间组织和国际友人、爱国华侨主动提供捐赠,一般可接受"。在当时中国接受救灾渠道仍不够畅通、华侨华人自身实力并不强的情况下,不少华侨华人仍积极捐助灾区,奉献爱心。如时任《欧洲时报》总编辑的梁源法和《欧洲时报》组织旅法华人募捐,通过报纸宣传和书画义卖,十多天时间就筹集了 50 多万法郎,支援灾区恢复生产,重建家园。[①] 旅荷华侨总会募捐 3.5 万元,旅意侨团募捐 1.5 万元支援灾区。同年,云南发生严重地

---

① 《人民日报》(海外版)1999 年 1 月 15 日。

震，造成生命财产损失，旅荷华侨总会又募捐5万元赈济灾区。[①]

（二）捐助1991年洪灾

1991年夏，中国发生百年罕见的重大水灾，殃及18个省区，造成生命财产的巨大损失。"血浓于水"，同属炎黄子孙的港澳台同胞首先行动了起来。就在中国政府向国际社会发出呼吁的第二天即7月12日，香港当局拨款5000万港元赈助华东灾区，全港随即掀起捐赠救助华东水灾的热潮。据有关方面统计，到7月23日，短短十天工夫，香港的赈灾筹款总额已达到4.7亿多港元。与此同时，台湾对华东灾区的捐赠也超过了300万美元，澳门的捐赠也超过了2000万澳币。[②]旅荷华侨总会等23个荷兰侨团，紧急成立"全荷华侨华人赈济中国水灾委员会"，发动大规模、多形式的赈灾募捐活动，共捐资37.5万元。旅法华侨俱乐部、文成同乡会等社团也发动侨胞募捐40万元，开展赈灾活动。温州华侨社团成立赈灾组织，开展募捐活动，温州侨胞共捐款折合人民币400万元。[③]旅美著名作曲家赵宝昌于1991年即兴创作了"赈灾歌"："赈济我骨肉同胞，炎黄子孙情义重，岂在你钱多钱少。"生动体现了海外侨胞和港澳台同胞深厚的骨肉情怀。

（三）捐助1998年特大洪灾

1998年夏天，我国长江和松花江、嫩江流域发生了历史上罕见的特大洪灾，给沿江人民的生命财产和社会经济发展造成重大损失。灾情发生后，世界各地的华侨华人无不为之震动。他们自动发起赈灾募捐活动，群策群力，踊跃赈灾，再次体现了炎黄子孙的手足之情。据不完全统计，东南亚地区捐款超过200万美元，欧洲地区约1000万元人民币，美洲地区约300万美元，南太平洋地区约50万美元。全球华侨华人所募善款达

---

① 朱礼主编：《文成县华侨志》，第342—343页。

② 詹奕嘉：《唐山大地震后30年：中国接受救灾外援的历程》。

③ 温州华侨华人研究所编：《温州华侨史》，今日中国出版社1999年版，第256页。

5500 余万元人民币。东南亚、欧洲、北美等地华侨华人数量较多的国家，当地侨团纷纷成立募集善款的专门机构，发动各自的成员加入捐款行列。除了发动会员捐款外，许多侨团还举办义演、义卖、慈善晚会等多种形式的活动进行筹款，涌现出许多感人的事例。①

二、2003 年春夏携手抗"非典"

2003 年春天，中国一些地区发生了非典型肺炎疫情，给人民的身体健康和生命安全带来了严重威胁。"非典"发生后，海外华侨华人非常关心祖国抗"非典"的情况，除了来函来电对国内抗"非典"表示慰问和关切外，又一次组织起来，开展募捐活动。与以往不同的是，这次由于受"非典"影响，海外华侨华人的支柱产业餐饮业和旅游业损失很大，但就是在自身也面临困难的情况下，他们仍一如既往，奔走呼吁，慷慨解囊。

由美国华人医师会发起，旅美科技协会大纽约分会、中医院校旅美同学会等 8 个旅美华裔专业团体共同筹办"非典救援基金会"。美国东西海岸的华侨华人社区不约而同地发起了声援活动，纽约、旧金山、洛杉矶的主要华侨华人社团动员起来捐款捐物。纽约侨界募捐大会一次就筹集了 10 万美元捐款；旧金山侨界先后两次募集了大量医疗用品和器械装运回国；洛杉矶地区华侨华人社团也积极行动，募集了 2 万多美元捐款和 6 万多美元的药物支援祖国抗击"非典"。② 英国华侨华人为中国抗击"非典"捐款约 100 万元人民币。③ 温州籍华侨华人纷纷捐款捐物，为抗击"非典"献爱心。据统计，共有 12 个国家的温州籍侨团及个人为

---

① 详见徐峰：《血浓于水——各地华侨华人赈灾募捐侧记》，《侨务工作研究》1998 年第 6 期。

② 《世界华侨华人声援祖国抗击非典》，《海南日报》2003 年 5 月 12 日。

③ 《英华侨华人支援我抗击非典》，《人民日报》（海外版）2003 年 6 月 17 日。

支持抗"非典"捐赠逾 459 万元人民币。[①] 泰国华侨华人同样关注并为祖（籍）国抗"非典"贡献自己的力量。从 2003 年 5 月 12 日至 30 日，中国驻泰国大使馆收到华侨华人援助抗击"非典"的捐款达 920 万泰铢（约合 21.9 万美元）。[②] 由旅日华侨华人企业家组成的日本中华总商会于 2003 年 5 月 25 日在东京举行募捐晚会，200 多位代表慷慨解囊支持祖国抗击"非典"，这次活动一共募集到 650 万日元。[③] 据不完全统计，截至 2003 年 6 月初，各地侨办接受的华侨华人捐赠的抗"非典"款物折合人民币 2.0726 亿元。

北京是"非典"疫情比较严重的地区之一。北京发生"非典"疫情后，广大港澳台同胞、海外华侨华人有钱出钱，有力出力，累计为北京市捐款捐物达 1.1 亿多元，为北京取得抗击"非典"的阶段性重大胜利作出了重大贡献。[④] 其中以新加坡金鹰集团董事长陈江和、印尼金光集团董事长黄志源、泰国正大集团董事长谢国民和法国潮州会馆为代表的海外华侨华人和侨团共捐款 4050 万元人民币；以 UT 斯达康（中国）有限公司总裁吴鹰、香江集团董事长刘志强和长安俱乐部董事长赵勇为代表的在京侨资企业家、新华侨华人专业人士共捐款约合人民币 2223 万元。[⑤] 法国华侨华人会在 2003 年 5 月 6 日召开主席团第九次扩大会议，决定向北京"非典"救援中心捐赠 50 万元人民币，用于北京的抗"非典"

① 《侨胞踊跃捐助抗非典》，温州侨网，2006 年 2 月 22 日，http://www.wzqw.com/system/2006/02/22/100072849.shtml。

② 《泰华人社团向我捐款抗非典》，《人民日报》海外版 2003 年 5 月 31 日。

③ 《旅日华侨华人举行抗非典募捐活动》，《人民日报》海外版 2003 年 5 月 28 日。

④ 华声报讯：《北京市委开座谈会衷心感谢侨港澳台同胞突出贡献》，中国侨网，2003-07-09，http://www.chinaqw.com.cn/node2/node116/node119/node162/node1655/userobject6ai107410.html。

⑤ 华声报讯：《北京深情回顾：非常时期华侨华人朋友与我们携手》，中国侨网，2003-06-27，http://www.chinaqw.com.cn/node2/node116/node119/node162/node1655/userobject6ai105856.html。

救援工作。①

　　广大海外侨胞、港澳台同胞对"非典"疫情比较严重的广东省的抗"非典"斗争同样给予极大关注。据不完全统计，海外华侨华人为广东省防治"非典"捐款捐物合计人民币约 4286 万元。其中，新加坡金鹰集团董事主席陈江和通过省侨办捐赠 500 万元用于抗击"非典"。他在抗"非典"期间慷慨捐资 3000 万元人民币，是个人捐款最多的一位。②

　　除了捐款捐物外，华侨华人还采取各种方式支持中国抗"非典"。有的无偿提供技术上的支持。如美国北美中华医学会（ACMA）成立由 15 位在哈佛医学院等著名机构、医院工作的病毒学、免疫学专家组成的专家组，希望和中国医学专家和医务人员进行"全方位的合作"，为防治"非典"贡献力量。美国洛杉矶华侨华人积极组织"南加州华人抗非典后援会"，并将美国 Genetec 医药公司生产的防"非典"BeyondRx 药剂 1000 加仑（价值 10 万美元）捐赠给中国有关部门。还有的华侨医学专家专程从美国回国，奔赴抗击"非典"第一线等。这样感人的事例不胜枚举。

　　华侨华人四海同心，积极支援祖国人民抗"非典"的义举善行，得到了中国政府的大力肯定和赞扬。2003 年 7 月 7 日下午，北京市委召开港澳同胞、海外华侨华人在京企业代表座谈会。市委书记刘淇代表市委、市政府对港澳台同胞、海外华侨华人在为北京经济社会发展，特别是在抗击"非典"斗争中作出的突出贡献表示衷心感谢。

---

　　① 中新网电：《法国华侨华人会为北京抗非典捐款 50 万元》，中国新闻网，2003-05-09，http://www.chinanews.com.cn/n/2003-05-09/26/301573.html。

　　② 广东侨网讯：《2003 年广东侨务十件大事日前评出》，广东侨网，2004-03-25，http://www.gdoverseaschn.com.cn/qwxw/200403250003.htm。

三、2008 年春节南方抗雪灾

2008 年春节前后，我国南方大部分地区遭遇 50 年不遇的低温、雨雪和冰冻天气，造成 7786.2 万人受灾，直接经济损失 220.9 亿元。海外侨胞纷纷伸出援助之手，慷慨解囊，捐款赠物，支持灾区抗雪救灾、重建家园。国务院侨办统计，截至 2008 年 2 月 14 日，海内外侨胞以各种形式为抗雪救灾捐款 1.6 亿元。①

灾情发生后，国务院侨办于 2008 年 1 月 31 日紧急启动"侨爱工程——抗雪救灾温暖行动"，并迅速向安徽、江西、湖北、湖南、广西、贵州等 19 省区拨款 220 万元救灾扶困。刚成立不久的中国侨商投资企业协会会员迅速行动起来，踊跃捐款救灾。截至 2008 年 2 月 3 日，协会会员向灾区捐款达 5138 万元人民币。②

世界各地侨团纷纷发起倡议，号召华侨华人行动起来，向风雪中的同胞伸出援手。悉尼的侨团紧急联合成立了"中国雪灾赈灾委员会"，发动各社团和个人捐款。澳大利亚、美国、加拿大等地的侨胞还组织赈灾义演活动。法国华侨华人会在得知国内部分地区遭受 50 年不遇的冰雪灾害后紧急动员，很快募集了 15 万欧元，以解决灾区同胞的燃眉之急。春节期间，法国侨界在中国驻法使馆举行救灾捐款活动。在法国商界较有影响的两大华人企业——巴黎士多公司和法国陈氏兄弟公司各自捐出 10 万欧元。法国青田同乡会、法华工商联合会和法国嘉华公司等也都纷纷解囊，向灾区人民伸出援助之手。2 月 16 日，法国华人服装业总商会继续进行募捐活动，4 个小时内共募集资金 8.5 万欧元。18 日，法国潮州会馆将 4.5 万欧元的捐款送到中国驻法国大使馆，以表达对祖国和人

---

① 《侨务工作研究》2008 年第 1 期，第 27 页。

② 《侨务工作研究》2008 年第 1 期，第 27 页。

民的一片深情。截止到 2008 年 2 月 21 日，法国侨界向国内灾区的捐款额达 600 多万元人民币。西班牙华侨华人社团同样关注国内灾情并踊跃捐款。截至 2008 年 2 月 19 日，中国驻西班牙大使馆收到的华人社团捐款已超过 20 万欧元。①

在缅华慈善总会和华商商会等团体的组织下，缅甸华人华侨先后为中国雨雪冰冻灾区捐助善款 8.3 万美元。②

由罗马华侨华人贸易总会组织，旅意温州人仅在 2008 年 2 月 8 日一天，就为受灾地区捐助善款 48830 欧元，折合人民币近 50 万元。③

受灾比较严重的贵州、湖南、广西、安徽等省区都得到海外侨胞和港澳同胞的密切关注和大力支持。2008 年 2 月 14 日，广西侨办将海外侨胞、港澳同胞和国务院侨办工作人员捐赠的救灾款 46 万元人民币转交至柳州有关部门，用于广西的抗冻救灾。此前中国侨商会已向广西灾区捐赠了 100 万元救灾款。④ 截至 2008 年 2 月 20 日，贵州省外事侨务办公室接受香港、澳门和海外侨胞捐款 6 项，合计人民币 1.34 亿元。其中香港特区政府捐赠 1 亿港元；澳门特区政府捐赠 3000 万港元；中国侨商投资企业协会常务副会长、香港香格里拉集团主席郭孔丞捐赠 500 万元人民币；中国侨商投资企业协会副会长、香港华商、福耀玻璃工业集团董事局主席曹德旺捐赠 100 万元人民币；香港协成行集团董事长方润华捐赠 25 万元人民币；葡萄牙华人工商联合会捐赠 5 万元人民币。港澳同胞和海外华侨华人友好组织及个人还纷纷来电对贵州省灾区表示慰问。⑤

---

① 《人民日报》2008 年 2 月 21 日第 6 版。

② 《缅甸华人华侨再次为中国灾区捐款》，《光明日报》2008 年 2 月 21 日。

③ 占昭昭、朱奕：《心系灾区　旅意温州人捐款近 50 万》，《温州都市报》网络版，2008-02-13，http://wzdsb.66wz.com/system/ /2008/02/13/100494640.shtml。

④ 周潇男：《海外侨胞港澳同胞春节期间向广西灾区捐款超百万元》，中国侨网，2008-02-15，http://www.chinaqw.com/zgqj/qxsz/200802/15/106356.shtml。

⑤ 《港澳同胞海外侨胞捐款 1.34 亿帮助我省灾区重建》，《贵州日报》2008 年 2 月 20 日。

为支持湖南灾后重建，香港霍英东基金会向湖南省捐赠 600 万元现金，澳门施美兰物业投资发展有限公司主席罗掌权向湖南省捐赠 200 万元现金。截至 2008 年 2 月 20 日，通过湖南省海外联谊会，港澳台同胞和海外侨胞向湖南抗冰救灾和灾后重建捐赠款物合计人民币 2000 余万元。[①] 中国侨联常委、中国侨联华商联谊会名誉副会长旅菲华侨黄如论，通过湖南省赈灾募捐办公室向湖南捐赠 1000 万元人民币，这是湖南受灾以来收到的来自民营企业的最大一笔捐款。[②]

截止到 2008 年 2 月底，安徽省侨办（港澳办）通过各种渠道收到雪灾救灾款总计 3830 万元。其中，澳门特别行政区慷慨给予 3000 万元捐款，中国侨商会常务副会长、香港香格里拉集团主席郭孔丞捐款 500 万元，中国侨商会常务副会长、融侨集团董事局主席林文镜捐款 100 万元，中国侨商会常务副会长、金光集团总裁黄志源捐款 100 万元。[③]

冰雪无情，侨胞有爱，华侨华人和港澳同胞对灾区人民的无私捐助，汇成涓涓暖流，融化了冰雪；他们血浓于水的桑梓深情感动天地。

四、2008 年春夏汶川抗大震救大灾

2008 年对中国来说是一个多事之秋。年初的冰雪灾害刚刚过去，5 月 12 日，又发生了四川汶川 8 级特大地震。这次地震是新中国成立以来破坏性最强、波及范围最广、救灾难度最大的一次地震。灾难发生后，华侨华人和港澳台同胞第一时间作出了反应，他们在此次地震灾害中的

---

① 《港澳同胞 800 万元善款捐向灾区》，《湖南日报》2008 年 2 月 21 日。

② 中国侨联：《旅菲华侨黄如论捐赠一千万支持湖南灾后重建工作》，中国侨网，2008-02-18，http://www.chinaqw.com/zgqj/qxsz/200802/18/106702.shtml。

③ 中安在线：《灾情牵动侨胞心 安徽省侨办收到救灾款 3830 万元》，国务院侨办网，2008-03-07，http://www.gqb.gov.cn/news/2008/0307/1/8267.shtml。

捐助活动反应速度之快、捐助规模之大、参与地区和人员之广，均创历史之最。在抗震救灾的第一阶段，他们的捐助活动表现为"井喷式"的特点；抗震救灾工作进入了安置受灾群众和恢复重建阶段后，他们的热情依然未减，爱心继续绵延，关心并支持灾区重建。

（一）捐助灾区创历史新高

从表6-5不完全统计可见，五大洲45个国家和地区的侨胞以及港澳台同胞参与了捐助灾区的行动，热忱奉献爱心；几乎是在地震发生的同时，他们就迅速行动起来，伸出援助之手；从灾情发生到6月中旬，其捐助行为一直在持续着。此次为抗震救灾献爱心、捐善款的华侨华人，既有富商巨贾，也有草根平民；既有白领精英，也有打工学子；既有耄耋长者，也有稚嫩孩童。捐钱虽有多寡，境界却无差别，不分大小皆是爱心，一分一厘显露真情。①

表6-5　华侨华人和港澳台同胞捐助地震灾区一览表

截止时间（当地时间）	捐赠/募集者	数额	备注
美洲			
5月13日	美国中华佛教会	1.5万美元	
5月13日	美国中华公所募集	近1万美元	
5月13日	美国福建公所募集	3万多美元	
5月13日	美国纽约温州同乡会募集	2万多美元	
5月13日	美国华人妇女会募集	3050美元	
5月13日	墨西哥华人华侨社团联合会募集	1.8万美元	
5月13日	阿根廷中国和平统一促进会等14家侨团募集	4.2万比索	

① 详情见《半月谈》载文《海外华侨华人支持抗震救灾纪实》，中国新闻网、新华网、中国网等诸多网站均有转载。

续表

截止时间 （当地时间）	捐赠／募集者	数额	备注
5 月 13 日	巴西华人文化交流协会募集	2 万多美元	
5 月 14 日	委内瑞拉华侨华人	6 万新委币 （2.8 万美元）	华恋社中华会馆、麻拉街华联会募集
5 月 17 日	巴哈马华侨联谊会募集	51075 美元（35.8万元人民币）	
5 月 17 日	中国美国总商会募集	150 万元人民币	
5 月 17 日	美国华裔会长联盟等 7 个社团募集	数十万美元	
5 月 18 日	美中商贸协会募集	10 多万美元	
5 月 18 日	大芝加哥地区华人	102.6 万美元	
5 月 18 日	玻利维亚华侨华人	1.6 万美元	
5 月 19 日	巴西侨界	200 多万元人民币	中国驻巴西总领馆接受
5 月 19 日	厄瓜多尔华侨华人	63176 美元	
5 月 20 日	加拿大华侨华人、留学生	400 万加元	
5 月 22 日	美国欣欣教育基金会募集	9 万多美元	
6 月 20 日	加拿大温哥华汇声广播传媒集团募集	约 110.9 万加元	
6 月 27 日	美国南加州、亚利桑那州、新墨西哥州、夏威夷州等地华侨华人、社会各界	530 万美元及价值500 万美元的物资	中国驻洛杉矶总领馆接受
欧洲			
5 月 12 日	意大利罗马华侨华人联合总会募集	8000 多欧元	
5 月 12 日	意大利威尼斯华侨华人总会募集	5000 多欧元	
5 月 13 日	法国侨界	290 万元人民币	
5 月 13 日	捷克华侨华人	40 多万克朗	

续表

截止时间 （当地时间）	捐赠／募集者	数额	备注
5 月 13 日	匈牙利华侨华人	1 万欧元	
5 月 14 日	西班牙侨界	10 万欧元	
5 月 14 日	黑山华商会募集	5730 欧元	
5 月 15 日	全英华人华侨临时筹款委员会募集	5.6 万英镑（77 万元人民币）	
5 月 16 日	德国华侨华人	6 万欧元	中国驻德国大使馆接受
5 月 17 日	全荷慈善筹款援助中国大地震行动委员会募集	10 万欧元	
5 月 17 日	荷兰东区华人、荷兰浙商联合会、欧洲杭州联谊会等募集	3 万欧元	
5 月 17 日	俄罗斯叶卡捷琳堡市华侨华人	近 2 万美元	
5 月 17 日	阿尔巴尼亚华商	1.9 万多美元	
5 月 17 日	土耳其各界	18402 新里拉（约合 14900 美元）和 1918 美元	中国驻土耳其大使馆举办义卖筹集
5 月 18 日	冰岛华人华侨协会募集	54.93 万冰岛克朗（约合 7100 美元）和 2500 美元	
5 月 18 日	葡萄牙华侨华人	8 万多欧元	中国驻葡萄牙大使馆接受
5 月 18 日	希腊华侨华人	10 万多欧元	希腊华侨华人妇女联合总会、希腊华侨华人华商总会募集
5 月 20 日	塞尔维亚华侨华人	近 10 万欧元	
5 月 20 日	比利时华侨华人、留学生、中资机构	300 万元人民币	

续表

截止时间 （当地时间）	捐赠／募集者	数额	备注
5月24日	比利时鲁汶学联、布鲁塞尔学联等募集	近2万欧元	
5月25日	西班牙侨界	140多万欧元	
6月19日	意大利侨胞	80多万欧元	中国驻意大利大使馆接受
亚洲			
5月13日	全日本中国留学人员友好联谊会募集	100万日元	
5月13日	马来西亚华社	50万马币	
5月14日	泰国侨界	1042.3万泰铢（100万元人民币）	
5月14日	阿富汗中国同胞	2万美元	
5月15日	印尼广东、福建社团	100多万元人民币	
5月16日	韩国中国商会募集	3950万韩元	
5月17日	阿联酋中国商会各会员企业	260.3万元人民币	
5月17日	沙特阿拉伯华商	5万多里亚尔（约合1.4万美元）	
5月18日	印尼《国际日报》募集	12亿印尼盾	
5月18日	印尼《棉兰讯报》募集	12万美元	
5月18日	印尼《千岛日报》募集	13万美元	
5月18日	菲律宾华人华侨	2000多万元人民币	菲律宾《世界日报》2008年5月19日报道
5月19日	旅蒙华侨协会募集	近5万元人民币	
5月24日	越南中国商会募集	约40万元人民币	
6月12日	日本新华侨华人会募集	3000万日元（约合193.5万元人民币）	

续表

截止时间 （当地时间）	捐赠／募集者	数额	备注
6月15日	新加坡中国商会募集	36.7万元人民币	
6月19日	菲华商联总会（菲律宾华商联合总会）募集	8400万比索	新华网消息
大洋洲			
5月24日	新西兰华侨华人	24.2万新元（约18.876万美元）	新西兰中国团体联合会、新西兰中国和平统一促进会、新西兰中华电视网、奥克兰中国留学生等募集
5月26日	瓦努阿图中华同乡联谊会、瓦努阿图中国和平统一促进会募集	约1.1万美元	
6月6日	"西澳华人中国地震救灾基金"募集	20万澳元	该基金5月13日正式启动，新华网消息
非洲			
5月13日	博茨瓦纳福建侨胞	16万普拉（约17万元人民币）	
5月14日	南非侨界	16万兰特（认捐118万兰特）	
5月17日	马拉维中国商人	1.5万美元	
5月18日	坦桑尼亚中华总商会募集	5万多美元	
5月19日	津巴布韦中资公司、华侨华人	61760美元	
港澳台地区			
5月13日	澳门特区政府	1亿元人民币	新华网消息
5月13日	澳门基金会	1000万元人民币	新华网消息

续表

截止时间 （当地时间）	捐赠／募集者	数额	备注
5 月 30 日	台湾各界	7.8 亿元人民币	新华网消息
6 月 5 日	在京台商、台资企业和台胞	6400 万元人民币	"两岸同心， 重建家园"晚 会募集，新华 网消息
6 月 16 日	香港特区政府及社会各界	22 亿港元	新华网消息
6 月 16 日	中央政府驻澳门联络办公室 （中联办）接受	2.05 亿澳门元	新华网消息
6 月 16 日	澳门红十字会募集	8000 万澳门元	新华网消息

资料来源：除注明消息来源的资料外，表中其他资料均来自中国侨网的报道，其中一部分是根据中国侨联资料室编辑的《外刊快讯》整理而成，详细出处不再一一注明。

此次抗震救灾，华侨华人社团发挥了重要作用。5 月 13 日，由近 20 家匈牙利华人社团发起的"匈牙利华侨华人关注祖国地震灾区募捐倡议大会"在布达佩斯召开。在会上大家纷纷捐款，向灾区同胞献出自己的一份爱心。英国华侨华人为救灾于 5 月 15 日成立了临时筹款委员会，启动抗震救灾大行动。比利时侨界于 5 月 13 日设立"抗震赈灾特别基金"，以聚集旅比华侨华人社团的力量，为地震灾区捐款建设一所学校。5 月 13 日，南非近 20 个侨团组织的侨领在约翰内斯堡举行南非全球赈济四川震灾动员大会。5 月 21 日晚，由葡萄牙知名人士 Domingos Castro 和旅葡华商周旭勇共同发起，葡萄牙中华总商会、葡中经贸投资协会等多个华人社团共同参与的"葡萄牙四川援助会"注册成立，旨在帮助四川灾区灾后重建。

6 月 1 日，新西兰唯一的一支职业足球队——凤凰队在首都惠灵顿与来自南岛的基督城华人业余足球联队举行赈灾义赛，为四川汶川大地震灾区群众筹款。比赛开始前，全体起立默哀 1 分钟，向地震遇难者志哀。千余名当地民众前来观看比赛，并纷纷自愿捐款，向灾区奉献爱心，现场募集捐款 3600 多新元（1 新元约合 0.78 美元）。

美国洛杉矶地区 100 多位华人书画、摄影家，6 月 7 日在当地举行赈济中国四川地震灾区作品义卖活动。这场名为"手牵手、画中情"的赈灾义卖活动由旅美著名画家丁绍光发起，得到洛杉矶地区百余位华人艺术家的积极响应，共征集到 200 多幅绘画、书法和摄影作品用于拍卖，其中包括不少在四川汶川大地震发生后专门创作的作品。此次义卖活动筹集的赈灾善款数十万美元将由中国驻洛杉矶领事馆转交中国红十字会。

除了捐款外，还有海外华人万里迢迢赶赴四川灾区第一线，亲身经历抗震救灾的震撼场景。25 岁的俄罗斯华人干俊达随同另外 66 名俄罗斯救助队队员赶到了四川地震灾区。加拿大首个由 5 名志愿人员组成的医疗援助队伍中有两名华人医生蒋曹阳和徐海波。美籍华人医疗救护专家陈浩于地震发生数天后就抵达灾区，并很快投入重灾区北川的搜救工作，与志愿者们携手成功救助许多灾民。由美国仁爱医疗集团和嘉惠尔医院 10 名华裔医师组成的医疗赈灾小组也赴四川灾区参加救援。旅日华侨日本生命医学协会常务副理事长、大阪府立大学医学教授施海潮，作为四川省红十字会和省疾病控制中心的防疫专家，指导当地的救援和疫情防控工作。施海潮根据日本阪神大地震经验，制订了"震后糖尿病"处理方案，并捐赠其有发明专利的治疗地震糖尿病的抗糖茶片。

侨胞还以多种方式支援灾区。5 月 21 日晚，全球华侨华人社团在世界各地同步举行烛光晚会，悼念汶川地震遇难者。许多华侨华人、留学生纷纷手捧蜡烛，佩戴黄丝带，缅怀遇难同胞。法国华人艺术家叶星球还创作了《救灾之歌》，表达海外华侨华人与灾区人民在一起的心声："汶川地震恸难平，海外侨胞骨肉亲。主席总理临一线，八方救援献丹心。和衷共济群情振，大爱无边众志城。难中不倒整河山，迎难而上壮歌声。"海外华文媒体同声共济，发挥了积极作用。地震发生当天，众多海外华文媒体在第一时间进行报道，将灾区情况迅速传递给全球各地的华侨华人，同时也将全球华侨华人的心凝聚在一起。5月13日，中国新闻社携手海外40多个国家的200多家华文媒体，联合发起"炎黄儿女情系四川地震灾区"活动的倡议。

（二）关注灾区灾后重建

海外侨胞不仅在地震发生后迅速行动起来，踊跃捐款救助灾区，而且关注灾区的灾后重建，采取各种形式为灾区提供长期援助。

"5·12"汶川特大地震后，四川省侨办针对汶川地震先后实施"侨爱赈灾行动""灾区儿童心理抚慰计划"等"侨爱工程"项目310多个，资助3000多户受灾农户兴建永久性住房，目前所有项目已全部竣工投入使用。

2008年5月16日，海外华人传媒协会携全球100多家中文媒体，正式倡议发起全球收养地震孤儿行动。5月17日，日本华人教授会议成立"支援四川大地震复兴委员会"，募集各种抗震复兴智慧建议。委员会计划从死难者遗体处理、心理援助、防疫、鳏寡孤独的救助、连锁灾害的预防、救灾与灾后重建的指挥和组织体系、灾后重建与复兴等11大问题着手研究，写出各种建议和报告，通过各种渠道提供给中国国内有关部门。日本新华侨华人会则将精力集中在灾区小学重建事宜上，以四川籍会员为中心募捐到了约680万日元，并计划派代表前往灾区，研究重建学校的选址等问题，并表示今后还将组织向灾区学生捐赠教科书和奖学金。此外，一些华人团体还把日本相关的防灾资料翻译成中文赠送给中方。其中包括由全日本中国留学生学友会（在东京）整理的数百页资料，内容涵盖了预防次生灾害与赈灾志愿者的注意事项，希望日本应对灾害的经验能对中国有所帮助。①

　　总部设在纽约的国际华人医学家心理学家联合会成立了"5·12"灾后心理援助小组，建立对四川灾区的五年心理援助工作计划，每季度都安排海外心理学家和心理卫生学家到四川省指导心理危机干预，并长期为地震灾区提供心理援助、危机干预的技术资料和相关设备。该联合会已加入由中华慈善总会、中国教育学会、中国医师协会等联合发起的1+1心联行动（儿童青少年灾后心理援助联合公益行动），呼吁全球华人汇聚力量，帮助灾区人民重建心灵家园。

　　西班牙华侨华人在灾后不久成立了"西班牙华人灾后援建爱心学校"基金会，为"西班牙华人爱心学校"募捐筹款，并要在四川灾区兴建多所西班牙华人爱心学校。为社会公益以及国内救灾成立基金会，这在旅西侨界还是第一次。"全爱华人四川灾区重建委员会"动员一切力量，紧锣密鼓地进行第二阶段的筹资建设爱心学校工作。委员会呼吁旅居爱尔兰的华人同胞能继续将此爱心延绵，与四川灾区重建委员会一起将救灾工作进行到底。四川灾区重建委员会积极致力于向社会各界呼吁募捐，为灾区重新建立一所爱心学校。据了解，由全爱华人四川灾区重建委员会成立的"爱我中华四川手牵手基金会"受到了广大华人热心支持，同时，委员会积极筹办"四川灾后重建慈善晚餐拍卖会"，为地震灾区的学校建设作出一份贡献。

　　在赈灾救灾活动中，欧洲活跃着一华侨华人妇女组织。"5·12"汶川大地震发生后，欧洲华侨华人妇女联合会广泛发动捐献爱心，为汶川灾区捐款总额达600多万元人民币，2010年再为玉树地震捐款8000欧元。在妇女联合会的组织下，法国妇女会和意大利米兰妇女会分别在中

---

　　① 《在日华人团体关注四川灾后重建　拟提供长期援助》，中国侨网，2008-06-12，http://www.chinaqw.com/hqhr/hrdt/200806/12/120067.shtml。

国云南建立"希望小学"，米兰妇女会还捐资成立"奖教基金"，荷兰妇女会为国内聋哑学校捐款，西班牙妇女会则参与了目标让所有失学辍学女童重返校园并为女童谋福祉的"春蕾计划"。

华侨华人及港澳同胞灾后捐款建立北川中学，与华侨华人捐款支援北京奥运会建立的水立方相似，成为汶川地震灾后重建的标志性建筑。2008 年 8 月 27 日，中国侨联、四川省人民政府召开"援建北川中学新闻发布会"，宣布由中国侨联具体组织归侨侨眷、海外侨胞和港澳台同胞援建北川中学项目启动。但由于此前海外侨胞和港澳台同胞已多次为地震慷慨解囊，随之发生席卷全球的金融危机又导致许多侨领资产缩水，为北川中学筹款带来实际困难。随即一场爱心接力赛首先在广大侨商中展开。嘉祥（交通）集团曾荣膺国务院侨务办公室颁发的"2006—2008 年度全国百家明星侨资企业"，集团主席姚志胜得知援建北川中学的消息后，当即捐出 1500 万元人民币；此前已捐款 600 万元的融侨集团总裁林定强，再次慨然捐出 1000 万元人民币；怡海集团董事长王琳达个人捐出 1000 万元人民币的同时，还派员参与学校的设计、施工过程；两位不愿具名的印尼侨商各自捐款 200 万美元。港澳台商界同胞纷纷援建北川中学，香港侨界社团联会再牵头筹得善款累计 3000 余万港元；波司登集团董事长高德康虽"非侨非眷，也不是港澳台同胞"，也捐出了 1000 万元人民币。

筹款之初，中国侨联发起了"两个一"捐赠活动，倡议海外的华侨华人和港澳台同胞每人捐出 1 美元，国内的归侨侨眷和广大爱心人士捐出 1 元人民币来援建北川中学。这一倡议得到热烈响应。北京东直门医院吕晞滢医生受在加拿大留学孩子的委托，捐出 500 元。2008 年 9 月初，中国华侨经济文化基金会收到海外侨胞的第一份捐款 400388.54 元，这是西班牙多个侨社为重建北川中学筹集的。巴西里约华联会、荷兰教育基金会、俄罗斯浙江商会等几乎全球的华人社团都组织了捐赠活动。厦门归侨麦莲珠夫妇靠低保金生活，这次捐出了 800 元，为了舍下 8 块钱邮费，特意请厦门市侨联的工作人员到京时转交。南通侨联在全市侨界群众和青少年学生中开展了"每人捐一块钱，援建北川中学"的活动，并多次组织义卖，共筹得 50 万元善款。滴水成河，粒米成箩。北川中学捐款涉及全球 73 个国家和地区的华侨华人，共数十万人参与了捐款，创下国内单个慈善项目捐款人数的新纪录。

（三）港澳台同胞骨肉情深献爱心

在此次大地震中，港澳台同胞同样表现出了感天动地的爱心，创下了许多前所未有的纪录。

据新华网报道，"5·12"大地震发生的当晚，香港特区政府在第一时间表示，尽最大努力救援地震灾区。第二天，行政长官曾荫权向立法会申请 3 亿港元的紧急赈灾拨款。与此同时，香港 700 万同胞在震惊和悲痛之余，迅速展开了香港有史以来最大规模的赈灾行动。商贾名流纷纷捐款：李嘉诚在捐出 1.3 亿元人民币后承诺，将无偿帮助四川境内因为此次地震而断肢的灾区群众安装假肢，并无偿提供给不能行走的人每人一张轮椅。邵逸夫捐出 1 亿港元援建灾区学校。荣智健捐赠 7000 万港元。还有不少港胞踊跃捐献。6 月 1 日下午，来自内地（大陆）和港澳台的艺人在香港举行持续 7 个半小时的义演——演艺界"5·12 关爱行动"大会演，为汶川大地震受灾同胞募捐 3000 多万港元。截至 6 月 16 日，香港特区政府及社会各界已累计向地震灾区捐款超过 22 亿港元。此外，香港特区政府民政事务处、香港红十字会等机构还为灾区募集了大量急需的救灾物资。

汶川地震翌日，澳门特区行政长官何厚铧即宣布：特区政府拨款 1 亿元人民币，澳门基金会拨款 1000 万元人民币，"全力支持内地救援四川地震灾区工作"。震后不到 24 小时，近 300 万澳门元的善款就从城市的各个角落汇聚到中央政府驻澳联络办；中联办共向地震灾区转交捐款

2.05 亿澳门元，澳门红十字会筹集的赈灾善款善物总值超过 8000 万澳门元。

汶川大地震发生后，中国台湾同胞一直高度关注灾情，岛内各界慷慨解囊，自发地捐款捐物援助灾区。中国国民党主席吴伯雄、荣誉主席连战，亲民党主席宋楚瑜，新党主席郁慕明等纷纷来函来电表达关切和慰问。仅仅在灾难发生后的两天内，台资企业及个人便向地震灾区捐款累计达 5.6 亿元人民币。截至 5 月 30 日，台湾各界向国台办、海峡两岸关系协会及各有关地方台办捐款或表达捐款意愿累计约人民币 7.8 亿元，另外还有大批救灾物资。5 月 18 日晚在台北举办的"把爱传出去"赈灾募款晚会，现场开放 123 条电话线路接受捐款，至少 300 位台湾艺人、名人轮番作为志愿者接听捐款电话。持续 4 小时的晚会共募得善款 2.27 亿元新台币。为援助四川地震灾区的灾后重建工作，一场名为"两岸同心，重建家园"的主题晚会于 6 月 5 日晚在北京举办，众多台商、台资企业和台胞在晚会上为灾区捐建 128 所学校，款项共计 6400 万元人民币。①

据不完全统计，截至 2009 年 5 月下旬，来自全球五大洲的 137 个侨团、慈善机构、海内外侨胞和港澳同胞通过各种渠道向四川地震灾区捐赠款物近 50 亿元。② 2010 年 1 月 6 日，审计署发布了汶川地震社会捐赠款物审计结果。结果显示，截至 2009 年 9 月 30 日，全国共筹集社会捐赠款物 797.03 亿元（含"特殊党费"）。具体情况是：按形态划分，资金 687.90 亿元，物资 109.13 亿元；按捐赠意向划分，定向 291.93 亿元，非定向 505.10 亿元；按捐赠渠道划分，境内捐赠 723.05 亿元，国际组织、

---

① 《血浓于水 大爱无疆——港澳台同胞和海外侨胞倾力捐助》，新华网，2008-06-18，http://news.xinhuanet.com/overseas/2008-06/18/content_8389153.htm。

② 人民日报记者苏宁：《海外华侨华人援助震后重建"侨爱工程"——大灾显大爱 血脉总相连》，《人民日报》2009 年 5 月 20 日。

海外华侨等国外捐赠 40.48 亿元，港澳台地区捐赠 33.50 亿元。[①] 审计署的审计结果，应该是最终最权威的统计数字。

（四）侨务部门适时组织抗灾

四川震灾发生后，侨务部门迅速行动起米，发动和组织侨界群众支援灾区，接受海外侨胞支援灾区的捐赠。国务院侨办于 5 月 13 日紧急启动了"侨爱工程——抗震救灾温暖行动"，并迅速启动应急工作机制。5 月 13 日，国务院侨办发出《关于全力投入抗震抢险救灾工作的紧急通知》，各地侨办立即行动，动员引导侨界人士捐款捐物，以最快的速度将捐赠的款物送往灾区。

中国侨联于 5 月 13 日对各级侨联发出倡议书，要求各级侨联紧急行动起来，广泛发动和组织侨界群众支援灾区，并通过华侨经济文化基金会将筹措的第一笔善款 100 万元转给四川省侨联，用于帮助灾区人民共渡难关。中国侨联还向四川省人民政府发出了慰问信。各地侨联积极响应中国侨联的倡议，齐心救助四川灾区。5 月 16 日下午，中国侨联在北京华侨大厦举行了"心系灾区、重建家园"捐赠仪式，中国侨联主席林军代表中国侨联接受广大归侨侨眷和海外侨胞捐赠的首批善款共计 3217 万元。[②] 比如广东省广州市番禺区实施"侨爱工程——万侨助万村活动"以来，取得了较好成效。截至 2012 年 10 月，华侨华人、港澳台同胞捐资扩建的中小学 15 所，幼儿园 8 所，旅游区和镇、村公园 6 个，区属和镇（街）敬老院 6 个，文化中心或侨胞之家 6 个。

[①] 崔鹏：《审计署发布地震捐赠款物审计未见重大违纪违规 全国共筹集捐赠款物 797.03 亿元》，《人民日报》2010 年 1 月 7 日。

[②] 《中国侨联举行"心系灾区、重建家园"捐赠仪式》，中国侨联网，http://www.chinaql.org/HomePage/2008-05-16/page_855.shtml。

五、救援遭受其他各种灾害的国内同胞

（一）解救玉树地震受难同胞

2010 年 4 月 14 日 7 时 49 分，在青海省玉树藏族自治州玉树县发生
7.1 级地震，震源深度约 33 公里。截至 4 月 21 日 17 时，地震造成 2183
人遇难，失踪 84 人，受伤 12135 人，其中重伤 1434 人。

玉树地震发生后，中国驻世界各国如美国、俄罗斯、日本、朝鲜、
印度、巴基斯坦、泰国、黎巴嫩、尼泊尔、马来西亚、意大利、澳大利
亚等国家大使馆纷纷举行悼念活动，当地华侨华人也大多随着参加悼念，
并向大使馆捐献救灾款。如日本华侨华人向当地使馆捐款 844 万日元（约
合人民币 65 万元）。

玉树大地震牵动着海外华侨华人的心，他们积极行动起来，组织赈
灾活动。4 月 14 日，华盛顿地区华侨华人成立了"华府华人救援青海地
震灾民赈灾委员会"，具体负责赈灾事宜。美国华盛顿中国西北同乡会
4 月 14 日致电青海省人民政府侨务办公室，向青海地震灾区同胞表示慰
问。信中说，我们惦念着灾区同胞的安危和衣食住行。在此，我们谨代
表美国大华府地区的西北乡亲，通过贵办公室向灾区同胞表示深切关怀
和亲切慰问，并向参加抗震救灾的解放军官兵、消防人员、广大干部群
众和其他英雄们致以崇高的敬意！ ①

玉树地震发生不久，旅居西班牙华侨华人纷纷为玉树灾区捐款。西
班牙华商协会募集捐款 2.3 万多欧元，西班牙华人企业联合会会员捐款 3
万多欧元，西班牙华人华侨协会会员捐款超过 1 万欧元，正在筹组中的
一个小商品经营者商会募集捐款 4 万欧元，巴塞罗那博通电讯和联众电

---

① 温宪、李文政：《美国加拿大华侨华人积极赈灾（震灾牵动你我　四海协力援助）》，《人民
日报》2010 年 4 月 18 日。

脑公司捐款 3000 欧元，瑞安华侨华人经贸总会募集捐款 6 万欧元，侨领戴东华以个人名义捐款 2000 欧元，瓦伦西亚中国商会各位领导捐款 1.2 万多欧元。4 月 27 日晚，20 多个德国侨团、侨社共同举办的全德华侨华人玉树赈灾义演在柏林中国文化中心礼堂举行。当晚共募捐 6910 余欧元，义诊 20 欧元，义卖 164 欧元，拍卖 1800 欧元，将全部由中国驻德使馆转交玉树。①

与此同时，香港台湾同胞也向灾区同胞献爱心捐款。在 2010 年 4 月 20 日晚的募捐活动中，中央政府驻港联络办将所接收的 4243 万元捐款带到现场，并转达香港同胞对灾区人民的情谊。4 月 28 日，台湾通德兴业公司董事长陈前芳通过中国华侨经济文化基金会捐赠价值约 20 万元的能量贴布，以帮助缓解玉树灾区救援人员的高原反应。

（二）援救甘南舟曲泥石流

2010 年 8 月 7 日 22 时左右，甘肃省甘南藏族自治州舟曲县城东北部山区突降特大暴雨，持续 40 多分钟，引发三眼峪、罗家峪等四条沟系特大山洪地质灾害，泥石流长约 5000 米，平均宽度 300 米，平均厚度 5 米，总体积 750 万立方米，流经区域被夷为平地。据统计，截至 2010 年 9 月 7 日，舟曲 8·7 特大泥石流灾害中遇难 1557 人，失踪 284 人。

舟曲 8·7 特大泥石流灾害牵动着海外华侨华人的心，他们纷纷前往所在国中国大使馆吊唁在泥石流灾害遇难同胞，并以不同方式悼念遇难者。加拿大全加华人联会暨多伦多华人团体联合会十分关注甘肃舟曲灾区同胞，他们通过中国驻多伦多总领馆转交了慰问信，信中说：惊悉甘肃舟曲遭受特大山洪泥石流灾害，造成重大人员伤亡和经济损失，加拿大华人对此万分关心。中国政府对舟曲灾区采取了迅速有效的救灾措施，我们相信，舟曲人民在中国政府和全国人民的关怀和积极帮助下，必将

---

① 陈仁泽等：《海内外各界情系玉树人》，《人民日报》2010 年 4 月 29 日。

战胜一切困难，重建美好家园。加拿大全加华人联会与其他华人社团将共同于 8 月 15 日、21 日、29 日举行 3 天救灾筹款，支援灾区人民重建家园。8 月 15 日，塞尔维亚的一些华侨华人和中资机构人员自发停止娱乐活动，以表达对遇难同胞的哀思。在此前后，约旦华侨华人通过致电、致函等方式向中国政府和人民表示慰问，对泥石流罹难者表示哀悼，对遇难者家属和灾区人民深表同情；柬埔寨华侨华人纷纷给中国大使馆打电话，对甘肃舟曲遇难同胞深表哀悼，并表示愿意捐款支持灾区重建。非洲中华总商会会长王龙水表示，哀悼日当天，海外华人和祖国的心情一样沉重。祖国在救灾中表现出的团结友爱、不屈不挠的精神，不但让海外华人振奋，也会让全世界对中国有进一步了解。有人在美国北加州新移民网络"未名论坛"上发帖说："历史反复证明：多难兴邦。"

（三）救助芦山地震灾害同胞

2013 年 4 月 20 日 8 时 2 分，四川省雅安市芦山县发生 7.0 级地震。震源深度 13 公里。震中芦山县龙门乡 99% 以上房屋垮塌。截至 24 日 14 时 30 分，地震共计造成 196 人死亡，21 人失踪，11470 人受伤，累计受灾上百万人。

得知芦山发生地震不幸消息，澳大利亚、波兰、巴基斯坦、德国等国的华侨华人、留学生和中资机构工作人员在第一时间紧急行动起来，积极伸出援助之手、献出一片爱心。

泰国华人青年商会会长李桂雄介绍，得知一些同胞在地震中伤亡、失去家园感到非常痛心。泰国华人青年商会 4 月 20 日下午召开紧急会议，发动并组织泰国华人为灾区筹款救助。日本华侨华人也非常关注芦山地震灾害，纷纷打电话询问详细情况，并表达以实际行动支援灾区的愿望。全韩中国学人学者联谊会会长魏世杰说，联谊会目前正在起草针对受灾同胞的慰问信，并在考虑发起捐款活动。印度尼西亚国会议员叶锦标说，中华民族是坚韧勇敢的民族，受灾民众一定能早日从悲痛中重新振作，重建家园。全巴基斯坦华侨华人联合会常务理事、伊斯兰堡华侨华人协会秘书长喇杰廉表示，从新闻上看到关于四川芦山地震的报道后，非常震惊，也为死伤者和受灾同胞感到沉痛。4月23日下午，巴基斯坦伊斯兰堡华侨华人协会为芦山大地震组织募捐活动，不少华侨华人和当地友好人士早早就来到了募捐现场。印度中印商会秘书长黎剑21日表示，目前部分中资公司已开始举办捐款捐物活动，中印商会也会尽最大努力为募捐活动提供服务和便利。

法国巴黎华侨华人会馆于4月25日举行了主题为"我们都是雅安人"的追思会，悼念地震遇难同胞。百余名侨界人士参加了此次活动，他们将点燃的蜡烛摆成外围为心形、中间为"4·20"的图案，白色的鲜化摆满其间。华侨华人代表深情地朗诵了散文《我们都是雅安人》，不少现场的华侨华人流下了眼泪。华侨华人代表王加清说，同为中华民族一脉，旅法华侨华人感同身受，希望灾区同胞早日走出阴影，重建美好家园。

俄罗斯普希金语言学院、俄罗斯人民友谊大学、国立鲍曼技术大学等俄罗斯知名学府的中国留学生4月26日组织了数场募捐活动。不仅中国留学生积极参与，许多俄罗斯友好人士也慷慨解囊。27日零时，留俄学生总会莫斯科国立大学学生会组织数十名中国留学生在莫大广场前为四川芦山地震遇难者燃烛祈福。

4月27日，比利时华侨华人为四川省芦山地震死难者进行默哀并签名祈福。发起此次签名祈福活动的根特学联主席左志淼在接受本报记者采访时表示，根特学联已经牵头向全比华侨华人、留学生发出倡议，希望大家能给予灾区更多关注。①

---

① 人民日报记者邢雪、李志伟、林雪丹、谢亚宏、张杰：《华侨华人留学生心系芦山地震灾区》，《人民日报》2013年4月28日。

美国福建同乡会、纽约华人社团联席会、香港旅美华人总商会等美国华侨华人组织积极为灾区筹集物资和善款，奉献爱心。多家华侨华人社团 4 月 22 日联合在蒙特利公园市举办了"情系四川、赈灾献爱"捐款活动。活动发起较为仓促，但仍然有七八十位侨胞来到现场准备捐款。美中收藏家协会会长周德昭带头捐出了 3000 美元。他声音颤抖着说："我是一名四川人，当年曾在雅安下过乡。虽然身居海外，但我的心早已飞到了灾区同胞身边。为灾区父老乡亲献一份爱心，我义不容辞。"① 美国华夏政略研究会会长王中平在捐款后说，中国政府科学施救、措施得宜，最大限度地减少了伤亡和财产损失，给灾区群众带来了希望和信心。南加州华侨华人纷纷捐款表达对灾区同胞的一颗颗爱心。

据统计，广大海外侨胞、港澳同胞通过各种途径为雅安芦山地震救灾捐赠款物共合人民币 1.56 亿元。其中通过国务院侨务办公室举办的"侨爱工程"，共为芦山地震灾区捐款 9437 万元人民币，用于抗震救灾和灾后重建。②

---

① 杨迅等：《海外华侨华人积极为中国地震灾区捐款　国际社会高度评价我抗震救灾工作》，《人民日报》2013 年 4 月 25 日第 3 版。人民日报记者白阳等：《海外华侨华人外国友人心系中国地震灾区》，《人民日报》2013 年 4 月 26 日。

② 张冬冬：《海内外侨界为雅安芦山地震捐赠款物达 1.56 亿元》，中国新闻社 2013-04-28。暨南大学图书馆世界华侨华人文献馆、彭磷基华侨华人文献信息中心编：《侨情综览》（2013），暨南大学出版社 2014 年版，第 217 页。

第六节　各级政府制定华侨捐赠法规及捐赠管理

为了鼓励华侨捐助公益的爱国爱乡热情，保护捐赠人、受赠人和受益人的合法权益，规范捐赠和受赠工作，促进公益事业的健康发展，做到专款专用，及时将各界的捐款救助惠及遭受灾难的同胞，中央政府及各级地方政府制定并颁布了相关法规、条例、办法，对华侨的慈善捐赠进行指导和管理。

一、制定有关华侨捐赠法规办法

改革开放初期，华侨华人和港澳同胞自愿捐款捐物支援家乡，对侨乡生产建设和科学文化事业的发展起到了积极作用。针对捐赠工作中存在的一些问题，中共中央和国务院"三令五申"，先后发布了有关规定、通知，对捐赠工作做出了具体的规定。特别强调必须严格坚持捐赠人完全出于自愿的原则，进一步严格接受华侨和港澳同胞捐赠的审批制度。这些对纠正华侨捐赠工作中存在的问题、保护华侨捐赠的积极性和合法权益起到了重要作用。其他相关部门如海关总署、外汇管理局、教育部、国务院侨办等，也相继制定了相应的办法对华侨捐赠活动进行规范，加强管理。

华侨捐赠活动较多的重点侨乡广东、福建也较早制定和颁布了有关华侨捐赠的条例和办法。1984年2月，广东省政府颁布《广东省华侨、港澳同胞捐办公益事业支持家乡建设优待办法》，对华侨捐赠的外汇给予各种优惠待遇，进口的物资予以免税，征用的土地可以优先，捐赠的项目可以留名，贡献卓著者给予表彰等都有明确规定。1989 年 1 月 13 日，福建省人民政府下发《关于颁发福建省华侨捐赠兴办公益事业管理规定的通知》，1990 年，福建省人大常委会颁布了《福建省华侨捐赠兴办公益事业管理条例》，这是第一部有关华侨捐赠管理的专门法律。

1999 年 6 月《中华人民共和国公益事业捐赠法》颁布实施。其中涉及华侨捐赠的有："华侨向境内捐赠的，县级以上人民政府侨务部门可以办理有关入境手续，为捐赠人实施捐赠项目提供帮助。"（第十五条）对华侨捐赠财产的使用和管理，规定："县级以上人民政府侨务部门可以参与对华侨向境内捐赠财产使用与管理的监督。"（第二十条）捐赠法赋予侨务行政部门对华侨捐赠的管理和监督权。事实上，有关华侨捐赠的监督和管理工作，各地的华侨捐赠条例都有明确规定，由各级人民政府侨务办公室负责对华侨捐赠工作实施管理和监督。这不仅使华侨捐赠工作有法可依，而且使管理和监督责任明确。

随着华侨华人捐赠中国公益事业的发展，对华侨捐赠的法律规范和管理不断加强。自 20 世纪 90 年代以来，已有十几个省、自治区和直辖市颁布并实施了有关华侨捐赠公益事业的条例和办法。详情参见表 6-6。

表 6-6　中央及各地颁布的华侨捐赠管理条例、规定、办法一览表

（以发布时间为序）

颁布时间	名称	颁布机关	备注
1982 年 8 月 17 日	国务院关于加强华侨和港澳同胞捐赠进口物资管理的通知	国务院	文号：国发〔1982〕110 号，已失效
1984 年 12 月 19 日	广东省华侨、港澳同胞捐办公益事业支持家乡建设优待办法	省人民政府	
1989 年 2 月 20 日	国务院关于加强华侨、港澳台同胞捐赠进口物资管理的若干规定	国务院	

续表

颁布时间	名称	颁布机关	备注
1989 年 7 月 11 日	关于对华侨港澳台同胞捐赠外汇参加外汇调剂的暂行规定	国家外汇管理局	失效
1989 年 12 月 26 日	中华人民共和国海关对华侨、港澳台同胞捐赠进口物资监管办法	海关总署	
1990 年 9 月 1 日	福建省华侨捐赠兴办公益事业管理条例	省人大常委会	港澳同胞捐赠兴办公益事业参照此条例，2002 年修改
1991 年 10 月 11 日	山东省华侨捐赠管理暂行办法	省人民政府	文号：山东省人民政府令第 23 号
1992 年 1 月 9 日	云南省接受华侨、港澳台同胞捐赠管理暂行办法	省人民政府	外籍华人捐赠的管理，参照此办法，文号：云政发〔1992〕7 号
1992 年 3 月 9 日	山西省关于接受华侨、港澳台同胞捐赠的管理办法	省人民政府	文号：晋政办发〔1992〕30 号
1992 年 10 月 5 日	山西省关于接受华侨、港澳台同胞捐赠的管理办法的补充规定	省人民政府	文号：晋政办发〔1992〕30 号
1994 年 12 月 29 日	湖南省华侨捐赠若干规定	省人大常委会	2002 年 3 月修改
1995 年 10 月 12 日	浙江省华侨捐赠条例	省人大常委会	港澳同胞、外籍华人的捐赠活动，参照本条例执行，2004 年 7 月修改
1996 年 6 月 28 日	福建省《关于华侨捐资兴办公益事业的表彰办法》	省侨办	2003 年修改
1997 年 2 月 4 日	广东省华侨捐赠兴办公益事业管理条例	省人大常委会	中国台湾、香港、澳门同胞的捐赠活动，适用本条例
1997 年 4 月 14 日	上海市华侨捐赠条例	市人大常委会	港澳同胞、海外人士及其社会团体以及他们投资企业的捐赠，参照本条例执行

续表

颁布时间	名称	颁布机关	备注
1998 年 5 月	贵州省侨办关于接受华侨、港澳同胞捐赠办理程序（试行）	省侨办	
1998 年 10 月	广西壮族自治区人民政府关于接受华侨和港澳台同胞捐赠物资工作有关问题的通知	区人民政府	
2000 年 2 月 17 日	江苏省华侨捐赠条例	省人大常委会	港澳同胞、海外华人及其社团、投资企业的捐赠，适用本条例
2000 年 9 月 13 日	天津市华侨捐赠管理办法	市人民政府	港澳同胞和外籍华人及其兴办的社团、企业的捐赠行为，参照本办法执行；台胞及台资企业的捐赠，按照国家及本市有关规定执行，2004 年 6 月修订
2002 年 1 月 20 日	福建省华侨捐赠兴办公益事业管理条例	省人大常委会	香港特别行政区、澳门特别行政区居民在我省捐赠兴办公益事业，参照本条例执行
2002 年 9 月 26 日	四川省华侨捐赠条例	省人大常委会	港澳同胞，外籍华人及其社会团体、投资企业的捐赠，参照本条例执行
2003 年 8 月	关于进一步实施《上海市华侨捐赠条例》的若干意见	市侨办	
2003 年 9 月 24 日	教育部、国务院侨办关于在中小学校布局调整中注意保护海外侨胞捐赠财产的意见	教育部、国务院侨办	文号：教外港〔2003〕第 55 号
2003 年 12 月	福建省华侨捐赠兴办公益事业表彰办法		
2004 年 7 月 31 日	浙江省华侨捐赠条例	省人大常委会	

续表

颁布时间	名称	颁布机关	备注
2004 年 11 月	新疆维吾尔自治区华侨捐赠办法	自治区人民政府	港澳台同胞、外籍华人及其社团、投资企业向自治区行政区域内进行捐赠的，参照本办法执行
2005 年 4 月	广东省华侨捐赠公益事业项目监督管理办法	省侨办	港澳同胞、海外人士及其社会团体、投资企业捐赠公益事业项目的管理，参照本办法执行
2006 年 3 月 9 日	国务院关于加强华侨、港澳同胞捐赠和经贸活动中外商赠送国家限制进口的机电产品管理的补充通知	国务院	
2007 年 7 月 27 日	海南省华侨捐赠公益事业若干规定	省人大	港澳同胞、海外人士及其社会团体、企业的捐赠，可以参照本规定执行；台湾同胞及其社会团体、企业的捐赠，依照国家有关规定并参照本规定执行，由县级以上人民政府台湾事务主管部门负责管理

　　资料来源：（1）全国人大华侨委员会办公室法案室编《侨务法律法规实用手册》；（2）法律教育网—法规中心—侨务—华侨捐赠，http：//www.chinalawedu.com/web/22769/more.asp?page=1&ac=1；（3）中国侨网。

　　从表6-6可以看出，不仅广东、福建、浙江、海南等重点侨乡制定了华侨捐赠的条例、规定，上海、天津等华侨捐赠较多的大城市也颁布了专门条例、规定。值得注意的是，一些侨务资源不多的内陆省份如山西、贵州、新疆、四川、湖南等也都制定并实施华侨捐赠的专门法规和办法。这反映出华侨捐赠的普遍性以及各地对华侨捐赠工作的重视。

　　除了省级人民政府颁布、实施相关条例、办法外，一些地方城市在此基础上也制定了相应的办法和具体措施，如《厦门市捐资兴学奖励办法》《厦门市华侨捐赠兴办公益事业管理条例》，泉州市政府《关于表彰华侨、港澳台同胞捐资兴办公益事业的暂行规定》《漳州市华侨捐资兴办公益事业表彰办法》；宁波市侨办、台办、外办《关于做好受赠管理工作的若干意见（试行）》《长春市华侨、华人捐赠监督办理程序》，广东佛山市《关于加强我市华侨港澳同胞捐赠学校监督管理的意见》《威海市华侨捐赠管理办法》等。

这些条例、办法主要对捐赠人的权利，受赠人的义务，监管部门的职责、责任追究以及对捐赠人的表彰等进行规范。主旨在于对捐赠加强管理监督以及表彰、奖励捐赠行为。主要内容包括：鼓励华侨捐赠兴办公益事业，华侨捐赠兴办的公益事业受国家法律保护。捐赠自愿原则，禁止强迫、摊派；捐赠人有权决定受赠人及捐赠的方式、数量、用途；捐赠人有权监督捐赠财产的使用，有权指定捐赠财产监管人。受赠人应当公开受赠财产的使用、管理情况，接受社会监督；侵占、挪用、贪污捐赠财产的，责令其退赔；是国家工作人员的，应当视情节轻重，由主管单位给予批评教育、行政处分；构成犯罪的，依法追究刑事责任。县级以上侨务行政部门负责对华侨捐赠事务进行监督管理。

随着华侨华人捐赠公益事业的发展，出现了原有的法律规定不能调适的新情况，有鉴于此，一些地区根据各自的实际情况，及时对原先的法规进行了修订。如浙江省于2004年7月对1995年制定的《浙江省华侨捐赠条例》进行了修改，对侵犯华侨捐赠财产的行为制定了更加严格的法律责任，加强了对捐赠人的保护力度。天津、福建、湖南等地也都对原有的规定、条例进行了修改、完善。最近制定华侨捐赠法规的海南省，在进行立法之前，进行了广泛调研，到广东、浙江、上海等地学习考察，充分吸收、借鉴已有的经验，使华侨捐赠法更有针对性、超前性和可操作性。正在制定中的《广州市接受华侨捐赠兴办公益事业管理办法》，在征求各有关单位意见的同时，在网上公开征求公众的意见和建议。

这些法律的制定及实施，对规范华侨捐赠工作，保护捐赠人的合法权益及华侨华人捐赠的热情和积极性起到了重要作用。

二、职能部门监管华侨捐款规范使用

随着华侨捐赠事业的发展，捐赠工作也出现了一些问题，如违背捐赠人意愿强行劝募；一些捐赠工程项目在捐赠人事先不知情下，被拆迁、撤销或合并；一些受赠单位漏报、瞒报受赠项目，回避监督；管理部门重捐赠、轻管理，重审批、轻监督的现象比较普遍；等等。面对捐赠工作中存在的这些问题，各地都相继把工作重点转到了侨捐事业的监督和管理上，加强了捐赠管理意识，加大了捐赠管理力度。

依法对捐赠财产的使用与管理进行监督，是法律赋予侨办的职责，各级侨办努力做好华侨捐赠事业的服务和管理工作，为侨胞实现奉献爱心、回馈社会的愿望提供细致周到的服务，切实维护侨胞捐赠人的合法权益，取得显著成绩。

以广东省为例。广东作为接受华侨捐赠的第一大省，华侨捐赠项目遍及全省各行各业。广东侨办总结多年工作的经验和教训，推动全省建立了较为完整的华侨捐赠项目监管体系。2005 年 4 月，广东省人民政府颁布了《广东省华侨捐赠公益事业项目监督管理办法》以及配套规章《关于在全省建立侨捐项目监管制度的意见》，对受赠单位责任与义务、捐赠人权利、管理与监督等做出明确规定，为建立制度加强监管提供了经验、创造了良好环境。从 2006 年开始，广东省进行了侨捐项目的普查确认工作，建立了省、市、县、镇侨捐项目监管网络和制度，基本实现从过去侧重于受赠过程的管理到全面监管的过程。省侨捐项目都建立了完备的档案；受捐地政府签订管理责任书，并向捐赠人颁发捐赠证书；同时，实施改变用途报批制度、受赠单位问责制度、审核备案制度、信息化管理制度、年度检查制度、公示制度。通过强化侨务部门监管职能、受赠单位认真履行职责，做到底子清、档案齐、责任明、制度完善、监管到位，把华侨捐赠项目真正管好用好，使这项工作有章可循，实现规范化。

江苏、上海、福建、浙江等地侨办通过建章立制，加强捐赠项目的全程监管和服务，重点抓好与捐赠人充分沟通、捐赠立项和资金配套、捐赠协议签订和施工队伍的筛选、严把工程进度和质量验收、捐赠项目的使用管理等环节，努力使捐赠项目的社会效益最大化。自 1997 年 6 月 1 日起施行《上海市华侨捐赠条例》以来，上海市华侨捐赠管理逐步走上法治化轨道。2003 年，上海市侨办提出了进一步加强华侨捐赠管理的具体指导意见，将侨务行政工作的重心转移到捐赠工作的监督检查方面。为保证捐赠人意愿的实现，近年来，上海市侨务部门把工作重心转移到监督受赠单位如何使用捐赠款物上来，每年组织对本市一个系统进行受赠单位自查和抽查形式的执法检查。先后对上海市各个系统包括普通教育、高教、文化、基金会和民政等系统接受华侨捐赠情况进行执法检查。通过全市捐赠执法检查，强化了执法力度，更好地保护了捐赠人的积极性，加强了受赠单位对贯彻执行捐赠条例的自觉性。

三、政府部门对捐赠人的表彰奖励

除了加强对捐赠工作的管理监督外，华侨捐赠工作的另一个重要方面是对捐赠行为的奖励和表彰。各地政府都以多种形式对捐赠兴办当地公益事业的海外侨胞、港澳同胞进行表彰，不少地方政府还制定了专门的捐赠公益事业表彰奖励办法。

福建省较早制定了专门的办法，表彰对捐赠事业作出积极贡献的侨胞和港澳同胞。1996 年，福建省就出台了《关于华侨捐资兴办公益事业的表彰办法》，对"自愿捐赠款物，直接用于本省兴办科技、文化、体育、广播电视、交通等公益事业及救助自然灾害的华侨（包括个人、社会团体），进行表彰（捐资兴办教育、卫生事业的表彰办法仍按省人民政府的有关规定执行）"。

为了进一步适应我国社会经济的发展变化以及华侨捐赠工作的变化，更充分地发挥广大华侨捐赠兴办公益事业的积极性，并与《福建省华侨捐赠兴办公益事业管理条例》配套，2003 年福建省政府对 1996 年出台的原表彰办法做了修改，出台了《福建省华侨捐赠兴办公益事业表彰办法》，进一步把捐赠管理和表彰工作结合起来，对表彰的对象、表彰标准等方面做了调整。如表彰对象修改为："救助灾害、救济贫困、扶助残疾人等困难的社会群体和个人的活动；教育、科学、文化、卫生、体育事业；环境保护、社会公共设施建设；促进社会发展和社会进步的其他社会公共和福利事业。"

表彰标准方面修改为：捐赠 30 万元以上、不足 50 万元的，授予"福建省捐赠公益事业贡献奖"铜质奖章、奖匾和荣誉证书；捐赠 50 万元以上、不足 200 万元的，授予"福建省捐赠公益事业贡献奖"银质奖章、奖匾和荣誉证书；捐赠 200 万元以上、不足 1000 万元的，授予"福建省捐赠公益事业突出贡献奖"金质奖章、奖匾和荣誉证书。金质奖章以小、中、大三种规格，分别授予捐赠 200 万元以上、500 万元以上和 800 万元以上的捐赠人；捐赠 1000 万元以上的，在征得捐赠者同意的前提下，另外以省人民政府名义在其捐建的主要建筑物上立碑及举行有关仪式。

2004 年 5 月 16 日举办的第四届世界福建同乡恳亲大会上，举行了"华侨捐赠公益事业突出贡献奖"颁奖仪式，福建省人民政府对在福建省捐赠兴办公益事业累计达 1 亿元以上人民币的 12 个海外侨胞、港澳同胞个人和团体进行特别表彰，并颁发"福建省捐赠公益事业突出贡献奖"金质奖章；对捐赠公益事业达千万元以上人民币的 143 个海外侨胞、港澳同胞个人和团体颁发立碑纪念匾，以彰显他们对福建省公益事业作出的卓著贡献，大力弘扬海外侨胞、港澳同胞热心公益、造福家乡人民的崇高精神。此外，还有 2000 多名海外侨胞、港澳同胞捐赠了 30 万元、50 万元甚至上百万元的数额，更多的侨胞虽然捐赠的数额不大，但是热心福建省公益事业、尽力做贡献的精神令人钦佩，永载史册。至 2007 年底，福建省政府已表彰对公益事业捐赠有突出贡献的海外侨胞和港澳同胞 1787 人次，其中表彰捐赠亿元以上的 12 人，表彰捐赠千万元以上的 186 人。[①]

2014 年 1 月 26 日，福建省人民政府再次印发《福建省华侨捐赠兴办公益事业表彰办法》（闽政〔2014〕5 号），同时废止 2003 年《表彰办法》。新修订的《表彰办法》分表彰的对象、表彰的标准、表彰数额的计算、表彰的申请、审批和管理等七部分。其中对表彰标准调整如下：（一）捐赠款物累计折合人民币 100 万元以上（含 100 万元），不足 500 万元的，以省人民政府名义授予"福建省捐赠公益事业贡献奖"奖匾和荣誉证书。（二）捐赠款物累计折合人民币 500 万元以上（含 500 万元），不足 1000 万元的，以省人民政府名义授予"福建省捐赠公益事业突出贡献奖"奖匾和荣誉证书。（三）捐赠款物累计折合人民币 1000 万元以上（含 1000 万元）的，授予"福建省捐赠公益事业特别贡献奖"奖匾和荣誉证书，同时以省人民政府名义在其捐建的主要建筑物上立碑及举行有关仪式，但应事先征得捐赠者的同意。设区市、县（市、区）人民政府不再对侨捐项目进行立碑表彰。（四）捐赠款物累计折合人民币 100 万元以下的，由设区市、县（市、区）人民政府给予表彰。[②] 与以前的表彰标准比较，表彰标准有所提高，不设奖章，分为省和省以下不同表彰层次。新表彰办法进一步加强了对捐赠款物用途的监管。

---

① 逯寒青：《海外侨胞港澳同胞 30 年来累计向福建捐赠 164 亿元》，中国侨网，2003-01-03，http://www.chinaqw.com/zgqj/qjdt/200801/03/101467.shtml。

② 福建省人民政府网站，www.Fujian gov.cn，2014-01-26。

其他各地也都对在捐赠工作中作出积极贡献的海外人士给予种种荣誉和奖励。2015 年 7 月 20 日，四川省十二届人大常委会第十七次会议分组审议了《四川省华侨捐赠条例修正案（草案）》，对 2002 年颁布实施的《四川省华侨捐赠条例》中部分条款作了修改，增强了华侨捐赠管理工作可操作性，并注重鼓励捐赠、强化监督管理、突出简政放权等。如在鼓励捐赠方面，修正案草案在原有规定华侨企业捐赠公益事业可以依法减免税收的基础上，增加了华侨捐赠其个人财产依法享受国家税收优惠的规定；在强化监督管理方面，增加了受赠人公开受赠财产的使用、管理情况，在捐赠协议中也增加了信息公开的规定；在鼓励表彰捐赠者方面，完善了对捐赠人给予鼓励和表彰以及授予荣誉称号的规定。上海市对热心捐助上海公益事业的海外人士大张旗鼓地给予表彰。2006 年、2007 年，连续两年举办了表彰大会。多位海外捐赠人士被上海市侨办授予"上海市华侨捐赠之星"的荣誉称号。①

此外，国家有关部门还通过免税等鼓励捐赠。如 1998 年，财政部、国务院税则委员会、国家税务总局和海关总署印发了《关于救灾物资免征进口税收的暂行办法》。2001 年 1 月，财政部、国家税务总局和海关总署联合通过了《扶贫、慈善性捐赠物资免征进口税收暂行办法》，规定对"境外捐赠人无偿向受赠人捐赠的直接用于扶贫、慈善事业的物资，免征进口关税和进口环节增值税"。

改革开放 40 年来，华侨捐赠法律的制定、实行和不断完善，一些地区在早年制定的捐赠法规条例的基础上纷纷修改修订，进一步改进和规范；侨务部门对捐赠工作的监督、管理和服务，各地对捐赠行为大张旗鼓的表彰和奖励，进一步保护和激发了侨胞捐赠中国公益事业的热情和积极性，使华侨捐赠工作逐步走向法治轨道，不断健康发展。

---

① 《上海侨报》2007 年 11 月 29 日。

第七节 献爱心 救同胞 立丰碑

据多方统计数据，改革开放以来华侨华人和港澳同胞对中国大陆的投资占大陆吸收外资总量的70％左右，他们是大陆吸收外资的主力军，在中国改革开放和现代化建设事业中发挥了不可替代的作用，这已经成为社会各界的共识。同样可以这么说：改革开放以来华侨华人和港澳同胞是中国公益事业的重要力量，他们为中国公益事业的发展起了先导和示范作用；他们踊跃捐赠中国的各项公益事业，不仅大大改变了侨乡的面貌，而且有力地推动了中国社会经济的发展。华侨华人和港澳同胞是中国公益事业发展的重要参与者、推动者和贡献者。这也同样成为社会各界的共识。

一、新时期华侨华人公益捐赠的特点

华侨华人向来具有爱国爱乡、乐善好施的传统，改革开放以来随着与中国大陆关系的日益密切，华侨华人对中国的公益捐助出现了新高潮。这种捐助是持续的、不间断的，犹如奔腾不息的河流，源源不断地汇入中国经济社会发展的洪流之中。总的来看，改革开放以来华侨华人和港澳同胞的捐赠具有以下特点：

第一，捐赠地区相对集中。如前所述，华侨华人的捐赠虽然面向全中国，具有广泛性，但相对集中在广东、福建重点侨乡。第一大侨乡——广东所获捐赠占全国的60％，福建名列第二，浙江、江苏、上海、海南等也占有不小比例。广东、福建重点县市侨乡接受的捐赠额甚至超过其他省市总体的捐赠额。

第二，捐赠数额庞大。从前面华侨华人、港澳同胞对各项公益事业的捐赠情况可以看出，捐赠的数额是相当大的，特别是在广东、福建重点侨乡，情况更为突出，捐赠百万元、千万元甚至上亿元的情况比比皆是。据统计，改革开放以来至 2014 年广东省接受海外侨胞、港澳同胞捐赠公益事业超过 500 亿元人民币，接受捐赠项目超过 3.3 万宗，新建扩建学校 2 万多间，新建扩建医院 2000 多家，捐资修建桥梁 4000 多座，修筑公路 2 万公里。① 当然，华侨华人和港澳同胞对中国公益事业的捐赠与中国社会经济发展水平相适应，经历了阶段性发展。

第三，捐赠地区越来越广泛。以往华侨华人及港澳台同胞捐资公益事业，大多集中于家乡，家乡以外捐赠较少。改革开放以来越来越多的捐赠者将目光投向了家乡之外。李嘉诚、邵逸夫等知名实业家、慈善家不只在家乡捐助，全国许多地区都得到过他们的慷慨捐赠，此不赘述。

第四，捐赠世代世传。从以上介绍的大量捐赠事例中，有不少第二、三代华裔积极参与捐赠，传承父辈爱心。众所周知，近代以来，海外华侨世世代代心系故国家乡，热心公益捐赠，已经形成了光荣传统。改革开放以来，随着与中国交往的密切，对中国了解的加深，受到父辈鼓励或继承父辈遗愿，华裔第二、三代薪火相传，热心于中国的公益捐赠。前述霍英东、邱德拔子女就是典型的例子。

第五，对重大事件的捐助引人注目而感人。除了日常性捐助外，每逢突发事件、重大自然灾害和其他重大事件，华侨华人的捐赠热情更为高涨，他们总是及时伸出援助之手，与国内同胞众志成城，携手共渡难关。如前所述，1998 年抗洪、2003 年抗"非典"、2008 年年初抗击冰雪灾害以及四川汶川大地震发生后的抗震救灾等，华侨华人和港澳同胞都踊跃捐输，慷慨解囊，充分体现了赤诚的爱国爱乡之情。他们支持 2008

---

① 陈启任：《广东改革开放以来接受侨捐超 500 亿元人民币》，中国新闻网，2014-05-27。

年北京奥运会的事迹动人心弦，在中华百年奥运圆梦的史册上留下宝贵的一页。

第六，捐助具有地区性特点。虽然总的来看，各地的捐赠主要集中在文教、卫生、体育、基础设施建设等方面，但各地的情况又有不同。如浙江省文成县侨胞对基础设施的捐赠最多（29.68%），超过对教育（27.15%）的捐赠；对风景名胜的捐赠占有不小比例（16.43%），超过对文化卫生事业（12.24%）的捐赠；对办公资金和用具的捐赠也在10%以上。以往温州华侨捐赠主要是为家乡修桥、铺路、造凉亭等。近年来，华侨捐赠项目愈来愈集中于百姓民生问题。2000年以来，温籍华侨捐赠新农村建设项目达1.1亿元，占总数的60%；捐赠文化、卫生等公益福利事业达3199万元，捐赠教育事业达3050万元，捐赠从行善乡里更多转向改善民生。[①] 广东梅州市1978年至1999年接受华侨华人和港澳同胞捐赠款物总值173024万元，其中捐助教育最多，为76158万元，占总额的44%；其次是捐助桥梁公路，为28167万元，占总额的16.54%；再次是医疗卫生，为24163万元，占总额的13.97%。[②] 除教育外，桥梁公路等基础设施建设和医疗卫生事业成为梅州籍侨胞关注的重点。

第七，关注民生，捐助农村经济发展。除了兴办学校、修桥铺路外，华侨华人和港澳同胞越来越关注民生，特别是农村经济的发展。"温暖工程"是1995年中华职业教育社与中央统战部发起的一个针对内地老、少、边、穷地区农民的培训计划。香港恒基集团创始人、主席李兆基在2005年得知这一计划后，捐资5000万元启动了"温暖工程百县百万农民培训计划及万名农村医生培训"项目，后来又将捐款额提高到6亿元。2006年在广西、云南的4个县进行了试点，培训了2000多名农民工。李兆基

---

① 《温州日报》2008年3月6日。

② 根据《梅州市华侨志》第46页"建国以来至1999年梅州市接受华侨港澳同胞捐赠款物统计表"计算。

捐助的这个项目，将在内地经济欠发达省份遴选不少于 100 个欠发达县，用 5 年至 10 年的时间，培训 100 万名农民，增加这些贫困地区农民的收入，改变他们的生活境遇。在这个培训项目的支持下，甘肃省华亭县 4 万名农民每人将受到 30 天的培训，每人获得培训费 600 元，当地政府也提供一定数额的培训资金。①

二、新时期华侨华人公益捐赠的意义

公益事业作为"社会财富的第三次分配"手段，对我们构筑和谐社会具有重要意义。改革开放以来，中国的公益事业虽然得到了发展，但与发达国家相比，还处于比较落后的局面。相形之下，华侨华人对中国公益事业的贡献格外显著，具有重要意义。

第一，奉献爱心，无私报效。华侨华人、港澳同胞对中国大陆公益事业的捐助是一种无私奉献，他们不图名利，不求回报，彰显了高尚的品德和崇高的爱心。如前所述，华侨华人和港澳同胞的捐赠是经常性的、不间断的；不仅关注家乡，而且关注所有需要帮助的群体；不仅成功人士慷慨解囊，普通民众也常常倾囊相助。这种恒远弥久的奉献精神和民族感情感天动地，对中国公益事业的发展具有特殊意义。

第二，惠普家国，推动发展。海外华侨华人、港澳同胞对中国大陆公益事业的捐赠为中国经济社会的发展和各项事业的进步作出了重要贡献。据统计，2007 年，经由全国侨办系统受理或牵线搭桥的海外侨胞、港澳同胞捐赠项目共 4120 个，捐赠总额达 30.25 亿元人民币。受理捐赠额超亿元的省份有 7 个，分别为福建、广东、北京、江苏、上海、浙江

---

① 《李兆基投巨资培训内地百万农民　四万农民将受益》，新华报业网，2007-07-17，http://news.xhby.net/system/2007/07/17/010086991.shtml。

和海南，这七个省的捐赠额占全国捐赠总额的 92.7%。其余接受捐赠超千万元的省份有 8 个，分别为江西、河南、四川、安徽、广西、甘肃、山东和湖南。[①] 2016 年 9 月 28 日，国务院侨务办公室和中国海外交流协会联合在京举办"为侨服务日"活动，国侨办主任裘援平讲话介绍："改革开放以来我们的海外侨胞向国内捐赠的慈善款已超过 1000 亿元人民币，特别是国家出现灾难时，我们的侨胞总是在第一时间伸出援手，可以说祖国发展前进的每一步，都凝聚着广大海外侨胞的汗水与奉献。"[②] 这笔数量巨大捐赠款项，按行业分布而言，40% 用于教育事业，30% 用于基础设施建设，医疗卫生、赈灾救济等社会事业，30% 用于其他方面。再如从改革开放至 2017 年，广东省共有 61800 家侨资企业，累计投资占全省外资企业近七成，累计接受侨胞公益捐赠 530 亿元人民币公益捐赠，设立的各类公益基金近 3000 个。[③] 其捐赠数量占改革开放 40 年来海外捐赠总额的一半多。从中可以看到华侨华人、港澳同胞对中国大陆公益事业的发展所作出的巨大贡献。

第三，公益楷模，发扬光大。华侨华人、港澳同胞对中国大陆公益事业的捐赠对中国大陆公益事业的发展具有借鉴意义。中国并不缺乏发展公益事业的文化和思想基础。扶危济困、乐善好施、一方有难八方来援向来是中华民族的传统美德。目前阶段，中国公益事业发展缓慢，原因是多方面的，业内人士普遍认为，主要是体制机制障碍束缚了公益事业的发展。

中国公益事业的发展任重道远。据民政部的一项统计，目前中国除

---

① 马儒沛：《解放思想，发挥优势，开创华侨捐赠工作新局面》，《侨务工作研究》2008 年第 3 期。

② 吴储岐：《喝彩　服务　点赞》，《人民日报》2016 年 10 月 27 日。

③ 人民日报记者冯学知：《昔日游子地　今朝凤还巢（侨连四海）——中央媒体"走基层·侨乡行"广东采风纪实》，《人民日报》2017 年 11 月 16 日。

了每年有 6000 万以上的灾民需要救济、2200 多万城市低收入人口享受低保以外，还有 7500 万农村绝对贫困人口和低收入人口、6000 万残疾人和 1.4 亿 60 岁以上的老年人需要各种形式的救助。面对如此艰巨的任务，借鉴华侨华人和港澳同胞捐赠公益事业的经验，进一步推动中国公益事业的发展，显得重要而迫切。华侨华人和港澳同胞捐赠公益事业有专门的法律法规保护捐赠人权益，有专门的政府机构对捐赠工作进行监督管理，有具体的措施奖励、表彰捐赠行为，这些构成华侨华人捐赠中国公益事业的制度体系，使华侨华人捐赠中国公益事业得以健康发展，成为中国公益事业的重要力量。这些经验值得有关部门参考和借鉴。

总之，海外华侨华人和港澳台同胞心系故土、乐善好施的爱国爱乡精神和热情捐助中国大陆公益事业的善行义举，不仅直接推动了中国社会、经济、文化的发展，而且为中国公益事业的进一步发展提供了经验和借鉴。

第七章

新时期归侨侨眷积极建设新侨乡

　　归侨侨眷是中国独特的社会群体。他们不但具有强烈的爱国热情，而且还具有较高的知识水平和专业技能。由于他们在经济、社会、文化等方面与海外乡亲保持着密切的联系，因而具有海外关系众多的特点和优势。改革开放以来，这一社会群体重新焕发出新的活力，他们利用自身的优势，发挥各自的特长，积极投身到中国的改革开放大潮中，为社会主义现代化建设作出了积极的贡献，谱写了一曲壮丽的诗篇。

第一节　改革开放重塑归侨侨眷精神面貌

　　顾名思义，侨乡就是华侨的故乡；20 世纪中叶以后，变成华侨华人的祖籍地，一般仍称为侨乡。侨乡是归侨侨眷最为集中的地区。伴随着中国历史的发展演变，侨乡经历了时代的变迁演进，形成了独具特色的文化特征和时代魅力。改革开放以来，沿海沿边侨乡得风气之先，率先受到改革开放春风的洗礼，首先得到发展变化，侨乡面貌日新月异。侨乡发生巨变，利益于海外"报春鸟"——广大华侨华人的吹风传动，凝聚着广大归侨侨眷的辛勤汗水。他们积极为家乡经济建设穿针引线、铺路搭桥，利用侨汇、侨资创办企业，为侨乡经济社会发展发挥了不可替代的作用。

一、由传统侨乡向现代侨乡转型

　　"侨乡"一词，在日常生活中被广泛使用，但对侨乡的概念至今并没有科学的定义。虽然学者们对侨乡解读有各种版本，但人们对侨乡的理解仍离不开以下四层含义：一是华侨华人、归侨侨眷人数众多；①二是海外关系众多，在政治、经济、文化、社会、思想诸多方面与海外乡亲保持着密切的联系，这种联系主要是通过血缘、亲缘和地缘相交织的纽

---

　　①　有一种观点是按人口比例划分侨乡与非侨乡，即以一定的海外华侨华人人口标准认定"侨乡"。广东是以华侨华人人数为当地人口总数 10% 的比例来界定。按 1994 年行政区划，广东地级市有 80% 为侨乡，按土地面积，侨乡占全省总面积的 72%；按人口，侨乡人口约占全省人口的 75%。福建省是根据华侨华人在 10 万以上，或相当于该县（市、区）总人口的 20% 以上，侨汇较多，与海外关系比较密切的为重点侨乡；华侨华人在 10 万以下，5% 以上为一般侨乡，可见各地人口比例标准并不一致。

带作用实现的；三是海外华人经济的影响力对当地经济、社会产生重大影响和效应，如传统侨乡具有侨汇多、侨房多、侨办学校多、侨资企业多、侨捐公益事业多的特点；四是"侨"的文化特征比较明显，"侨"的味道更浓。华侨华人是中西文化的传播者，而侨乡正处于中西文化的结合点上，因此，在建筑、语言、服饰、民俗、行为方式乃至价值观、思维理念方面形成中华文化牢固根基和外来文化特征的侨乡文化。① 此外，侨乡作为地域范畴十分广泛，其范畴可大可小，既可指省，也可指市、县，还可指乡镇甚至村。总之，以上几层内涵，涵盖了侨乡的基本特征，也是目前人们对侨乡这一概念的概括。

　　侨乡是在一定历史条件下产生的，它是海外移民的产物，是中国社会特殊的组成部分。侨乡与华侨互为一体、密不可分，没有华侨就没有侨乡。但侨乡究竟形成于何时，学术界还没有一致认可的结论。笔者认为，侨乡的形成有一个渐变过程，它伴随着中国人移民海外的历史发展而变化。中国人移民海外的历史悠久，由于人口的压力和政局动荡，造成明末清初东南沿海一带的农民背井离乡到海外谋生的人数不断增加。尽管如此，中国政府尤其是清政府对海外移民向来持禁止态度，大清律明文规定："凡国人在番托故不归，复偷漏私回者，一经拿获，即行正法。"长期的"海禁"，不仅不许国民移出，而且华侨回国要冒被捕、杀头的风险。1840 年鸦片战争之后，中国大门被列强打开。随着华侨经济实力的增强，清政府对华侨的态度也发生了改变，在思想观念上不再将华侨斥为"流氓""化外之民"，这使得华侨与家乡联系也开始增多，为闽粤一带侨乡的形成奠定了基础。19 世纪六七十年代，清政府面对资本主义列强的不断侵略，陆续推行洋务、新政，旨在富国强兵，李鸿章、

---

　　① 李国梁：《侨乡研究与华侨华人学的建构》，载胡百龙、梅伟强、张国雄主编：《侨乡文化纵论》，中国华侨出版社 2005 年版，第 13—23 页。

张之洞等洋务派，看到了海外侨情的变化，把华侨视为一支力量，试图通过利用和吸引华侨资本，来解决弥补兴办商务行洋务（运动）资金不足的问题。1872年，越南归侨陈启沅，利用广东南海家乡的资源和外国的先进技术，创办了继昌隆缫丝厂，成为中国最早使用机器的民族资本工业，开创了民族工业的先河。此外，清政府先后向欧洲、亚洲、美洲等19个国家派遣使臣，建立驻外机构，并派遣使团，出洋筹款。对回国兴办工商业的华侨，不再"问罪"，而是授予官衔，提高其社会地位。1893年光绪皇帝颁布法令："除华侨海禁，自今商民在外洋，无问久暂，概许回国治生置业。"这道法令的颁布，在一定程度上吸引了华侨携资回乡营造屋宇，举办近代工商业和公益事业。从而使华侨与家乡的社会互动关系更为密切了，特别是在经济层面上对侨乡发展产生了一定作用。1893年《新宁县志》提道："近年藉外洋之赀，宣讲堂、育婴堂、赠医院、方便所、义壮诸善举，所在多有。"就是当时侨乡基本特征的真实写照。

　　伴随着中国近现代历史的发展，侨乡的发展经历了时代的变迁转型。侨史界一般把侨乡的发展大致分为六个阶段。[①]

（一）形成阶段

　　从1840年鸦片战争爆发至1912年中华民国成立。这个时期大量华工出国，不仅奠定了华侨遍布五大洲的基本格局，而且确立了中国东南沿海一带侨乡的大体框架。"水客""民信局"的相继出现，使华侨与故乡的联系更加密切。"水客"，亦称"客头"（有多种称谓，而且各地称谓不同。新中国成立后统一称谓"侨批员"），是海外华侨与国内亲属通信、汇款增多的结果，是华侨与国内亲属联系的中间人。他们往来于中国和侨居国之间，收集华侨的信件、银两，带回国内分发给收受人。他们有的兼贩土特产，有的还为旅客代购船票、运送行李物品等。民信

---

　　①　周南京主编：《华侨华人百科全书》（侨乡卷），中国华侨出版社2001年版，第805页。

局（又称侨批馆，新中国成立后统一称谓"侨批局"，是"侨批员"的工作单位）的成立扩大了侨汇业务的范围和效率。1871 年成立的福建晋江县安海镇郑顺荣侨批馆（闽南话和潮州话把"信"字读作"批"，因而经营传递华侨信款的行业称作"侨批业"）是开办较早的民信局。1880 年郭有品在厦门开设的民信局规模较大，在新加坡设总局，在马来亚各埠和闽南的石码、漳州、厦门、泉州、安海、石狮等地设有分支机构。这一时期，由于清政府对待华侨的态度逐渐由排斥转为利用，加之"落叶归根"思想的支配，很多华侨回乡盖房置地，有的集资回国投资。最初在侨乡广州、南海、厦门等地投资于工业中的缫丝业，商业中的进出口业，交通运输中的轮船业，服务业中的旅栈及金融业中的侨批业，还有不少人投资修路，兴办学堂等公益事业。这就是较早的侨办公益事业。1872 年爱国华侨容闳，带头捐资 500 元，在家乡集资创办了"甄贤社学"（今广东珠海市南屏学校）；琼籍旅越华侨饶新孝捐建了海南第一所学堂——乌公庙；1902 年广东新宁县（今广东省台山县）浮石乡华侨创办浮石学堂。可见，侨乡的雏形已经显现，到了 1909 年，清政府颁布《大清国籍条例》，确定了血统主义的国籍原则，侨乡和侨乡社会得到巩固。

（二）发展阶段

从 1912 年中华民国成立至 1937 年抗日战争全面爆发。由于华侨对辛亥革命的作用得到充分体现，华侨社会地位大为提高。民国建立后，设立专门的侨务机构，颁布了一系列保护华侨合法权益、允许华侨自由出入境以及鼓励他们回国参政和投资兴办实业、举办公益事业的法令，华侨回国投资日益增多。据不完全统计，在 1912 年至 1937 年的 25 年中，华侨在国内投资企业总数近 3 万家。华侨开始在侨乡投资一些大型近代工厂、矿山、企业，如新宁铁路、潮汕铁路、漳厦铁路，印尼华侨张弼士投资百余万元开采广西贵县三岔、平天山银矿，琼籍华侨何麟书在海南集资创办中国第一家橡胶公司——琼安橡胶种植公司等。

　　华侨除在家乡投资办厂，修建铁路、公路，改善交通运输条件外，还传播了国外的新文化、新思想、新风尚。他们在侨乡创办医院、出版报刊、开办图书馆，赞助教育事业，创办小学、中学至大学，侨乡教育得到长足的进步。以泉州为例，据统计，从 1929 年至 1937 年，泉州侨乡侨汇达十几亿元，泉州市区及安溪、南安、永春侨乡新建房屋迅速增多，新辟公路、村路达 1000 公里，建桥上百座，[①] 华侨出资创办新式小学达 530 所，中学 10 余所。[②] 华侨实业家、著名侨领陈嘉庚捐资创办的集美各类学校以及厦门大学，也是这一时期创办和发展的。此外，这一时期，经营侨汇业务的民信局得到充分的发展。据 1930 年调查，南洋各地专门经营广东各地的民信局 515 家，专门经营福建地区的民信局也有 464 家。在侨乡福建设立的分支机构达 200 多家。[③] 华侨纷纷回乡买屋、建房，一幢幢砖瓦房建筑和西式楼房构成了侨乡一道独特的风景线。

　　（三）破坏阶段

　　从 1937 年日本发动全面侵华战争、中国全国抗战爆发到 1949 年中华人民共和国成立。日本帝国主义对中国的侵略战争，给中华民族带来了空前的灾难，侨乡也不例外。抗战爆发后的几年里，广东侨乡大部分被日军占领，未被占领的也遭受敌机的狂轰滥炸，生产萎缩，百业凋敝，许多华侨兴办的工商企业都毁于战火，或被迫停业；侨乡铁路被炸毁、拆掉。在 8 年全国抗战期间，侨乡广东省台山县曾先后 5 次沦陷，据不完全统计，遭敌机轰炸 127 次。[④] 为了阻止敌军进攻，国民政府地方当局

---

　　①　蔡苏龙著：《侨乡社会转型与华侨华人的推动：以朱门泉州为中心的历史考察》，天津古籍出版社 2006 年版，第 74 页。

　　②　泉州市华侨志编纂委员会编：《泉州市华侨志》，第 234 页。

　　③　卢海云、权好胜著：《归侨侨眷概述》，中国华侨出版社 2001 年版，第 15 页。

　　④　周南京主编：《华侨华人百科全书》（侨乡卷），第 805 页。

拆除路基，致使由华侨集资修建并于 1920 年全线通车的新宁铁路遭到彻底的破坏。由于侨汇断绝，加上天灾人祸，该县先后饿死近 15 万人。地处东南沿海的福建侨乡多被日军占领，太平洋战争爆发后，东南亚与福建的交通运输中断，侨眷主要生活来源侨汇停止，侨乡发展顿失动力，经济一落千丈。侨眷的处境极端困难，不少侨眷家庭妻离子散，家破人亡，呈现出一片衰败的惨状。抗战胜利后，华侨为重建家园，纷纷汇款修建房屋，购置田地，侨汇、侨资增加，侨乡又露生机，再度繁荣。但紧接着国民党发动全面内战，局势动荡，物价飞涨，侨乡人民生活朝不保夕，依赖侨汇度日。这是侨乡遭受的前所未有的灾难。

（四）转轨阶段

从 1949 年中华人民共和国成立至 1966 年"文化大革命"爆发。新中国成立后，人民政权建立。归侨侨眷欢欣鼓舞，踊跃投身建设新中国的热潮中。通过土地改革和对农业、手工业、资本主义工商业的改造，公有制取代了私有制，侨乡的工农业生产得到恢复和发展，逐步由单纯的消费型社会，开始向生产型社会转变，大多数侨眷与当地人民群众一道积极参加生产建设。在农村中，有 95% 以上的侨户参加农业生产合作社，其中有 90% 以上的侨户收入增加。党和政府重视侨务工作，制定了一系列维护侨益、保护侨汇的政策，广大归侨侨眷投入到热火朝天的社会主义建设事业之中，出现了许多先进工作者和模范人物。但由于受"左"倾思想的影响，侨务政策也出现了偏差、失误。

（五）停滞阶段

从 1966 年"文化大革命"开始至 1978 年党的十一届三中全会前。这期间侨务机构被撤销，归侨侨眷的权益得不到保护，"海外关系"被当成反动的政治关系进行批判，认为有"海外关系"的人是反动的社会基础，绝大多数华侨是资产阶级的，并把归侨侨眷与"地、富、反、坏、右、资"并列为"黑七类"，加以打击。不但造成了严重的政治后果，也带来了严重的经济后果。

（六）繁荣时期

改革开放以来。"文化大革命"刚一结束，邓小平就旗帜鲜明地提出"海外关系是个好东西"这一科学论断，不但消除了"左"的思想枷锁，还为恢复侨务部门，落实侨务政策，开创侨务工作的新局面打下了基础。在党的十一届三中全会以后，重新建立各级侨务机构，恢复侨联组织活动，并开始侨务战线的拨乱反正，在全面落实侨务政策方面取得重大成就。新的政策，也使侨乡获得了快速发展的难得机遇，中国侨乡进入了繁荣发展的新时期。特别是在实施对外开放，吸引外资的过程中，侨乡成为改革开放的前沿阵地。广东、福建沿海侨乡首先发展起来。当年设在粤闽的四个特区，由于靠近港澳，海外关系众多，资源比较丰富，具有筹集资金，加快经济发展的许多条件。实践证明，特区不但在吸引外资（其中绝大部分是港澳台侨资）方面起到了较好的示范作用，而且还带动了侨乡及全国经济的发展。沿海地区发挥地缘、人缘的优势，大力引进外资，不断扩大对外开放，使侨乡经济快速增长。据统计，1993年至1996年广东、福建、海南、广西、云南五个重点侨乡共引进"三资"企业65141家，实际利用外资总额中华侨华人、港澳台同胞的资金几近80%，[①]创造出新中国经济发展的多项奇迹，成为中国经济发展的排头兵。与此同时，侨乡精神文明建设得到全面发展，华侨捐建公益事业蔚然成风，众多侨乡成为精神文明建设的典范。进入21世纪，侨乡与海外联系更加紧密，在经济、文化等方面来往更加频繁，侨乡经济繁荣、社会稳定、人民生活水平提高，进入了空前繁荣发展的阶段。

---

① 卢海云、权好胜著：《归侨侨眷概述》，第19页。

二、沿海沿边独具特色的侨乡带

（一）重点侨乡与一般侨乡的分布

中国的侨乡主要集中在广东、福建、海南、广西、浙江等省，在东南沿海一带形成了独具特点的侨乡带。人们多根据华侨华人及归侨侨眷人数的多少，与海外关系的联系程度等原因把侨乡分为重点侨乡和一般侨乡；广东、福建、海南、广西、浙江等地是中国重点侨乡分布较为广泛的地区。

广东省是我国第一大侨乡。祖籍广东的华侨华人约有 2000 多万人，港澳台同胞 1000 多万人，全省归侨侨眷港澳台同胞亲属 2000 多万人。广东侨乡按方言分为粤语、潮语、客家语三大语系侨乡。[①]

粤语系侨乡包括广州、佛山、江门、中山、珠海各市及其所辖各县（市），湛江、茂名、韶关、深圳、东莞各市和肇庆地区所属的部分县（市）、区，是广东三大语系中分布最广的地区，有归侨侨眷 800 万人。潮语系侨乡地区包括汕头市、潮州市、揭阳市及其所辖各县（市），有归侨侨眷 700 万人。客家语系侨乡在广东东北部梅州地区和东南部的深圳、东莞，北部清远、韶关等市的部分地区以及惠州地区、东江流域一带，有归侨侨眷 500 万人。据粗略统计，广东一般侨乡有 22 个，重点侨乡 43 个。其中重点侨乡有广州市、深圳市、珠海市、汕头市、佛山市、江门市以及蕉岭、梅县、大埔、兴宁、丰顺、潮州、饶平、澄海、揭阳、潮阳、揭西、普宁、惠州、惠来、海丰、陆丰、惠阳、惠东、增城、东莞、花县、三水、南海、番禺、顺德、中山、四会、高要、鹤山、新会、开平、台山、恩平、斗门、信宜、茂名等市县。[②]

---

① 也有学者分为珠江三角洲侨乡、潮汕侨乡和客家侨乡三大侨乡。参见黄昆章、张应龙著：《华侨华人与中国侨乡的现代化》，第 3 页。

② 广东省地方史志编纂委员会编：《广东省志·华侨志》，第 139 页。

　　福建省是我国第二大侨乡。据1998年的侨情普查统计，共有海外华侨华人1033.5万人，分布在世界160多个国家和地区，旅居港澳同胞123万人。据粗略统计，福建省一般侨乡10个县市，重点侨乡有20个市区。重点侨乡有泉州市的鲤城区、晋江市、南安县、惠安县、安溪县、永春县、石狮市、德化县；厦门市的同安县；漳州市的芗城区、龙海县、诏安县；福州市的福清县、闽清县；宁德地区的古田县、屏南县；以及莆田县、永定县、金门县。①

　　海南省是中国著名侨乡。海南的华侨华人分布世界五大洲50多个国家和地区，估计海外华侨华人及港澳台同胞306万。② 重点侨乡有东海岸的文昌市、琼海市、琼山市、海口市、万宁市、三亚市及西海岸的儋州市。

　　广西区是我国重点侨乡之一。据1995年统计，广西籍华侨华人有300多万人，分布在五大洲近百个国家和地区。③ 广西的重点侨乡，桂东南有容县、北流县、岑溪县、平南县、博白县、玉林市；桂南有北海市、防城各族自治县、钦州市；桂东和桂东北有梧州市、桂林市；桂西南和桂中有南宁市、柳州市、凭祥市等14个县市。

　　浙江侨乡居住海外的华侨华人和港澳同胞有100多万人，分布在世界116个国家和地区，主要聚居在西欧、北美、港澳地区及东南亚。浙江省侨乡主要分布在浙南地区和浙东地区。浙南地区以温州市和丽水地区的青田县为主，两地在海外的华侨华人占全省旅外华侨华人总数80%以上，达60多万人。浙东地区侨乡以宁波市和舟山市为主。此外还有一些地区侨务资源较为丰富，具有侨乡特点。如杭州市、绍兴的诸暨市、

① 福建省地方史志编纂委员会编：《福建省志·华侨志》，第183页。

② 冯子平著：《琼侨春秋》，香港东西文化事业公司2001年版，第13页。

③ 黄昆章、张应龙著：《华侨华人与中国侨乡的现代化》，中国华侨出版社2003年版，第238页。

衢州的江山市、金华的东阳市、义乌市及丽水市莲都区等。

　　侨乡分布除东南沿海带状外，云南、山东等地也有比较广泛的分布。如云南的腾冲、龙陵、保山、大理白族自治州、鹤庆、红河、通海、建水、开远等地；山东的青岛、烟台、威海、济南、潍坊等地。还有一些省也有个别具有侨乡特点的县市。如湖北的天门，江苏的无锡，吉林的延边朝鲜族自治州，黑龙江的方正等。这些侨乡零星地分布在全国各地。

　　值得一提的是，随着对华侨华人作用以及对侨务资源认识的不断提高，一些大城市开始打造新侨乡，并赋予新的内涵。20世纪90年代，首都北京由海外华侨华人及港澳同胞投资兴办的独资、合资企业达到6000家之多，占北京整个外资企业的60％以上。北京的侨务工作者提出了"不是侨乡，胜似侨乡"的口号，后被海外回来的侨胞称为"北京是个新侨乡"。新侨乡的口号得到市政府和海内外侨胞的认同，近年来，北京市侨联为打造新侨乡开展了一系列宣传活动。据不完全统计，北京有海内外侨界人士120多万人，仅海淀区的归侨侨眷、海外留学人员和留学归国的学者多达10万人，目前每年约有上万人出国出境学习、工作、定居，有数千名海外学子回国学习、工作、定居。[1] 侨资企业和归侨侨眷人数的增多，使北京成为新型侨乡的代表。

　　与传统老侨乡相区别，新侨乡是随着新海外移民产生而出现的，多指改革开放后，走出大量新侨的侨乡。如安徽黄山的槐塘村，全村约有2000名村民，从20世纪70年代中期至现在有一半人口前往西欧务工、经商，80％以上农户有亲属在欧洲，用40年左右迅速形成一新侨乡。改革开放以来这种情况很多。不但农村，如北京、杭州等大城市也纷纷成为新侨乡。

---

　　① 水潮：《试论北京新侨乡的由来及发展》，北京市侨办网站，http//www.gqb.gov.cn/news/。

（二）侨乡的主要特点

侨乡在经济发展、社会生活、文化特征方面与非侨乡有着不同的变化和特点。改革开放以来，海外华侨华人与家乡的联系和互动在密度、广度和深度上都有很大加强。抛开侨乡的其他特点，这里着重探讨一下侨乡文化特征，以增进对侨乡的了解和认识。

侨乡文化是中华文化的重要组成部分。居住在世界各地的华侨华人，对促进中外文化交流起了极其重要的作用。他们把外国的文化带回故乡，与祖国传统文化相结合，逐渐形成了中西合璧的、在中华文化中有着显著特色的侨乡文化。在沿海侨乡到处都显示出具有地方特色的侨乡文化。这种文化内涵广泛，涉及语言、风俗、理念等，具有开放性、包容性、创新性的特征。

1. 族源意识强烈，乡族观念浓厚

基于血缘与地缘的关系，在侨乡以亲属团聚方式出境出国仍是一条重要通道，这使侨乡的家族关系延伸到海外，从而构成了广东、福建等地侨乡家族关系特征。改革开放后，旅外同胞回乡寻根、扫墓祭祖日益频繁，在地方政府和海外宗亲社会的双重作用下，侨乡家族主义传统迅速崛起，重修族谱、重建宗祠、恢复祭祖等活动接连不断。比如，在闽南侨乡，泉州籍的海外宗亲社团返乡寻根活动络绎不绝，从菲律宾、新加坡逐步扩大到马来西亚、印度尼西亚、美国和加拿大，并联络台湾泉州籍宗亲社团，组织了一系列恳亲谒祖团，在 20 世纪八九十年代掀起一股到泉州寻根的热潮。华侨的这种祭祖活动，更多是基于文化上的认同和增进乡谊活动，成为与祖（籍）国联系的桥梁和纽带。妈祖，也称天后、天妃，在宋代被奉为航海保护神，逐渐演变为我国东南沿海一带特别是福建地区的民间信仰。后经国内传到国外，特别是在东南亚地区传播最广、最有影响。仅马来西亚一地就建有天后宫 35 座。妈祖庙不仅成为当地华人社区的中心，也成为众多华人的精神支柱，已有相当多的海

外华人把妈祖视为祖（籍）国具体化身和民族魂的重要载体。近年来，妈祖信仰活动又从国外延伸回国内，捐资修建寺庙，如莆田湄洲妈祖庙、泉州天后宫等。近年来，福建省举办的祭典妈祖的活动声势浩大，影响广泛，许多华侨华人信众专程从国外赶回湄洲，为崇敬的妈祖上香。祭典妈祖已成为福建侨乡文化的一角。

2. 活动频繁的宗亲组织

20世纪90年代以来，包括宗亲会、同乡会在内的世界性、区域性华侨华人社团迅速发展。各种恳亲大会、联谊会、校友会频繁召开，十分活跃。一方面，过去由海外华侨在国外成立的世界性华人社团，随着中国对外开放的扩大，开始转向在中国大陆特别是侨乡举办活动。如自1971年"世界客属第一届恳亲大会"在香港召开，之后这一国际性民间活动的程序便正式确定下来，并在世界各地十多个城市举办过，其中在中国台北就举办过4届，该大会成为海内外客属乡亲联络乡谊和进行跨国跨地区交往的重要载体，也是各国各地区客家人开展经济合作和文化交流的重要舞台。2000年11月，世界客属第十六届恳亲大会在福建省龙岩市举行，海内外的3000多名客属乡亲、近百个客属社团、来自台湾的客家乡亲300多人参加了这次盛会。会议期间，侨乡如同节日一般，各式各样的活动，丰富多彩，其中各地客属乡亲与龙岩市签订的经贸项目就达20多项。另一方面，由地方政府支持，侨务部门发起的世界性侨团大会也纷纷在侨乡召开，并轮流在世界各地举办盛大的联谊大会。如世界广东同乡联谊大会、世界福建同乡恳亲大会、云南同乡联谊大会等。这使社团与社团之间，乡亲与乡亲之间，居住国与祖（籍）国之间搭建了卓有成效的沟通和交流的平台。

3. 中西合璧的侨乡建筑

将西方建筑艺术移植回原籍家乡，并使之与中国传统建筑艺术相结合，建成大量中西合璧的侨宅民居，是归侨传播西方文化的一大亮点，也是侨乡的一道风景线。广东开平的碉楼最具代表性。这种作为农村民用公用性和防卫性相结合的建筑是华侨从鸦片战争以后到 20 世纪 30 年代陆续在家乡建造的。开平碉楼分更楼、众楼、居楼三种①，鼎盛时期达3000 多座，现存 1833 座，纵横数十公里，连绵不断。从外观看，它吸收了西方建筑样式，但从内部结构看，仍具有传统民居厅、房、廊的格局。屋顶是变化最为丰富的部分，既有古典复兴式的穹隆顶，又有折中主义的拱券柱廊；有的用罗马式的柱子，有的用拜占庭教堂式的顶部。顶部的装饰采用了西方的图案和式样，特别是在正面的山花、窗户和拱券柱廊上，西式的风格尤为明显。碉楼深沉的中国传统文化底蕴，浓郁的欧美气息，高度反映了在特定的历史条件下、特定的地域环境中所形成的独特的历史文化景观，被誉为"华侨文化的典范之作""令人震撼的中西建筑艺术长廊"。2007 年，经国务院批准，由开平碉楼与村落代表中国向联合国申报世界文化遗产。6 月 28 日上午，在新西兰基督城召开的联合国教科文组织第三十一届世界遗产大会上，开平碉楼与村落在申遗候选项目中脱颖而出，成为广东省第一处世界文化遗产。

位于广东省汕头市澄海区隆都镇前美村的陈慈黉故居，又称陈黉利故居，是著名旅外侨胞陈黉利家族在其家乡建造的十几座宅第的总称，其中仅郎中第、寿康里、善居室和三庐书斋，便有大小厅房 506 间，占地面积 2.54 万平方米。从格局上看，陈慈黉故居既采用了中式的"驷马拖车"房屋布局，又引进了西式的别墅造型；在大宅第内，居中的是中式的"硬山顶"平房，外围房屋则是两层洋楼；楼屋顶上，不仅有架梁盖瓦的传统样式，还有栏杆阳台的西式结构。从装饰上看，其中西结合

---

① 更楼，多建在村口或村外山岗、河岸，高耸挺立，成为视觉焦点，起预警作用；众楼，建在村落后面，由全村人或若干户人家集资共建，每户分房一间，供避匪时用，造型封闭、简单，防卫性强；居楼，建于村后，由富裕人家独资建造，它将碉楼的防御和居住功能结合起来，楼体高大，空间开敞，生活起居方便舒适，造型美观，常常成为村落标志。

的风格也十分突出。在通廊石柱梁上的花纹之中，还点缀有许多英文字母。另外，陈宅还大量使用近百种釉面砖，巧妙地把各个门斗、墙面、地面铺砌成一幅幅美丽的图案。作为潮汕乃至全国稀有的华侨住宅建筑群，陈宅无疑是民居建筑中古今相糅、中西合璧的成功典范，被誉为"岭南第一侨宅"。①

另外，位于海南省琼海市博鳌镇留客村的蔡氏民居，1911年旅居印尼的华侨蔡家森于1935年回乡所建，其建筑也兼有中西风格，被誉为"海南侨乡第一宅"。侨乡的这些建筑作为一种文化符号和人文景观，构成了侨乡历史文化的资源。

4. 以"集体家书"为桥梁的文化交流

被称为"集体家书"的侨刊、乡讯、会刊联结着侨乡与海外华人社会之间的千丝万缕的关系。它是侨乡教育发展的产物。在广东，珠江三角洲的侨刊历史最悠久，数量也最多。光绪三十四年（1908年）冬，台山出现第一个学术团体——新宁教育会。该会于宣统元年（1909年）创办了会刊《新宁杂志》，这是台山首创的刊物，也是最早对华侨发行的侨刊。侨刊伴随侨乡的发展经历了半个多世纪的风风雨雨，到了20世纪七八十年代迎来了新的发展契机。改革开放后，侨刊乡讯得到迅猛发展。不但许多停办的侨刊复刊，而且在80年代还创办了不少新的刊物。如《中山侨刊》《花县乡音》《三水乡讯》等。至2001年广东省有正式刊号的侨刊乡讯有157种，2005年发展到164种，其中正常出版的侨刊乡讯131种，年总出版338万册（份），对外发行163.3万册（份），对内发行174.7万册（份）。发行五大洲近百个国家和地区，重点为美国、加拿大、东南亚各国以及港澳台地区，从传统的珠江三角洲地区发展到广东20多个地级市及主要侨乡，从单一民办的形式发展至侨办、侨

---

① 沈冰虹主编：《岭南第一宅——陈慈黉故居及家族》，汕头大学出版社2002年版。

联和社会团体多种形式和渠道办刊,形成省、市、县、乡镇、村和宗族六级办刊架构。侨刊的内容从单纯报道乡闻族讯,转向全面报道广东改革开放和侨乡政治、经济、社会、文化、教育和政策信息,由单向交流向双向交流、搭建海内外侨情交流平台转变,形成了侨乡社会经济新闻、海内外友好往来、海外华人社会以及华人社团新闻,侨乡风俗掌故、文学文艺作品、为侨服务等栏目,向海内外乡亲展现了家乡生活的全貌。[①]

福建有 60 多家侨刊、乡讯。如《福建侨报》《闽西乡讯》《泉州乡讯》《晋江乡讯》《南安乡讯》《安溪乡讯》《惠安乡讯》《莆田乡讯》《玉融乡音》《闽东侨乡报》等。1998 年《福建侨报》发送到 72 个国家和地区,年发行量 100 万份以上,成为福建对外发行量最多的一家报纸。此外,广西、海南、浙江、云南、山东等地也创办了不少侨刊乡讯。据不完全统计,全国的乡刊乡讯达 200 多种,每年向海外发行几百万份。总之,侨刊乡讯作为侨乡一大文化现象,在联系海外乡亲的感情,弘扬中华文化,加强民间对外宣传方面发挥着积极的作用,成为侨乡与海外乡亲联系的桥梁和纽带。

此外,侨乡文化与客家文化、潮汕文化、闽南文化等文化相呼应、相融合,形成了侨乡文化独特的风景线。如,闽南文化的特点集中反映出侨乡文化的特征。闽南人的冒险与进取精神,重商趋利传统,包容开放的精神,使得侨乡比其他地区更容易接受新事物、新观念。

三、侨乡经济快速发展与转型升级

改革开放以来,1978 年至 2017 年间,中国国内生产总值(GDP)的年均增速高达 14.5%,刨除年均 4.8% 通胀率,年均实际增速仍高达

---

① 王明惠:《办好侨刊乡讯　建设和谐华侨文化》,《华侨与华人》2006 年第 2 期。

9.3%。从数量规模上看，1978 年改革开放伊始，中国的经济规模仅有 3679 亿元人民币，而到 2017 年，中国国内生产总值（名义）已经高达 82.71 万亿元人民币（相当于 12.2 万亿美元），稳居世界第二大经济体。[①] 按照经济学家林毅夫所说："以这么高的速度持续这么长时间的增长，人类历史上不曾有过。"[②] 沿海侨乡也伴随着改革开放的步伐，以远远超过其他地区的速度稳步发展。从而使侨乡从消费性社会向生产性社会转变，侨乡社会经济建设日新月异，人民生活水平迅速提高。实践证明，侨乡不仅是华侨华人与中国进行经济合作的主要区域，其经济发展也是海外华人与中国改革开放的一个标本和缩影。前面已对海外华商在中国大陆投资的基本情况进行了论述，这里着重论述广东、福建、浙江等地具有代表性的侨乡经济发展特点及趋势。

（一）广东侨乡外向型经济代表"珠三角"

广东是中国实行改革开放政策后率先对外开放的地区，拥有深圳、珠海、汕头三个经济特区。改革开放 40 年来，广东发挥海外华侨华人众多的人缘优势，大力引进海外侨资以及港澳资本，其发展速度和对外开放水平均在全国前列。

改革开放伊始，广东侨乡首先利用侨乡特有的"三闲"（闲钱、闲房、闲人），从"三来一补"（来料加工、来样加工、来件装配与补偿贸易）的形式，大力发展劳动密集型出口加工和各种相关服务业，到 80 年代中期逐步发展为引进外资创办"三资"（合作企业、合资、独资）企业。20 世纪 90 年代后广东又开始引进大项目和跨国公司，引进资本从加工型、劳动密集型产业逐渐向技术、资金密集型产业转变，投资结构

---

① 张建平、沈博：《改革开放 40 年中国经济发展成就及其对世界的影响》，《当代世界》2018 年第 5 期。

② 林毅夫：《过去 30 年中国的经济成就堪称一大"奇迹"》，http://finance.qq.com/original/caijingzhiku/lyf_.html。

趋向多元化。目前，广东累计实际吸收外商直接投资 1770 多亿美元，其中港澳同胞和海外侨胞投资资金达 1200 亿美元，在 8 万多家外资企业中，侨资约占 70%。侨资在广东外资中占据主导地位。[①] 至 2015 年底，海外华侨华人、港澳同胞在广东投资的企业有 6.18 万家（港澳投资在册企业 5.68 万家，华侨华人投资在册企业约 5000 家），占全省外资企业总数的六成多，累计投资 2600 多亿美元，占全省实际外资总额近七成[②]。例如，2012 年港澳同胞的投资占广东当年实际利用外资总额的 63.9%，2013 年达到 64.9%[③]。

这里以珠江三角洲（以下简称"珠三角"）为例，透视广东侨乡外向型经济发展。一是外资企业成为侨乡的经济支柱。广东侨资企业主要分布在"珠三角"，其中深圳、东莞、广州三市侨资企业数量居前三位，侨资企业产业分布主要集中在轻工、日用化工、纺织服装、食品饮料、电子信息、建筑材料等领域。1978 年，东莞市在广东率先开办了第一家"三来一补"的对外加工厂。此后"三来一补"和"三资"企业像雨后春笋般在珠江三角洲各地迅速发展。作为发展外向型经济的典型，东莞市到 1998 年底，已投产的"三来一补"和"三资"企业 13806 家，外资企业遍布城乡，实际利用外资达 96.3 亿美元。其中"三来一补"企业占 33.8%，"三资"企业占 66.2%，引进各种设备 265.6 万套。经过十多年的发展，一个国际性的加工制造业基地在东莞形成。[④] 到 2007 年，东莞生产总值达 3151 亿元，比 1978 年增长 119.8 倍，保持了年均 18% 的高速增长，创造了"东莞塞车，全球缺货""全世界每 10 双鞋，就有 1 双来

①　《南方日报》2007 年 7 月 20 日。

②　广东省侨办：《广东是著名侨乡》，广东省情网，http://www.gd-info.gov.cn/shtml/guangdong/gdgl/gdgk/qxqq/2017/09/21/231812.shtml。

③　张春雨：《广东省利用外资的情况分析》，《科技经济市场》2014 年第 11 期。

④　《广东统计年鉴》，中国统计出版社 1999 年版，第 538 页。

自东莞""全球每 5 个人，就有 1 人在穿东莞制造的毛衣"的外贸奇迹。此时的东莞，不仅是一个地名，更是闻名全球的"世界工厂"。2008 年发生的国际金融危机，成为东莞改革开放的一道分水岭。东莞开始经济社会双转型，逐渐从利用外资"借船出海"转型为自主创新"造船出海"。2008 年 8 月，东莞被确定为全省加工贸易转型升级试点城市，在全国首创了来料加工企业不停产转法人企业的崭新模式。与此同时，东莞实施创新驱动发展战略，越来越多的东莞企业通过加大科技创新、树立品牌，实现了从过去的 OEM（贴牌生产）到 ODM（原始设计制造）再到 OBM（自有品牌生产）的转型，一批东莞企业实现了从价值链的低端逐步游向高端，"世界工厂"催生一批自主品牌。2017 年，东莞实现地区生产总值 7582.12 亿元，比国际金融危机前翻了一番。在东莞曾开展过加工贸易的 10572 家外资企业中，5912 家已从加工贸易全部转化为一般贸易。同时，东莞 4660 家加工贸易企业中，43% 的企业拥有自主品牌，36% 的企业设立了研发机构。全市 1678 家加工贸易企业设立了研发中心或内设研发机构，464 家申请成为高新技术企业。[①] 1980 年中山市在全国创办了第一家中外合资企业——中山温泉宾馆，到 1999 年累计引进"三资"企业 2100 家，"三来一补"企业 1700 家，实际利用外资 30 多亿元。[②] 2008 至 2017 年的 10 年间实际利用外商直接投资达 60 多亿美元[③]。外资资金主要来源地依然是港澳地区、新加坡和英属维尔京群岛[④]。广东省台山市，1991 年全市来料加工、合作合资新签合同 2129 宗，其中来料加工新签合同 2115 宗，新办合作合资企业 14 家，来料加工业 49 家。截至 1999 年 8 月，台山市累计已办"三资"企业 569 家，"来料

---

① 《激荡东莞：从农业大县到"世界工厂"》，《南方日报》2018 年 7 月 10 日。

② 《广东统计年鉴》（1999 年），第 153 页。

③ 据《中山统计年鉴（2016）》第 36 页"实际利用外商直接投资"图计算。

④ 《走进中山》"对外贸易"，http://www.zs.gov.cn/main/about/content/index.action?id=41921。

加工"企业 154 家。[①] 2016 年台山市全年完成固定资产投资 222.05 亿元，比上年增长 7.1%，其中港澳台商投资 19.77 亿元，同比增长 15.7%；外商投资 16.09 亿元，同比增长 160.1%；有外资企业 607 家。[②] 2017 年，台山市全年完成固定资产投资 262.05 亿元，比上年增长 18.0%，其中港澳台商投资 24.98 亿元，同比增长 26.3%；外商投资 9.04 亿元，同比下降 43.8%；有外资企业 646 家。[③] 总之，"三资"企业已成为外资经济的主要形式，成为侨乡新的经济增长点。

二是外贸出口带动侨乡外向型经济增长。在侨乡，侨资企业在产品销售上具有独特的外销渠道。外方在产品外销中起主导作用，特别是在企业建立初期，许多企业是利用外方原有的国际营销渠道，或由外方接受订单、中方主要负责生产。外销渠道的便利，开辟了产品的国际和境外市场，这使得"珠三角"的出口额年年增长。另外，经过企业改造，出口商品结构由农副产品为主向以工业制成品为主转变，尤其是轻纺产品，占了出口总额的一半，改善了出口产品的结构。

三是全方位开拓市场。"珠三角"外贸出口过去以港澳为主，随着对外贸易的发展，"珠三角"采取巩固港澳市场，大力开拓近远洋市场的策略。重点突破美国、加拿大及西欧市场，积极挤进日本市场，大力发展东南亚市场，恢复中东市场。利用港澳企业把触角伸向国际市场，在港澳地区接单、打样，在国内生产加工，再把成品出口到国际市场，形成"珠—港澳—远洋"三点一线的市场格局。同时在海外多个国家和地区设立销售网络。经过 40 年的发展，以"珠三角"为代表的广东侨乡既有

---

① 黄昆章、张应龙著：《华侨华人与中国侨乡的现代化》，第 28 页。

② 《2016 年台山市国民经济和社会发展统计公报》，台山市统计局网站，http://www.cnts.gov.cn/tjj/tjgb/201705/bfe4ceaf21e84c7895c91598025dee3f.shtml。

③ 《2017 年台山市国民经济和社会发展统计公报》，台山市统计局网站，http://www.cnts.gov.cn/tjj/tjgb/201805/5458003aedbf4a4c9b089bd06cf48ebb.shtml。

大型跨国企业,又有中小型企业,形成了一个开放性高、多层次的开放性外向型经济格局。

(二)代表福建侨乡发展的泉州(晋江)模式

中国改革开放 40 多年,海外侨资(含港台资本)在福建投资也经历了从"投石问路"到"安营扎寨",从"三来一补"到创办"三资"企业,从成片开发房地产到兴建大型工业项目、基础设施项目的过程。1984 年以前,外商投资企业只有 68 家,总投资额 2155 万美元。随着台资的加入,海外侨资投资福建进入稳定的发展时期。到 1998 年福建实际利用外资已达 270 多亿美元,其中来自海外华人和港澳同胞的投资约占 70%,台资约占 25%。[1] 截至 2009 年上半年,福建全省累计批准台资项目 9850 项,实际利用台资 151 亿美元,约占大陆总额的 1/4[2]。截至 2016 年 12 月底,福建累计批准台资项目(不含第三地)14222 个,实际到资 139.35 亿美元;如果包含第三地,项目数和实际到资数分别为 16405 个和 266.08 亿美元。[3] 可见,台商投资是福建利用外资的一大特色,也是福建省利用外资最主要的来源之一,台资在福建经济发展过程中占有重要地位。

与许多侨乡一样,改革开放初期,外商投资多根据当地政策、与国际社会的关系以及本地区原有的社会经济文化基础。与广东相比,福建接受外资不及广东 1/3,但福建引进的外资中海外侨资的比重大于广东,对海外侨资的依赖度也高于广东。[4] 中共十八大以来的五年来,福建共利

---

① 黄昆章、张应龙著:《华侨华人与中国侨乡的现代化》,第 192 页。

② 《福建实际利用台资约占大陆总额四分之一》,中国台湾网,2009-11-18,http://www.taiwan.cn/local/yaowen/200911/t20091118_1145630.htm。

③ 《闽台经贸合作去年取得显著增长》,新华网,http://www.xinhuanet.com/tw/2017-02/17/c_1120487153.htm。

④ Constance Lracy, David Ip and Noel Tracy, The Chinese Diaspora and mainland China, p.75, MacMilean Press, London, 1996.

用侨资 323.8 亿美元，在利用外资中占比超 80%①。这反映出福建籍的华侨华人与当地经济合作的浓厚的地缘、血缘色彩。表现在：福建的海外侨资主要投向交通便利且又是侨乡的闽东南沿海地区，尤其高度集中在福州、厦门、泉州。1994 年前，三地吸引的外资约占福建九个地市总额的 80%，1994 年以后，三地所占比重虽有所下降，但仍保持侨资所占相当高的比例优势。② 按验资口径，2005 年至 2007 年，上述三个市占福建外商直接投资合同金额和实际金额比例由 69.9%、52.94% 增至 77.56%、79.96%，分别上升 7.66 个和 27.2 个百分点③。另外，以福建籍为主的东南亚华人企业家回闽创业最为突出，使福建在吸引外资中具有明显的亲缘性。如，林绍良和蔡云辉等在本籍福清的投资，郑周敏和施子清在本籍晋江的投资，李文正在本籍莆田的投资，以及菲律宾的陈永栽集团，印尼林文镜集团等，都在福建家乡投资。近年来，随着经济全球化的发展和资本流动以追逐利润最大化为目的，海外侨胞投资方向和地区发生了变化，但侨资与家乡的关系仍难以割断。我们从泉州的发展就可以领悟到侨资对侨乡发展的重要性，也能看到侨乡 40 多年翻天覆地的变化。

泉州的是福建省发展最快、最具活力的地区之一。以晋江为例。改革开放之前，晋江和中国内地许多地方一样地瘠人贫、资源匮乏、基础薄弱。1978 年，晋江的 GDP 为 1.45 亿元人民币，人均 154 元；农民人均纯收入 107 元，财政收入 1488 万元。在这个生存环境中，晋江最富特色的人文现象就是"十户人家九户侨"。晋江本地的人口约有 100 万人，而晋江籍的海外侨胞和港、澳、台同胞达 200 多万人，号称"海内外 300

① 《福建五年利用侨资 323.8 亿美元　占外资比例超八成》，中国侨网，2018-01-04，http://www.chinaqw.com/jjkj/2018/01-04/174305.shtml。

② 庄国土：《华侨华人与港澳同胞对厦门捐赠的分析》，《华侨华人历史研究》1999 年第 4 期。

③ 《海外侨商在福建投资的现状、问题及对策调研综述》，中新网，2010-06-30，http://www.chinanews.com/zgqj/2010/06-30/2371373.shtml。

万晋江人"。晋江人依托侨乡的优势,从利用侨乡"三闲"发动群众联产集资兴办乡镇企业起步,到"三来一补"过渡,到嫁接外资发展"三资"企业,到后来的土地成片开发,走出了一条"以市场调节为主,以外向型经济为主,以股份合作制为主,多种经济成分共同发展"的模式,被称为"晋江模式"。[1]与"苏南模式""温州模式""珠三角模式"并称为中国经济发展的"四大模式",而"晋江模式"又是唯一的县域发展模式。晋江人敢为人先,充分利用侨乡的资源和理念,在闽最早探索出允许群众集资办企业、允许雇工、允许股金分红、允许供销业务提成、允许价格随行就市等"五允许"政策,并很快在泉州地区得以推广。以侨属为先导和主体创办的乡镇企业、私营企业,经过不断地发展,或走向合营,或采取股份制的经济模式,或实行中外合资。"三资"企业总产值在全市工农业总产值中的比重从1990年的22.5%上升到1995年的48.6%。[2]1992年晋江撤县建市,次年就开始坐上福建省经济"龙头老大"的座椅,成为福建十强县(市)之首,1995年在福建省率先基本实现小康,及至县域经济基本竞争力列全国百强县(市)第六位。到1997年,晋江批准"三资"企业合同个数2330家,其中外商独资企业1265家,占54.3%;中外合资企业864家,占37.1%;中外合作企业201家,占8.6%,走上了一条乡村工业化的发展路子。2006年,晋江GDP为492.5亿元,财政收入48.6亿元,人均GDP、城市人口比重、农业占GDP比重等关键指标,都已达到甚至超过英格尔斯"实现现代化"的标准。[3]2017年,晋江全市地区生产总值(GDP)为1981.5亿元,是1978年的1366倍、2002年的7.2倍、2012年的1.6倍;财政总收入212.23亿

① 蔡苏龙著:《侨乡社会转型与华侨华人的推动:以朱门泉州为中心的历史考察》,第258页。
② 俞云平、王付兵著:《福建侨乡的社会变迁》,湖南人民出版社2003年版,第178页。
③ 《泉州晚报·海外版》2007年12月11日。

元，是 1978 年的 1158 倍、2002 年的 10.6 倍、2012 年的 1.3 倍。^① 经济总量连续 24 年位居福建省县域首位、县域经济基本竞争力连续 17 年名列全国百强县市前十。^② 依靠侨乡的资源，晋江民营经济飞速发展，到 2007 年底，一般纳税人资格企业达 11953 家，个体工商户达 12936 家，形成了纺织服装、制鞋、食品、轻工玩具、陶瓷石材五大传统产业及车辆机械、精细化工、生物制药、纸制品、新型材料业五大新兴产业，探索出一条民营企业又好又快发展道路。^③ 目前，晋江民营企业已达到 5 万多家，全市地区生产总值连续 24 年位居福建县域首位，连续 17 年名列全国百强县市前十。^④

改革开放 40 年，以晋江为代表的泉州经济发展经历了一次次的蜕变和提升。通过利用侨乡的资源，找到了一条依靠民营经济和产业集聚形成产业集群，以发展产业集群提升工业化、带动城市化的道路。2017 年泉州市经济总量达 7548 亿元，连续 19 年保持全省首位。目前，泉州市已形成纺织服装、鞋业、石油化工等 6 个千亿元产值的产业集群。近年来，泉州积极从国内外引进高新技术企业和项目。一方面，引进一批与当地传统产业关联度大、带动力强的企业，打造了液体色母、石墨烯等新材料产业，推动产业转型升级；另一方面，主抓高科技产业带建设，培育了以晋华项目为龙头的集成电路产业链，以泉州"芯谷"南安园区为主要载体的化合物半导体产业链，不断拓展新的产业领域。^⑤ 实践"晋

---

① 《这样的"晋江经验"，棒呆了！》，光明网，2018-07-10，http://politics.gmw.cn/2018-07/10/content-29784095.htm。

② 《敢为天下先 爱拼才会赢（壮阔东方潮 奋进新时代——庆祝改革开放 40 年）——践行"晋江经验"探索与实践（一）》，《人民日报》2018 年 7 月 9 日。

③ 《福建日报》2007 年 11 月 30 日。

④ 《敢为天下先 爱拼才会赢（壮阔东方潮 奋进新时代——庆祝改革开放 40 年）——践行"晋江经验"探索与实践（一）》，《人民日报》2018 年 7 月 9 日。

⑤ 邵玉姿：《与时俱进，谱写发展新篇章（壮阔东方潮 奋进新时代——庆祝改革开放 40 年）——践行"晋江经验"探索与实践（三）》，《人民日报》2018 年 7 月 11 日。

江经验"16年来，泉州构建了"兜底性、基础性、普惠性"民生体系，不仅取得民生需求"全覆盖"，而且满足了"多样化"的发展要求，城市建设、民生工程、生态环境质量等持续改善向好。扎实开展晋江"国家新型城镇化综合试点"、石狮"国家中小城市综合改革试点"等，获批实施以海上丝绸之路和古城为特色的城市"双修"国家试点，中心城区环湾建成区面积达220平方公里，城镇化率每年提高1个多百分点。改革开放使古老的侨乡焕发了新貌，泉州也由此成为侨乡快速发展的缩影。

（三）浙南侨乡经济的代表温州和青田模式

相对于广东和福建两省传统侨乡，浙江"新侨"居多，温州属于新侨乡。改革开放以来，随着出入境政策的日趋宽松，浙江人移居海外出现了新的高潮。特别是浙南的温州和青田。据温州市基本侨情调查详细数据显示，温州的海外华侨达68.89万人，归侨侨眷34.4万人，分布在131个国家和地区[①]。温州籍华侨华人在海外呈现"全球分布，地区积聚"的空间分布特点，以欧美为主，欧洲、美国的华侨华人占80%左右。温州籍海外华侨华人、港澳同胞分布在世界180个国家（地区），以欧洲居多；亚洲其次；北美洲居第三；南美洲、大洋洲和非洲的人数较少。华人主要分布在美国、意大利和法国等；华侨主要分布在意大利、西班牙、法国和美国等；海外留学人员主要留学的国家集中在美国、英国和加拿大。[②]青田作为中国著名的侨乡，华侨旅居国外已有300多年的历史。现有33万华侨华人，遍布在欧洲、美洲、亚洲等128多个国家和地区。

---

① 《万立骏来温调研侨联工作：出实招暖侨心　闯新路惠侨务》，温州网，2017-07-12，http://news.66wz.com/system/2017/07/12/105008528.shtml。

② 《温州市基本侨情调查：文成县华侨人数居全市之首》，温州网，2015-01-08，http://news.66wz.com/system/2015/01/08/104323361.shtml。

改革开放 40 多年，温州经济得以迅速发展离不开外资的投入，而华侨华人投资企业成为温州实际利用外资直接投资的主体。1998 年底，温州市已有"三资"企业 1321 家，华侨华人和港澳同胞投资企业 1090 家，投资额占外商总投资的 80% 左右。[①] 到 2002 年，温州市已拥有 1369 家"三资"企业，其中侨资企业 1126 家，占 80%，这些企业为温州经济技术区建设、外贸出口、城市建设和社会事业发展作出了很大贡献。[②] 据资料显示，近 30 年来，先后有 2000 多家外商企业投资温州，历年累计实到外资约为 34 亿美元。[③] 温州的外商投资来源地具有多元化的特点，从以港台为主，逐渐向欧美扩张。1998 年来自欧盟国家投资的有 24 家，来自美国投资的有 22 家。这 46 家企业占 1998 年外商投资企业总数的 48%。从行业结构看，以鞋革业、服装业、房地产业为主，并扩展到金融、五金、电子电器、化工机械、生产养殖以及饮食等 50 多个行业，形成宽领域的投资合作格局，并沿着由小到大、质量由低到高、结构不断完善的方向发展。目前，外资企业在温州的投资主要集中于第二产业，其比重占到 72.3%；从产业类型来看，主要分布在电气、皮革、服装、仪器仪表等行业；从投资金额来看，以制造业为主，房地产项目次之。[④]

改革开放以来，华侨在温州的进出口贸易方面发挥了重要作用。20 世纪 90 年代开始，温州籍华侨华人纷纷在世界各国开设贸易公司，开展进出口贸易。他们一方面把温州的产品推向世界，创造大量的外汇，另一方面从国外引进先进的设备技术，提高温州产品质量，促进生产的发展。温州的进出口贸易主要是温州籍华侨华人投资带动下的贸易，即温州进口的商品主要是华侨华人投资需要的生产原料和设备，而温州出口

---

① 《温州年鉴》，中华书局 1999 年版，第 349 页。

② 《浙江侨声报》2002 年 12 月 5 日。

③ 《近 30 年 2000 多家外企投资温州》，《温州日报》2018 年 5 月 21 日。

④ 《近 30 年 2000 多家外企投资温州》，《温州日报》2018 年 5 月 21 日。

商品则大部分是华侨华人投资企业生产的产品。出口贸易从小额出口到向规模经营发展，并呈现逐年成倍增长的态势。东欧、中东、拉美、非洲是温州出口商品的重要市场。最新统计显示，2017 年温州市传统劳动密集型产品出口已遍及"一带一路"沿线所有国家，出口量达 144.16 亿元，同比增长 15.2%，占比 28.83%。根据温州海关的调研，温州服装、鞋革等行业企业一直十分关注"一带一路"建设，而发展与"一带一路"沿线国家的贸易、"走出去"在"一带一路"沿线国家投资办厂，对于温州传统劳动密集型产业将是今后发展的重要机遇和方向。近 5 年来，温州在境外投资的 178 个项目中，有 67 个项目位于"一带一路"沿线，占到总数的 37.6%。①

华侨华人的投资有力地推动了"温州模式"的发展。有学者认为，浙江乡镇企业是浙江工业的半壁江山和出口创汇的生力军。浙江的乡镇企业以家庭工业和联户企业为主体异军突起。以温州侨乡为代表，其特点是以家庭工业和联户企业为基础，以小城镇和专业市场为依托，以购销人员为纽带，形成了一种"小商品、大市场"，"小规模、大协作"的发展农村商品经济的新局面。20 世纪 90 年代以来，股份合作制的大量发展，使"温州模式"有了新突破。在政策优惠、投资环境不断改善的情况下，华侨华人纷纷回国投资，创办各类实业。温州的家庭工业、私营企业和股份合作企业像雨后春笋般出现，专业市场遍地开花。不少地方形成了集体、联户、家庭工业各占一定比重、多路并进的格局。这种经济格局的形成，使生产关系进行了调整，打破了"集体经济"一统天下的局面。允许并鼓励个体经济发展，做到全民、集体、个体一起上，使生产关系适应生产力的发展，从而大大调动群众的积极性，推动了温州经济持续快速发展。

---

① 《看"一带一路"上温州人的新风采》，《温州日报》2018 年 5 月 19 日。

青田是浙南丽水地区的一个县，是浙江的老侨乡。改革开放以来，青田侨乡经济快速发展，随着青田人在海外实力的增强，青田籍华侨华人从事国际贸易的人数增多。几万华侨华人常年往返于国外与国内浙江的义乌、宁波，广东等地，年贸易额近 50 亿美元，不仅为中国产品进入国际市场建立了稳定的黄金通道，而且支撑起国内近万家企业，带动了 100 多万人就业。近 5 年来，青田县每年外汇已达到 10 亿多美元。青田的外币储蓄存款连年增幅达到 25% 以上，居中国县级首位。近年来，青田华侨华人仅在家乡投资累计达 6 亿多元，占全县引进外来资金的"半壁江山"。同时华侨华人还捐资 1.5 亿，[①] 用于社会公益事业的发展。

近年来，华侨华人投资从相对集中的工业经济、房地产领域向效益农业、水利、教育、餐饮、旅游、休闲等领域延伸拓展。从投资工业企业转向房地产业；从开发绿色产品到旅游、娱乐、餐饮业，各个领域都有华侨的身影。此外，还有一些华侨以独资或股份制形式参与投资开发水电站、旅游景点等。青田有着丰富的华侨资源优势，初步统计，全县具有 500 万元以上投资能力的侨商近 5 万人，可用于投资的资金超过 3000 亿元。近年来，在青田的大力感召下，侨商回乡创业的热情持续高涨，"以回乡创业为荣"的氛围逐步形成。2017 年 9 月上线的丽水（青田）侨乡投资项目交易中心，是该县不断提升精准招商、高效招商能力，引导华侨要素回归的又一举措。该平台借鉴"淘宝"模式，主要通过"线上展示、线下交易"的方式开展招商工作。目前平台已挂牌项目 572 个，涉及金额达 3000 多亿元。短短半年多，平台已有 9 个项目签约落地，引回侨资 16 亿元。[②]

---

① 黄昆章、张应龙著：《华侨华人与中国侨乡的现代化》，第 357 页。

② 记者吴慧慧，县委报道组张尚伟、叶礼标：《青田"项目超市"助侨商回归》，《浙江日报》2018 年 5 月 1 日。

四、归侨侨眷积极投身建设新侨乡

如前所述，近代以广大侨乡经过六个阶段的历史变迁，从侨乡现代化的角度考察，进入 20 世纪 80 年代，即中国大陆改革开放以来，已经演进到最新阶段，因此这里将改革开放以来形成的侨乡界定为"新侨乡"。党的十一届三中全会以来，经过拨乱反正，落实政策，从根本上调整和改变了党和国家与华侨华人、归侨侨眷的关系，归侨侨眷的合法权益得到充分保障，极大地调动了国内归侨侨眷的积极性，他们以前所未有的热情投身到改革开放和现代化建设中，为祖国现代化建设及新侨乡的发展腾飞作出了不可替代的贡献。

（一）为发展侨乡经济穿针引线、充当"红娘"

归侨侨眷是联系海外侨胞与侨乡的桥梁和纽带，是中国人移民链的重要环节，也是华侨华人参与侨乡建设的牵引者、鼓动者和实际参与者。改革开放为广大归侨侨眷提供了用武之地，他们利用与海外侨胞有广泛联系的优势，引资引智，为家乡和祖国经济建设作出独特的贡献。改革开放伊始，我国对吸引和利用海外侨资工作还缺少经验，有关法律不是很健全，而海外投资者对在中国大陆投资还存有一些疑虑，对各项政策和投资环境不甚了解，多数是"摸着石头过河"。因此，在"三引进"过程中，归侨侨眷充当"红娘"角色的作用得到了充分的发挥。据不完全统计，截至 1989 年，由各级侨联和归侨侨眷直接或间接引进的外资已达 30 多亿美元。广东、福建引进的外资项目中，80% 以上是侨资或通过侨胞引进的外资，而其中 80% 以上都是侨联或归侨侨眷参与配合做"穿针引线"工作的。[①] 在其他省外资引进过程中，归侨侨眷也发挥了重要作

---

① 中华全国归国华侨联合会编：《第四次全国归国华侨代表大会特刊》，中国华侨出版社 1990 年版，第 18 页。

用。据 1992 年江苏省不完全统计，全省归侨侨眷为各地引进外资，发展外贸，开拓对外经济技术交流活动牵线搭桥的项目，累计达 3600 多项，邀请海外亲友资助举办侨属企业 280 多个。在山西，截至 1996 年底，已创办"三资"企业 1702 家，利用外资 24.48 亿美元，其中由归侨侨眷牵线搭桥的外商投资项目 561 个，引进外资 7.93 亿美元。在湖北，截至 1997 年，全省由归侨侨眷牵线搭桥，华侨华人投资兴建的各类学校、图书馆、各种公共福利设施，设立各种奖学金等项目累计人民币达 8600 万元。全省 6000 多家"三资"企业中，华侨华人港澳同胞投资者占 75% 以上。广大归侨侨眷还鼓励海外亲友回家乡投资，为推动地方经济发展作出贡献。印尼归侨许鸿英向在印尼的兄弟介绍家乡福清的变化，其兄弟在家乡创办冠旺化纤公司，投资人民币 1 亿元。济南市侨眷薛文仁促成的华达集团与美国 213 汽车合作项目，目前产值近亿元，年利税 400 万元。湖南省在 2010 年至 2014 年的 5 年间，全省侨联系统、归侨侨眷直接或间接引进侨资 300 多亿元[①]。仅 2016 年一年，安徽省各级侨联就接待海外侨商参观考察 2200 多人次，协助推荐引进 70 多个项目，协议引进外资 2.3 亿美元[②]。2016 年以来的一年半时间，温州市各级侨联广泛发动海外华侨投身"大拆大整""大建大美""温商回归"等重点工作，共引进 40 个侨资外资项目，到位资金达 44.78 亿元[③]。这样的事例很多，不一一叙述。

（二）变消费为生产，以侨汇兴办侨属企业

改革开放初期，许多侨属企业是依靠侨汇支持来创办的，因此在介

[①] 《我省第七次归侨侨眷代表大会召开　徐守盛讲话》，《湖南日报》2014 年 11 月 27 日，http://hnrb.voc.com.cn/article/201411/201411270931166314.html。

[②] 《吴向明在省侨联六届四次全委会议上的工作报告》，安徽省侨联，2017-03-03，http://www.ahql.org.cn/dochtml/1/17/03/00004605.html。

[③] 《万立骏来温调研侨联工作：出实招暖侨心　闯新路惠侨务》，温州网，2017-07-12。

绍侨属企业前，先了解一下侨汇的作用。侨汇是我国非贸易外汇收入的主要来源，有狭义、广义两种含义。狭义的侨汇，是指我国旅居国外华侨从事各种职业所得汇回祖国用以赡养国内家属的款项；而广义的侨汇，是指凡是华侨华人和港澳同胞从居住地汇回的款项。关于侨汇额全国没有准确的统计。据 1957 年至 1964 年的调查，福建省是以赡家汇款为主，占 72% 左右；其次为建筑侨汇，占 13% 左右；华侨投资占 6% 左右。"文化大革命"前，侨汇主要用于吃穿住行，维持侨眷日常生活，在解决温饱问题之后，到了 70 年代后期逐步转向购买高档消费品、家用电器和改善居住环境。1978 年，福建省华侨特需供应公司成立，各主要侨乡的市、县也成立华侨特需供应公司，许多乡镇开设华侨商店，便利持有侨汇票的归侨侨眷购买物品。从 1979 年至 1993 年福建用于赡养家眷侨汇多达 6 亿美元。① 这时的侨汇完全属于消费性侨汇。

　　进入 20 世纪八九十年代，随着国内经济的发展，侨乡地区生活水平大幅提高，以往"雪中送炭"的侨汇更多扮演着"锦上添花"的角色。侨汇的用途也逐渐扩展为投资实业和捐建慈善公益事业；在侨乡，越来越多侨汇用于发展生产，创办乡镇企业，侨汇则转变成生产性侨汇。应该看到，改革开放以来侨汇对于繁荣地方经济，发展文化公益事业发挥了突出的作用。据《世界移民报告 2018》显示，2016 年全球侨汇流总数约达 5750 亿美元，其中中国接收到 610 亿美元，这是继印度之后全世界第二大侨汇份额②。侨汇在侨属企业的起步和发展过程中发挥着重要作用。所谓侨属企业是指归侨侨眷自筹资金或利用华侨、华人、港澳同胞捐赠资金、生产技术设备为安置归侨侨眷及其子女就业而兴办的经济实

---

①　张学惠、林珊：《广泛宣传华侨爱国主义精神，努力开拓侨乡工作新路子——部分新老侨务工作者座谈会纪实》，《华侨华人与侨务》1994 年第 2 期。

②　《中国接收侨汇金额位列世界第二》，人民网，2018-05-11，http://finance.people.com.cn/n1/2018/0511/c1004-29979009.html。

体。通常也包括港澳同胞利用侨汇和港澳亲属赠送物品兴办的企业。侨属企业是侨乡与海外华侨华人联系的重要民间形式，是侨乡经济的重要组成部分。其类型大致分为五类：一是侨属用侨汇创办的企业。二是侨属合资办的企业。三是侨属利用海外亲属赠送的设备创办的企业。四是侨属注入资本承包经营的企业。五是侨属任法人代表与海外亲属共同合资创办的企业。改革开放初期，农村的归侨侨眷利用多余侨汇，引进技术和设备，投资生产，独资办厂或是联户集资办厂，从而促进了乡镇企业的发展。

　　20 世纪八九十年代，侨属企业得到快速发展，成为侨乡经济发展的一道风景线。1980 年，国务院侨办在泉州召开会议并作出决定，鼓励归侨侨眷集资办企业，在政策上给予支持。在各级侨务部门的支持和组织下，一些地方的归侨侨眷集资创办企业或利用侨汇开办家庭式的加工厂。如 1981 年广东新会会城镇在侨属中集资 110 多万元，通过亲属从香港进口塑料机和制衣机 420 台，办起华侨塑料厂和华侨制衣厂，头一年的税利分别是 103 万元和 153 万元，安排 700 多人就业。[①]海关总署颁布实施《海关对城乡个体工商业者进口小型生产工具的管理规定》后，改变了海外"三胞"（港澳、台、侨胞）过去单纯向国内亲属提供生活费用的状况，一些侨眷利用国家允许可接收国外亲属免税赠送价值人民币 2 万元以下设备的政策，开办了一批小型加工企业。1988 年国家又允许可接收国外亲属免税赠送价值人民币 10 万元以下生产设备，从而刺激了侨属企业的兴办和发展。在福建侨乡晋江，仅 1986 年至 1992 年就引进 4300 多台小型生产设备，使 3000 多家侨眷企业因此得以建立和发展。[②]广东汕头市从改革开放至 1986 年有 12600 多个侨属接收海外亲属赠送的设备，

---

① 黄昆章、张应龙著：《华侨华人与中国侨乡的现代化》，第 35 页。

② 《福建侨报》1992 年 8 月 16 日。

广东东部普宁县的洪阳、军埠、占陇三个区有 800 多户侨属集资 749 万元，引进设备 600 多台（套），自办、合办企业 1013 家。[①] 广东的侨属企业有农副业、养殖业、纺织、服装、造纸、制鞋、塑料、陶瓷、家具、玩具、工艺、印刷、饲料、木材加工、建筑、电子电器、运输、服务业等，到 1991 年广东全省侨属企业近 4 万家，总投资额约 10 亿元，共引进设备 1.5 万多台（套），安置人员约 50 万人。[②]

据国务院侨办统计，到 1996 年，全国共有侨属企业 62739 家，特别是侨乡地区，侨属企业的发展成为当地经济发展的亮点，侨乡农村经济的龙头。广东省江门市的 2400 多家侨属企业，1996 年总资产达 19 亿元人民币，上缴国家利税 2.3 亿元，安排就业 16 万人。浙江的侨属企业大多是 1985 年后兴办的。据杭州、宁波、温州、绍兴、湖州、衢州和丽水 7 地市统计，1988 年侨属企业总投资约 7950 万元，其中侨眷集资 2150 万元，引入海外侨胞资金 564 万美元。90 年代后，侨属企业呈良好发展势头。1995 年至 1998 年全省 500 家侨属企业共创产值（销售额）97.16 亿元，利税 7.87 亿元，出口创汇 1.74 亿美元。

侨属企业作为侨乡经济中富有特色的组成部分，促进了侨乡工业化、农业商品化的进程，为侨乡经济发展注入了活力。同时改变了过去侨乡"坐食"侨汇的状况，使传统侨乡主要依赖侨汇消费性社会，转变成为自食其力的生产性社会，从某种程度上改变了侨眷的生活方式，从而促进侨乡社会经济的稳步发展。到了 20 世纪末，随着党政机关与企业脱钩以及在经济活动中对不同身份的企业都实行国民待遇，侨属企业面临着转制和挑战。特别是随着我国经济的快速发展，由于受资金、人才、经营规模、生产技术等限制，再加上一些侨属企业属劳动密集型企业，在

---

① 《广东侨报》1986 年 2 月 25 日。

② 《广东侨报》1991 年 7 月 16 日。

管理和经营停留在传统的手法上，有的企业由于体制不顺，以致在市场竞争面前出现不适应，许多企业倒闭，不少企业进行重组，或改制，或进行产业升级。经过激烈的市场竞争，一些优秀侨属企业脱颖而出。通过购买土地、技术改造、企业改制、扩大规模，向着集团化、集约化的道路发展。华日实业投资有限公司就是一个例子。1984年侨眷陈励君，看准电冰箱行业在中国有极好的发展前景，于是就率领十几名侨属，筹借了几万元资金，创办起杭州华日电冰箱厂。在一个不到300平方米的里弄内靠一些简陋的工具，生产出第一台华日冰箱。经过20多年的艰苦创业，现已发展到占地30万平方米，员工1800人，总资产15亿元，年产量100多万台，产品远销东南亚、中东、非洲、欧洲等地，成为国内外知名的专业冰箱产业集团。凭借"科技领先、专业制造、规模经营、持续发展"的理念，华日不断发展壮大，在推出电脑冰箱、无氟替代技术改造等方面，都走在了国内同行的前列，在新的五年规划中，华日将进一步扩建厂房，改造生产线，打造国际化的现代家电制造基地，使冰箱年产量达450万台的规模，跻进全国同行业前三名。广西黑五类食品集团有限责任公司，前身是由3名归侨侨眷于1984年集资3万元创建的广西南方儿童食品厂，经过20多年的艰苦创业，已拥有总资产14亿元，形成了以食品为龙头，并涉足地产、公共设施、专业物流等行业的大型综合企业集团。2004年9月2日，其控股公司广西南方投资有限责任公司成功重组了原广西斯壮股份有限公司，并更名为广西南方食品集团股份有限公司，为黑五类集团的发展提供了更加宽广的空间，集团公司也随之进入产品经营转型为产业经营的新时期，逐步成为一个投资控股型企业。

（三）改观侨乡精神面貌

海外侨胞和归侨侨眷以满腔的爱国热情积极参与侨乡的社会建设，加强精神文明建设，改变侨乡精神面貌。主要体现在以下几个方面。

其一，大力兴办公共设施。如投资公益事业，创办学校、图书馆、医院等公共设施，修建公路、桥梁、水电站等基础设施，不断改善侨乡的生活环境，营造楼宇鳞次栉比、街道宽阔笔直、商业网点集中、生活设施齐全、环境整洁幽雅的新侨乡。如1983年至1997年，海南文昌市会文、锦山、头苑，琼山市的大致坡，万宁市的龙滚等侨乡镇，侨胞投资3000多万元，新建、扩建楼房1400多幢，建筑总面积达17万多平方米，使侨乡面貌焕然一新。2017年度各级政府侨务部门共受理华侨华人、港澳同胞向国内捐赠慈善款金额29.71亿元，同比增长38.83%，捐赠总额比上年增加8.31亿元。捐助领域主要集中在教育、社会事业、医疗卫生和生产生活设施建设等，其中教育事业获捐12.26亿元，占比41.28%；社会事业获捐10.65亿元，占比35.83%；卫生事业获捐3.12亿元，占比10.49%；生产生活设施建设获捐2.51亿元，占比8.45%[①]。改革开放40多年来，广大海外侨胞、港澳同胞向国内社会公益事业的捐赠累计已超过1000亿元人民币。

其二，积极参与精神文明创建活动。移风易俗，倡导新风尚；开展文明村、和谐村创建活动，促进社会主义新农村的建设。通过开展宣传表彰在工农业生产和科研教育、医疗卫生、文艺体育等各条战线上作出卓越贡献的侨界先进人物，鼓舞了士气，振奋了精神，促进了侨乡各项事业的发展。例如，据广州教育部门1991年统计，广州教育系统有归侨教师519名，侨眷教师1194人，归侨教师来自19个国家和地区，其中来自东南亚的492人，在这批归侨中，有高级教师73人，副教授2人，担任学校领导职务的37人。1986年至1990年，受到各种表彰的归侨达1772人（次）。[②]

①　《2017年侨务部门受理华侨华人、港澳同胞慈善捐赠29.71亿》，国务院侨务办公室网站，2018-02-07，http://www.gqb.gov.cn/news/2018/0207/44334.shtml。

②　卢海云、权好胜著：《归侨侨眷概述》，第75页。

其三，开展文化交流、传播精神文明。各地归侨侨眷积极参与各类同乡、同宗联谊活动，加强与海外侨胞的联系，增进乡谊，在促进中外文化交流方面作出贡献。

由于海外华侨华人关心桑梓，大力支持侨乡发展建设；广大侨眷和归侨勤劳致富，致力于家乡建设；以及当地党政部门和领导发展侨乡正确举措，涌现出部分文明侨乡。广东省重点侨乡江门市积极创建全国文明城市，2011 年 12 月 20 日荣获"全国文明城市"光荣称号，成为全国文明创建先进典型，其中江门侨胞功不可没。江门籍的侨胞，散居全世界 107 个国家和地区。改革开放以来，大量的侨胞累计捐赠近 60 亿元。在这种慈善氛围中成长的江门人，渐渐形成了独特的城市精神。如今江门市民间慈善组织已发展到 34 个，并打造了"慈善公益万人行""爱心100""慈善一日捐"等多个慈善文化品牌。江门连续 7 年在元宵节举办"慈善公益万人行"活动，为社会福利事业筹集善款累计达 6.2 亿多元，救助困难群众 30.1 万多人。2009 年，中华慈善总会颁奖表彰"中华慈善突出贡献人物"，江门受表彰者 10 人，人数占广东总数的一半。① 今日江门，市民幸福指数日益提升，义工服务蓬蓬勃勃，慈善文化枝繁叶茂，人人争当文明使者，这些构成了全民创建活动一道道亮丽的风景。

（四）华侨农场的改革转型发展

从 20 世纪 50 年代起至 80 年代，为妥善安置东南亚某些国家残忍迫害、难以维生的大批归国难侨，国家分别在广东、广西、福建、云南、海南、江西、吉林 7 省（区）建立了 86 个国营华侨农场，集中安置归难侨约 22 万人②。半个多世纪以来，华侨农场的广大归侨侨眷发

---

① 人民日报记者吴冰、李亚舟：《珠江西岸的和谐天堂（全国文明创建先进典型）——广东省江门市创建全国文明城市侧记》，《人民日报》2012 年 1 月 11 日。

② 关于华侨农场数量有 84 个、86 个两种说法。参见董中原总主编：《中国华侨农场史》第 1 册（主卷），中国社会科学出版社 2017 年版，代序第 2 页、第 158 页。

挥艰苦创业精神，克服困难，在荒山野岭和海边滩涂上努力建设自己的新家园，为当地经济发展作出贡献。有关内容在上一册书里已经作了全面介绍。

党的十一届三中全会以后，中国迎来了改革开放的新历史时期，华侨农场也迎来了新的发展机遇，不断推进各项改革，成为我国改革大潮的一个组成部分。但由于诸多历史原因，华侨农场的改革和发展要慢于周围的农村，出现一系列困扰华侨农场发展的问题。党和国家十分重视华侨农场的改革，根据不同时期经济社会发展的需要和华侨农场的实际，陆续出台了多个指导华侨农场改革的政策性文件。如 1985 年出台的《中共中央、国务院关于国营华侨农场改革经济体制改革的决定》，将华侨农场的领导体制，由中央和省的侨务部门主管（以省为主）改为归地方人民政府领导；1995 年国务院推出了《关于深化华侨农场经济体制改革的意见》，重申了这一改革方向；2007 年国务院制定了《关于推进华侨农场改革和发展的意见》，提出体制融入地方、管理融入社会、经济融入市场的"三融入"的改革目标；2012 年国务院侨务办公室等 10 部门下发《关于进一步推进华侨农场改革和发展工作的意见》，对"三融入"改革目标提出了新要求；2013 年国侨办与文化部联合出台了《关于加强侨乡地区和华侨农场文化建设工作的意见》，与国土资源部联合出台了《关于做好华侨农场土地保护和开发工作的意见》，就关系华侨农场未来发展的文化建设和土地开发工作，加强了政策指导和支持力度。① 在上述中央和国务院一系列文件政策指导下，经过有关地区党委和政府、各有关部门、华侨农场广大干部群众的共同努力，华侨农场体制改革稳步推进，华侨农场管理体制改革经历了从侨办管理到华侨农场管理局再到

———————
① 这里介绍的关于华侨农场改革的一系列文件，参见董中原总主编：《中国华侨农场史》第 1 册（主卷），代序第 3—4 页。

地方管理的过程。通过进行领导体制改革和内部经济体制改革，初步与地方理顺了关系，调整了产业结构，加强了经营管理，调动了干部职工的积极性和创造性，使华侨农场经济有了较大的发展，归侨难侨生活有了一定的改善。华侨农场历史遗留问题得到有效解决，三次产业加快发展，体制融入地方、管理融入社会、经济融入市场及工业化、城镇化、农业产业化建设工作等各项工作取得了显著成效，长期困扰华侨农场的企业办社会的状况已得到根本性的改变。多数华侨农场以市场为导向，改善场区环境，确定新的发展方向，充分利用"侨"的特色和资源，加大引资力度，使农场的经济得到了较快发展。如广东省有 23 个华侨农场，分布在全省 14 个地级以上市，共有土地总面积 170 万亩，总人口 28.5 万人，其中安置来自印尼、越南等 24 个国家的归侨难侨 8.5 万人。2000 年全省华侨农场社会总产值 76.6 亿元，全省华侨农场有"三资"企业 130 家。累计投入资金 25.46 亿元，年创汇 1.77 亿美元，缴纳税额 2.01 亿元，分别比 1995 年增长 99% 和 97%。[①] 糖、茶、果、奶为华侨农场四大主要产品，英红华侨茶场的茶叶曾荣获国家银质奖和巴黎国际商品奖；光明华侨畜牧场的鲜牛奶曾获省优质产品奖，主销香港市场。

作为农场的归侨侨眷，几十年如一日，辛勤奉献，特别是一批科技工作者，为了改变农场的面貌，为提高华侨农场的科技水平，扎实工作，开拓进取。1999 年 12 月，中国侨联开展了首次对华侨农场优秀归侨、侨眷科技工作者评选、表彰活动。从全国 86 个华侨农场评选出 44 名优秀归侨侨眷工作者。其中广东省 13 名，广西壮族自治区 12 名，福建省 10 名，云南省 4 名，海南省、江西省各 2 名，吉林省 1 名。这次受表彰的同志，是华侨农场归侨、侨眷科技工作者中的优秀代表。以他们为代表的众多归侨、侨眷科技工作者在艰苦的环境中刻苦钻研农业技术，并将

---

① 岳乔农：《华侨农场改革与发展的思路和对策》，《华侨与华人》2001 年第 4 期。

多项科研成果迅速转化为生产力，为华侨农场的科技发展、农场的兴旺发达作出了不懈的努力和积极的贡献。

随着改革开放的进一步深化，社会面临着转轨，在市场经济的冲击下，也有不少农场发展滞后，许多归侨难以适应社会变革，生活上面临困境。在 86 个华侨农场中亏损的有 73 个，年亏损额达 1.6 亿元；盈利或持平的只有 11 个，年盈利仅 2500 万元。各级政府始终关心他们的生产、生活。仅中央财政给予的专项困难补助，"九五"期间每年 5000 万元，"十五"期间增加到每年 7000 万元；从 2001 年起，每年拨发退休人员基本养老金 8990 万元；截至 2005 年，中央财政共安排 7.6 亿元，用于华侨农场基础设施建设；减免华侨农场金融债务 16.41 亿元。①

党中央、国务院一向十分关心华侨农场归侨难侨的生产和生活。2007 年 1 月，国务院召开常务会议，专题研究推进华侨农场改革和发展的问题。同年 2 月，召开了七省（区）工作会议全面部署华侨农场改革和发展工作。国务院有关部门出台了土地确权、危房改造、完善养老保险、完善医疗保险、剥离社会职能和扶贫等 6 项配套扶持政策，各有关省区也编制完成了推进华侨农场改革和发展的实施方案并开始实施。如给予特殊政策解决华侨农场历史遗留问题，减免华侨农场拖欠金融机构历年债务，对解决拖欠归难侨离退休金给予一次性补助，对华侨农场归侨难侨职工中的"4050"（女的 40 岁，男的 50 岁）人员给予社会保险补贴，对华侨农场归侨难侨参加医疗保险予以补贴，给予每户不少于 1.5 万元的补助，用 3 年左右的时间全部解决 5.1 万户归难侨的危房改造等。中央扶持华侨农场改革的补助经费已经按工作进度拨付，华侨农场改革和发展的工作正在稳步推进。② 中共十八届三中全会对全面深化改革作

---

① 《贯彻侨法是全社会的共同责任》，《人民日报》2006 年 6 月 28 日。

② 郭峭：《采取措施切实解决华侨农场归难侨生产生活困难问题》，《侨务工作研究》2008 年第 1 期。

出新全面部署，华侨农场的改革也将迎来新的机遇。有关新时期全国华
侨农场的改革的具体情况，中国侨联组织撰写出版了一套中国农场改革
史，① 分别作了详细阐述，这里只是概要介绍，不再赘述。

---

① 董中原总主编：《中国华侨农场史》（共 7 卷），中国社会科学出版社 2017 年版。

第二节　新时期归侨侨眷对祖国建设的贡献

新中国成立以后，党和政府引导归侨侨眷走上社会主义道路，归侨侨眷积极走出家门，积极参加社会主义建设，成为新中国建设事业的一支重要力量。改革开放以来，广大归侨侨眷继续成为推动改革开放和社会主义现代化建设的重要力量，为祖国建设和新侨乡建设发挥了重要的作用。《中华人民共和国归侨侨眷权益保护法》的颁布实施，使广大归侨侨眷的合法利益，在法律上得到确认和保障。广大归侨侨眷在科研、教育、卫生、体育以及政治建设等领域，奋发图强，建功立业。随着吸引华侨和留学生回国创业政策的不断完善，新侨回国创业的人数不断增多，其就业模式和渠道越来越多元化，特别是在通信、网络等高新技术产业方面独领风骚。

一、新时期归侨侨眷的人口及分布情况

按《中华人民共和国归侨侨眷权益保护法》规定：归侨是指回国定居的华侨。华侨是指定居在国外的中国公民。根据这一表述规定了归侨形成的两个要素：一是回国以前必须具有华侨身份；二是华侨回国定居才具有归侨身份。侨眷是指华侨、归侨在国内的眷属，包括华侨、归侨的配偶，父母、子女及其配偶，兄弟姐妹、祖父母、外祖父母、孙子女、外孙子女，以及同华侨、归侨有长期扶养关系的其他亲属。其含义有二：一是必须以与华侨、归侨具有一定的人身关系和经济上依赖关系为前提，也就是说，侨眷必须是与华侨具有基于婚姻、血缘和扶养关系而产生的眷属关系；二是法律上的侨眷关系必须是与华侨、归侨具有法定的权利

义务的关系。这是法律上对归侨侨眷界定的基本概念和特征。

归侨、侨眷是伴随着华侨的产生而出现的,其历史久远。中华人民共和国成立初期,华侨踊跃回国参加祖国建设,据有关统计资料显示,新中国成立后头五年,回国工作、学习的归侨及归国华侨学生多达 17.8 万人,到 1956 年中期,我国有归侨约 23 万人。他们以知识分子、青年学生、爱国民主人士为主体。侨眷有 1000 万人,仅广东省就有侨眷 600 万人。20 世纪 60 年代,回国定居的华侨以印尼最多,约有 13.6 万人,到 1966 年时,全国归侨人数达 50 多万人,因为此时期出国定居人数殊少,侨眷人数并无明显增加,仍为 1000 多万人。20 世纪 70 年代末 80 年代初达到高峰。这一时期多以印支(越南、老挝、柬埔寨三国)难民为主。80 年代以后急剧下降。90 年代中期,经各地区统计,全国(不含香港、澳门、台湾)有归侨、侨眷 30016423 人,其中归侨 1135065 人。其中广东省有归侨侨眷 16265940 人,福建省有 5020000 人,海南省有 1590000 人。这三省的归侨、侨眷计有 2300 多万人,占全国归侨、侨眷总数的近 80%。① 进入 21 世纪,侨情发生了新的变化,回国创业的华侨、留学人员又有新的增加。中国侨联在 2005 年通过向各省侨联发调查表的方式,对各地归侨侨眷进行统计,结果是:全国当时有归侨侨眷(不含香港、澳门、台湾、西藏)为 36883087 人,其中归侨为 1123215 人,其新归侨 138068 人;侨眷 35621804 人。广东、福建、海南、广西、山东、浙江归侨侨眷达 100 万人以上,北京、河北、江苏、四川、上海、安徽、河南、湖北、云南归侨侨眷在 50 万至 100 万人之间;天津、山西、辽宁、吉林、黑龙江、江西、湖南、重庆、贵州、青海、新疆的归侨侨眷在 10 万至 50 万人之间;内蒙古、陕西、甘肃、宁夏、新疆兵团在 10 万人以下。从归侨侨眷的分布来看,沿海多,内陆少;各地分布不均衡;北京、

---

① 卢海云、权好胜著:《归侨侨眷概述》,第 7 页。

上海等大城市新归侨，特别是新侨眷数量剧增。

通过以上介绍，改革开放以后由于新移民大量增加，侨乡随之主要由广东、福建、广西、浙江等传统侨乡，扩大至全国各地，出现大量新侨乡；由新移民构成新侨数量大量增加，归侨侨眷数量随之大量增加。

二、新时期归侨侨眷群体的特征

众多的归侨侨眷形成中国社会一个具有鲜明特点的社会群体。从归侨构成来看，主要是由知识分子、华侨学生、难侨等组成，其中难侨居多。从侨眷构成来看，涵盖面极其广泛，涉及众多领域。下面主要介绍归侨侨眷这一群体的基本社会特征。

（一）爱国爱乡表现多种多样、情感浓烈

华侨具有深厚的民族意识和光荣的爱国主义传统。传统的文化观念对华侨有深厚的影响。在很长的一段时间里，落叶归根是华侨的夙愿，许多人都选择了回归故里，光宗耀祖，颐养天年。随着国内外形势的变化，这种观念发生了深刻的变化，第二次世界大战后，更多的华侨选择在当地落地生根，也有不少华侨选择了回国之路。新中国初始，百废待兴，许多华侨放弃在国外优厚的生活条件，回到祖国参加建设。他们与共和国同甘共苦。三年困难时期与全国人民一道渡过难关，"文革"时期虽受到各种冲击，但对祖国的热爱衷心不悔。

改革开放后，广大归侨侨眷焕发出新的活力，以极大的爱国热情投身到改革开放的大潮之中，投身到社会主义现代化建设之中，他们用实际行动谱写了一部部爱国主义篇章。集中表现在：立足本职岗位，敢于拼搏，建功立业，创造业绩；利用自身的优势，为祖国经济建设牵线搭桥，勇当改革开放的排头兵；积极宣传党和国家政策，利用民间身份，加强与海外人士的联系，为促进中外文化交流和祖国统一大业做贡献等。

归侨侨眷的爱国热情还表现在支持和参与国内重大活动，特别是在庆祝香港、澳门回归，申办、举办亚运会、奥运会等活动中发挥了积极作用。在祖国遇到灾难之时，他们发扬中华民族一方有难、八方支援的精神，伸出双手，给予支持。如在 2003 年"非典"期间，北京市侨联募集大量海内外侨胞（含归侨侨眷）的捐款捐物折合人民币 4000 多万元。2008 年 5 月 12 日四川汶川发生 8.0 级大地震，牵动海内外侨胞和广大归侨、侨眷的心，截至 5 月 18 日，仅 6 天的时间，全国各级侨联组织广大归侨、侨眷和海外侨胞已通过各种渠道向地震灾区捐款 1.53 亿元。截至 2009 年 9 月 30 日，国际组织、海外华侨等国外捐赠 40.48 亿元，港澳台地区捐赠 33.50 亿元。充分表达了在大灾难面前，中华儿女血浓于水的爱国情怀。

（二）新移民增加带来海外关系多样化

归侨侨眷与境外或国外的亲属之间存在着密切或较为密切的经济、财产、经贸、通信往来及抚养或赡养等权利和义务的联系。这种千丝万缕的联系，在改革开放后变得更加密切。改革开放以来，国务院等有关部门，进一步放宽归侨侨眷申请出境政策，改革审批办法，简化手续，便利了归侨侨眷出境。一些国家修改移民条例，放宽对侨眷入境的限制，这给侨眷出国带来了更多的机会。特别是在侨乡，归侨侨眷出入境十分频繁。主要渠道有：夫妻团聚、父母子女团聚、兄弟团聚、婚姻关系、继承财产、助理业务、劳工输出、投资移民、文化技术交流而定居，探亲旅游到国外定居，留学期满留下定居等形式。在福建晋江，改革开放后不久，很快形成出国热潮。据晋江市公安局的统计，1978 年至 1995 年间出境人数达 76873 人，其中一部分人已获准进入菲律宾、新加坡、马来西亚、印尼、美国等国定居。[①] 90 年代以后，侨乡江门涉外婚姻的数

---

① 俞云平、王付兵著：《福建侨乡的社会变迁》，湖南人民出版社 2002 年版，第 22 页。

量逐年增加。整个江门五邑地区涉外婚姻1994年776对，1997年2634对，1998年2902对，2000年3476对。连锁移民（chain-migration）是侨乡出国的主要形式。最初是一位与海外亲属有关系的侨眷，出国谋业，后来带动其整个家族的出国。如被称为福建"旅欧第一县"的明溪县，改革开放后第一位出国的是沙溪村一位姓胡的村民，随后一带十、十带百，到2005年12月，明溪县已办理出国护照18648本，实际在外8643人，约占全县总人口的8%。主要集中在欧洲的匈牙利、意大利、俄罗斯等国。① 由此该县的侨眷数量激增，与海外的关系也越发密切。在浙江温州和青田这种移民的方式更为普遍，一个人出国后，待站稳脚跟、略有积蓄，再将家庭成员一一带走。温州和青田移居海外的家庭集团，少说也有上千个，有几十人的家庭、上百人的家族、二百人以上的大家庭，甚至三四百人的特大家族。这些家族成员分布在欧洲各国和世界各地。一个归侨侨眷的家庭同时与海外各国保持密切的联系。新移民和新侨眷的大量出现，在客观上成为华侨与祖（籍）国密切联系的动力。

（三）对祖（籍）国与居住国关爱并重

归侨有长期生活在国外的经历，与居住国保持着广泛的联系。改革开放后，出境探亲的归侨及其子女络绎不绝，使他们与居住国的联系变得更加紧密。许多归侨学者还应邀回居住国讲学、访问，参加学术会议，促进中外文化交流。还有的归侨利用丰富的海外关系，协助国内有关单位，在居住国创企业、办学校，当中夹带着对第二故乡的深情厚谊。由过去偏爱祖国转变为热爱祖（籍）国同时热爱居住国，两者并重。

随着传统华侨社会的变迁，大量华侨转籍为华人，他们关注居住国的发展，特别是在遇到灾难时，也能及时伸出援助的双手，帮助那里的人们渡过难关。2008年5月，缅甸发生超强热带风暴"纳尔吉斯"，风

---

① 《明溪县出国人员、新华侨情况汇报》，明溪县统战部资料（2006年1月）。

暴给缅甸经济和社会发展带来巨大损失。北京缅甸归侨联谊会于 5 月 8 日发动会员以及社会各界向缅甸灾区捐款。归侨及各界人士纷纷响应，并将募捐款送至缅甸驻华使馆。归侨侨眷的情感还体现在他们自己成立的各类联谊会上。20 世纪 80 年代开始，北京、广州、福建等地归侨自发成立了各类联谊会，如北京菲律宾归侨联谊会、北京马来西亚归侨联谊会、北京泰国归侨联谊会、北京市越柬老归侨联谊会、北京缅甸归侨联谊会、北京朝鲜归侨联谊会、北京潮人海外联谊会等。此外一些校友会也纷纷成立。这些组织开展了丰富多彩的联谊活动。如节日期间举办文艺演出和具有"侨"特色的联欢会，归侨们身穿居住国民族服装，演唱当地民歌，表达对第二故乡的眷念。联谊会还利用民间渠道邀请和接待第二故乡来的客人，邀请驻华使领馆人员参加其组织的各类活动。不少联谊会还组团出访演出，为中外文化交流搭建平台。值得一提的是，归侨侨眷对居住国的情感还体现在他们或多或少地保留着原居住国的生活习惯和风俗。如，在海南有一个"印尼村"，村内（包括海南本地职工）通用印尼语（包括巴厘语和帝汶语），并保留了印尼流行的宗教（佛教、基督教）、节令、婚嫁、丧葬、生日、礼节等独特的风俗习惯。[①] 该村组织的印尼歌舞队经常赴印尼演出，受到印尼人民的欢迎。"印尼村"的独特风俗还吸引了不少印尼人来村参观访问，其中不乏印尼高官。

三、归侨侨眷组织及其相关法律

（一）各级侨联组织的恢复健全

中国侨联，全称中华全国归国华侨联合会，是由全国归侨侨眷组成的人民团体，该团体成立于 1956 年，第一届主席为著名侨领陈嘉庚。作

---

① 《彬村山华侨农场志》第二十七章，"风俗习惯"。

为党和政府联系归侨侨眷的桥梁和纽带，侨联组织的成立对于进一步宣传党的方针政策，鼓励和协助归侨侨眷和国外华侨参加祖国建设事业，广泛开展与国外华侨的联系，促进华侨爱国大团结，积极为侨服务，反映侨情、民意，保护华侨正当权益等方面发挥了重要作用。"文化大革命"期间，受大环境影响，中国侨联被迫停止活动，各级侨联也处于瘫痪状态。

改革开放伊始，总设计师邓小平在重新思考中国社会主义的发展，实现全党工作重心转移，开辟实现社会主义现代化道路的伟大实践中，认识到发挥华侨华人的作用。邓小平关于"海外关系是个好东西"的论述，为海外关系正名，把对华侨华人和侨务工作的认识提高到一个新的水平，通过拨乱反正，落实侨务政策，广大归侨侨眷，冲破"左"的思想枷锁，焕发出无比的热情，积极投身到社会主义现代化建设之中。1978 年 12 月 22 日至 28 日，第二次全国归国华侨代表大会在北京举行，出席第二次大会的代表共 630 名，其中港澳代表 20 名。他们中有全国华侨农场、华侨工厂、重点侨乡的归侨、侨眷代表；有工交、文教、体育、科技等各条战线的归侨代表；有人民解放军的归侨代表；由中央和国家机关的归侨代表；有各地的侨务工作者代表；有居住在港澳的归侨代表；有台湾省籍的归侨代表；有被越南当局驱赶回国的难侨代表等，具有广泛的代表性。第二次归侨代表大会的召开是侨联正式恢复工作，并重新履行职能的重要标志，从此翻开了侨联历史的新篇章。

1. 各级侨联组织的建立健全

组织建设是侨联工作的根本保证。"文化大革命"前夕，全国有 14 个省、自治区和直辖市成立了省一级侨联，重点侨乡的市、县大多成立了侨联基层组织。改革开放后，根据邓小平关于"建庙""请菩萨"的指示精神，各级侨联组织相继恢复和发展。截至 1984 年 4 月，除"文化大革命"前原有的 14 个省、区、市的侨联组织相继恢复外，还先后成立了许多新的侨联组织。全国除台湾、西藏外，已有 28 个省、自治区、直辖市和 400 多个地、市、县成立了侨联组织。在闽、粤等省的重点侨乡，以及归侨比较集中的华侨农场、华侨工厂和一些大、中城市的街道、高校、科研机构等，也成立了侨联或者性质相同的归侨组织。1994 年 6 月，全国县以上侨联组织已有 2700 多个，全国各级侨联组织及其所属社团达 8000 多个。沿海的重点侨乡，从城市到乡镇，侨联组织已形成网络。与此同时，侨联主管的华侨历史学会（1981 年 12 月成立，1987 年 7 月更名为中国华侨历史学会）、全国侨联法律顾问委员会（1982 年 5 月成立）、中国华侨摄影学会（1982 年 12 月成立）、中国华侨国际文化交流促进会（1989 年成立）、中国华侨文学艺术家协会（1989 年 12 月成立）等组织纷纷成立。1989 年成立中国华侨出版公司（后改为中国华侨出版社），1991 年 10 月创刊《海内与海外》杂志，侨联工作载体不断扩大。

进入 21 世纪后，侨联更加重视组织建设，2000 年在全国侨联系统开展了"基层组织建设年"活动，号召各级侨联要以邓小平理论为指导，围绕全党全国工作大局，按照《中国侨联章程》和中国侨联关于"进一步组织起来，活跃起来"的要求，从思想上、组织上、工作上、作风上全面加强基层侨联组织建设，使基层侨联组织切实发挥了党和政府联系广大归侨、侨眷和海外侨胞的桥梁和纽带作用。这期间在中央有关部门的关心和支持下，中央国家机关侨联、中直机关侨联、中央企业侨联相继成立。2001 年 9 月成立了中国侨联青年委员会，2003 年 8 月成立了中国侨联华商联谊会（2008 年 9 月正式改名为中国侨商联合会），侨联的工作手臂得到进一步延伸。截至 2005 年底，全国各级侨联组织及所属社团已发展到 14006 个。省级侨联 34 个；地（市）级侨联共 329 个；县（市）级侨联共 1048 个；县（市）级以下侨联及社团组织共 12594 个，其中街道社区侨联 2898 个，乡镇侨联 1801 个，村级侨联 5824 个，机关企事业侨联 1175 个，大专院校侨联 410 个，各级侨联直属社团 486 个。

侨联基层组织得到快速发展，重点侨乡形成了省、市、县、镇、村侨联的组织网络。如，福建省连江县的琯头镇，全镇人口6万多人，2.5万海外乡亲分布在30多个国家和地区，至2001年底，全镇27个村侨联小组相继成立，实现了全镇村（居）侨联组织的"满堂红"。

经历了1993年和2001年机构改革，侨联地位和作用得到进一步明确。特别是在2001年机构改革中，明确了中国侨联"由中共中央书记处领导"，规定了加强群众工作和参政议政、维护侨益、海外联谊工作四项主要职能。30年来，侨联组织强化了职能，改进了运行机制、理顺了管理体制，自身建设得到加强。

2016年9月，中央批准《中国侨联改革方案》（以下简称《方案》）。12月，中央办公厅印发《方案》，《方案》从4个方面17个领域提出了中国侨联的改革措施。这4个方面改革措施为：一是改革中国侨联领导机构、机关设置和运行机制；二是改革中国侨联组织从事制度，加强干部队伍建设；三是提升侨联报务大局、服务侨界群众的能力和水平；四是夯实侨联基层基础，增强侨联组织活力。① 9月26日，中国侨联成立60周年大会在北京人民大会堂举行，时任中央政治局常委、全国政协主席俞正声出席大会，代表党中央、国务院发展讲话。

2. 侨联工作取得很大成绩

一是围绕中心，服务大局取得新成就。1979年底，中国侨联、国务院侨办在泉州召开了"全国侨乡工作座谈会"，研究和讨论新时期侨乡和侨联工作如何适应、围绕、服务"四个现代化"的问题，会议确定了侨务、侨联工作要为发展侨乡经济建设服务的方向，强调要发挥侨乡同海外、港澳地区有密切联系的优势，为繁荣侨乡经济和祖国四化建设做

---

① 《中共中央办公厅印发中国侨联改革方案》，暨南大学图书馆世界华侨华人文献馆、彭磷基华侨华人文献信息中心编：《侨情综览》（2016），南方出版传媒、广东人民出版社2018年版，第546页。

贡献，从而实现了侨联工作重心的转移。多年来，侨联围绕党和国家的中心任务，利用自身优势，在引进资金、设备、智力和技术等方面，"穿针引线""铺路搭桥"；注重侨乡建设，积极地扶持归侨侨眷兴办各种形式的企业；组织海外侨胞回国考察、开展科技交流等活动，吸引海外优秀人才，参与我国现代化建设，促进我国的经济和社会发展；通过创建中国侨联科教兴国示范基地和农业科技示范园区，起到了推介成果和示范引导作用；特别是通过与地方政府合作，通过开展招商引资、招贤引智活动，为实施科教兴国、西部大开发和"走出去"战略作出应有贡献；开展"侨心工程"，八年来，向文化、科学、教育和福利公益事业资助10多亿元人民币，创办"侨心小学"1000多所。如江苏侨联积极作为，大力协助政府部门招商引智，取得很大成绩。2000年以来，全省各级侨联协助引进科技等项目440多个，协议利用外资300亿元人民币，协助推荐和引进海外高层次人才1200多人。[①]再如2009年，中国侨联与广西壮族自治区人民政府签署了"战略合作框架协议"。根据协议，中国侨联到广西先后举办了三次大型招商引资活动，来自全球五大洲60多个国家和地区的500多名知名华商应邀参加，至2013年10月，意向投资额360多亿元人民币；广西有外资企业4650家，其中海外华商投资企业3000多家，占外商投资总数的70%左右。广西各级侨联参与各类招商引资活动引进资金189.5亿元人民币，项目120个，组织海外侨胞参与经贸活动298场次。[②]

二是参政议政，为侨服务能力增强。1991年1月11日，七届全国

---

① 暨南大学图书馆世界华侨华人文献馆、彭磷基华侨华人文献信息中心编：《侨情综览》（2016），第420页。

② 管浩：《中国侨联4年来为广西吸引华商意向投资360亿元》，新华网，2013-11-01。暨南大学图书馆彭磷基华侨华人文献信息中心编：《侨情综览》（2013），暨南大学出版社2014年版，第239—240页。

政协常委会第十二次会议，作出了《关于中国科协和全国侨联作为全国政协组成单位的决定》，决定"归国华侨界"改由"中华全国归国华侨联合会"作为全国政协的组成单位。确立了侨联作为一个独立的组织在新时期中共爱国统一战线中的政治地位，为侨联组织在政治协商与民主监督中发挥作用提供了更有利的条件。侨联界委员认真履行参政议政的职责，以 2008 年全国政协十一届一次会议为例，侨联界政协委员提案 118 件，平均每位委员提案 3.9 件，比全国政协委员提案平均数 2.1 件高 186%。充分反映了社情、侨情和民意。各级侨联依法维护归侨侨眷和海外侨胞在国内合法权益，推动在涉侨问题上的合法、合理、公平解决。据统计，从 1999 年 6 月至 2002 年 9 月，仅经全国各级侨联帮助挽回的归侨侨眷、海外华侨投资经济损失达千万元之巨；与此同时，还有 5272 个侨资企业和涉侨经济案件在全国各级侨联的努力下获得解决，共挽回经济损失近亿元。此外，还开展"送温暖、献爱心"活动，深入侨胞、深入基层，了解侨胞所思、所需、所急，为侨办了不少实事和好事。

三是弘扬中华优秀文化，促进社会和谐。各级侨联以亲情、乡情、友情为纽带，通过"请进来、走出去"，向海外侨胞宣传我国改革开放和社会主义建设取得的伟大成就，传播中华民族优秀文化，加强海外华文教育和文化学术交流等活动，促进海外华文教育事业健康发展。开展龙舟赛、文化寻根、青少年夏令营、组团赴海外慰问演出等系列活动，促进中外文化的合作与交流。加强思想文化阵地建设，发挥侨联系统各类报刊、网站、出版社和学术文化团体的作用。坚持不懈地开展爱国主义、集体主义、社会主义教育，引导广大归侨侨眷弘扬社会主义荣辱观和良好的道德风尚，积极参与社会主义精神文明的创建活动，为促进社会和谐作出贡献。

四是加强与海外的联谊，促进民间对外交流和祖国和平统一大业。海外联谊是中国侨联基本职能。1995 年国务院批准赋予中国侨联外事审批权后，加大了对外联络的力度，通过深交老朋友，广交新朋友，加强同海外侨胞年轻一代和新华侨、留学人员及其社团的联系，扩大了团结面，壮大爱国力量。特别是参与海外地缘、血缘、业缘社团的联谊活动，加强与世界性华侨华人社团的联系、主动开展未建交国家侨胞工作等方面有了新的突破；根据"侨中有台""台中有侨"的特点，积极增进与台胞、海外台湾籍侨胞的交流，与台湾侨团建立联系，为保持香港、澳门的繁荣稳定以及祖国统一大业发挥了应有的作用。

中共十八大以来，中国侨联在党的领导下，充分发挥积极性、主动性、创造性，开展了"侨与中国梦""亲情中华""创业中华""侨爱心工程""侨联通"等一系列时代特征鲜明、侨胞积极参与的工作和活动，不断开创侨联事业新局面。①

（二）制定与实施归侨侨眷《保护法》

1. 人大常委会通过颁布《保护法》

1990 年 9 月 7 日，经过四年多的反复研讨、修改、八易其稿后，《中华人民共和国归侨侨眷权益保护法》（以下简称《保护法》）经七届全国人大常委会第十五次会议审议通过。国家主席杨尚昆颁布第三十三号主席令，宣布《保护法》自 1991 年 1 月 1 日起施行。《保护法》是我国制定的第一部保护归侨侨眷合法权益的专门法律，涉及归侨侨眷的政治、经济、人身、财产、教育、劳动就业、社会保障及救济等多方面的权益，体现了党和国家对归侨侨眷实行"一视同仁、不得歧视，根据特点、适当照顾"的 16 字方针，把我国长期以来对归侨侨眷许多行之有效的政策予以总结和提高。

《保护法》的颁布施行，体现了党和政府对广大归侨侨眷合法权益

---

① 林军：《深化改革　继往开来　开启侨联事业发展新篇章》，暨南大学图书馆世界华侨华人文献馆、彭磷基华侨华人文献信息中心编：《侨情综览》（2016），第 3 页。

的重视和关切，使广大归侨侨眷的合法利益，在法律上得到确认和保障。《保护法》的颁布施行是我国侨务立法的重要突破，也标志着我国的侨务工作由主要依靠政策办事转变到逐步依法办事，侨务工作逐步走上法治的轨道，朝着法律化、规范化、制度化方向发展，成为我国社会主义法治建设的重要成果。

2. 为贯彻《保护法》颁布《实施办法》

1993 年 7 月 19 日，李鹏总理签发国务院第 118 号令，颁布了《中华人民共和国归侨侨眷权益保护法实施办法》（以下简称《实施办法》）。《实施办法》共 31 条。这是继《保护法》之后，我国侨务立法历史上的又一件大事。全国 30 多个省、自治区、直辖市先后制定了实施办法，许多省、自治区、直辖市还根据保护法及实施办法，结合本地实际情况，制定了配套的地方法规、规章和决定等。《实施办法》是与《保护法》相配套的法规，是对《保护法》条文的具体化、细致化和重要补充，是党和政府保护归侨、侨眷合法权益的方针政策在法律上的体现。许多规定是结合侨情变化的新特点进行规范的，对《保护法》的内容有了新的发展，并且得到社会的认可和广大归侨侨眷的拥护。其突出特点是：扩大了《保护法》的范围，增强了保护性规定，明确了保护的程序，它的规定更便于《保护法》的操作，使《保护法》的贯彻实施有了进一步的保证。

《保护法》《实施办法》相继颁布后，为了保障归侨侨眷的合法权益，"五侨"（侨办、侨联、政协侨委、致公党、人大侨委）对侨法的普及宣传、组织协调和贯彻实施、解决问题等方面，都做了大量卓有成效的工作。如多年来全国人大侨委共组织了 29 个执法检查组到 26 个省份的 270 多个市县进行执法检查，督促各地有关部门处理了一批侵侨的案件；中国侨联一直把贯彻实施这部侨法作为其工作的重要内容，代表归侨侨眷利益，积极为侨服务，不断争取和实现广大归侨侨眷和海外侨胞的合法权益。

2004 年 6 月 4 日国务院第 53 次常务会议通过修改后的《中华人民共和国归侨侨眷权益保护法实施办法》，2004 年 6 月 23 日温家宝总理签署国务院第 410 号令公布，自 2004 年 7 月 1 日起施行。同年，国务院侨办、司法部、全国普法常识办公室发出了《关于进一步学习宣传和贯彻实施〈归侨侨眷权益保护法〉及其实施办法的通知》，将该法纳入 2006 年开始的"五五"普法规划，在全国组织学习和宣传。①

3.《保护法》的修改

《保护法》的颁布实施，一方面使归侨侨眷的合法权益得到了保护：如全国人大有一定数量的归侨代表，全国政协有归侨委员，中国侨联又是全国政协的组成单位，归侨侨眷有依法组织具有自身特色的社会团体的权利，历史遗留下来的侨房问题得到基本解决，归侨侨眷有完全处理侨汇和依法继承境外亲属财产的权利，归侨侨眷在劳动就业和升学方面得到适当照顾，在出入境探亲、定居等手续办理上得到优先和方便，许多地方的老归侨在退休待遇的权益上也得到保障，即使离退休后到境外居住的归侨侨眷在境内的福利劳保待遇也继续给予保留。另一方面也发现，由于侨法条款规定的过于原则，特别是侵犯归侨侨眷合法权益，对其造成人身、财产损害的应如何追究法律责任等没有做具体的规定，致使侨法规定的一些保护侨益的内容难以落到实处。对此，归侨侨眷和海外侨胞有了新建议和希望，归侨侨眷希望国家能适时地把这些经过市场经济发展十多年来实践检验是正确的、行之有效的、深得广大人民认可和支持的内容和规定充实到《归侨侨眷权益保护法》中去，从而丰富和发展了侨法的内容。希望能结合市场经济发展的变化，增加和充实有关保护归侨侨眷合法权益的内容。各地方人大、各级侨务部门也都提出相

---

① 《关于归侨侨眷权益保护法及其实施办法中的几个问题》，中国人大网，http://www.npc.gov.cn/npc/bmzz/huaqiao/2006–10/18/content_1383622.htm。

应的建议和要求，司法部门的同志则建议要明确和增加法律责任方面的内容。

同时，还应看到，《归侨侨眷权益保护法》实施近10年来是我国社会主义市场经济体制形成、建立与发展的重要时期，也是国内外侨情迅速发展变化的重要时期。随着对外开放的不断扩大，越来越多的中国公民通过各种不同的方式移居外国，成为新一代华侨华人，相应的是新侨胞在国内的眷属——侨眷的人数亦日益增加，侨情发生新的变化，各方面对修改此法的呼声日益高涨。于是，九届全国人大常委会将《归侨侨眷权益保护法》的修改列入了立法规划。

根据全国人大代表和有关部门所提意见和建议，结合我国侨务工作的实际需要，全国人大华侨委员会从八届开始就对这部侨法的修改作了一些准备和酝酿，九届人大以来加快了修改步伐，先后结合执法检查，重点调研和听取多方意见。2000年8月21日召开的九届全国人大常委会第十七次会议审议。全国人大常委会委员对审议这部法律非常认真，他们不仅支持对这部法律的修改，而且对怎样修改法律条款，使修改后的法律更能适应时代发展的要求，更能体现归侨侨眷的意志和愿望，更具可操作性和可适用性等提出了许多好的意见和看法。在全国人大常委会领导同志们积极支持下，在全体常委委员的认真审议下，《归侨侨眷权益保护法》（修正案草案）很快就获得全国人大常委会委员们的一致认可。10月31日，九届全国人大常委会审议通过了《全国人民代表大会常务委员会关于修改〈中华人民共和国归侨侨眷权益保护法〉的决定》，同日，国家主席江泽民签署第39号主席令决定公布之日起施行。这部法律的顺利修改和通过，是包括中国侨联和地方各级侨联在内的各个侨务部门通力合作的结果，是国内3000多万归侨侨眷和海外三千多万侨胞共同努力的结果。这部侨法的修改通过，对推动21世纪侨务工作的开展，特别是推动侨务法治建设的进展以及对更好地保护归侨侨眷的合法权益，最广泛地团结归侨侨眷和海外侨胞为中国的现代化、为中华民族的伟大复兴和祖国统一大业的实现而努力奋斗具有重要的现实意义和深远的历史意义。

4. 对《保护法》组织执法检查

2006 年为进一步加强新形势下的侨务工作，维护归侨侨眷和海外侨胞的合法权益，全国人大常委会决定对《中华人民共和国归侨侨眷权益保护法》的实施情况进行检查。[①] 这是本法颁布实施 16 年来，由全国人大常委会组织进行的第一次执法检查，侨界非常关注，各地也十分重视。4 月初，执法检查组先后听取了国务院 10 个部门、最高人民法院、最高人民检察院及中国侨联关于法律实施、维护侨益的情况汇报，为检查做了必要准备。4 月 9 日至 5 月 22 日，检查组划成三个小组，由顾秀莲、盛华仁和韩启德 3 位副委员长带队，分赴广东和上海、福建和山东、广西和陕西等六个省（区、市）进行检查。检查组在各地听取了当地政府、法院、检察院的汇报；召开归侨侨眷、海外侨胞和归侨人大代表、侨界政协委员、涉侨部门座谈会听取意见；到部分华侨农场、侨资企业、经济技术开发区、回国留学人员创业园、学校、社区和归侨难侨家庭实地考察。还委托黑龙江、江苏、浙江、河南、湖南、海南、四川、天津八省（市）人大常委会各自对本法的实施情况进行检查，要求云南、海南、江西、吉林四省就华侨农场问题进行专项调研。通过一个多月深入细致的调查研究，弄清了情况。总体情况是：一是归侨侨眷的政治权益得到保护。历届全国人大代表中都有适当名额的归侨代表，归侨人数较多地区的地方人大也有适当名额的归侨代表；政协安排了侨界委员。1991 年以来，当选历届全国和省级人大代表的归侨侨眷达 640 多人次，担任全

[①] 全国人大常委会执法检查组关于检查《中华人民共和国归侨侨眷权益保护法》实施情况的报告——2006 年 6 月 28 日在第十届全国人民代表大会常务委员会第二十二次会议上　全国人大常委会副委员长兼秘书长盛华仁，中国人大网，http://www.npc.gov.cn/wxzl/gongbao/2006-07/25/content_5350728.htm。

国和省级政协委员的归侨侨眷达 900 多人次。二是归侨侨眷和海外侨胞在国内的财产权益得到保护。各地为落实侨房政策做了大量工作，全国共清退了近 4000 万平方米的华侨私房，侨房都按照规定得到较好落实。三是各级政府支持归侨侨眷和海外侨胞在国内捐赠兴办公益事业。对海外侨胞捐赠的物资依法减征或者免征关税和进口环节增值税。四是归侨侨眷的生活与就业得到了适当照顾。28 个省、自治区、直辖市先后出台政策，提高退休归侨职工的生活待遇和困难的补助标准。

在总结经验的同时，检查组对关系归侨侨眷和海外侨胞切身利益的实际问题，提出整改建议。一是关于华侨农场的改革与发展问题。提出要立即着手清偿拖欠归侨难侨胞的工资、退休金、医药和社保缴费。用 3 至 5 年时间，解决归侨生产生活中的若干重大难题，必须从长远考虑，研究解决华侨农场和农垦、林业部农林场的今后发展问题。二是关于散居归侨侨眷的生产生活困难问题。将贫困归侨侨眷纳入当地扶贫规划，积极帮助贫困归侨侨眷发展生产、充分就业。三是关于归侨侨眷和海外侨胞在国内投资权益维护问题。提出要把引资和引智更好地结合起来，要完善各项吸引侨胞回国创业的政策措施；要妥善处理涉侨案件，维护投资者权益。

在我国还有一个与归侨侨眷和华侨华人密切相关的职能部门，即国务院侨务办公室。其前身是根据 1949 年 9 月 27 日中国人民政治协商会议第一届全体会议通过的《中华人民共和国中央人民政府组织法》第十八条的规定，于 1949 年 10 月 22 日 ① 成立的中央人民政府华侨事务委员会。1954 年 9 月，第一届全国人民代表大会第一次会议在北京召开，会议通过了《中华人民共和国宪法》和《中华人民共和国国务院组织

---

① 《最高人民法院　最高人民检察署　法制委员会　民族事务委员会　华侨事务委员会　五机构昨相继成立　推定专人负责起草组织条例》，《人民日报》1949 年 10 月 23 日。

法》，成立中华人民共和国国务院。根据国务院《关于设立、调整中央和地方国家机关及有关事项的通知》，中央人民政府华侨事务委员会即告结束。国务院按照《国务院组织法》的规定，将原中央人民政府华侨事务委员会改为中华人民共和国华侨事务委员会，接替相关工作，成为国务院的组成部门。1970 年 6 月，国务院决定撤销华侨事务委员会，其业务并入外交部。1978 年 1 月，成立直属国务院的侨务办公室。

在 2018 年的党和国家机构改革中，为加强党对海外统战工作的集中统一领导，更加广泛地团结联系海外侨胞和归侨侨眷，更好发挥群众团体作用，将国务院侨务办公室并入中央统战部。中央统战部对外保留国务院侨务办公室牌子。

2018 年 4 月 27 日，在十二届全国人大常委会第二次会议闭幕会上，全国人大常委会委员长栗战书说，要紧紧围绕党和国家工作大局，推动侨务工作改革创新，加强涉侨法治建设，做好各项为侨服务工作，最大限度凝聚侨心侨力。

四、各领域的先进模范归侨侨眷

改革开放以来，广大归侨侨眷奋战在各条战线上，为国家和侨乡建设添砖加瓦，为祖国社会主义现代化建设作出了重要的贡献，推动了改革开放的向前发展。从改革开放期间，国务院侨办、中国侨联以及各地侨务部门对有突出贡献的归侨侨眷的表彰中就可以看出他们成长的轨迹和业绩。

1983 年 1 月，改革开放进入第 6 个年头，中国侨联在北京召开了归侨侨眷、侨务工作者先进个人、先进集体表彰大会，表彰了先进个人920 名，先进集体 81 个，在全国召开这样大规模的归侨侨眷表彰大会是中华人民共和国成立以来的第一次。1989 年 12 月召开的第四次全国归侨侨眷代表大会，国务院侨办、中国侨联联合表彰了全国侨务系统优秀知识分子、企业家。江泽民等领导同志向受表彰的侨务系统优秀知识分子、企业家的代表颁发荣誉证书。1993 年 6 月，第五次全国归侨侨眷代表大会召开，会议作出了《关于表彰为"八五"计划和十年规划作出贡献的先进个人，先进集体的决定》，对吾守尔·斯拉木要（维吾尔族）、苏成益、吴孟超、陈励君（女）、陈鼎铭、郑爱华（女）、张新亚、韩玉玲（女）、蔡世佳、燕京华侨大学"侨界十杰"以及林水仙等 899 名先进个人和广州市侨联等 96 个先进集体进行了表彰和颁奖。1999 年，第六次全国归侨侨眷代表大会召开，国务院侨办、中国侨联联合作出了《关于表彰全国侨界先进个人和先进集体的决定》，授予张楚琨等 893 位同志"全国归侨侨眷先进个人"称号；授予清华大学党委统战部等 136 个单位"全国侨务工作先进集体"称号；授予贾振荣等 138 位同志"全国侨务工作先进个人"称号。2004 年 7 月，第七次全国归侨侨眷代表大会召开，国务院侨务办公室、中国侨联作出了《关于表彰全国侨界"十杰"和归侨侨眷先进个人的决定》，授予钟南山等 10 名同志全国侨界"十杰"荣誉称号；授予罗益锋等 890 名同志全国归侨侨眷先进个人荣誉称号。这些受表彰的归侨侨眷是 3000 多万归侨侨眷的优秀代表。2013 年 12 月 2 日，中华全国归国华侨联合会、国务院侨务办公室决定，授予万立骏、梁思礼等 11 人"中国侨界杰出人物"荣誉称号；授予马建忠等 20 人"中国侨界杰出人物提名奖"；授予王倩等 984 人"全国归侨侨眷先进个人"荣誉称号。其中 11 位侨界杰出人物是：中国科学院化学研究所研究员、重点实验室主任万立骏，清华大学经济管理学院教授、中国与世界经济研究中心主任李稻葵，中国科学院福建物质结构研究所学术委员会主任吴新涛，华南理工大学建筑学院院长何镜堂，浙江省温州市鹿城区七都侨界留守儿童快乐之家理事长周祥薇，海南省兴隆热带花园董事长兼总经理郑文泰，江苏省宜兴精陶集团总工艺师徐安碧，中国航天科技集团公司、中国航天科工集团公司科技委顾问梁思礼，"南网兄弟"、广西防城供电公司十万山华侨林场营业点职工黄春强、黄春宁，复旦大学附属中山医院心内科主任葛均波。

中国侨联于 2003 年设立"中国侨界贡献奖"，已举办五届表彰会，共表彰回国创业和为国服务中成绩突出的创新人才 661 人，创新成果 272 项，创新团队 129 个。其中第五届新侨创新成果交流表彰会，于 2014 年 9 月 12 日在北京举行。有 363 人或团队荣获"中国侨界贡献奖"，其中创新人才奖 187 名，其研究领域既有数学、化学、物理等传统学科，也不乏生物医药、纳米技术、新能源等新兴学科；创新成果奖 101 项，创新团队奖 75 个，分别来自高等院校、科研院所、民营企业等，涉及材料科学、农业种植养殖、生物医药、信息科学等 20 多个学科领域。①

上述这些被表彰的侨界先进，是一个模范的群体，是几千万归侨侨眷的优秀代表。如海南省兴隆热带花园董事长兼总经理郑文泰，是位 68 岁的老归侨，父母在东南亚经营多处房产、酒店，家境富裕。郑文泰先后在华侨大学、香港大学学习热带作物和建筑学，继承家业顺理成章，而他却做了一个外人看来匪夷所思的选择。1984 年，郑文泰应邀回国参与改建海口华侨大厦。他发现有些植物在海南竟然找不到。郑文泰说："看到人们在尘土飞扬中走来走去，我想我们付出的环境代价太大了。"1990 年，郑文泰生了一场大病。病愈后他觉悟一个道理："人生短暂，生死不由我们决定，我们有权决定的就是做过什么。而重要的是你为其他人、为社会留下了什么。"1992 年，郑文泰变卖全部个人产业，投资亿元，与海南兴隆华侨农场合作开发兴隆热带花园。"我想找一种既开发又保护环境的方式。低海拔热带雨林是海南最典型的植被，也是消

---

① 黄小希：《363 个"中国侨界贡献奖"颁出》，新华网，2014-09-12，暨南大学图书馆世界华侨华人文献馆、彭磷基华侨华人文献信息中心编：《侨情综览》（2014—2015），暨南大学出版社 2017 年版，第 187 页。

失得最快的。"郑文泰说,他不但想保留物种,还想保护整个生态结构。为此,他们种植了浆果、爬藤、兰科、蕨类等多种植物,以适合微生物、昆虫和野生小动物繁衍生息。经过十几年的艰苦努力,占地5800亩的热带花园拥有热带观赏植物3400多种50多万株,其中珍稀濒危植物65种,被国家确认为四大环境生态示范教育基地之一和物种基因库。郑文泰表示,20年前想到人们将来会越来越重视环境,但没想到转变会这么快。"海南万宁市把生态旅游作为发展方向,党的十八大提出建设美丽中国,这一切都不谋而合。"① 再如"南网兄弟"的哥哥黄春强是越南归侨,与弟弟黄春宁14年维护十万山林场电网"无投诉""无事故"。14年跋山涉水、走村串寨、早出晚归,黄春强平淡地说:"我们的工作,要说有一点不太一样,就是没有上班下班,工作不分什么时间。吃晚饭时是用电高峰,常常一个电话过来,放下饭碗就赶过去。台风天来时,更不能休息。"② 2013年11月,强台风"海燕"来袭。看到天气预报,兄弟俩预先巡查了所有线路和开关,清理隐患。台风到来当天,他们又在风雨中工作11个小时,做了第二次全面巡查。结果,强台风之下,他们的辖区没有一户停电。因这份坚守,被评为"中国侨界杰出人物"。

(一)科技战线取得成绩的归侨侨眷

20世纪五六十年代回国的一大批归侨科技专家,如李四光、华罗庚、卢嘉锡、陈宗基、方宗熙、嵇汝运、吴仲华、黄量、孟少农、王运丰等著名归侨科学家,在地质学、数学、物理学、岩土力学、生物遗传学、药物化学、工程热物理学、有机化学、汽车设计以及兵器、计算机等领域,特别是以钱学森、郭永怀、钱三强、邓稼先为代表的"两弹一

---

① 人民日报记者孙立极:《郑文泰　一心追求一个梦(侨界杰出人物)》,《人民日报》2013年12月5日。

② 人民日报记者孙立极:《"南网兄弟"黄春强、黄春宁　为乡亲做事,再苦也要做(侨界杰出人物)》,《人民日报》2013年12月4日。

星"的功勋专家，为中国科技事业的发展和国家建设事业作出了杰出贡献，具有崇高的学术权威和社会声望。

改革开放以来，科学技术得到新发展，归侨科学家获得新的春天。1981 年中国科学院召开第四次学部委员大会，大会选出的 29 名主席团成员中，有 15 人是归侨。1983 年中国科学院有正、副院长 7 人，其中 6 人是归侨；该院 370 名学部委员中有 15 名女委员，其中 11 人是归侨；该院在北京 39 个研究所 205 名正、副所长中，归侨有 61 人，约占 30%。① 2004 年评选的"侨界十杰"中有一半在科学领域取得非凡的成就。李相荣就是杰出的代表。

李相荣，中国航空航天界的火箭工程专家。1941 年出生于韩国，1942 年随父亲回到祖籍——中国黑龙江省武常市，后任上海航天技术研究院、上海航天局科技委副主任。李相荣很早就参加火箭的研制，中国首颗一吨以上卫星发射成功有他不可磨灭的功劳。在长征三号火箭的研制中，他参加组织了重大关键技术攻关，在国内首次采用阻抗法频率计算物理模型，为成功发射通信卫星作出了重要贡献。李相荣任长征四号 A 火箭副总设计师，参与并组织设计采用多项新技术的总体方案，使长征四号火箭的运载能力达到和超过国外同类火箭，两次发射气象卫星均获得圆满成功。李相荣任长征二号丁火箭副总设计师，在时间紧、经费少的困难情况下，利用长征四号已有的基础，组织研制出运载能力大、入轨精度高和可靠性高、经济性好的二级火箭，连续三次发射返回式卫星获得圆满成功。李相荣任"神舟飞船"副总设计师，负责上海航天局载人飞船的论证并承担部分研制工作，为初样转为正样起了重大作用。李相荣任长征四号乙总设计师和总指挥，连续六次发射 10 颗太阳同步轨道卫星均获得成功。这位成绩显著的火箭工程专家被称为"托起飞船的

---

① 黄小坚著：《归国华侨的历史与现状》，香港社会科学出版社有限公司 2005 年版，第 185 页。

人"。有关更多内容第四章已有论述，这里不再展开介绍。

（二）医疗卫生领域的优秀归侨侨眷

在医疗卫生界活跃一批医术精湛、医德高尚、无私造福百姓的归侨侨眷医务工作者，他们当中有著名的专家，更有在平凡岗位上默默无闻的医护人员。中国工程院院士、广州呼吸病研究所所长，美国侨眷钟南山就是一名抗击顽固传染病毒的专家。

早年钟南山从英国学成回国后，在自己重点研究的医学攻关项目中，取得了卓越的成绩。在中国的土地上，他一步一步走出了"奉献、开拓、实干、合群"的"南山风格"，成为中国工程院院士、中国医学界知识分子的杰出代表。

2003 年春天，中国突发 SARS（"非典"）疫情，在这种严重的呼吸道传染疾病前，他自始至终站在抢救病人的第一线，并且勇敢、诚实、科学地观察、研究这一突发的不明疫情。2003 年 2 月 18 日，当国家有关权威部门公布"SARS 的病原体是衣原体"时，钟南山明确质疑，认为"典型的衣原体可能是致死的原因之一，但不可能是致命的原因"。5月 6 日，钟南山再次通过媒体对衣原体之说质疑。他明确表示，在临床治疗过程中按衣原体思路进行治疗是无效的。在钟南山等专家的坚持下，广东省 SARS 临床治疗方案并没有按衣原体的思路走，使广东省 SARS 患者在全国死亡率最低、治愈率最高。在紧张地抢救病人的同时，钟南山和他的研究团队日夜攻关，终于在短时间内摸索出了一套行之有效的救治办法，就是世人皆知的"三早三合理"，即"早诊断、早隔离、早治疗"和"合理使用皮质激素、合理使用呼吸机、合理治疗并发症"。临床实践证明，这套方法大大提高了危重患者的成功抢救率，降低了死亡率，且明显缩短了患者的治疗时间。5 月 21 日，钟南山在全美胸肺学会（ATS）2003 年国际学术研讨会上，作了《中国重症急性呼吸综合征（SARS）的发病情况及治疗》的专题学术报告，向各国与会专家学者介绍中国防治 SARS 的经验。他的发言，有力消除了外界对中国政府在防治 SARS 上的一些怀疑，引起各国专家和国外传媒的广泛关注。温家宝总理高度评价钟南山说："你在抗击'非典'斗争中始终战斗在最前列，作出重要贡献，全国人民都会记住你，感谢你！"钟南山由此成为家喻户晓抗击"非典"的英雄。

2019 年底 2020 年春，新型冠状病毒袭击武汉，迅速蔓延湖北乃至全国。对于这一人类不了解的新型病毒，2020 年 1 月 20 日，钟南山确定新型冠状病毒传染人。为中央果断决策，封城防控，避免病毒进一步扩散提供决策根据，84 岁的钟南山老而弥坚，亲自率医疗专家团队，冒险奋战抗击新冠病毒的第一线，再次成为抗击新冠病毒的领军人物，为我国抗击新冠病毒取得重大阶段性胜利作出了卓越贡献。

钟南山曾荣获光华工程科技奖，国家科学技术进步二等奖、一等奖，吴阶平医学奖等荣誉。2004 年被评为"感动中国"2003 年度十大人物，2009 年被评为"100 位新中国成立以来感动中国人物"。

（三）文教、体育界的优秀归侨侨眷

归侨侨眷在教育、文化和体育界的贡献十分突出。涌现出诸多优秀人物，下面列举几例。

东南大学教授、"侨界十杰"王志功就是一个典型代表。王志功早年留学德国，从攻读博士到博士后研究，王志功曾连续参加了德国政府组织的 5 项联合攻关项目，承担了最前沿的攻关课题，成功地设计了上百种光纤通信用超高速、微波毫米波单片集成电路，连续创造了多项世界纪录；他在德 7 年间发表论文 60 多篇，申请了 7 项德国专利和 3 项国际专利。正当他的事业处于黄金时期，1997 年他毅然决定放弃国外的优越条件，举家回国定居工作。当时，这样的举动在他工作过的研究所和大学，在中国留学生中引起了很大反响，很多人关注，也有人表示疑问甚至劝阻。王志功说："为了报效祖国，我们矢志不移。"回到东南大学的第一天开始，他就投入于创立射频与光电集成电路研究所的艰苦事业中。创业是从一间空房子开始的。在研究所初创的两年时间里，王志功没有周末，没有假日，几乎每天都要工作到晚上 11 时。经过几年的努力，王志功领导的研究所形成了包括长江学者特聘教授在内的 30 多人的尖端研究队伍，具备了以无生产线集成电路设计方式成批设计高速、高频与光电集成电路的基本条件，承担着国家"863"计划、国家自然科学基金等 10 多项研究课题、科研和项目开发。为了使中国的集成电路赶上世界先进水平，1999 年王志功写出了"关于国家设立集成电路设计人才培养专项基金，开展中国芯片工程的建议"，寄送国家有关部门。这份建议立即得到了中央的高度重视，时任国务院副总理的李岚清在建议上作出重要批示。根据批示，科技部、教育部、中科院、信息产业部等部门迅速制订出发展中国微电子和软件的宏伟计划。1999 年 8 月，他带领全研究所师生奋战一个暑假，完成了中国第一批新型集成电路的设计。芯片研制成功，填补了国内空白，并达到了世界先进水平。

为使集成电路的科研走向世界，王志功广泛开展国际合作与交流。台湾著名实业家焦廷标为王志功报效祖国的精神所感动，为他的高水平研究成果所吸引，慷慨捐资 1500 万元，在王志功领导的研究所内成立东南大学——华邦电子联合研究中心，从而为其在中国大陆开展世界水平的科学技术研究提供了资金保证。下一步，王志功正率领学术梯队，为建设一个世界一流水平的射频与光电集成电路研究中心而拼搏。由于王志功教授的出色工作，几年来多次获得国家和省部级各种奖励。

与王志功比较，已届 70 岁的归侨廖乐年不是地道的"海归"，也不是大学教授，而是一个义务的乡村英语老师，但他是模范教师，侨界的楷模。

1946 年出生于马来西亚伊堡市的廖乐年，是马来西亚第三代侨胞，英国曼彻斯特大学毕业后成为一名英文和马来文教师，凭着为人正派、业绩突出的作风，先后做了 6 年中学校长、9 年地区校监。2001 年，廖乐年飞到中国香港尝试学习普通话，学习 3 个多月，竟然就可以讲普通话。其间，在游览张家界、黄山时，他发现内地的英文导游少之又少，即便遇到了一位，也是发音怪怪、词不达意的。这激发了他回国教英文发挥余热的念头。2002 年 5 月，退休后的廖乐年来到广州，激动地拨通了母亲的电话，说自己决定要回家乡义教，没想到母亲第二天就去世了。廖乐年悲痛不已，便把回国搞村义教当作母亲的嘱托，随即回到家乡广东省梅州市大埔县湖寮镇长教村从事义教。多年来，他满怀赤子之心和关爱之情，致力于社会公益事业，义务办学培育了 5000 多名学生，无私资助贫困大学生和村民达 20 多人，捐资修建山村道路和学校累计超过 200 万元。

湖寮镇长教村百江自然村一幢依山而建的漂亮的客家祖屋——翠轩公祠，就是廖乐年老师的课堂。廖乐年刚回村教英语并不受欢迎，有人甚至风言风语。但他没有泄气，坚持送课上门。当时中国正好申奥成功，他去找村支书，说办奥运会需要很多会说英语的志愿者，自己回来搞培训不收一分钱。村支书勉强答应他可以试试。几个月下来，他教的村里孩子们的英语成绩直线上升，才得到乡亲们逐渐认可。每当周末和暑假是祠堂最热闹的时候，学生最多时有 400 多人，不得不编成几个小组，天井、门坪、大堂都是人，年纪大的有 50 岁，年纪小的不过 10 岁。廖老师"粉丝"很多，得益于他独创的基本音教学法。教了一辈子英语的他将常用的字母组合分类注音，让人一看就知道怎么念。这套方法容易上手。看英语好学，村里的大人也心动了。形成不同辈的人成为同学、母女父子成为同窗的现象。让廖乐年最开心的，则是学生们拿着录取通知书向他报喜。廖乐年有一条不成文的规矩：村里的孩子谁考上大学，他就资助学费，金额亦跟着物价上涨，从每年 3000 元增加到 5000 元。学生越来越多，造成师资紧张，廖乐年就让英语好的孩子辅导基础差的孩子，让高年级的孩子教低年级的孩子；每逢寒暑假还会鼓励过去教过的大学生，作为志愿者前来学堂助教。为了让孩子们拥有更多英语交流的机会，廖乐年每年暑期都会邀请来自美国、英国、新加坡等地的朋友前来支教。而国外的朋友们被他所感动，往往会不请自来。为了筹措教学经费，廖乐年每年还要往返一次马来西亚、新加坡等地向亲朋故友"化缘"，加上村民资助，使大笔教学经费得以解决。2012年广东省侨赠送廖乐年一面"广东好人　粤侨楷模"的锦旗。侨办领导赞扬说，廖老师身上有一种华侨的特质——敢为人先，崇文重教，团结包容，念祖爱乡，值得后人尊敬。①

　　归侨侨眷对新中国的体育运动和奥林匹克事业的发展作出了不可磨灭的贡献，涌现出一批优秀的选手和教练员。如游泳健将吴传玉，举重冠军黄强辉，网球选手郭德观、许淑莲、高志宏，羽毛球强将陈福寿、梁秋霞、陈玉娘，乒乓球选手林慧卿等。几十年过去了，在改革开放时期他们当中至今还有一些人以教练和体育官员身份活跃在体坛上。汤仙虎就是其中一个。汤仙虎祖籍广东，1942年出生在印尼，1960年前是印尼国家羽毛球队青年队的一名运动员，其水平被列为国手前八名。他从小受到传统的爱国教育，当他知道中国的羽毛球运动水平很低，在世界上没有地位时，就暗下决心寻找机会回祖国打球。当他得知福建省羽毛球队欢迎他去时，十分高兴，只身一人回闽。不久被选到国家集训队。由于他训练刻苦，对羽毛球悟性很强，在国内、国际的比赛中取得了优异的成绩，如在访欧的对抗赛中，他曾打败所有的男单世界冠军。1965年他打败了当时的男单世界冠军克普斯（丹麦人），轰动了世界羽坛。70年代经个人申请，组织批准，他暂离国家队赴澳门探亲，其间，受聘

---

① 人民日报记者杜若原、罗艾桦：《广东梅州归侨廖乐年　十年义务教出"英语村"》，《人民日报》2012年5月29日。

澳门羽毛球队总教两年。1981 年中国国家队请他回来任教，他欣然同意担任女子教练员之一，成绩斐然。直到 1985 年，由于父母提出要他回印尼抚养老人等原因，他请了长假，去印尼生活。其间他被聘为印尼国家羽毛球队教练。汤仙虎虽服务印尼队，心里仍惦记着中国羽毛球队。1997 年他再次回到中国，执教于国家羽毛球队。他说："这次是我彻底告别 40 多年的漂泊生活，真的实现了落叶归根的愿望，从此，可以安定地搞我的事业了。"汤仙虎二度执教国家队，培养了众多的亚洲和世界冠亚军，如世锦赛女双冠军林瑛、吴迪西，世锦赛男单冠军孙俊，奥运会男单冠军吉新鹏等。国家体育总局多次授予汤仙虎"体育运动荣誉奖章"，1999 年、2001 年他被评为全国"十佳教练员"。

（四）活跃于政坛上优秀归侨侨眷

归侨人民代表参政议政是归侨、侨眷的重要政治权利之一，也是我国社会主义民主政治的重要体现。改革开放以来，归侨、侨眷担任党、政、军各级政权机关领导职务，并在中央和地方各级人民代表大会、政治协商会议任职的数量增多。就担任国家级领导职务来看，从第五届全国人大和政协起就有胡愈之、庄希泉、周培源、华罗庚、钱学森、钱伟长、卢嘉锡、苏步青、丁光训、廖承志、严济慈、叶飞、王汉斌、董寅初、罗豪才、周光召、雷洁琼、巴金、郭沫若、万钢等分别担任过全国人大常委会副委员长或政协副主席。全国人大常委会副委员长成思危、韩启德、路甬祥、丁石孙等也都曾留学国外。改革开放以来，有海外留学背景的副省级以上的干部有几十人之多。① 据统计，全国人民代表大会的归侨代表，第一届至第四届均有 30 名，第五届至第十一届均为 30 名到 50 名之间。"华侨界"向来是人民政协的重要界别，1991 年 1 月 11

---

① 《中国留学生创业》，2003 年第 8、9、10、11、12 期；据美国汉密尔顿大学的中国问题专家李成教授研究，在中国部级以上干部中，有 60 多名有海归背景的部长，占部长干部总人数的 5%。

日召开的全国政协第七届全国委员会常务委员会第十二次会议决定将"归国华侨界"改为"中华全国归国华侨联合会界"（以下简称"侨联界"）。第十一届全国政协"侨联界"委员有 30 名，比第二届全国政协的"华侨界"委员增加了 15 名。改革开放以来，各级侨界人大代表和政协委员积极履行职责，通过深入基层调研、进入执法检查和工作视察，特别是利用召开人大、政协会议的契机，向各级党政领导和职能部门反映问题，提出意见、呈交提案和议案，在参政议政方面发挥了重要作用。

（五）新归侨活跃在改革开放大潮中

通常人们把改革开放后出国，并在国外定居的中国公民称为新华侨（目前对于新华侨在法律上没有明确的界定，"新"只是就时间概念而言），其国内的亲属则称为新侨眷。20 世纪末，随着中国改革开放的不断深入，留学生和新华侨回国创业、工作的人数开始增多，并以 13% 以上的比例迅速增长。他们当中多数是通过留学渠道出国，有的边学习边打工，毕业后直接回国；有的是毕业后在国外工作若干年后，又回到国内工作。有的当中有不少人在国外取得"绿卡"，还有的已加入当地国籍；此外，一些非留学渠道出国创业的华侨，取得成就后，又回国发展。从传统意义上讲，归侨一般是要放弃所在国的国籍，回国定居。然而随着新形势的发展，回国创业和居住的华侨越来越多，不少人因生意和工作的关系，长期处于流动状态。至今对他们是否视为归侨还缺乏法律上的界定，但随着老归侨的减少，回国工作和生活的"新侨"将成为一支不可忽视的重要力量。

1. 国家政策吸引"海归"回国创业

1992 年邓小平南方谈话后，国家制定出"支持留学、鼓励回国、来去自由"的 12 字方针。随着国内外形势的变化和吸引留学人员回国创业政策的不断完善，回国创业的人员大为增加。据统计，截至 2006 年底，我国各类出国留学人员总数达 106.7 万人，留学回国人员总数达 27.5 万人。其中 2006 年回国人员总数为 4.2 万人，比 2005 年增长 21.3%。回国人数呈逐年上升趋势。① 据相关人士估计，回国人数远不如此。欧美同学会商会会长王辉耀认为："北京地区的海归应有 10 万人，上海地区应有 7 万人，广东地区包括广州、深圳和珠江三角洲应有 3 万人，全国 20 多个各大省会城市还应有近 10 万人。另有接近 5 万到 10 万人是不在各地统计之内的，经常往返于国内和国外之间。估计目前属于海归范畴的人数已接近 30 万到 40 万人之间。"② 他预测中国将成为全球最大海归国。据统计，从 1978 年到 2018 年底，各类出国留学人员累计达 585.71 万人，其中 432.32 万人已完成学业；365.14 万人在完成学业后选择回国发展，占已完成学业群体的 84.46%。

为了做好吸引人才的工作，人事部、教育部、科技部、财政部等有关部门相继出台了约 40 个相关文件，内容涉及留学人员回国安置调整和任职、高层次留学人才吸引、海外留学人员为国服务、回国创办企业、知识产权保护、入出境和居留便利等十几个方面，有效地指导了各地留学人员回国工作开展。特别是 2007 年 3 月，人事部、教育部、科技部、财政部、外交部、国家发展改革委、公安部、商务部、人民银行、国资委、国务院侨办、中科院、国家外专局、海关总署、税务总局、工商总局 16 家部门联合下发《关于建立海外高层次留学人才回国工作绿色通道的意见》，把吸引海外高层次人才作为开展留学人员回国服务工作的重点，对吸引海外高层次留学人才回国工作的报酬、申报项目、职称和职业资格评定、知识产权保护、配偶就业、子女入学、入出境和居留便利等方面做出相关规定。如海外高层次留学人才回国工作，经有关主管部门批准，可不受编制数额、增人指标、工资总额和出国前户口所在地的

---

① 《人民日报》2007 年 3 月 30 日。

② 王辉耀著：《海归时代》，中央编译出版社 2005 年版，第 71 页。

限制；回国工作的高层次留学人才的报酬应与其本人能力、业绩、贡献挂钩；国家自然科学基金、"863""937"等重大科技计划和专项基金将面向回国工作的高层次留学人才平等开放，对特别优秀、国内急需的高层次留学人才，人事部将会同有关部门资助专项经费；高层次留学人才入出境及居留将享受一系列便利条件。对于已加入外国国籍或取得国外长期、永久居留权的海外高层次留学人才回国工作，可申请《回国（来华）定居专家证》或《外国专家证》，并享受有关待遇。在出入境方面也更为便利。在中国驻外使领馆办妥 Z 字签证来华后，需长期居留的，可申请办理 2 至 5 年的《外国人居留许可》；需多次临时入境的，可申请办理 2 至 5 年长期多次 F 字签证。符合《外国人在中国永久居留审批管理办法》要求的，可凭人事部出具的推荐函或身份确认函以及《回国（来华）定居专家证》，办理《外国人永久居留证》。这些人员的外国籍配偶及未满 18 周岁的子女可享受同等条件。不少省市还为高层次留学人才回国开通了绿色通道，在科研项目经费、入出境、知识产权、工作报酬、职业资格和落户等方面提供了具体的优惠和便利条件。投资环境的改善，优惠政策的完善，为海外留学人员回国创业创造了条件。

2. 建立"海归"回国留学创业园

建立留学人员创业园是吸引留学人员进行高新技术研发及产业化，孵化高新科技企业的重要平台。创业园以其优惠的政策，高质量的服务成为留学人员创业首选之地。从 1994 年中国第一家留创园——南京金陵海外学子科技工业园成立，这一具有特色的机构已经走进了第 20 多个年头。据统计，改革开放 30 年前后全国各级各类留学人员创业园超过 110 家，进入创业园的留学人员企业超过 6000 家，有 15000 多名留学人员在园内创业，技工贸总收入 327 亿元，[①]涌现出一批像中星微电子、UT 斯

---

① 王辉耀著：《海归时代》，中央编译出版社 2005 年版，第 81 页。

达康、百度搜索引擎、无锡尚德等拥有自主知识产权、在各自领域内居全国甚至国际前列的高新技术。

由于拥有众多的优惠政策和良好的创业环境，北京成为海外留学人员回国创业、工作的首选地。从 1997 年 10 月首家创业园——北京市留学人员海淀创业园成立，当时场地不足 7000 平方米，后来扩大到 40 万平方米，二三十家的北京市留学人员创业园，可供留学人员创业企业使用的发展园、产业园超过 113 万平方米，已累计吸引了 2135 名留学人员，归国创业企业 1641 家。根据《北京市留学人员创业园发展报告（2007年）》所做调查，海归企业已成为北京经济发展中"最活跃的推动力"。数据显示，2006 年底，940 家在园留学人员企业中，获得高新技术企业认证的企业有 827 家，约占 88%。在园留学人员企业专利申请数量快速增长，2006 年底达 723 项。留学人员企业承担了众多国家级和省市级的科研项目，不少企业项目技术水平达到国内、国际领先水平，填补了国内相关领域的空白，成为自主创新的尖兵。[①] 改革开放 30 年前后，北京市人事局和北京市科委对全市 23 家留学人员创业园进行了评价、认定，授予北京市留学人员海淀创业园、中国北京（望京）留学人员创业园、北京中关村国际孵化器有限公司、清华留学人员创业园、北航留学人员创业园、北京科大留学人员创业园、北大留学人员创业园、北京理工留学人员创业园、北京经济技术开发区留学人员（汇龙森）创业园、中关村科技园丰台园留学人员创业园、北京中关村软件园留学人员创业园等11 家留学人员创业园，为"北京留学人员创业园"。留学人员创业园，不但创造经济特别是高新技术的发展和转化，其发展也越来越走向规范化。

作为留学人员回国创业的载体，留学人员创业园已经得到社会各界

---

①　《中国人事报》2007 年 10 月 29 日。

的广泛认同。许多省会城市纷纷创建留学人员创业园。北京、江苏、山东等地创业园已超过了十家。实践证明，创业园在加速留学人员高新技术研发和转化等方面发挥了重要作用，已经成为海外留学人员了解中国的窗口、国内联系海外留学人员的桥梁和实现高科技转化的重要基地。据资料显示，"十一五"期间，全国各级各类留学人员创业园达到150家左右，留学人员入园企业达1万家，[①]留学人员创业园的发展将对中国社会经济发展产生巨大的推动力。

3. 就业和创业趋向科技含量高的岗位

随着改革开放的发展推进，新侨回国创业的服务模式和渠道越来越多元化，多集中在创业园、高校、科研院所等单位，另外，在华世界500强企业、"三资"企业、国外机构代表处、国有企业、私营企业、政府部门都有相当一部分新侨，成为迅速增长的新兴社会阶层。

（1）IT 通信和网络独领风骚

海归回国创业，推动了国内新经济的发展，特别是在 IT 通信和网络领域贡献诸多。吴鹰的 UT 斯达康，田溯宁、丁健的亚信，张朝阳的搜狐，李彦宏的百度，邓中翰的中星微电子，茅道临、汪延的新浪，唐越的亿龙，沈南鹏的携程，俞渝、李国庆的当当网，都是杰出代表。

丁健——亚信科技（中国）有限公司董事长。毕业于北京大学化学系，1988 年赴美留学，先后取得加州大学洛杉矶分校信息专业硕士学位和加利福尼亚 HASS 商学院 EMBA 学位。1993 年丁健和田溯宁在美国德州创建了当地第一个因特网公司——亚信。1995 年初回国成立亚信科技（中国）有限公司，把因特网带回中国，先后为国内身居百项大型网络工程提供了网络集成服务，其中包括中国 Internet 五大全国骨干网工程。1999 年丁健任亚信科技（中国）有限公司首席执行官兼总裁董事长。

---

① 《人民日报》海外版 2008 年 1 月 5 日。

2000 年亚信公司在美国纳斯达克证券市场成功上市，成为首家在美国上市的中国互联网技术企业。先后被美国《福布斯》杂志评为中国 50 富豪第 16 位、"全球最优 200 小企业"之一，欧洲和亚洲最具潜力的十只热门股之一。丁健所领导的亚信公司，已从 1995 年初的 3 名回国创业者发展成拥有员工 700 多人、年营业收入近 15 亿元人民币的一家集通信管理软件、系统集成和高端咨询服务于一体的专业服务提供商。

邓中翰——中星微电子有限公司董事长。1992 年赴美国加州大学伯克利分校读书，获电子工程学博士、经济管理学硕士、物理学硕士学位，是该校自建校 130 年来第一位横跨理、工、商三学科的学者。1997年加入 IBM 公司，做高级研究员；第二年创建了集成电路公司 PIXIM，INC；1999 年回国，与国家信息产业部共同创建中星微电子公司，任"星光中国芯工程"总指挥，成功开发出中国第一个打入国际市场的"中国芯"——"星光中国芯"，彻底结束了"中国无芯"的历史，并很快占据了世界同类芯片绝对领先的份额。"芯光"闪烁标志着我国集成电路产业正在由"中国制造"向"中国创造"迈进。

张朝阳——搜狐公司董事局主席兼首席执行官。1986 年 22 岁的张朝阳从清华大学毕业，旋即考取了"李政道奖学金"，赴美留学。1993 年，他获得麻省理工学院物理学博士学位，任麻省理工学院亚太地区（中国）联络负责人；1995 年回国任美国 ISI 公司首席代表。1996 年发起创办爱特信公司，成为中国第一家以风险投资资金建立的互联网公司。1998 年爱特信正式推出"搜狐"产品，并更名为"搜狐"公司，创办中国第一家中文门户网站。2000 年 7 月，搜狐在美国纳斯达克上市，次年张朝阳被《财富》杂志评为全球 25 位企业新星之一。

李彦宏——百度公司总裁。1991 年，23 岁的李彦宏毕业于北京大学，后在美国学习、工作 8 年。1999 年携带百万美元回国，与好友徐勇一道创建了百度网站。目前，百度已经成为全球第二大的独立搜索引擎，在中文搜索引擎中更是遥遥领先，当中文网民通过搜索引擎寻找各类信息时，80% 的信息是百度的搜索结果。

吴鹰——UT 斯达康（中国）公司首席执行官。1985 年吴鹰赴美国新泽西州理工学院攻读硕士，同时就职于美国 Netlab 通信公司，任技术主管。两年后加入美国 AT&T 贝尔实验室，任高级研究员、项目主管；1991 年创办斯达康（Starcom）公司。第二年回国创业。1995 年 Starcom 与 Unitech 公司合并成立 UT 斯达康公司后，吴鹰担任公司副董事长、执行副总裁及 UT 斯达康（中国）有限公司总裁，被《通信世界》评为"2002 中国通信业十大新锐人物"；2003 年获得"第四届中华管理英才奖"；2004 年 UT 斯达康进入《财富》"全球 1000 强企业"。成为目前海归公司中规模最大的一家。

此外，留加博士李德磊开发的具有自主知识产权的"方舟"系列 CPU 芯片，标志着中国自主知识产权 CPU 的产品化。陈榕等 5 位清华留学人员研制的"和欣"计算机操作系统，向世界级的软件巨头发起了挑战。程京博士带领的生物芯片研发团队所做的缩微芯片为世界首创，被选入 1998 年世界十大科技突破。留欧博士韩征和、刘庆创办的英纳超导公司的铋系生产线，使中国骄傲地跻身于世界少数几个具有高温超导产业化的国家之一。[①]

（2）科教领域的领头人

以留学人员为主体的新归侨绝大多数云集于大中城市的高等院校和科研院所从事教学科研工作。如果说当年留学美国华盛顿大学的陈章良在 1987 年回国后当上中国最年轻的副教授、教授、校长，成为当年一颗海归新星的话，那么后来"海归"教授、校长、学科带头人便已是繁星闪烁。自 1978 年以来，出国留学为我国高等学校培养了一大批高层次的

学科带头人和领导干部。教育部直属高校中，留学回国人员在校长中占
78%，博士生导师占 63%，国家级、省部级教学、研究基地（中心）、重
点实验室主任占 72%。大批海归们在教学、科研等重要岗位占有很大比
例，发挥着重大作用。① 曾担任北京理工科技大学副校长的冯长根，现
在是中国科协书记处书记，是一位学业成功人士兼领导者的留学回国人
员。他在留学英国回来之后，经过研究，提出了完整的近代热爆炸理论，
曾被评为中国十大杰出青年和全国优秀留学回国人员，同时也是一位在
科技领域出色的领导。另据数据显示，中国科学院院士的 81%、中国工
程院院士的 54%、"九五"期间国家"863"计划首席科学家的 72%，均
为留学回国人员。在载人航天工程、高温超导、人类基因组序列"工作
框架图"绘制等重大项目和高科技领域的重大突破中，留学人员作出了
重大贡献。据统计，2006 年国家自然科学奖获奖项目的第一完成人中有
66% 为留学回国人员，国家技术发明奖第一完成人中，40% 以上为留学
回国人员。

　　作为"中国窗口"的上海，越来越成为海归的首选。在约有 7 万多
名留学回国人员中，九成以上拥有博士或硕士学位，30% 以上具有海外
企业中层以上管理经验。② 来沪海归人才中"两院"院士 99 人，占全市
"两院"院士 60％以上；上海国家"973"项目首席科学家 55 人全部为
留学人员。2007 年 11 月 21 日，"第二届上海留学人员成果展"开幕，此
次成果展集中介绍了在沪的 7 万多名留学回国人员中的 338 名高层次、
关键性、创新型人才代表。展览向公众展示了海归对于上海这座国际化
都市创新的重要意义，表明留学回国人员已成为上海创新建设进程中不
可或缺的"生力军"。

---

① 《中国留学人员回国创业成就展》，教育部会刊，2004 年。
② 王辉耀著：《海归时代》，第 77 页。

为开发西部贡献才智的"马铃薯博士"。屈冬玉，1963 年 10 月生于湖南永州，1983 年毕业于湖南农业大学，1986 年在中国农业科学院研究生院获硕士学位，1992 年至 1996 年留学荷兰瓦赫宁根大学，获博士学位后回国。屈冬玉回国不久，领导安排她去贵州省扶贫考察。她发现那里的 48 个贫困县中竟有 42 个县的农民以土豆为主食，但存在品种单一、单产低、品质差等严重问题。同样是马铃薯，美国、荷兰的农民可以从"小土豆大产业"中获得丰厚的回报，我们为什么不行？这不就是最好的扶贫吗？随后 3 年多时间里，屈冬玉 20 余次南下贵州，帮助当地建立起生产基地，推广脱毒马铃薯近 500 多万亩，年均增产超过 30%，帮助当地人脱贫致富。在贵州获得成功后，她又跟甘肃、云南、宁夏、西藏、广西、四川、内蒙古、黑龙江等省区的贫困地区开展科技合作，为他们制订脱贫方案，为农民创造经济效益 50 多亿元，帮助 1000 多万农民实现增收。这种成就感，是没办法用语言表达的。马铃薯生产的季节性很强，而屈冬玉的试验田又分布在全国各地，经常在外面跑。她每年都要跑 20 多个省，有 1/3 的时间在外面。

一个"海归"博士，长年在田间地头打转，又选择在宁夏这个偏远的西部省区挂职，有人风言风语地说，屈冬玉是拿青春在作赌博。而屈冬玉却对记者说：我想我赌赢了。我做的项目大多都在西部，在贫困地区。因为越是土地贫瘠、农民贫困的地区，就越需要有好项目来帮助农民致富。中国精细化发展，最需要的是西部。西部地区缺水干旱，种粮食没收成，种马铃薯却很有优势。如果发展得好，原来最穷的地方，将是最快致富的地区，宁夏就正往这个方向努力。这就是西部发展的吸引力和"原动力"。屈冬玉还表示，人非常重要，发展靠人，人的改变才能带来社会的改变。我对年轻一代很有信心。时代不同了，今天的学子不必体验我们这代人的艰苦。但是无论到什么时候，个人和国家的命运总是联结在一起的，大时代需要大视野、大智慧。中国正处在大步迈向现代化的进程中，一定要有这么一批人，用自己的眼睛去感受我们和世界的差距，并不断拉近这个距离，寻找自己的历史方位。希望学有所成的"海归"，到最需要你们的地方去，到基层去，到西部去，大有可为！改革开放是最大的原动力。改革开放带来的最大变化，就是视野和观念的变化，就是人的变化。中华民族的复兴谁也阻挡不了，而这个使命，属于每一个有幸赶上这个时代并为之奋斗的人们。①屈冬玉的认识，反映了那一代"海归"报效祖国的崇高境界。人们誉她为"马铃薯博士"。

4."海归"悄然进军公务员行列

十届全国人大常委会二十七次会议表决通过任免案，任命万钢为科技部部长。万钢是汽车领域专家，同济大学结构理论研究所实验力学硕士。1985年赴德国克劳斯塔尔工业大学机械系留学，1991年进入德国奥迪汽车公司工作，后任该公司生产部和总规划部技术经理。2000年底，万钢在科技部领导的盛情邀请下回国工作，先后担任同济大学校长、上海市科协副主席、中国致公党中央副主席。"海归部长"万钢的走马上任，将过去从未如此引人注目的海归公务员带入人们的视野。有报道称，万钢当时是近30年来第一位在海外旅居16年以上的海归人士荣膺高官。以往各届政府中，留学归国人员出身的部长也有，但他们大多是在海外留学后立即回国或短期工作后归国的，而万钢却是在海外留学6年、工作10年才回国工作，是典型的新归侨代表。这充分表明国家对海归的重视。2008年3月，在全国政协第十一次会议上，万钢当选为全国政协副主席。

事实上，早在20世纪初，中央大型企业就开始公开招录重要的领导岗位，一些地方将公务员领导干部的选拔扩大到华侨和新归侨。从2000

---

① 人民日报记者纪雅林：《从"马铃薯博士"到挂职官员，矢志科技扶贫，寄语新一代"海归" 屈冬玉：到西部去，大有作为！（独家对话·几代"海归"看变迁（4））》，《人民日报》2009年9月15日。

年开始，重庆市在面向全国公开选拔副厅级领导干部，拿出 19 个（后增加为 29 个）副厅级领导干部职位，在海内外引起强烈反响。2001 年 7 月，辽宁省拿出 42 名厅、处级领导干部职位，专门面向出国留学人员公开招聘，上任后聘期 3 年。2001 年山东省人事厅下发了《贯彻落实人事部关于鼓励海外高层次留学人才回国工作的意见的通知》，鼓励事业单位和行政机关吸引"海归派"任职。国资委还几次对国有大中型企业的副职进行全球招聘。2004 年北京市面向全国公开选拔 15 名副局级领导干部和市属企业高级管理人员。这 15 个职位是：市规划委员会副主任，市政府国有资产监督管理委员会副主任，市人口和计划生育委员会副主任，市质量技术监督局总工程师，市体育局副局长，市政府法制办公室副主任，市政府法制办公室副局级高级法律专务，市地质矿产勘查开发局副局长，市农林科学院副院长，市科学院副院长，首都医科大学副校长，北京教育学院副院长，市商业银行股份有限公司副行长，华夏银行股份有限公司副行长，北京证券有限责任公司副总经理。对报名人员提出了六项基本要求，包括学历、年龄、相关知识和工作经验等。在同等条件下，海外留学回国人员将被优先考虑，首次在全国率先公开提出优先考虑海归的意见，[①] 使得一批在海外留学、工作的优秀人才有机会被选拔到各级领导岗位。

从 2004 年，上海市开创全国之先河，将海归人士纳入公务员招考范围。2007 年人事部公开欢迎海外留学人员回国参加公务员考试，海归参加公务员考试的绿灯已经逐步打开。这从招录领导干部扩大到普通公务员。海外人才的参与，说明了国家对各类人才的重视和培养，相信有他们的介入，将会对中国的政治生活产生积极的影响。

---

① 《北京青年报》2004 年 10 月 27 日。

5. 投资创办企业实业热情高涨

海归回国创业，很大程度是指回国创办企业。据统计，截至 2003 年，北京留学归国人员创办的企业已达 3000 多家，上海留学归国人员创办企业达 2700 多家。到 2007 年 8 月底，来沪工作和创业留学人员在沪创办企业达 3800 余家，总投资额超过 4.7 亿美元。另外，广州、深圳等地以其优惠的政策吸引了成千上万留学人员回国创业。这些城市由海归担任"三资"企业的主管、外企首席代表、跨国公司高级经理人和中国区 CEO 也大有人在，作为新一代的华商和精英，他们有良好教育和国外公司的经验，成为连接国际商务的纽带和桥梁。如在金融投资方面有易凯资本有限公司首席执行官王冉，华平创投公司董事总经理孙强，美林证券公司亚洲区主席刘二飞，信中利投资集团公司董事长、总裁汪潮涌，德意志银行集团中国区主席张红力，高盛亚太区董事总经理胡祖六，中国创业投资有限公司副总裁赵军。在跨国公司中有 NEC 通讯（中国）有限公司总裁卢雷，柯达全球副总裁叶莺，美国陶氏益农中国公司总经理李雷，英国石油（BP）中国化工副总裁易珉。国有公司中有安泰科技股份有限公司总裁才让，华润集团有限公司总经理宁高宁，神华集团公司副总经理张玉卓，中电通信科技有限责任公司总裁张富春，中财国企投资有限公司执行总裁高志凯。此外，还有不少人涉足商业、律师服务、咨询公关、影视传媒等领域施展才华。

随着新侨实力的增强和国内投资环境的改善，越来越多的华侨回国投资，发展事业。一些侨乡面向新侨开展"回归创业""回归工程"。2005 年 6 月，福建南安市委、市政府，提出实施吸引南安侨亲回乡创业的"回归创业"工程后，在家乡掀起"回归创业"的热潮。2006 年，全市签订的 208 个招商项目中，南安籍乡亲投资项目就有 135 个，占总数的 64%，投资总额达 81.58 亿元，占总数的 71.6%。^① 一批基地型、旗舰型项目在家乡纷纷落地生根。至 2013 年夏，广州留学回国专业人士达到 3.5 万人，创办各种企业 1700 多家，高新科技企业产值已经超过 10 亿元人民币。^② 广东潮州市开展“回归工程”，利用侨乡文化优势，凝聚侨心侨资。主要做法是：聘请侨胞担任招商顾问，发挥他们在海外商界“穿针引线”的作用；向对潮州有重要贡献的侨胞个人和团体授予荣誉称号，增强他们的归属感；建立沟通的长效机制，即在潮州市有关部门主动“走出去”，加强对外联络的同时，每年请一部分侨胞回乡考察家乡的发展等。不但倡导公益事业，还积极引资。2007 年举办的第二届旅游文化节期间引进侨资就达 400 亿元。^③ 浙江省青田县通过搭建平台，落实政策，实施“华侨要素回流工程”，吸引华侨回乡投资创业。一是以服务引资。成立“侨务工作领导小组”，简化护照办理手续，解决华侨子女回乡寄读问题。二是以项目引资。成立青田华侨回乡投资者协会，建设投资捐赠项目库，及时向华侨发布项目信息。三是以环境引资。建立石郭外贸工业专业区，形成“内店外厂”的模式，培育华侨外贸发展平台。四是以感情引资。开通“青田侨网”，每年对 100 多人次老归侨进行慰问，与 80 多个海外华侨华人社团和 2000 多名华裔建立友好关系。目前，已形成了“以侨引侨，以侨引外”的华侨投资格局。

6.“海归”回乡当村官开发扶贫

进入 21 世纪以来，随着中国经济社会快速发展，中国海外留学生回国越来越多，他们活跃在国家建设的各条战线。在发达的侨乡或新侨乡，

---

① 参见 2007 年 9 月 22 日南安市长陈荣法在中国中小城市科学发展评价体系研究成果发布暨第四届中国中小城市可持续发展高峰论坛上的讲话。

② 李家燕：《广州招才引智成效显　3.5 万“海归”创业产值超 10 亿》，《南方都市报》2013 年 7 月 19 日。暨南大学图书馆彭磷基华侨华人文献信息中心编：《侨情综览》（2013），暨南大学出版社 2014 年版，第 278 页。

③ 参见：2007 年 12 月 24 日广东省潮州市委书记骆文智接受新华网广州记者采访。

出现了"海归"投身建设新农村、回乡当村干部的新现象。

昨天在欧洲，今天在地头。2006 年 7 月 27 日，"海归硕士"章文琼高票当选为浙江省永嘉县巽宅镇小坑村村委会主任，成为全国首个"海归硕士村干部"，他个人为村里建设捐款 100 万元，并带领村民们改变了小坑村的村容村貌。把在海外学到知识用于新农村建设上，是为"海归"回乡当村干部的先行者。

在著名侨乡浙江省青田县，"侨"是最大的特色和资源，青田华侨旅居国外已有 300 多年的历史，全县 40 多万人口中，华侨就有 23 万人，分布在 120 多个国家和地区，以欧洲居多。从 2005 年开始，华侨中不少人不仅为家乡新农村建设慷慨捐款，还积极贡献致富智力，争当村干部。青田县侨联主席叶献亚介绍说："也许昨天你还看见他们在欧洲与外商谈判，说不定今天已经在田间地头与村民探讨发展大计了。"两年来，青田已有 36 位侨胞脱下西装当起专职村干部，从中可以感受到侨胞投身新农村建设的热忱和业绩。青田县船寮镇朱店前村村委会主任洪树林，在柬埔寨做了 11 年外贸生意。2008 年他放弃国外事业，回乡竞选当上村干部。他上任后，村里改变实实在在：新水泥路铺起来了，他个人捐资 100 万元建设文化活动中心、村委会大楼。经过近一年的"考验"，朱店前村村民认可了他，被大家称作"公益村干部"。"华侨村干部"活跃在青田的青山绿水间，他们回乡参与新农村建设，不仅带回了资金，更重要的是将国外先进的发展理念带回家乡。浙江省侨联主席王成云赞扬说，"华侨村干部"视野广、理念新，为浙江新农村建设注入了新的活力，也赢得了当地群众的信任和拥戴。①

青田县还发挥华侨资源和优势开展扶贫工作。2006 年，青田县 18 位侨领向海外侨胞发出了"百名侨胞助百村倡议书"，并带头与县内外

---

① 江南、陈亮：《浙江新农村建设 侨胞脱下西装当"村官"》，《人民日报》2009 年 7 月 15 日。

的 21 个行政村分别签约结对。此后，青田拉开全县新农村建设"百个侨团助百村、千名华侨扶千户"活动的序幕。2008 年 4 月，"全国侨联为社会主义新农村建设服务现场推进会"在青田举行，将青田的做法向全国推广。近年来，华侨捐赠青田县的资金折合人民币两亿多元。目前，已有 128 个侨团结对 90 个行政村，1292 名华侨结对帮扶当地的 2345 户困难群众。这种特色扶贫经验值得推广，为探索精准扶贫提供了借鉴。①

世纪之交，中国吹响了西部大开发的号角。西部开发是发掘西部的丰富资源、发展西部进而改变的贫困面貌。在向西部进军的队伍中不乏归侨有识之士，如前边介绍的"马铃薯博士"屈冬玉等，新时期西班牙归侨、"侨界十杰"朱奕龙也是其中之一。

1995 年 6 月 9 日，31 岁的朱奕龙从西班牙回到祖国。他并没有回到故乡浙江，因为他看中了西部这块神奇的土地。他用三个月的时间独行甘肃、青海、西藏等省区，最后落足于银川。他成了闯天地的"独行侠"，租了一间旧屋，坐着公共汽车，啃着干饼搞调查、找市场。深夜回到住地，屋凉、锅冷，他喝一碗凉水，和衣躺在床上看资料，天没亮擦一把脸又挤上了班车。为什么选择艰苦的西部，朱奕龙表示："那里别说亲戚朋友，连个认识的人都没有。但我想，改革开放大潮奔涌，我认准了西部，这里一定是片干事业的热土！"朱奕龙从建材入手，在掌握了第一手的市场资料后，他投资 80 多万元创办了宁夏益隆工贸有限公司，经营建材、装饰材料。由于市场抓得准，经营策略灵活，事业突飞猛进。他以超常的魄力和智慧，先后投资 1.26 亿元创办了宁夏银帝发展集团有限公司及旗下 9 个全资子公司，成为宁夏集房地产开发、建筑施工、装饰设计、型材制造、石油开发为一体的大型企业集团。他作为银帝集团董事长，发起了"一一六三三工程"，即创造了一个投资上亿元的名牌

---

① 江南、陈亮：《浙江新农村建设　侨胞脱下西装当"村官"》，《人民日报》2009 年 7 月 15 日。

企业，创建了一个安排上千人就业的企业系统；开创引进观念、引进人才、引进技术、引进资金、引进企业、引进市场的"六引实践"；实施助学、助困、助业和扶贫、扶残、扶才的"三助三扶"工程。

1999 年，伴随西部大开发的号角，朱奕龙的事业乘势发展壮大。为回报时代、回报祖国，他开始关注公益、关注社会。十几年来，朱奕龙的身份几经变迁，海外华侨、创业者、民营企业家、慈善家、宁夏回族自治区侨联主席、中国侨联副主席、全国政协委员，不断变动的头衔，串起大时代背景下社会进步与个人奋斗紧密交织的道路。"一个企业，一个企业家的成熟度，体现在对社会的贡献，对公益的责任上。"朱奕龙当年蹬着三轮做市场调查的基本功又派上了用场，在中国西部的棚户区走家串户进行调研，调查所见，让呼吁变得急切："10 平方米住三代人，屋里还生着炉火，人员杂处，这对个人安全和社会稳定是多么大的隐患！"通过深入调研，他在政协会议上提交民族地区的廉租房建设提案，很有说服力。

朱奕龙关注的另一个社会问题是西部贫困区孩子上学问题。为此，他走村串户，扎实调研，处处留心。"有次去宁夏南部招工，看见四个孩子挤一张桌上，写作业要轮着来。"此情此景深深地刻进了朱奕龙的脑海里，并在政协会议带来了关注农村幼儿教育的提案。就全国而言，义务教育已经基本解决，但是西部民族贫困地区幼儿教育问题，必须引起高度重视。"知识能够改变命运。教育均等、教育公平不是口号，对农村孩子来说，它改变的不仅仅是一个人，而是一个家庭，一个村子，一个地区。"另外，朱奕龙尽己所能，让更多的苦孩子上得起学。他年复一年，捐建了 76 所希望小学。他兴奋地说："每年六一和春节，我都会收到孩子们雪片般的来信，办公室里存了数万封，一封都没舍得丢。你不知道，这时候我有多幸福，我的这份事业做对了！"和别人聊天，朱奕龙说自己"是宁夏人"，"作为新一代民营企业家，我们生逢其时。我的成长，是时代和社会的滋养、党和政府培养的结果。我继续奋斗的目标，就是回报社会，回馈时代！"他还表示："西部大开发的 10 年，可以说是突飞猛进的 10 年。我刚来时银川什么样？ 10 年后，这里是塞上江南，宜居城市！更重要的是观念的变化，这才是西部大开发最大的成果！"①

---

① 王汉超：《从海外游子到回国创业，从投身慈善到参政议政，朱奕龙委员——以公益和建言回馈时代（履职故事）》[两会特刊]，《人民日报》2011 年 3 月 10 日。

第八章

积极推进祖（籍）国和平统一大业

完成祖国统一是中国人民的三大历史任务之一，只有实现祖国统一，才会有真正意义上的中华民族复兴。中国改革开放的总设计师邓小平在擘画推动改革开放大业时，高度重视海外华侨华人在推进祖（籍）国统一中的重大作用。邓小平指出："祖国迟早是要和平统一的，希望全国各族同胞，包括港澳同胞、台湾同胞和海外侨胞，共同促进这一天早日到来。"[①] 他还呼吁："大陆同胞，台湾、香港、澳门的同胞，还有海外华侨，大家都是中华民族子孙。我们要共同奋斗，实现祖国统一和民族振兴。"[②] 广大海外华侨华人利用自身的优势和条件，为实现祖（籍）国和平统一积极不懈努力，成为中国统一的有力促进者，构成支持中国改革开放大业的一个重要方面。

---

① 《邓小平选集》第 3 卷，人民出版社 1993 年版，第 70 页。

② 《邓小平选集》第 3 卷，第 362 页。

第一节　积极推动"一国两制"

　　"一国两制"，就是在一个中国的前提下，国家的主体坚持社会主义制度，香港、澳门和台湾保持原有资本主义制度长期不变。早期 20 世纪 50 年代，中国政府就曾设想以和平方式解决台湾问题。党的十一届三中全会以后，邓小平在毛泽东、周恩来关于争取和平解决台湾问题思想的基础上，根据台湾、香港和澳门的历史和现实，创造性地提出实现祖国和平统一的构想，亦即"一国两制"的科学构想，并不断完善、逐步实践，顺利实现了香港、澳门回归中国，为解决台湾问题提供了科学指导。在"一国两制"从理论到实践的发展过程中，广大华侨华人发挥了不可忽视的作用。

一、华侨华人对"一国两制"反应积极

　　"一国两制"构想从酝酿、提出到实践经历了一个过程。改革开放后，为实现祖国的和平统一，中国共产党一直采取积极、主动、稳健的态度，做了大量的工作。为了打破多年来大陆与台湾一直处于敌对状态的僵局，1979 年 1 月 1 日，全国人大常委会发表《告台湾同胞书》，阐明了争取祖国和平统一的大政方针，呼吁尽快结束两岸军事对峙和分裂局面。同时，国防部宣布停止对金门等岛屿的炮击。同月，邓小平在出访美国时说："我们不再用'解放台湾'这个提法了。只要台湾回归祖

国，我们将尊重那里的现实和现行制度。"① 1981 年 9 月 30 日，全国人大常委会委员长叶剑英发表谈话，提出实现祖国和平统一的九条方针政策，建议举行国共两党对等谈判，两岸实行通邮、通商、通航。在国家统一后，台湾可作为特别行政区，享有高度的自治权，保持现行社会、经济制度不变。1982 年 12 月 4 日，五届全国人大五次会议通过修改了《中华人民共和国宪法》。宪法明确规定："国家在必要时得设立特别行政区。在特别行政区内实行的制度按照具体情况由全国人民代表大会以法律规定。"正是在这样的时代背景和实践探索中，邓小平提出了"一个国家，两种制度"的构想，在海外华侨华人中引起强烈的反响。

（一）邓小平会见华人学者提出"一国两制"

"一国两制"构想是邓小平在会见外宾，特别是会见华侨华人学者时提出并通过他们迅速在海外传播的。这一构想从提出到完善过程中，海外华侨华人也发挥了积极的作用。1982 年 1 月 11 日，邓小平会见美国华人协会主席李耀滋时说："九条方针是以叶剑英副主席的名义提出来的，实际上就是一个国家两种制度。两种制度是可以允许的。"② 这是他第一次明确提出"一国两制"的概念。1983 年 6 月 26 日，邓小平会见了美国新泽西州西东大学教授杨力宇。这次会见的中心议题，是关于和平统一祖国的问题。杨力宇着重谈了台湾当局在祖国统一问题的观点。他向邓小平建议，采取更实际的立场，减少对台湾的压力，考虑台湾的心态，照顾台湾的敏感。他希望国共两方要有耐心及弹性，减少宣传，减轻敌意，增加了解，培养互信，努力缩短各方面的差距，为营造和平谈判气氛创造条件。邓小平耐心地听了杨力宇的观点，接着以真诚的态度，对和平统一台湾的设想作了阐述，这次谈话被认为是邓小平"一国两制"

---

①　中共中央文献研究室编：《邓小平年谱（1975—1997）》（上），中央文献出版社 2004 年版，第 478 页。

②　中共中央文献研究室编：《邓小平年谱（1975—1997）》（下），第 797 页。

科学构想的全面论述，包括台湾可以实行同大陆不同的制度，司法独立，终审权不须到北京，可以有自己的军队，党、政、军等系统都由台湾自己来管，中央政府还要给台湾留出名额等。① 这些内容后来被概括为"邓六条"，在海内外引起热烈反响。

此后，邓小平还多次在会见华侨华人时，进一步阐述了"一国两制"的构想，这也充分说明邓小平高度重视华侨华人在中国统一中的作用。1984 年 10 月 2 日，在会见参加国庆活动的杨振宁、李政道、丁肇中、吴健雄等 60 多位外籍华人科学家时，邓小平指出："'一国两制'，马克思没说过，世界历史上没有过。这是我们从实际遇到的问题即香港问题、台湾问题提出来的。大陆十亿人口坚定不移地走社会主义道路，同时允许部分地区实行特殊政策，继续搞资本主义。这个政策不会变。"他还对台湾抵制"一国两制"的做法明确表示："台湾有些人想用三民主义统一中国，这太不可能，太不现实，也太不谦虚了。"② 10 月 4 日，邓小平在会见美籍华人丁肇中及其父亲丁观海时，进一步提出："'一国两制'对台湾更宽一点，他们还可以有军队。在经济、文化、民间交流等问题上也和香港一样。我们不用社会主义统一台湾，台湾也不要用三民主义统一大陆。"③ 1987 年 5 月 16 日，邓小平在会见美籍华人李远哲时指出："我们现在采取'一国两制'的方针，台湾的利益不受任何损害。这一方针本世纪不会变，下个世纪也不变。"④ 1990 年 9 月 15 日，邓小平在会见马来西亚郭氏兄弟集团董事长郭鹤年时，批评了台湾当局搞"一国两府"的做法，指出："再没有比'一国两制'的办法更合理的了"，"一国两制"不仅对台湾没有什么损失，而且对台湾来说是

---

① 参见中共中央文献研究室编：《邓小平年谱（1975—1997）》（下），第 917—918 页。
② 中共中央文献研究室编：《邓小平年谱（1975—1997）》（下），第 997 页。
③ 中共中央文献研究室编：《邓小平年谱（1975—1997）》（下），第 1000 页。
④ 中共中央文献研究室编：《邓小平年谱（1975—1997）》（下），第 1189 页。

个机会。①

邓小平"一国两制"的科学构想，通过海外华侨华人及时地、迅速地向外扩散，并通过他们传向台湾，引起强烈震动。《北美日报》指出：邓小平的这一次谈话是合情合理的，现在球已踢到台湾那边的场地上，就要看台北统治者的诚意了。《中报》发表文章指出，邓小平提出的最新方案，可能预示着中国统一日程的逼近。在菲律宾，华文报刊《世界日报》指出，"一国两制"的思想是以科学社会主义的理论为根据，结合中国的实际善意提出来的，是一种解决领土分裂与国家统一的新思想。美国著名华人学者翁绍裘撰文指出："一国两制"构思真谛在于"和平统一"，为了循和平途径实现统一，就必须采取"一国两制"的主张。旅荷侨胞在 1984 年 3 月《致蒋经国先生的一封公开信》中说，"中共关于与台湾当局'共商祖国统一'的多次倡议，确实符合社会和历史发展的潮流，反映了海峡两岸人民和海外侨胞的意愿和心声"。信中希望台湾当局以民族和国家的统一为念，也为国民党本身利益着想，放弃"三不"方针，最后诚请国共早日开始谈判，共商祖国统一，共同振兴中华大业，造福人民。②

当然，在"一国两制"构想刚提出时，由于历史隔阂、政治偏见等方面的原因，部分华侨华人并不能全面理解，甚至存在相当的误解，尤其是亲台侨胞疑虑重重。美国印第安纳州博尔大学某华裔教授就错误地认为："任何统一的国家，必须有统一的政治经济制度。在当代各主要国家中，还找不出一个国家同时实施两套不同制度。邓小平、叶剑英一再声明台湾可以保持现状，维持一套与大陆不同制度，这只是一种权宜的

① 参见《邓小平选集》第 3 卷，第 362 页。
② 《华声报》1984 年 3 月 25 日。

策略。中国如真正统一，台湾与大陆必然要采取相同的制度。"①

　　对于这种混乱或错误认识，很多华侨华人进行了耐心细致的解释和针锋相对的批驳。例如，有人援引丰富确凿的历史文献，撰文指出：在我们中国历史上，"辽国"（又称为契丹国）是实行"一个国家，两种制度"的，针对契丹族游牧社会和汉族农业社会的不同，"官分南北，以国制治契丹，以汉制待汉人"，并实行长达210年（公元916—1125年）。文章认为："事实证明，这种制度对于一个国家分治两种社会是有效而成功的。""我中华民族既能成功地实行于1000年以前，也定能成功地实行于台湾、香港统一之后。""'一个国家，两种制度'是史有前例的，其可行性也不必'等候时间才可以证明'。"②针对"大中国邦联"的主张，美国威斯康星大学教授田弘茂表示："所谓邦联，并没有解决台海两岸最关切的最重要问题——主权"，邦联在历史上的产生有其特殊背景，"目前世界上不再接受'邦联'即是因为邦联中的各单位无法构成一政治实体"。③针对用美国联邦制进行统一的主张，旅美侨胞何连玉指出：美国的联邦政府只有一个总统府、国会、最高法院，国防、外交、币制、邮政等都是统一的，州政府中没有一个与联邦政府平行，"主张让台湾享有外交和国防的权利，这不是在美国式联邦制度中可以找得出来的"。④美国洛杉矶《中报》主笔秦怀碧认为："在历史文化上，台湾无法自外于中国，迄今也仍属于中国。在政治经济上，双方容或制度有所不同，却可藉'一国两制'加以弥补。台湾人要求的是'台人治台'，和平统一可以满足这种自治要求，中共不致派人赴台接收。""台湾不能

---

　　① 中共中央统一战线工作部研究所三局编：《"一个国家，两种制度"文献和资料丛书》第四辑（上），中国文史出版社1988年版，第166页。

　　② 《"一个国家，两种制度"文献和资料丛书》第四辑（上），第353—355页。

　　③ 《行不通，不可能的"大中国邦联"——学者专家从历史和现实政治角度的看法》，台湾《中国时报》1984年7月20日。

　　④ 《"一个国家，两种制度"文献和资料丛书》第四辑（上），第591页。

逃避接触、惧于谈判，台湾也该有勇气提出对台湾人民有利的和平统一安排。"①

对于台湾当局不接受"一国两制"、两岸分隔的现状，不少华侨华人仍表示了对"一国两制"的信心，并以此为基础积极提出建议。华人学者杨力宇曾指出："一国两制"当然可能作为未来中国统一的模式，但它并未解决台湾对大陆的信心问题。"大陆与台湾在达到真正统一以前，的确需要一段相当长的'和平共存、和平竞争'的阶段，来为未来的和平统一作必要的准备。""相信台湾终必考虑到它无法以其他方法来突破其在国际上的困境，而同意以'中国台湾'或其他类似名义来接受'一国两席'的安排，重返国际社会，使海峡两岸的政权逐渐走上'一国两制'的方向。"② 美国布朗大学教授高英茂甚至提出：既然目前客观事实如此，双方的差距一时又无法拉近，或许学习南北韩的关系模式，是当前最好的折中办法：在一个中国的大原则下，实行韩国式的"一国两制"。③ 这种观点当然不成熟，在实质上是"两个中国"，但也在一定程度上表示了对"一国两制"的认可，表现了对中国统一的关心。日本东京经济大学教授刘进庆则较有远见地认为："两岸统一用和平途径来解决，是合乎于人民利益，是正确的。既用和平方法，'一国两制'的基本设想是可取的，目前没有比这个更好的办法。"④

（二）港澳回归有力促进"一国两制"认同

1997 年和 1999 年，香港和澳门先后顺利回归中国，"一国两制"由科学构想走向成功实践，尤其是香港和澳门回归后的稳定发展，充分证明了"一国两制"理论的生命力；而台湾当局却顽固拒绝"一国两制"，

① 《"一个国家，两种制度"文献和资料丛书》第四辑（上），第 443 页。
② 《"一个国家，两种制度"文献和资料丛书》第四辑（上），第 464、466 页。
③ 《"一个国家，两种制度"文献和资料丛书》第四辑（上），第 546 页。
④ 《"一个国家，两种制度"文献和资料丛书》第四辑（下），第 739—740 页。

并不断背离和挑战"一个中国"的原则。因此，在香港和澳门回归中国后，越来越多的华侨华人拥护和认可"一国两制"理论。

华侨华人不断以香港和澳门的回归为例，支持和呼吁用"一国两制"来解决台湾问题。2000年2月，匈牙利华人联合总会常务理事会呼吁：香港、澳门已经先后回归祖国，在两地成功地实施了"一国两制"的政策后，解决台湾问题、实现祖国完全统一就成为全世界中国人的紧迫任务；台湾当局应在"一个中国"和"一国两制"的原则下，尽快走到谈判桌前，以积极的态度与祖国大陆一起促成祖国的和平统一。① 澳大利亚北京总会堪培拉分会会长任芳森认为：邓小平提出的"一国两制"对台湾问题是一个指导性的纲领思想。香港和澳门的顺利回归，充分证明了"一国"是可以"两制"的。但"两制"的前提必须是"一国"，台湾问题必须回到这个大前提下来。② 此外，不少华侨华人还亲自去香港和澳门体验"一国两制"的实效，增加对"一国两制"的了解和信心。2002年，北加州中国和平统一促进会组团访问香港，经过实地考察，访问团成员一致对中国和平统一充满信心，会长李竞芬还表示："深信一国两制的既定方针不但可以在香港实行，而且对今后两岸和平统一奠定基础。"③ 2007年庆祝香港回归十周年的活动中，91岁的侨领、巴西中国和平统一促进会荣誉会长詹明洋表示：我十年前去过香港，今年又去了一趟，香港回归十年，发展不断飞跃，香港现在比十年前好多了。看到香港在不断前进我感到无比欢欣。在庆祝香港回归十周年之际，我希望台湾也能仿照香港"一国两制"的成功例子，尽快实行和平统一。④

---

① 《祖国统一不容拖延　匈华联会就〈白皮书〉进行座谈》，[匈]《联合商报》2000年2月25日。

② 《澳大利亚北京总会坚决反对台湾当局"公投"闹剧》，中国新闻网，2004-02-29。

③ 《李竞芬畅谈大陆之旅》，[美]《世界日报》2002年12月24日。

④ 《里约侨胞座谈庆祝香港回归十周年热盼两岸早统一》，中国侨网，2007-07-03。

　　台湾当局长期以来抵制统一进程的做法，也促使华侨华人认识到实行"一国两制"的必要，不断严正声明支持"一国两制"，实现和平统一。2000年8月，欧洲华侨华人社团联合会发表宣言："根据目前台湾海峡两岸（原文如此——笔者注）的实际情况，在'一个中国'的原则下，实行'一国两制'是最佳的解决方法。这也是台湾海峡两岸绝大多数民众，包括广大海外华侨华人一致拥护与支持的原因所在"，呼吁台湾新当选的领导人陈水扁要以李登辉的下场为鉴，拿出真正的"善意与诚意"，在"一个中国""一国两制"的原则下与大陆展开谈判。[①]而在2004年3月台湾当局进行"公投"闹剧前后，海外华侨华人更是掀起一阵支持用"一国两制"和平统一中国的高潮。2004年3月，全球华侨华人反"台独"促统一大会在曼谷召开，与会代表通过《曼谷宣言》指出：我们认同、主张用"一国两制"的方式来完成国家的统一，此方式最有利于台海两岸的统一；我们坚决反对任何形式的"台独"分裂活动，坚决反对"两国论""一边一国""正名运动""公投制宪"等。[②]日本华侨华人联合总会发表声明，强烈谴责台湾陈水扁当局推行图谋"台独"的所谓"公投"，并指出：香港和澳门的回归中国已经证明，"一国两制"是推进中国和平统一的最为符合现实的政策。[③]

　　广大华侨华人还积极在海外宣传"一国两制"，举办很多活动，并注意真诚劝说台湾民众接受"一国两制"。2003年，旧金山湾区中国统一促进会主办"两岸关系研讨会"，邀请来自香港、台湾和美国的三位专家学者，分别以美国对两岸政策、"一国两制"在香港的实施和台湾"选举"对未来的两岸关系影响作了分析和演讲，以许多事例说明香港

　　①　《欧洲华侨华人社团联合会第八届年会　关于促进中国和平统一的宣言》，[法]《欧洲时报》2000年8月3日。

　　②　《全球华侨华人反"独"促统大会发表宣言》，《人民日报》2004年3月4日。

　　③　《日本华侨华人联合总会谴责台湾当局"公投"行径》，中国新闻网，2004-03-16。

的"一国两制"事实证明是成功可行的。2004 年，北加州中国和平统一促进会就邀请在台湾出书立著讨论"一国两制"问题的纪欣来美国作"'一国两制'在台湾"的专题演讲，希望通过这次演讲让侨胞真正清楚了解"一国两制"，并希望可以借此将信息传达到台湾去。① 在 2000 年柏林"全球华侨华人推动中国和平统一大会"上，来自台湾的雷渝齐教授以亲身经历指出：要与台湾人民讲清楚"一国两制"的好处，要谈统一后的实际好处。认为"一国两制"的真正好处，台湾老百姓还不清楚。我们的任务就是要让他们知道，这对推动和平统一十分重要。台湾"商统会"林亚璇提出：过去"一国两制"的宣传对象是台湾当局而不是台湾人民。我们应该把注意力集中在台湾年轻人的身上。② 2006 年，总部设在美国的"全球华人反'独'促统联盟"组团访问台海两岸，宣传"一国两制"精髓。代会长蔡文珠表示希望做个"和平使者"。访问团成员关永文指出："一国两制"的"一国"是两岸统一以后的中国。在国际组织的架构上，现在代表中国的是中华人民共和国。③

还有很多华侨华人期待对台政策在"一国两制"基础上有进一步的突破。欧洲华侨华人社团联合会第七届主席孙焕然就指出：香港、澳门的情况特殊，采用"一国两制"的方法成为中国香港特区、中国澳门特区；台湾情况更特殊，是否可以采用"一国两制"的方法将台湾成为中国台湾独立州或中国台湾自治州呢？④ 法国潮州会馆名誉会长陈顺源认为："一个中国"原则下，一切都可以谈。两岸应先实行"三通"，这样统一的方式才会自然产生，统一便水到渠成。法国中华会馆主席团主席

---

① 《北加州和统会宣布年会安排》，[美]《星岛日报》2004 年 10 月 9 日。

② 《听听来自台湾的声音——全球华侨华人推动中国和平统一大会部分台湾代表发言举要》，[法]《欧洲时报》2000 年 9 月 1 日。

③ 《宣传"一国两制"精髓 全统盟将组团访台海两岸》，中国侨网，2006-05-26。

④ 《中国与台湾是一个整体 坚决支持"促统一，反台独"》，[法]《欧洲时报》2000 年 5 月 12 日。

丁伟星则提出："一国两制"对台湾不一定合适。统一的方式可以在一个中国原则下谈判。[①] 还有海外侨胞建议：解决台湾问题的层次可以比香港、澳门高一些，可以介乎于国家与特区之间，是否可以搞自治邦的形式，使和平统一谈判有更大的空间。[②] 这些想法虽然对于中国政治制度缺乏了解，存在缺陷，但仍是赞成一个中国原则的。对此，要进一步让广大华侨华人了解"一国两制"的理论内容和实践效果，消除一些误解和偏见，增进信任和支持，共同推动中国统一事业的发展。

二、热烈庆祝香港、澳门回归中国

香港、澳门都是中国的领土，改革开放以来，中国政策就是积极用"一国两制"的构想来和平解决香港、澳门回归祖国的问题。经过艰难的谈判和斗争，1984 年 12 月中英两国政府签订关于香港问题的联合声明，确认中国于 1997 年 7 月 1 日对香港恢复行使主权；1987 年 4 月中葡两国政府签订关于澳门问题的联合声明，确认中国于 1999 年 12 月 20 日对澳门恢复行使主权。广大华侨华人为此欢欣鼓舞，并作出重要贡献。

（一）呼吁支持港澳回归中国

香港和澳门都有着背靠祖国大陆，面对世界的特殊优越的地理条件，与华侨华人的联系十分紧密。华侨华人密切关注香港和澳门回归中国的历程。在中国政府为香港回归问题和英国政府艰难谈判时，香港的亲台湾团体致电联合国，要求"维持香港现状"，台湾当局还宣称"香港是中华民国领土"。对此，美国华文报纸《中报》于 1983 年 10 月发表社论呼吁："中共应以更实际的行动去除人们对香港前途的疑虑，我们也主

---

① 《中国统一大家谈》，[法]《欧洲时报》2000 年 9 月 9 日。

② 《化干戈为玉帛——旅奥大陆和台湾人士促进和平统一座谈会侧记》，[法]《欧洲时报》2000 年 5 月 11 日。

张所有关心香港前途的中国人都以积极的建设性态度去督促中共保障香港的安定繁荣。因此我们更不愿意见到有人出于党私的利益，在中英谈判的历史关头横生枝节，趁机动摇香港居民的信心。"①对于一些鼓吹香港"独立"的言论，《中报》还发表社论进行抨击，认为这是"分裂主义论调"，"是完全站不住脚的"。②还有侨胞撰文指出："台北在香港问题上仍应以香港人民权益为第一优先考虑。即使没有太大能力协助香港维持繁荣稳定，也绝不能存破坏之心。而在厘定对港政策及进行香港工作时，亦应审慎避免对香港的繁荣稳定发生破坏作用。"③

　　1984 年和 1987 年，中英、中葡双方政府分别签订关于香港、澳门问题的联合声明后，华侨华人更是欢欣鼓舞。香港和澳门即将回归中国的前景，吸引了不少华侨华人前来定居和发展，投资兴业的华侨华人更是与日俱增。《美洲华侨日报》刊登文章说："1984 年 12 月 19 日是一个伟大的历史时刻"，中国在这一天"完成了一件历史功业"。澳门继杰国际集团总裁、澳门地产商会名誉会长陈继杰就表示："我们家族自曾祖父起便由海南移居泰国，经营橡胶、木材工业，我是泰国华侨第四代。80年代中期，我决定到港澳发展，并把投资重点和方向放在内地及港澳地区。我之所以决定立足澳门，看准就是祖国的改革开放和内地及澳门的投资环境，更重要的是国家实行'一国两制'，为澳门的繁荣发展提供了保障。"④

　　华侨华人还在香港和澳门当地成立组织，为香港和澳门的顺利回归作出了贡献。1993 年 12 月 5 日，香港华侨华人总会宣布成立，古宣辉当

---

　　①　《台湾当局在香港问题上应以民族利益为重》，[美]《中报》1983 年 10 月 8 日。

　　②　《鼓吹"港独"是不是为了搞"台独"》，[美]《中报》1984 年 6 月 13 日。

　　③　《香港变局考验台北》，[美]《世界日报》1984 年 8 月 7 日。

　　④　《永不变的中国心——三位澳门同胞的心声》，《人民日报》1994 年 9 月 16 日。

选为总会理事长。①香港华侨华人总会自成立以后，坚持"爱国、爱乡、爱港、爱侨"的创会宗旨，团结港区广大同胞及其家眷，在推介《基本法》、贯彻"一国两制"、维护香港繁荣稳定、推动两岸和平统一以及支持内地经济建设等方面做了大量有益的工作，为香港侨界团结合作、海内外侨界交往联谊也作出了积极示范。澳门早在1968年就成立归侨总会，以爱国、爱澳、爱乡为宗旨，维护广大归侨侨眷的权益，为"一国两制""澳人治澳"的成功实践和社会进步、经济发展发挥了独特的作用。1993年，澳门归侨总会建会25周年，总会主席梁披云表示：25年来，归侨总会同祖国共命运，与澳门同发展。祖国实行改革开放后所取得的辉煌成就，使广大归侨深受鼓舞。归侨总会将继续与澳门各界人士携手合作，共同为澳门的繁荣进步作出贡献。②在澳门回归祖国前后，澳门归侨总会先后与大陆多个省市联合主办澳门宣传周、书画展、文艺演出、讲座等多种形式的活动，大力宣传澳门基本法，加强与各地归侨界的联系，推进祖国统一大业。

（二）热烈欢庆港澳回归中国

国家统一、民族强盛，是全世界炎黄子孙的期盼和梦想。1997年香港回归，这种期盼和梦想，终于变成现实。世界各地华侨华人怀着强烈的民族自豪感，欢度这一扬眉吐气的时刻。在长达几个月的时间里，他们以高亢的热情，以游行集会、升旗仪式、焰火晚会、文艺演出、图片展览、开讨论会等形式，热烈欢庆香港回归祖国。

1997年7月1日，中国政府恢复对香港行使主权，来自34个国家和地区的300位华侨华人代表，作为嘉宾应邀回到香港参加政权交接仪式。他们是世界各国各领域的华侨华人知名人士，如世界著名的科学家杨振

---

① 《以"爱国、爱乡、爱港、爱侨"为宗旨，香港华侨华人总会成立》，《人民日报》1993年12月6日。

② 《澳门归侨总会庆祝建会25周年》，《人民日报》1993年6月27日。

宁、知名侨领陈焜旺、文化界名人薛君度等。在这一隆重而庄严的场合和时刻，邀请 300 位华侨华人代表参加中英政府香港交接仪式，表明中国政府对以他们为代表的广大海外侨胞支持"一国两制"、祖国统一所做贡献的重视和肯定。他们认为：今天是中华民族最盛大的节日，能在现场见证历史，是自己毕生的荣耀。① 此外，还有很多华侨华人也自行前往香港观看回归盛典，仅香港中国旅行社在"七一"前后一周准备接待的就有 1000 多人。加拿大多伦多大学的华人为了返港目睹盛典，早就预订了 6 月底的住房，有的还利用香港高校暑期闲置的宿舍"安营扎寨"。他们说："这样重要的大事，哪怕是打地铺也要回来。"② 可见其兴奋心情。

　　香港顺利回归中国，海外华侨华人的庆祝活动也随之达到高潮。东南亚、美洲、欧洲等地的华侨华人举办了多姿多彩的庆祝活动。7 月 6 日，从马萨诸塞、康涅狄格、宾夕法尼亚及新泽西几个州赶来的几千名华人与纽约市华人一起汇集到纽约百老汇大街，参加由美东地区庆祝香港回归委员会发起的万人彩车大游行。③ 7 月 13 日，旧金山 208 个华人团体的 5070 名代表同时在 11 家大酒楼出席了"庆祝香港结束殖民统治洗雪中华民族百年耻辱"的盛大宴会。开席前，11 家大酒楼鞭炮齐鸣，同时奏响了《中华人民共和国国歌》。④

　　香港顺利回归中国，以前相对沉默的南美洲、非洲、大洋洲等地的华侨华人也欣欣鼓舞、异常活跃。7 月 1 日，旅居智利的华侨华人、中资公司代表和智利各界朋友 1000 多人在首都圣地亚哥举行了游行，欢庆

---

　　① 《千年期盼百年梦圆——记香港交接仪式上的华侨华人》，[法]《欧洲时报》1997 年 7 月 1 日。

　　② 《盛典召唤游子归——来自香港的报道之六》，《人民日报》1997 年 6 月 21 日。

　　③ 《欢庆香港回归　美东华人再掀高潮——百老汇万人彩车大游行纪实》，《人民日报》1997 年 7 月 8 日。

　　④ 《庆香港回归洗雪百年耻辱　旧金山华人举行盛大宴会》，《人民日报》1997 年 7 月 16 日。

香港回归。秘鲁华侨华人数千人在秘鲁首都利马举行了隆重的集会和游行，庆祝香港回归祖国。据长期居住在利马的人说，他们从未见到过这么热闹和盛大的游行活动。当晚，当地侨界人士设宴 97 桌，庆祝香港回归。旅居巴拿马的 700 多位华侨在巴拿马城的国际酒家欢聚一堂，举行庆香港回归晚会。① 此外，南美洲的委内瑞拉、玻利维亚、圭亚那、乌拉圭、厄瓜多尔等国家和地区的华侨华人亦都举行了各种庆祝活动。非洲毛里求斯则成立"毛里求斯华人庆祝香港回归委员会""毛里求斯华人社团庆香港回归委员会"，掀起了毛里求斯华侨华人历史上时间最长、最为隆重的庆祝活动，包括印制纪念衫、纪念章、纪念特刊、图片展、大型酒会、文艺演出、有奖征文、体育比赛等，还出资赞助毛里求斯电视台现场直播香港政权交接仪式。南非是非洲地区聚集华侨华人最多的国家，这里的华侨华人自发地举行了联欢会、聚餐会、座谈会等丰富多彩的庆祝活动。7 月 5 日，在约翰内斯堡教育学院举行的大型联欢会，是由南非当地华人和新一代华侨共同主办的，香港回归使他们第一次联手开展活动。拉丁美洲及南非华侨华人对于祖（籍）国大事喜事，开展大规模的欢庆活动，前所少有。

1999 年 12 月 20 日，中国恢复对澳门行使主权，海外华侨华人再次感到欢欣鼓舞。100 多位海外华侨华人接受邀请作为嘉宾，参加了中葡澳门政权的交接仪式，再一次展示了中华民族的向心力和凝聚力。

华侨华人在此前后也纷纷开展了各种形式的庆祝活动。12 月 12 日，300 余名中国留学生和学者在英国中部的诺丁汉大学举行联欢会，载歌载舞，喜迎澳门回归。② 12 月 14 日，葡萄牙全国华侨华人社团在里斯本举行大会，欢庆澳门回归祖国，祝愿中国繁荣昌盛。16 日，泰国 1000 多名

① 《为中华民族洗雪百年耻辱倍感自豪　全球华人华侨热烈欢庆香港回归》，[法]《欧洲时报》1997 年 7 月 1 日。

② 《澳门回归普天同庆》，《人民日报》1999 年 12 月 14 日。

华人华侨在曼谷的潮州会馆举行盛宴，热烈庆祝澳门回归祖国。① 17 日，美国南加州 157 个华人华侨团体在洛杉矶举行有 700 多人出席的盛大宴会，热烈庆祝澳门回归中国。18 日，南非华侨华人在约翰内斯堡举行电影和焰火晚会，由焰火组成的"庆祝澳门回归"六个闪光醒目的大字拉开了施放焰火的序幕，喜庆澳门即将回到祖国怀抱。在俄罗斯的 1000 多名中国留学生在莫斯科人民友谊大学礼堂热烈庆祝澳门回归祖国。②

（三）密切关注港澳回归后的发展情况

香港和澳门顺利回归后，华侨华人更加关注和支持两地的社会发展，尤其是考察、宣传香港和澳门回归后的伟大成就以及"一国两制"科学构想的成功实践。1998 年 7 月，美国南加利福尼亚州各界华人代表 600 多人在洛杉矶举行集会，载歌载舞庆祝香港回归中国一周年。各界代表在集会上达成共识：一年来的实践证明，"一国两制""港人治港"的政策取得初步成功，并具有强大的生命力。③ 2001 年，欧洲华侨华人社团联合会反"独"促统访问团来到中国大陆，特到港澳地区实地考察，亲身感受了港澳回归祖国后的繁荣稳定，"希望通过大家的广泛宣传，能在海外华侨华人中增进对和平统一，一国两制政策的理解并达成共识"④。有的海外台湾同胞表示：澳门是实践"一国两制"的成功典范，希望能将"一国两制"的内涵及优点向台湾同胞广为宣传，并借用本身优势，成为"和平统一经验交流的平台"⑤。2004 年，由诸多华侨华人代表参加的"中国和平统一论坛"在香港举办，就是为了引起香港同胞对两岸问题的关注，展现"一国两制"在香港成功实践的魅力，积极发挥香港

---

① 《我驻外机构及一些国家华侨华人举行活动喜庆澳门回归》，《人民日报》1999 年 12 月 19 日。

② 《澳门回归普天同庆》，《人民日报》1999 年 12 月 20 日。

③ 《各地华人华侨集会庆祝》，《人民日报》1998 年 7 月 1 日。

④ 《祖国统一在我心——欧华联会反"独"促统访华团北京行》，[法]《欧洲时报》2001 年 2 月 24 日。

⑤ 《澳门地区和统会成立》，《华声报》2004 年 12 月 3 日。

作为两岸桥梁的作用，促进祖国和平统一。①

广大华侨华人更以实际行动来鼓舞和支持香港、澳门实践"一国两制"的伟大事业，对破坏香港实践"一国两制"的行径进行了坚决抵制，并呼吁香港同胞理解和支持"一国两制"的伟大实践，战胜实践中的挑战和困难。2001年，香港华侨华人总会高度赞扬董建华特首全面落实"一国两制""港人治港"的功绩②。2003年7月，纽约华人社团联合总会召开记者招待会，声援香港特区政府。总会主席梁冠军说："以董建华先生为首的特区政府在这六年时间中，领导香港人民继续向繁荣和稳定方面发展，成绩是显著的和有目共睹的。当然，一国两制在人类社会中还只有很短的历史，在实践过程中难免出现偏差和失误，但这些都不能成为指责政府的理由。"③2004年2月，纽约华侨华人在一次座谈会上称赞"一国两制"在香港的实践是成功的，为解决台湾问题起到了示范作用，并斥责了台湾当局对"一国两制"的攻击和歪曲，呼吁香港特区政府加强爱国主义教育和国民教育，提升港人对国家、民族的认同感和自豪感。④3月，香港立法会有3名"民主派"议员应美国参议院的"邀请"，出席美参议院外交事务委员会举行的所谓"讨论香港民主"听证会。这一行径激起了华侨华人的极大愤慨。香港华侨华人总会、侨友社等11个香港侨界社团举办了主题为"支持爱国者治港，声讨卖国者乱港"的座谈会。会后发表两点公开声明：严厉谴责香港立法会议员卖国乱港行径；坚决反对外国势力借香港民主问题干预中国内政的图谋。⑤2004年6月，"全球华人反'独'促统联盟"发表致香港同胞的公开信，

① 《中国和平统一论坛将在港举办 200侨领和专家莅会》，中国新闻网，2004-08-04。
② 《华侨华人总会：信任董建华》，香港《大公报》2001年12月12日。
③ 《华联总会声援港特区政府》，[美]《侨报》2003年7月22日。
④ 《纽约华人重温邓小平20年前关于"一国两制"谈话》，中国新闻网，2004-02-24。
⑤ 《香港舆论强烈谴责李柱铭等人卖国乱港的行径》，《人民日报》2004年3月6日。

呼吁香港同胞在"一国两制"的框架内,与中央政府沟通,相互尊重与理解,走好"一国两制"这条从来没有人走过的道路,发挥香港人民的爱国传统,制止破坏"一国两制"的图谋,为中国的统一与强大贡献一己之力。[①]

香港回归祖国的 20 多年来,总体运行是平稳的,显示了"一国两制"方针的生命力和科学性。但某些别有用心者不时挑起事端、趁机闹事。2014 年 9 月下旬,香港特别行政区某些人发起所谓"占领中环"连续多日的非法集会,严重干扰了香港的社会秩序和民众生活,使香港的经济和金融业遭受严重损失。2019 年下半年,一些暴徒在西方势力支持下不断掀起暴乱,严重干扰破坏了香港的社会安定和正常秩序。这种行径遭到海外华侨华人的谴责。德国波茨坦德中文化交流协会副主席吴刚表示,在中央政府的支持下,香港的民主进程稳步推进,经济社会进一步发展。一小部分人受到蛊惑和煽动,不顾港情民意,非法闹事,严重破坏了香港社会秩序,对香港的长治久安没有什么好处。2014 年 10 月 4 日,美国华盛顿地区侨学界发表《致香港同胞的一封公开信》,呼吁香港同胞本着爱国爱港、守法理性的态度抵制"占中"行径,规劝受到煽动而参与"占中"者复工、复课、复业,让学校、交通、生计回到正常的轨道上来。公开信恳请香港同胞明辨是非,珍惜民主,并规劝参与"占中"的人员认清组织者的真面目,恢复社会秩序,再创香港繁荣和安定的良好局面。美国美华传媒集团董事长、年近八旬的周续赓愤怒指出:"目前,中华民族正致力于伟大复兴,这是全体华夏子孙的百年梦想。就在这样一个大好时刻,一部分别有用心的人,在国外敌对势力的支持下,挑起'占中'游行,而且不听劝阻,愈演愈烈,严重影响到香港安

---

① 《全球华人反"独"促统联盟吁港人制止破坏"一国两制"图谋》,香港《大公报》2004 年 6 月 30 日。

定的社会秩序与经济发展，令人痛心！"①

华侨华人对澳门特区政府也一直给予关心和支持。自 2001 年 12 月以来，澳门归侨总会多次举办"华侨华人聚濠江联谊大会"，宗旨是"扩大联谊、加强合作、共同发展、促进统一"，影响较大。澳门特首何厚铧在澳门归侨总会成立 35 周年庆会上就致辞表示：特区成立以来，澳门归侨与其他社群一起，以主人翁姿态在各种挑战中作出共同的承担，取得共同的进步，迈向共同的未来。② 2006 年，全球华侨华人促进中国和平统一大会在澳门举行，大会举办图片展，让与会者了解香港、澳门实行"一国两制"的成功经验及回归后社会发展取得的成就，加深对"一国两制"科学性及强大生命力的认识，推动两岸朝着和平稳定的方向发展。同年，第六届世界中山同乡恳亲大会在澳门举行，其目的就是"希望通过恳亲活动，达到团结乡亲，交流经验，宣传澳门成功落实'一国两制'及优良的投资与居住环境等目的"③。

香港、澳门回归祖国，使"一国两制"由科学构想转化为成功实践，显示了中国共产党处理国家统一和社会制度问题的高超智慧。港澳回归洗雪了中华民族百年耻辱，是一个多世纪以来中国乃至世界的大变故，是国内外所有中华同胞扬眉吐气大事件，广大华侨华人欢欣鼓舞庆祝港澳回归、维护"一国两制"成功实践，是他们推动祖国统一、发挥民族向心力的写照。

---

① 人民日报记者杨迅、陈效卫、谢亚宏、杨讴、管克江、廖政军、李博雅：《国际舆论和海外华侨华人谴责"占中"非法集会——扰乱社会秩序　践踏香港法治》，《人民日报》2014 年 10 月 5 日第 3 版。

② 《归侨可发挥优势作贡献》，《澳门华侨报》2003 年 11 月 12 日。

③ 《第六届世界中山恳亲会明年在澳门举行》，《华声报》2005 年 8 月 23 日。

第二节　海外反"独"促统活动如火如荼

中国统一大业是海内外中华儿女的共同心愿，但同时也受到历史、政治和地理等因素的制约，并受到国内分裂势力、国外反华势力等的影响。"一国两制"成功使香港、澳门回归祖国，但民进党主政的台湾当局，仍然一意孤行地坚持"台独"立场，推行"台独"政策，顽固抵制破坏"一国两制"。海外华侨华人积极投身反"独"促统的行列之中，支持中国政府有关统一的政策主张，促进海峡两岸的交流与合作，谴责分裂中国的行径，为中国统一献计出力，形成了支持中国统一的强大力量。

一、海外反"独"促统组织如雨后春笋

（一）纷纷建立反"独"促统组织

海外华侨华人为促进中国早日统一，纷纷成立旨在推动中国统一的社团组织。

这些反"独"促统组织绝大多数是世界各地华侨华人自发组织的，成立的时机虽各有不同，但都是为了同一个目标而团结在一起。因此在成立时，都纷纷发表或通过宣言、纲领、章程等，明确表示认同一个中国，促进中国统一。西班牙中国和平统一促进会在成立时发表了致台湾领导人的公开信，指出，一个中国的事实是无法否认的，一个中国的原则是不能回避的。[①]旧金山湾区中国统一促进会则以"联合海外华人、友

---

① 《西班牙促进中国和平统一联合会、中国和平统一促进会分别成立》，[法]《欧洲时报》2000 年 7 月 5 日。

好人士及相关社团，促进台海两岸交流、对话、谈判，共同探讨统一途径，推动统一进程，最终实现中国的完全统一"为宗旨。① 墨西哥下加州中国和平统一促进会在成立时通过宣言呼吁：一切希望中国和平统一，反对"台独"的志士们，不分宗教信仰，不分意识形态，不分党派，不分社团，不分大陆、台湾同胞，团结一致，有钱出钱，有力出力，通过各种渠道各种方式促进中华民族的大团结，实现中国早日和平统一。② 大洋洲中国和平统一促进会成立时一致通过的《大洋洲中国和平统一促进会宣言》指出：世界上只有一个中国，大陆和台湾同属一个中国，中国的主权和领土完整不可分割，大洋洲和统会将大力促进两岸的经济文化交流，并寄希望于台湾人民。③

（二）世界各地的反"独"促统活动

众多反"独"促统组织成立后，积极开展活动来推动两岸关系朝着健康的方向发展，活动形式丰富多样，声势和影响颇为浩大，有力促进了中国的和平统一大业。

1. 广泛深入开展反"独"促统组织活动

在各项反"独"促统活动中，影响最大的是全球性的反"独"促统大会。2000 年 8 月，由欧洲中国和平统一促进会倡议和主办，"全球华侨华人推动中国和平统一大会"在德国柏林举行，来自海峡两岸的代表和全球五大洲 60 多个国家的华侨华人代表 632 人出席了会议。柏林大会是海外华侨华人自发组织的第一次全球性反"独"促统大会。大会发表了《共同声明》，坚决反对台湾分裂势力，要求外国停止对台军售等干涉中国内政的行为，呼吁台湾当局承认"一中"原则，开展两岸对话与和谈，开放中国大陆与台湾地区直接三通，撤销一切阻碍两岸经贸交流

---

① 《湾区"中国统一促进会"成立》，［法］《欧洲时报》2001 年 3 月 4 日。

② 《墨下加州中国和平统一促进会成立》，［美］《侨报》2001 年 3 月 29 日。

③ 《大洋洲中国和平统一促进会在悉尼成立》，中国侨网，2004-04-26。

的障碍，揭开了海外华侨华人大规模反"独"促统活动的序幕。①

2004 年 3 月，针对台湾当局即将举行的所谓"3·20 公投"，"全球华侨华人反'台独'促统一大会"在泰国曼谷举行，来自世界各地的华侨华人代表约 1000 人出席，宏大的规模让世界瞩目，也表现了全世界中华儿女坚决反对"台独"的强烈愿望。2009 年全球华侨华人促进中国和平统一大会 7 月 8 日在美国洛杉矶举行，来自全球"反'独'促统"组织的 300 多名代表与会。大会通过宣言，表示衷心支持胡锦涛 2008 年 12 月 31 日在纪念《告台湾同胞书》发表 30 周年座谈会上的讲话，认为这篇讲话是针对两岸关系新形势、回应两岸关系和平稳定发展新民意的重大政治宣言，是推进两岸关系和平发展、促进国家和平统一进程的纲领。②

2010 年全球华侨华人促进中国和平统一大会 9 月 21 日至 22 日在香港举行，主题为"推进和平发展，促进和平统一，实现民族复兴"。中央政治局常委、全国政协主席、中国和平统一促进会会长贾庆林向大会发来贺信。来自中国大陆与港澳台及全球 60 多个国家和地区的逾 1500 名代表参加大会，与会者人数创下历次同类大会之最；其中台湾代表逾 600 名，数量超过往届，海外代表逾 200 名。

2011 年全球华侨华人促进中国和平统一大会 9 月 17 日在美国首都华盛顿召开。大会主题为"弘扬辛亥革命精神、促进中国和平统一、实现中华民族复兴"，500 多名来自全球的华侨华人代表及中国大陆和港澳台的嘉宾出席会议，共同缅怀革命先贤，重温孙中山的遗训，共商两岸和平发展，共襄祖国统一大业。

2012 年全球华侨华人促进中国和平统一大会 8 月 8 日在西班牙首都

① 《全球华侨华人推动中国和平统一大会共同声明》，〔法〕《欧洲时报》2000 年 8 月 3 日。

② 管克江：《全球华侨华人促进中国和平统一大会宣言强调　两岸统一是民族复兴的历史必然》，《人民日报》2009 年 7 月 20 日。

马德里开幕。大会宗旨是广泛联合海外"反'独'促统"力量，巩固海外侨胞"反'独'促统"成果，团结海内外中华儿女共同致力于推动两岸关系和平发展，维护祖国领土完整和民族团结，将"反'独'促统"运动引向深入。来自全球 45 个国家的约 800 名华侨华人代表及中国大陆和港澳台的嘉宾出席会议。

2013 年全球华侨华人促进中国和平统一大会 10 月 17 日在巴西里约热内卢举行。来自世界各地的 400 余名华侨华人代表出席大会，共商中国和平统一大计。本次大会的主题是"共促和平发展，同圆中华梦想"。主题反映了对国家主席习近平提出中华民族伟大复兴中国梦的响应。

2015 年 11 月 8 日，全球华侨华人促进中国和平统一大会在南非约翰内斯堡举行，来自 30 多个国家和地区的 700 多名华侨华人代表参加。就在此前一天，即 11 月 7 日，海峡两岸领导人习近平、马英九的历史性会面，给与会者以巨大的鼓舞，成为大会热议的话题。习近平关于"两岸同胞是打断骨头连着筋的同胞兄弟，是血浓于水的一家人"的话语不但引起华侨华人的强烈共鸣，也得到出席大会的非洲朋友的高度认同。

洲际性的"反'独'促统"大会（论坛），仅次于全球性"反'独'促统"活动，目前已经举办 20 多次。2001 年 3 月中南美洲华侨华人促进中国和平统一大会在巴拿马城举行，以反"台独"、反分裂、振兴中华、国家统一、匹夫有责为主题，通过了《中南美洲华侨华人促进中国和平统一大会宣言》和《关于坚决反对陈水扁的"国家尊严主权论"联合声明》。这是在与台湾保持"邦交"关系的巴拿马召开的反"独"促统大会，其意义非同寻常，充分体现了海外华侨华人对维护祖国统一的坚定信念。全非洲中国和平统一促进会第二届非洲论坛于 2012 年 10 月 23 日至 24 日在南非约翰内斯堡举行，来自非洲 12 个国家 50 多个成员组织的 300 多名代表出席本次论坛。会后发表了《约翰内斯堡宣言》，呼吁海外侨胞为推动两岸关系和平发展、实现祖国和平统一作出新的贡献，共同反对任何形式的"台独"活动。

除了召开大型会议外，各反"独"促统组织还结合各地情况、自身力量等，开展了形式多样的活动。各反"独"促统组织都密切关注中国统一的进程，并针对台海局势的变化，宣示自己的立场。传统侨社和来自台湾的华侨华人也踊跃加入了反"独"促统组织，并在活动中积极表现。

当然，华侨华人反"独"促统组织的活动远远不止这些。旧金山中国统一促进会就很关心祖国下一代的教育大业，每年向国内贫困地区失学儿童捐赠建立一所小学，名为"侨心小学"。澳洲中国和平统一促进会于 2002 年访问西藏、新疆，捐助 30 万元人民币给林芝县贫困村，特别是连续几年组织医生到中国边远艰苦地区为白内障患者做免费复明手术，并赠送仪器设备、培训当地医护人员，为中国边疆地区的稳定繁荣作出自己的贡献，受到西藏、四川、云南等地政府和群众的欢迎。

2. 反"独"促统活动的影响和有关问题

上述反"独"促统组织的建立和活动，在华侨华人的居住国造成了深远影响。很多反"独"促统组织通过各种渠道和方式，去争取居住国的政府和人民支持中国统一，并对居住国某些违背"一个中国"的现象进行了有力斗争。

声势浩大的华侨华人反"独"促统组织及其活动，引起了台湾当局和"台独"分子的恐慌。台湾当局和一些"台独"分子大肆诬称华侨华人反"独"促统组织及其活动是中国共产党的统战手段，是中国共产党渗透侨社、分化侨社的结果。台湾当局还以"自由、民主、人权、和平"为旗号，于 2002 年拼凑"全侨民主和平联盟"（以下简称"全盟"）来对抗华侨华人的反"独"促统组织。对此，广大华侨华人多方抵制。

从整体上看，世界各地反"独"促统组织的发展还是欣欣向荣的，开展的诸多活动也是卓有成效的，但同时我们也要高度关注出现的问题。坚持一个中国原则，坚决反对和遏制"台独"分裂势力及其活动，是当前和今后一个时期海内外中华儿女的首要任务。"台独"分裂势力一日没有消除，中国统一大业一日没有实现，"反'独'促统"的努力就一日不能停止。因此，要积极倡导海外侨团和人士捐弃前嫌、加强团结，只要认同一个中国原则、坚持反对"台独"、主张发展两岸关系，就应当求同存异、多谋合作，为中国的统一大业携手共进。对那些在两岸关系问题上一时还存有误解或摇摆反复的侨胞，要耐心引导，加强沟通，增进互信。此外，还要积极倡导各侨团之间，侨团与新成立的"反'独'促统"组织之间，新、老侨胞之间发扬中华民族团结互助、互勉互爱的优良传统，共同致力于中国的和平统一事业。

总之，广大华侨华人自发、自愿、自费成立的反"独"促统组织，超越了社团、地区，甚至国家的界限，遍及世界五大洲，其中甚至包括与台湾有"邦交"的一些国家。这些反"独"促统组织与其他众多的华侨华人社团一道，展开了声势浩大、形式多样、效果明显的活动，极大地团结和鼓舞了全世界支持和拥护中国统一的海外侨胞，沉重打击了"台独"分裂势力的嚣张气焰，在国际上形成强大的声势和压力，成为海外侨胞"反'独'促统"运动的生力军。

二、努力促进海峡两岸交流合作

旅居世界各地的华侨华人，与中国大陆和台湾一直有着十分密切的联系。广大华侨华人充分利用自己的特点和优势，通过各种有效途径，对海峡两岸的交流与合作发挥了积极的促进作用。

（一）为海峡两岸交流合作铺路搭桥

很多华侨华人充分认识到海峡两岸的交流与合作对增进两岸的了解、

促进中国统一有着直接的推动作用，一直极力主张和高度重视海峡两岸
的交流与合作。在 2000 年柏林"全球华侨华人推动中国和平统一大会"
上，就有海外侨胞表示：两岸应先实行"三通"，加强经济联系与民间
交往，这样统一的方式才会自然产生，统一便水到渠成。两岸的互补条
件这样好，如果经济上联合起来，力量将非常强大。当中国富强起来，
不再受美国牵制，两岸都会要求统一。① 这种观点，在海外侨界很有代表
性。还有海外侨胞呼吁："要由熟悉中华文化、中国历史的华侨有志之士
去做沟通桥梁的工作"，"20 世纪，华侨为革命之母；21 世纪，华侨为
统一之桥"，"'两岸在两边，华侨为桥梁'，愿与全体同胞共勉之！"②

　　海外华侨华人通过发表声明、宣言等多种形式，数次表达要支持和
促进海峡两岸的交流与合作，谴责台湾当局阻碍两岸交流。同时多次举
办活动，关注和研讨海峡两岸交流与合作的形势。广大华侨华人为两岸
交流与合作而付出的实际行动则不胜枚举，其中较为常见的有以下两种：

　　第一种是不少华侨华人直接奔波于海峡两岸之间，传达信息，铺路
搭桥，推动合作。在台湾当局阻止"三通"时，率先突破的是来自台湾
的海外华侨华人。台湾当局规定公职人员不准来大陆，但在海外的台湾
"立法委员""侨务委员"和"侨务顾问"却率先来中国大陆参观、旅游。
美籍华人陈香梅的行动就较为突出。早在 1980 年，陈香梅就作为里根总
统的亲善大使被派往中国大陆和台湾访问，受到了中国领导人邓小平和
台湾地区领导人蒋经国的接见。后来陈香梅回忆说：她对邓小平的第一
印象很好，他很风趣，也很健谈，还一起吃了年夜饭。邓小平还请陈香梅
去台湾时捎去口信，建议台湾当局开放大陆老兵回乡探亲。③ 陈香梅很好
地完成了这一使命，"海峡两岸探亲是我在蒋经国先生召见时提出的"，

---

① 《中国统一大家谈》，[法]《欧洲时报》2000 年 9 月 9 日。

② 《两岸在两边：华侨当桥梁》，[美]《星岛日报》2002 年 8 月 1 日。

③ 《美国华盛顿侨学界缅怀邓小平　赞其推动中美关系》，中国新闻网，2004-08-21。

"经国先生停了一刻才回答说：'可以考虑考虑。'可见他还是很能接受不同意见的。不久，就得到了台湾居民可以申请到大陆探亲的消息"。①1987年陈香梅率美国华裔杰出妇女代表团一行20人赴中国大陆和台湾进行访问。1989年春夏之交，中国发生了政治风波，西方国家纷纷扬言"制裁"中国，而陈香梅组织美国国际合作委员会经济贸易考察团来中国大陆考察，其成员以台湾旅游、交通、纺织、机械等企业界人士为主体。陈香梅坦诚说："我在海峡两岸都受到礼遇，既然大家都信任我，我当然愿意尽个人的微力，做些对社会、对国家、对民族有裨益之事。"②此后，台商掀起了一股赴祖国大陆考察的热潮，1990年3月，台湾当局作出了关于对祖国大陆经贸政策的决定：开放台商派员赴祖国大陆作商务考察以及参加国际性商展；扩大祖国大陆物品的输入范围等。③

第二种是很多华侨华人在海外举办活动，邀请海峡两岸人士参加，促进彼此的了解，增进共识。1992年11月在美国柏克莱加州大学召开首届海外华人问题国际大会及"落地生根——全球华人问题国际研讨会"，来自40多个国家和地区的250多人与会，除中国大陆（28人）和台湾（10人）学者外，绝大部分为华侨华人学者。该会被称为"历史上第一次中国大陆及台湾学者共同探讨侨务政策问题的集会"④。2000年4月，旅居奥地利的大陆和台湾人士，首次为了促进中国的和平统一进程这个共同关心的问题而相聚在一起。有位台胞提出了台湾人很关心的两个问题：第一，在什么样的情况下，会发生大家都不愿意看到的事情？第二，统一有无时间表？中国驻奥地利大使馆领事部主任纪达夫对此进行解答说：台湾人民可能受到台湾方面的片面宣传和影响较多，觉得大陆非要

---

① 《陈香梅回忆录》，浙江文艺出版社1996年版，第152页。

② ［新加坡］《联合早报》1989年12月22日。

③ 《华盛顿侨界座谈：两岸直接"三通"难以回避》，中国新闻网，2003-02-16。

④ ［美］《侨报》1992年11月27日。

用武力解决中国统一问题，其实这是一种误解。中国大陆方面的一贯立场是和平统一。中国政府迫不得已使用武力，是有前提条件的。两岸统一对台湾只有好处，而"台独"对台湾没有好处。[①] 2002 年 1 月，旧金山近 60 个来自两岸的侨团举办 700 人的海峡两岸侨胞除夕大联欢活动，这场活动是 50 年来当地来自两岸的侨胞及侨团破天荒的一次盛大活动，增进了两岸侨胞的团结互助。[②]

像这样的让两岸同胞共同参加的活动还有很多，尤其是各类华侨华人世界性、区域性组织不断增加，活动日益频繁。除各种反"独"促统组织外，世界华商大会、国际潮团联谊会、世界海南联谊会、世界广西同乡联谊会、世界福清同乡会、世界林氏垦亲会等多种组织，每年都积极组织活动，不但使不同国家、不同阶层乃至不同组织倾向的华侨华人增进了解和团结，也为海峡两岸人士提供了更多的交流渠道和机会，也使得持有不向政见的社团，打破过去严重对立、互不往来的僵局，在有所接触了解后，逐步走向缓和与合作。

（二）支持和响应海峡两岸交流合作

对于中国大陆和台湾之间直接的交流与合作，广大华侨华人更是满怀期待和大力支持。这也是华侨华人支持和促进两岸交流与合作的主要表现之一。

1. 积极响应和纪念"汪辜会谈"

改革开放以来，尤其是邓小平明确提出用"一国两制"来解决台湾与大陆统一问题，促进了和平统一大业的进程，两岸关系在双方的努力下有所松动。1993 年 4 月 27 日，海峡交流基金会董事长辜振甫和海峡两岸关系协会会长汪道涵在新加坡就加强两岸经济合作、科技文化交流和

---

① 《化干戈为玉帛——旅奥大陆和台湾人士促进和平统一座谈会侧记》，[法]《欧洲时报》2000 年 5 月 11 日。

② 《欢庆除夕　两岸侨胞将头一遭聚一堂》，[美]《世界日报》2002 年 1 月 26 日。

两会会务问题进行磋商。这是海峡两岸授权民间团体的最高负责人之间首次进行的民间性、经济性、事务性、功能性的会谈。会谈中，双方经过共同努力，排除了某些干扰，在许多方面达成了共识。"汪辜会谈"实现了40多年来两岸高层人士以民间名义进行的首次公开接触商谈，标志着海峡两岸关系迈出了历史性的重要一步。广大华侨华人对此反响强烈，纷纷表示赞赏这次具有历史意义的会谈。美华协进社社长王碚说，双方进行会谈，表明双方都有诚意。如果海峡两岸继续会谈下去，不断消除歧见，中国的统一就很有希望，这是我们海外华人期望已久的结果。① 新加坡人民行动党的白振华议员表示："如果台湾海基会与大陆海协会通过在新加坡开始的会谈，逐步达成双方包括直航、经济合作，甚而统一，这将是新加坡华人乐意见到的结果，也是新加坡人的荣幸。"② 马来西亚的华侨华人也指出："汪辜会谈"是40年来国共关系进程的一项实质跃进，希望两岸双方继续努力，以中华民族的整体利益为重，进一步加强沟通接触，消除障碍，增进互信，发展两岸经贸合作和各项交流，为祖国的和平统一创造更多更好的条件。③

"汪辜会谈"后，两岸关系一度出现了令人振奋的转机，但1995年6月李登辉"访美"后，两岸会谈和对话因此中断。华侨华人并没因此而放弃努力，海峡两岸交流会会长李惠英就积极向"海协会""海基会"献策，建议双方尽快成立一个"唐、焦复会预备委员会"，为恢复会谈制造机会。2005年，辜振甫和汪道涵相继逝世后，华侨华人广为悼念，追颂他们的功绩，呼吁继续促进两岸交流。④ 泰国中国和平统一促进会会长王志民表示，虽然辜振甫、汪道涵两人相继离去，但是两度"汪辜

---

① 《人民日报》1993年5月2日。
② 《福建侨报》1993年5月2日。
③ 《两岸会谈前夕，华社如何看待汪辜会谈》，[马来西亚]《南洋商报》1993年4月26日。
④ 《美国华侨华人悼念辜振甫　为其壮志未酬惋惜》，中国新闻网，2005-01-04。

会谈"为两岸关系发展所作出的贡献有目共睹。台湾当局应回到"九二共识"的立场上来，在一个中国原则的基础上尽速恢复两岸的对话与协商。① 法国《欧洲时报》发表社论，评价"汪辜会谈"标志着两岸关系迈出了历史性的一步，尤其是两位老人都具有历史发展的战略性眼光，在会谈中表现出了高度的智慧，从而在坚持一个中国的原则立场上，本着互谅互让的精神，为促进两岸经济合作，发展各个领域之间的交流，作出了开拓性的贡献。"汪辜会谈"已成绝响，目前虽然面临重重困难，但打破僵局、实现祖国统一的重任落在后来者的肩上。台湾问题一定能够圆满解决，海峡两岸总有一天会实现统一，这一信念我们绝不动摇。②

2. 高度评价"连宋大陆行"

2005年4月26日至5月3日、5月5日至13日，中国国民党主席连战和亲民党主席宋楚瑜先后率团访问大陆，分别与中国共产党就促进两岸关系改善和发展的重大问题及党际交往事宜正式举行会谈，达成重要共识，并发表了公报，公布诸多对台湾优惠措施。这是国共两党相隔60年后一次重要的交流，是两党的最高领导人60年来的首次见面，也是中国共产党和亲民党之间进行的首次交流，具有重大的历史和现实意义。

这次两岸间的交流与合作，更是让海外华侨华人振奋不已。很多华侨华人指出，连、宋相继访问大陆，有助于缓和发展两岸关系，也预示两岸统一是大势所趋，不可逆转。陈水扁应认识到"台独"已经走进了死胡同，应该抓住机会，站在中华民族利益的立场考虑两岸问题。③ 马来西亚《星洲日报》4月27日发表社论和署名文章说，两岸人民和全球华人都期盼这次国共会谈能成为开启和解之路，化解恩怨的一个良好开端。

---

① 《泰华社会痛悼汪老　期盼两岸尽速恢复对话与协商》，中国侨网，2005-12-29。

② 《汪辜"绝响"与两岸新局面》，[法]《欧洲时报》2005年12月29日。

③ 《纽约侨界：两岸统一是大势所趋》，[美]《侨报》2005年5月7日。

这不仅是两岸人民之福，也是全球华人的心愿。①澳大利亚悉尼中国和平统一促进会副会长任传功表示：中国政府高瞻远瞩、灵活务实又不失中华民族核心利益之大胆举措，一步步地营造了两岸关系重开新局、国共两党历史性高层会晤的主动局面。我们相信，如此积极主动、求真务实、灵活机智之作风才能真正力挽狂澜，从而最终打破"台独"分子已经和将要构筑的两岸沟通与统一的壁垒。②旅美学者、著名政论家方焰指出："胡宋会"最大的贡献，是为解开两岸"死结"提供两点具有新意的主张：第一，用"两岸一中"的提法为"九二共识"解扣。第二，首次提出"只要台湾没有朝向'台独'发展的任何可能性，将有效避免台海军事冲突"，为台湾方面担心大陆动武解扣。③泰国华文报纸发表文章表示：今天的对话，就是明天的和解；今天的和解，就是明天的和平统一。凡是炎黄子孙都盼望这一天早日到来，而"连宋大陆行"就是在致力创造这样一个美好明天。④

3. 期待"连宋大陆行"开花结果

"连宋大陆行"后，两岸关系出现新的转机，许多成果在逐步落实之中。华侨华人对此也颇为关注，并积极声援。作为"连宋大陆行"的成果之一，由中共中央台办海研中心与中国国民党国政研究基金会共同主办的两岸经贸论坛于2006年4月在北京开幕，更获得了华侨华人的一致赞扬。澳大利亚中国和平统一促进会发表声明，热烈祝贺两岸经贸论坛获得圆满成功，斥责陈水扁当局妄图阻挠，甚至破坏大陆对台湾同胞所发出的互利承诺的实施，坚信两岸经贸论坛所取得的成果一定能够实现。加拿大中国统一促进会会长梁伟洪说，大陆方面出台的15项政策措

---

① 《华文媒体积极评价连战大陆行　肯定其历史意义》，中国新闻网，2005-04-29。

② 《悉尼和统会：连宋大陆行得到全世界中华儿女认可》，中新社2005年4月27日。

③ 《学者："胡宋会"为两岸认知解扣　为两岸和解架桥》，中新社2005年5月13日。

④ 《泰华传媒积极评价连宋大陆行为和平统一开拓新局》，中新社2005年5月7日。

施具体而可行，将给台湾同胞带来实实在在的实惠。① 华盛顿中国和平统一促进会会长、华盛顿地区同乡会协会副会长吴惠秋说，华盛顿地区的华侨华人对两岸经贸论坛取得的成果感到欣喜。这是自去年中共中央总书记胡锦涛与时任中国国民党主席的连战举行会谈之后两岸合作又迈出的一大步，体现了祖国大陆对台湾同胞所作承诺的落实。两岸经贸论坛的举办，有利于两岸的共同发展，对推动两岸关系发展具有促进作用。②

　　"连宋大陆行"的巨大成功也使得华侨华人更积极地投身于支持和促进两岸的交流与合作。全球华人反"独"促统联盟在"连宋大陆行"时，"有人提议何不将这样的气氛带到台湾岛去，结果获得一致拥护"，并组团访问海峡两岸，宣传"一国两制"精髓。③ 纽约中国和平统一促进会主席花俊雄表示，华联总会可以考虑在中华人民共和国国庆前后，先组团回国，然后再集体转赴台湾。④ "连宋大陆行"后，2005 年 8 月，华侨救国联合总会组团前往中国大陆，进行该会成立 52 年以来的首次"和平破冰之旅"，访问目的旨在联同全球各地侨领，带动广大华侨结合力量，促进台湾海峡两岸安定和平，并与大陆执政党高层人士对话座谈。⑤ 该会组织的台湾"侨联总会全球侨领大陆参访团"受到中国大陆有关部门的热情接待，成为海峡两岸侨界团体正式交往的一个良好开端。访问团团长简汉生表示，台湾侨联将积极与大陆侨联团体合作，继续发挥海外侨团的特殊作用，为实现两岸和平统一而贡献力量。⑥

　　此外，"连宋大陆行"也进一步促进了海外同胞的团结。在连战访问大陆时，美国费城侨社举办座谈会，"与会者除乐观预期中国的和平

① 《促两岸交流合作　海外华侨华人盛赞两岸经贸论坛》，中国侨网，2006-04-19。

② 《推动两岸关系发展　美侨界盛赞两岸经贸论坛成果》，《华声报》2006 年 4 月 16 日。

③ 《宣传"一国两制"精髓　全统盟将组团访台海两岸》，中国侨网，2006-05-26。

④ 《美东华人呼吁加强中华儿女认同感　支持祖国统一》，中国新闻网，2005-05-09。

⑤ 《"华侨救国会"8 月展开大陆"和平破冰之旅"》，[美]《侨报》2005 年 5 月 13 日。

⑥ 《两岸侨界团体开启正式交往》，《华声报》2005 年 8 月 26 日。

统一，同时认为，数十年来因两岸分治造成侨社左右之分，也将因此淡化"。① 中华总会馆前总董、合胜堂总理黄惠喜说：海外华侨对能够共同见证"连宋大陆行"这个难得的历史，深表欣慰。他相信新的一年当中，侨社的发展会更正面积极，大家在相互尊重、共同勉励的共识下，一起期盼炎黄子孙出头天。②

三、强烈谴责台湾当局分裂行径

分布在世界各地的广大华侨华人，不管政治信仰如何，不管从事什么职业，不论尊贵高低，不论男女老幼，都是认同于中华民族，绝大多数人都认同一个中国，都希望中国和平统一，不愿看到海峡两岸长期分隔对立，反对任何分裂势力，愤怒谴责分裂祖（籍）国的行径。

（一）抨击李登辉恶搞分裂言行

1988 年 1 月，台湾地区领导人蒋经国去世，李登辉继任为台湾领导人。李登辉上台之初由于自身地位不稳，在两岸关系上仍延续了蒋经国关于一个中国、"反共复国"、反对分裂国土等既定政策。他多次公开表示："中国只有一个，应当统一，也必将统一"，"一个中国原则是最高原则"。然而，这是李登辉释放掩盖分裂的烟幕弹。从 20 世纪 90 年代初开始，李登辉逐步背离一个中国原则，相继鼓吹"两个政府""两个对等政治实体""台湾已经是个主权独立的国家，国名就是中华民国"。在李登辉的主导下，台湾当局先后抛出"两岸分裂分治""阶段性两个中国"等主张，在国际上以"金钱外交"为手段，不遗余力地进行以制造"两个中国"为目的的"拓展国际生存空间"的活动，并自 1993 年以来

---

① 《费城侨社：淡化左右团结合作》，[美]《世界日报》2005 年 5 月 4 日。
② 《祝国泰民安　美湾区侨界期盼两岸关系进一步发展》，《华声报》2006 年 1 月 2 日。

连年推动所谓"参与联合国"活动。1995 年 3 月，由台湾当局策划、美国亲台社团运作，李登辉就读过的康奈尔大学掀起"台湾有话要说"运动，邀请李访问母校。1995 年 6 月，在美国的允许下，李登辉到美国访问，公开发表讲话，再三强调"中华民国在台湾"，声称"要向不可能的事物挑战"，将台湾当局在国际上制造"两个中国"的分裂活动推到高潮。

美国允许李登辉访美，严重违反了中美三个联合公报确定的原则，损害了两国关系的基础；李登辉访美，也使趋向缓和的两岸关系出现了严重的倒退和逆转。这些都引起了美国乃至世界各地华侨华人的强烈反对和声讨。来自中国大陆的数十名康奈尔大学校友和中国学生、学者致信康大校长罗兹，对康大这种制造"两个中国""一中一台"的政治活动表示强烈抗议，要求停止这种分裂的行径。[1] 在李登辉抵达康大并演讲时，有 100 多名中国留学生在康大校园体育馆前抗议。美国纽约华人社团联合总会、纽约中国和平统一促进会与纽约地区其他 70 多个华人社团联名致信克林顿，抗议美国政府同意李登辉访美。同时还组织记者招待会和纽约各界华人代表座谈会，抗议美国政府纵容支持台湾当局制造"两个中国"或"一中一台"的错误决定，强烈谴责李登辉不顾民族大义、破坏祖国统一大业的阴谋行径。[2] 马来西亚《南洋商报》社论指出，美国政府同意李登辉访美，对中美关系发展的趋向以及两岸关系的发展都设下了不稳定的变数。泰国《中华日报》发表题为《克林顿打"台湾牌"得不偿失》的社论强调，美国此举不仅违反中美建交时的承诺和三个联合公报，也暴露了干预中国内政的野心。[3]

此后，李登辉分裂中国的行径变本加厉。1999 年 5 月，李登辉出版

---

[1] 《康大中国校友致信校长抗议康大校方分裂中国行径》，《人民日报》1995 年 6 月 9 日。

[2] 《纽约侨界致信克林顿抗议允许李登辉访美》，《人民日报》1995 年 6 月 7 日。

[3] 《东南亚国家舆论认为美允许李登辉访问旨在阻挠中国统一》，《人民日报》1995 年 6 月 8 日。

《台湾的主张》一书，鼓吹要把中国分成七块各自享有"充分自主权"的区域。7 月 9 日，他彻底撕下伪装，公然将两岸关系定位为"国家与国家，至少是特殊的国与国关系"，企图从根本上改变台湾是中国一部分的地位，破坏两岸和平统一的基础。这遭到了海外华侨华人的一致批判。世界各地的中文报纸纷纷发表评论、采访、文章、读者来信和华人团体的声明，严厉谴责李登辉分裂祖国的言论，呼吁全世界的华夏子孙团结起来，反对分裂。广大华侨华人也纷纷通过发表声明、集会等方式，严厉谴责李登辉分裂祖国的言论。7 月 15 日，纽约华人社团联合总会在纽约华埠举行谴责李登辉分裂中国言行座谈会，许多华人社团负责人在会上发言。① 7 月 16 日，留日华侨联合总会、东京华侨总会和留日台湾省民会等旅日华侨团体在东京举行座谈会，强烈谴责李登辉分裂祖国的阴谋。② 8 月 9 日，欧洲 20 多个国家 100 多个侨团的 400 多位侨领召开欧洲华侨华人社团联合会第七届大会，大会通过《致李登辉先生的一封公开信》，对李登辉抛出的"两国论"进行了严词驳斥，并警告李登辉悬崖勒马，改弦更张，不要一意孤行，做中华民族的千古罪人，留下千古骂名。③

　　2000 年，李登辉不再担任台湾地区的领导人，但仍卖力进行"台独"活动，华侨华人继续予以谴责和批判。2001 年，美国康奈尔大学再次邀请李登辉访问。华盛顿地区部分华侨华人社团联合发表声明说，"这次无论他以什么身份和名义来美活动，都含有明显的政治目的，其后果必然会影响中美关系，这是我们最不愿意看到的。""我们坚决反对李登辉利用访问康奈尔大学，从事分裂中国、破坏中美两国正常关系发展的活

---

① 《海外华人华侨痛斥李登辉分裂言论》，《人民日报》1999 年 7 月 17 日。

② 《海外华人华侨痛斥李登辉分裂言论》，《人民日报》1999 年 7 月 17 日。

③ 《欧洲华联会大会开幕　通过公开信严辞驳斥"两国论"》，《人民日报》1999 年 8 月 10 日。

动。"① 各华侨华人社团也团结起来，成立了"南加州各界反对李登辉行动委员会"。在李登辉于洛杉矶停留的 3 天时间内，该委员会每天都组织抗议活动。洛杉矶的华侨华人还聚集在李登辉下榻的饭店入口，挥动五星红旗，打出了"李登辉是中华民族的公敌""李登辉是中华民族千古罪人""维护统一，反对分裂"等大幅标语，齐声高呼"一个中国"等口号。② 旅居美国纽约州 10 多所院校的中国学生学者 500 多人到康奈尔大学举行集会，抗议李登辉前来这里作"私人访问"③。

2003 年，李登辉在"世界台湾人大会"上说，"中华民国要改名"，必须"认同台湾国，制定新宪法"，并宣布出任"511 正名运动"总召集人。这再次激起华侨华人对李登辉的谴责和批判。澳大利亚华人团体联合会、澳大利亚北京总会、澳洲上海同乡会等 87 个社团联合发表声明，指出这是李登辉发表继陈水扁的"一边一国论"后更露骨的卖国言论。④

（二）强烈谴责台湾陈水扁的分裂行径

2000 年 3 月，民进党推出的候选人陈水扁当选台湾地区领导人，主张"台独"的民进党首次上台执政，这是自 1949 年以来台湾政局最深刻的变动，使两岸关系发展的不确定性进一步加大，祖国和平统一进程面临严峻的挑战。针对陈水扁当局的分裂行径，广大华侨华人空前的团结起来，进行了有力的抨击。这主要有以下几个方面：

1. 抵制陈水扁当局实行的"去中国化"

陈水扁上台后，在政治、思想、文化、教育等各个领域推行"台湾正名""去中国化"等"渐进式台独"活动，全面清除带有"中国"或

---

① 《旅美华侨华人发表声明 反对李登辉访美》，《人民日报》2001 年 4 月 26 日。
② 《洛杉矶侨界抗议李登辉访美》，《人民日报》2001 年 6 月 26 日。
③ 《旅美中国学人抗议李登辉访美》，《人民日报》2001 年 6 月 29 日。
④ 《在澳华人批李登辉"台湾国"论是露骨"卖国论"》，中国新闻网，2003-03-18。

"统一"象征的各种符号，以"台湾"替代或等同于"中华民国"，着力塑造台湾"新国家形象"。

广大华侨华人对此痛心疾首，传统侨社更是义愤填膺，纷纷对台湾当局表示失望，并用悬挂五星红旗来宣示立场。美洲中华会所联谊会秘书长黄金泉指出：台湾民进党执政以来，教科书要删减三民主义，要把台语变成"第二国语"，中正纪念堂要改为"台湾纪念馆"，中华航空公司要改为宝岛航空公司，又说从大陆去的外省人是猪，蒋中正、蒋经国的铜像被污、被辱，其每一步都显示走向"台湾独立"。① 2004 年 10 月，全球华人反"独"促统联盟、全美中国和平统一促进会联合会等团体联合举办庆祝台湾光复节座谈会。与会学者李哲夫说，李登辉和陈水扁先将光复节改名为"终战纪念日"，陈水扁当选后又废除光复节，表现出"台独"分子有系统地在"去中国化"，实际上是不尊重历史的做法。② 11 月，大华盛顿和平统一促进会举行座谈会，抨击陈水扁政府加速"去中国化"进程，破坏两岸和平的作为。③ 洛杉矶三民主义大同盟、罗省中华会馆、侨联总会美西南办事处、洛杉矶台湾同乡联谊会、台湾旅美同心会等近 30 个洛杉矶老侨与新侨社团代表，还发表声明谴责台湾当局。声明中谴责：11 月 12 日台湾"教育部长"杜正胜倡言，将高中历史课程分为台湾史与中国史两册，并将国父孙中山创建中华民国历史，放在"中国古代史"，这样的说法，欲消灭中华民国与台湾的历史渊源，让台湾走向分裂的企图，十分明显。台美商会前会长徐麟泉认为，台湾当局否认孔子、国父存在，是非常忘本的行为。④

①　《黄金泉称华侨"统一"的呼声将愈来愈高》，[美]《国际日报》2002 年 7 月 15 日。

②　《美东学子纪念台湾光复：中国统一才是台湾真光复》，中国新闻网，2004-10-26。

③　《华府"和统会"抨击扁当局加速去中国化进程》，[美]《世界日报》2004 年 11 月 24 日。

④　《洛 30 余侨团谴责台独言行》，[美]《世界日报》2004 年 11 月 27 日。

2. 痛斥陈水扁"一边一国"谬论

2002 年 8 月 3 日，陈水扁露骨地声称"台湾是一个主权独立国家"，"台湾跟对岸中国'一边一国'，要分清楚"，并提出"要认真思考公民投票立法的重要性和迫切性"，充分暴露出其"台独"的真面目。

广大华侨华人同仇敌忾，坚决反对陈水扁分裂祖国的言论。澳大利亚 58 个华人社团的联合发言人对记者发表谈话指出，自陈水扁上台以来，他从来就没有停止过"去中国化"和渐进"台独"的步伐，而"一边一国"论的出现，则可能是他由渐进"台独"升级为激进"台独"的信号，应该引起全中国人民和海外所有华人的高度重视和警惕，团结一致，坚决挫败陈水扁之流的"台独"行为。① 泰国中国和平统一促进会代表支持和拥护中国统一的全体泰国华侨华人郑重声明，坚决反对陈水扁提出的"一边一国"谬论，支持中国政府的两岸统一政策，呼吁台湾同胞及时制止一小撮"台独"分子的卖国行为。② 巴拿马中国和平统一促进会、华人工商总会等 17 个华侨华人社团发表联合声明说，陈水扁顽固坚持"台独"立场，是对国际社会公认的一个中国原则的公然挑衅，也是对包括台湾同胞在内的全体中国人民的严重挑战。③ 奥地利中国和平促进会发表声明说，陈水扁声称海峡两岸"一边一国"的谬论证明他过去所谓"诚意、善意"的虚伪性，海外侨胞更加清楚地看到其"台独"本质。欧洲和平统一促进会主席张曼新表示："陈水扁之流顽固的'台独'立场更加激发了我们推动中国和平统一的责任感、使命感和紧迫感。"④

---

① 《澳大利亚诸华人社团同声谴责一边一国论》，[菲]《世界日报》2002 年 8 月 5 日。

② 《海外华侨华人呼吁华夏子孙团结起来坚决反对陈水扁"台独"行径》，《人民日报》2002 年 8 月 6 日。

③ 《海外华侨华人继续发表声明或谈话　强烈谴责陈水扁"一边一国"论》，《人民日报》2002 年 8 月 10 日。

④ 《海外华侨华人强烈谴责陈水扁"台独"行径》，《人民日报》2002 年 8 月 8 日。

3. 声讨陈水扁当局推动"公投"

"公民投票"决定台湾的未来是民进党一贯的政治主张，自民进党在台湾执政后，就逐步地把"公投"付诸实施。2003 年 9 月开始，陈水扁逐步提出要 2004 年举办首次"公投"，2006 年"公投制宪"，2008 年正式实施"台湾新宪法"，"让台湾成为正常、完整而伟大的国家"。2003 年 11 月 27 日，台"立法院"终于通过了"公投法"。2004 年"总统"选举中，台湾当局进行所谓"和平公投"，虽因投票人数未及一半而宣告无效，但突破了举办"公投"的禁忌。"公投法"的通过和第一次"公投"活动，为走向"台独"公投铺路，严重挑衅了一个中国的原则。

广大华侨华人始终都明确反对陈水扁当局进行"公投立法"，对台湾 2004 年 3 月进行的第一次"公投"活动，更是表示强烈愤慨。世界多国华侨华人纷纷发表声明，谴责陈水扁搞"台独公投"的行为，表达支持中国政府"一国两制"和平统一祖国的政策的决心。其中，英国华人社团联合总会的声明称：台湾自古以来就是中国的神圣领土，任何人用"公投"均不可改变历史的事实。[1] 澳大利亚华人团体协会主席吴昌茂指出，大陆和台湾同根同源，同属一个中国，台湾当局无权单方面用"公投"形式来改变台湾的地位，更无权单方面用"公投"来改变中国的版图。[2] 美国大华盛顿地区的华人和留学生在国会山前集会，并向 160 多名国会众参两院议员递交联合签名信，表达反对台湾当局搞"公投"和担忧美中关系因此受到破坏的心声。[3] 美国南加州数十个华人社团联合发起反"台独"、反"三二〇公投"、"为了一个中国"万人签名活动，希望以此向包括美国参众两院议员在内的主流社会表达全世界华人维护中国

---

① 《综述：全球华人华侨纷纷谴责陈水扁"台独公投"》，中国新闻网，2004-03-19。
② 《澳华人团体协会谴责陈水扁借"公投"搞"台独"》，中国新闻网，2004-03-19。
③ 《美华人向 160 多名议员递联名信反对台湾"公投"》，中国新闻网，2004-02-13。

统一的决心。① 泰国中国和平统一促进会发起并主办了以"中华民族大团结,坚决反对'3·20公投'"为主题的"全球华侨华人反'台独'促统一大会",并在台湾"公投"闹剧失败后发表声明,认为这是台湾同胞求和平、求安定、求发展主流民意的鲜明昭示,由衷感谢广大台湾同胞与全球华侨华人的心声相呼应,用自己的行动否决了台湾分裂势力发动的"公投"。②

陈水扁"公投"把戏的另一个内容,是在国际社会上"以台湾名义加入联合国公投",此举也遭到华侨华人的反对。2008年2月4日,旅蒙华侨协会发表声明,强烈谴责陈水扁当局企图于3月22日举办所谓"以台湾名义加入联合国的公投",并决心与陈水扁当局分裂祖国的丑恶行径斗争到底,为早日完成祖国统一大业作出自己应有的贡献。③

4. 反对陈水扁"国统会终止运作"

台湾曾于1990年10月在"总统府"内设置了"国家统一委员会"(以下简称"国统会"),负责两岸统一大政方针的研究与咨询,并于1991年通过"国统纲领",明确提出"大陆与台湾均是中国的领土"。此后,"国统会"和"国统纲领"的存废成为台湾最具象征意义的"统独"标志。陈水扁上台后拒不召开"国统会",甚至公开声称"国统会"只是个"名存实亡的咨询机构"。2006年2月27日,陈水扁正式宣布:"国统会终止运作,不再编列预算,原负责业务人员归建;国统纲领终止适用,并依程序送交行政院查照。"实际上进一步推行分裂活动。

对陈水扁当局这一明显的分裂行径,全球华侨华人再次掀起了抗议活动。澳大利亚悉尼中国和平统一促进会会长钱启国表示:陈水扁曾于

---

① 《加州华人发起"为了一个中国"签名反"台独"》,中国新闻网,2004-03-14。

② 《泰"和统会"忧心台湾族群对立,乐见"公投"失败》,中国新闻网,2004-03-25。

③ 霍文:《旅蒙华侨协会发表声明　强烈谴责陈水扁"入联公投"分裂行径》,《人民日报》2008年2月5日第3版。

2000 年和 2004 年两次承诺"四不一没有"。其中，"一没有"就是没有废除"国统会"及"国统纲领"的问题。可是他出尔反尔，一而再，再而三地打破自己的承诺，失信于全球中华儿女，失信于全世界。① 美国大华盛顿地区的华侨华人 2 月 28 日举行记者招待会，强烈谴责陈水扁宣布终止"国统会"运作和"国统纲领"适用。日本华侨华人联合总会和日本新华侨华人会 3 月 1 日在东京联合发表声明，齐声谴责"台独"分裂祖国的行为，认为陈水扁的倒行逆施不能阻挡中国统一的伟大步伐。② 加拿大首都渥太华加京华人中国统一会、加京洪门民治党、加京潮州会、加京华人联谊会、加京华报和枫华会等华人社团发表联合声明，严厉谴责陈水扁不理会中国政府和爱好和平的亚洲国家的警告，悍然宣布终止"国统会"运作、"国统纲领"适用，斩断两岸联系的重要纽带，企图制造法理上的"台独"。③ 新加坡华人团体天府同乡会举行座谈会，与会者一致谴责陈水扁分裂祖国的行径，认为"台独"注定要失败，中国一定会完成统一大业。全非洲中国和平统一促进会发表声明说，陈水扁不惜拿台湾和平和台湾同胞利益作赌注，以满足一党一己之私利，把2300 万台湾人民绑上"台独"的战车，旅居南非的华侨华人对此感到无比义愤。④

5. 谴责其他"台独"分子的分裂言行

上梁不正下梁歪。在陈水扁的带动下，台湾当局一些重要官员的分裂活动十分猖獗。对此，广大华侨华人毫不留情，一并予以抨击。

台湾"副总统"吕秀莲大放"台独"厥词，鼓吹"台湾地位未定

---

① 《悉尼华侨华人：陈水扁绞尽脑汁搞分裂没有好下场》，中国新闻网，2006-02-01。

② 《海外华侨华人发表声明和举行座谈会　同声谴责陈水扁"废统"行径》，《人民日报》2006 年 3 月 2 日。

③ 《海外华侨华人发表声明和举行座谈会　强烈谴责陈水扁"废统"行径》，《人民日报》2006 年 3 月 3 日。

④ 《海外华人继续举行座谈　谴责陈水扁"台独"行径》，中国新闻网，2006-03-09。

论"、两岸"远亲近邻说",激起了很多华侨华人的无比愤怒。葡萄牙华侨华人协会表示:吕秀莲明目张胆地鼓吹"台独"路线,赤膊上阵为"两国论"摇旗呐喊。在《马关条约》签署100周年时,竟公然声称"幸亏是《马关条约》把台湾割让给日本",国格丧尽,无耻之尤。葡萄牙的华侨华人将与全国人民团结一致,万众一心,同仇敌忾,迎头痛击"台独"分子的疯狂挑衅!① 西班牙青田同乡会、西班牙华侨华人总会、温州同乡会、西班牙华侨华人联谊会、西班牙企业家联合会、爱心委员会、西班牙巴斯克地区华侨华人协会、上海联谊会等十几个社团40多名代表,举行声讨吕秀莲"台独"言论的座谈会。西班牙华侨华人总会会长陈渔光表示:"吕秀莲是地地道道的民族败类",她竟然声称"幸亏把台湾割让日本",寡廉鲜耻地为日本侵占台湾歌功颂德,严重地伤害了中国人民的民族尊严和民族感情,最后只会落得身败名裂、遗臭万年的可耻下场!②

台湾"侨务委员会委员长"张富美抛出所谓"台侨、新侨、老侨"的"侨分三等论",更是引起了华侨华人的无比反感。在洛杉矶越棉寮华侨新组成的"越棉寮华人反台独联盟"成立大会上,联盟召集人陈树权表示:张富美的言论,明显地反映台湾"新政府"故意贬低华侨,歧视华侨的政策官式化。对张富美"台独"施政的思维,我们不仅绝对不能苟同,更要一起作出强烈严厉的谴责。会议还发布抗议声明,强烈表示:"任何假藉中华民国国号,而行'台独'之实的行径,我们都将尽一切可能,予以揭发,谢绝来往。"③ 美国的华文报纸《中国日报》指出:"台湾政权轮替后,侨委会委员长张富美上台后所提出的华侨'三等论',和今年阿扁所说的'一边一国'言论,使传统侨社离阿扁政府'愈

① 《警告吕秀莲不要步李登辉后尘》,[法]《欧洲时报》2000年4月22日。
② 《西班牙侨团集会谴责吕秀莲"台独"言论》,[法]《欧洲时报》2000年4月28日。
③ 《洛杉矶越棉寮华人组反"台独"联盟》,《华声报》2000年5月19日。

走愈远'。"① 传统侨社还纷纷抵制张富美所代表的台湾民进党政权，采取不合作、不承认态度，不参加有关活动。其在访问美洲的中华总会馆时，就吃了闭门羹。

（三）与其他种种分裂中国势力作斗争

广大华侨华人高度关注祖（籍）国的主权独立和领土完整，不仅反对把台湾从中国分裂出去的行径，对其他分裂中国领土的行径同样进行严厉谴责斗争。

1. 捍卫祖国领土钓鱼岛的主权

钓鱼岛自古就是中国领土，广大华侨华人一直以来都尽力维护钓鱼岛的主权，曾在海外掀起过声势浩大的"保钓运动"，影响极为深远。2002年9月24日，李登辉在接受日本媒体专访时称"钓鱼岛是日本的领土"，激起华侨华人对李登辉的一致批判。海外华侨华人还由此成立有关组织，发起活动，高度重视钓鱼岛主权的宣示。美东地区华侨华人成立"美东华人华侨保卫钓鱼岛行动委员会"，发表公开声明，谴责李登辉所说"钓鱼岛是日本领土"的卖国言论，支持台湾各界对李登辉言论的声讨，该会呼吁大陆台湾两岸当局采取有效措施，宣示中国对钓鱼岛的领土主权，也呼吁两岸人民团结一致，发挥中华民族的爱国精神，捍卫钓鱼岛的领土主权。② 全美和统会主导进行"第三次保钓运动"，在芝加哥举行一场保钓座谈会，严词谴责李登辉丧权辱国，并揭露李登辉借钓鱼岛主权挑拨中日关系，以达到实现"台独"的居心。全美和统会会长程君复表示，保钓运动必须更成熟，更有理性，"团结一致，统一中国，绝不容许中国领土再落入日本之手"是第三代保钓运动精神之所在。③

---

① 《美侨团系列报导之一：传统侨社离扁"政府"愈走愈远》，[美]《中国日报》2002年11月30日。

② 《美东保钓人士座谈声讨李登辉》，[美]《世界日报》2002年10月14日。

③ 《保钓：美华人发出正义之声》，[美]《世界日报》2002年11月19日。

2012 年 9 月，日本政府不顾中方坚决反对，执意对中国领土钓鱼岛及其附属岛屿实施所谓"国有化"，引起海外华侨华人的愤怒，纷纷举行抗议活动。

9 月 14 日，由澳洲中国和平统一促进会举行的"坚决支持中国捍卫钓鱼岛及其附属岛屿主权暨纪念'九一八'事变 81 周年"座谈会在悉尼举行。座谈会上，主办方发布了和大洋洲中国和平统一促进会与五大洲各主要侨团联署发起的《坚决支持中国捍卫钓鱼岛及其附属岛屿主权暨纪念"九一八"事变 81 周年联合声明》。共有美国、英国、加拿大、澳大利亚、新西兰、斐济、巴西、泰国、马来西亚、奥地利、挪威和委内瑞拉等国的 160 多个华侨华人社团联署，形成了声势浩大的规模。美国北加州 264 个华人团体于 9 月 15 日在旧金山唐人街花园角广场联合举办"保钓"集会和游行，1 万多名当地华侨华人、留学生和美国友人参加。9 月 16 日，数百名台海两岸华侨华人代表在华盛顿日本驻美大使馆前举行抗议示威活动，抗议日本政府对中国钓鱼岛及其附属岛屿采取的所谓"购岛"和"国有化"等单边挑衅行动，并在现场连署了一封抗议书。[①] 英国各界华侨华人代表 200 多人 18 日在日本驻英国大使馆前示威，强烈谴责和抗议日本政府"购买"中国固有领土钓鱼岛的行径。全非洲中国和平统一促进会 9 月 18 日在南非约翰内斯堡唐人街举行"勿忘国耻，誓死保钓"集会，当地华侨华人 1000 多人参加。东部非洲中国和平统一促进会等东非华侨华人社团在肯尼亚首都内罗毕发表声明，强烈谴责日本政府公然侵犯中国领土主权、伤害海内外中国侨胞感情，是对历史事实和国际法理的严重践踏。

在此前后，印度尼西亚、泰国、蒙古、南非、西班牙、荷兰、比利

---

① 李景卫、霍文：《海外华侨华人强烈谴责日本侵犯中国领土主权》，《人民日报》2012 年 9 月 16 日；苑基荣等：《海外华侨华人强烈谴责日本侵犯中国领土主权》，《人民日报》2012 年 9 月 17 日。

时等国家华侨华人通过示威游行等多种形式的活动，表达对日本政府"购买"中国钓鱼岛及其附属岛屿这一非法举动的强烈抗议。

2. 抗议达赖分裂西藏活动

西藏是中国不可分割的一部分，而以达赖喇嘛为首的分裂势力长期以来在国际上进行分裂西藏的活动。对此，广大华侨华人进行了坚决的斗争。1987 年 9 月，达赖喇嘛访问美国印第安纳大学，继续鼓吹西藏独立。许多在印第安纳大学的中国留学生和访问学者反对达赖在那里进行分裂中国的统一、破坏民族团结的政治活动。在 9 月 25 日晚上达赖举行的演讲会上，中国留学生到会场散发了关于西藏历史和现状以及中国政府关于西藏和对达赖个人的政策的材料。印第安纳大学的正副校长都没有出席达赖的演讲会。[①]

2010 年 2 月，美国无视中方多次严正交涉，美国总统奥巴马在白宫地图室会见达赖喇嘛。在美国的华侨华人纷纷对此发表看法，认为这是美国领导人损害中美关系的不智之举。由 80 个华人社团联合组成的美国南加州华人社团联合会和全美多个社团发表致美国总统奥巴马的公开信，指出中国政府对于达赖的立场是非常明确的，涉藏问题是中国的国家核心利益。西藏是中国固有领土的现实为国际社会所公认，也是历届美国政府多次声明中所一再确认的。美国总统会见达赖，触及中美关系中最敏感的核心焦点，对中美两国关系发展将产生负面影响。旅美著名华人评论家方焰说，西藏是中国的一部分，领土主权的完整统一是中国的核心利益，在这个原则问题上没有丝毫妥协的余地。奥巴马政府应当以战略眼光，依据中美三个联合公报和《中美联合声明》，采取正确方法与途径，处理双方之间的分歧，不做损害中美友好合作的事情。[②] 美国

---

① 《达赖在美印第安纳大学鼓吹"西藏独立" 激起该校我留学生和访问学者坚决反对》，《人民日报》1987 年 9 月 28 日。

② 管克江：《在美华侨华人认为 奥巴马会见达赖是不智之举》，《人民日报》2010 年 2 月 20 日。

《侨报》19日发表的题为《见达赖，奥巴马出牌得不偿失》的社论表示，希望白宫认真考虑中方提出的交涉，关注涉台、涉藏等攸关中国核心利益的问题。该报还报道，美国华侨华人领袖在华盛顿、纽约、费城、洛杉矶等地集会，抗议奥巴马会见达赖"给美中两国关系的发展带来负面影响"。①

1989年10月，在一些反华势力的策划下，挪威诺贝尔委员会宣布把1989年诺贝尔和平奖授予达赖喇嘛，引起广大华侨华人的抗议。泰国《中华日报》发表社论指出，诺贝尔委员会授予达赖和平奖之举"难逃干涉中国内政，企图分裂中国领土的谴责"，必将受到所有中国人的强烈抗议和谴责。菲律宾华文报纸《商业新闻》发表评论说，挪威诺贝尔委员会在此时决定授予达赖喇嘛和平奖是企图鼓励他的独立幻想。从这点看，诺贝尔委员会蛮横地破坏了中国的统一，干涉了中国的内政。②旅居挪威的华人代表将100多名华人联名签署的一封抗议信递交给挪威诺贝尔和平奖委员会，强烈抗议该委员会将今年的诺贝尔和平奖给予达赖，并指出这样错误的决定"只会煽动骚乱、鼓励分裂中国"。③

2008年，"藏独"分裂势力在西藏拉萨制造暴力事件，并在境外阻挠、破坏北京奥运会的圣火传递，充分暴露了"藏独"分裂势力的卑劣行径，激起了海外华侨华人的极大义愤，纷纷通过发表声明、进行集会等方式，表达自己的心声。

美洲、欧洲华侨华人团体和个人纷纷谴责"藏独"势力策划西藏暴力事件。美国华盛顿中国和平统一促进会3月23日发表题为《"藏独"

---

① 马小宁、管克江：《在美华侨华人对奥巴马会见达赖表示强烈不满　美国舆论担心此举损害中美关系》，《人民日报》2010年2月21日。

② 《东南亚一些国家报纸发表评论　谴责授予达赖诺贝尔和平奖》，《人民日报》1989年10月8日。

③ 《百余名旅挪华人联名写信　抗议把诺贝尔和平奖给予达赖》，《人民日报》1989年10月22日。

势力谎言和野蛮不得人心》的声明说，这些活动事先经过精心策划。"藏独"势力逆潮流而动，理所当然会激起包括海外华侨华人在内的全球炎黄子孙和世界上所有爱好和平人士的极大愤慨。南美洲的哥斯达黎加华侨华人国际贸易促进会 21 日发表声明指出，达赖集团分裂祖国、破坏西藏地区安定团结的行径是注定不会得逞的，因为西藏是中国领土不可分割的一部分，这早已是国际社会的共识。[①] 德国华商联合总会和汉堡华侨华人联合会发表声明指出：纵观近几日欧洲舆论，部分媒体可谓无中生有，用伪造的所谓"证据"渲染夸大、造谣诬蔑，极力煽动民众抵制奥运，反华排华，以达到遏制中国的最终目的。这种行为同样令华侨华人以及所有正义人士感到愤慨。[②] 来自全法国的近 50 个华侨华人社团和中国留学生组织发表严正声明：少数"藏独"分子和反华势力打着"和平示威"的旗号，干扰奥运圣火在巴黎的传递，用暴力的方式企图扑灭象征奥林匹克精神的火炬，超越了法律允许的范围，玷污了奥林匹克理想，伤害了全世界爱好和平人民的感情，更极大地伤害了包括藏族同胞在内的全体中国人民和海外华侨华人的感情。[③]

此外，亚洲、非洲、大洋洲等地的华侨华人团体和个人也纷纷发表声明，强烈谴责拉萨暴力事件。韩国韩华中国和平统一促进联合总会、中国在韩同乡会联谊总会等 15 个华侨华人团体 20 日发表联合声明说，近日发生在拉萨的极少数人打砸抢烧事件是境外达赖集团有组织、有预谋、精心策划和指挥的暴力行动，达赖集团破坏西藏安定和谐的图谋不得人心，注定不会得逞。全非洲中国和平统一促进会发表的声明，希望国际社会能一如既往地支持理解中国政府维护主权和领土完整的立场主

①　《海外华侨华人强烈谴责拉萨暴力事件》，《人民日报》2008 年 3 月 27 日。

②　《德国华侨华人强烈谴责拉萨暴力事件》，《人民日报》2008 年 3 月 28 日。

③　《旅法侨学界发声明谴责"藏独"劣行支持北京奥运》，中国新闻网，2008-04-09。

张，不为达赖分裂言行提供方便和讲坛。①澳大利亚首都地区中国和平统一促进会副会长陈蔚东说，事实让大家清楚地认识到这起事件的本质根本不是什么"和平示威"，而完全是严重的暴力犯罪事件。这也向全世界表明"藏独"分子所谓的"非暴力"和"不谋求西藏独立"等言论都是谎言。②

广大华侨华人还较为普遍地开展了游行示威等大规模活动，自发聚集起来护卫北京奥运火炬传递，以实际行动回击"藏独"劣行。4月13日，近万名旅居澳大利亚的华侨华人在悉尼和墨尔本两大城市同时举行和平游行和集会，谴责"3·14"拉萨"打砸抢烧"暴力事件，抵制部分西方媒体歪曲报道。在加拿大渥太华的议会大厦前，5000多名华侨华人举行集会，抗议西藏暴力事件，反对分裂西藏，表达对中国政府和北京奥运会的支持。针对达赖前来访美，4月14日，500多名华侨华人高举五星红旗以及"反分裂、爱和平"的标语，在达赖举行演讲的华盛顿大学和平示威，要求达赖停止说谎，西方媒体停止歪曲报道。华人团体"合法移民协会"在网上发起签名运动，抗议美国有线电视新闻网（CNN）在直播节目中对华人使用侮辱性语言。③4月19日，"欧洲大陆万人游行集会活动"在巴黎、柏林、伦敦三地同时举行，逾万名华人发出响亮的呐喊声，抗议"藏独"暴行和部分西方媒体歪曲报道，表达对中国统一和北京举办奥运的支持，在海内外引起了强大的反响，收到了良好的效果。

3. 强烈抗议新疆"三股势力"制造暴恐事件

2009年7月5日，新疆乌鲁木齐市发生了"7·5"打砸抢烧严重暴

---

① 《全非洲中国和平统一促进会发表声明谴责西藏事件》，中国侨网，2008-04-01。

② 以上意大利、西班牙、葡萄牙、俄罗斯、罗马尼亚、韩国、蒙古、埃及、肯尼亚等国家华侨华人谴责"藏独"策划"3·14事件"均见《海外华侨华人强烈谴责拉萨暴力事件》，《人民日报》2008年3月27日。

③ 《华侨华人正义的声音 揭露拉萨暴力事件支持奥运》，《人民日报》2008年4月17日。

力犯罪事件。这一事件彻底暴露了新疆少数宗教极端势力、民族分裂势力和国际恐怖势力的反动本质，受到了国际国内各界的强烈谴责。海外华侨华人强烈谴责恐怖主义、分裂主义和极端主义"三股势力"策划的恐怖暴力事件。

全英华人中国统一促进会会长单声说，乌鲁木齐市"7·5"打砸抢烧严重暴力犯罪事件令人十分气愤，我们海外华人相信中国政府有能力迅速平息事态，任何人都干扰不了中国的社会稳定和民族团结。7月7日，德国华侨华人中国和平统一促进会发表声明指出，乌鲁木齐"7·5"事件是一起严重的暴力犯罪事件，是境内外"三股势力"精心策划和组织的。敌对势力的目的是破坏中国的民族团结和社会稳定，我们对此予以坚决反对和强烈谴责。纽约华人社团联席会主席朱立创，代表本会严正抨击"世维会"利用网络和手机等通信手段遥控、策划乌鲁木齐"7·5"事件，并到处散布谣言、破坏民族团结的可耻行径。加拿大全加华人联合会发表声明，强烈谴责乌鲁木齐"7·5"事件，支持中国政府捍卫法律尊严、恢复社会秩序、维护社会稳定的各项措施。美国华侨华人点出了策划乌鲁木齐"7·5"事件的根源。

克尤木·汗是移民到巴基斯坦的第二代维吾尔族华人，现任吉尔吉特华侨华人协会会长，从事冶金行业的生意。7月1日至12日，他在乌鲁木齐采购一批机械设备，正好目睹了"7·5"事件的全过程。克尤木·汗表示："我们衷心希望祖国民族团结、社会稳定，相信中国政府有能力处理好这一事件，采取措施挫败'东突'势力分裂祖国、破坏稳定的险恶图谋。我们也将竭尽所能，为祖国和家乡的繁荣发展作出自己应有的贡献。"① 柬埔寨中国和平统一促进会等4个华侨华人团体联合发表

---

① 人民日报驻伊斯兰堡记者孟祥麟：《生活在巴基斯坦的维族华人克尤木·汗——"我看到了更多感人瞬间"》，《人民日报》2009年7月14日。

声明，严厉谴责乌鲁木齐市打砸抢烧严重暴力犯罪事件，坚决支持中国政府依法采取果断措施，维护社会安定和国家统一。澳大利亚首都地区中国和平统一促进会7日发表声明说，乌市"7·5"打砸抢烧严重暴力犯罪事件破坏了新疆民族团结及安定祥和的局面，是对基本人权的严重侵犯。同日，新西兰惠灵顿中国和平统一促进会发表声明指出，分裂和动乱只会给国家和人民带来灾难，倒行逆施的"疆独"分子必将成为历史的罪人。①

海外华侨华人揭露了新疆乌鲁木齐"7·5"暴恐事件的本质，表明了支持中国政府果断处置暴恐事件的鲜明态度，显示了华侨华人维护祖国团结稳定、反对"三股势力"的正义性。

2013年6月25日，新疆鄯善连续发生少数犯罪分子策划实施的暴力恐怖袭击案件，给新疆各族群众生命财产安全造成严重损失。6月30日恐怖袭击案告破。连日来，海外华侨华人纷纷谴责新疆恐怖分子制造犯罪事件，对我公安干警告破案件表示支持，深信中国政府完全有能力维护国家的稳定与安全。

巴基斯坦伊斯兰堡华侨华人协会副会长兼秘书长喇杰廉表示，新疆鄯善发生的暴力恐怖犯罪事件令人愤慨，袭击者惨无人道的暴行严重影响了人民的正常生活，相信中国政府一定会妥善处理好这一事件，粉碎恐怖分子的阴谋，保障新疆安全稳定的局面。北美新疆之友联谊会会长王晓辉说，新疆发生严重暴力恐怖犯罪事件，再次表明"三股势力"对于新疆和整个中国的严重危害。中国政府对这一事件的处理及时、有力，

---

① 《国际社会和海外华侨华人严厉谴责"7·5"打砸抢烧严重暴力犯罪事件》，《人民日报》2009年7月9日；《海外华侨华人强烈谴责乌鲁木齐"7·5"事件》，《人民日报》2009年7月10日。"世维会"，全称为"世界维吾尔代表大会"。2004年4月16日至19日于德国慕尼黑市召开之维吾尔族相关团体代表大会，宣布"世维会"成立。其由东土耳其斯坦民族大会与世界维吾尔青年代表大会共同召集各相关之东土耳其斯坦组织而筹建的统一领导机构，被中国公安部确定为恐怖组织。

显示出中国政府对生命的呵护。巴西利亚华人协会副会长齐仕忠表示，在国际社会大环境要求反对恐怖主义、人民生活都比较安定之际，恐怖分子的行为扰乱了社会治安，令人感到非常愤怒。我们相信中国政府有能力和决心打击"三股势力"。旅德东北人协会主席任宏滨表示，世界各国都有明确法律规定如何处置恐怖主义，中国政府有能力和决心，坚决打击暴力恐怖犯罪活动。英国广东华侨华人联合总会常务副会长薛方亮说，近年来中国政府对新疆等少数民族地区不断加大投入和政策扶持，当地民众生活水平也一直在提高。维护国家及本地区的稳定与和谐发展环境，才能最终实现中国梦。① 南非华人警民合作中心主任吴少康表示，像新疆鄯善这种手段残忍的严重暴力恐怖犯罪事件对社会危害极大，恐怖分子漠视他人生命，必须坚决打击，绝不能手软。②

四、积极响应中国领导人两岸关系讲话

在邓小平提出"和平统一、一国两制"思想后，中国政府领导人多次发表重要讲话，精辟地概括了邓小平关于"和平统一、一国两制"思想的精髓，针对不同阶段的海峡两岸形势，提出了发展两岸关系、推进祖国和平统一进程的主张。这些主张都极大地促进了海峡两岸关系的发展，引起国际社会的高度重视和赞誉，也受到海外同胞的热烈欢迎。

（一）响应江泽民和平统一祖国八项主张

为了巩固十几年来两岸关系发展的成果，阻止外国势力插手台湾问

---

① 人民日报记者黄文帝等：《国际社会谴责新疆暴力恐怖事件　华侨华人表示强烈愤慨》，《人民日报》2013 年 6 月 30 日；人民日报记者张亮等：《海外华侨华人和国际社会　强烈谴责新疆暴力恐怖袭击》，《人民日报》2013 年 7 月 1 日。

② 黄文帝等：《国际社会谴责新疆暴力恐怖袭击　支持中国政府采取果断措施》，《人民日报》2013 年 7 月 2 日。

题，遏制"台独"和分裂势力，推动祖国和平统一进程，中共中央总书记、国家主席江泽民于 1995 年 1 月 30 日发表了《为促进祖国统一大业的完成而继续奋斗》的重要讲话，阐述了邓小平关于"和平统一、一国两制"的基本思想，就发展两岸关系、推动统一大业，提出八项看法和主张（以下简称"江八点"）。八项主张要点如下：（1）坚持一个中国的原则，是实现和平统一的基础和前提，坚决反对一切形式的"台独"和分裂行径。（2）对于台湾同外国发展民间性经济、文化关系不持异议。（3）进行海峡两岸和平统一谈判，谈判可以吸收两岸各党派、团体有代表性的人士参加，在一个中国的前提下，什么问题都可以谈；"作为第一步，双方可先就'在一个中国的原则下，正式结束两岸敌对状态'进行谈判，并达成协议"。（4）努力实现和平统一，中国人不打中国人。（5）大力发展经济交流与合作，加速实现直接通邮、通航、通商；在互惠互利的基础上，商谈签订保护台商投资权益的民间性协议。（6）共同继承和发扬中华文化的优秀传统。（7）充分尊重台湾同胞的生活方式和当家做主的愿望，保护台湾同胞的一切正当权益。（8）欢迎台湾当局的领导人以适当身份前来访问，也愿意接受台湾方面的邀请前往台湾。[①]江泽民的讲话，展现了中国共产党和中国政府发展两岸关系、促进祖国统一的决心和诚意，是继"邓六条"之后又一份对台政策的纲领性文件，意义重大，影响深远。

海外同胞热烈响应江泽民的讲话，纷纷予以高度评价和重视，认为江泽民的讲话，是中国最高领导人对解决台湾问题的又一次具体建议。讲话既重申了维护国家主权和领土完整，即"一个中国"的原则，也提出了"发展现阶段两岸关系的具体建议"，"如能实现当是中国人民之

---

① 江泽民：《为促进祖国统一大业的完成而继续奋斗》，《人民日报》1995 年 1 月 31 日。

福"。^①同时，海外的一些华文报刊和侨界人士也一致认为，八项主张在坚持"一个中国"的前提下，提出了许多颇有新意的建议和主张。例如，美国《世界日报》社论认为，江泽民八点讲话中值得注意的新意有两点：一是承认中华民族儿女共同创造的五千年的灿烂文化，是维系全体中国人的精神纽带，也是实现和平统一的重要基础；二是确认面向21世纪世界经济的形势，要大力发展两岸经济、文化的交流与合作，以利于两岸经济共同繁荣，造福整个中华民族。美国天主教大学社会学系教授李哲夫表示：在两岸谈判上，江泽民的讲话较以往有新意，也更具体化，讲明在谈判过程中可以吸引两岸各党派、团体有代表的人士参加，在一个中国的前提下，什么问题都可以谈。在结束两岸敌对状态，达成协议，共同承担维护中国主权和领土完整的义务，给台湾一个角色扮演，这一点以前没有提过。^②

海外同胞在关注和评论江泽民讲话的同时，还普遍希望台湾当局能从国家和民族的根本利益出发，抛弃分裂中国的做法，拿出具体的切实有效的措施，以回应江泽民的八项主张。法国《欧洲时报》发表文章，希望台湾当局、各党派和各团体的热心人士作出回应，付诸行动，首先实现第一步，即摒弃两岸敌对意识，结束两岸敌对状态，为统一大业作出应有的贡献。菲律宾《世界日报》在题为《台湾当局应迈出一步》的评论中说，台湾当局对两岸和平统一的步骤实在有重新检讨的必要，所谓"国统纲领"更应进行检讨，不要落在形势后面，成为国家统一的绊脚石。在美国纽约中国和平统一促进会举行的大型座谈会上，与会者均希望台湾当局对此会有积极的回应，两岸领导人能借此契机坐下来会谈。美国经贸促进会会长贝聿凯认为，江泽民的八项主张是历史性的重大事

---

① 　《人民日报》（海外版）1995年2月3日。

② 　［美］《侨报》1995年2月6日。

情，希望台湾方面有进一步好的表现。①

江泽民的八项主张在海外同胞中的影响是积极而深远的，多年来华侨华人都举办江泽民发表八项主张讲话的周年纪念活动。1996年1月，美东地区50多个侨团、同乡会以及纽约、华盛顿、费城等地的中国和平统一促进会，召开纪念江泽民的八项主张发表一周年座谈会。2003年1月，在泰国中国和平统一促进会主办的纪念江泽民八项主张发表八周年的座谈会上，泰国丁氏宗亲会理事长丁文志表示：江泽民主席提出的关于实现和平统一的八点主张是邓小平"一个国家、两种制度"伟大构想的延续，也是包括海内外华人华侨在内的广大炎黄子孙的强烈呼声。②2005年，巴西华人协会在圣保罗召开座谈会纪念八项主张发表十周年。华协黄海澄会长表示，十年前江泽民作为中国最高领导人提出的"江八点"，具有史无前例的包容性、妥协性、客观性和历史性，实际上已经达到了只要台湾愿意接受一个中国的原则，两岸就可以无所不谈的地步，只有坚持"台独"和希望中国分裂的人才会拒绝它。圣保罗的华人华侨将和全世界的炎黄子孙一起，在"江八点"的指导下，为促进祖国的强盛和统一尽到自己的责任。③在芝加哥侨界举行的座谈会上，华联会副主席蔡扶时认为，"江八点"发表十年以来，两岸经贸、文化及人员往来逐年增加，求和平、求安定、求发展成为台湾的主流民意，国际社会共同反对"台独"的呼声也越来越强烈，所有这些，都表明了"江八点"的深远意义。④

① 《纽约中国和平统一促进会举办座谈会　江泽民讲话有重要意义　希望台湾当局积极回应》，《人民日报》1995年2月13日。

② 《泰国华人纪念"江八点"八周年　吁台当局放弃"台独"》，中国新闻网，2003年1月21日。

③ 《纪念江八点发表十周年圣保罗华人华侨隆重举行座谈会》，[巴西]《南美侨报》2005年2月1日。

④ 《芝加哥侨界举行座谈会纪念"江八点"发表十周年》，中国新闻网，2005-01-31。

（二）积极评价胡锦涛两岸关系的讲话

在对两岸关系发展与对台工作经验的深刻总结的基础上，2005 年 3 月 4 日，中共中央总书记、国家主席胡锦涛就新形势下发展两岸关系发表讲话，提出了四点意见（以下简称"胡四点"）。四点意见的要点如下：（1）坚持一个中国原则决不动摇。"1949 年以来，尽管两岸尚未统一，但大陆和台湾同属一个中国的事实从未改变。这就是两岸关系的现状。"（2）争取和平统一的努力决不放弃。"和平统一，不是一方吃掉另一方，而是平等协商、共议统一。"（3）贯彻寄希望于台湾人民的方针决不改变。对于台湾同胞，要千方百计照顾和维护他们的正当权益，包机节日化和常态化、开放台湾农产品到大陆销售等都是为台湾民众利益着想的问题。（4）反对"台独"分裂活动决不妥协。任何涉及中国主权和领土完整的问题，必须由全中国 13 亿人民共同决定。[①] 这四点意见，体现了中央对台方针政策的一贯性和连续性，丰富了中央关于对台工作指导原则的内涵，包含着许多新思想、新主张、新论述，充分展现了中国政府的诚意和善意，尤其是充分表达了大陆对台湾同胞的尊重、关心和信赖。

胡锦涛的讲话发表以后，立即引起了热烈的反响，受到海外华社舆论的广泛关注和高度评价。泰国社会主要华文媒体《世界日报》《亚洲日报》《中华日报》《新中原报》《星暹日报》等均在头版显要位置大幅刊登胡锦涛的讲话。《新西兰镜报》发表评论，认为胡锦涛主席的讲话深刻反映了民心民意，体现了中国政府解决台湾问题的最大诚意，势必得到台湾岛内民众的认同。法国《欧洲时报》发表评论员文章，认为胡锦涛的四点意见定下了两岸关系的新基调，为和平统一开辟了新契机。文章

---

① 《包括台湾同胞在内的全体中华儿女团结起来 共同为推进祖国和平统一大业而努力奋斗》，《人民日报》2005 年 3 月 5 日。

指出，胡锦涛主席的讲话语气和措辞的弹性与宽厚，其"底线"之上的空间拓展，其释放善意所针对人群之广度，堪称前所未有。美国《侨报》刊登"即时解读"的文章分析说：两岸进入新对话时代，胡锦涛主席四点意见将会成为未来一个时期祖国大陆对台事务新指针。《星岛日报》发表社论说，胡锦涛主席四点意见，既不容"台独"以渐进式前进，同时又拓宽了对话的空间，展现了"唯其义尽，所以仁至"的诚意和胸襟。

　　海外华侨华人对胡锦涛四点意见的讲话，普遍表示了支持，并进行了高度评价和全面解读，尤其充分肯定了其中包含的善意、诚意和创意，期待两岸关系新的发展。胡锦涛发表四点意见讲话当晚，澳大利亚悉尼中国和平统一促进会组织了观看，代表们一致认为这是当前中国对台政策的重要宣示，内容具体，充满善意，表示坚决地拥护。① 全德华人社团联合会主席李其昌表示，胡锦涛的讲话既最大限度地体现了祖国大陆对待台湾同胞的诚意和善意，也坚定不移地重申了中国人民维护国家统一的决心和信心，堪称"灵活性和原则性"相结合的典范。② 全英华人中国统一促进会首席副会长于兴国呼吁台湾当局以实际行动回应祖国大陆的诚意，共同开创两岸繁荣发展、和平统一的未来。③ 马来西亚—中国友好协会秘书长陈凯希说，胡锦涛的讲话显示了中国反对"台独"、坚持一个中国原则决不动摇的决心，也表达了中国人民争取两岸和平统一的愿望和决心。同时在具体步骤上，中国政府又显示了灵活性，以争取更多的台湾各界人士，这是非常明智之举。④ 加拿大中国和平统一促进会联盟主席詹文义指出，这四点意见有承先，又有启后，也体现了中国政府在

---

　　① 《澳大利亚悉尼中国"和统会"拥护"胡四点"》，[澳]《澳洲日报》2005年3月8日。

　　② 《海外华侨华人发表言论　高度评价胡锦涛四点意见》，《人民日报》2005年3月7日。

　　③ 《"胡四点"讲话海外华人反响强烈　着眼大局意味深长　侨界纷纷支持拥护》，[美]《侨报》2005年3月6日。

　　④ 《海外华侨华人发表言论　高度评价胡锦涛四点意见》，《人民日报》2005年3月8日。

台湾问题上的战略原则绝不动摇的决心，及战术策略上可以因时因地而制宜的灵活性。① 智利中国和平统一促进会会长彭奋斗表示：四点意见高瞻远瞩，灵活切实，关系两岸人民的切身利益，必将积极推进两岸关系的发展，对中国的和平统一具有伟大的历史意义。②

2008 年 12 月 31 日，胡锦涛在纪念《告台湾同胞书》发表 30 周年座谈会上发表讲话，在中央对台工作大政方针的基础上，全面阐述了两岸实现和平发展的思想，提出了推动两岸实行和平发展的六点意见。胡锦涛的讲话再次受到海外华侨华人和华文媒体的关注。

全英华人中国统一促进会会长单声说，胡锦涛的重要讲话不仅是对过去 30 年对台工作最重要的总结，更是对未来对台工作的擘划。胡锦涛提出确保两岸关系和平发展、达成和平协议，以及弘扬中华文化都是很新的内容。葡萄牙中华总商会副会长、台胞简文达表示，胡锦涛的讲话比以往更实际，更具有实质性内容，更符合台湾同胞的利益，更容易让台湾同胞接受，体现了两岸人民的共同利益。

美国南加州中国和平统一促进会联盟执行会长刘青说，胡锦涛的讲话在强调恪守一个中国原则的同时，首次正面提及民进党、台湾意识以及台湾参与国际组织活动等敏感议题，表明大陆方面在发展两岸关系的态度上将更加灵活。新加坡《联合早报》发表题为《台海两岸的善意和务实》的社论认为，胡锦涛讲话中的一些关键表述很有新意，令人耳目一新。其中呼吁两岸结束敌对状态，签订和平协议，构建和平发展的新框架，就是希望两岸关系能够经得起时间的考验。洛杉矶出版的《中华商报》发表社论，认为胡锦涛就推动两岸关系和平发展提出的六点意见充分展示了大陆方面的善意，实为大陆对台政策的中长期纲领性文献。

① 《海外华侨华人、学子纷纷发表讲话和举行座谈会　盛赞胡锦涛四点意见和制定〈反分裂国家法〉》，《人民日报》2005 年 3 月 11 日。

② 《海外华侨华人发表言论　高度评价胡锦涛四点意见》，《人民日报》2005 年 3 月 7 日。

社论说，六点意见"释出大量实质善意"，两岸军事安全互信机制一旦建立，骨肉同胞兵戎相见的悲惨景象将不复重现。①

2009 年 1 月初，美国华盛顿大华府地区侨界、学界代表 30 多人召开座谈会，座谈讨论胡锦涛在纪念《告台湾同胞书》发表 30 周年座谈会上的讲话，认为讲话中肯、实际，充满了善意、诚意和包容性，顺应了历史发展趋势，符合包括台湾同胞在内的所有中华儿女的根本利益，是实现祖国统一大业、实现中华民族伟大复兴的一份纲领性文件。加拿大首都渥太华侨界代表 1 月 8 日在中华会馆举行座谈会，中华会馆、加拿大华人促进中国统一联盟、渥太华华人促进和平统一联合会等 20 多个华人社团代表出席。与会者纷纷表示，华人社团将继续坚持一个中国的原则不动摇，加强文化和精神上的联系，加强交流和团结，为祖国和平统一多做实际工作。2009 年 1 月 9 日，旅俄华侨华人社团在莫斯科举行座谈会，座谈讨论中国国家主席胡锦涛在纪念《告台湾同胞书》发表 30 周年座谈会上的讲话。俄罗斯中国和平统一促进会等多个华侨华人团体代表 50 人出席座谈会。与会者表示，实现祖国完全统一是包括旅俄华侨华人在内的海内外中华儿女的共同心愿，是中华民族的根本利益所在。与会者一致通过发表题为《关于拥护胡总书记重要讲话、促进两岸关系和平发展》的联合声明。

（三）响应其他有关领导人中国统一的主张

海外华侨华人除了积极响应江泽民和胡锦涛对于两岸关系的政策主张外，还关注中国政府其他领导人和有关部门提出的两岸关系政策主张，

---

① 有关侨界对胡锦涛关于两岸关系六点意见的讲话响应见新华社记者《推动两岸关系和平发展 有助亚太地区和平稳定——国内各界人士、海外华人华侨和国际社会高度评价胡锦涛对台重要讲话》，《人民日报》2009 年 1 月 4 日第 1 版；人民日报记者马小宁、于宏建、张光政、席来旺、吴云、李文政：《海外华侨华人畅谈学习胡锦涛对台重要讲话体会，殷切期盼——开创两岸关系和平发展新局面》，《人民日报》2009 年 1 月 12 日第 3 版。

并予以了积极的回应。

2001 年 1 月 22 日，中国政府国务院副总理钱其琛发表讲话，表示要加强两岸经贸合作机制，"当前要把两岸'三通'看作为一个国家内部的事务，即可用民间对民间、行业对行业、公司对公司协商的办法，尽快通起来"。2002 年 7 月 5 日，钱其琛进一步指出："只要把两岸'三通'看作是一个国家的内部事务，尽早可以实施，可以不涉及一个中国的政治含义"，"只要台湾有关民间行业组织得到委托，两岸'三通'协商就可以进行"。对此，华侨华人表示赞同。华夏政略研究会会长王中平表示，双方避开"一中"的字眼，按"国内事务"三通，双方都坚持了立场，也不失面子，确实是一个高招，起码是更为务实的立场。南加州中国和平统一促进会联盟筹委会联络人邓澍宏认为，钱其琛的谈话是两岸在三通问题上的一个进步，也表现出大陆的诚意。先不谈"一中"，由民间先谈三通，以国内事务处理，给三通很大空间，其实这与"一中"原则也不抵触。①

2004 年 5 月 17 日，中共中央台湾工作办公室、国务院台湾事务办公室受权就当前两岸关系问题发表声明（以下简称"5·17 声明"）。这是 2004 年 3 月台湾地区领导人选举结束后，大陆方面首次就两岸关系作正式的、系统的政策宣示，对当前两岸关系形势表明了基本的看法，揭露"台独"的危害和明确反"台独"的立场，提出无论什么人在台湾当权，只要承认一个中国、停止"台独"活动，两岸关系即可展现和平稳定发展的前景。华侨华人对此积极响应，纷纷发表讲话、声明、文告等表示支持。拥有 3 万多会员的澳大利亚华人团体协会表示，"我们更明确地了解到中国大陆政府和人民的正确立场和良苦用心：为了国家和全民族的利益，中国政府是坚持一个中国原则的立场决不妥协，争取和平谈

---

① 《美南加州侨界欢迎钱其琛三通新提议》，[美]《世界日报》2002 年 7 月 7 日。

判的努力决不放弃，与台湾同胞共谋两岸和平发展的诚意决不改变，坚决捍卫国家主权和领土完整的意志决不动摇，对‘台独’决不容忍。”①日本华侨华人举办座谈会，与会者纷纷发言支持“5·17声明”。旅日台胞、留日台湾省民会会长蔡庆播认为，陈水扁上台后推行的一系列“台独”主张，造成了台湾的族群对立，成为引起社会秩序混乱的根源。相反，中国大陆在解决台湾问题上却表现了更大的灵活性和务实态度。他希望台湾当局能从台湾人民的福祉出发，从两岸关系的稳定出发，拿出诚意，回到正确的轨道上来。②美国北加州中国和平统一促进会召开记者会表示，鉴于台湾大选之后两岸形势险峻，关系雪上加霜，和统会希望台湾执政当局，不分蓝绿，重视北京“5·17声明”中“五绝不”“七主张”的框架，并以此架构亚太和平的未来平台。③

总之，华侨华人一直关注台海两岸的发展形势，一直关注中国政府对统一事业所作出的努力，并积极响应中国政府领导人和有关部门提出的两岸关系政策主张。这不仅说明中国政府这些政策主张体现了华侨华人的心声，也充分反映了华侨华人对中国统一的信念和决心。

五、拥护中国政府颁布《反分裂国家法》

面对台湾问题的总体形势，针对“台独”势力分裂活动的加剧，为了维护中国主权和领土完整，实现中国的完全统一，中国政府作出了制定《反分裂国家法》的战略决策，并于2005年3月14日在中国第十届全国人民代表大会第三次会议一致通过了《反分裂国家法》。这对推动海峡两岸关系的发展、促进中国和平统一、反对和遏制“台独”势力将

---

① 《澳华人团体协会支持北京“517”声明》，［美］《星岛日报》（澳洲版）2004年5月19日。

② 《旅日侨胞举行拥护国台办两岸关系问题声明座谈会》，中国新闻网，2004-05-20。

③ 《北加州“和统会”吁国共尽速第三次合作》，［美］《世界日报》2004年5月19日。

发挥积极的决定性的作用，有利于维护台湾海峡的和平与稳定，捍卫国家主权和领土完整。海外华侨华人自始至终参加了《反分裂国家法》酝酿、启动、颁行等整个过程。

（一）呼吁中国政府立法遏制"台独"

广大华侨华人对于祖（籍）国统一极为关心，对台湾岛内"台独"势力的猖獗忧心忡忡，长期以来积极地为祖（籍）国的统一大业献计献策，其中就有关于中国立法反对"台独"倡议。第一个直接向温家宝总理建言"以法制独"的英国侨领单声曾说：对台制定法律的想法由来已久，"中国未统一的现状持续了五十年，而且形势不容乐观，如何消灭'台独'一直是我在考虑的问题。""后来我想应该还有更好的解决方案，于是我想到了可以无限扩张法权，因为台湾是中国领土不可分割的一部分，全世界绝大多数国家都承认中华人民共和国是中国唯一合法政府，拥有对台湾绝对的主权，在有绝对主权的地方就有法权。所谓法权就是国家制定的法律，不论是宪法、反分裂国家法、对台关系法等，对台湾都有效，台湾必须遵守。出于这种考虑，我就有了制定统一法的想法。"[1]

单声以法遏制"台独"的建议，在广大海外侨胞中有着共识。对于单声的建议，"全英中国和平统一促进会展开了一系列的座谈、讨论和辩驳，最后大家一致同意，共有一百多个社团的代表签了字。在访问中国期间，中国侨联的六十多位顾问对我们提出对台制定法律的想法也表示了赞同。"[2] 2004 年 5 月 9 日，温家宝总理在访问英国时与当地华侨华人、旅英人士座谈，76 岁高龄的全英华人华侨中国统一促进会会长单声当面向温总理提出："在目前'台独'势力猖獗的情况下，我们建议国家

---

① 《聚焦反分裂国家法：面见温总理　推法遏"台独"》，中国新闻网，2005-03-04。

② 《聚焦反分裂国家法：面见温总理　推法遏"台独"》，中国新闻网，2005-03-04。

制定'统一法'，一定要尽快制定，而且刻不容缓。"温家宝回答说："你关于祖国统一的意见非常重要，非常重要，我们会认真考虑。"几天之后的 5 月 12 日，国台办新闻发言人李维一在新闻发布会上指出，有关促进祖国统一的建议，包括以法律手段促进祖国统一的建议，我们都会认真地考虑，并予以采纳。① 这是中国政府第一次正式地明确回应海外华侨华人关于中国立法反对"台独"的建议，在海内外同胞中引起了强烈反响，让华侨华人备受鼓舞。

此后，广大华侨华人还通过各种方式，进一步推动中国政府立法反对"台独"。2004 年 5 月 17 日，美国大芝加哥地区中国和平统一促进会发表促请中国政府早日制定"国家统一法"的公告。公告表示：大芝加哥地区和统会与世界各地和统会同步，响应"全英和统会"在伦敦向中国总理温家宝提出制定"统一法"的建议和呼吁，促请中国政府早日制定"国家统一法"，采取法律手段，促进国家统一。公告认为，制定"统一法"将从法律层面明确两岸统一的大方向，确定两岸统一的进程，设定两岸统一的具体任务与目标制定。"统一法"的重要意义还在于向台湾当局和民众传达明确的统一信息，向世界各国表明大陆对统一的认真态度，让国际方面进一步了解、理解和认同中国统一的合法性和必然性，争取更多的国际支持和帮助。② 美洲中华青年促进中国和平统一联合会发出倡议书，呼吁中国政府制定"统一法"，将统一中国的决心落实到法律当中。面对"台独"势力提出的 2006 年公投制宪行径，为了有效遏止"台独"，制定"统一法"已刻不容缓。从法源上确定解决统一的问题，对国际社会宣示主权予以法制化，对全球华人反"独"促统事业将会给予极大的鼓舞和动力。③ 在北加州中国和平统一促进会召开的记者会上，

① 《聚焦反分裂国家法：面见温总理 推法遏"台独"》，中国新闻网，2005-03-04。

② 《芝加哥和统会发公告，促请中国制定"统一法"》，中国新闻网，2004-05-19。

③ 《美洲"和统会"呼吁中国政府制定"统一法"》，［美］《国际日报》2004 年 5 月 17 日。

和统会名誉会长方李邦琴也呼吁支持制定"国家统一法"，使两岸和平统一在时间上、理论上以及实践上有所依据。①

（二）关注并参与《反分裂国家法》进入立法程序

在海外侨胞的倡议下，同时也充分考虑近几年来全国人大代表、全国政协委员、社会各界人士关于对台立法的意见和建议，中国政府组织起草了《反分裂国家法》。2004 年 12 月 17 日，十届全国人大常委会第 26 次委员长会议决定提请十届全国人大常委会第 13 次会议审议该法律草案。12 月 25 日至 29 日，全国人大常委会会议认真审议了该法律草案，出席会议的 163 位常委表决全票通过了《反分裂国家法（草案）》的议案，并决定提请 2005 年 3 月召开的第十届全国人民代表大会第三次会议审议。这从而启动了《反分裂国家法》的立法程序。

中国政府要制定《反分裂国家法》的消息传出后，得到广大华侨华人热烈响应和支持。美国的《世界日报》发表文章说：《反分裂国家法》将不仅是一部国内法，更是北京面向国际社会明示将依法追诉分裂国家的行为。"或谓反分裂国家法草案原名统一法，经征询各方包括台商意见后改名。这也具体反映了北京当前防独重于促统的思维，只要台湾不独，北京显然无意动武。"② 第一个向中国政府建议制定"统一法"的单声也表示支持制定《反分裂国家法》，并认为：《反分裂国家法》"不受外来干涉，因为它是国内法，不允许台湾脱离中国的怀抱，排除一切外来阻挠，比统一法更适合现在的两岸关系，所以说反分裂法是更高智慧的法律"。"这项法律不仅现在能够遏制'台独'，而且在统一期间、统一以后都能发生作用，它将一劳永逸地遏止'台独'，是一帖最好的良药！"③ 纽约中国和平统一促进会会长花俊雄表示，《反分裂国家法》的提出，是

① 《北加州"和统会"吁国共尽速第三次合作》，［美］《世界日报》2004 年 5 月 19 日。

② 《〈反分裂国家法〉将牵动美中台三边互动定位》，［美］《世界日报》2004 年 12 月 20 日。

③ 《聚焦反分裂国家法：面见温总理　推法遏"台独"》，中国新闻网，2005-03-04。

经过了深思熟虑，也是很明智的一部法律，必然会获得世界绝大多数国家的赞同。他表示，目前世界上 160 多个国家都承认台湾是中国领土不可分割的一部分，如果在这种情况下再提"统一法"就不适当，因为所谓"统一法"是暗示"将分裂出去的领土统一回来"，而台湾本来就是中国领土的一部分，所以"反分裂法"更为适当。纽约大学终身教授熊玠也认为："反分裂法"较之"统一法"更易被台湾民众接受。此外，"统一法"只能用于台湾，而"反分裂法"则可以用于西藏、新疆等地的各种分裂活动。针对一些人声称"反分裂法"和"统一法"一样都是在改变现状，熊玠表示，"反分裂法"绝对不是改变现状，而恰恰相反，是反改变现状，反对将台湾从中国分裂出去。①

海外同胞通过各种方式支持和声援《反分裂国家法》立法程序的启动。全美中国和平统一促进会联合发表声明，认为：《反分裂国家法》的立法和执法，实际上是为台海两岸防大乱于未然，勘大乱于危急。我们最大的愿望是，争取两岸和平统一。我们坚定的立场是，支持祖国为《反分裂国家法》的立法和执法。②澳大利亚 58 家华人社团联合发表声明，坚决支援中国人大常委会启动《反分裂国家法》立法程式。声明指出：在"台独"势力肆意升级分裂活动的情况下，中国人大启动《反分裂国家法》立法程式，正当其时，得民心，顺民意，受到海内外全体华人华侨的热烈欢迎。《反分裂国家法》的制定意义深远，它是维护祖国统一、反对祖国分裂的根本保障，使反分裂、反"台独"有法可循，有法可依，具有极为深远的历史意义和现实意义。声明还呼吁海内外热爱祖国、热爱和平的各界人士联合起来，为《反分裂国家法》的制定献计献策，支

---

① 《拥护中国制订反分裂法　侨界认为必将有力遏制台独分裂势力》，[美]《侨报》2004 年 12 月 27 日。

② 《全美中国和平统一促进会联合发表声明　支持中国制定反分裂国家法遏制"台独"》，[美]《侨报》2005 年 1 月 2 日。

援《反分裂国家法》早日制定实施。^① 2005 年 2 月，美国东部华人社团联合总会举行座谈会，支持中国制定《反分裂国家法》。近百名代表发言表示，反分裂法将对分裂中国的势力起到有效遏阻作用，也反映出中国政府和人民反"台独"的决心和意志。^②美国大华府中国和平统一促进会负责人针对中国十届全国人大即将审议《反分裂国家法》发表谈话，表示支持；并致信所有的参众议员，阐释中国的《反分裂国家法》。信件中明确阐明"台独"势力的猖獗是对亚太和平的挑衅，是不符合美国的根本利益的。美国需要的是和中国发展良好关系，不需要无益地卷入一场由"台独"势力挑起的台海战事中去。^③某些美国联邦众议员对中国制定《反分裂国家法》说三道四，美国林则徐基金会主席黄克锵对此予以谴责，指出中国制定《反分裂国家法》，是进一步完善中国的法律体系，为中国维护国家主权和领土完整提供法律依据和保障，完全是中国内政，他人无权干涉。^④

在海外的台湾侨胞也表示拥护中国制定《反分裂国家法》。曾在台湾大学法律系任教的成功教授认为，中共在这个时候制定这一法律非常具有智慧，"台独"也希望把台湾独立变成法律，而中共却先下手为强，且《反分裂国家法》的伸缩性很大，对于"台独"的界定，我的底线是什么，都有法源依据，不仅将了台湾一军，也将了美国一军。亲民党纽约第一支部的蒋中国也认为此举十分高明，由于《反分裂国家法》是属于中国的"国内法"，有了这一法律，中共以国内安全为理由镇压各类

---

① 《澳大利亚 58 家华人社团联合发表声明　坚决支援中国人大启动〈反分裂法〉立法程式》，[澳]《澳洲新报》2004 年 12 月 22 日。

② 《美东华人：反分裂法能有效遏阻分裂中国的势力》，中国新闻网，2005-02-25。

③ 《美大华府和统会向参众议员去信阐释中国反分裂法》，中国新闻网，2004-12-27。

④ 《纽约华人反击美议员干涉我制订〈反分裂国家法〉》，中国新闻网，2005-02-12。

分裂势力的话，美国和其他国家也无法找到进行干涉的理由。①

有些华侨华人还亲身参加了《反分裂国家法》的立法程序，为《反分裂国家法》的制定作出了贡献。提出"以法制独"的英国侨领单声就受中国政府邀请，专程到北京参与讨论有关《反分裂国家法》问题，并代表全球华侨向中央提交了一份报告，再次阐述"以法制独"的迫切性和必要性，就有关法律草案的内容向中央提出一些建议。他建议，有主权的地方就可以行使法权，让法理先登陆台湾，在《反分裂国家法》中加入"和平统一、一国两制"内容，并将其法规法制化，制定"一国两制"为和平解决两岸问题的唯一方案，让"台独"分子早日明白"台独"就是挑战法律，是条死胡同。单声还建议：在《反分裂国家法》中可提出用"缺席审判"的方法对顽固不悔、一意孤行的"台独"分子进行制裁，如以"分裂国家罪"论处。② 2005 年 3 月 3 日，全国政协十届三次会议开幕，来自世界五大洲的 16 个国家的 28 位海外侨胞列席会议，对即将在全国人大进行表决的《反分裂国家法》反映广大华侨华人的心声。大洋洲中国和平统一促进会副会长吴昌茂说："这次全国人大审议《反分裂国家法（草案）》，我们这些海外华侨荣幸受邀列席政协会议，见证重要历史时刻，感觉很激动。长期以来，海外华侨华人热切盼望中国和平统一，成立了许多和平统一促进组织，做了很多工作，此次中国政府立法反分裂，我们很欣慰，很拥护。"侨胞们强调，有很多国家都通过法律手段来反对分裂国家，维护国家主权和领土的完整，因此《反分裂国家法》的制定是符合国际惯例的，台湾同胞应当予以理解和接受。③

---

① 《拥护中国制订反分裂法　侨界认为必将有力遏制"台独"分裂势力》，[美]《侨报》2004年12月27日。

② 《侨领建议："缺席审判""台独"分子》，香港《文汇报》2005年1月1日。

③ 《反分裂国家法：草案作说明　政协列席侨胞表欢迎》，中国新闻网，2005-03-08。

（三）拥护《反分裂国家法》的颁行

2005年3月14日，第十届全国人民代表大会第三次会议，在没有反对票的情况下，以空前的高票获得通过《反分裂国家法》。这说明本法的制定，充分反映、完全符合并忠实于包括海外华侨华人在内的全体中国同胞的意愿，具有广泛、深厚的民意基础。广大华侨华人热烈拥护《反分裂国家法》的颁行，在较短时间内就开展了大量的形式多样的拥护活动，如致贺电、发表声明，召开座谈会、研讨会，举办论坛，网站签名，撰写文章等；有集体开展活动的，也有个人发表谈话的；有个别的由中国驻当地使馆组织的，更多的是当地华侨华人社团组织的，还有自发的，范围非常广泛。通过这些活动，表达对中国政府出台《反分裂国家法》的拥护和支持，遏制了"台独"分裂势力在海外的影响，让居住国政府和人民了解他们拥护中国统一的心愿。

1. 认为《反分裂国家法》符合民心侨心

巴拿马20余家主要华侨华人团体发表联合声明：早在两年前海外一些中国和平统一促进会就曾经提出制定一个《统一法》的要求，如今制定的《反分裂国家法》更加适合当前的国际形势，更有利于两岸的和平统一发展。《反分裂国家法》的内涵更具针对性，更容易与国际相关法律接轨，从而更有效地遏制"台独"。[1] 欧洲中国和平统一促进会发表声明指出：《反分裂国家法》的制定，符合包括2300万台湾同胞在内的全体中国人民的共同愿望和根本利益，必将有力地遏制"台独"分裂活动、促进两岸关系的稳定与发展、推动祖国和平统一进程。欧洲200万华侨华人表示最热烈的拥护和最坚决的支持。[2] 法国中国和平统一促进会、法国华侨华人会、法国青田同乡会和法国华商会等23个侨团发表联合声明，

---

[1]　《巴拿马华侨华人发表联合声明　支持反分裂国家法》，中国新闻网，2005-03-14。

[2]　《欧洲中国和平统一促进会热烈拥护和坚决支持〈反分裂国家法〉的声明》，[法]《欧洲时报》2005年3月16日。

表示坚决支持和热烈拥护中国全国人大通过的《反分裂国家法》，认为它合民心、顺侨意，充分体现了中国人民坚持和平统一的最大诚意。① 德国华侨华人中国和平统一促进会、全德华人社团联合会和全德华侨华人联合总会等 43 个侨团以及来自德国各地的侨胞代表汇集柏林，隆重召开"德国华侨华人坚决拥护中国政府《反分裂国家法》大会"。与会者指出，《反分裂国家法》的制定将极大鼓舞华夏子孙反对"台独"、促进统一的热情与力量。② 美国旧金山市湾区侨界举行支持《反分裂国家法》研讨会，并发表了联合声明，指出："我们坚决拥护举世瞩目的《反分裂国家法》，它明确表达了中国人民和海外侨胞盼望已久的心声，展现了中国政府对于和平解决两岸问题的诚意，体现了捍卫国家主权和领土完整以及遏制'台独'势力分裂国家的坚强意志。"③

2. 阐扬《反分裂国家法》的法理意义

泰国中国和平统一促进会、泰国中华总商会、泰国潮州会馆、泰国各姓宗亲总会联谊会 3 月 14 日在曼谷举行座谈会。与会者一致认为，《反分裂国家法》的通过和实施将对遏制"台独"起到有法可依的作用。泰国中国和平统一促进会会长王志民表示，这部法律首次将对台政策法律化、提升为国家意志，既是对"台独"分裂势力划出底线，又为两岸关系发展和台海和平稳定提供了法律保障，将给企图制造分裂的"台独"分子以有力的打击。④

全德华侨华人联合总会会长张金财说，《反分裂国家法》是对"台独"分子的沉重打击，为反"独"促统提供了重要的法律依据。⑤

---

① 《海外华侨华人支持中国人大通过〈反分裂国家法〉》，中国新闻网，2005-03-15。
② 《海外华侨华人坚决拥护〈反分裂国家法〉》，《人民日报》2005 年 3 月 17 日。
③ 《湾区百余侨团发表联合声明支持"反分裂法"》，[美]《星岛日报》2005 年 3 月 25 日。
④ 《海外华侨华人坚决拥护〈反分裂国家法〉》，《人民日报》2005 年 3 月 15 日。
⑤ 《海外华侨华人坚决拥护〈反分裂国家法〉》，《人民日报》2005 年 3 月 16 日。

　　美国洛杉矶地区 30 多个华侨华人社团联合召开研讨会，认为全国人大通过《反分裂国家法》，对于遏制"台独"势力，促进国家和平统一，维护台海地区和平稳定，维护国家主权和领土完整，维护中华民族的根本利益，非常必要也非常适时。美国《侨报》3 月 15 日发表社论指出，中国全国人大通过的《反分裂国家法》受到海内外中华儿女强烈而正面的回响，是因为人们从确凿的法律条款中看到了两岸得以走向和平统一、共同维护海峡和平稳定的现实可能性。①

　　加拿大温哥华地区的 50 多个华人社团 3 月 18 日在温哥华举行支持中国制定《反分裂国家法》座谈会。加拿大中国统一促进会会长梁伟洪表示，《反分裂国家法》以法律形式将中国的对台政策确定下来，从法律的角度保障了台湾人民的利益。温哥华洪门机构达权社社长黄国富表示，中国通过的《反分裂国家法》温和、理性、务实，深得人心。制定《反分裂国家法》是国际通行的做法，几乎所有国家都有类似法律，是合情合理、无可非议的。②

3. 肯定《反分裂国家法》是主和平反战争法

　　美国华盛顿中国和平统一促进会 3 月 14 日发表声明，对中国《反分裂国家法》的制定和实施表示坚决支持和拥护，形象地认为这是给"台独"势力套上"紧箍咒"。声明强调，《反分裂国家法》是一部充满善意的和平统一法，而不是一部"战争法"。对"台独"划出底线，就是为了遏制"台独"、维护和平。所谓非和平手段只是针对"台独"分裂势力的，决不是针对台湾同胞的。③

　　荷兰华人总会会长叶正银、欧洲温州华人华侨联合会秘书长王剑光、欧洲杭州联谊总会会长林斌联合发表谈话，指出《反分裂国家法》不是

---

① 《海外华侨华人坚决拥护〈反分裂国家法〉》，《人民日报》2005 年 3 月 17 日。

② 《温哥华华侨华人举行座谈会支持〈反分裂国家法〉》，中国新闻网，2005-03-19。

③ 《华盛顿和统会：反分裂法给"台独"套上"紧箍咒"》，中国新闻网，2005-03-15。

"对台动武法"，更不是"战争动员令"。《反分裂国家法》的制定，有助于两岸关系的稳定和发展，必将进一步推动两岸经济的发展，推动海峡两岸经济区的建设，推动海峡两岸的共同繁荣。《反分裂国家法》要点在于遏制"台独"，是迄今为止对"台独"分子发出的最具法律效力的、最严正的警告，是维护台海和平、防止渐进"台独"的积极法律手段。[①]

3月17日，澳大利亚的《澳华时报》发表题为《反分裂促统一的和平之法》的社论，指出《反分裂国家法》体现了中国人民热爱和平、反对国家分裂、维护祖国统一和领土完整的坚强意志。立法主旨简单明确，就是追求中国的和平统一，以庄严的法律来遏制危害国家和民族利益的"台独"图谋。正如中国总理温家宝所指出的，《反分裂国家法》是和平统一之法，而不是战争法。社论表示，无论如何，中国制定《反分裂国家法》是正确的，是必须的。"台独"就是战争，遏制"台独"就是制止战争，就是维护和平。毫无疑问，《反分裂国家法》的出台，一定能对"台独"分裂势力产生强大的震慑作用，并且对中国的和平统一发挥巨大的促进作用。[②]

4. 积极解释宣传《反分裂国家法》

对《反分裂国家法》的出台，难免出现一些不理解，甚至是误解，华侨华人利用各种机会进行了宣传和解释。2005年3月14日，全非洲和平统一促进会集会庆祝《反分裂国家法》的诞生，包括台胞在内的与会侨领和侨团代表一致表示，坚决拥护中国全国人大通过《反分裂国家法》，呼吁台湾同胞正确解读《反分裂国家法》，运用自己的智慧来判断中国政府在追求和平统一问题上体现出的真诚和善意，号召各位侨胞充分利用各自的力量和影响力，向身边的台胞和南非当地人宣传《反分

---

① 《欧洲各国华侨华人团体拥护〈反分裂国家法〉》，［法］《欧洲时报》2005年3月17日。

② 《澳华时报社论指:〈反分裂国家法〉是和平之法》，中国新闻网，2005-03-18。

裂国家法》以及中国政府在台湾问题上的基本原则和立场，使他们理解、支持这一重要大法，理解和支持中国政府和人民和平统一的真诚愿望。① 泰华社会传媒文化界人士认为，应透过传媒多加宣传和解释《反分裂国家法》的立法宗旨、重大意义以及具体条文，增进广大台湾同胞和海外华侨华人对这部法律的了解、理解、认同，从而不会被蒙骗、受蛊惑。② 泰国的《亚洲日报》连续两天发表社评，表示解读中国《反分裂国家法》有两个问题必须厘清：第一，中国制定《反分裂国家法》，完全是中国的内政。第二，对于《反分裂国家法》，不能断章取义，更不能蓄意歪曲。文章认为，应将《反分裂国家法》全文通过各种渠道让广大台湾民众好好看一看，让他们了解这部法律的真实内容。③ 美西华人学会举办"台湾永续生存发展策略探讨"的研讨会，组织了对《反分裂国家法》意见不一的华侨华人进行了交流。"中华之声"电台董事长巴山明确表示，这是一部对和平有着绝对正面作用的法律，应该在这部法律中增加对"台独"分子的惩治条例，没有惩治条例就没有后盾。曾担任过台湾民意代表的孙英善指出，《反分裂国家法》中的内容及用词，与李登辉在1991年主持制定的"国家统一纲领"有多处相同和类似。他认为，《反分裂国家法》是因"台独"而缘起，基本精神是要维持现状；因为都承认"一中"，《反分裂国家法》有"进入"台湾的基础。经过交流，与会人士虽然认识不完全一致，但在不同的程度上都认为《反分裂国家法》的内容对台湾具有正面的作用。④

---

① 《全非洲和统会隆重集会坚决支持〈反分裂国家法〉》，[南非]《南非华人报》2005年3月16日。

② 《泰华传媒文化界集会座谈中国〈反分裂国家法〉》，中国新闻网，2005-03-27。

③ 《泰华各界继续齐声支持中国〈反分裂国家法〉颁行》，中国新闻网，2005-03-16。

④ 《美西华人会举办"台湾永续生存发展策略探讨"会》，[美]《国际日报》2005年4月4日。

5. 与歪曲诋毁《反分裂国家法》行径作斗争

"台独"等分裂势力对《反分裂国家法》的出台极为忌惮，妄图通过煽动游行等方式进行对抗。广大华侨华人对这些歪曲《反分裂国家法》的行为进行了坚决的斗争。为进一步向侨胞解释《反分裂国家法》的内涵，让美国主流认识到这部法的意义，旧金山湾区中国统一促进会3月20日举办了"反分裂国家法座谈会"。北加州中国和平统一促进会会长关永民来自台湾，他认为"台独"根本不应该存在，台湾所谓的民调指民众普遍反对《反分裂国家法》，其实是大部分人根本没看过这部法律，如果台湾的民众真正看过这部法律的话，应该会了解到，这部法针对的只是"台独"分子。① 3月24日，旅美广西侨胞在纽约举行集会，表示坚决拥护和支持中国全国人大通过的《反分裂国家法》，呼吁台湾同胞不要忽略祖国大陆的善意，不要参加挑衅《反分裂国家法》的游行。美国广西同乡会副会长、美国汽车集团有限公司副总裁崔勇说，台湾岛内少数"台独"分裂分子恶意污蔑《反分裂国家法》，筹划于3月26日举行所谓的"抗议游行"，这是毒化两岸关系气氛的挑衅行为。广大侨胞应充分利用各自的力量和影响力，向台湾同胞宣传《反分裂国家法》，使他们理解、支持这一重要大法，不要参与"台独"活动。② 3月25日，美国"为了一个中国"委员会举行新闻发布会，呼吁华人华侨进入该委员会的网站，以上网签名的方式，表达对中国人大通过的《反分裂国家法》的支持。③ 美东侨学商各界3月26日举行"坚决支持反分裂国家法誓师大会"，针对台北"3·26大游行"，抨击台湾当局动用行政资源误导民众上街。200多名与会者高举拳头呼喊口号，代表海外侨胞呼吁

---

① 《旧金山"统促会"举办"反分裂法"座谈会》，[美]《星岛日报》2005年3月21日。

② 《旅美广西侨胞集会支持中国〈反分裂国家法〉》，中国新闻网，2005-03-26。

③ 《美"为了一个中国"委员会吁侨界支持"反分裂法"》，[美]《国际日报》2005年3月27日。

中国政府展示打击"台独"的决心。纽约中国和平统一促进会还建议中国大陆全国人大解释反分裂法，说明该法的来龙去脉及其宗旨和目标，以利台湾民众了解。① 泰国各个大学的中国留学生 100 多人 3 月 27 日在曼谷举行座谈会，针对民进党及"台独"团体 3 月 26 日在台北举行的所谓抗议《反分裂国家法》游行，发表声明坚决拥护《反分裂国家法》，维护国家主权和领土完整。泰国《亚洲日报》3 月 28 日发表社论和署名评论员文章，指出"台独"分子用"爱和平"的口号把台湾民众骗上街头，以所谓"和平诉求"对抗《反分裂国家法》。这是他们的一个政治花招。②

综上所述，华侨华人和《反分裂国家法》有着极为密切的关系，华侨华人参与了《反分裂国家法》酝酿、启动、颁行等整个过程，通过各种方式表达了对《反分裂国家法》的期盼和支持，作出了极为重要的贡献。时至今日，还有华侨华人积极举办纪念《反分裂国家法》颁行的活动。在《反分裂国家法》颁行一周年之际，澳华文联主席余俊武就表示，2005 年的 3 月 14 日是应该记住的一天，集中反映中华儿女统一意志的法律《反分裂国家法》终于得以颁布，向世人昭示：全体中国人民，包括海外的炎黄子孙，捍卫祖国主权和领土完整的决心与意志。③

---

① 《美东侨学商界支持"反分裂法"》，［美］《世界日报》2005 年 3 月 27 日。
② 《海外华侨华人坚决支持〈反分裂国家法〉》，《人民日报》2005 年 3 月 29 日。
③ 《悉尼侨学界隆重纪念〈反分裂国家法〉颁布一周年》，《华声报》2006 年 3 月 10 日。

第九章

开展民间外交　维护祖（籍）国尊严

随着中国改革开放不断扩大和深入，从"请进来"到"走出去"，产生大量新移民、形成新一代华侨华人，并且数量不断增加，群体不断壮大，新生代在华侨华人群体中占有很大比例。其中涌现出一大批知识水平高、工作能力强、奋发有为、开拓进取的人才，为华侨华人群体注入了朝气蓬勃的力量。随着"中国热"在世界范围内方兴未艾，新生代华侨华人（华裔）对中华民族和祖（籍）国的认同感日益扩大与加深。华侨华人群体正在以崭新的姿态登上世界历史的舞台。随着华侨华人社会地位不断提高，经济实力大大增强，他们在开展民间外交，扩大中国人民与世界各国人民友好交往方面，正发挥着越来越重大的作用。

第一节　侨务交往与外交工作互联互动

　　海外广大华侨华人与国内归侨侨眷，是实现中华民族伟大复兴的重要资源和独特机遇。在中华人民共和国成立初期，针对十分复杂的国际环境，中国共产党及时地提出了将国外侨务工作纳入国家和平外交政策的轨道并为之服务的政策，相应制定了国外华侨工作的方针和具体政策。新中国成立以来，特别是改革开放以来，在正确的侨务政策指导下，华侨华人已经成为拓展民间外交、推动国家外资、开展中国人民与世界各国人民友好交往的有力推动者。

一、侨务工作与外交工作的关联区别

　　无论是新中国成立后的社会主义革命和建设时期，还是改革开放和社会主义现代化建设时期，侨务领域同其他领域的工作一样，都有个不断探索、逐步完善的过程，特别是随着国内、国际形势发展也会呈现出阶段性和时代性的特征。

　　探讨侨务工作和外交工作的关系，需要从新中国成立后制定侨务政策和外交政策的初衷和目标考察。新中国成立之初，就提出了对外侨务工作要立足于配合外交工作开展，并通过外交工作保护华侨正当权益和利益的思想。

　　为加强对海外华侨的宣传工作，1952 年 9 月 14 日，中央人民政府华侨事务工作委员会（以下简称中侨委）在北京成立了"中国新闻社"。廖承志在成立大会上强调应确立"侨"的新闻作风；一是要"群众化"，即面向当地大多数华侨，二是要报道祖国的消息，但"消息还必须适合

侨报登载，不妨碍其生存"。① 也就是说，对国外华侨的宣传工作要考虑
多数华侨，并有利于他们在当地生存。

1953 年 8 月，中共中央统战部召开中央侨务工作会议，明确了建交
国家和未建交国家侨务工作的方针，并实际上在具体操作时把侨务工作
划分为"三大块"来分别处理，即华侨众多的民族主义国家（主要是东
南亚）、西方敌对国家和社会主义兄弟国家的侨务工作三大块：（1）对
于在社会主义国家的华侨，要求他们全部加入当地国籍，与当地人民尽
同样的义务，亦要求当地给予入籍华人以平等的公民权；（2）对于在新
兴民族国家（主要是东南亚）的华侨，要求华侨遵守当地的政策法规，
不介入当地的革命、政治斗争，同时要求所在国保护华侨的合法利益；
（3）对于在敌对的西方资本主义国家的华侨，则无"清规戒律"，可
"身在曹营心在汉"。同时也要求防范西方发达国家的华侨回国从事"反
革命"活动。②（从这一意图来看，放弃"双重国籍"对一个新生的共和
国来说，除了有利于发展与东南亚国家的关系、有利于华侨华人"落地
生根"之外，亦有防止外来颠覆与干涉，减少外交纠纷的好处。）因此，
这一时期的国外侨务工作同国内侨务工作一样是多头绪的，统一战线的
目标与华侨在当地的长期生存和发展同样存在着冲突，显示出"中国在
为处理最复杂的遗产之一而作的早期努力中遇到的困难和混乱"。

1954 年 3 月，根据统战部侨务会议的精神，中共中央批转了《资本
主义体系国家内华侨统一战线与社团工作的若干意见》，明确了国外侨
务工作的基本方针已由中华人民共和国成立初的"保护华侨正当权益，
为华侨服务，团结多数华侨，打击蒋帮反动势力"发展到"教育侨胞团
结爱国，力求在当地长期生存下去"。

---

① 廖承志：《办好中国新闻社》，国务院侨办《侨务工作研究》编辑部、秘书行政司档案室编
《党和国家领导人论侨务》，第 176—177 页。

② 程希：《从"双重国籍"的放弃看中国侨务与外交的关系》，《东南亚研究》2004 年第 3 期。

为了更好地协调侨务与外交工作，1954 年 10 月，周恩来在主持国务院第二次全体会议上安排领导人员具体分工时，则亲自分管外交部和华侨事务委员会。这说明侨务工作和外交工作的密切关系。

从第二届全国政协开始，"国外华侨民主人士"不再作为全国政协的参加单位，而改为由华侨和归侨人士代表参加。第二届全国人大华侨代表名额仍为 30 名，"华侨人民代表仍由国外华侨中选举产生"，但在实际选举工作中，已改为在归国华侨中选举产生。1960 年 1 月 20 日，中国和印尼两国互换"双重国籍"条约批准书后，二届全国人大四次会议于 1963 年 12 月 3 日通过了第三届全国人大华侨人民代表名额及选举办法：华侨应选举全国人民代表大会代表 30 人，由归国华侨中选举。

总之，当时的海外华侨（入籍后的海外华人）所以做出归化居住国的选择（仍保留中国国籍者除外），主要是由于国家政治行为等外部作用。从这一点上来说，当年的海外华侨为祖（籍）国及其与居住国友好关系的建立和发展作出了不可否认的贡献。但不管怎么样，无论从中国政府的主观需要来理解，还是从华侨华人及当地政府的客观需要来认识，就当时来说，"双重国籍"的放弃既有利于中国外交战略，也符合中国国家外交和华侨华人的现实利益和长远利益。

新加坡华人学者廖建裕曾经分析了从 1949 年至 80 年代中期的中国外交政策，认为这些外交政策中无论是"较为缓和的"还是"较为激进的"，都有着国家安全、领土完整、经济发展与中国的现代化、中国共产党的社会主义和第三世界的胜利等五个共同的主要目标。① 保护华侨则属于中华人民共和国外交政策的第六个目标。这六个方面构成了"中国的国家利益"。它们相互关联，但当"国家安全与领土完整"这一最高

---

① 转引自程希：《从"双重国籍"的放弃看中国侨务与外交的关系》，《东南亚研究》2004 年第 3 期。

利益与意识形态等较低的目标追求发生冲突时，维护最高利益通常会占上风。如上所述，"双重国籍"的放弃，是中国打开外交局面、争取印尼等国家的一个突破口，是实践其和平共处五项原则的示范。虽然它更多地反映出中国政府出于本国国家利益的一种主观需要，但应该说对华侨、对其他国家而言，也是有其必要性的。首先，只有外交关系的建立和对外交关系的积极维护，才能更好地保护华侨的利益；其次，在当时"冷战"国际政治格局下，避免华侨华人成为意识形态斗争的牺牲品；再次，中国放弃"双重国籍"，也是"二战"结束以后民族主义兴起、反帝反殖形势的需要。此外，从狭隘的意义理解，不承认"双重国籍"，亦是对中国和其他国家未有"跨国经历"群体的一种公平。

但是，如果仅从"侨务工作应服从于对外工作的总方向"来看，显然无法理解侨务问题在中国的特殊地位，以及侨务工作对于华侨华人与中国关系的敏感性。在外交不利或没有打开局面的情况下，侨务对外交的支持和补充意义尤为突出，如晚清政府和至今偏于一隅的台湾当局，对于刚刚建立的新中国也同样如此，这一时期，虽已基本确立了"在制定国外侨务政策时，以我国对外工作的总方针、总政策为依据"的原则，但侨务工作在配合外交工作的同时，也有其独立性；因为在建交国家少的情况下，许多对外工作还要靠华侨的帮助和支持。这就是外交工作侨务工作相互关联的关系。

在中国改革开放以前，侨务部门是国家少数几个拥有对外联系渠道的部门之一。虽然在1949年以后的相当长一段时间内，中国侨务工作的中心始终以国内侨务工作为主（至90年代初，国务院侨办提出要把工作重心转到国外侨务工作上来），然而，应该说，其出发点和立足点却始终是国外侨务。"国内任何细小的问题和措施，都会影响到国外华侨，以及影响到侨居国人民对我国的观感"，因而要"尽可能地处理好侨眷、归侨的问题，扩大我们国家的影响"。当时侨务工作中的一些口号，如

"内联外引""以侨为桥"等，也多少可以体现出这一出发点和立足点。在国外侨务方面，无疑"中国政府对海外华侨的政策受制并服从于外交政策，根据外交方针的变化调整侨务政策，以便服务于外交政策"。然而，对于中国而言，侨务无疑是在特定历史条件下对外交必要而有效的补充。①

二、侨务与外交工作的协调互动

在我国改革开放的酝酿时期，即 1978 年初，中国政府重新成立主管侨务的机构国务院华侨事务办公室（又称国务院侨务办公室，以下简称"国侨办"）。其功能与"文化大革命"前的华侨事务委员会基本一致，其不同点是这个新成立的主管华侨事务的机构的职能之一是协助外交部处理华侨（指那些保留中国国籍者）和华人（指拥有外国国籍）的事务，后者并不属于前华侨事务委员会的工作对象。在国务院侨办的工作职责中，有关华人的事务是重点。这反映了华侨社会正转变为华人社会，或者说海外华侨正从侨居者转变为定居者。

自 1978 年起，除了西藏之外各个省、自治区和直辖市均成立了侨务办公室。

除了国内的官方侨务机构，中国政府驻各国的领、使馆也管理华侨事务，并在海外设置专门机构保护海外华人的权益。中国政府在华侨华人较多的地区派遣侨务领事，指导华侨华人遵守当地法律，促进华侨华人之间的团结，介绍中国经贸发展情况。中国政府在双边多边条约中多次对公民的经商侨居等权益作出规定。这是保护侨民的法律依据，同时也可根据国际法或国际惯例来保护华侨在国外的正当利益。中国政府关

---

① 程希：《从"双重国籍"的放弃看中国侨务与外交的关系》，《东南亚研究》2004 年第 3 期。

心与支持外籍华人在当地长期生存和发展，组织华侨华人进行职业语言技能培训，发展文化事业，在海外建立中资机构为华侨华人提供特别服务。政府各部门也为华侨华人同中国的经贸科技文化等领域的合作提供方便，给予必要的支持。华侨华人在与中国的经贸联系中也能获取相应利润，有助于改善其在居住国的经济地位。

此外，为了打消华人居住国的顾虑，彻底解决这些国家的华人问题，中国政府于1980年9月制定和颁布了《中华人民共和国国籍法》。新的《国籍法》仍然强调血统主义原则。根据这部国籍法，任何人只要出生在中国，其父母或其中任意一方为中国公民，则其为中国公民（第3条）；即使其出生在国外，如果其父母或其中一方为中国公民，则其为中国公民（第5条）。与以前不同的是，这部国籍法不承认双重国籍（第4条），"定居国外的中国公民，自愿加入并取得外国国籍的，即自动丧失中国国籍"（第9条）。这部国籍法将1955年起中印（尼）两国解决双重国籍问题的原则固定下来。它尊重海外华人对国籍的自主选择，使海外华人可以根据自己生存和发展的需要而选择最为有利的国籍身份，体现了中国政府尊重人权的趋向。

进入21世纪后，侨务工作适应新形势新要求进一步拓展，维护华侨华人权益的工作不断深入，特别是维护海外华侨华人权益工作更是大大加强。2006年5月，地处东南亚的东帝汶出现了大规模的骚乱，严重威胁了当地中国侨民的人身安全。5月26日中国外交部迅速启动部内应急机制，并召开了部际联席会议，公安部、安全部、民政部、财政部、交通部、民航总局等13个相关部门参加，会议决定立即撤侨，并通过了包机直航的方案。从5月27日作出撤侨决定到5月29日成功撤侨，不到两天的时间里，中国外交部领事司与相关部门合作，成功地完成了这项高难度的撤侨工作。除了东帝汶，中国政府还接连在所罗门群岛、黎巴嫩、汤加、吉尔吉斯斯坦、利比亚等多个发生冲突、骚乱的国家和地区开展了多次大规模的撤侨行动，得到了国际舆论和国内民众的广泛好评，在国际上树立了一个负责任的大国形象。2007 年 8 月 21 日，中国外交部正式对外公布了重新修订的《中国领事保护和协助指南（2007 年版）》。8 月 23 日，酝酿多时的领事保护中心也正式挂牌成立。据外交部部长杨洁篪透露，领事保护中心将进一步整合各方资源，提升预警、处置、宣传和立法等方面的协调行动能力。按照国际法规则与中国的法律制度，中国领事保护的对象不仅包括大陆居民、港澳台居民，还包括定居国外的华侨。领事保护涵盖的范围也非常广泛。其中涉及华侨华人的因经济利益、种族歧视、排华性质等而产生的伤害案件，如西班牙火烧温州鞋城、美国纽约白人辱骂殴打华裔青年、俄罗斯光头党袭击中国人等事件；针对中国人的非法行政案件，如一些国家的某些执法机构，针对中国人的执法偏离公正，出现恶性伤害和侮辱事件；非法移民、留学生受伤害事件；意外伤害事件，如印度洋海啸、新加坡油轮大火等。

三、新时期适时调整转变侨务政策

进入改革开放时期，在世界多极化曲折发展和经济全球化进程加快的背景下，华侨华人群体发生了新的变化，华侨华人与居住国关系发生了新变化，与祖（籍）国关系也发生了新的变化，对我国对外交往影响的深度和广度也大大提升。因此，把握好侨务形势的新特点，调整和完善侨务政策，不仅有利于侨务工作的更好开展，也有利于推动我国和平外交事业的巩固和发展。

侨务形势的新特点以及我国外交工作的影响集中体现在以下几个方面：

一是华侨华人数量持续增长，已成为我国开展民间外交工作的一支重要力量。随着我国扩大开放，海外华侨华人的数量剧增，群体不断壮大，涌现出一大批知识水平高、工作能力强、奋发有为、开拓进取的人才，为华侨华人群体注入了朝气蓬勃的力量。随着"中国热"在世界范围内方兴未艾，新生代华侨华人对中华民族和祖（籍）国的认同感日益扩大与加深。新生代华侨华人在华侨华人群体中已经占相当比例。华侨华人群体正在以崭新的姿态登上世界历史的舞台。华侨华人经济政治地位的不断提高，必将有利于我国对外交往工作的开展，特别是有利于民间外交工作的深入开展。

二是华侨华人社团不断发展壮大，已成为我国与世界各国联系和交往的重要纽带。中国改革开放40多年来，华侨华人社团朝着团结、积极、进步的方向发展，并建立了一些华人新移民社团，逐步成为华侨华人社会的核心力量，焕发了华侨华人社会的生机和活力。这些社团带领广大华侨华人开展和谐侨社建设，并与当地民众和睦共处；积极开展维护华侨华人正当合法权益的活动；支持华人依法参加竞选和参政活动。这些社团引导广大华侨华人加强同祖（籍）国的密切联系，更加积极地支持中国社会主义现代化建设，联系外国走进中国，帮助中国走向世界。

三是中国政府明确提出推动建设和谐世界的外交战略目标，为海外华侨华人社会发展进步及其建立稳定的社会关系提供了良好的氛围。随着我国国际地位的提高，"中国因素"在国际关系中的作用明显增强。我国的发展既给世界各国带来巨大的市场和发展机会，也难免影响国际经济格局和利益关系。"中国机遇论"已成为国际舆论的主流，但"中国威胁论"也不时以这样那样的形式表现出来。分布在世界各地的几千万海外同胞特别是新华侨华人，他们的表现如何，对中国形象的影响不可忽视。因此，构建一个和睦相融、合作共赢、团结友爱、充满活力的华侨华人社会，对于维护中国国际形象，推动建设和谐世界，具有重要意义。

第二节　以民间外交配合助力国家外交

民间外交[1]，是指有明确外交目的的民间往来与交流。民间外交具体分为民间与民间、民间对官方或官方对民间三种基本形式，是国家总体外交的有机组成部分。从中国开展民间外交的历史来看，中国的民间外交包括两种方式：一是中国利用各种途径通过一些民间组织和机构对外开展民间外交，也就是一般所说的人民外交；还有一个不能忽视的重要方式，就是广大的海外华侨华人在沟通中外了解和发展经贸关系上的交往。随着华侨华人更加深入地融入居住国的经济、政治和社会生活，这种方式所发挥的作用越来越巨大，往往不可替代。

一、通过自身社会影响加强中外交往

遍布世界各地的华侨华人，长期以来努力与居住国人民和睦相处，主动融入当地社会，为多元社会的发展作出了积极的贡献。随着华人社会内部自身的演变及新老代际的更替，华侨华人社会的开放性日益增强，融入当地社会的速度日益加快，和其他族群的关系也日益融洽。世界各地华侨华人社会的这种新面貌，不仅大大推动了自身的发展，而且也大大提升了所在国与祖（籍）国之间的友好交往的广度和深度。

20 世纪 80 年代中后期是菲律宾华人参政的历史转折点，华人参政

---

[1]　与"民间外交"相联系的还有"公共外交"，是指一国政府通过文化交流、信息项目等形式，了解获悉情况和影响国外公众，以提高本国国家形象和影响力，进而增进本国国家利益和外交方式。2011 年国务院侨务办公室首次提出侨务公共外交，是公共外交的一个重要组成部分，也就是通过侨务渠道开展的公共外交。

水平和参政能力都有了很大程度的提高。在 1992 年大选中，华人参政又有了进一步发展。不仅表现在参加竞选的各级民选官员的华人候选人比以往任何时期都多，而且表现在华人公民公开积极地参与他们各自的候选人的竞选活动上。当时菲律宾政界中，14 名参议员中具有华人血统的有 3 名，200 名众议员中华人血统的有 8 名，71 名省长中华人血统的有 3 名，基层组织 1577 名市社长中华人血统的有 102 名。在华人人数最多最集中的马尼拉市第三区，参加竞选该区 6 席市议员的华人候选人多达 11 位，结果有 4 人中选。①

国之交在于民相亲，增进民心相通，是中国对外交往尤其是发展同周边国家关系的一项重要的基础性工程。在这方面华侨华人具有很大潜力，通过开展周边公共外交可以增进中国与周边国家相互了解和信任。对此，东南亚各国的华侨华人已经发挥并正在发挥作用。

伴随着菲律宾华人政治地位提高，中国与菲律宾友好交往中，菲律宾华人所发挥作用的领域也越来越宽广。1995 年 2 月，菲律宾侨界精英李昭进就曾经被菲律宾外交部聘为中国华南事务顾问。

早在中菲两国正式建交前后，李昭进就开始活跃在中菲之间，为中菲友好关系的巩固和发展，贡献良多。两国正式建交之后，菲律宾意欲在上海设立总领事馆，李昭进从他的老友、菲律宾众议院议长黎敏尼舍那里获悉这一消息，立即坦言告之：不妥。他认为，菲律宾华侨绝大部分是闽南人，厦门是旅菲侨亲出入境首选的最佳口岸，无论从哪方面看，把总领事馆设在厦门最合适。后来黎敏尼舍和菲外交部采纳了他的意见，并委任他为菲律宾驻厦门总领事馆名誉总领事。此外，我国在菲律宾宿务市设立领事馆，也是李昭进大力促成的。为了中菲友好关系的发展，

---

① 陈传仁：《海外华人的力量——移民的历史和现状》，世界知识出版社 2007 年版，第 272—273 页。

李昭进始终致力于推动中菲两国官员互访，或民间往来，只要他所能及的，都倾注极大的热情去"牵线搭桥"、提供便利。1997年8月20日，中国长城工业总公司在四川西昌成功地为菲律宾发射首颗"马武海飞鹰二号"通信卫星，时任菲律宾长途电话公司顾问的李昭进，在促进中菲合作方面发挥了很大的作用，获得了中国长城工业总公司的鸣谢奖牌。中国开放改革以来，李昭进常驻厦门，经常诚恳地向厦门市领导人建言，要敞开胸怀，迎八方蜂蝶，共享春色，并以自己在海外华人中的影响力，多方游说，推动菲律宾多家著名的华人财团及工业家、银行家、百货大王等到厦门及大陆各地投资，或办厂，或贸易，促进海外华人积极参与祖（籍）国经济建设。由于李昭进的卓越才能和贡献，他被厦门市政府聘为经济顾问，并评聘为首批"荣誉市民"，他还多次以华侨代表的身份应邀进京，参加国庆观礼，受到时任党和国家领导人江泽民等的亲切接见。李昭进就是致力于中菲民间外交的典型代表人物。

除杰出华侨华人外，在推动中菲友好关系发展中，华人社团也是极为重要的渠道和纽带，为中菲友谊作出了特殊的贡献。菲华联谊总会就是这样的组织。

1974年，菲华联谊会成立，在这前后，马科斯夫人访问北京，受到了毛泽东主席的接见，马科斯夫人回国时带回来大量的彩色照片，于是联谊会就与菲律宾国家新闻传播中心合作，举办了"第一夫人访华图片展览"，轰动一时，受到了菲华社会各界的一致赞扬。后来联谊会放映了中国电影《万紫千红》，邀请了中国武汉、重庆、广州三个杂技团到菲律宾演出，在菲律宾社会产生了良好的影响。在组织和接待中国杂技团到菲律宾各地的演出活动中，联谊会也越来越壮大，各地的分会组织也建立起来，在后来的日子里，联谊会和中国大使馆一起，为服务中国侨民，为搞好菲中友好工作一直在锲而不舍地努力工作。为了在菲律宾社会和华社有自己的声音，联谊会在当时的极大压力下于1978年出版了

《联谊周刊》，1981 年又出版了《世界日报》。1978 年中国领导人李先念访问菲律宾，中菲友好达到高潮，联谊会也进入了它的黄金年代。配合中国侨办举行暑期青年夏令营，接待中国大陆来访的团体，以及到中国内地进行经贸促进联系等。几十年来，联谊会的首脑换了几届，但是它的宗旨始终没有变。

1999 年，统治印尼多年的苏哈托因暴政贪婪腐败激起民愤被赶下台，苏加诺的女儿梅加瓦蒂先是担任副总统随后接任总统，中印关系进入友好时期。司徒眉生作为梅加瓦蒂的长辈，关系十分友好。

需要补充说明的是，司徒眉生为何能在中印两国高层有影响、成为牵线搭桥的人物？司徒眉生的父亲司徒赞，早年侨居印尼，热心华侨教育事业，是华侨社会著名活动家。尤其是抗日战争时期，司徒赞大力发动印尼华侨抗日，成为著名的抗日侨领。日军占领印尼后，司徒赞夫妇及两个儿子因抗日入狱，受尽折磨。日本投降后，司徒赞等出狱，继续从事社会活动和华侨教育。新中国成立后，司徒赞父子积极致力于中印友好事业，颇有社会影响。60 年代初，司徒赞回国，司徒眉生留在印尼却遭受迫害。由于司徒眉生的社会影响并与中印上层的交往，所以能够成为苏哈托改变对华关系的牵线人。

泰国也是一个华人参政比较踊跃的国家。自 1932 年至 1990 年任内阁总理的华裔政治家已有 8 人，20 世纪 90 年代更是华裔总理辈出的年代，差猜、川·立派、班汉、他信相继出任总理，他们都是华裔泰国人。1983 年大选后，4 位副国务院院长中有 1 人是华裔，7 位国务院事务部长中有 2 人是华裔，部长和部长助理中有 7 人是华裔。在 1986 年泰国大选中，有 86 位华裔子弟被选为众议员，成为 347 席众议院中比例最大的族群。1989 年由 94 人组成的参议院中，有 20 人为泰籍华裔，华人陈其文是该届参议院议长。1991 年泰国人民代表共 357 人，其中华裔近百人，内阁阁员 44 人，有中国血统的占一半以上，包括总理差猜和多位副总理、部长、助理部长在内，担任内阁总理顾问或各部长顾问的华人为数更多。2001 年成立的他信内阁据称有华人血统者占五成以上。[1] 活跃的华人参政，大大提升了中泰交往的层次和水平。

创立于 1910 年的泰国中华总商会是泰国最有影响力的商业协会组织之一，它是泰国华人工商企业家的全国性组织，也是世界华商大会的三个发起单位之一。泰国中华总商会在泰国具全侨代表性，会员均为泰国著名银行、企业、工厂商行及社会知名人士、会董人选，是泰国华侨华人的精英人士，备受社会尊崇。

泰国中华总商会长期致力于推动中泰之间的友好往来和经贸合作，并为促进中泰友好关系发挥积极作用。中泰未建交时，旅泰华侨华人与中国有关事务接洽往来，均由泰国中华总商会办理，泰国中华总商会成为华侨华人与中国洽谈事务的桥梁。中泰建交之后，虽已设有使馆，但中华总商会仍经常接受使馆及华侨华人委托办理有关商业及其他事务。泰国中华总商会每年都会接待数以百计的中国商贸代表团去泰国考察合作，并协助中国各地政府及企业在泰国举行展览及推介活动。泰国中华总商会同时也是泰国政府与华商华人的中间桥梁，协助泰国政府推行各种有益国计民生的事务，包括经济发展、社会治安、慈善公益、济贫救灾、体育活动以及国际文化艺术交流、贸易促进等。2003 年 10 月，胡锦涛主席访问泰国期间专门出席了泰国华侨华人各界在中华总商会举行的欢迎午宴。在宴会的讲话中，胡锦涛肯定泰华各界为中泰两国友谊所作出的贡献，强调，中国和泰国毗邻而居，两国人民情深谊长，中泰关系密不可分，希望泰华各界再接再厉，继续为泰国的繁荣进步，为中泰睦邻友好合作不断向前发展作出更大贡献。

除泰国中华总商会这样的华侨华人组织外，在泰国的新生代华侨也

---

① 陈传仁：《海外华人的力量——移民的历史和现状》，第 277—278 页。

普遍认同"中泰一家亲"友好理念，并也为中泰关系的发展作出了贡献。泰国华人青年商会会长、泰国中国和平统一促进会副会长李桂雄，就被誉为中泰"友谊使者"。

李桂雄1963年出生于广东省潮阳市，他17岁来到泰国，跟随在泰经营珠宝生意的叔叔一起生活。接受完整、系统的泰国教育，这使李桂雄在后来的社会生活中，发挥出其优秀的组织能力和经营才华。李桂雄自幼喜欢四处交友、广结善缘，乐于帮人排忧解难，这种性格使他成为潮阳小同乡中的名人。由于家庭中传统的中华文化教育，李桂雄的华语讲得相当标准，再加上他喜欢中华的古老文化，中华民族情结浓厚。因此，他也特别喜欢结交来泰的中国朋友。正是这个原因，李桂雄成为泰国第一个到中国河南省投资珠宝店做生意的青年华人企业家，并被中国河南省对外经济贸易合作厅聘为顾问，从此李桂雄开始往返泰中两国，从事珠宝生意。他还参与中国各省市的招商引资等有关经贸活动，为泰中文化交流和经贸往来架起巩固的桥梁。

2000年6月，李桂雄和多名挚友组织成立"泰国华人青年商会"。李桂雄强调，泰国华人青年商会成立的宗旨主要包括两个方面，一方面专门协助中国投资者到泰国投资营运，另一方面也为泰国企业家赴华投资提供帮助和方便，在泰中商贸中牵线搭桥、建立良好的互惠互利关系。因此，青年商会举办许多会务活动，仅2005年1月到8月，就协助10多个省市在泰举办招商会、洽谈会、新产品推介会等，接待了来自中国的200多个访问团体，他们当中有各省市官员、企业家和投资者。在促进泰国企业家赴华投资方面，青年商会主动招商，并提供有益的咨询建议，中国投资者也可以随时到青年商会征求意见和寻求帮助。

青年商会另一项重要的义务，就是常与泰国官方协调合作，例如：在春节期间常有大量中国游客，青年商会就派义工到机场协助泰国移民局及海关警察，帮助华人游客办理入境手续，消除语言障碍，大大方便了中国游客，多次受到游客的表扬并获得泰国移民局的肯定。李桂雄认为，泰中两国官方保持世代友好的外交政策，对两国各项领域的发展起到积极的促进作用，青年商会对两国政府明确的友好方针非常赞赏，并将提供充分的合作。2005 年 7 月 1 日，泰国总理他信应邀访华，当时泰国华人青年商会也派出 10 多位企业家随同他信总理访华，增进友好交流，取得了许多务实的成果。

李桂雄在接受中国媒体采访时曾经表示，泰中友好关系如今已发展到非常理想的境界，堪称本地区友好合作的典范。"举个例子，现在中国人来到泰国，只要让人知道是中国人，就一定有泰国人来接待。同时泰国人到中国，只要说一声是泰国人，就一定会有中国人来接待。两国人民早已亲如手足，这是两国官方和民间，特别是各侨团组织多年来努力推动所实现的成就。"李桂雄是这样谈的，当然，他所领导的青年商会更是这样做的。

由于李桂雄的文化渊源及长期以来为泰中两国友好往来作出的杰出贡献，李桂雄先生先后被聘为泰国国会顾问、泰国国防部长顾问、泰国副总理顾问等职务。这使他有了更多、更好的机会为繁荣和提高泰中两国的实质关系建言。李桂雄经常亲赴世界各地参加世界性华侨华人大会，交流海外社团经验，也积极参与泰国红十字会、2004 年印度洋大海啸、泰国孤儿院、敬老院等慈善活动的捐款。频繁的社会活动，使他博得了"泰华社会活动家"的美名。

2005 年 12 月 18 日，经过几个月的紧张筹备，由泰国华人青年商会集资 2 亿泰铢开办的泰国首家中文电视台开播。作为中国中央电视台支持泰国中文电视播出中泰文的电视节目，将对两国的风俗习惯、文化、教育、体育、旅游和贸易等方面合作起到推动作用，将使泰中两国友好进入更高的层次。

除菲律宾、泰国外，同处一个地区的马来西亚，华侨华人也在政治地位逐步提高的同时，深化了其在中国与马来西亚友好往来中的作用和地位。另外中国和韩国、新加坡等国家建立外交关系，也有华侨华人的穿针引线的助力作用。

随着华人参政意识和参政水平的逐渐提高，华人的影响力也越来越大，实践表明，通过积极参政，不断提高自身的政治地位，华侨华人不仅可以更好地维护和追求自己的利益，更为重要的是，能够更好地、更全面地推动所在国与祖（籍）国之间的交往与合作。

二、推动开展新时期中国外交工作

在中国同世界各国政府和人民之间加强了解、加深友谊中，海外华侨华人有着不可替代的桥梁和纽带作用。周恩来曾经形象地比喻，如果说海外华侨、华人是中国人嫁出去的女儿、是住在国的媳妇的话，那么，他们一定会从心底里希望娘家和婆家友好相处，他们自己则充当着祖（籍）国与住在国之间的友好使者。中国与东南亚国家的友好关系源远流长，很大程度上得益于居住在这些国家的华侨华人。历史上，华侨把中国先进的生产技术、历史文明和文化传统传入居住地，为当地的经济发展和社会进步作出了不可磨灭的贡献。新的历史时期，华侨华人仍然是中国与这些国家交流来往、发展互利互惠关系的桥梁。而且，随着华侨华人人数的日渐增多和分布得更为广泛，华侨华人在增进中国同世界各国政府和人民的友好、合作与交流方面，将发挥更大的作用。华侨华人始终是巩固和发展外交关系的重要力量。在2012年3月的全国政协会议上，中国侨联代表林明江提交了"发挥华人华侨独特作用"的提案。提案说："广大的归侨侨眷和海外侨胞是我国对外交往的重要使者，可以在传播中华文化方面有更大作为。建议充分发挥华人华侨的独特作用，更加重视中外民间文化交流，把政府间的交流与民间的交流密切结合起来，充分发挥和调动海外侨胞及其社团、人民团体、社会组织等方面的作用和积极性，并给予政策层面的鼓励和支持。切实保护华侨华人历史文化遗产，进一步进行华侨历史文化遗产普查，确认其保护价值，及时列为历史文物保护单位和爱国主义教育基地。同时，努力增强华文媒体的国际话语权，及时制定与完善华文媒体、文化产品及服务'走出去'的政策和措施，支持主流媒体打入国际市场。"①

在中美国家关系中，华侨华人就发挥着积极而特殊的作用。旅美华侨华人在坚持对美国的国家认同的同时，坚持对中华民族的民族认同，兼顾对中美两国文化的双重认同，华侨华人因而成为中美关系发展中特殊的积极因素。

在美国出生的余江月桂，曾担任加州州务卿近 20 年，还一度代理加州州长，出任驻外大使，1996 年退休。2002 年，她针对华人被歧视的状况，呼吁全体华人不能被威吓而却步，应大声对某些政党和美国人说："不要忘记我们也都是美国人！"她认为华人有多元文化是理所应当的。她坚持："身为华裔美国人，我们应该同时敬爱中美两个国家，在牵涉中美双方的利益与权力时，要以公平的态度处理事件。"②为了身体力行，她以 80 岁高龄重返政坛，竞选加州州务卿。她的坦诚和政见，至少获得加州民主党选民的赞赏，其支持率遥遥领先于民主党的其他几位候选人。

成立于 1990 年的"百人委员会"，成员均是华裔名人。其宗旨是："共同探讨和解决涉及美籍华人和美中关系的各种问题。推进美籍华人全面参与美国社会；促进美中两国人民之间发展建设性的关系。"此后，每逢中美之间发生重要事件，百人会都迅速作出反应，也产生了积极的影响。例如，1998 年春，美国反华势力反对克林顿总统访华，百人会立

---

① 人民日报记者马兰翠等：《建睿智之言　献务实之策　谋科学发展——全国政协十一届五次会议分组讨论摘编》，《人民日报》2012 年 3 月 5 日（两会特刊）。

② 催以闻：《余江月桂勇往直前 80 高龄再出发》，［美］《世界日报》2002 年 3 月 10 日。

即发表题为《求同存异——对华政策致胜之途》的白皮书。开头说，百人会对克林顿总统访华深为关注，百人会从双重文化的角度审视美中关系，讨论了美国两党一致的对华政策的重要性，以及超越两国文化差异，寻找共同点的必要性。以这种共同点为支点，才能携手努力确保两国及亚太地区，乃至整个世界的和平与繁荣。又说，百人会的成员具有双重文化背景，有助于剖析造成两国之间一些误解的根源及解决方法，而正是这些误解时常威胁两国关系的发展。白皮书在指出两国之间存在的问题，并提出解决的方法后，强调在求同存异的原则下，建立互信互利的美中双边关系的重要性，敦促美国政府和国会统一两党一致的对华政策，发展对华关系。事后，美国国家安全顾问伯杰专门邀请百人会的 6 名领袖前往白宫征询意见。

自从美国共和党少数民族委员会主席陈香梅 1980 年作为里根总统的特使穿梭于中美之间以后，杨振宁、李政道、余江月桂、田长霖，以及华盛顿州州长骆家辉等人也络绎于途，发挥协调中美关系的作用，他们都被称为"民间大使"。

共和党大洛杉矶地区中央党部副主席沈家福认为，华侨华人"为促进中美关系和友谊做工作应该受到中美两国政府的支持和鼓励，这也符合中美两国的利益"。因为中美关系的重要性，他们对中美关系发挥作用是正当和必要的。但是，由于中美关系的复杂性，要获得支持与鼓励，还必须积极影响美国政要选民。

美国的国情决定了各级政府主要官员、议会议员都需要顾及各方面政治力量的反映和广大选民的呼声，因为选票和钱票（竞选经费）将决定他们的政治前途。作为华侨华人，他们直接对某些特定的政要，要求他们促进中美关系，应在情理之中；作为少数选民，他们还应当把选票和钱票集中起来，这样才能成为一方政治力量。

几十年来，美国华侨华人在参政的道路上已有较大的进步。1987 年，著名社会活动家陈香梅、特拉华副州长吴仙标以及其他著名华人等千人，联合发表了《华裔公民关于 1988 年大选政治宣言》。两个月后，部分联署《宣言》的著名华人成立"华裔政治委员会"，以推动《宣言》的实施。此后，还有"华人参政促进会""华裔政治协商会"等十几个类似的团体成立。这些团体的宣言、声明等，都一致呼吁华人积极参政，踊跃投票，慷慨捐款，同时提出各种政治要求。但目标最明确的是"百人会"和吴仙标等组织的"80/20"组织，前者号召华人团结一致，用选票说话，将选票集中起来给最关心华裔的总统候选人；后者在此基础上提出应集中 80% 选票，投给允诺满足华人政治诉求的候选人。2004 年的总统选举刚刚拉开序幕，美国华人已有不俗的表现。2003 年 6 月，刚宣布竞选连任的布什总统举办两次包括华裔的筹款餐会。第一次亚裔出席人数为 60人，华人就占了 40 人；另一次亚裔出席人数增至 250 人，华人也占其中的大多数。而华人人口还不足亚裔的 1/4。2003 年底以来，各大城市的主要侨团，纷纷发起大规模的签名活动，向本地区的国会议员递交要求反对"台独"，珍惜美中关系的联名信。鲍威尔在众议院刚刚发表讲话后，华盛顿地区的华人和留学生在国会山前集会，并向 160 多名国会参众两院议员递交由 200 多名社团侨领和著名华人签名的联名信。该信呼吁议员支持美国政府的"一个中国"政策，支持布什总统反对台湾"公投"和单方面改变现状问题，实现中国统一。

此前，不少议员提案支持台湾的"公投"，有些议员还提出应修改美国的《与台湾关系法》。鲍威尔国务卿在国会的证词的目的之一，就是他宣称的"没有必要修改《与台湾关系法》"。该联名信也是对美国政府的声援。值得注意的是，国会不仅没有修改《与台湾关系法》，没有通过支持台湾"公投"的提案，还决定在 2004 年夏季正式与中国全国人民代表大会开展交流。日本舆论认为：对于旨在把美国国会作为说服美国的"桥头堡"而展开积极院外活动的台湾而言，这是一个沉重的打击。①

　　除了美国外，欧洲一些国家的华侨华人也为居住国与中国的友好交往做了许多有益的工作。在欧洲国家中，中国与法国1964年建立了外交关系，是比较早建立外交关系的国家，而且外交关系比较稳固。2004年是中法建交40周年。1月24日，7500多名法国华侨华人和来自北京的表演团成员在巴黎香榭丽舍大街举行盛装游行，在中法建交40周年之际庆祝中国猴年春节和在法国举办的中国文化年。庆祝活动烘托了中法友好交往的气氛。

　　1991年10月，奥地利成立了奥地利—中国友好协会华人顾问委员会（以下简称"奥中友协"），该组织的成立得到奥地利政府部门的支持。它是由致力于奥中友好的旅奥知名华人实业家和专家学者组成的，由奥华知名华人鲁家贤、郑同舟任正副主席。1993年8月，由奥地利议长亲自率领的奥中友好协会高级代表团（又称"奥地利议会访华代表团"）来华访问，代表团成员共10人，其中包括鲁家贤、郑同舟等5名华人。这次访华活动相当成功，为推动奥中友谊起到了较大作用，成为两国关系史上的一件大事。鲁家贤、郑同舟等华人功不可没。1995年7月，郑同舟等华人随奥地利议会访华代表团第二次访华，受到时任国家副主席荣毅仁的接见，访华再次成功。"奥中友协"还多次接待中国全国人大、全国政协、中国残疾人联合会以及各省的访奥代表团，推动了奥中友好交往。1991年奥中建交20周年之际，奥地利政府副总理兼外交部部长莫克华表政府向鲁家贤授予"罗斯特霍勋章"，以表彰他对奥中友好交往所作的贡献。该勋章是专门表彰奥地利外交事务有重大贡献的人物，也是第一次授予居奥华人。②

---

① 郭玉聪：《美国华侨华人在中美关系中的重要作用》，《世界历史》2004年第3期。

② 周望森主编：《华侨华人研究论丛》第1辑，中国华侨出版社1995年版，第212、204页。

2010 年，在英国举行的一次求职面试招聘会上，在海外留学谋生十余载的中国留学生侯振博，把自己所学经济理论与对中国经济发展经验的思考结合起来，在小组讨论中提出帮助非洲国家减贫的几点想法，引起面试官极大兴趣。结果侯振博从上千名竞聘者中脱颖而出，面试后不到两个小时就接到录用通知，被英国海外发展研究院录用并派往尼日利亚总统府，协助尼总统千年发展目标高级特别助理格比诺尔工作。成为该组织运营 50 多年来第一个入选的中国人。

位于非洲东部的尼日利亚面临发展瓶颈，希望在消除贫困、开创适合本国国情的发展道路方面学习中国经验。侯振博自上任以来，已经成功地将中国的乡镇企业模式、劳动密集型外包企业和计划生育政策等介绍给尼日利亚决策层。他说，在尼工作期间，有机会近距离接触到总统等政要、高官，也有机会在实施项目中深入各州田间地头，最大的感受就是，"中国话题"和"中国经验"已开始深入非洲的许多角落。但在尼政府高层确实有一些官员对中非关系和中尼关系的发展持怀疑态度，他们不明真相，经常抱怨"中国的企业不雇用当地员工"，"使尼就业形势更加严峻"等。侯振博深入中国在尼企业进行调研后，有理有据地驳斥了这种论调。他说，在尼中国企业特别是大型国企员工以各工种相关专业技术和管理人员为主，根据当地法律法规要求，雇用了大批当地人从事基础建设工作。同时，在施工过程中，中国技术工人投入相当大的精力培训当地员工，使他们逐渐成为技术骨干。侯振博调查的数据显示，当地员工与中国在尼工程人员的比例普遍达到 10 ∶ 1 以上。因此，中国企业不仅没有威胁到当地就业形势，恰恰相反，给当地民众创造了更多的就业机会。侯振博说，在尼精英阶层之所以有这种论调，一个重要原因是中资企业的公关工作还有待改进。与此形成鲜明对比的是，西方建筑公司在这方面做得很到位。给他印象最深的是在尼日利亚总统府行政大楼里，几乎每间办公室都挂着德国朱丽叶伯格工程公司的宣传挂历，德国工程师和当地雇员合作的场景赫然在目，视觉冲击力很强。中国在尼企业往往强调"低调"行事，像这样主动正面的宣传做得太少。[1]侯振博以自己特殊的身份，通过民间交往的形式，间接推动了中国和尼日利亚的交往，为两国交往增加了正能量。

在尼日利亚工作半年后，侯振博于2011年应美国斯坦福大学邀请，作为30位中美青年领袖之一，参加为期一周、一年一度的斯坦福中美青年交流会活动。美方对中美两国在非洲事务中所发挥的作用非常感兴趣，侯振博以自己的亲身经历向他们做了介绍。侯振博表示，中美都应该力所能及地对非洲的发展承担一定责任。美国希望在反恐和安全领域与尼日利亚合作，但在经济领域，特别是在如何快速解决温饱问题和吸引外资、创造就业等方面，尼日利亚更希望学习中国改革开放以来快速发展的经验。

在巩固和发展与已建交国家关系的同时，在与未建交国家的关系上，华侨华人的作用开始日益突出地显现出来。

考察近些年的中外关系，可以发现，未建交国家政府一般都不反对华侨华人及团体与我国交往。这其中经济因素起了很重要的作用。在世界经济低迷的背景之下，中国这方热土经济繁荣，社会稳定，国力日盛，这对未建交国家的政界人士和企业家有着极大的吸引力。中南美洲一些未建交国家产业结构较单一，与我国存在较大互补性。当地官员对到访的中国代表团表示了要和中国发展经贸关系的强烈愿望。两国未有任何形式的外交关系于是就成了现实的障碍。这些国家的政府、议会官员对当地华侨华人的桥梁作用十分重视，鼓励、支持华侨华人与我交往。

此外，华侨华人社团多已取得合法地位。有些华侨华人融入当地主

---

[1] 人民日报驻尼日利亚记者李凉：《中国经验传非洲（中国梦·赤子心）》，《人民日报》2013年8月6日第3版。

流社会，有的出任政府官员甚至高级官员，有的华商与各级政要有良好私交关系，这是我们开展"以侨引外，以民促官"交往工作的有利条件。国内涉侨单位开展海外华侨华人联谊工作，具有"可官可民""亦官亦民"的特点。例如人民团体的领导人，同时是国家机关的高级官员，既可以率团参与民间外交，又可在适当时候以官员身份接触外国政府官员或其他政界人士。有识者说："可官可民"的双重性及主要是做人的工作的特性，赋予未建交国侨团联谊工作以广阔性和灵活性，这是很有道理的。上述因素促成一件件"以民促官"的好事，自然是顺理成章的事。例如报载我国一些代表团访问巴拿马、多米尼加、哥斯达黎加、巴拉圭等，与当地政府或议会政要接触；巴拉圭、危地马拉、哥斯达黎加等国官方代表团访华等，都说明了以民促官，水到渠成，显示了民间外交的灵活性和务实性。

改革开放以来，尤其中共十八大以来，在国际关系上，我国政府主张维护世界多样性，提倡国际关系民主化和发展模式多样化。强调以各国人民的根本利益为重，不计较社会制度和意识形态的差别。强调世界是丰富多彩的，世界上的各种文明、不同的社会制度和发展道路应彼此尊重，在竞争比较中取长补短，在求同存异中共同发展，这些正确的理念，是我们据以开展不同国度人民群众交友工作而能佳绩频传的经典华章。中南美洲有的国家曾经先后与苏联、古巴建立或恢复外交关系，说明意识形态早已不是国家之间发展关系的主要障碍，而我们强调世界多样性和发展模式多样化必然受到许多国家的欢迎。"中国威胁论"正渐渐失去市场，中国和平发展的努力为越来越多的人所了解和赞许。

实践证明，通过与未建交国家华侨华人社团开展工作，促进民间外交的拓展，有利于把工作做到人心上，有利于团结广大的人民群众。人民之间的友谊与合作，将有力地维护世界和平，促进共同发展。如胡锦涛所说：坚持立足于人民、着眼于人民、寄希望于人民，广交朋友、深交朋友，同各国人民开展形式多样、内容丰富的友好交流活动，促进中国人民和各国人民加深了解、增进感情。没有邦交并不能阻隔人心，不能阻止人民之间日益了解和增进感情。事实证明，多年来我们与未建交国家开展民间外交，促进了国家间人民群众的相互了解，促成了高层官员的非正式互访；通过团结居住在未建交国家的台籍同胞及其社团，从台湾岛外影响岛内，推动了侨务对台工作的开展，有利于团结一切可以团结的力量为中国的完全统一作出贡献。

第三节　坚决维护祖（籍）国尊严形象

华侨华人与祖（籍）国同命相连，荣辱与共。长期以来，广大华侨华人始终保持民族自尊、怀有强烈的民族自信心和自豪感。鸦片战争以来，广大华侨始终保持着反对外敌侵略、维护民族独立的爱国传统，尤其是反抗外敌侵略、争取民族独立作出了重大贡献。在改革开放时期他们继续保持和发扬这一优良传统。

一、抗议非法裁决"南海仲裁案"

南海仲裁案，即所谓"菲律宾控告中国案"——菲律宾阿基诺三世政府单方面提起的南海仲裁案进行的所谓"裁决"，企图将菲律宾非法侵占中国南沙群岛中的费信岛、中业岛等8个南沙岛礁合法化，遭到中国政府强烈反对和抗议后，2013年1月22日，菲律宾政府正式向联合国海洋法法庭提请针对中国的"仲裁"。国际海洋法法庭时任庭长的日本法官柳井俊二在接受菲律宾2013年1月强行提出的仲裁案后，于2013年5月组成仲裁庭。菲律宾方面指派国际海洋法法庭法官、德国人吕迪格·沃尔夫鲁姆在仲裁庭中代表菲律宾；由于中方不参与仲裁，其余4人均由柳井俊二指派。2015年10月29日，仲裁庭作出管辖权和可受理性问题的裁决。2016年7月12日，海牙国际仲裁法庭对南海仲裁案作出"最终裁决"：判菲律宾"胜诉"，并否定了"二战"后国民政府依据有关规定划定的"九段线"，并宣称中国对南海海域没有"历史性所有权"。该仲裁案的实质是披着法律外衣的政治闹剧。

南海仲裁案仲裁庭2016年7月12日作出所谓裁决后，中国政府立即发布系列声明和相关白皮书澄清事实，批驳谬误。南海仲裁案公布后在海外华侨华人当中引发强烈反响，他们纷纷举行座谈，发表声明，以各种行动表示支持中国政府立场，愤怒谴责所谓的仲裁结果，同时在海外积极发声，介绍历史事实和真相，以正视听。

（一）海外华文媒体谴责南海非法仲裁案

针对南海仲裁案仲裁庭 7 月 12 日作出的非法无效裁决，海外华文报纷纷发表文章，谴责所谓仲裁结果，揭露闹剧背后大国操纵仲裁的目的，呼吁华侨华人支持中国立场。

新加坡《联合早报》援引专家学者的评论表示，仲裁案的裁决不利于中国、有利于菲律宾的程度之大，超出很多人的预料，中国的立场和言行不可能软化。闹剧制造者菲律宾、始作俑者美国、希图渔利者日本蓄意挑起和操纵仲裁的目的，就是企图煽动和利用国际舆论损害中方国际声誉，从中套利。

马来西亚《光华日报》刊文称，南海仲裁案的"海牙仲裁庭"虽然名义上是在依照《联合国海洋法公约》办事，实际上却在适用《公约》规则处理案件的过程中有意采取了对菲律宾更为有利的解释，从而暴露了其偏袒菲律宾、支持其滥诉行径的立场。中国不接受、不参与仲裁是维护国际法治、捍卫国家权益的正义之举。

《菲律宾商报》以"满纸荒唐言，一枕黄粱梦"来评价仲裁案结果。该报指出：这一仲裁和裁决不仅不能定纷止争，反而加剧了地区局势紧张，扩大了分歧对立。道义正，必有朋，中国在南海问题上所持立场得到越来越多国家支持和理解，谁在遵守和维护国际法，谁在曲解和践踏国际法，事实已有公论，公道自在人心。作为菲律宾的华文报，对菲律宾政府演出的仲裁闹剧揭露深刻有力。

法国《欧洲时报》的社论揭露了此次南海仲裁案的实质。该社论称，当今世界半数商船需经过南海运输，再通达世界各地。南海地区稳定关乎全球贸易繁荣，南海一旦动荡，自由安全航行便再无保障可言，不仅徒增全球经济系统性风险和成本，更令南海问题超越台湾问题上升为中美间的焦点议题。

（二）全世界促统会抨击菲律宾行径

所谓南海仲裁庭决议出炉后，全美中国和平统一促进会联合会、美洲中国统一促进会联合总会、欧洲中国和平统一促进会、全非洲中国和平统一促进会、东部非洲中国和平统一促进会、澳洲中国和平统一促进会、中南美洲中国和平统一促进会等洲际性统促会组织，以及世界各个国家的反"独"促统会第一时间作出反应，相继发表声明，强烈谴责菲律宾南海仲裁案肆意践踏中国主权和国际正义的行径，提出侨界立场，中国自古以来就对南海诸岛拥有主权，坚决反对域外国家介入南海问题。

俄罗斯、比利时、澳大利亚（悉尼）等国家的中国和平统一促进会负责人相继接受电视台和报纸采访，强烈反对并抗议南海仲裁案的结果，认为南海诸岛是中国固有领土这一铁的事实不容更改，呼吁直接有关当事国在尊重历史事实的基础上，通过谈判协商和平解决南海有关争议。加拿大中国统一促进会安排南海问题专家在加拿大中文电台进行连线，表达中方重大关切和原则立场。

美国宾州中国和平统一促进会、大费城中国统一促进会、保加利亚中国和平统一促进会、瑞典中国和平统一促进会、纳米比亚中国和平统一促进会、澳大利亚西澳州中国和平统一促进会、澳大利亚首都地区中国和平统一促进会、巴西里约中国和平统一促进会等一批统促会组织，在第一时间召开侨界、学界座谈会并发表联合声明，认为中国对南海诸岛拥有不可争辩的主权，和平解决领土和海洋争议是南海问题最终解决的唯一途径，强调南海问题应由域内相关国家通过协商谈判和平解决，无关国家及组织无权干涉。

海外促统会纷纷表示，捍卫祖国的统一和领土完整是各促统会的神圣使命，各促统会将充分发挥自身优势，努力向所在国主流社会和民众说明事实真相，争取国际舆论的理解与支持，以实际行动捍卫中国在南海的主权权益。

全世界促统会强烈谴责菲律宾南海非法仲裁案声势浩大，是全世界华侨华人维护祖（籍）国主权的一次大检阅。

（三）发表声明谴责菲律宾挑起南海事端

对于应菲律宾单方面请求组建的南海仲裁庭于 2016 年 7 月 12 日宣布所谓的"裁决"，罔顾基本事实，肆意践踏国际法和国际关系基本准则，严重损害中国领土主权和海洋权益。世界各地华侨华人团体或个人纷纷发表声明，成为谴责菲律宾南海非法仲裁案的一种方式。

柬埔寨中华文化发展基金会、柬埔寨中国和平统一促进会、柬华理事总会、柬埔寨中国商会、柬埔寨中国港澳侨商总会、柬埔寨香港商会坚定站在祖（籍）国政府对南海仲裁案"不接受、不承认"的正义立场上，特此联合声明：

一、南海诸岛自古以来就是中国神圣不可分割的领土。我们坚决反对一些国家妄图对中国南沙群岛部分岛礁的非法侵占及在中国相关管辖海域的侵权行为。

二、所谓南海仲裁庭，不过是菲律宾单方面请求组建由美日菲鼓捣的"草台班子"，其行为和裁决严重背离国际仲裁一般实践，完全背离《公约》促进和平解决争端的目的及宗旨。其不公正不合法的裁决的目的是恶意的，不是为了解决与中国的争议，也不是为了维护南海的和平与稳定，而是为了否定中国在南海的领土主权和海洋权益。我们完全不答应、不接受该仲裁裁决的主张和行动。

三、坚决支持中国政府维护南海诸岛领土主权和海洋权益的立场、决心和意志。坚决支持中国政府在领土问题和海洋划界争议上，中国不接受任何诉诸第三方的争端解决方式，不接受任何强加于中国的争端解决方案。

四、坚决拥护中国政府和平解决争端原则，坚持与直接有关当事国在尊重历史事实的基础上，根据国际法，通过谈判协商解决南海有关争议，维护南海和平稳定。①

西班牙侨界的全体华侨华人社团7月12日联合发出声明，强烈谴责菲律宾政府在某些南海域外大国背后操纵之下，滥用《联合国海洋法公约》，无端挑起南海纷争，以达到压制中国崛起的事实。西班牙侨界的全体华侨华人社团，坚决支持中国政府在"南海仲裁案"中所持有的立场，以及用来保护国家领土主权完整所采取的正当措施。

西班牙全体华侨华人社团的声明以有力的证据史实，说明南沙群岛自古就是中国的领海领土，并列举"二战"后从战败国日本收回、恢复中国主权国际规则，有理有据，史实事实确凿。

澳大利亚各华侨华人团体及个人发表的声明。澳洲中国和平统一促进会7月13日发表严正声明，支持中国政府维护南海领土主权。该声明说，应菲律宾政府请求建立的南海仲裁案仲裁庭罔顾基本事实，肆意践踏国际法，违反国际公理。其所谓的"裁决"严重损害中国领土主权和海洋权益。仲裁庭对中菲的领土争端和海洋争端没有仲裁权，所作"裁决"是无效的。

声明还表示，我们坚决反对菲律宾单方面提起南海仲裁案，坚决反对仲裁庭强行进行的仲裁，我们坚决支持中国政府采取不接受、不参与、不承认、不执行的立场。中国政府的声明有充分的国际法依据，传递了

---

① 《柬埔寨侨界关于所谓南海仲裁的联合声明》，柬埔寨中国港澳侨商总会，2016-07-12，《侨情快讯》2016年第14期。

国际正义的声音，也说出了包括六千万华人华侨在内的全体海内外中华儿女的心声。

（四）以游行集会等形式谴责菲律宾行径

荷兰海牙国际法庭作出所谓菲律宾南海仲裁案后，荷兰华侨华人首先表示强烈反对，立即抗议南海非法仲裁案。7 月 15 日，荷兰海牙和平宫前的小广场上，五星红旗迎风招展，《义勇军进行曲》歌声嘹亮。从中午 12 时到下午 2 时，来自荷兰各地的华侨华人在此集会，严正抗议菲律宾南海仲裁案临时仲裁庭的非法裁决。荷兰中国和平统一促进会秘书长黄钺介绍说，"7 月 12 日，当我们得知仲裁案结果后，感到非常震惊和愤怒。各华人社团一致决定要举行示威活动，表达我们的立场。当天下午，我们向海牙警方申请示威许可，第二天获得批准。"但海牙警方规定，示威活动只能限制在 150 人的规模，实际参加示威的华人超过 500 人，大家遵守秩序，分批分拨上前抗议。很多人为此放弃了当天的工作和生意。黄钺说："我们必须代表全世界的海外华侨华人发出呐喊，让世界听到我们的声音。"为参加抗议活动，张春波一大早从 70 公里外的乌特勒支赶到海牙。他严正地指出："南海诸岛自古以来就是中国的领土，中国对南海诸岛有着无可争辩的主权和管辖权，菲律宾前政府单方面提起仲裁，自己出巨资邀人组建所谓的临时仲裁庭，希冀自己提出的'诉求'能够得到满足。对于这种毫无公正性的所谓裁决结果，我们绝不会接受。"身材高大的荷兰人皮特也走在示威的人群中，手举中国、荷兰两面国旗不停挥舞。他表示，"我非常支持这次活动，让荷兰人和全世界了解真相，非常必要。我热爱中国，40 年前就到中国留学，我的妻子就是中国人。"皮特的妻子梁女士，20 多年前来到荷兰，如今夫妻俩在鹿特丹经营一家中医诊所。"我一直非常关注这个案件，这完全是一场披着法律外衣的政治闹剧。"梁女士认为，很多荷兰人被西方媒体所欺骗和蒙蔽，对菲律宾南海仲裁案的来龙去脉以及真实情况并不了解。"我们海外华人应该发挥自己的优势和作用，要主动积极向身边的外国朋友解疑释惑，争取更多的理解和支持。"①

　　法国侨界召开声援中国南海立场座谈会，法国华侨华人会主席池万升表示，临时仲裁庭无视中国对南海诸岛及附近海域拥有无可争辩主权的事实，作出非法无效的裁决，旅法侨胞坚决反对。希腊华侨华人总会7月15日下午召集旅希侨团侨领在雅典召开"捍卫海疆责无旁贷　保护侨民勇敢担当"为主题的座谈会。中国驻希腊使馆人员及各侨团侨领20余人出席，希腊华侨华人总会代理会长邹勇主持会议。希腊中国和平统一促进会会长兰孝程率先发言，他阐述了南海自古以来就属于中国的历史事实，严厉谴责以菲律宾、美国、日本等国家为主导的所谓南海问题仲裁庭的非法裁决。其他与会侨领代表也踊跃发言，纷纷表示：完全拥护、坚决支持中国政府对南海仲裁案不接受、不参与、不承认、不执行的立场，旅希侨社将与全球华人社团紧密团结在一起，在祖国需要的时候，将倾其所能，为捍卫国家主权、领土完整，做坚持不懈的斗争。经与会者讨论，一致通过了《旅希侨界关于坚决维护南海主权的联合声明》。旅希侨界一致认为，中国政府所采取的维护南海主权的行动完全合理、合法。中方不接受、不参与菲律宾单方面提起的南海仲裁案有充分的法理依据，同时也遵循了《联合国海洋法公约》赋予的权利。中国政府坚持通过当事方谈判协商和平解决有关争端，既是中国政府一贯奉行的外交政策，亦是维护世界和平，解决南海争端的根本途径。②

　　针对南海仲裁案仲裁庭7月12日作出的裁决，美国华盛顿、纽约、休斯敦、旧金山等华侨华人团体纷纷表态，对所谓仲裁结果表示强烈不

---

① 人民日报赴荷兰特派记者许立群、吴刚：《海牙和平宫前的严正抗议》，《人民日报》2016年7月16日。

② 《希腊华侨华人总会召开座谈会：捍卫海疆有责保护侨民担当》，《欧洲时报》（意大利版），2016年7月22日。

满及严正抗议，并呼吁美国政府放弃干预南海问题。纽约布鲁克林亚裔社团联合总会主席陈善庄说，作为海外华侨华人，坚决支持美国华侨华人吁美国政府放弃干预南海问题祖（籍）国捍卫领土完整，任何其他国家都无权以任何名义改变南海诸岛属于中国这一法律地位，任何人妄图侵犯中国对南海诸岛的主权，中华民族决不会允许。美国华盛顿特区华侨华人和留学生代表举行座谈会，认为所谓仲裁结果非法无效，支持中国政府在南海问题上的立场，希望通过双边谈判解决争端。美国亚太裔公共事务协会华盛顿分会会长蔡德梁在大华府侨学界反对南海问题仲裁案座谈会上称，南海问题最终还要依靠谈判解决。中菲两国可以先搁置主权上的争议而重点讨论渔权，以共同开发渔业资源缓和紧张的局势。他认为，只要中菲有意愿对话，那么美国介入南海问题的合理性将大大降低，这有利于地区局势的稳定。《美东地区华人华侨有关"南海仲裁"的公开声明》则称，一些国家在南海问题上对中国的无理挑衅无益于地区和谐，也不符合美国在亚太地区的长远利益，望奥巴马政府能够以客观、务实的态度看待南海问题。休斯敦侨领乔凤祥说："美国近来通过一系列外交和军事动作直接干预南海问题，其根本目的是挑起并扩大中国与周边国家的争端，削弱中国的整体实力，形成对中国的大包围圈，进而遏制中国的和平崛起，保住其霸权地位。菲律宾等国只是这个战略中的一枚棋子。"[1]

海外华侨华人掀起了声势浩大的谴责菲律宾提请的非法南海仲裁案，谴责美国、日本等国家支持菲律宾挑起南海事端，支持中国政府和外交部门维护国家主权的正义斗争，是一场轰轰烈烈的捍卫国家主权的爱国义举，在配合中国维护主权和正义的外交斗争中，起到了不可替代的作用。

---

[1] 《美国华侨华人吁美国政府放弃干预南海问题》，中国新闻网，2016-07-13。

二、旗帜鲜明为祖（籍）国伸张正义

中国的强大使海外侨民感到自豪；同样，当祖（籍）国遇到困难、灾难或受到侵害时，华侨华人也为此分忧或奋起维护。1999 年 5 月 8 日发生一件肆意伤害中国并震惊世界的大事——中国驻南斯拉夫大使馆遭美军轰炸，驻在中国使馆的两名《光明日报》记者被炸身亡。这一突发事件引起全世界华侨华人的强烈愤慨。居住意大利多年的华人董志清第一时间到意大利市政府相关部门申请游行示威，抗议美国的暴行。由于时间紧迫，董志清以自己的身家性命做担保获得了意大利政府的批准，及时向全世界传递出意大利全体华侨华人对中国的支持。①

20 世纪 90 年代，复旦大学毕业的柴洪云，随着上海一家企业在波兰开设分公司，被聘用到波兰从事进出口贸易工作。三年后这家国有公司因为改制等原因撤出波兰，而柴洪云却选择留下来，独自开始艰辛的创业历程。初到波兰时，由于东欧剧变发生不久，波兰媒体上基本上是一边倒地对中国的政治制度和社会生活进行片面和歪曲的介绍和宣传。当时，在波兰工作或生活的中国人很少，波兰社会对旅波华人也充满偏见。进入 21 世纪后，中国经济飞速发展、综合国力不断增强，国际形象和国际地位大幅提升，华侨华人在波兰的社会地位随之大大提高。随着祖（籍）国强大了，波兰华侨华人底气增加，与当地人打交道更加自信。有一次，柴洪云在一份波兰最有影响的报纸上看到一篇介绍中国西藏的文章，其中充斥着片面和歪曲的内容。他对此感到异常气愤，当即向该报编辑部发去一份抗议，并在当天约见这家报社的主编时附送一篇有针

---

① 人民日报驻意大利记者史克栋：《永远期盼中国强大（中国梦·赤子心）》，《人民日报》2013 年 7 月 23 日。

对性的批驳文章。第二天，柴洪云的这篇反驳文章就被刊发在这家报纸第二版的显要位置，以正视听，维护了中国的声誉。受到这次经历的启发，柴洪云心中萌生创办中文网站、为旅波华侨华人争取话语权的想法。于是，"波兰华人资讯网"应运而生。这家中文资讯网站逐渐发展成为报道波兰新闻最快的中文媒体，也是旅波华侨华人你问我答的互助平台，在波兰社会中颇有名气，中国驻波兰大使馆和波兰驻中国大使馆的网页上都有该网站的快速链接。每逢波兰出现突发事件，国内媒体都会主动和"波兰华人资讯网"联系，许多国内知名网站也经常对其文章进行转载。

海外华侨华人维护祖（籍）国形象和尊严事例体现在方方面面，形式多种多样。抗议美国广播公司（ABC）出现的辱华节目和辱华言论，即是其中一例。2013年10月19日，针对美国广播公司播出有辱华言论的节目，美国华人在白宫网站发布请愿书，到11月6日支持请愿活动的人数已经超过了白宫承诺给予正式回复的10万人。此外，华人还举行了10余场活动进行抗议，包括在美国广播公司东西总部所在地纽约和洛杉矶的活动。美国广播公司夜间节目主管和主持人已就该辱华言论致歉，并承诺撤销该节目，但不少华人认为其道歉缺乏诚意。再如同年11月9日美国广播公司（ABC）脱口秀节目中的出现辱华言论，当日，全美有华盛顿、旧金山、洛杉矶、纽约、休斯敦、达拉斯、奥斯汀、芝加哥、迈阿密、西雅图、波士顿、新奥尔良等至少18个主要城市的上万名华人参与抗议游行，要求ABC高层以记者会形式对全世界华侨华人道歉，并将该节目主持人吉米·基梅尔解雇。[①]

住在美国和加拿大的华侨华人都知晓美加政府历史上颁布的臭名昭

---

① 新华社记者丁小希、王雷：《美国华人抗议电视台辱华言论》，《人民日报》2013年11月10日。

著的《排华法案》——19 世纪 70 年代，不少美国人认为中国移民抢走了自己的饭碗，从而在美国西部掀起了大规模的排华浪潮。1882 年，美国国会通过了《排华法案》，规定华人 10 年内不准入境、已入境的不准归化为美国公民，这是美国历史上仅有的一部以法律形式和政府名义排斥某一族裔移民的法案。该法案和其他一些歧视性法案的颁布，导致在美华人长期无法买房，无法在政府任职，许多人的配偶、子女无法来美团聚……直至美国在第二次世界大战中需要中国支持和帮助，国会才于 1943 年 12 月废除了这部肆意践踏人权的法案。长期以来它像恶魔使了魔法的紧箍咒，束缚着一代又一代华侨的手脚，没有人身自由。2010 年，在百余个华人组织的期望和推动下，美国首位华裔女众议员赵美心提出国会应就《排华法案》道歉。这对于美国政府来说，是正视自己的错误历史；对于华侨华人来说，是改变自己形象维护自身权益的正当诉求。尽管在美国国会推动就《排华法案》道歉事艰难，但当地华侨华人仍然锲而不舍地坚持着。

大量事实证明，海外华侨华人是中华民族利益的坚定维护者，是民族尊严的有力捍卫者，新时代无疑要继续发挥他们的传统和优势。

华侨华人维护祖（籍）国的尊严和形象，还表现在祖（籍）国遇到困难或者受难日，大家能够奋起救助和铭记不忘。海外华侨华人自发在海外悼念日本侵华南京大屠杀中国同胞就是其中一例。2017 年 12 月南京大屠杀 80 周年之际，12 月 9 日下午，加拿大多伦多地区上千名华侨华人在万锦市会议中心举行追思会，悼念 80 年前在南京大屠杀中遇难的 30 万同胞。追思会召集人林性勇对记者表示，举办南京大屠杀 80 周年悼念活动是多伦多地区华人社区的共同要求。特别是现在日本右翼分子仍拒不承认南京大屠杀的历史事实，企图公然抹杀这段历史，"我们必须让后人知道这段历史，不能让历史悲剧重演"。追思会场主席台下方，由无数朵小白花组成的"南京大屠杀纪念日 1937.12.13"字样格外醒目。大屏幕上"铭记历史、祈愿和平"8个大字，表达了上千名参加者的共同心声。与会者纷纷在"铭记历史、祈愿和平"的长幅上庄重地签下自己的名字。走廊两侧，大量珍贵的历史图片无声地诉说着80年前日本军国主义在南京犯下的种种暴行。会场播放《松花江上》歌曲把与会者带到当年侵华日军的残酷暴行、满目疮痍的战场，随着凄凉歌曲声大家向30万遇难同胞默哀。加拿大各级政府官员、多国驻加领使馆人员纷纷寄托哀思发表感言。活动期间，多伦多亚洲二战史实维护会还邀请美国麻省理工学院80岁高龄的华裔教授、《南京不哭》（南京大屠杀题材的小说）的作者郑洪连续举行多场报告会；加拿大联邦华裔议员关慧贞致信外交部部长弗里兰，呼吁加拿大联邦政府将12月13日宣布为南京大屠杀国家纪念日，得到在加200多个华人团体的响应和支持。①

据不完全统计，侵华日军南京大屠杀80周年纪念日期间，来自全球各个国家与地区的440多个华侨华人社团，在世界的各个角落几乎同步开展了南京大屠杀死难者公祭，把反思战争、祈愿和平的声音传向四方。②

---

① 人民日报驻加拿大记者吴云：《铭记历史　祈愿和平——加拿大华侨华人举行活动纪念南京大屠杀80周年》，《人民日报》2017年12月11日。

② 《铭记历史，开启世界持久和平与共同繁荣新篇章》，《人民日报》2017年12月14日。

后 记

"中国改革开放事业取得伟大成就,广大华侨华人功不可没。"这是国家主席习近平在致第十二届世界华商大会的贺信中,关于华侨华人对于中国改革开放作用的高度评价。《华侨华人与中国特色社会主义建设》一书,主要阐述广大华侨华人积极参与和支持改革开放和社会主义现代化建设及其重大贡献,是《华侨华人与中国革命和建设丛书》(以下简称《丛书》)的第三册。

有关华侨华人与中国改革开放和社会主义现代化建设关系问题,是目前党史界和侨史界关注研究热点问题之一,也是本《丛书》课题组十多年跟踪研究的问题。学术界有关这方面的研究成果较多,其中最主要或者说集大成者,为改革开放 30 周年时,由任贵祥主持的国家社会科学基金资助课题《海外华侨华人与中国改革开放》(中共党史出版社 2009年版,课题部分参与者为本《丛书》的作者),该课题结项出版后,被国家新闻出版总署评选列为 2008 年纪念改革开放 30 周年全国百种重点图书之一。改革开放 40 周年时,本书课题组的任贵祥、朱昌裕等同志对该书进行修订,增加约 30 万字,作为任贵祥承担的"文化名家暨'四个一批'人才项目"成果之一——《华侨华人与中国改革开放 40 年》(广东教育出版社 2019 年版)。《华侨华人与中国特色社会主义建设》一书,即是在前述两个项目的基础上进一步修改加工完成的。

由于本书是在上述两个国家项目的基础上完成的，并经过重点选题专题报批审阅，因此没有必要再另起炉灶，其主体仍然保持修订版原貌。其中第二章"中国特色社会主义新时代的侨务工作"，与修订版的第四章"推进侨务工作进入中国特色社会主义新时代"一致，主要阐述中共十八大以来，习近平总书记丰富的侨务理论与实践，华侨华人响应"一带一路"建设，参与推进人类命运共同体的伟大事业，热议中共十九大等内容，是经过审读专家重点审查的，本书修改时这部分内容仍保持一致。其他内容均作了修订，书稿在反映改革开放全貌的情况下，侧重于阐述改革开放后期尤其是中共十八大以来的内容。

本书主要由任贵祥和朱昌裕修改加工。任贵祥撰写第二、五章，修订第一、七、八、九章；朱昌裕撰写第四章，修订第六章；薛承参与修订第三章。这次修改修订时，中央党史和文献研究院的孙迪同志、刘颖同志参加部分书稿的统改工作。

本书是一个集体完成的多重成果的组合和整合，先后有多位同志参与了本书的撰写和有关工作，由于封面署名人数受到限制，只能在后记加以具体介绍。在本书再次付梓出版之际，对所有为本著付出过劳动、作出过贡献的同志一并表示感谢！

作者

2020 年 9 月